사회복지국가 헌법의 기초

강경선 지음

에피스테메
EPISTEME

사회복지국가 헌법의 기초

초판 1쇄 펴낸날 | 2017년 10월 5일

지은이 | 강경선
펴낸이 | 김외숙
펴낸곳 | (사)한국방송통신대학교출판문화원
　　　　주소 서울특별시 종로구 이화장길 54 (03088)
　　　　대표전화 (02) 3668-4764
　　　　팩스 (02) 741-4570
　　　　홈페이지 http://press.knou.ac.kr
　　　　출판등록 1982. 6. 7. 제1-491호

출판문화원장 | 장종수
편집 | 이민 · 이현구 · 이강용
본문 디자인 | 북방시스템
표지 디자인 | 최원혁

ISBN 978-89-20-02678-2 93360

이 도서의 국립중앙도서관 출판예정도서목록(CIP)은 서지정보유통지원시스템 홈페이지(http://seoji.nl.go.kr)와
국가자료공동목록시스템(http://www.nl.go.kr/kolisnet)에서 이용하실 수 있습니다.
(CIP제어번호: CIP2017023859)

대한민국은 현재 변화를 위한 큰 진통을 겪고 있다. 그 진통은 헌법의 수준을 한 단계 높이기 위한 성장통에 해당된다. 즉, 30년 전인 1987년에 개정된 현행 헌법이 군부독재정권과 결별하고 서구의 근대 시민국가 헌법의 시행과 정착에 그 당면 목표를 두고 있었던 데 비하여, 지금은 그보다 한 단계 높은 사회복지국가 헌법을 향하여 본격적으로 진입해야 할 시기에 이른 것이다. 이미 수년 전부터는 사회복지국가를 시작했어야 함에도 불구하고 오히려 우리 사회가 민주화와 경제발전 양면에서 정체의 늪에 빠져 침체를 계속하다가 보니 마침내 오늘날과 같은 큰 격변의 시기를 맞고 말았다. 진행해야 할 때 진행하지 않고 그 자리에 오래 지체하다 보면 결국 내적 부조리가 쌓여 모순의 극대화로 이어져 마침내 폭발하는 것은 자연의 이치이다. 비록 암울한 터널의 한가운데를 통과하고 있지만 터널을 벗어날 때는 우리나라와 국민 모두가 한층 성숙한 모습으로 거듭나리라는 희망을 가지고 있다.

시민국가 헌법과 사회복지국가 헌법은 외형은 유사하지만 내용(substance)에서 확연히 대비된다. 전자가 형식적 국민주권, 형식적 민주주의, 형식적 법치주의, 형식적 평등, 자유권을 추구하는 헌법인 데 반하여, 후자는 실질적 국민주권, 실질적 민주주의, 실질적 법치주의, 실질적 평등, 사회권을 추구하는 헌법이다. 1948년 이후 무수히 반복된 독재와 불법 통치 아래에서 국민주권과 기본권의 본질과 가치를 뼈저리게 체험한 후 6월 민주화운동을 통해서 얻은 현행 헌법 30년 동안 우리는 압축성장을 통해서 시민국가 헌법을 어느 정도 안착시켰다고 자평할 만큼 이루었다. 위에서 말했듯이 민주주의와 법치주의에서의 형식성은 나름대로 많이 성취했다고 보인다. 물론 여전히 미흡한 것은 사실이다. 하지만 미흡한 것들을 마저 다 완결 짓고 가기에는 우리는 갈 길이 바쁘다. 그것은 우리의 당면 과제인 사회복지국가 헌법의 실현이 문 앞에서 빨리 가자고 재촉하면서 기다리고 있기 때문이다. 후발국가가 선발국가의 길을 따라잡기 위해서는 이처럼 두 시대의 과제를 중첩적으로 동시 진행할 수밖에 없는 긴박한 임무가 운명적으로 주어져 있는 것이다. 이를 애달프게 생각할 필요는 없을 것이다. 역사를 돌이켜 보면 지금 우리가 선진국가라고 부르는 대부분의 나라들도 한때는 모두 후발국가의 신세를 경험하였던 것이다. 그들도 우리처럼 열악한 상황에서 쉴 틈 없이 뼈 빠지게 일하고 공부하면서 마침내 선진국의 대열에 올랐던 것을 생각한다면 오늘 우리가 겪는 고통도 좀 경감되고 많은 위안을 느낄 수 있지 않을까 생각한다. 그래서 우리는 당면 과제를 실천하면서 동시에 주변의 적폐에 대한 청소와 정돈을 진행해야 한다. 당면 과제는 바로 사회복지국가 헌법의 본격적 실행이다.

이런 문제의식 속에서 집필한 이 책은 사회복지국가시대에 초점을 맞춘 헌법이론서이다. 사회복지국가 헌법은 현대 헌법이다. 그래서 헌법이론도 현대적일 수밖에 없다. 헌법학 방법론에서부터, 국민주권론, 자유민주주의, 법치주의, 기본권, '법 앞에 평등', 권력분립론, 민주주의론에 이르기까지 이들 이론들은 고전적 시기에 형성된 이후 오늘날 21세기에 이르기까지 많은 변화과정을 겪어 오늘에 이르렀다. 그 변화과정을 추적하는 것이 헌법학 공부의 재미이다.

물론 재미만 있는 것은 아니다. 난해한 부분이 곳곳에 숨어 있다. 특히 사회복지국가이론의 핵심이 되는 사회국가론은 사회정의론과 경제민주주의를 수반하는 것이기 때문에 법학자들에게는 난해한 부분이 될 수밖에 없다. 또한 법치주의와 민주주의도 궁극적으로는 인간학에 근거하고 있기 때문에 어떤 인간관에 입각하느냐에 따라 결론이 달라진다는 면에서 항상 명석판명한 (clear and distinct) 정답이 보장되지 않기 때문에 헌법학은 한편으로 우리를 우울하게까지 만든다. 그렇지만 우울만 있는 것은 아니다. 사람과 사람의 만남 속에서 갈등을 겪기도 하지만, 그 과정에서 서로가 인정하고 인정받는 그 기쁨을 누릴 때가 있기 때문에 우리는 민주주의와 헌법의 진정한 가치를 알게 된다.

아무쪼록 이 책을 통하여 더 많은 시민들이 헌법을 이해하게 되고 이를 바탕으로 우리나라의 민주주의와 입헌주의가 한층 더 발전하기를 간절히 소망한다. 우리의 헌법 발달은 비단 우리 국민의 번영과 행복에만 그치는 것이 아니고, 세계 강국들이 포진하고 있는 동아시아에서 우리의 국권을 수호할 수 있는 중요한 무기이기도 하다. 동시에 헌법전문이 우리에게 역사적 당위로 부여한 "세계평화와 인류공영에 이바지함으로써 우리들과 우리들의 자손의 안전과 자유와 행복을 영원히 확보하는" 소중한 길이기도 하다.

끝으로 이 책을 발간하는 데 아낌없는 지원을 해 주신 한국방송통신대학교출판문화원에 감사를 드리고자 한다. 특히 책을 아름답게 만들어 주신 이현구 선생님께 감사를 드린다.

2017년 4월 16일
부활절에 저자 씀

차례

제1편 헌법의 기초

제12장 기본권의 기능, 효력, 국가의 기본권 보호의무

제4편　국가작용

제14장 통치구조의 구성원리와 통치작용

제1편

헌법의 기초

제1장
헌법의 개념과 특질

개관

  헌법은 공동체의 법적 규율을 위한 특정 원리를 지향하는 근본적 규범설계로 하나의 공동체 내의 법규범 체계에 있어서 최고법의 지위를 갖는다. 역사의 발전과정에서 살펴 본다면 자본주의 헌법은 근대입헌주의적 헌법에서 현대 사회국가적 헌법으로 전개되었다. 이러한 헌법은 사실적 특질로서 정치성과 이념성 그리고 역사성을 지니고 있고, 규범적 특질로는 최고규범성, 기본권보장규범성, 조직·수권규범성 그리고 권력제한규범성을 갖고 있다. 또한 헌법의 법원은 헌법이 어떻게 존재하는가를 말하는 것으로 성문헌법과 불문헌법이 있다. 헌법개정의 난이도에 따라 연성헌법과 경성헌법으로 구별되며, 난이도의 기준은 일반법률이다. 즉, 국회에서 일반법률을 개정하는 절차와 헌법개정의 절차를 비교할 때 서로 같은 기준이면 개헌이 쉽다는 의미에서 연성헌법(flexible constitution), 개헌이 더 어려운 절차를 거쳐야 할 경우를 경성헌법(rigid constitution)이라 한다. 우리는 개헌의 발의요건과 국회 의결정족수가 까다롭고, 마지막으로 국민투표를 통과해야 한다는 요건을 두고 있기 때문에 경성헌법에 속한다. 헌법의 의미를 명확하게 이해하기 위해서는 헌법해석방법론이 필수적으로 요청된다.

  헌법도 법이기 때문에 헌법을 위반한 경우에 헌법은 이 무너진 권위에 어떻게 대처해야 하는가의 문제가 있다. 법은 도덕과 달리 스스로 강제력으로 무장하지 않으면 국가권력자나 외국 혹은 국민들에 의해서 침범될 수 있다. 그래서 헌법을 수호하려는 노력이 필요하다.

1.1. 헌법의 개념

1.1.1. 대한민국헌법의 편제

우리나라 헌법의 공식 명칭은 「대한민국헌법」이다. 현행 헌법은 다음과 같이 편별되어 있다.

전문
제1장 총강(第1조~第9조)
제2장 국민의 권리와 의무(第10조~第39조)
제3장 국회(第40조~第65조)
제4장 정부(第66조~第100조)
제5장 법원(第101조~第110조)
제6장 헌법재판소(第111조~第113조)
제7장 선거관리(第114조~第116조)
제8장 지방자치(第117조~第118조)
제9장 경제(第119조~第127조)
제10장 헌법개정(第128조~第130조)
부칙(第1조~第6조)

헌법의 내용을 알기 위해서는 헌법전을 보아야 한다. 그 내용은 법제처의 '국가법령정보센터'(http://www.law.go.kr)에서 볼 수 있다. 현행 법령뿐만 아니라 지나간 연혁법령이나 근대법령, 영문법령도 여기에서 다 찾아볼 수 있다. 또한 헌법 학습을 위해서는 많은 관계 법률과 하위 법령들을 함께 읽어야 할 때가 많은데, 이들 법령도 여기에서 다 찾을 수 있다. 헌법재판소와 대법원의 판례도 필요하다. 이들도 헌법재판소와 대법원 사이트에서 구할 수 있다.

1.1.2. 헌법의 의미

1. 일반적 의미

헌법에 해당하는 영어의 'Constitution'과 독일어의 'Verfassung'은 조직, 신체, 구성물을 뜻한다. 사람이든 사물이든 간에 하나의 독립적인 개체로 인정받기 위해서는 실체와 규범의 결합이 반드시 필요하다. 존재(Sein)뿐만 아니라 당위(Sollen)까지 갖추어야 비로소 우리는 일정한 이름을 부를 수 있는 것이다. 사람도 생물학적 생명을 가질 뿐만 아니라 그 사람의 규범이 있어서 하나의 인격체가 된다. 그런데 중요한 것은 사실의 파괴뿐만 아니라 규범의 파괴도 그 존재의 붕괴를 가져온다는 점이다. 어떤 조직이든 헌법의 파괴는 곧 조직의 사멸이라고 말할 수 있다.

> **헌법학 방법론**
>
> 헌법학에서 헌법규범과 헌법현실과의 합치와 그 괴리에 관한 인식은 매우 중요하다. 법률학으로서의 헌법도 열심히 탐구해야 하지만, 헌법이 서 있는 토대와 현실이 어떤 상황인지를 알아야 양쪽의 괴리를 최소화시킬 수 있는 것이다. 전자가 규범학으로서의 헌법이라면, 후자는 사회과학(social science)으로서의 헌법이라고 할 수 있다. 전자를 관념주의 혹은 이념론(idealism)이라 한다면, 후자는 사실주의 혹은 현실론(realism)이라 할 수 있다. 바람직한 헌법학은 양자를 결합시키는 것이다. 규범학이 법률의 추상적 논리체계를 구성하는 것이라면, 사회과학으로서의 헌법이란 사회학, 정치학, 경제학, 지리학, 인류학, 역사학 등에 의거해서 '지금, 여기의' 구체적 현실을 파악하여 결코 공허한 헌법규범이 되지 않도록 붙잡아 준다. 구체적 현실과 추상적 규범이 결합될 때 비로소 헌법 발견(Constitution finding)이 이루어진다. 발견된 헌법은 이제 적용과 실천의 단계로 넘어간다. 그렇게 해서 헌법을 세워 나가는(Constitution founding) 헌법학까지 나아가야 하는 것이다.

2. 법학적 의미

앞에서 우리는 사실로서의 헌법과 규범으로서의 헌법이 존재함을 알았다. 그런데 우리가 일상 헌법이라고 부를 때의 헌법은 '국가의 최고법이자 근본적 규범'을 생각하고 말한다. 대한민국헌법은 우리나라의 국호가 대한민국이며, 정치체제가 민주공화국이며, 주권은 국민에게 있다는 것과 모든 국민은 기본권을 보장받는다는 내용을 담고 있다. 이와 같이 가장 근본적인 내용을 담고 있기에, 헌법은 근본규범(basic or fundamental law)인 것이다. 그리고 헌법은 이러한 근본적 내용을 수행하기 위한 국가의 주요 통치기구의 조직과 권한과 책임을 규정하고 있다. 또한 헌법의 위반 혹은 침해를 사전에 예방하고 사후에 처벌하기 위한 헌법의 보호장치도 마련하고 있다. 헌법재판소의 위헌법률심사제나 탄핵심판제도, 권한쟁의심판, 정당해산심판제도와 같은 것들이 그 예라 할 수 있다.

앞에서 말한 것처럼 모든 조직체는 사실적으로 존재하면서 동시에 조직의 목적과 운영방식까지 갖추어야만 완성된 조직체가 된다는 점에서 헌법은 '사실적 의미로서의 헌법'과 '규범적 의미로서의 헌법'을 동시에 포함하고 있다. 둘 중 하나라도 결여되는 경우에는 이미 조직체라고 부를 수 없게 되는 것이다. 마찬가지로 하나의 국가가 국가로서 불리기 위해서는 사실상의 헌법(국민과 영토)과 규범으로서의 헌법(국가목적, 주권, 통치기구)을 모두 갖추어야 하는 것이다.

다음에서 보듯이 헌법은 본래 국가의 통치기구의 종류와 권한을 규정한 법으로 인식되어 왔다(예컨대 조선시대의 「경국대전」). 그렇지만 근대 이후의 헌법은 통치기구 외에도 국민이 주권자임과 국민의 기본권보장에 관한 내용을 필수사항으로 하고 있다. 이렇듯 헌법은 시대상황, 즉 역사와 국가에 따라 변화하는 것임을 알 수 있다.

헌법이 무엇이냐 하는 질문에 대해서는 헌법철학이나 헌법적 세계관, 즉 어떠한 헌법관을 갖느냐에 따라 헌법의 범위와 내용이 달라질 수 있다. 그런 점에서 실질적 의미의 헌법개념은 매우 어렵고 다양하게 표현될 수 있다. 실질적 헌법의 내용 중에서 헌법전으로 규정해야 할 내용이 헌법사항이다. 헌법사항들이 헌법전으로 표현되는 것이다. 현재 영국을 제외한 모든 나라들은 성문의 헌법전을 제정하여 국가 최고의 표준법으로 삼고 있다. 이것을 '형식적 의미의 헌법(＝헌법전)'이라고 한다.

따라서 헌법개념의 범위는 헌법전(＝형식적 의미의 헌법)에서 출발하지만, 다양한 실질적 헌법의 내용까지 포괄하고 있다고 말할 수 있다. 다시 말해서 우리의 헌법 학습도 대한민국헌법전에서 시작해서 대한민국의 실질적 헌법을 찾고 구현해 나가는 것이 목표가 될 것이다.

> 기본권 개념은 일찍이 영국에서 기원한다. 1215년의 마그나 카르타, 1679년의 인신보호법, 1689년의 권리장전 등이다. 그러나 자유주의시대의 기본권은 1776년 6월 미국 독립 직전에 제정된 버지니아 권리장전, 같은 해 7월 미국 독립선언서, 1787년 미국의 연방헌법 권리장전(1787~1791년), 1789년 4월 26일 프랑스의 「인간과 시민의 권리선언」과 그 후의 헌법들(1793년, 1795년)이 기본권을 담고 있다. 우리나라 최초의 헌법이라고 할 수 있는 대한제국의 「국제(國制)」는 군주의 지위에 관한 규정만 있지 기본권을 전혀 담고 있지 않은, 즉 입헌군주제에도 미치지 못하는 전제군주정을 위한 흠정(欽定)헌법으로 분류된다. 현재 독일 헌법은 기본권편부터 시작하는 괄목할 만한 모범을 보여 주고 있다.

1.2. 근대 시민국가 헌법과 현대 사회복지국가 헌법

1.2.1. 근대 시민국가 헌법

근대 시민국가 헌법은 시민혁명을 통하여 봉건시대와 결별하고 시민이 주역이 되는 새로운 국가의 헌법을 말한다. 근대는 곧 반(反)봉건이다. 봉건시대가 신분제, 농촌경제, 군주주권의 시대였다면, 근대는 평등한 시민의 시대, 도시 중심의 상공업과 산업의 자본주의시대요, 국민주권의 시대라 할 수 있다.

근대국가는 의회의 시대이기도 하다. 영국은 일찍이 청교도혁명과 권리장전(1689)으로 의회주권시대를 열었다. 근대헌법의 시작은 보통 1215년의 마그나 카르타(대헌장)로 본다. 대헌장은 군주라 할지라도 반드시 지켜야 할 내용들을 많이 거시해 놓았고, 그것을 위반했을 때에는 국왕과 왕가에 얼마든지 책임을 추궁할 수 있다는 약속을 하였다. 최고권력자인 군주의 권한을 제한하는 합의문서였다는 점에서 대헌장은 근대헌법의 효시로 분류되는 것이다(권력제한규범으로서의 헌법). 군주의 권한에 대한 제한이라는 영국의 전통은 1628년의 권리청원, 1679년의 인신보호법에서도 뚜렷하게 계속되었다.

> "…… 전술한 여러 제정법(*마그나 카르타를 가리킴)과 왕국의 기타의 정당한 법 및 제정법의 취지에 반하여, 최근 폐하의 많은 신민이 하등의 이유도 제시되지 않은 채 구금되었다. 더욱이 폐하의 인신보호영장에 의하여 법원의 명에 따라 석방 여부를 결정코자 폐하의 재판관 앞에 출두하고 재판관이 신병 구속자에게 구속이유를 명시하라고 명한 경우에도, 폐하의 추밀원의 고문관들이 서명한 폐하의 특명에 의하여 구금되었다. ……"(영국의 권리청원 제5항)

사실상 근대의 최초 시민혁명에 해당되는 청교도혁명을 보면, 일단 구체제의 대표라 할 수 있는 왕당파와 의회파의 전쟁에서 의회파의 승리로 끝났다. 왕당파보다는 진보적이었던 크롬웰이 있었지만, 크롬웰의 무정부적 집권기에 다양한 사회사상이 출현하였다. 급진민주주의를 지향했던 수평파의 릴번(John Lilburne)이 있었고, 빈민대중의 입장을 대변한 윈스턴리(Gerrard Winstanley)도 있었다. 이들에 의해 지방자치, 신앙과 결사의 자유가 주장되었고, 토지공유사상도 나왔다. 아직 의회 중심의 대의제도 시작되지 않은 터에 한참 앞서 나간 주장들이었다. 그 결과 크롬웰 사후 사회안정을 희구하는 분위기에서 왕정이 복고되었다. 그러나 이미 의회는 왕권을 압도한 마당이었다. 그래서 왕은 군림하나 통치하지는 않는 의회주권(parliamentary sovereignty) 국가가 된 것이다. 이와 함께 정당이 출현하였다. 토리당과 휘그당이었다. 정당은 아직 확연한 이념정당은 아니었지만, 대체로 전자가 보수적 왕당이었다면, 후자는 신흥 부르주아의 자유당과 가까웠다고 할 수 있다. 정당정치의 시작은 양당 외의 정치적 주장들을 의회에서 배제시키는 효과를 가져왔다. 당시는 당연히 제한선거였고, 대의제가 행해졌다. 이렇게 대의제민주주의는 전체

국민 중 일부만을 대표하고 있었다. 역사가 지속되면서 선거권 확대운동이 계속되었다. 1832년의 제1차 선거법 개혁, 1867년의 제2차 선거법 개혁, 1884년의 제3차 선거법 개혁을 거치면서 선거권이 토지 부르주아층에서 신흥 산업 부르주아층으로, 다시 도시노동자층, 농업노동자, 광산노동자 등 저변으로 점차 확대된다. 자본주의의 성숙과 발달은 더 많은 노동자를 낳고, 노동조합과 노동법이 새로운 주제로 떠올랐다. 영국에서 노동당이 출현한 것은 1900년이다. 이제 계급적으로 볼 때 전 국민을 대변하는 정당정치가 된 것이다.

시민국가를 설명하는 데 미국을 빼놓을 수 없다. 미국은 영국의 식민지에서 독립하였고, 새로운 입헌주의국가를 건설하였다. 1787년 제정된 미국 헌법은 최초의 공화국, 로크에 입각한 의회주의, 몽테스키외의 삼권분립, 연방제, 대통령제, 헌법전에 권리장전 포함, 그리고 사법심사제(위헌법률심사제) 등 여러 가지 면에서 세계 최초의 입헌주의제를 모범적으로 보여 주었다.

미국 독립이 도화선이 되어 1789년 프랑스 시민혁명이 발발했다. 프랑스혁명은 유럽 전역을 구체제(ancien régime)로부터 근대로 거듭나게 했다는 점에서 세계사적 의미를 가진다. 프랑스혁명은 구체제의 상징이었던 군주를 처형하고, 새로운 근대 정치체제를 수립했다는 점에서 말 그대로 혁명성을 가졌다. 그러나 바로 그 점에서 합리주의의 한계를 노정했다. 즉, 사상과 논리가 곧바로 사회에 반영되고 실현되지는 않는다는 점에서 그 후 공화국과 왕정복고가 반복되는 사회적 요동 속에서 시행착오를 거친다. 그렇지만 프랑스혁명 이후 급진전된 국민주권원리, 군주제의 폐지와 공화국 출범, 권력분립원리와 의회제, 천부인권, 민법전의 편찬 등이 유럽 전역에 확산되는 계기가 되었다.

근대 시민국가의 헌법은 자본주의를 기반으로 했다. 초기 자본주의는 자유주의 원리에 입각했다. 특히 정치적으로는 로크의 개인주의에 입각한 자연적 조화의 세계를 꿈꾸었고, 경제학에서는 스미스(A. Smith)의 '보이지 않는 손'의 작용에 의한 자유방임주의가 이론적 토대가 되었다. 그러나 자본주의의 성숙과 확대과정에서 자유주의의 한계가 노출되었다. 빈부의 양극화와 자본과 노동계급의 분리와 더불어 사회문제가 출현한 것이다. 한없이 빈곤으로 추락하는 사회계층에 대해 그 대처방법에 관한 문제가 제기되었다. 처음에는 자선의 차원에서 구빈원의 설치 정도로 빈곤문제에 대처했지만 자본주의가 더욱 발전하면서 노동자의 수가 증가함에 따라 노동자들의 정치적, 사회적 의식과 요구가 커졌다. 불공정한 분배의 시정과 정당한 분배에 대한 요구가 사회적 정의 차원에서 제기되었다. 그와 함께 노동자의 단결권, 노동조합의 결성, 사회보장제의 도입, 기업의 독점금지법 등이 필요해졌다. 이것이 사회주의국가와 사회복지국가 출현의 시대적 배경이 되었다. 근대 시민국가 헌법의 특징을 요약하면 다음과 같다.

   (1) 국민주권원리의 선언
   (2) 자유권 중심의 기본권 보장
   (3) 법치주의의 시작(형식적 법치주의)
   (4) 대의제원리의 도입
   (5) 권력분립원리의 중시
   (6) 성문헌법주의

1.2.2. 현대 사회복지국가 헌법

자유주의의 수정은 자본주의의 규모 확대와 노동자 인구비율이 커진 것과 상관이 있다. 서양 역사에서 1848년은 주의를 기울일 만한 해이다. 대체로 유럽 자본주의가 본격적인 발달기에 접어든 것을 확인할 수 있다. 이 해에 프랑스의 2월 혁명과 독일(프러시아)의 3월 혁명, 공산당선언 등이 있었다. 그리고 바로 직전인 1846년에는 영국에서 곡물법(corn law) 폐지가 있었다. 곡물법 폐지의 이면에는 농촌 대지주와 산업자본가의 이익의 대립이 놓여 있었다. 오늘날의 우루과이 라운드와 FTA의 도입마냥 자유무역이냐 농업을 보호하는 보호무역이냐를 결정하는 법개정 논란이었다. 곡물법 유지를 주장하는 농촌 대지주 편의 맬더스와, 산업자본주의를 위해 자유무역이론을 역설했던 리카도라는 두 경제학자의 대리전이 의회에서 격돌하였다. 결국 리카도의 승리로 귀결되었고, 이것은 산업자본주의가 본격적인 궤도에 진입했음을 알려 주는 신호로 해석되었다. 그러나 자본주의가 성숙할수록 자본주의에 대한 비판과 수정 요구 또한 거세졌다.

자본주의에 정면으로 대립한 입장은 사회주의였다. 많은 사회주의가 있었지만, 조직적이고 광범위했던 것은 마르크스-레닌의 사회주의혁명이론이다. 자본주의를 전복하고 공적 소유에 기반을 둔 계급 없는 사회를 꿈꾸는 사회주의가 유럽에 광범위하게 유포되면서 자본주의체제 수호의 움직임 또한 강해졌다. 사회주의에 대한 강력한 탄압이 행해진 반면, 회유책도 나왔다. 독일의 비스마르크는 실업보험과 사회보험과 같은 초기 사회보장제를 만들었다. 1871년에는 노동조합법에 의한 노동자 단결의 합법화도 이루어졌다.

또한 사회주의 이념을 직접적인 혁명에 의한 방식 대신, 의회를 통한 점진적 이행전략을 택한 영국의 페이비언 소사이어티(Fabian Society) 같은 정치단체도 출현하였다. 선거제를 통한 점진적 이행을 모색하는 사회민주주의 정당(사민당)이 출현한 것이다. 그래서 러시아에서는 사회주의혁명과 레닌 헌법이 제정되었지만, 유럽 대부분의 국가는 사민당, 노동당의 이름으로 중도좌파정당이 출현하기에 이르렀다. 이들 정당이 추구한 이념이 사회국가였고 복지국가였다.

각 나라마다 발전단계는 달랐지만, 대체로 노동조합 단결권의 인정, 반독점법, 사회보장법 제정이 공통 사안이었다. 이와 관련된 헌법 차원의 최초 변화된 모습이 독일 바이마르공화국 헌법이다. 제1차 세계대전에서 패전한 독일은 황제의 퇴위와 함께 공화국으로 이전되었다. 1918년 11월 혁명이라고 부를 만큼 공화국의 준비과정은 과열된 분위기였다. 이런 가운데 타협안으로 바이마르 헌법이 제정된 것이다. 사회국가, 사회권 등 자유주의에 대한 수정이면서 동시에 사회주의의 부분적 반영이기도 했다. 바이마르 헌법은 내용이 풍부한 사회(복지)국가였지만, 패전 이후 독일의 경제적 토대가 취약했으며, 동시에 자본주의국가에 엄습했던 대공황으로 인하여 헌법은 붕괴되고, 히틀러 집권으로의 길로 들어섰다. 전후 서독은 훨씬 간소하게 만들어진 사회적 법치국가를 간판으로 내걸고 출발하였지만, 내용적으로는 그 어느 때보다 훌륭한 법치국가, 헌법국가를 실현하는 가운데 동서독 통일을 이루고 모범적인 사회복지국가를 실현하게 되었다.

영국은 1900년대 초기에 새로운 자유주의(New Liberalism)의 이름으로 사회정책들을 실시하였으며, 특히 제2차 세계대전 중에 베버리지(W. H. Beveridge) 개혁안이 마련되었고, 이는 종전 후에 복지국가로 전환하는 기반이 되었다.

미국의 경우 1929년 대공황의 시작과 함께 수정자본주의로 전환되었다. 뉴딜정책이 도입되어 1970년대까지 기조를 이루었다. 국가가 경제와 사회정책에 개입한다는 입장인데, 미국에서는 예외적 상황으로 인식되는 것이었다.

영국과 미국은 1970년대를 끝으로 각각 대처 총리와 레이건 대통령의 집권과 함께 복지국가와 뉴딜을 버리고 신자유주의(Neo-liberalism)로의 회귀를 선언했다. 1980년대에 소비에트 사회주의가 붕괴하고 동구가 자유화되었다. 마치 소련 사회주의에 대한 미국 자본주의의 승리인 것처럼 인식되면서 세계화, 정보화를 기반으로 신자유주의적 분위기가 전 세계에 만연하였다. 1997년 영국 노동당이 집권하면서 토니 블레어 총리는 제3의 길을 천명하였다. 제3의 길도 신자유주의에 기조를 두되 약간 변형을 가한 정책이라고 평가된다. 이 시기의 헌법의 핵심을 요약하면 다음과 같다.

(1) 국민주권원리와 인민주권원리의 대립(냉전체제)과 공존
(2) 실질적 · 절차적 법치주의의 발달
(3) 자유권의 실질적 보장과 사회적 기본권의 강조
(4) 행정국가, 적극국가의 요청
(5) 헌법재판제도의 발달과 사법국가화 경향
(6) 정당제도의 발달
(7) 국제평화주의의 모색

1.2.3. 21세기 세계화, 정보화, 기후변화, 통일시대의 헌법

이렇듯 현재의 헌법은 세계화라는 지구촌 시대를 살고 있다. 환경과 생태학의 중시, 기후변화, 정보화사회와 소셜미디어의 발달, 인공지능(AI) 개발, 양성평등의 전면화 등 포스트모던한 시대를 살고 있다. 제4차 산업혁명이 시작되었고, 더 나아가서는 근대가 예정했던 전제들, 즉 국가단위의 세계, 개인주의, 이성(理性) 중심, 남성본위, 가부장사회를 대체하는 가히 문명사적 대변환기의 징후마저 나타나고 있다. 1980년대 중반 이후 사회주의국가의 붕괴와 정보화사회의 출현, 국제연합(유엔)을 넘어 유럽연합과 같은 지역공동체의 성립은 동북아지역의 공동체는 물론 향후 세계정부를 구상해 볼 수 있는 기초를 제공하고 있다. 그러나 동시에 2016년 6월 영국은 국민투표를 통해 EU를 탈퇴하는 결정을 하였다(이른바 'Brexit'). 국경을 없애고 국가 간 공동체를 구성하려는 흐름에 국가의 주권을 중시하는 반대의 흐름이 나타난 것이다. 국제화가

구성국가의 주권을 무시하는 방향으로 진행되어도 안 되겠지만, 주권의 강화에만 매달려 국제화에 역행하는 것도 바람직하지 않다.

> 기후변화를 야기하는 온실가스의 대부분은 그동안 선진산업국들이 배출했다. 그런데도 세계에서 가장 빈곤한 지역에 사는 사람들이 그 영향을 가장 심각하게 받았다. (중략)
>
> 이들 사회는 나머지 다른 세계에 뒤떨어져 있는데, 콜리어는 그들이 네 가지 '덫'에 걸려 있다고 말한다. 내전, 천연자원, 나쁜 이웃에 포위된 내륙국, 나쁜 거버넌스를 가지는 나라들이다. 세계 최빈곤층이 사는 나라의 약 30%는 풍부한 자원으로 경제를 지탱하는 국가들이다. 그런 자원이 있는데도 가난한 이유는 자원에서 얻는 수입이 오직 소수의 지배계층만 살찌울 뿐이기 때문이다. 게다가 그런 자원 수입은 다른 산업에 대한 투자를 감퇴시켜 그 나라의 수출 경쟁력을 떨어뜨린다. 이들이 스스로의 삶을 개선해 나갈 방도를 찾지 못할 경우 전 세계가 얼마나 큰 희생을 치러야 하는지 극명하게 보여 주는 사례가 아닐 수 없다.[1]

1.3. 헌법의 특질

이상에서 살펴본 바와 같이 헌법은 단기적으로는 불변하는 고정적인 법으로 비치지만, 장기적 관점에서 보면 역사의 변천에 따라 그 내용의 부침이 크게 요동쳐 왔다는 것을 알 수 있다. 지금 이 시간에도 헌법의 실체적 내용은 변화무쌍하게 진행되고 있다는 사실을 알아야 한다. 이런 변화가 현저할 정도로 헌법전과 괴리될 때에는 헌법개정이 불가피할 것이다.

---

1) 앤서니 기든스, 홍욱희 옮김, 『기후변화의 정치학』, 에코리브르, 2009, 307~312쪽.

1.3.1. 헌법의 사실적 특질

1. 정치성

헌법은 여타의 법률에 비해서 정치권력과 밀접한 것으로 이해된다. 우선 헌법이 국가 최고권력기관(국회, 대통령과 정부, 법원, 헌법재판소 등)을 규율대상으로 하기 때문에 이들 기관의 권한행사가 곧 헌법적 의미와 결부된다. 또한 헌법의 제정 및 개정과정이 흔히 실정법을 초월한 사실적 정치행위의 결과로 나타나는 경우가 많다. 이러한 측면에서 헌법의 영역은 정치적 세력들이 각축을 벌이는 정치의 장이다. 따라서 헌법재판에 대한 이해도 다른 민·형사 재판과 달리 '정치적 사법(司法)'이라 설명한다.

그러나 정치를 생존에 관한 의사결정에의 참여라는 미시적 관점에서 보면 모든 법이 정치적 성격의 반영물이다. 법과 정치의 합치를 떠날 수 없는 것이다. 예컨대 요지부동 변하지 않는 민법, 형법도 근대 자본주의 정치체제를 지탱하는 법이라는 점을 인식할 필요가 있다. 어찌 보면 시민의 일상생활에 가장 맞닿아 있는 부동산거래법, 세법, 금융거래법, 지방자치조례 같은 것들이 현실정치를 가장 많이 반영하는 토대의 법들이라고 할 수 있다. 이러한 토대의 하위법령들이 변화하면서 상위법들의 내용과 형식이 서서히 바뀌어 나가는 것이라고 보아야 한다.

2. 이념성

헌법은 일정한 정치이념이나 이데올로기를 직접적으로 반영하는 법이라고 할 수 있다. 크게 보면 근대 시민국가의 헌법이나 사회주의 헌법, 사회국가의 헌법 등으로 분류되는 것이 대표적인 예이다. 더 작게 보더라도 해방 이래 우리 역사에서 4·19 이후의 민주정부와 5·16 이후의 군사정권시대의 헌법의 내용과 운영상태가 판이했음을 볼 수 있다.

그러므로 헌법의 적용과 해석에서도 이념 또는 가치질서를 둘러싼 헌법투쟁이 전개되기도 한다. 헌법해석이 순수한 논리해석만으로 그칠 수 없는 이유도 이러한 이념적 성격 때문이다.

3. 역사성

헌법의 역사성(Geschtlichkeit)은 두 가지 면에서 논의되어야 한다. 첫째, 헌법은 일정한 역사적 상황에서 성립하는 역사적 산물이라는 것이다. 역사적 발전단계에서 그에 상응한 헌법이 출현했음은 이미 살펴본 바와 같다. 60여 년 우리 헌정사만 보더라도 분단과 내전, 혁명과 반혁명, 냉전과 해빙, 사회주의체제의 붕괴와 정보화사회와 세계화 시대의 도래 등이 모두 헌법에 영향을 미치고 있다는 것이다.

둘째, 헌법의 역사성은 헌법이 고정불변하지 않고 변전무상함을 인식해야 한다는 것이다. 시간은 끊임없이 흐르고 사람도 변한다. 여기, 지금이라는 일회성을 가진 실존상황에 적합한 헌법인식과 헌법실현은 헌법이 단순히 과학적 논리체계의 대상(즉, 학문적, 인식적 영역)에 국한되지 않는, 이성과 감성 등 종합적 판단의 대상(즉, 예술적, 행동적 영역)에까지 확장되는 것임을 알게 한다.

1.3.2. 헌법의 규범적 특질

1. 권력제한규범성

헌법이 주요 국가기구를 조직하고 일정한 권한을 부여하는 수권규범이라는 의미를 다른 측면에서 보면, 해당 국가기관은 부여받은 권한 이외에 다른 기관의 권한을 행사해서도 안 되고 부여받은 권한을 넘는 권한을 행사해서도 안 된다는 것을 의미한다. 즉, 수권규범은 다른 관점에서 보면 동시에 권력제한규범인 것이다.

그런데 헌법은 국가 최고권력기관에 대한 권력제한을 할 수 있어야 한다. 만약 헌법의 제약을 받지 않는 권력을 가진 집단이나 조직이 있다면 그 사회는 이미 헌법이 작동하지 않음을 뜻한다. 애당초 영국에서 법의 지배(rule of law)원리가 군주도 '법 아래에' 있다는 것을 분명히 하는 데에서 출발했던 것처럼, 오늘날의 입헌주의 역시 그 어떤 권력자도 '헌법 아래에' 있어야 함을 뜻하는 원리임을 확실히 인식해야 하는 것이다. 우리 헌정사에서 헌법전은 있었지만 오랫동안 군부정권이라는 헌법부재의 시기를 보낸 것도 생각해 보면 헌법이 최고권력자의 권력을 제한하지 못했다는 데에서 찾을 수 있다. 영국의 마그나 카르타가 세계 최초의 헌법이라고 불리는 이유도 이 합의문서를 통해서 당시 최고권력자인 군주의 권한을 제한한 최초의 사건이었다는 점에서 발견할 수 있으리라고 본다.

2. 최고규범성

헌법의 규범적 특질은 여타 규범에 대비하여 헌법이 지닌 특질을 말한다. 헌법은 한 나라의 최고규범이다. 따라서 다른 법규범보다 우월한 효력이 인정된다. 미국 헌법에서 명시하고 있는 것과 달리,[2] 우리 헌법에는 헌법의 최고규범성을 직접적으로 명시한 규정은 없다. 우리 헌법은 헌법의 최고규범성에 대한 명문의 규정을 별도로 두고 있지는 않으나 위헌법률심사제를 비롯한 헌법재판제도, 대통령과 고위공직자의 헌법준수의무와 탄핵제도, 대통령의 헌법준수의무 취임선서, 헌법개정에서의 경성헌법요건 등을 포함한 헌법의 곳곳에서 최고규범성을 간접적으로 드러내고 있다.

근대 입헌주의 헌법에서는 의회의 입법권이 최상위에 있었기 때문에 헌법의 최고규범성은 중시되지 않았다. 현대 헌법에 와서야 헌법의 최고규범성을 보장하기 위한 수단으로 위헌법률심사제도가 일반화되었다.

3. 기본권보장규범성

근대 입헌주의국가는 국가권력의 목적이 기본권의 보장에 있음을 명확히 했다. 이후 헌법은 국민의 기본권을 보장하는 것을 본질적 징표로 하고 있다. 제2차 세계대전 이후에는 국제연합 차원에서 세계인권선언과 국제인권규약들을 제정한 상태라서, 이제는 어느 나라의 헌법도 국민의 기본권을 외면할 수 없게

---

2) 미국 헌법 제6조 (2) 이 헌법에 의거하여 제정되는 미국의 법률 그리고 미국의 권한에 의하여 체결된 모든 조약은 이 나라의 최고법이며(the supreme Law of the Land), 모든 주의 법관은 어느 주의 헌법이나 법률 중에 이에 배치되는 규정이 있을지라도, 이 헌법에 구속을 받는다. 또한 비교적 최근 제정된 남아프리카공화국 헌법(1996) 제2조도 "이 법은 남아프리카공화국의 최고법으로, 이와 상반되는 법률 또는 행위는 효력이 없으며, 이 법에 의해 부과된 의무는 반드시 준수해야 한다"고 되어 있다.

되었다.

이제 중요한 것은 헌법에 정해진 기본권규정을 얼마나 실효성 있게 보장하느냐에 있다. 이를 위해서 헌법재판제도의 운영이 필수적이라고 할 수 있다. 이 점에서 보면 세계 각국의 헌법재판제도의 발전은 아직도 초기 단계에 머물고 있다고 생각된다. 다행히도 우리의 헌법재판제도는 1987년 헌법체제 이후부터 크게 활성화되어 아시아 국가들 중에서는 가장 앞선 모습을 보여 주고 있다고 말할 수 있다. 하지만 우리의 헌법재판제도는 자유권 보장에는 충실하지만 사회권, 특히 노동기본권과 사회보장기본권, 「국가보안법」 관련 인권 사안에서는 아주 미흡한 상황에 머물러 있는 실정이다.

4. 조직 · 수권규범성

헌법의 본래적 기능은 국가권력을 조직하고 그 권한을 명확히 하는 것이다. 이런 기능이 기본권보장과 관련해서 의미를 가지기 위해서는 권력의 남용을 방지해야 한다. 그래서 근대 이후의 헌법은 권력분립의 원리에 따라 국가의 통치기구를 운영할 것을 요구하고 있다. 우리나라의 헌법도 삼권분립을 기본으로 해서 입법권은 국회에, 집행권은 대통령과 정부에, 사법권은 법원에 부여하는 것을 기본 골격으로 하고 있다. 그 외에도 중앙정부와 구별되는 지방자치제의 실시, 중앙선거관리위원회의 존치, 헌법재판소의 설치, 경제의 민주화를 특징으로 하고 있다.

1.4. 헌법의 법원(法源)

1.4.1. 성문헌법, 불문헌법

법원(法源, sources of law)이란 법의 존재형식을 말한다. 다시 말해서 헌법의 법원은 헌법이 어떻게 존재하는가를 말한다. 헌법은 우선 성문헌법(written constitution), 즉 헌법전이 가장 명확한 법원이다. 성문헌법이 아닌 법은 불문헌법(unwritten constitution)이다.

> **【대통령(노무현) 탄핵사건(헌재 2004.5.14. 2004헌나1)】**
> 헌법은 탄핵사유를 "헌법이나 법률에 위배한 때"로 규정하고 있는데, '헌법'에는 명문의 헌법규정뿐만 아니라 헌법재판소의 결정에 의하여 형성되어 확립된 불문헌법도 포함된다. '법률'이란 단지 형식적 의미의 법률 및 그와 동등한 효력을 가지는 국제조약, 일반적으로 승인된 국제법규 등을 의미한다.

불문헌법에는 관습헌법과 조리가 있다. 관습헌법은 우리 헌법재판소의 판례로서 처음 우리나라에 소개되었다. 다수의견에 의해서 '수도가 서울이라는 것은 관습헌법'으로 확정되었기 때문에 향후 수도를 이전하기 위해서는 법률로는 안 되고 헌법개정을 통해서만 가능하게 만들었다. 조리는 사실상 헌법해석의 내용에 용해되어 여러 가지 원칙(대표적으로 비례의 원칙, 신뢰보호의 원칙 등)으로 정리되어 헌재결정의 근거로 삼고 있다. 헌법규정은 아니면서도 헌법을 해석하고 판단하는 내적 논리가 원칙으로 정착된 예이다(제5장 실질적 법치주의 내용 참조).

헌법판례는 법원인가? 판례는 추정적 구속력만 있을 뿐 논거만 달리하면 얼마든지 변경 가능하다. 영미법과 달리 대륙법계 국가인 우리나라에서는 헌법판례를 공식적인 법원으로 보지 않는다. 그런 점에서 선례를 구속성(binding force)의 근거로 삼을 수는 없다. 하지만 현실에서는 헌법판례가 다음의 유사한 판결에 지대한 영향을 주는 것이 사실이다. 그렇기 때문에 헌법 학습에는 헌법판례에 대한 이해와 추적이 필수라고 할 수 있다.

또한 우리나라에서는 공식적 법원이 아니지만, 재판관의 헌법판단에 영향을 미치는 것이 헌법교과서나 논문들이다. 새로운 사건이나 어려운 사건이 있으면 헌법재판소의 재판관들은 기존의 헌법 관련 연구물들을 찾게 된다. 물론 외국의 입법, 판례, 논문들에 대한 연구도 마찬가지이다. 판결문은 설득력을 가져야 하므로 좋은 내용을 가진 교과서나 연구물들을 원천(sources)으로 삼게 된다. 이들은 판결에 직간접적으로 영향을 미치지만 판결문에는 기록되지 않고 그 내용으로 용해될 뿐이다.

1.4.2. 경성(硬性)헌법, 연성(軟性)헌법

이 용어는 헌법개정의 난이도에 따른 구별이다. 난이도의 기준은 일반법률이다. 즉, 국회에서 일반법률을 개정하는 절차와 헌법을 개정하는 절차를 비교했을 때, 서로 같은 기준이면 개헌이 쉽다는 의미에서 연성헌법(flexible constitution), 개헌이 보다 어려운 절차를 거쳐야 할 경우를 경성헌법(rigid constitution)이라 한다. 우리는 개헌의 발의요건과 국회 의결정족수가 까다롭고, 마지막으로 국민투표를 통과해야 한다는 요건을 두고 있기 때문에 경성헌법에 속한다.

아직까지 성문헌법전이 없는 영국의 경우에는 법률을 통해서 헌법사항을 개폐하기 때문에 당연히 연성헌법국가로 분류된다. 인도는 특정한 사항 외의 헌법내용들은 일반법률 개정의 요건과 같기 때문에 연성헌법의 성격을 다분히 내포하고 있다. 우리의 경우 헌법재판소의 판결이 많아졌기 때문에 헌법 조문을 명확히 한다는 차원에서 개헌의 필요성은 상존하고 있다. 그래서 향후 개헌을 이원화시킬 수도 있으리라고 본다. 그렇지 않다면 미국의 경우처럼 헌법조문의 미숙과 착오적인 표현에도 불구하고 입법과 판례를 통해서 탄력적으로 시대에 적응해 나가는 길도 있다.

1.5. 헌법의 해석

1.5.1. 헌법해석의 다양성

2016년 전후로 양심적 병역거부에 대한 1심 재판에서 무죄판결이 9건이나 나왔다. 법원의 분위기가 바뀌고 있는 것이다. 양심적 병역거부로 처벌된 사람은 해마다 600~700명, 지난 60여 년 동안 1만 7천여 명이다. 우리 사회에서 인정받기 힘든 병역거부 사안이기는 하지만, 이렇게 기계적이고 반복적인 수형자들을 무대책으로 일관한 것만으로도 행형정책상 문제점으로 지적하지 않을 수 없다. 최근에는 이와 같은 사람들을 수감이라는 단순 대처방식보다는 대체복무제를 도입하여 사회봉사에 활용하는 방법이 유익하다는 여론이 확산되고 있다. 사회가 기본권에 대한 인식이 미흡할 때에는 처벌을 당연시하였지만 지금은 그렇지 않다. 바라보는 국민들마다 제각각 의견이 다르다. 이런 현상은 헌법재판소에서도 마찬가지이다. 그 예를 보도록 한다. 이 예를 통하여 우리가 일상적으로 무심하게 지나쳤던 억울하고 부당한 사안도 좀 더 '진지하게' 생각해 보면 헌법사안(constitutional case)으로 될 수 있다는 것을 실감하면 좋겠다. 헌법사안은 문제의 해법을 위한 헌법적 사고(constitutional mind)를 요한다. 판결의 결론에만 집착하지 말고 청구인과 국가 간의 대립관계에서 각자의 견해, 그리고 헌법재판관들의 판단이 어떻게 전개되는지에 관심을 기울여 보자. 여러분은 청구인측이 될 수도 있고, 방어하는 국가기관이 될 수도 있으며, 헌법재판관이 될 수도 있다는 것을 생각하면서 말이다.

【병역법 제88조 제1항 제1호 위헌제청사건(헌재 2004.8.26. 2002헌가1)】
-【심판대상조문】
「병역법」(1999.2.5. 법률 제5757호로 개정된 것) 제88조(입영의 기피) ① 현역입영 또는 소집통지서(모집에 의한 입영통지서를 포함한다)를 받은 사람이 정당한 사유 없이 입영 또는 소집기일부터 다음 각 호의 기간이 경과하여도 입영하지 아니하거나 소집에 불응한 때에는 3년 이하의 징역에 처한다. 다만, 제53조 제2항의 규정에 의하여 전시근로소집에 대비한 점검통지서를 받은 사람이 정당한 사유 없이 지정된 일시의 점검에 불참한 때에는 6월 이하의 징역이나 200만 원 이하의 벌금 또는 구류에 처한다.

- 위헌제청인들은 다음과 같은 이유를 달고 있다.

(1) 헌법 제10조는 인간의 존엄과 가치를 보장하고, 제37조 제1항은 헌법에 열거되지 않은 국민의 자유와 권리는 경시되지 않는다고 규정하고 있는바, 진·선·미를 추구하면서 유한한 인생을 살아감에 있어서, 종교와 양심은 인간으로서의 존엄과 가치를 실현하는 데 없어서는 안 될 요소인데, 종교적 양심에 따른 병역거부 등을 형벌로 제약하는 것은 이들 조항에 대한 위배에 해당한다.

(2) 헌법 제11조가 종교 등을 사유로 하는 차별취급을 금지하고 있는데도 진실한 종교적 양심에 따라 병역을 거부하는 자에 대하여 강제로 징집을 실시하거나 형사처벌을 과하는 것은 평등원칙에 어긋난다. 여성이나 일정한 질병 및 심신장애를 가진 자를 병역의무자에서 제외하는 것처럼 양심적 병역거부자를 병역의무자에서 제외하는 것은 대체복무를 부과하는 한, 합리적 차별의 범주 안에 있다고 할 수 있고, 양심적 병역거부자들이 겪은 과거의 불이익을 고려할 때, 적극적 평등실현조치의 관점에서도 이를 고려해야 한다.

(3) 양심의 자유와 종교의 자유는 정신적인 강제로부터의 해방을 위한 필수적 전제조건이며, 사상의 다원성을 그 뿌리로 하는 자유민주적 기본질서의 불가결한 활력소인바, 형벌을 부과하여 병역을 강제하는 것은 양심이나 종교에 대한 본질적인 부담을 주는 것인 반면, 징병의 강제를 통한 국가의 이익은 양심적 병역거부자들에 대한 강제징집을 하지 않더라도 충족될 수 있으므로 이러한 경우에는 국가의 법질서가 양보하는 것이 바람직함에도 불구하고 형벌을 통해 이들의 징집을 강제하는 것은 양심의 자유 등을 침해하는 것이다.

(4) 종교의 자유 중 신앙실현의 자유가 헌법 제37조 제2항이 정하는 한계 내에서 제한될 수 있다고 하더라도, 이때 제한의 필요성 여부에 대한 판단기준은 명백하고 현존하는 위험의 법리나 과잉금지의 원칙일 것인데, 양심적 병역거부자들은 극소수의 인원에 불과하여 국방상 명백하고 현존하는 위험으로 이어지지 아니하며 대체복무의 기회를 주지 않고 곧바로 형벌을 가하는 것은 과잉금지의 원칙에 위배되는 것이다.

(5) 대체복무제도를 인정할 경우 평등권위반이나 병역기피자 양산 등의 문제가 발생할 수 있으나, 이것은 복무기간, 고역의 정도, 합숙생활 등에서 현역복무에 상응하는 대체복무제도를 실시하면 문제가 없고, 양심적 병역거부자들이 징병인원의 0.2% 정도인 점과 현대전이 과학전으로 바뀌고 있는 양상 등에 비추어 볼 때, 대체복무제의 실시는

국방에 위해가 되기보다는 오히려 적절한 인력사용방법의 하나가 될 것이다.

– 국방부장관의 의견 –

(1) 양심적 병역거부는 양심의 자유나 종교의 자유에서 당연히 도출되는 헌법상의 권리가 아니라, 입법자의 입법에 의하여 비로소 인정되는 법률상의 권리에 지나지 않고, 가사 양심적 병역거부권을 양심실현의 자유로 본다고 하더라도, 이것은 헌법 제37조 제2항에 의한 제한이 가능한 권리인바, 우리나라에 적대적인 무력집단의 전쟁야욕을 억제하고 국가적 정당방위 차원에서 징집된 자에게 집총을 명하는 것은 타인의 생명권을 침해하는 것이 아니므로 전쟁을 거부하는 신념을 가진 자에게 국가가 평시에 병역의무를 요구하는 것은 신념에 위협을 주는 양심의 자유의 본질적인 침해라고 할 수 없다.

(이하 (2) ~ (3)번 생략)

– 이런 요청에 대해 헌법재판소는 다른 결론을 내린다(다수의견이자 결론).

1. 일반적으로 민주적 다수는 법질서와 사회질서를 그의 정치적 의사와 도덕적 기준에 따라 형성하기 때문에, 그들이 국가의 법질서나 사회의 도덕률과 양심상의 갈등을 일으키는 것은 예외에 속한다. 양심의 자유에서 현실적으로 문제가 되는 것은 국가의 법질서나 사회의 도덕률에서 벗어나려는 소수의 양심이다. 따라서 양심상의 결정이 어떠한 종교관·세계관 또는 그 외의 가치체계에 기초하고 있는가와 관계없이, 모든 내용의 양심상의 결정이 양심의 자유에 의하여 보장된다.

2. 양심의 자유는 단지 국가에 대하여 가능하면 개인의 양심을 고려하고 보호할 것을 요구하는 권리일 뿐, 양심상의 이유로 법적 의무의 이행을 거부하거나 법적 의무를 대신하는 대체의무의 제공을 요구할 수 있는 권리가 아니다. 따라서 양심의 자유로부터 대체복무를 요구할 권리도 도출되지 않는다. 우리 헌법은 병역의무와 관련하여 양심의 자유의 일방적인 우위를 인정하는 어떠한 규범적 표현도 하고 있지 않다. 양심상의 이유로 병역의무의 이행을 거부할 권리는 단지 헌법 스스로 이에 관하여 명문으로 규정하는 경우에 한하여 인정될 수 있다.

(이하 3 ~ 5번 생략)

– 재판관 김경일, 재판관 전효숙의 반대의견 –

1. 일반적으로 적용되는 법률에 있어 그 법률이 명령하는 것과 일치될 수 없는 양심의 문제는 법질서에 대해 예외를 인정할지 여부의 형태로 나타난다. 그러나 다수가 공유

하는 생각과 다르다는 이유만으로 소수가 선택한 가치가 이상하거나 열등한 것이라고 전제할 수는 없으므로 이 경우 '혜택부여'의 관점에서 심사기준을 완화할 것이 아니며, 그 합헌성 여부 심사는 일반적인 기본권 제한 원리에 따라 이루어져야 한다. 한편 헌법 제39조에 의하여 입법자에게 국방에 관한 넓은 입법형성권이 인정된다 하더라도, 병역에 대한 예외 인정으로 인한 형평과 부정적 파급효과 등 문제를 해결하면서 양심적 병역거부자들의 양심보호를 실현할 수 있는 대안을 모색하는 것은 징집대상자 범위나 구성의 합리성과 같이 본질적으로 매우 광범위한 입법형성권이 인정되는 국방의 전형적 영역에 속하지 않으므로 그에 대한 입법자의 재량이 광범위하다고는 볼 수 없다.

(이하 2~4번 생략)

– 재판관 권성의 별개의견 –

이 사건 청구인의 신념은 종교상의 신념이므로 종교의 자유가 문제되는데, 집총거부를 허용하더라도 국가안보라는 중대한 헌법적 법익에 손상이 없으리라고 단정할 수 없으므로 입법자의 판단이 명백히 잘못되었다고 볼 수 없으므로 이 사건 법률조항이 종교의 자유를 침해한다고 할 수 없다. 종교에 바탕하지 않은 양심이 내심에 머무르지 않는 경우 비판의 대상이 되며, 비판의 기준은 보편타당성이다.

(이하 내용 생략)

– 재판관 이상경의 별개의견 –

헌법 제39조 제1항은 기본권 제한을 명시함으로써 기본권보다 국방력의 유지라는 헌법적 가치를 우위에 놓았다고 볼 수 있고 입법자는 국방력의 유지를 위하여 매우 광범위한 입법재량을 가지고 있으므로, 헌법 제37조 제2항 및 과잉금지원칙이라는 심사기준은 적용될 수 없다.

(이하 내용 생략)

* 다수의견, 소수의견, 반대의견, 별개의견, 보충의견

대법원 판결문과 헌법재판소의 결정문을 보면 다수의견, 소수의견, 반대의견, 별개의견, 보충의견이 기록된 것을 보게 된다. 대법원은 14인의 대법관으로 구성되는데 실제 재판은 법원행정처장을 제외한 13인이 참여한다. 국민들은 대법원은 항상 대법관 전체가 모여서 합의 재판을 하는 줄 알지만, 실제는 그렇지 않다. 「법원조직법」 제7조 제1항은 대법원의 전원합의 재판과 소부(小部)의 재판에 관해 규정한다. 판례변경이나

명령과 규칙의 헌법과 법률 위반사건 외에는 대법관 4인으로 구성된 3개의 소부에서 할 수 있도록 하고 있다. 전원합의체에서는 다수결원칙에 따라 결론을 내린다. 법은 해석에 의해 도출되는 것인데, 판결을 다수결에 따른다는 것이 의아할 수도 있다. 그러나 해석의 다양성이 있기 때문에 대법원과 헌법재판소와 같은 최고법원에는 다수의 대법관, 재판관을 두고 있는 것이다. 최고법원까지 올라왔다는 것만 가지고도 난해한 사건 (hard case)이 될 가능성이 높고, 그래서 해석과 판단의 다양성이 당연히 예상된다. 실제로 전원합의체의 경우 대법관 전원일치의 판결보다는 의견이 갈리는 판결이 많다. 대법원이나 헌법재판소는 헌법과 법에 담긴 국민의 다양한 목소리를 청취해야 하므로, 의견이 갈리는 것이 오히려 바람직하다고 말할 수 있다. 국민 다수의 지지를 받는 법해석도 필요하지만, 소수 국민들의 생각들도 판결과정에서 반영될 필요가 있다. 대법관과 재판관의 수가 많은 것에는 국민의 다양한 의견을 대변하라는 의미도 담겨 있다. 사법부에서의 대의제 이상을 반영한 것이다. 그래서 소신 있는 대법관이나 재판관이라면 의무적으로라도 소수의견을 작성해야 한다. 특히 진취적인 소수의견은 훗날을 위해서도 아주 필요하다. 비록 지금은 다수의견에 눌려 있지만, 어느 날 현재의 소수의견에 동감하는 지금의 청년 법률가들이 미래의 대법관이나 재판관이 되면, 소수의견이 다수의견으로 채택될 수 있는 것이다. 이것이 사법부에서의 정권교체에 해당하는 일이다. 미국에서는 이와 같은 소수의견을 작성한 법관들을 '위대한 반대자들(the great dissenters)'라 불러 명예로운 반열에 올려놓았다.

별개의견이란 다수의견과 결론은 같으나 결론에 이르는 논리가 다른 경우에 쓰는 의견을 말한다. 일반적으로 소수의견이라 함은 다수를 형성하지 못한 의견, 즉 반대의견과 별개의견이 모두 포함된다. 그 밖에도 보충의견이 있다. 보충의견은 다수의견, 반대의견, 별개의견에 대해 미진한 부분을 보충하는 의견이다.[3]

이렇듯 하나의 사안에 관하여 청구인의 청구이유와 정부의 답변, 그리고 헌법재판소의 재판관들 각각의 의견이 다양하게 전개되는 것은 자주는 아니더라도 그렇게 드문 것도 아니다. 모든 법률(법령)은 원칙적으로 일반적이고 추상성(general and abstract)을 가진다. 입법은 미래를 향한 규범 제정행위이기 때문이다. 집행부와 법원은 법률의 아래에서 특정한(particular) 사안에 구체적으로(concrete) 집행하고 적용하는 기관이다. 이것이 법치주의 원리이기도

---

3) 김영란, 『판결을 다시 생각한다』, 창비, 2015, 5~10쪽 참조.

하다. 하위법으로 갈수록 대상 사안이 훨씬 구체적이기 때문에 입법의 형태도 대단히 구체적이다. 하지만 그 법은 여전히 일반성, 추상성이라는 형식을 갖추고 있다. 그런데 법률보다도 더욱 상위에 있는 헌법은 정말 추상적인 법조문이 많다. 철학적 가치를 담는 용어도 즐비하다. 물론 헌법조문에서도 하나의 뜻으로 명백한 조문이 있다. 그렇지만 대체로 헌법은 추상적인 조문으로 가득 차 있다. 민주공화국, 인간의 존엄과 가치, 법 앞의 평등, 인간다운 생활을 할 권리 등 하나로 특정되지 않고 시간과 공간으로 열려 있다는 점에서 개방적 구조(open ended texture)의 규정들이라고 한다. 이것을 헌법의 단점이라기보다는 장점으로 받아들여야 한다. 개방적 구조의 규정이기에 법률전문가를 비롯해서 국민들도 그 해석에 관여하고 참여할 기회가 열린다. 다시 말해 민주주의의 토론의 장이 열린다는 것이다. 모든 국민도 헌법해석에 관한 발언권이 보장되며, 헌법해석의 생산력을 구성한다. 그러므로 헌법해석을 위해서 사상과 표현의 자유, 집회결사의 자유 등이 충분히 보장되어야 하는 것이다. 이런 권리들이 불충분할수록 헌법의 해석도 편향된다고 보면 된다.

헌법의 해석은 예컨대 "대한민국은 민주공화국이다"에서 민주주의, 공화국이라는 개념이나 원리로부터 파생되는 원리와 가치 등을 기준으로 하기 때문에 너무나 다양하고 방대하다. 헌법 제8조에서 정당민주주의를 표방하고 있기 때문에 정당과 국민의 관계는 헌법이 상세하게 정하지 않았다고 하더라도 정당민주주의의 개념에서 도출되는 원리와 가치들이 또한 헌법인 것이다. 물론 그 개념이 학자에 따라 다를 수는 있지만 이런 주장들이 헌법해석의 논란을 야기하게 됨을 예상할 수 있다.

1.5.2. 헌법해석의 의의

헌법의 해석이란 헌법규범의 객관적 의미내용이 무엇인지 밝혀서 구체적인 헌법문제를 해결하려는 헌법 인식행위이다. 헌법해석이 헌법규범의 의미내용만 밝히는 단순한 인식행위에 그치는 것이 아닌 까닭은 구체적인 헌법문제를 해결하기 위해 가장 적합하다고 판단하는 것을 주관적 가치판단에 따라 선택한다는 의미에서 실천행위라고 할 수 있기 때문이다. 헌법해석이 지닌 실천의 구체적 방향은 해석주체가 자리하고 있는 사회적 관계들에 의해 결정된다는 의미에서 헌법해석은 일종의 사회적 실천이라고 할 수 있다.

1.5.3. 헌법해석의 방법

1. 법률적 사고, 헌법적 사고

"사회 있는 곳에 분쟁이 있다." 분쟁은 여러 가지 이유로 발생한다. 어떤 문제에 관한 견해와 해법이 다를 때, 합의에 이르지 못하면 분쟁으로 치닫는다. 모든 분쟁이 법적 분쟁이 되는 것은 아니다. 수학문제 풀이에 대한 견해 대립도 있고, 새의 이름이 무엇이냐를 가지고 다툴 수도 있다. 법적 문제는 권리와 의무, 권한과 책임의 유무에 관한 다툼이라고 말할 수 있다. 보다 정확히 말하면 도덕적 권리, 종교적 권리와 구별되는 법적 권리와 의무에 관한 분쟁이 법적 분쟁이 된다. 종국적으로는 국가의 법원에 의해서 가부가 결정되고 그 판결에 의해 집행이 강제될 수 있는 다툼이 법적 분쟁이다. 예컨대 내가 이 물건의 소유자이냐 아니냐에 관한 다툼은 민법상의 대립이 될 것이다. 법적 분쟁이라도 두 사람 간에 이해와 설득이 되면 분쟁은 종결되는데, 그렇지 못하면 당사자 중의 누군가가 법원에 소송을 청구하여 법관의 판결을 통해서 해결을 보는 길이 있다. 그렇다면 민사법사안, 형사법사안, 노동법사안, 국제법사안 등과 구별하여 특별히 헌법사안이라고 부르는 기준은 무엇일까? 사회에는 사회분쟁에 대응하여 각각의 분야에 대해서 다양한 법이 존재한다. 민법, 상법, 형법, 노동법, 사회보장법, 행정법 등등. 그렇다면 헌법사안은 우리 헌법전이 규정하는 내용에 관한 합치 여부에 관한 문제이다.

원래 국민들은 이와 같은 법들을 다 알도록 되어 있다. 과거의 팔조금법, 십계명을 보면 간단한데, 함무라비 법전만 해도 벌써 복잡해진다. 모세오경을 보면 너무나 상세하고 복잡해서 전문가(제사장) 외에는 알 수가 없다. 우리 헌법은 130개조로 되어 있지만, 사실 정확한 내용은 알기가 쉽지 않다. 그런데 헌법을 완전히 모르는 국민은 없다. 왜냐하면 언론에서 수시로 헌법을 언급하기 때문이다. 조문에 대한 세세한 지식은 몰라도 중요한 것은 우리 헌법은 최고법이며, 거기에는 국민이 주권자라는 것, 인권보장규정이 있다는 것, 주요 통치기구에 관한 기본규정들이 있다는 것은 꼭 알아야 한다. 그래서 재산에 관한 사건은 민사법(「민법」과 많은 하위법령들)을, 형사에 관한 사건은 형사법(「형법」과 많은 하위법령들)을 찾아볼 수 있듯이, 헌법에 관한 사건은 헌법(헌법과 하위법령들)을 찾아볼 수 있으면 된다.

헌법사안은 최종적으로는 헌법재판에 의해서 해결할 길이 열려 있다. 우리 헌법은 헌법재판소의 관장사항으로 다섯 가지를 열거하고 있다(헌법 제111조 제1항, 헌법재판소법 제2조). ① 위헌법률심판, ② 탄핵심판, ③ 정당해산심판, ④ 권한쟁의심판, ⑤ 헌법소원이다. 선거소송은 헌법사안인데, 이것은 현재 헌법재판소가 아닌 법원의 관장사항으로 두었다. 이렇게 해서 헌법과 관련하여 발생되는 분쟁사건은 이상 여섯 가지 분류 중에 포함된다. 그런데 가장 많은 헌법문제는 역시 기본권 침해 여부일 것이다. 헌법소원은 "공권력의 행사 또는 불행사로 인하여 헌법상 보장된 기본권을 침해받은 자"가 취할 수 있는 방어수단이다. 헌법재판소의 사건 중에서도 헌법소원이 압도적으로 많다. 그만큼 기본권이 헌법에서 차지하는 비중이 큰 것이라고 할 수 있다.

이렇게 어떤 사안이 헌법사안이며, 헌법 중에서도 대개 어떤 조문들이 관련되는 것 같다는 판단이 서게 되면 이제는 법조문과 대면하게 되고 읽어야 한다. 그 조문이 과연 이번 사안과 관련이 있는지, 관련이 있으면 어떤 해법의 지침을 주고 있는지를 검토하게 된다. 그래서 현재 사안과 관련성이 부족하면 다른 법조문을 찾아야 한다. 어쨌든 해당 법조문을 찾으면, 그 법조문은 이제 해결의 실마리가 되는 것이다. 이렇듯 해당 법조문을 찾는 것이 첫째 작업이다. 해당 법조문을 찾기까지는 분쟁사건의 내용을 알아야 한다. 그래서 선(先) 사건, 후(後) 법조문인데, 거꾸로 법조문을 보면서 자신이 생각했던 사건에 대한 이해를 바꾸기도 한다. 즉, 선(先) 법조문, 후(後) 사건이다. 이와 같이 법조문 찾기와 사건의 내용은 상호 간 시선왕래가 거듭되면서 결정되는 것이다.

2. 전통적 해석방법

이제 해당 법조문을 찾은 경우에는 어떻게 독해할까? 우선 전통적 해석방법을 보자. 전통적 해석방법이란 헌법도 법률과 동일한 규범구조를 가진다고 보아 일반법률의 해석방식과 동일한 방법으로 헌법을 해석하는 것이다. 문헌 해석에 관한 방법론을 법학방법론에 도입한 이후 티보(Thibaut)와 사비니(F. C. von Savigny) 같은 이들은 해석방법을 천착하였다. 고전적인 해석의 범전

(Canon)은 ① 문리해석(문헌학적 해석), ② 논리해석(체계적 해석), ③ 주관적 해석(역사적 해석), ④ 객관적 해석(목적론적 해석)으로 정리되었다. 이러한 한정된 수의 해석규칙의 결함을 보완하기 위해서 혹자는 다단계의 해석규칙 목록을 마련하기도 하였다. 그러나 해석을 시도해 본 사람이라면 누구나 깨닫게 되는데, 이런 다양한 해석규칙들이 과연 '정법(正法)'의 발견에 기여하는지, 또 이들 규칙 간에 합리적 서열이 과연 가능한지에 대한 문제의식을 갖게 된다. 그 결과 많은 학자들이 그러한 해석규칙 목록의 무가치성을 주장하기에 이르렀다. 이제 바른 법을 찾는 길은 개방체계 위에서의 정당한 논의(argumentation)에 있다고 본 것이다. 그 결과 법해석 방법론은 봇물 터지듯 다양하게 표출되기에 이르렀다. 당시를 대표하는 학자였던 엥기쉬(Karl Engisch)는 "해석규칙의 가치와 서열은 해석자 자신에 의하여 결정되는 것"이라고 결론을 내렸다. 그리고 해석방법론은 보다 큰 철학적 해석학(Hermeneutik)에서 그 해법을 찾고자 나섰다.

법학은 실용적 학문이다. 정답을 찾는다고 무한정 현재를 방치할 수는 없다. 비록 부족하더라도 비교적 신뢰할 만한 전통적 방법론에 의탁할 수밖에 없다. 그래서 고전적 해석규칙은 여전히 사용된다. 해석규칙 중 가장 재량폭이 넓은 목적론적 해석을 보완할 수 있는 원칙들이 보강되어 고전적 해석규칙을 호위하고 있다. 헌법통일성의 원칙, 실제적 조화의 원칙, 기능적 타당성의 원칙, 헌법규범력의 원칙, 동화적 효과의 원칙, 헌법합치적 해석원칙 등이 제시되고, 특별히 기본권문제와 관련해서는 전제된 기본권체계로부터의 기본권해석의 원칙, 의심스러운 경우에는 자유를 우선하는 원칙, 법익형량의 원칙, 비례원칙 등이 제시되고 있다. 요약하면 이 규칙들은 고전적 해석규칙과 그것의 파생원칙이라고 볼 수 있다.

3. 헌법합치적 법률해석

헌법합치적 법률해석은 위헌법률심사나 헌법소원의 판단에서 어떤 법률조항이 위헌으로 해석될 여지도 있고 합헌으로 해석될 가능성도 있는 경우에는 가능한 한 헌법합치적으로 해석해야 한다는 입장이다. 이것은 권력분립의 원리상 헌법재판소는 가급적 국민의 대표기관인 의회에서 제정한 법률을 존중함으로써 그것을 유지시켜야 한다는 논리에 기반한다. 의회는 헌법의 일차적 구체화 기관, 즉 해석기관이라는 점을 존중하는 것이다.

헌법재판소는 "어떤 법률의 개념이 다의적이고 그 어의의 테두리 안에서 여러 가지 해석이 가능할 때, 헌법을 최고법규로 하는 통일적인 법질서의 형성을 위하여 헌법에 합치되는 해석, 즉 합헌적인 해석을 택하여야 하며, 이에 의하여 위헌적인 결과가 될 해석은 배제하면서 합헌적이고 긍정적인 면은 살려야 한다는 것이 헌법의 일반원리"라고 판단하고, 대법원도 "어떤 법률이 한가지 해석방법에 의하면 헌법에 위배되는 것처럼 보이더라도 다른 해석방법에 의하면 헌법에 합치하는 것으로 볼 수 있을 때에는 헌법에 합치하는 해석방법을 택하여야 할 것"이라고 한다.[4]

독일 헌법학에서 정리한 헌법합치적 해석은 위헌법률심사를 시작했던 미국에서 일찍이 1827년 Ogden v. Saunder 사건을 통하여 '법률의 합헌성 추정원칙'이라고 명명했던 그것이다.

【화장품법 제14조 제1항 중 보관부분 위헌사건(헌재 2007.4.26. 2006헌가2)】
일반적으로 어떤 법률에 대한 여러 갈래의 해석이 가능할 때에는 원칙적으로 헌법에 합치되는 해석을 하여야 한다. 왜냐하면 국가의 법질서는 헌법을 최고법규로 하여 그 가치질서에 의하여 지배되는 통일체를 형성하는 것이며 그러한 통일체 내에서 상위규범은 하위규범의 효력근거가 되는 동시에 해석근거가 되기 때문이다(헌재 1989.7.21. 89헌마38; 헌재 2002.11.28. 98헌바101 등).

4. 종합

법에서의 해석문제는 모든 나라의 법학자, 법률가들이 고민한 문제이다. 엄밀하기로 유명한 영국에서는 해석기법의 기준을 입법화까지 하였다. 하지만 이 입법이 만능의 열쇠가 되기에는 턱없이 거리가 멀다. 미국에서도 일찍부터 해석이론을 천착하였다. 헌법의 문언(text)이 해석의 출발점이 되어야 한다는 것은 누구나 동의하는 바이다. 그러나 현대 해석학(Hermeneutik)이 밝혀 놓은 바에 의하면, 우리는 부분을 모르고 전체를 말할 수 없고, 또 전체를 모르고 부분을 말할 수 없다(헌법조문과 헌법의 관계). 우리는 헌법조문(text)을 이

---

4) 헌재 1990.4.2. 89헌가113; 대판 1992.5.8. 91부8.

해하려면 헌법이 무엇인지를 알아야 한다(context). 또한 재판의 대상이 되는 사건도 파악해야 한다. 사건도 부분(text)과 전체(context) 간의 관계를 가진다. 인과관계론으로 사건을 구성한다. 텍스트와 컨텍스트의 시선교환, 이것을 해석학적 순환(hermeneutical circle)이라고 한다. 이렇게 전체와 부분 사이의 순환과정을 지속하면서 점차 우리는 헌법의 바른 이해에 접근하게 된다. 여기서 중요한 것이 같은 관심을 가진 많은 사람들의 참여와 의사소통이다. 법원, 헌법재판소, 검찰, 변호사는 물론 피의자, 당사자로 참여한 국민, 혹은 법정을 바라보는 일반 국민들의 소박한 법해석, 이런 모든 것이 합류한 결과 얻어지는 상호주관성(inter-subjectivity)이 현실의 법이다. 헌법재판소의 최종 결정과 의견이 다른 사람은 만족하지 않겠지만 어쩔 수 없다. 거기서부터 다시 시작하는 수밖에 없다. 이렇게 본다면 우리가 찾는 헌법은 민주주의가 보장된 사회, 특히 표현의 자유가 보장된 사회가 아니면, 권한을 가진 사람들의 헌법해석이 독점적으로 일방통행하게 될 위험에 처한다.

1.6. 헌법의 수호

1.6.1. 헌법수호의 의의

헌법수호(Verfassungsschutz)는 헌법학에서 다음과 같이 위치 설정이 되어야 한다. 즉, 헌법도 법이기 때문에 헌법을 위반한 경우에 헌법은 무너진 권위에 어떻게 대처해야 하는가의 문제이다. 법은 도덕과 달리 스스로 강제력으로 무장하지 않으면 국가권력자에 의해서나, 외국에 의해서나, 혹은 국민들에 의해서 침범될 수 있다. 그래서 헌법은 헌법전이 규정한 내용들, 특히 국민주권주의와 국민의 기본권과 같은 근본적 내용들이 침해당하지 않도록 자위권을 마련해야 한다.

1.6.2. 헌법수호의 제도

1. 평상적 헌법수호제도

(1) 사전예방적 헌법수호제도

사전예방적 헌법수호제도란 헌법의 침해나 파괴를 미리 방지하기 위해 헌법이 두고 있는 제도를 말한다. 그 보기로는 ① 헌법의 최고법규성의 선언, ② 헌법수호의무의 선서(제69조), ③ 국가권력의 분립(제40조, 제66조, 제101조), ④ 헌법개정에서의 국민투표(제10장), ⑤ 국군의 정치적 중립성 준수의무(제5조 제2항), ⑥ 공무원의 정치적 중립성 보장(제7조 제2항), ⑦ 선거관리위원회의 설치(제7장), ⑧ 지방자치(제8장), ⑨ 경제권력에 대한 경제의 민주화(제9장), ⑩ 방어적 민주주의의 채택(제8조), ⑪ 헌법재판(제6장) 등을 들 수 있다. 이 외에도 헌법은 헌법을 수호하기 위한 세세한 규정들을 두고 있다.

(2) 사후교정적 헌법수호제도

사후교정적 헌법수호제도란 헌법이 현실적으로 침해된 경우에 헌법을 침해한 행위를 배제하거나 그 효력을 부인함으로써 헌법의 최고법규성과 그 규범력을 회복시키기 위한 제도를 말한다. 그 보기로는 ① 위헌법령심사제(제111조, 제107조), ② 탄핵제도(제111조), ③ 위헌정당의 강제해산제도(제8조 제4항), ④ 공무원책임제(제7조, 제29조), ⑤ 각료의 해임건의(제63조) 등을 들 수 있다.

2. 비상적 헌법수호제도

(1) 국가긴급권

국가긴급권이란 전쟁·내란·경제공황 등과 같이 국가의 존립과 안전을 위태롭게 하는 비상사태가 발생한 경우 국가원수(집행부수반)가 헌법에 규정된 통상적인 절차와 제한을 무시하고 국가존립에 필요한 긴급조치를 강구할 수 있는 비상적 권한을 말한다. 현행 헌법에 규정되어 있는 국가긴급권에는 두 가지가 있다. 하나는 대통령의 계엄선포권(제77조)이고, 또 하나는 대통령의 긴급명령권과 긴급재정경제처분·명령권(제76조)이다.

국가긴급권을 발동할 수 있는 비상사태란 헌법장애상태와 구별된다. 헌법

장애상태란 헌법기관이 헌법상의 권한을 수행할 수 없는 상태로, 예컨대 대통령의 유고 시에는 헌법이 정하는 정상적 방법에 따라 해결될 수 있기 때문에 국가긴급권을 발동해서는 안 되는 것이다.

국가긴급권은 합헌적 국가긴급권과 초헌법적 국가긴급권으로 나눌 수 있다. 전자는 계엄과 같이, 헌법 자체가 국가적 비상사태를 예상하여 일정한 비상사태가 발생할 경우에는 입헌주의를 일시적으로 정지하고 특정의 국가기관에게 일정한 조건하에 독재적 권력행사를 인정하는 국가긴급권을 말한다. 후자는 국가긴급권이 헌법상 제도화되어 있든 없든 극도의 국가적 비상사태하에서 헌법상의 제한을 무시하고 독재적 조치를 강구하는 국가긴급권을 말한다. 비상사태라 할지라도 헌법에 합치되도록 일을 처리해야 한다는 것이다. 그것이 헌법에서 긴급권에 관한 규정을 둔 이유이다. 초헌법적 국가긴급권은 전쟁이나 재난 등으로 있을 수 있는 상황이다. 초헌법적 상황에서라도 헌법의 일반적 원리와 원칙을 준수하는 것이 중요하다. 헌법적 비상사태든 초헌법적 비상사태든 헌법위반이 심한 경우에는 헌법에 따른 책임을 물을 수 있음을 알아야 한다.

(2) 저항권

1) 저항권의 개념

저항권이란 "국가권력에 의하여 헌법의 기본원리에 대한 중대한 침해가 행하여지고 그 침해가 헌법의 존재 자체를 부인하는 경우 다른 합법적인 구제수단으로는 목적을 달성할 수 없을 때에 국민이 자기의 권리·자유를 지키기 위해 실력으로 저항하는 권리"[5]이다. 즉, 주권자로서의 국민이 헌법적 질서를 유지하고 회복하기 위하여 최후의 비상수단으로 행사하는 권리를 말한다.

【노동조합 및 노동관계조정법 등 위헌사건(헌재 1997.9.25. 97헌가4)】
저항권은 국가권력에 의하여 헌법의 기본원리에 대한 중대한 침해가 행하여지고 그 침해가 헌법의 존재 자체를 부인하는 것으로서 다른 합법적인 구제수단으로는 목적을 달성할 수 없을 때에 국민이 자기의 권리·자유를 지키기 위하여 실력으로 저항하는 권리이기 때문이다.

---

5) 헌재 1997.9.25. 97헌가4.

2) 저항권과 그 인접 개념

저항권과 가까운 개념으로 시민불복종(Civil Disobedience)과 혁명권을 꼽을 수 있다. 시민불복종은 헌법에 반하는 개별 법제도나 정책이 시행되는 경우, 그에 대해 시행의 중지를 요청했음에도 불구하고 그대로 강행될 때 국민들이 취할 수 있는 행동이다. '헌법준수를 위하여 하위법을 위반하는 경우'라고 할 수 있다. 물론 이에 대해 현실의 권한 있는 국가기관과 법원은 쉽게 용인해 주지는 않겠지만, 사회의 개방성 정도에 따라 그 용인폭도 달라질 것이라고 본다. 제도의 변화를 목표로 하고 있으며, 원칙적으로 비폭력적 방법에 의해 행사될 것을 예정하고 있다는 점, 특별한 제약요건 없이 사회적 갈등 해결양식으로 폭넓게 사용될 수 있다는 점에서 저항권과 다르다.[6]

혁명권은 기존의 헌법질서를 파괴하고 새로운 질서의 수립을 목적으로 하는 점에서 저항권과 다르다. 근대 시민혁명기에 저항권은 혁명권의 내용을 포함하는 것이었으나, 시민혁명 이후 헌법체제가 수립되자 체제안정화를 위하여 새로운 질서를 수립하기 위한 적극적 성격으로 나타났다.

3) 우리 헌법상 저항권의 근거

우리 헌법상 저항권에 관한 명문의 규정은 없다. 그러나 저항권은 국민주권국가에서는 자연권이다. 또한 헌법전문에 나타난 "3·1운동과 4·19민주이념을 계승하고"는 대한민국이 혁명권과 저항권에 기초한 민주공화국임을 명백히 천명하고 있다. 헌법 제1조 제2항의 국민주권주의, 제10조의 불가침의 인권의 확인과 보장, 제37조 제1항의 헌법에 열거되지 않은 권리의 존중도 저항권의 존재를 뒷받침하는 규정이다.

군사정권 아래에서도 저항권을 인정한 소수의견이 있었다. 1975년 민청학련에 의한 긴급조치위반사건과 관련한 대법원 판결에서는 "소위 저항권에 의한 행위이므로 위법성이 조각된다고 하는 주장은 그 저항권 자체의 개념이 막연할 뿐 아니라 …… 실존하는 헌법적 질서를 무시하고 초법규적인 권리개념으로써 현행 실정법에 위배된 행위의 정당화를 주장하는 것은 이를 받아들일

---

6) 대법원은 2004년 시민단체가 「공직선거 및 선거부정방지법」에 의한 선거운동제한규정을 위반하여 행한 선거운동을 "시민불복종운동으로서 헌법상의 기본권행사 범위 내에 속하는 정당행위이거나 형법상 사회상규에 위반되지 아니하는 정당행위 또는 긴급피난의 요건을 갖춘 행위로 볼 수 없다"고 판단했다.

수 없는 것"이라고 판시하여 저항권 인정에 부정적이었다(1975.4.8. 대판74도 3323). 다만, 1979년 박정희 대통령 저격사건 관련 김재규 재판에서 대법원의 결론은 "저항권이 실정법에 근거를 두지 못하고 오직 자연법에만 근거하고 있는 한 법관은 이를 재판규범으로 원용할 수가 없다"고 한 반면, 임항준 대법원 판사 등의 소수의견은 "인권과 민주적 헌법의 기본질서의 옹호를 위한 최후의 수단으로서 저항권은 헌법에 명문화되어 있지 않더라도 일종의 자연법상의 권리로서 이를 인정하는 것이 타당하다 할 것이고, 이러한 저항권이 인정된다면 재판규범으로서의 기능을 배제할 근거가 없다 할 것"이라는 보다 현대적인 헌법적 주장이 설시되었다(1980.5.20. 대판90도306).

특히 2000년에 처음 시행된 「민주화운동 관련자 명예회복 및 보상 등에 관한 법률」은 실정법으로 저항권을 인정한 예이다. 이 법은 민주화운동과 관련하여 희생된 자와 그 유족에 대하여 국가가 명예회복 및 보상을 행하도록 하였다.

「민주화운동 관련자 명예회복 및 보상 등에 관한 법률」
제2조(정의) 이 법에서 사용하는 용어의 뜻은 다음과 같다.
1. "민주화운동"이란 1964년 3월 24일 이후 자유민주적 기본질서를 문란하게 하고 헌법에 보장된 국민의 기본권을 침해한 권위주의적 통치에 항거하여 헌법이 지향하는 이념 및 가치의 실현과 민주헌정질서의 확립에 기여하고 국민의 자유와 권리를 회복·신장시킨 활동을 말한다.
2. "민주화운동 관련자"란 다음 각 목의 어느 하나에 해당하는 사람 중 제4조에 따른 민주화운동 관련자 명예회복 및 보상심의위원회에서 심의·결정된 사람을 말한다. (이하 생략)

제2장
헌법의 제정과 개정

개관

　헌법은 역사적 투쟁의 산물이다. 그러므로 헌법의 제정과 개정의 배경에는 헌법규범의 변화를 요구하는 근본적인 공동체의 요구가 놓여 있다. 우리 헌법도 1948년 헌법부터 지금의 1987년 헌법에 이르기까지 파란만장한 헌정사를 배경으로 한다.

　헌법의 변화 중에서 눈여겨보아야 할 것은 헌법제정과 헌법개정 그리고 헌법변천이다. 헌법제정에서는 헌법제정을 가능하게 하는 근본적인 힘으로서 헌법제정권력을 이해해야 하고, 헌법개정에서는 개정의 한계가 무엇인지 그리고 그 절차는 어떻게 되어 있는지가 핵심이다. 헌법조문은 그대로이면서 그 의미내용이 바뀐 것으로 이해하는 헌법변천은 또 다른 헌법의 변화이다.

2.1. 헌법의 제정과 개정의 역사

2.1.1. 개관

헌법을 하나의 큰 산에 비유할 때 우리나라는 헌법의 어느 정도까지 올라왔을까? 우리 각자가 경험한 바가 다르고 현재 처한 위치도 다르기 때문에 이에 대한 대답은 제각기 다를 것이다. 하지만 우리는 헌법의 제정권과 개정권을 가진 주권자이기 때문에 비교적 객관적으로 우리의 헌법현실을 파악할 수 있어야 한다. 그리고 각자 답에 대한 논거(rationale)를 대고 설명할 수 있도록 해야 한다.

정답이 있는 것은 아니지만 우리는 대개 3분의 2에 해당하는 능선에 도달했다고 말할 수 있다. 약 70%로 보는 이유는 다음과 같다. 법사회학자들의 연구에 따르면 법도 발전단계가 있다고 한다. 서구의 헌법 발달과정을 억압적 법의 시대 → 근대 시민국가 헌법(형식적 법치주의) → 현대 사회복지국가 헌법(실질적 법치주의)으로 도식화했을 때 우리의 헌정사는 어떻게 시대구분을 할 수 있을까? 대체로 제헌 이후 1987년까지는 경찰독재와 군부독재가 지속된 억압적 법의 시대였고, 이어서 군부독재가 끝나고 문민정부가 출범한 1993년 이후 약 20년 동안은(지금까지) 서구의 시민국가 헌법 시대와 같이 형식적 법치주의와 자유권 보장을 중시하는 시대였다. 시민국가 헌법 다음에는 사회복지국가 헌법의 단계로 진입했어야 했는데, 그 작업이 수년째 지체되고 있는 상태이다.

그렇다면 1948년 제헌 이후 약 40년 동안은 헌법적으로 무의미한 시기였는가? 그렇지는 않았다고 본다. 우리는 조선시대 이후 국민주권과 입헌주의, 천부인권과 법치주의를 한 번도 제대로 경험하지 못한 상태로 해방을 맞이하였다. 우리가 제정한 헌법은 서구의 발달된 헌법을 전량 수입한 것이었다고 해도 과언이 아니다. 그렇기 때문에 우리에게는 별도로 헌법의 의미를 체득할 시간이 필요하였다. 헌법이 예정한 실질적 민주주의와 복지국가는 저만큼 멀리 위에 있는 목표였고, 당장은 헌법의 기초개념, 즉 국민주권의 의미, 기본권의 의미를 우리 것으로 체득하는 데 약 40년이 소요되었다고 볼 수 있다. 주권자로서의 각성은 향후의 헌법 발달을 위해서 더없이 소중한 보약과도 같은 것이었다. 그리고 1987년 6월 항쟁 이후 성립된 문민정부는 형식적 법치주의와 자유권 실현에 공헌한 시기라고 평가된다. 이렇게 해서 서구의 200~300년의 역사를 60여 년 만에 압축성장한 결과 우리나라는 제3세계 국가 중에서 산업화와 민주주의에서 모두 성공한 모범국가로 꼽히게 되었다.

우리는 1948년 헌법의 제정부터 이미 현대 헌법, 즉 사회복지국가 헌법을 마련한 터였다. 그런데 헌법현실의 기반이 취약했기에 우리 헌법은 때로는 장식적 헌법으로, 대부분은 명목적 헌법으로 기능하였다. 한마디로 법의 지배와 입헌주의는 이름뿐이었다. 그런 관점에서 볼 때 지금도 복지국가에 해당하는 헌법의 3분의 1 이상이 가꾸지도 못한 채 방치되어 있다고 말할 수 있다.

현대 사회복지국가 헌법의 수준을 돌파해야만 우리는 진정 선진국가의 대열에 설 수 있다. 선진국가가 되어야만 비로소 동아시아와 세계에서 일정한 지구적 차원의 사업을 계획하고 추진할 수 있을 것이다. 그 정도가 되어야 우리가 한 번도 이루지 못했던 진정한 주권국가로서의 자부심과 면모를 갖추게 될 것이라고 본다.

6월 항쟁 이후 범국민적으로 쟁취된 현행 헌법은 그 어느 때의 헌법보다도 민주적 정당성이 크고, 헌법에 대한 국민의 의지가 높은 까닭에 헌법은 이제 상당한 정도로 '규범적 헌법'이 되었다고 볼 수 있다. 하지만 여기에 안주할 수는 없기 때문에, 이를 보다 실질적 국민주권에 부합한 단계까지 끌어올려야 할 과제가 우리 앞에 남아 있는 것이다.

2.1.2. 헌법의 제정과 9차례의 개헌

1. 1948년 헌법의 제정

건국헌법의 제정과정은 1948년 5월 10일 총선거의 실시에 의한 국회구성을 통하여 이루어졌다. 제헌국회는 6월 3일부터 유진오의 헌법초안을 원안으로 하고, 권승렬의 초안을 참고안으로 하여 토의를 진행하였다. 처음 유진오의 헌법초안은 내각책임제를 골자로 하고 있었으나, 이승만 국회의장의 강한 반대의견을 반영하면서 빨리 마무리지어야 했기 때문에 내각책임제와 대통령제가 혼합되는 일이 벌어졌고, 그 후 이것이 우리 헌법의 특징이 되다시피 하였다.

현행 헌법과 비교하여 1948년 헌법의 주요 골자를 보면 다음과 같다.

제1조 대한민국은 민주공화국이다.

제2조 대한민국의 주권은 국민에게 있고 모든 권력은 국민으로부터 나온다.

제8조 모든 국민은 법률 앞에 평등이며 성별, 신앙 또는 사회적 신분에 의하여 정치적, 경제적, 사회적 생활의 모든 영역에 있어서 차별을 받지 아니한다.

사회적 특수계급의 제도는 일체 인정되지 아니하며 여하한 형태로도 이를 창설하지 못한다.

훈장과 기타 영전의 수여는 오로지 그 받은 자의 영예에 한한 것이며 여하한 특권도 창설되지 아니한다.

제18조 근로자의 단결, 단체교섭과 단체행동의 자유는 법률의 범위 내에서 보장된다.

영리를 목적으로 하는 사기업에 있어서는 근로자는 법률의 정하는 바에 의하여 이익의 분배에 균점할 권리가 있다.

제28조 국민의 모든 자유와 권리는 헌법에 열거되지 아니한 이유로써 경시되지는 아니한다.

국민의 자유와 권리를 제한하는 법률의 제정은 질서유지와 공공복리를 위하여 필요한 경우에 한한다.

제44조 국무총리, 국무위원과 정부위원은 국회에 출석하여 의견을 진술하고 질문에 응답할 수 있으며 국회의 요구가 있을 때에는 출석답변하여야 한다.

제52조 대통령이 사고로 인하여 직무를 수행할 수 없을 때에는 부통령이 그 권한을 대행하고 대통령, 부통령 모두 사고로 인하여 그 직무를 수행할 수 없을 때에는 국무총리가 그 권한을 대행한다.

제53조 대통령과 부통령은 국회에서 무기명투표로써 각각 선거한다.

전 항의 선거는 재적의원 3분지 2 이상의 출석과 출석의원 3분지 2 이상의 찬성투표로써 당선을 결정한다. 단, 3분지 2 이상의 득표자가 없는 때에는 2차투표를 행한다. 2차투표에도 3분지 2 이상의 득표자가 없는 때에는 최고득표자 2인에 대하여 결선투표를 행하여 다수득표자를 당선자로 한다.

대통령과 부통령은 국무총리 또는 국회의원을 겸하지 못한다.

제68조 국무원은 대통령과 국무총리, 기타의 국무위원으로 조직되는 합의체로서 대통령의 권한에 속한 중요 국책을 의결한다.

제70조 대통령은 국무회의의 의장이 된다.

국무총리는 대통령을 보좌하며 국무회의의 부의장이 된다.

제71조 국무회의의 의결은 과반수로써 행한다.

의장은 의결에 있어서 표결권을 가지며 가부동수인 경우에는 결정권을 가진다.

제84조 대한민국의 경제질서는 모든 국민에게 생활의 기본적 수요를 충족할 수 있게 하는 사회정의의 실현과 균형 있는 국민경제의 발전을 기함을 기본으로 삼는다. 각인의 경제상 자유는 이 한계 내에서 보장된다.

제86조 농지는 농민에게 분배하며 그 분배의 방법, 소유의 한도, 소유권의 내용과 한계는 법률로써 정한다.

제98조 헌법개정의 제안은 대통령 또는 국회의 재적의원 3분지 1 이상의 찬성으로써 한다.

헌법개정의 제의는 대통령이 이를 공고하여야 한다.

전 항의 공고기간은 30일 이상으로 한다.

헌법개정의 의결은 국회에서 재적의원 3분지 2 이상의 찬성으로써 한다.

헌법개정이 의결된 때에는 대통령은 즉시 공포한다.

제10장 부칙

제101조 이 헌법을 제정한 국회는 단기 4278년 8월 15일 이전의 악질적인 반민족행위를 처벌하는 특별법을 제정할 수 있다.

제102조 이 헌법을 제정한 국회는 이 헌법에 의한 국회로서의 권한을 행하며 그 의원의 임기는 국회개회일로부터 2년으로 한다.

2. 제1차 '발췌' 개헌(1952.7.)

1950년 총선거 결과 야당이 압도적 다수를 차지하였다. 국회에서의 간접선거로는 재선이 불가능하다는 것을 알게 된 이승만은 대통령직선제 개헌안을 제출하게 된다. 대통령과 국회의 대립 가운데 두 개의 개헌안이 제출되었는데, 두 개의 개헌안을 절충한 발췌 개헌안이 폭력적인 분위기 속에서 국회를 통과하였다. 공고되지 않은 개헌안이 의결되었다는 점과 의결이 강제되었다는 점 등에서 위헌적인 절차를 거친 개헌이었다.

주요 개헌내용은 다음과 같다.

제31조 입법권은 국회가 행한다. 국회는 민의원과 참의원으로써 구성한다.

제53조 대통령과 부통령은 국민의 보통, 평등, 직접, 비밀투표에 의하여 각각 선거한다.

제69조 국무총리는 대통령이 임명하고 국회의 승인을 얻어야 한다.

민의원의원 총선거 후 신국회가 개회되었을 때에는 국무총리임명에 대한 승인을 다시 얻어야 한다.

국무총리가 궐위된 때에는 10일 이내에 전 항의 승인을 요구하여야 한다.

국무위원은 국무총리의 제청에 의하여 대통령이 임면한다.

국무위원 총수는 8인 이상 15인 이내로 한다.

군인은 현역을 면한 후가 아니면 국무총리 또는 국무위원에 임명될 수 없다.

제70조 ① 대통령은 국무회의 의장이 된다.

② 국무총리는 대통령을 보좌하며 국무회의의 부의장이 된다.

③ 국무총리와 국무위원은 국회에 대하여 국무원의 권한에 속하는 일반국무에 관하여는 연대책임을 지고 각자의 행위에 관하여는 개별책임을 진다. 〈신설 1952.7.7.〉

제70조의2 민의원에서 국무원불신임결의를 하였거나 민의원의원 총선거 후 최초에 집회된 민의원에서 신임결의를 얻지 못한 때에는 국무원은 총사직을 하여야 한다.

국무원의 신임 또는 불신임결의는 그 발의로부터 24시간 이상이 경과된 후에 재적의원 과반수의 찬성으로 행한다.

민의원은 국무원의 조직완료 또는 총선거 즉후의 신임결의로부터 1년 이내에는 국무원불신임결의를 할 수 없다. 단, 재적의원 3분지 2 이상의 찬성에 의한 국무원불신임결의는 언제든지 할 수 있다.

총사직한 국무원은 신국무원의 조직이 완료될 때까지 그 직무를 행한다.

---

3. 제2차 '사사오입' 개헌(1954.11.)

초대대통령에 한하여 중임제한을 철폐한다는 개헌안이었다. 물론 평등원칙에 반하는 내용이었다. 문제는 개헌을 위해서는 당시 국회 재적의원 203명 중 3분의 2의 동의가 필요했는데, 그 수는 135.33…, 즉 136명이라고 보아야 옳았다. 당시 찬성표가 135명이었다. 따라서 당연히 부결로 선언되었다. 그런데 당시 여당은 사사오입의 원칙을 적용하여 135명이면 된다고 하면서 이를 번복 통과시켰던 것이다.

제55조 대통령과 부통령의 임기는 4년으로 한다. 단, 재선에 의하여 1차중임할 수 있다.

대통령이 궐위된 때에는 부통령이 대통령이 되고 잔임기간 중 재임한다. 부통령이 궐위된 때에는 즉시 그 후임자를 선거하되 잔임기간 중 재임한다. 대통령, 부통령이 모두 궐위된 때에는 제52조에 의한 법률이 규정한 순위에 따라 국무위원이 대통령의 권한을 대행하되 궐위된 날로부터 3개월 이내에 대통령과 부통령을 선거하여야 한다.

(부칙) 이 헌법 공포 당시의 대통령에 대하여는 제55조 제1항 단서의 제한을 적용하지 아니한다.

4. 제3차 의원내각제 개헌(1960.6.)

1960년 3월 15일에 실시된 정·부통령 선거는 이승만의 4기 집권을 관철하기 위한 철저한 부정선거였다. 이에 대한 국민의 저항권이 행사되었다. 4·19 혁명이 바로 그것이다. 혁명 직후 개헌이 있었다. 정당규정이 신설됨과 동시에 위헌정당해산제도가 도입되었다. 또한 기본권의 본질적 내용에 훼손금지가 명문화되었다. 부정선거를 막기 위해 중앙선거관리위원회가 헌법기관으로 되었고, 경찰의 중립성 및 법관선거인단에 의한 법관선출 그리고 대법원장과 대법관의 선거제도가 채택되었으며, 위헌법률심사권은 헌법재판소에 부여되었다.

제13조 모든 국민은 언론, 출판의 자유와 집회, 결사의 자유를 제한받지 아니한다. 정당은 법률의 정하는 바에 의하여 국가의 보호를 받는다. 단, 정당의 목적이나 활동이 헌법의 민주적 기본질서에 위배될 때에는 정부가 대통령의 승인을 얻어 소추하고 헌법재판소가 판결로써 그 정당의 해산을 명한다.

제28조 ① 국민의 모든 자유와 권리는 헌법에 열거되지 아니한 이유로써 경시되지는 아니한다.

② 국민의 모든 자유와 권리는 질서유지와 공공복리를 위하여 필요한 경우에 한하여 법률로써 제한할 수 있다. 단, 그 제한은 자유와 권리의 본질적인 내용을 훼손하여서는 아니 되며 언론, 출판에 대한 허가나 검열과 집회, 결사에 대한 허가를 규정할 수 없다.

제52조 대통령이 궐위되거나 사고로 인하여 직무를 수행할 수 없을 때에는 참의원의장, 민의원의장, 국무총리의 순위로 그 권한을 대행한다.

제53조 대통령은 양원합동회의에서 선거하고 재적국회의원 3분지 2 이상의 투표를 얻어 당선된다.

1차투표에서 당선자가 없을 때에는 2차투표를 행하고 2차투표에서도 당선자가 없을 때에는 재적의원 3분지 2 이상의 출석과 출석의원 과반수의 투표를 얻은 자를 당선자로 한다.

대통령은 정당에 가입할 수 없으며 대통령직 외에 공직 또는 사직에 취임하거나 영업에 종사할 수 없다.

제68조 행정권은 국무원에 속한다.

국무원은 국무총리와 국무위원으로 조직한다.

국무원은 민의원에 대하여 연대책임을 진다.

5. 제4차 소급법 개헌(1960.11.)

1960년 11월 부정선거의 주무자들과 항의군중에게 발포살상한 자들을 처벌하기 위한 부정선거관련자 처벌법과 반민주행위자 공민권제한법, 부정축재특별처리법, 특별재판소 및 특별검찰부 조직법 등을 내용으로 하는 개헌이 행해졌다.

6. 제5차 국민투표에 의한 개헌(1962.12.)

1961년 5·16 군사쿠데타가 있었다. 국민에 의해 쟁취된 1960년 헌법은 단명으로 끝나고 말았다. 군사정부는 군정 1년 만에 민정이양을 위한 헌법개정 작업에 착수하였다. 이를 위하여 국가비상조치법에 따라 일반 국회가 아닌, '국가재건최고회의'의 특별위원회로서 헌법심의위원회를 구성하여 이 위원회가 기초한 헌법안을 국가재건최고회의의 의결을 거쳐 1962년 12월 17일 국민투표에 부의하였고 12월 26일 공포하였다. 효력발생은 1963년 12월 17일이었다. 헌법개정을 위해서는 국민투표로써 해야 된다는 것과 복수정당제의 명시, 대통령제로의 복귀, 단원제, 대법원의 위헌법률심사권 등을 주요 내용으로 하고 있었다.

7. 제6차 '3선' 개헌(1969.10.)

1963년 8월에 실시된 제5대 대통령선거와 1967년에 실시된 제6대 대통령 선거에서 연속으로 박정희가 대통령으로 당선되었다. 1969년 8월 여당의원들은 박 대통령의 3선을 가능하게 하기 위한 개헌안을 제출하였다. 개헌안은 국회의 의결을 거쳐 10월 17일 국민투표에 의하여 확정되어 10월 21일 공포되었다.

제69조 ① 대통령의 임기는 4년으로 한다.
② 대통령이 궐위된 경우의 후임자는 전임자의 잔임기간 중 재임한다.
③ 대통령의 계속 재임은 3기에 한한다. 〈개정 1969.10.21.〉

이 개헌은 군사정권에 의한 사실상의 장기집권의 시작이었다. 학생들과 국민들의 저항이 극심해졌다. 그래서 2000년에 제정된 「민주화운동 관련자 명예회복 및 보상 등에 관한 법률」(민주화보상법)에서는 3선 개헌 발의일을 저항권을 인정하는 기산일로 잡았다. 그 후 개정 「민주화보상법」은 '1964년 3월 24일 이후'로 변경하였다. 이는 6·3 학생운동에 대한 평가를 한 것이다.
제2조(정의) 이 법에서 사용하는 용어의 정의는 다음과 같다.
1. "민주화운동"이라 함은 1969년 8월 7일 이후 자유민주적 기본질서를 문란하게 하고 헌법에 보장된 국민의 기본권을 침해한 권위주의적 통치에 항거

하여 민주헌정질서의 확립에 기여하고 국민의 자유와 권리를 회복·신장시킨 활동을 말한다.

8. 제7차 '유신' 개헌(1972.12.)

대통령 영구집권계획은 마침내 유신정부로 나타났다. 1972년 10월 박정희는 전국에 비상계엄을 선포하고 국회를 해산시켰다. 그리고 12월 유신헌법이 확정되었다. 여기에는 정상적 국가형태를 넘어서는 내용이 포함되었다. ① 통일주체국민회의를 두어 여기에서 대통령을 선출하도록 했다. 대통령의 직선제 대신 간선제가 시작된 것이다. 또한 국회의원 정수의 3분의 1도 여기에서 선출하였다. 국민주권을 훼손시키는 내용들이었다. ② 대통령의 임기는 6년으로 하되 중임이나 연임 제한에 대한 규정을 없앴다. 영구집권에의 길을 터놓은 것이다. ③ 대통령의 긴급조치권과 국회해산권을 신설하였다. ④ 기본권 제한의 사유로서 국가안전보장을 추가하고 또한 본질적 내용에 대한 침해금지조항을 삭제하였다. ⑤ 사법부 역시 위축되어 대통령이 모든 법관에 대해 임명권을 행사할 수 있도록 하고, 징계처분으로 법관을 파면할 수 있게 하였다. ⑥ 헌법위원회에 위헌법률심사권, 위헌정당해산권, 탄핵심판권 등을 인정하였다.

유신헌법은 우리 헌정사에서 가장 밑바닥까지 내려갔던 헌정위기의 시기였다. 대통령은 3권을 초월한 영도자적 대통령으로 군림하였고, 이에 대한 권력견제는 불가능하게 만들었다. 국회는 3분의 1을 유정회 국회의원으로 덤으로 얻을 수 있어 항시 다수 여당을 유지할 수 있었다. 사법부 독립의 공간이 협소해졌고, 헌법위원회는 대법원의 사전심사권(전심권)에 의하여 헌법재판의 기회가 차단되었기 때문에 사실상의 개점휴업에 들어갔다. 동시에 저항권을 행사하는 국민들에 대해서는 대통령의 긴급조치권 행사를 통하여 철저히 봉쇄시켰다. 대통령의 긴급조치권은 국민의 기본권을 정지시킬 수 있으며, 이는 사법심사의 대상이 되지 않는다고 할 정도의 헌법효력, 즉 대통령의 헌법제정권을 인정한 법초월적인 것이었다. 사실상 유신정권은 긴급조치에 의한 통치시기였다.

제53조 ① 대통령은 천재·지변 또는 중대한 재정·경제상의 위기에 처하거나, 국가의 안전보장 또는 공공의 안녕질서가 중대한 위협을 받거나 받을 우

려가 있어, 신속한 조치를 할 필요가 있다고 판단할 때에는 내정·외교·국방·경제·재정·사법 등 국정 전반에 걸쳐 필요한 긴급조치를 할 수 있다.

② 대통령은 제1항의 경우에 필요하다고 인정할 때에는 이 헌법에 규정되어 있는 국민의 자유와 권리를 잠정적으로 정지하는 긴급조치를 할 수 있고, 정부나 법원의 권한에 관하여 긴급조치를 할 수 있다.

③ 제1항과 제2항의 긴급조치를 한 때에는 대통령은 지체 없이 국회에 통고하여야 한다.

④ 제1항과 제2항의 긴급조치는 사법적 심사의 대상이 되지 아니한다.

언론과 집회, 시위를 비롯한 온갖 표현의 자유가 막히면서 끓어오르는 증기가 분출구조차 찾지 못하고 있을 때 그 폭발은 권력 내부에서 일어났다. 중앙정보부장 김재규에 의한 대통령 저격사건이 벌어진 것이다. 그렇게 해서 유신정권은 막을 내렸다. 그 후 김재규에 대한 재판에서 대법원에서는 그의 행동을 저항권으로 인정한 소수의견이 나왔다.

1979년 박정희 대통령 저격사건과 관련 김재규 재판에서 대법원의 결론은 "저항권이 실정법에 근거를 두지 못하고 오직 자연법에만 근거하고 있는 한 법관은 이를 재판규범으로 원용할 수가 없다"고 한 반면 임항준 대법원판사 등의 소수의견은 "인권과 민주적 헌법의 기본질서의 옹호를 위한 최후의 수단으로서 저항권은 헌법에 명문화되어 있지 않더라도 일종의 자연법상의 권리로서 이를 인정하는 것이 타당하다 할 것이고, 이러한 저항권이 인정된다면 재판규범으로서의 기능을 배제할 근거가 없다 할 것"이라는 보다 현대적인 헌법적 주장이 설시되었다(1980.5.20. 대판 90도306).

9. 제8차 '국보위' 개헌(1980.10.)

1979년 10월 박정희 대통령 저격 이후에도 군부정권은 끝나지 않았고 신군부가 등장하였다. 민정이양을 바라는 수많은 국민의 저항권이 행사되었으며, 광주민주항쟁도 이 기간 중에 있었다. 1980년 9월 새로운 집권자가 된 전두환 국보위 상임위원장이 통일주체국민회의에서 대통령으로 선출되었다. 그리고 10월에 개헌이 있었다. 국민의 원성을 샀던 유신헌법상의 대통령 권력을 완화시키는 외양을 보였으나 다른 한편 정권의 정당성 확보를 위해 몇 가지 신설조항이 추가되었다. 또한 당시의 경제성장을 배경으로 복지국가를 지향하는 헌법조항(행복추구권, 환경권, 평생교육, 양성평등)도 신설되었다.

제2조 ② 재외국민은 국가의 보호를 받는다.

제9조 모든 국민은 인간으로서의 존엄과 가치를 가지며, 행복을 추구할 권리를 가진다. 국가는 개인이 가지는 불가침의 기본적 인권을 확인하고 이를 보장할 의무를 진다.

제29조 ⑤ 국가는 평생교육을 진흥하여야 한다.

⑥ 학교교육 및 평생교육을 포함한 교육제도와 그 운영, 교육재정 및 교원의 지위에 관한 기본적인 사항은 법률로 정한다.

제33조 모든 국민은 깨끗한 환경에서 생활할 권리를 가지며, 국가와 국민은 환경보전을 위하여 노력하여야 한다.

제34조 ① 혼인과 가족생활은 개인의 존엄과 양성의 평등을 기초로 성립되고 유지되어야 한다.

제35조 ② 국민의 모든 자유와 권리는 국가안전보장 · 질서유지 또는 공공복리를 위하여 필요한 경우에 한하여 법률로써 제한할 수 있으며, 제한하는 경우에도 자유와 권리의 본질적인 내용을 침해할 수 없다.

제39조 ① 대통령은 대통령선거인단에서 무기명투표로 선거한다.

제45조 대통령의 임기는 7년으로 하며, 중임할 수 없다.

제108조 ① 법률이 헌법에 위반되는 여부가 재판의 전제가 된 경우에 법원은 법률이 헌법에 위반되는 것으로 인정할 때에는 헌법위원회에 제청하여 그 결정에 의하여 재판한다.

제124조 ① 국가는 농민 · 어민의 자조를 기반으로 하는 농어촌개발을 위하여 필요한 계획을 수립하며, 지역사회의 균형 있는 발전을 기한다.

② 국가는 중소기업의 사업활동을 보호 · 육성하여야 한다.

③ 국가는 농민 · 어민과 중소기업의 자조조직을 육성하여야 하며, 그 정치적 중립성을 보장한다.

제125조 국가는 건전한 소비행위를 계도하고 생산품의 품질향상을 촉구하기 위한 소비자보호운동을 법률이 정하는 바에 의하여 보장한다.

10. 제9차 개헌(1987.10.): 현행 헌법

　1987년 6월 항쟁으로 국민의 권력이 군부독재의 힘을 압도하였다. 그 해 10월 27일 헌법이 개정되었고, 1988년 2월 25일에 시행되었다. 따라서 현행 헌법은 군부정권 기간 중 비정상적으로 운영되던 통치기구의 조직과 권한을 정상화하는 것을 목표로 두었다. 대통령직선제와 군의 정치적 중립성 강조, 대통령 권한의 축소와 국회와 사법부의 권한 정상화가 이루어졌다.

　기본권에 있어서는 제12조에 적법절차조항, 구속이유 등 고지 및 통지제도 등이 추가 신설되었다. 1987년 개헌의 직접적 계기가 되었던 시대배경을 반영하여 신체의 자유 보장이 대폭 강화되었다. 제31조 제4항에는 대학의 자율성 보장조항이 신설되었다. 종전에 국립대학 총장까지 상부에서 임명했던 것과 달리 이제 총장직선제를 골자로 하는 대학의 자율성을 인정하는 헌법개정이 었다.[1] 과학기술자의 권리, 선거연령의 입법사항화, 형사피해자의 재판정진술권, 범죄피해자구조청구권, 최저임금제, 재해예방노력의무, 모성보호 등이 규정되었다.

　한편 통치기구와 관련해서도 큰 변화가 있었다. 우선 헌법의 편제에서 종전에 대통령과 정부에 관한 규정을 시작으로 했던 것을, 현행 헌법은 국회부터 시작하는 것으로 바꾸었다. 외형상 의회민주주의의 원리와 국민의 대표기관으로서의 국회의 지위를 부각시키는 것으로 이해된다. 또한 국회의 활성화를 위한 개정이 눈에 띈다. 국회에 대하여는 회기제한규정을 삭제하여 국회를 준상설기관화하였고, 국정감사권을 부활하였으며, 국무총리 및 국무위원에 대한 해임의결제를 해임건의제로 그 강도를 한 단계 낮추었다. 대통령은 국민에 의해 직접 선출되는 직선제로 바뀌었으며 5년 단임제를 규정하였다. 대통령의 비상조치권은 긴급명령권으로 한 단계 그 강도가 낮추어졌다. 헌법재판기관으로 헌법재판소가 설치되었고, 헌법소원심판제도가 신설되었다.

---

1) 하지만 1987년의 대학의 자율성 보장은 2017년 현재 전혀 다른 방향으로 흘러가고 있다. 총장직선제가 폐지되고, 교육부가 인사와 재정권을 다시 장악하는 모습을 띠고 있다. 임재홍, "대학 총장선출제도를 둘러싼 갈등과 대안의 모색", 『인권법연구』, 제2권, 2016. 2.

헌법에 피해자진술권이 처음 도입됨에 따라 1987년에 「형사소송법」은 제294조의2를 신설하였다. 그 내용은 피해자의 신청이 있는 경우에 피해자를 증인으로 신문하고(제1항), 피해자에게는 당해 사건에 관하여 의견을 진술할 기회를 주도록 한 것(제2항)이다. 형사사건에서 피해자가 '증인'으로 진술하는 것이 아니라, '이해당사자'의 지위로 법정에 참가시키는 것이다. 피해자가 단순히 방청객으로 '참석'하는 것을 넘어 재판에 '참여'하는 단계까지 나아가야 한다. '민원인'으로서 재판부에 탄원서, 진정서, 의견서 등의 의견을 제출하는 것은 옳은 방법이 아닐 뿐만 아니라, 피해자의 민원을 재판부가 참작하지 않으면 그만인 것이므로 무의미한 일이 되고 만다. 따라서 무엇보다 피해자 서면제출제도의 합법적 근거를 마련하여야 한다. 이는 미국에서 1982년부터 시작된 것인 만큼 아직도 초기 단계로 미흡한 수준에 있다. 우리나라의 경우 일부 형사피해자에 국한된 것이지만, 미성년자나 장애인 혹은 성폭력에 의한 피해자인 경우에는 국가가 피해자를 위하여 국선변호인을 선임하여 법률

적 조력을 하고 있다.[2]

(1980년 헌법)

제30조 ① 모든 국민은 근로의 권리를 가진다. 국가는 사회적 · 경제적 방법으로 근로자의 고용의 증진과 적정임금의 보장에 노력하여야 한다.

(현행 헌법)

제32조 ① 모든 국민은 근로의 권리를 가진다. 국가는 사회적 · 경제적 방법으로 근로자의 고용의 증진과 적정임금의 보장에 노력하여야 하며, 법률이 정하는 바에 의하여 최저임금제를 시행하여야 한다.

최저임금제는 노동자를 보호하기 위한 제도의 하나로 도입되었다. 1894년 뉴질랜드에서 최초로 중재재판소에 의한 최저임금제가 실시되었다. 그리고 1896년 호주, 1909년 영국, 1912년 미국 매사추세츠 주 등에서 시작했고, 현재는 120개 이상의 국가에서 시행하고 있다. 국제노동기구(ILO)는 1928년 '최저임금결정제도협약'(제26조)을 채택하였다. 우리나라도 1953년 「근로기준법」에서 최저임금제의 실시 근거를 둔 적은 있으나 운영이 되지 않았다. 임금은 곧 근로조건에서의 인간의 존엄과 인간다운 생존의 보장을 뜻한다.

1986년 제정된 「최저임금법」은 최저임금의 적용범위, 결정기준, 효력, 최저임금위원회, 이의제기, 벌칙 등에 관하여 규정한다. 제4조는 "① 최저임금은 근로자의 생계비, 유사 근로자의 임금, 노동생산성 및 소득분배율 등을 고려하여 정한다. 이 경우 사업의 종류별로 구분하여 정할 수 있다. ② 제1항에 따른 사업의 종류별 구분은 제12조에 따른 최저임금위원회의 심의를 거쳐 고용노동부장관이 정한다"고 규정한다. 고용노동부장관은 매년 8월 5일까지 최저임금을 결정하여야 한다(제8조). 1989년 600원(시간당)부터 2016년 6,030원까지 연평균 8.7%로 꾸준히 상승해 왔다. 2017년은 시급 6,470원으로 고시되었다.

최저임금을 결정할 때 고려해야 할 최저생계비, 노동생산성, 근로자 생계비 같은 결정기준의 객관성 확보가 어렵고, 최저임금을 구성하기 위한 노사정 3자의 대화가 원만하지 않다. 우리나라의 노조조직률은 10% 수준이다. 노조

---

2) 김명철, "형사재판에서 피해자 진술의 취급절차에 관한 연구", 한국방송통신대학교 석사학위논문, 2014.

가입률이 60~70% 이상인 스칸디나비아 국가들과 같은 노사 간 합의를 기대하기 힘들다. 이와 같은 것들이 최저임금 산정에서 극복해야 할 장벽이다.[3]

(현행 헌법)

제30조 타인의 범죄행위로 인하여 생명·신체에 대한 피해를 받은 국민은 법률이 정하는 바에 의하여 국가로부터 구조를 받을 수 있다.

신설된 이 헌법규정에 따라 「범죄피해자 보호법」이 제정되었다. 이 법에 따르면 '범죄피해자'란 타인의 범죄행위로 피해를 당한 사람과 그 배우자(사실상의 혼인관계를 포함한다), 직계친족 및 형제자매를 말한다(제3조 제1항 제1호). 또한 제1항 제1호에 해당하는 사람 외에 범죄피해 방지 및 범죄피해자 구조활동으로 피해를 당한 사람도 범죄피해자로 본다(제3조 제2항). '범죄피해자 보호·지원'이란 범죄피해자의 손실 복구, 정당한 권리행사 및 복지증진에 기여하는 행위를 말한다. 다만, 수사·변호 또는 재판에 부당한 영향을 미치는 행위는 포함되지 아니한다(제3조 제1항 제2호). 우리나라에서 살인범죄는 연간 약 1,200건씩 발생한다. 살인범죄의 피의자는 남성이 87%로 절대다수를 차지한다. 살인, 강도, 방화, 강간 등 강력범죄에서 피해자는 여성이 압도적으로 많다. 성폭력범, 가정폭력범, 아동·청소년범죄 등의 피해자에 대해서는 별도의 입법을 통해 보호와 지원을 하고 있다. 반면에 일반 강력범죄에 의한 피해자 권리보장은 「형사소송법」상의 규정만 있을 뿐이다. 범죄피해자에 대한 보호 및 지원은 경찰·검찰의 수사절차, 법원의 공판절차, 교정(구치소, 교도소)의 형집행절차 등 형사절차의 전 과정에서 필요하다. 지금까지는 주로 수사절차에서 일부 피해자 지원이 이루어져 왔다. 나아가 교정단계에서도 가해자를 가석방할 경우에는 피해자의 의견을 들을 필요가 있는데도 범죄피해자 보호·지원은 주로 검찰에 의하여 일부만 이루어지고 있는 실정이다. 「범죄피해자 보호법」은 검사의 형사조정에 관한 권한을 규정하고 있다. 범죄의 정도가 중하지 아니하거나 감정악화로 인한 분쟁이나 소액재산 범죄사건 등 처벌에 큰 의미가 없는 사건에서 피해자를 보호하기 위하여 검사는 피의자와 범죄피해자 사이에 당사자의 신청 또는 직권으로 수사 중인 형사사건을 형사조

---

3) 이종만, "최저임금제도 개선방안에 관한 연구", 한국방송통신대학교 석사학위논문, 2016.

정에 회부할 수 있다(제41조 제1항). 형사조정은 2006년 시범실시하고, 2007년에 전국으로 확대했다. 조정 의뢰 건수는 2007년 약 8천 건이었는데, 매년 증가 추세이다. 이것도 그 대상을 확대할 필요가 있다.

국가는 구조대상 범죄피해를 받은 사람이 첫째, 피해의 전부 또는 일부를 배상받지 못하는 경우, 둘째, 자기 또는 타인의 형사사건의 수사 또는 재판에서 고소나 고발 등 수사단서를 제공하거나 진술, 증언 또는 자료제출을 하다가 구조피해자가 된 경우에는 구조피해자 또는 그 유족에게 범죄피해 구조금을 지급한다. 법의 취지는 아주 좋은 것이나, 그 액수나 지급조건이 매우 열악한 상황이다.[4]

헌법이 정한 범죄피해자구조청구권의 법적 성격은 현대 사회복지국가 헌법의 이념에 부합하는 대단히 현대적인 것이다. 이 권리의 법적 성격을 살펴보면, ① 국가가 범죄의 예방과 진압을 태만히 한 데 대한 국가배상책임으로서의 성격과, ② 사회국가의 이념을 구현하기 위한 사회정책의 일환으로서 범죄피해자의 인간다운 생활을 보장하기 위한 제도로서의 성격도 있는, 청구권적 기본권과 사회적 기본권의 성격을 아우르고 있다. 한마디로 국가배상적 사회보장청구권으로 요약할 수 있다.[5]

(1980년 헌법)

제29조 ④ 교육의 자주성 · 전문성 및 정치적 중립성은 법률이 정하는 바에 의하여 보장된다.

(현행 헌법)

제31조 ④ 교육의 자주성 · 전문성 · 정치적 중립성 및 대학의 자율성은 법률이 정하는 바에 의하여 보장된다.

(1980년 헌법)

제32조 ① 모든 국민은 인간다운 생활을 할 권리를 가진다.
② 국가는 사회보장 · 사회복지의 증진에 노력할 의무를 진다.

---

4) 소영환, "범죄피해자의 인권보장에 관한 연구", 『인권법연구』, 창간호, 한국방송통신대학교 법학과, 2015.
5) 권영성, 『헌법학원론』, 법문사, 2010, 641쪽.

③ 생활능력이 없는 국민은 법률이 정하는 바에 의하여 국가의 보호를 받는다.

(현행 헌법)

제34조 ① 모든 국민은 인간다운 생활을 할 권리를 가진다.

② 국가는 사회보장·사회복지의 증진에 노력할 의무를 진다.

③ 국가는 여자의 복지와 권익의 향상을 위하여 노력하여야 한다.

④ 국가는 노인과 청소년의 복지향상을 위한 정책을 실시할 의무를 진다.

⑤ 신체장애자 및 질병·노령, 기타의 사유로 생활능력이 없는 국민은 법률이 정하는 바에 의하여 국가의 보호를 받는다.

⑥ 국가는 재해를 예방하고 그 위험으로부터 국민을 보호하기 위하여 노력하여야 한다.

(1980년 헌법)

제34조 ① 혼인과 가족생활은 개인의 존엄과 양성의 평등을 기초로 성립되고 유지되어야 한다.

② 모든 국민은 보건에 관하여 국가의 보호를 받는다.

(현행 헌법)

제36조 ① 혼인과 가족생활은 개인의 존엄과 양성의 평등을 기초로 성립되고 유지되어야 하며, 국가는 이를 보장한다.

② 국가는 모성의 보호를 위하여 노력하여야 한다.

③ 모든 국민은 보건에 관하여 국가의 보호를 받는다.

(1980년 헌법)

제83조 ① 국회의 정기회는 법률이 정하는 바에 의하여 매년 1회 집회되며, 국회의 임시회는 대통령 또는 국회재적의원 3분의 1 이상의 요구에 의하여 집회된다.

② 정기회의 회기는 90일을, 임시회의 회기는 30일을 초과할 수 없다.

③ 국회는 정기회·임시회를 합하여 연 150일을 초과하여 개회할 수 없다. 다만, 대통령이 집회를 요구한 임시회의 일수는 이에 산입하지 아니한다.

④ 대통령이 임시회의 집회를 요구할 때에는 기간과 집회요구의 이유를 명시하여야 한다.

⑤ 대통령의 요구에 의하여 집회된 임시회에서는 정부가 제출한 의안에 한하여 처리하며, 국회는 대통령이 집회요구 시에 정한 기간에 한하여 개회한다.

(현행 헌법)

제47조 ① 국회의 정기회는 법률이 정하는 바에 의하여 매년 1회 집회되며, 국회의 임시회는 대통령 또는 국회재적의원 4분의 1 이상의 요구에 의하여 집회된다.

② 정기회의 회기는 100일을, 임시회의 회기는 30일을 초과할 수 없다.

③ 대통령이 임시회의 집회를 요구할 때에는 기간과 집회요구의 이유를 명시하여야 한다.

「국회법」

제5조의2(연간 국회운영기본일정 등) ① 의장은 국회의 연중 상시운영을 위하여 각 교섭단체대표의원과의 협의를 거쳐 매년 12월 31일까지 다음 연도의 국회운영기본일정(국정감사를 포함한다)을 정하여야 한다. 다만, 국회의 원총선거후 처음 구성되는 국회의 당해연도의 국회운영기본일정은 6월 30일까지 정하여야 한다. 〈개정 2016.12.16.〉

② 제1항의 연간 국회운영기본일정은 다음 각 호의 기준에 따라 작성한다. 〈개정 2005.7.28., 2016.12.16.〉

1. 2월·4월 및 6월 1일과 8월 16일에 임시회를 집회한다. 다만, 국회의원 총선거가 있는 월의 경우에는 그러하지 아니하며, 집회일이 공휴일인 때에는 그 다음날에 집회한다.

2. 정기회의 회기는 100일로, 제1호의 규정에 의한 임시회의 회기는 30일(8월 16일에 집회하는 임시회의 회기는 8월 31일까지)로 한다.

3. 제1호의 규정에 의한 임시회의 회기 중 1주(週)는 제122조의2의 규정에 따라 정부에 대하여 질문을 행한다.

[전문개정 2000.2.16.]

(1980년 헌법)

제97조 국회는 특정한 국정사안에 관하여 조사할 수 있으며, 그에 직접 관련된 서류의 제출, 증인의 출석과 증언이나 의견의 진술을 요구할 수 있다.

다만, 재판과 진행 중인 범죄수사·소추에 간섭할 수 없다.

(현행 헌법)

제61조 ① 국회는 국정을 감사하거나 특정한 국정사안에 대하여 조사할 수 있으며, 이에 필요한 서류의 제출 또는 증인의 출석과 증언이나 의견의 진술을 요구할 수 있다.

② 국정감사 및 조사에 관한 절차, 기타 필요한 사항은 법률로 정한다.

(1980년 헌법)

제99조 ① 국회는 국무총리 또는 국무위원에 대하여 개별적으로 그 해임을 의결할 수 있다. 다만, 국무총리에 대한 해임의결은 국회가 임명동의를 한 후 1년 이내에는 할 수 없다.

② 제1항의 해임의결은 국회재적의원 3분의 1 이상의 발의에 의하여 국회재적의원 과반수의 찬성이 있어야 한다.

③ 제2항의 의결이 있을 때에는 대통령은 국무총리 또는 당해 국무위원을 해임하여야 한다. 다만, 국무총리에 대한 해임의결이 있을 때에는 대통령은 국무총리와 국무위원 전원을 해임하여야 한다.

(현행 헌법)

제63조 ① 국회는 국무총리 또는 국무위원의 해임을 대통령에게 건의할 수 있다.

② 제1항의 해임건의는 국회재적의원 3분의 1 이상의 발의에 의하여 국회재적의원 과반수의 찬성이 있어야 한다.

(1972년 헌법)

제39조 ① 대통령은 통일주체국민회의에서 토론 없이 무기명투표로 선거한다.

② 통일주체국민회의에서 재적대의원 과반수의 찬성을 얻은 자를 대통령당선자로 한다.

③ 제2항의 득표자가 없는 때에는 2차투표를 하고, 2차투표에도 제2항의 득표자가 없는 때에는 최고득표자가 1인이면 최고득표자와 차점자에 대하여, 최고득표자가 2인 이상이면 최고득표자에 대하여 결선투표를 함으로써 다수득표자를 대통령당선자로 한다.

(1980년 헌법)

제39조 ① 대통령은 대통령선거인단에서 무기명투표로 선거한다.

② 대통령에 입후보하려는 자는 정당의 추천 또는 법률이 정하는 수의 대통령선거인의 추천을 받아야 한다.

③ 대통령선거인단에서 재적대통령선거인 과반수의 찬성을 얻은 자를 대통령당선자로 한다.

④ 제3항의 득표자가 없을 때에는 2차투표를 하고, 2차투표에도 제3항의 득표자가 없을 때에는 최고득표자가 1인이면 최고득표자와 차점자에 대하여, 최고득표자가 2인 이상이면 최고득표자에 대하여 결선투표를 함으로써 다수득표자를 대통령당선자로 한다.

⑤ 대통령의 선거에 관한 사항은 법률로 정한다.

(현행 헌법)

제67조 ① 대통령은 국민의 보통·평등·직접·비밀선거에 의하여 선출한다.

② 제1항의 선거에 있어서 최고득표자가 2인 이상인 때에는 국회의 재적의원 과반수가 출석한 공개회의에서 다수표를 얻은 자를 당선자로 한다.

③ 대통령후보자가 1인일 때에는 그 득표수가 선거권자 총수의 3분의 1 이상이 아니면 대통령으로 당선될 수 없다.

④ 대통령으로 선거될 수 있는 자는 국회의원의 피선거권이 있고 선거일 현재 40세에 달하여야 한다.

⑤ 대통령의 선거에 관한 사항은 법률로 정한다.

(1972년 헌법)

제53조 ① 대통령은 천재·지변 또는 중대한 재정·경제상의 위기에 처하거나, 국가의 안전보장 또는 공공의 안녕질서가 중대한 위협을 받거나 받을 우려가 있어, 신속한 조치를 할 필요가 있다고 판단할 때에는 내정·외교·국방·경제·재정·사법 등 국정 전반에 걸쳐 필요한 긴급조치를 할 수 있다.

② 대통령은 제1항의 경우에 필요하다고 인정할 때에는 이 헌법에 규정되어 있는 국민의 자유와 권리를 잠정적으로 정지하는 긴급조치를 할 수 있고, 정부나 법원의 권한에 관하여 긴급조치를 할 수 있다.

③ 제1항과 제2항의 긴급조치를 한 때에는 대통령은 지체 없이 국회에 통고하여야 한다.

④ 제1항과 제2항의 긴급조치는 사법적 심사의 대상이 되지 아니한다.

⑤ 긴급조치의 원인이 소멸한 때에는 대통령은 지체 없이 이를 해제하여야 한다.

⑥ 국회는 재적의원 과반수의 찬성으로 긴급조치의 해제를 대통령에게 건의할 수 있으며, 대통령은 특별한 사유가 없는 한 이에 응하여야 한다.

(1980년 헌법)

제51조 ① 대통령은 천재·지변 또는 중대한 재정·경제상의 위기에 처하거나, 국가의 안전을 위협하는 교전상태나 그에 준하는 중대한 비상사태에 처하여 국가를 보위하기 위하여 급속한 조치를 할 필요가 있다고 판단할 때에는 내정·외교·국방·경제·재정·사법 등 국정 전반에 걸쳐 필요한 비상조치를 할 수 있다.

② 대통령은 제1항의 경우에 필요하다고 인정할 때에는 헌법에 규정되어 있는 국민의 자유와 권리를 잠정적으로 정지할 수 있고, 정부나 법원의 권한에 관하여 특별한 조치를 할 수 있다.

③ 제1항과 제2항의 조치를 한 때에는 대통령은 지체 없이 국회에 통고하여 승인을 얻어야 하며, 승인을 얻지 못한 때에는 그때부터 그 조치는 효력을 상실한다.

④ 제1항과 제2항의 조치는 그 목적을 달성할 수 있는 최단기간 내에 한정되어야 하고, 그 원인이 소멸한 때에는 대통령은 지체 없이 이를 해제하여야 한다.

⑤ 국회가 재적의원 과반수의 찬성으로 비상조치의 해제를 요구한 때에는 대통령은 이를 해제하여야 한다.

(현행 헌법)

제76조 ① 대통령은 내우·외환·천재·지변 또는 중대한 재정·경제상의 위기에 있어서 국가의 안전보장 또는 공공의 안녕질서를 유지하기 위하여 긴급한 조치가 필요하고 국회의 집회를 기다릴 여유가 없을 때에 한하여 최소한으로 필요한 재정·경제상의 처분을 하거나 이에 관하여 법률의 효력을 가지는 명령을 발할 수 있다.

② 대통령은 국가의 안위에 관계되는 중대한 교전상태에 있어서 국가를 보위하기 위하여 긴급한 조치가 필요하고 국회의 집회가 불가능한 때에 한하여 법률의 효력을 가지는 명령을 발할 수 있다.

③ 대통령은 제1항과 제2항의 처분 또는 명령을 한 때에는 지체 없이 국회에 보고하여 그 승인을 얻어야 한다.

④ 제3항의 승인을 얻지 못한 때에는 그 처분 또는 명령은 그때부터 효력을 상실한다. 이 경우 그 명령에 의하여 개정 또는 폐지되었던 법률은 그 명령이 승인을 얻지 못한 때부터 당연히 효력을 회복한다.

⑤ 대통령은 제3항과 제4항의 사유를 지체 없이 공포하여야 한다.

(1980년 헌법)

제112조 ① 헌법위원회는 다음 사항을 심판한다.

1. 법원의 제청에 의한 법률의 위헌 여부
2. 탄핵
3. 정당의 해산

② 헌법위원회는 9인의 위원으로 구성하며, 위원은 대통령이 임명한다.

③ 제2항의 위원 중 3인은 국회에서 선출하는 자를, 3인은 대법원장이 지명하는 자를 임명한다.

④ 헌법위원회의 위원장은 위원 중에서 대통령이 임명한다.

(현행 헌법)

제111조 ① 헌법재판소는 다음 사항을 관장한다.

1. 법원의 제청에 의한 법률의 위헌 여부 심판
2. 탄핵의 심판
3. 정당의 해산 심판
4. 국가기관 상호 간, 국가기관과 지방자치단체 간 및 지방자치단체 상호 간의 권한쟁의에 관한 심판
5. 법률이 정하는 헌법소원에 관한 심판

② 헌법재판소는 법관의 자격을 가진 9인의 재판관으로 구성하며, 재판관은 대통령이 임명한다.

③ 제2항의 재판관 중 3인은 국회에서 선출하는 자를, 3인은 대법원장이 지명하는 자를 임명한다.

④ 헌법재판소의 장은 국회의 동의를 얻어 재판관 중에서 대통령이 임명한다.

2.1.3. 1987년 헌법체제의 한계와 개헌논의

1987년 헌법은 오랫동안의 군부정권시대의 빗나간 헌법을 청산하고, 정상적인 삼권분립의 헌법으로 돌아갔다고 평가할 수 있다. 개헌의 계기이자 원동력이 되었던 6월 민주화항쟁에 힘입어 헌법개정은 그 어느 때보다도 국민들의 적극적인 참여와 지지가 컸다고 할 수 있다. 그만큼 현행 헌법의 민주적 정당성은 큰 것이다. 이제 헌법은 과거와 달리 장식적 헌법이나 명목적 헌법이 아닌 규범적 헌법으로 작동하기 시작했다. 규범적 헌법으로서는 사실상 처음이나 다를 바 없을 정도로 기초부터 점검하면서 국정이 나아갔다. 헌법규정에 맞추어 국무총리가 국무위원제청권을 행사하고, 국무총리서리제와 같은 편법적 운영이 사라졌다. 헌법재판소는 헌법이 정한 기능을 십분 발휘해 헌법의 규범력을 높여 놓았다. 위헌법률심사제, 권한쟁의, 헌법소원을 통해 헌법의 의미를 천착함으로써 국민의 주권과 기본권의 의미를 깊이 생각하는 계기가 되었다.

입헌주의의 강조와 헌법재판제도의 착실한 진행을 통해 이제까지 한 번도 알지 못했던 헌법상의 규정과 제도들이 수면으로 부상하는 경우가 많았다. 기본권 제한과 관련하여 비례의 원칙이 알려지고, 열거되지 않은 기본권으로서의 성적 자기결정권이나 휴식권 등이 존재할 수 있음을 알았다. 평등선거는 단지 1인 1표(one man, one vote)제에 머무르지 않고, 1표 1가치(one vote, one value)제에서의 평등이 보장되어야 한다는 것까지 알게 되었다. 그래서 불평등선거구를 재획정하였으며, 또한 1인 1표 비례대표제에서 직접선거의 원칙을 관철하기 위해 정당에 대한 투표는 별도로 하는 1인 2표제로 전환하였다. 이라크 파병을 맞아서는 헌법상 평화주의 원리가 거론되는가 하면, 국회의원의 방만한 자세를 견제하기 위해 공직자소환제도의 도입이나 국회의원의 특권 폐지 등이 국민적 토론주제가 되기도 했다. 2004년 노무현 대통령에 대한 탄핵소추와 심판절차가 있었고, 관습헌법을 근거로 한 신행정수도 이전 법률의 위헌결정도 나왔다. 2015년에는 하지 말았어야 할 정당해산심판까지 행해졌다. 이와 같이 헌법적 주제는 일상생활부터 국내외 문제까지 전폭적으로 확대되었다. 현행 헌법이 시작된 지난 30년은 헌법의 비약적 발전기였음에 틀림없다. 그러나 다른 한편으로 시대정신과 상황은 사회복지국가 헌법을 요구함에도 불구하고 그 방향으로 전진하지 못하고 계속 답보상태를 되풀이하다가 최근에는 민주주의의 후퇴 조짐마저 농후해졌다. 중산층 붕괴와 소득 양극화로 인한 사회 불안정, 권위주의적 정치의 재현, 권력형 부정부패의 확대와 같은 악재들이 그동안 이룩해 놓은 민주주의와 법치주의의 토대를 심각하게 위협하기 시작한 것이다. 이러한 모순을 적극적으로 해결하지 못함으로써 사회적 폭발로 이어졌다. 2016년 가을부터 불거진 이른바 '최순실 게이트'에 의해 전모가 드러난 박근혜 대통령의 국헌문란 행위로 인해 마침내 1987년 헌법질서를 종결짓고 새로운 헌법변동(정치혁명)의 시기로 접어들기에 이르렀다. 대통령에 대한 즉각 퇴진을 요구하는 국민의 대규모 시위가 이어졌고, 그 결과 국회는 2016년 12월 9일 국회의원 재적 300명 중 234명의 찬성으로 대통령에 대한 탄핵소추안을 통과시킴으로써 대통령의 직무를 정지시켰다. 대통령의 직무행위와 관련된 헌법과 법률위반에 대한 범국민적인 강력한 제재라는 점에서 헌정사상 최초의 일이다. 2017년 3월 10일 헌법재판소는 퇴임한 재판관을 제외한 나머지 8인 재판관 전원일치의 결정으로 탄핵소추를 인용하였다. 이로써 박근혜 대통령은 파면되었다.

우리 헌정사를 돌아보면 이와 같은 정변기에는 반드시 개헌작업이 수반되었다. 따라서 이번에도 개헌에 관한 요구가 무성한 것이 사실이다. 국회에도 개헌특위가 활동하고 있고 새로 취임한 대통령도 2018년 6월 지방선거에 맞추어 개헌을 하겠다고 약속한 마당이다. 그래도 개헌작업은 용이할 것으로 보이지는 않는다.

우리는 1987년 헌법에 대한 개헌의 필연성이 지속적으로 제기되는 이유와 그에 대한 방안을 생각해 볼 필요가 있다. 그것은 헌법전 조문(text)의 문제라기보다 헌법의 토대(context)로부터 비롯되는 문제로 보는 것이 옳다. 헌법전은 제헌 당시부터 현대 사회복지국가 헌법이었다. 그리고 현행 헌법은 1987년에 개정되었기 때문에 현대적 헌법과제를 포함시키는 데에서 부족함이 거의 없다. 다만, 권력구조에서 대통령의 권한을 축소시키고 총리의 권한을 강화시키는 방향은 많은 사람들이 원하는 것 같다. 제왕적 대통령제에서 분점적 대통령으로의 전환이다. 이 방향은 대체로 의원내각제나 이원정부제로 향하는 논의구조이다. 실제로 2016년 4월 총선거 약 1년 전부터는 이례적으로 비례대표제 확대와 의원내각제 헌법의 요청을 골자로 한 집회가 많았다. 그런데 우리나라에서는 여전히 의원내각제에 대한 불신과 이해 부족이 팽배해 있고, 이원정부제는 익숙하지 않은 제도로 남아 있다. 일각에서는 미국식으로 대통령 4년 중임제를 도입하자 한다. 그런데 이런 주장들은 결국 집권을 향한 정치인들의 관심사이지 국민들에게는 별반 관심이 없는 사항이다.

1987년 헌법이 그 수명을 다했다고 보는 주장은 다음과 같이 이해할 때 타당하다. 즉, 6월 민주화운동에 의해서 만들어진 것이 현행 헌법인데, 6월 민주화운동은 전 국민이 참여한 운동이었다. 그렇지만 모든 국민의 목소리 가운데 합의의 중심으로 들어온 주제는 바로 자유민주주의 헌법의 수립과 관련된 것들이었다. 즉, 대통령의 독주를 막고, 국회가 활성화되며, 형식적 법치주의가 실현되고, 국민의 자유가 보장되는 그런 민주주의 사회가 중심주제가 되었던 것이다. 그런 점에서 노동권, 사회권 등은 핵심사항에서 벗어나 있었다고 평가된다. 이렇게 볼 때 현재의 개헌요구는 헌법의 중심축을 근대 시민국가 헌법에서 현대 사회복지국가 헌법으로 이동시키는 국민적 합의를 이끌어 내자는 긴절한 요구라고 보인다.

현대 사회복지국가 헌법에 대한 요구, 이것은 바로 우리 헌법의 완전한 실현으로 가자는 소리와 같다. 그래서 우리는 헌법전의 문면을 바꾸는 형식적 개헌보다는 실질적 개헌, 다시 말해 자유권에서 사회권으로, 형식적 법치주의에서 실질적 법치주의로, 형식적 국민주권에서 실질적 국민주권으로 전환시키는 그런 내실 있는 사회가 필요한 것이다. 그것은 헌법전은 그대로 두더라도, 법률 이하 하위입법들을 개혁함으로써 사회의 토대를 바꿔 나가는 데 주력하면 된다. 특권적 권력기구 청산과 만연한 부정부패의 척결, 공무원의 자율성 강화와 관료주의의 병폐 해소, 사회권 보장과 경제민주주의에 대한 본격적 착수, 숙의민주주의가 이루어지는 실질적 민주주의의 실현, 지방분권제와 교육자치와 대학자치 등 자율사회로의 인도, 과학기술과 경제발전, 문화국민으로의 성숙 등이 사회 저변에서 차근차근 실현되는 것, 그것이 지금 우리가 진정 원하는 개헌의 방향이 될 것이라고 본다.

2.2. 헌법의 제정

2.2.1. 헌법제정과 헌법제정권력

　실질적 의미에서 헌법의 제정이란 실질적 의미의 헌법을 만드는 것, 즉 국가공동체의 법적 생활을 규율하기 위한 특정 원리를 지향하는 근본적 규범설계를 법규범의 형태로 정립하는 것을 말한다. 그 주된 내용은 정치적 공동체(국가)의 존재방식과 기본권을 포함한 기본적 질서라 할 수 있다. 반면 형식적 의미에서 헌법의 제정이란 헌법사항을 성문 헌법전으로 편찬하는 것을 말한다.

　헌법제정과정에서 헌법제정권력의 문제가 제기된다. 헌법제정권력이란 헌법을 시원적으로 창조하는 힘으로서 정치적 권력인 동시에 법적 권위라는 이중성을 가진다. 이는 주권과 동일한 권력으로 이해한다. 헌법제정권력은 당연히 주권자의 것이다. 주권자는 헌법을 제정해서 자신의 권력과 통치의 합법적 정당성을 확보한다.

2.2.2. 헌법제정권력론의 이론적 발전

　세습제 군주시대에서 사회계약론은 충격이었다. 국가는 시민들의 계약에 의해서 성립한다는 논리가 등장한 것이다. 사회계약론이 발달한 것은 홉스, 로크, 루소에 의해서였다. 홉스의 제한된 시민층에 의한 사회계약에서 루소의 확장된 사회계약론에 이르면서 유럽 사회는 의회정치의 시작과 국민주권의 시대로 접어들었다. 헌법제정권력론을 처음 체계화한 사람은 프랑스혁명 시기에 활약했던 신부 시에예스(E. J. Sieyès)이다. 그는 「제3신분이란 무엇인가」(1789.1.)라는 팸플릿에서 헌법제정권력자가 국민임을 인정하였으나 귀족 · 교회대표 · 시민계급의 대표로 구성되는 헌법제정의회(제헌의회)에서 헌법을 제정할 것을 요구하였다. 그가 말한 제3신분은 제한된 도시의 시민이었다.

이에 반해 독일의 법실증주의자들은 헌법제정권력과 헌법개정권력 그리고 입법권을 동일시하여 헌법제정권력의 독자적 권력성을 부인하였다. 이러한 법실증주의자들의 견해에 반대하여 칼 슈미트(Carl Schmitt)는 정치적 통일체의 종류와 형태에 관한 최초의 구체적인 결단을 내리는 정치적 의사를 헌법제정권력으로 정의하고, 헌법제정권력 → 헌법(절대적 헌법) ⇒ 헌법개정권력 → 헌법률(상대적 헌법) ⇒ 헌법전 등의 위계질서를 인정하였다. 주권과 통치권, 헌법제정권력과 입법권의 위상이 다름을 분명히 한 것이다.

2.2.3. 헌법제정권력의 본질과 한계

1. 헌법제정권력의 본질

주권자의 헌법제정권력은 사실성과 규범성의 이중성을 지닌다. 사실상의 최고권력을 최고규범으로 전환시키는 것이다. 헌법제정권력은 헌법적 질서를 시원적으로 창조하는 힘으로 최고법규범이기 때문에 다른 상위의 법규범에 의해 법적 효력이 주어지는 것이 아니라 스스로에 의해 스스로를 창조하는 근원적인 권력이다. 따라서 헌법제정권력이 행사되는 절차에는 아무런 한계가 없다. 헌법제정권력은 한 번 행사되었다고 해서 그것이 소멸하거나 다른 권력으로 흡수되는 것이 아니다. 헌법제정권력은 다른 모든 권력이나 권력분립제도의 포괄적인 근거이므로 헌법에 의해 분립되는 국가권력과 달리 통일적이고 불가분적이다. 또 헌법제정권력은 국민으로부터 다른 주체에게로 양도할 수 없는 것이다.

2. 헌법제정권력의 한계

헌법제정권력의 한계란 헌법제정권력을 구속하는 법원리 또는 가치규범이 있느냐의 문제이다. 한계를 부정하는 견해는 헌법제정권력의 시원성을 강조하는 시에예스 또는 헌법제정권력의 혁명적 성격을 인정하는 칼 슈미트에 의해 주장되며, 헌법제정권력에 대해 아무런 한계를 인정하지 않는다. 그러나 초기 이론과 달리 오늘날에는 헌법제정권력에도 한계가 있다는 것이 통설이다. 아무리 주권자인 국민이라도 지켜야 할 원칙이 있다는 것이다. 즉, 자연법적 한계가 있다. 국민주권원리를 파괴할 수 없고, 천부인권이라 분류되는 기본권을 부인하는 것도 금지된다. 또한 법의 일반원칙으로서 민주주의, 평화주의, 법적 안정성, 사물의 본성, 정의, 형평 등을 부정할 수 없다. 그리고 현실적 한계로는 국제법적 한계를 드는데, 예컨대 제2차 세계대전 후 패전국으로서 독일과 일본이 연합국의 영향력 아래에서 헌법을 제정한 경우를 들 수 있다.

2.3. 헌법의 개정

2.3.1. 헌법개정의 개념

1. 헌법개정의 의의

헌법의 개정이란 헌법에 규정된 개정절차에 따라(형식적 요건) 기존의 헌법과 동일성을 유지하면서(실질적 요건) 헌법의 특정 조항을 수정 또는 삭제하거나 새로운 조항을 추가(증보)함으로써 헌법의 형식이나 내용에 의식적으로 변경을 가하는 행위를 말한다.

헌법이 사회현실에 대하여 규범적 효력을 가지기 위해서는 현실의 변화에 대응하지 않으면 안 된다. 그런 점에서 헌법의 개정은 헌법의 현실 적용성과 실효성의 유지라는 측면에서 필요하다. 또한 헌법의 개정이 허용되지 않는다면 헌법 외적 방법에 따라 헌법의 변화를 꾀하려 할 것이다. 따라서 헌법의 파괴나 폐제(廢除)를 미리 방지하고, 헌법의 개정을 통해 정치세력들 간의 갈등과 대립을 해소할 수도 있다.

2. 헌법개정의 유형

헌법개정의 방식을 보면, 미국 연방헌법처럼 기존의 조항들을 그대로 둔 채

개정조항만 추가(증보)하는 형식으로 개정하는 방법도 있고, 독일 기본법처럼 기존의 조항을 수정 혹은 삭제하거나 새로운 조항을 삽입하는 방식을 취할 수도 있다. 우리나라는 한 조항을 고치는 경우에도 전면적으로 새로운 헌법전을 만드는 방식으로 헌법을 개정한다.

헌법개정의 방법과 절차에 따라서도 몇 가지 유형으로 구분할 수 있다. 의회의 의결만으로 개정하되 일반법률 개정절차와 상이한 절차를 취하는 유형이 있다. 예컨대 오스트레일리아, 독일의 헌법과 우리나라 건국헌법 등이다. 또 다른 유형으로는 국민투표에 의해 확정하는 유형이다. 예컨대 우리나라 현행 헌법, 일본·프랑스 제5공화국·오스트리아의 헌법 등이다. 특별한 헌법회의(헌법개정의회)의 승인을 필요로 하는 경우도 있는데, 스위스·벨기에·노르웨이의 헌법 등이 그러하다. 의회의 의결 후 특별기관의 동의 또는 국민투표의 승인 중 선택하는 유형도 있다. 스위스 헌법은 과반수의 주에 있어서의 주민(州民)의 승인을 요구하고, 미국 헌법은 모든 주의회 또는 주헌법회의의 4분의 3 이상의 승인을 요구한다.

3. 헌법개정과 구별해야 할 개념

외형상 헌법의 개정과 유사하지만 헌법개정이라고 할 수 없는 경우가 있다. 헌법의 '파괴'는 헌법제정권력의 주체가 변경되는 협의의 혁명의 경우로서 당연히 기존의 헌법 존재형식에 대한 변경을 수반한다. 헌법의 '폐제'는 헌법제정권력의 변동이 없이 기존 헌법(헌법의 존재형식)을 폐지하는 경우로서 정변이나 쿠데타 등에 의해 정권담당자가 교체되는 경우이다. 헌법의 '침해'는 위헌임을 인식하면서도 의식적으로 특정한 헌법조항에 위반되는 명령의 발포나 공권력을 행사하는 경우를 말한다. 이때 헌법조항의 효력은 계속 유지된다. 헌법의 '정지'는 특정한 헌법조항의 효력을 일시적으로 중단시키는 경우이다. 헌법의 '변천'은 헌법의 특정 조항이 헌법에 규정된 개정절차에 따라 의식적으로 변경되는 것이 아니라 헌법조문은 그대로 있고 그 내용이 실질적으로 변화하는 경우를 말한다.

> **「헌정질서 파괴범죄의 공소시효 등에 관한 특례법」**(1995.12.21. 최초시행)
>
> 제1조(목적) 이 법은 헌법의 존립을 해치거나 헌정질서의 파괴를 목적으로 하는 헌정질서 파괴범죄에 대한 공소시효의 배제 등에 관한 사항을 규정함으로써 헌법상 자유민주적 기본질서를 수호함을 목적으로 한다.
>
> 제2조(정의) 이 법에서 "헌정질서 파괴범죄"란 「형법」 제2편 제1장 내란의 죄, 제2장 외환의 죄와 「군형법」 제2편 제1장 반란의 죄, 제2장 이적(利敵)의 죄를 말한다.

2.3.2. 헌법개정의 한계

1. 한계긍정설과 한계부정설

우선 개정무한계설은 헌법에 규정된 개정절차를 밟기만 하면 어떠한 조항도 어떠한 사항(내용)도 개정할 수 있으며, 심지어 명문으로 개정을 금지하고 있는 조항까지 개정할 수 있다고 본다. 그 논거로는 ① 사회현실의 변화에 따른 헌법규범의 현실 적응성, ② 헌법제정권과 헌법개정권의 구별의 부인, ③ 헌법규정은 모두 같은 효력을 가지므로 개정할 수 없는 상위규범과 개정할 수 있는 하위규범으로 나눌 수 없다는 점(규범등가론) 등을 들고 있다.

이에 대하여 한계긍정설은 헌법에 규정된 개정절차에 따를지라도 특정한 조항이나 일정한 사항(내용)은 자구수정을 별도로 하고는 개정할 수 없다고 한다. 그 논거로는 ① 헌법제정권과 헌법개정권의 구별에 의한 제약, ② 자연법의 원리에 의한 제약, ③ 헌법규범의 실질적 위계질서에 의한 제약 등을 들고 있다.

2. 헌법개정한계의 내용

첫째, 초헌법적 사유로 자연법의 원리, 국제법상의 일반원칙 등이 있다. 일반적으로 들 수 있는 내용으로는 민주공화국의 국가형태, 국민주권의 원리, 자유민주적 기본질서, 핵심적인 기본적 인권, 국제평화주의, 복수정당제, 사유재산제와 시장경제질서 등이다.

둘째, 헌법 내재적 사유로 ① 법리상(내용상)의 제약으로서 기본적 동일성을 상실해서는 안 된다는 것, ② 시기상의 제약으로서 공정한 개정을 기할 수 없는 시기, 즉 비상사태하에서의 헌법개정, 외국군대가 점령하고 있는 경우, 일정 기간 내의 개정을 금지하는 경우(포르투갈 헌법)에는 개정할 수 없다는 것, ③ 방법상 제약으로서 부분개정만 가능하고 전면개정은 불가능(독일 기본법)하고, 또한 헌법개정절차에 대한 개정도 불가능하다는 점을 들 수 있다.

셋째, 실정헌법상의 사유는 헌법 자체가 명문의 규정을 가지고 특정 조항이나 특정 사항의 개정을 금지하고 있는 경우이다. 이에 대하여는 ① 개정금지사항은 법적으로 무의미하므로 개정이 가능하다는 견해, ② 개정금지조항을 개정하면 가능하다는 견해, ③ 개정금지조항을 직접 개정하는 것은 물론 이중의 절차에 의한 개정도 불가능하다는 견해(통설) 등으로 나뉜다.

넷째, 헌법개정의 한계와 관련하여 헌법개정에 관한 조항을 개정하는 경우 유효한지에 대해 논란이 있다. ① 경성헌법을 연성헌법으로 변경하는 것은 금지되지만 연성헌법을 경성헌법으로 변경하는 것은 가능하다는 부분적 긍정설이 통설이다. 이것은 헌법수호의 차원에서 평가해야 할 내용이다. 헌법 중에서 경미한 내용과 본질적 내용을 구분해서 양자의 차이를 두어 연성과 경성의 두 가지 방법으로 대처하는 것도 한 방안이 될 수 있다. ② 헌법개정권자가 개정권력의 근거가 되는 개정조항을 바로 그 개정조항에 따라 개정하는 것은 법논리상 금지된다는 부정설이 있다.

다섯째, 헌법개정의 한계를 무시한 개정행위의 효력은 법적으로 무효이다. 이 경우에는 사실상 정변(쿠데타)으로 규정되거나 또 하나의 헌법제정이란 평가도 가능해진다. 우리 헌정사에서 유신헌법이 쿠데타로 규정되는 이유가 이에 해당한다.

2.3.3. 헌법상 개정절차

1. 헌법개정절차

헌법 제10장 헌법개정
제128조 ① 헌법개정은 국회재적의원 과반수 또는 대통령의 발의로 제안

된다.

② 대통령의 임기연장 또는 중임변경을 위한 헌법개정은 그 헌법개정 제안 당시의 대통령에 대하여는 효력이 없다.

제129조 제안된 헌법개정안은 대통령이 20일 이상의 기간 이를 공고하여야 한다.

제130조 ① 국회는 헌법개정안이 공고된 날로부터 60일 이내에 의결하여야 하며, 국회의 의결은 재적의원 3분의 2 이상의 찬성을 얻어야 한다.

② 헌법개정안은 국회가 의결한 후 30일 이내에 국민투표에 붙여 국회의원 선거권자 과반수의 투표와 투표자 과반수의 찬성을 얻어야 한다.

③ 헌법개정안이 제2항의 찬성을 얻은 때에는 헌법개정은 확정되며, 대통령은 즉시 이를 공포하여야 한다.

2. 헌법개정의 한계

헌법은 개정의 한계에 관하여 아무런 규정을 두고 있지 않다. 그러나 앞서 논의한 일정한 내용에 관하여는 개정의 한계가 인정된다. 일반적으로 들 수 있는 내용으로는 민주공화국의 국가형태, 국민주권의 원리, 자유민주적 기본질서, 핵심적인 기본적 인권, 국제평화주의, 복수정당제, 사유재산제와 시장경제질서 등이 있다. 다만, 제128조 제2항은 평화적 정권교체와 장기집권 방지를 위하여 대통령의 임기연장 또는 중임변경을 위한 헌법개정은 그 헌법개정 제안 당시의 대통령에 대하여 효력이 없다고 규정하고 있는데, 이는 헌법개정 금지규정이 아니라 헌법개정효력의 적용대상을 제한하는 조항으로 이해한다.

2.4. 헌법변천

2.4.1. 헌법변천의 의의

헌법변천(Verfassungswandlung)이란 어떤 헌법조항이 헌법개정절차에 따라 의식적으로 수정·변동되는 것이 아니고 조문은 그대로 존속하면서 의미내용만 실질적으로 변화하는 경우, 즉 헌법규범과 헌법현실 사이에 모순이 발생함으로써 성문헌법조항의 의미가 소멸하고 현실에 상응하는 새로운 의미내용의 헌법규범이 생성되는 경우(새로운 불문헌법규범의 생성)를 의미한다.

미국에서 연방헌법은 대법원에 위헌법률심사권을 부여하고 있지 않지만, 1803년의 마버리 대 매디슨 사건(Marbury v. Madison) 이래 연방대법원이 위헌법률심사권을 행사하고 있다. 미국에서 시작된 이 제도는 현재 전 세계로 전파된 상태이다. 또한 간접선거인 대통령선거가 직접선거로 운용된다거나 건국 초기의 막강했던 주의 권한을 희생하여 연방권한을 점차 확대해 온 것을 그 예로 들 수 있다. 특히 미국의 연방헌법은 제정 230여 년 동안 시대적 변화를 어떻게 감당해 왔는가가 신비스러울 정도이다. 기차도 없던 시절에 만들어진 헌법이 우주시대로 접어든 현재까지 어떻게 규범력을 가질 수 있을까 하는 의문이 든다. 유럽의 나라들이 근대 입헌주의적 자유주의 헌법국가에서 현대 사회복지국가 헌법으로의 변동이 진통을 겪고 헌법전의 제정 혹은 개정이라는 외형적 변화를 거쳤던 데 비해, 미국의 경우에는 헌법은 그대로 둔 채 의회입법과 사법부의 판결을 통하여 시대적 변화에 대응하였다. 1929년 대공황 이후 1933년에 대통령으로 당선된 프랭클린 루스벨트는 경제적 난국을 타개하기 위해서 뉴딜(New Deal)정책을 도입하였다. 자유주의를 기조로 해 왔던 미국에서 국가에 의한 통제와 규제를 대폭 인정하는 뉴딜의 입법과 정책은 위헌시비를 받았다. 연방대법원도 처음에는 뉴딜 입법에 대해서 속속 위헌판결을 내렸다. 그러나 그 후 뉴딜은 뿌리를 내렸고, 1980년 레이건 대통령이 신자유주의로의 복귀를 선언할 때까지 존속되었다. 이렇게 해서 미국도 사실상의 현대 사회복지국가 헌법 시대를 거쳤다고 할 수 있다.

또한 영국에서는 명예혁명 이후 국왕이 실질적 권한을 상실하였고, 또한 총선거에 따른 정치세력이 의회 의석의 수적 우세를 통해 내각우위의 정부형태를 수립하였다. 일본의 경우에는 영구히 무력을 보유하지 않는다는 평화헌법 조항을 두고 있으면서도 실질적 군사력인 자위대를 보유하고 있다.

한편 우리나라의 경우 영토조항(제3조 "대한민국의 영토는 한반도와 부속도서로 한다.")이 사실상 헌법변천이 이루어져 지금은 대한민국의 영토는 남한에 한한 것으로 보아야 한다는 해석론도 있다. 하지만 여전히 법원의 입장은 이와 같은 헌법변천을 용인하고 있지 않다. 헌법 제121조 제1항 "국가는 농지에 관하여 경자유전의 원칙이 달성될 수 있도록 노력하여야 하며"에서 경자유전의 원칙은 사실상 준수될 수 없는 목표가 되었다.

국회의원은 국민의 대표기관이다. 대의제민주주의에서 국회의원은 무기속위임에 따라 지역구를 넘어 국민 전체의 대표자로서 국가이익을 우선하여 양심에 따라 직무를 수행하도록 요구받는다(헌법 제46조 제2항). 하지만 헌법은 제8조에서 규정하듯이 정당민주주의를 통한 대의제민주주의를 예정하기 때문에 국회의원은 국민의 대표자와 정당소속원이라는 이중적 지위를 갖게 된다. 이에 관한 한 정당이 정한 결정과 당론에 따르는 것이 당연시된 것도 헌법변천의 예이다.

헌법이 제정되고 오랜 시간이 지나면, 그 사이에 사회의 토대가 변화되고 많은 하위법들이 출몰과 변화를 거듭하게 된다. 이런 시대적 변화는 헌법규정들의 의미도 실질적으로 변화시킨다. 예컨대 1997년에 제정된 「교육기본법」 제3조에는 '학습권' 규정을 두었다. "모든 국민은 평생에 걸쳐 학습하고, 능력과 적성에 따라 교육받을 권리를 가진다"는 규정이다. 이렇게 법률차원에서는 새로운 개념이 도입된 것이다. 이 경우 1987년에 제정된 헌법 제31조의 '교육을 받을 권리'는 전통적인 의미에서의 교육권, 즉 수업권(授業權: 가르치는 권리)이나 수학권(修學權: 교육을 받을 권리) 등으로 이해하는 것을 넘어 학습권까지 내포할 수 있어야 한다. 학습권은 교육의 주체를 교사 중심에서 학습자 중심으로 전환하는 의미를 내포하고 있다. 어쨌든 지금 이 순간에도 헌법의 내용은 모랫바람이 날려 모래언덕을 만들듯이 조금씩 바뀌고 있다.

2.4.2. 헌법변천의 요건과 쟁점

헌법이 변천하는 계기로는 ① 입법부의 위헌입법이 계속적으로 집행되는 경우, ② 어떤 국가기관이 헌법으로부터 위임받지 않은 사항에 대하여 동일한 권한행사를 반복하는 경우(미국 연방대법원의 위헌법률심사권), ③ 사법부가 헌법내용과 다른 판결을 반복하는 경우, ④ 헌법에 위반되는 관행이나 선례가 누적되는 경우 등을 들 수 있다. 다만, 그 성립요건으로 최소한 ① 헌법조항의 내용에 변화를 초래하는 일정한 헌법적 관례가 상당한 기간 반복되어야 하고, ② 이 관례가 헌법적 타당성을 가질 만하다는 국민적 승인이 있어야 한다. 요컨대 헌법의 기본이념에 충실한 해석이나 흠결보완의 의미를 가지는 헌법변천은 인정되지만, 헌법침해적 성격을 띠는 관행이나 방치는 인정될 수 없을 것이다. 예컨대 1962년 헌법 이래 지방자치를 위한 지방의회에 관한 규정이 있었지만, 1991년 상반기까지 지방의회를 구성하지 않은 것은 헌법변천으로 묵인하기보다는 사실상의 헌법침해로 평가되어야 한다. 이하에서는 헌법의 규정과 달리 운용되어 왔던 국무총리서리제에 대해서 살펴본다.

【국무총리서리제의 위헌 여부에 관한 권한쟁의사건(헌재 1998.7.14. 98헌라1)】
대통령제에서 부통령을 두지 않고 국무총리를 둔 우리 헌정사에서 군사정권시절에는 자주 사전 국회의 동의를 거치지 않고 일단 국무총리를 서리로 임명한 후에 추후 국회의 동의를 얻는 방식이 관행처럼 행해졌다. 그런데 1998년 김대중 대통령 취임에 즈음하여 이른바 연합정부의 성격상 김종필 씨를 국무총리서리로 임명하였다. 이에 한나라당 국회의원들은 김대중 대통령을 피청구인으로 해서 국회의원의 국무총리 임명에 관한 동의권과 심의·표결권을 침해했다고 주장하면서 권한쟁의소송을 제기하였다.
이에 대해 헌법재판소의 재판관의 의견은 갈렸다. 1인은 국회의원의 당사자적격이 없음을 이유로 각하의견을, 2인은 국회의원의 권리보호이익이 없음을 이유로 각하의견을, 2인의 재판관은 청구인적격성이 없음을 이유로 각하의견을, 3인의 재판관은 권한침해를 인용하는 의견을, 1인의 재판관은 국정공백을 메우기 위한 서리임명의 합헌성을 인정하여 권한침해를 부정하는 기각의견을 냈다. 전체적으로 5인의 재판관이 각하의견이었기 때문에 이 심판청구는 각하결정을 받았다. 이 중에서 마지막 이영모 재판관의 의견을 읽어 보기로 한다.

1. 국무총리의 궐위는 대통령으로 하여금 새 행정부 구성을 할 수 없게 하고 있는데도 헌법은 궐위된 국무총리의 직무를 누가, 어떤 방법으로 수행하는지에 관하여 아무런 규정을 하지 않고 있다. 헌법제정자는 이와 같은 특수한 경우를 예상하지 못하였고, 이러한 헌법규정의 흠 때문에 대통령의 국무총리서리 임명이 헌법에 합치되는지 여부는 해석에 의하여 가려 볼 수밖에 없다. 그런데 이 사건의 경우와 같은 조건을 갖춘 특수한 경우에 한하여 대통령은 국무총리 임명동의안을 국회가 표결할 때까지 예외적으로 서리를 임명하여 총리직을 수행하게 할 수 있고, 대통령의 이 국무총리서리 임명행위는 헌법 제86조 제1항의 흠을 보충하는 합리적인 해석범위 내의 행위이므로 헌법상의 정당성이 있다.

2. 정부조직법 제23조에는 국무총리가 '사고'로 직무를 수행할 수 없는 경우에 직무대행을 하는 규정을 두고 있을 뿐, '궐위'된 경우에 관한 규정은 없다. '사고'와 '궐위'의 개념은 대통령(헌법 제71조), 국회의장(국회법 제12조, 제16조), 대법원장(법원조직법 제13조 제3항), 헌법재판소장(헌법재판소법 제12조 제4항)의 경우에 이를 구분하여 규정하고 있으므로 사고의 개념에 궐위를 포함시키는 해석론은 옳다고 볼 수 없다. 신임 대통령의 취임으로 국무총리와 국무위원은 모두 사직서를 제출한 상태이고 국회는 국무총리 임명동의안을 처리하지 못하고 있는 경우에 사직서를 제출한 종전의 국무총리가 총리의 직무를 수행하거나 국무위원이 그 직무를 대행하여야만 헌법과 정부조직법의 관계조항에 부합한다는 견해는 현실과 실질적인 면을 도외시한 것이다.

이후 국무총리서리제는 더 이상 운용되지 않고 있다. 이렇듯 헌법을 도외시할 때는 몰랐지만, 막상 헌법의 규범력을 인정하고 상세히 들여다보면 헌법상 표현이 애매하고 불투명한 부분이 곳곳에서 발견된다. 그렇다고 이에 대해 일일이 개헌으로 임한다는 것도 바람직하지 않다. 여기서 우리는 일찍이 법의 황제 유스티니아누스나 나폴레옹이 자신이 편찬하였던 법전(각각 로마법전과 민법전)에 대해 지나치게 애착과 자부심을 가진 나머지 그 법전의 완벽성에 흠을 내는 일체의 주석과 보완을 불허하고 심지어 처벌까지 하겠다고 한 발상이 얼마나 잘못된 것이었는지를 알아야 한다. 법규정은 언어를 매개로 하고, 언어의 의미는 상황에 따라 변화무상한 것이기 때문에 법전의 불가변적 완전성은 불가능하다. 오랜 시간을 감내하기 위해서 법은 오히려 더욱 추상적이고 간단할수록 좋다. 극단적으로 말하면 불문법이 성문법보다 낫다고 말할 수 있다. 불문법은 법이 없다는 것이 아니고, 법을 유동하는 상태로 남겨 둔다는 점에서 장점을 가진다. 그렇지만 성문법은 정말 중요한 지침을 사람들에게 강조하고 주의를 주는 효과가 크다는 장점이 있다. 그래서 근대 이후에는 국민주권원리와 기본권 선언을 담는 성문헌법전은 모든 국가에게 필수적이다. 헌법변천은 성문헌법 가운데 내재하는 불문헌법적 현상이라 할 수 있다.

2.4.3. 헌법변천에 대한 헌법적 평가

헌법개정이라는 수단이 있기는 하지만 그것의 탄력적인 운용은 쉽지 않다. 따라서 헌법변천의 동기와 내용이 헌법의 기본이념이나 역사적 발전법칙과 일치하는 경우 그에 충실한 해석이나 흠결보완의 의미를 가지는 헌법변천은 긍정적으로 평가해야 할 것이다. 그러나 그러한 경우를 제외한 공권력의 불행사 또는 정치적 필요에 따른 헌법침해는 부정되어야 한다.

제3장
헌법전문

개관

'전문(前文)'은 헌법에 꼭 필요한 부분은 아니다. 하지만 많은 나라들이 헌법만큼은 전문을 두고 있다. 전문(preamble)은 헌법의 본문 앞에 위치한 문장으로서 헌법제정의 역사적 의미와 제정과정, 헌법제정의 목적과 제정권자, 헌법의 지도이념과 가치질서 등을 담고 있다. 한마디로 말해서 헌법의 정신에 해당한다. 그리고 헌법의 정신을 일차적으로 구체화한 것이 대체로 헌법의 원리들이고, 헌법원리들에 입각해서 더욱 구체화한 것이 헌법조문들이라고 보면 된다.

이런 헌법전문은 대한민국 법질서에서의 최고규범으로서 법해석의 기준이 되고, 입법형성권행사의 한계와 정책결정의 방향을 제시하며, 모든 국가기관과 국민이 존중하고 지켜 가야 하는 최고의 가치규범일 뿐만 아니라 구체적인 분쟁에서는 재판규범으로서의 성격도 지니고 있다. 또한 국민주권의 원리와 헌법제정권력을 명시하고, 건국이념과 대한민국의 정통성에 관한 내용을 수록하면서, 헌법이 지향하는 이념으로 봉건적 사회폐습의 타파, 자유민주적 기본질서, 정의로운 사회복지국가, 평화통일과 국제평화주의와 인류공영 등을 설정하고, 현행 헌법이 제9차 헌법개정이란 것을 밝히고 있다. 헌법전문의 제정경위, 특징과 내용을 학습하고, 건국헌법과 현행 헌법의 전문을 비교한다.

3.1. 헌법전문의 개념과 법적 성격

3.1.1. 헌법전문의 개념

'전문(前文)'은 헌법에 꼭 필요한 부분은 아니다. 하지만 많은 나라들이 헌법만큼은 전문을 두고 있다. 전문(preamble)은 헌법의 본문 앞에 위치한 문장으로 헌법제정의 역사적 의미와 제정과정, 헌법제정의 목적과 제정권자, 헌법의 지도이념과 가치질서 등을 담고 있다. 일찍이 1215년의 마그나 카르타에서부터 전문을 도입하는 전통이 생겼다. 근대 성문헌법의 시작이라고 할 수 있는 미국 연방헌법도 전문을 두고 있다. 중요한 것은 주어가 마그나 카르타는 존(John) 왕으로 되어 있는 데 반해, 미국 연방헌법의 전문은 "우리 미국의 국민은(We the people of the United States)"으로 시작된다는 점이다. 이렇듯 헌법전문은 헌법제정권력자의 소재를 밝힌다는 점에서 중요하다. 우리 헌법전문도 "유구한 역사와 전통에 빛나는 우리 대한국민은"이라고 하여 헌법제정권력자가 국민임을 명확히 하고 있다.

3.1.2. 헌법전문의 법적 성격

헌법전문이 다분히 선언적 의미를 내포한 까닭에 전문이 과연 헌법으로서의 효력을 가지는가 하는 의문이 생길 수 있다. 이에 대해 현재는 모두 법으로서의 효력을 인정하고 있다. 즉, 헌법전문은 대한민국 법질서에서의 최고규범이다. 실질적으로는 헌법본문을 비롯한 모든 법령의 내용을 한정하고 그것이 타당성을 가지는 근거가 되며, 형식적으로는 헌법본문을 비롯한 모든 법령에 상위하는 효력을 가진다. 따라서 헌법전문은 법해석의 기준이 되며, 헌법개정 시 개정금지대상이 된다. 헌법재판소는 헌법전문이 "헌법전을 비롯한 모든 법령해석의 기준이 되고, 입법형성권행사의 한계와 정책결정의 방향을 제시하며, 나아가 모든 국가기관과 국민이 존중하고 지켜 가야 하는 최고의 가치규범"[1]일 뿐만 아니라, 구체적인 분쟁에서는 재판규범으로서의 성격도 지닌다고 본다. 예컨대 독립유공자와 그 유족에 대한 예우가 헌법적 의무인지를 가리는 결정에서 전문 중 "3·1 운동으로 건립된 대한민국임시정부의 법통을 계승"한다는 부분에서 그 근거를 찾았다.[2]

【국회의원선거법 제33조, 제34조의 위헌사건(헌재 1989.9.8. 88헌가6)】

우리 헌법의 전문과 본문의 전체에 담겨 있는 최고 이념은 국민주권주의와 자유민주주의에 입각한 입헌민주헌법의 본질적 기본원리에 기초하고 있다. 기타 헌법상의 제 원칙도 여기에서 연유되는 것이므로 이는 헌법전을 비롯한 모든 법령해석의 기준이 되고, 입법형성권행사의 한계와 정책결정의 방향을 제시하며, 나아가 모든 국가기관과 국민이 존중하고 지켜 가야 하는 최고의 가치규범이다.

【서훈 추천부작위 등 위헌사건(헌재 2005.6.30. 2004헌마859)】

헌법은 국가유공자 인정에 관하여 명문 규정을 두고 있지 않으나 전문(前文)에서 "3·1 운동으로 건립된 대한민국임시정부의 법통을 계승"한다고 선언하고 있다. 이는 대한민국이 일제에 항거한 독립운동가의 공헌과 희생을 바탕으로 이룩된 것임을 선언한 것이고, 그렇다면 국가는 일제로부터 조국의 자주독립을 위하여 공헌한 독립유공자와 그 유족에 대하여는 응분의 예우를 하여야 할 헌법적 의무를 지닌다.

우리 헌법의 전문에는 국민주권의 원리와 헌법제정권력을 명시하고, 건국이념과 대한민국의 정통성에 관한 내용을 수록하면서, 헌법이 지향하는 이념으로 자유민주적 기본질서, 정의로운 사회국가, 평화통일과 국제평화주의 등을 설정하고, 현행 헌법이 제9차 헌법개정이라는 것을 밝히고 있다.

---

1) 헌재 1989.9.8. 88헌가6.
2) 헌재 2005.6.30. 2004헌마859.

3.2. 헌법전문의 내용

3.2.1. 들어가며

1. 헌법제정의 경위

1943년 11월 27일 미·영·중 3국의 수뇌는 카이로회담에서 일본의 무조건 항복을 촉구하는 선언을 발표하였다. 이 선언에는 전후 한국 문제의 처리에 관한 언급이 있었는데, "현재 한국민이 노예상태에 놓여 있음을 유의하여 적절한 과정에 따라 한국을 자유독립국가로 할 것을 결의한다"고 하였다. 1945년 7월 26일의 포츠담선언에서도 이 내용을 재확인하였다. 해방이 되자 우리 민족은 독립국가 수립을 열망하였지만 미국과 소련의 군대가 한반도를 분할점령하였다. 한반도가 바야흐로 시작된 세계적 냉전의 최전선이 된 것이다. 한반도의 장래에 대한 결정은 카이로회담과 달리 미소 양국의 합의에 따르게 되었다. 1945년 12월에 열린 모스크바 삼상회의에서는 한국의 완전한 독립을 위하여 민주적인 임시정부를 수립하고 그 임시정부를 돕기 위해 미소공동위원회를 설치하며, 임시정부와 미소공동위원회의 협의 아래 미국, 영국, 중국, 소련 4개국 공동으로 5년 동안 신탁통치를 행한 후 완전한 독립국가로 이행한다고 하였다. 이후 신탁통치 찬반을 둘러싼 격렬한 시위가 일어나면서 이 결정은 무위로 돌아갔고 미소공동위원회도 결렬되었다. 1946년 6월 이승만의 '정읍발언'을 계기로 남한만의 단독정부 수립운동에 돌입하게 되었다. 미국은 1947년 9월 17일 한반도 문제를 유엔으로 넘겼다. 유엔은 그해 11월 14일 총회를 열어 인구비례에 따른 남북한 총선거를 실시할 것과 이를 감시할 유엔한국임시위원단 구성을 결의하였다. 소련이 위원단의 입북을 거절하자 유엔은 1948년 2월 26일 소총회를 열어 선거가 가능한 남한만의 총선거를 결의하게 되었다.

1948년 3월 1일 하지 사령관은 「조선인민대표의 선거에 관한 포고」를 발표하고 국회선거위원회를 발족시켰다. 3월 17일에는 「국회의원선거법」을 공포하였다. 단독정부에 대한 반대가 거셌고, 그 과정에서 제주도 4·3 사태가 발생하였다. 선거는 총유권자(나이 21세 이상) 중 96.4%가 등록하고, 그중 95.5%가 투표에 참여하였다. 입후보자도 북한지역을 위해 남겨 둔 100석을 제외하고 총 200석의 정원에 902명이 입후보하였다(4.7:1의 경쟁률). 북제주군 2개 선거구를 제외한 198개 선거구에서 당선자가 배출되었다. 무소속 85명, 독립촉성국민회 54명, 한민당 29명, 대동청년당 12명, 기타 정당 및 사회단체 18명이었다. 아직 정당이 생소한 당시에 무소속 당선자가 많은 것이 특징이었다. 숫자와 상관없이 제1당의 위치를 가진 정당은 한민당이었다. 「국회의원선거법」에서는 5·10 선거에 의해 선출된 국회의원의 임기를 2년으로 규정하고 있었다. 이것은 헌법을 제정한 후 헌법에 따라 정부를 수립한 후에도 국회가 존속할 것을 예정한 규정이었다. 당시 헌법제정회의에 해당하는 제헌국회를 제헌과 동시에 해산하고 다시 헌법이 정한 국회를 구성할 시간이 없었던 것은 사실이다. 그러나 바로 이 점에서 제헌국회에 참여한 인사들이 정파적 이해득실의 계산에 빠질 위험성이 크게 작용한 것도 사실이다.[3] 헌법은 무지의 베일(veil of ignorance) 속에서 자신의 이익보다는 공익, 사회정의의 관점에서 원칙을 설계할 것이 요구되는 시점이다.

2. 헌법기초위원회

헌법전문을 보면 "1948년 7월 12일에 제정되고"라고 쓰여 있다. 정확히 말해서 7월 17일 제헌절은 국회에서 제정된 헌법을 '공포'한 날이다. 이미 8월 15일을 정부수립일로 못 박아 둔 상태에서 5월 10일 총선을 실시했으므로 국회에서의 헌법제정과정이 속전속결로 갈 수밖에 없었다. 5월 31일 서울 중앙청에서 국회가 개원하였다. 6월 2일에는 30명의 헌법기초위원을 추천하였다. 기초위원장은 한민당 소속의 서상일, 부위원장은 독립촉성국민회의 이윤영 의원이었다. 그리고 기초위원회 전문위원으로 유진오, 권승렬, 임문환, 한근조, 노진설, 노용호, 차윤홍, 김용근, 윤길중, 고병국 등 10명을 선임하였다.

본회의는 기초위원회에 닷새 반의 말미를 주고 6월 7일까지 기초안을 제출하라고 했다. 물론 이 기한은 촉박했던 것이고, 세 번이나 연기한 끝에 6월 22일에 가서야 안을 확정지었다. 6월 23일 헌법안이 제17차 국회본회의에 상정

---

3) 이영록, 『우리 헌법의 탄생』, 서해문집, 2006, 38~51쪽.

되었고, 기초위원회안을 축조심의하는 방식으로 진행되었다. 6월 29일부터는 의원들의 대체토론이 있었으며, 7월 1일부터 제2독회에 들어갔다. 그리고 7월 12일에 헌법안이 최종 통과되었다. 총 103개조로 이루어진 헌법이었다. 헌법 기초위원회가 구성된 지 40일, 본회의에 상정된 지 20일 만에 헌법이 통과된 것이다. 물론 헌법안이 제헌국회에서 처음 토론되기 시작한 것은 아니다. 이미 해방 이후 미군정과 많은 정치·사회단체에서 헌법안에 관한 논의가 이루어지고 있었으며, 임시정부 이후의 헌법제개정 작업과 논의도 포함시킨다면 좀 더 길게 소급될 수도 있다. 하지만 국가의 최고규범을 마련하는 헌법제정 회의로서는 너무나 속전속결식의 헌법준비가 이루어진 것이라 하지 않을 수 없다. 제헌보다는 정부수립에 급급했던 사고구조, 즉 헌법보다 정치가 우선하는 경박한 사고구조가 처음부터 나타났던 것이다.[4]

3.2.2. 헌법전문의 특징과 내용

1. 독창헌법으로서의 전문

칼 뢰벤슈타인(Karl Löwenstein)은 독창적 헌법과 모방적 헌법을 구별하였다. 전자는 외국의 헌법을 모방하지 아니한 독창적 내용을 가진 헌법이고, 모방적 헌법은 외국의 기존 헌법을 국가의 정치적 현실에 적합하도록 재구성한 헌법이라고 한다.[5] 대부분의 헌법과 헌법제도는 기존의 다른 나라 것을 모델로 해서 제정되기 때문에 모방헌법의 성격을 띤다. 1948년의 우리 헌법도 모방헌법임은 물론이다. 기본틀은 1919년의 바이마르공화국 헌법을 따랐고, 미국 헌법의 내용이나 임시정부 헌법과 사상을 반영한 것이라고 할 수 있다. 모방적 헌법이라고 해서 열등감이나 자기비하감을 가질 필요는 없다. 대부분의 나라는 다른 나라의 예를 답습하기 때문이다. 어떤 국가든지 자신들의 고유한

---

4) 건국헌법의 제정과정에 대해서는 국회도서관, 『헌법제정회의록』, 헌정사자료 제1집~제6집, 1967; 유진오, 『헌법기초회고록』, 일조각, 1980; 이영록, 『우리 헌법의 탄생』, 서해문집, 2006 참조.

5) 독창적 헌법은 1787년 미국 연방헌법, 1793년 프랑스 헌법의 국민공회정부제, 1918년 레닌 헌법의 노동자·농민·병사의 평의회제, 1919년의 바이마르공화국 헌법 등이 속한다.

역사적 환경 속에서 주어진 헌법적 문제를 고민하다 보면 다른 나라와는 차별되는 주제와 씨름을 하게 되고, 그 결과가 헌법에 반영되어 점차 고유하고 독창적인 헌법으로 변모해 가는 것이다.

> 역시 우리 헌정사에 나타난 독창적 내용은 분단의 고민에서 표출된 제4조의 통일조항이다. "대한민국은 통일을 지향하며, 자유민주적 기본질서에 입각한 평화적 통일정책을 수립하고 이를 추진한다"(1972년 헌법 신설). 또한 군부정권의 암울한 경험을 되살려 이것을 방지하기 위한 헌법 제5조의 '국군의 정치적 중립성 준수' 조항(1987년 신설)도 그러하다. 제7조 제2항의 '공무원의 정치적 중립성'은 이승만 독재시절 공무원에 대한 선거동원 부작용을 막는다는 취지에서 나온 조문이다. 헌법 제31조 제5항의 "국가는 평생교육을 진흥하여야 한다"는 조항도 세계인권선언 당시에는 알지 못했던 새로운 평생교육 개념이 일찍부터 헌법에 반영된 예이다(1980년 헌법 신설). 그 외에도 크고 작은 시대적 과제와 고민들이 헌법에 반영되어 있음을 알 수 있다.

헌법의 다른 조문들에 비하면 헌법전문만큼은 제헌 당시부터 독창적인 내용이라고 말할 수 있다. 우리의 역사를 통하여 국가의 정체성(identity)을 포착하고 미래에 대한 비전을 담아 새로 쓴 문서였기 때문이다. 대부분의 국가들이 헌법전문만큼은 독창성이 짙은 내용을 담는다.

> 2005년 제정된 이라크 헌법의 경우, 전문이 유려하고 장문이다. 민족의 역사에 대한 자부심이 가득함을 느낄 수 있다. 그 초반만 소개하면 다음과 같다. "가장 자비롭고, 가장 사랑이 많으신 신의 이름으로, '우리는 영광스런 아담의 자손이다.' 우리는 메소포타미아인으로서 수많은 사도와 예언자의 고향이며, 유덕한 지도자들이 살았던 터전이요, 문명의 요람지요, 문자의 기원지요, 숫자의 발원지에 사는 국민이다. 이 땅에서 최초의 성문법이 제정되었고, 최고(最古)의 정의로운 통치협약을 비문에 새겼으며, 예언자를 따르는 많은 성인과 수행자들이 이 땅 위에서 기도 드렸고, 많은 철학자와 과학자가 이론을 남겼으며, 빼어난 문필가와 시인이 살았던 이곳"(이하 생략)

헌법전문에는 건국의 이념, 민족의 역사와 자부심, 헌법의 정신과 원리가 집약되는 경우가 많다. 그런 점에서 전문은 '헌법 중의 헌법'이라고 불린다. 결론적으로 헌법전문이야말로 우리가 자부할 수 있는 독창적 헌법인 것이다.

2. '진화'로서의 헌법

헌법전문을 보면 우리나라의 역사가 함축되어 있음을 발견한다. "유구한 역사와 전통에 빛나는"에는 반만년의 역사가 숨어 있다. 짧은 이 구절 속에서 이 땅을 살고 간 수천 년의 선조들의 숨소리와 발자취를 느낄 수 있다. 그리고 그 긴 기간을 거쳐 마침내 근대에 도달한다. 우리 헌법이 그 연원으로 삼는 역사적 사건은 3·1 운동이다. 양반 상인의 봉건시대와 계급을 넘어 자유와 평등으로 일체화된 민족의 시대가 온다. 3·1 운동으로 건립된 임시정부가 수립되고 본격적인 자주독립운동을 전개한다. 그 가운데 해방을 맞이하고 대한민국 정부가 수립된다. 분단상태에서 이승만의 경찰독재가 행해지고, 4·19 혁명이 있었다. 민주주의 정부에 대한 이념이 계승되고, 민주개혁과 평화적 통일이 사명으로 주어졌다. 민주개혁을 위해서는 봉건사회의 잔재와 비인간적인 사회적 폐습과 군사독재 같은 불의를 타파하며, 자유주의 원리에 따라 자율과 조화를 바탕으로 하고, 그를 기반으로 사회복지국가를 향하여 사회 전 분야에서 각인의 기회를 균등히 하고, 능력을 최고도로 발휘하게 하며, 안으로는 국민생활의 균등한 향상을 성취하고, 밖으로는 항구적인 세계평화와 인류공영에 이바지할 것을 위한다고 적고 있다. 자유권도 있고, 사회권도 있으며, 자유사회도 있고, 사회복지국가의 실현도 있으며, 세계평화에 이바지하는 대한민국의 미래가 비전으로 제시되어 있다.

강물처럼 도도히 흐르는 그 긴 역사에는 합리와 불합리, 정의와 불의, 모순과 비리가 혼재되어 있다. 그래서 평온과 안정도 있지만 분쟁과 혁명의 격랑도 일어난다. 그러나 큰 역사의 강물을 보면 요란했던 혁명마저도 다시 역사의 도도한 물결에 합류해 조용해진다. 역사가 그저 동일한 것의 순환과 반복만은 아니다. 단기간에는 눈에 띄지 않지만, 오랜 시간이 지나고 나면 과거와의 현저한 차이가 발견된다. 헌법이 진화(evolution)한다는 것은 부인할 수 없는 사실이다. 진화의 방향은 군주주권에서 국민주권으로, 구속에서 자유로, 반민주에서 민주로, 부패에서 정직으로, 차별에서 균등으로, 억압에서 해방으로, 불의에서 정의로, 분단에서 통일로, 전쟁에서 평화로 전진한다. 이러한 진화적 역사관이 헌법전문을 관류하는 주요 관점이다. 마치 헤겔(W. G. Hegel)이 말한 것처럼 '역사는 자유의 확대과정' 같은 진보적 역사관에 기초하고 있다. 전체적으로는 점진적 진화과정이지만, 그 진화의 내부에는 3·1 운동, 4·19 혁명, 민주개혁, 평화통일 같은 분출하는 혁명과 창조적 진통이 매개되어 있음을 암시하고 있는 것이다.

더구나 9차례의 개헌에도 불구하고 전문의 내용과 틀이 크게 바뀌지 않았다는 점에서 전문에 대한 국민적 동의나 공감대가 매우 큰 것임을 추정할 수 있다.[6] 이는 헌법전문이 갖는 사회계약문서로서의 성격이 크다고 말할 수 있는 근거가 된다. 그렇다면 전문에 대한 진지한 독해를 통해 국민들의 의사와 나라의 지향점을 가늘게나마 발견할 수 있는 가능성이 열린다. 국민들의 뜻과 지향점이 곧 나라의 비전이고, 우리가 가야 할 항해도(chart)이기도 하다. 전문은 우리나라의 과거와 현재와 미래가 요약된 문서이다. 요컨대 전문은 "한 문장으로 축약된 대한민국의 헌법전"이라고 부를 수 있다.

3. 건국헌법과 현행 헌법의 전문의 비교

(1) 건국헌법의 전문

"유구한 역사와 전통에 빛나는 우리들 대한국민은 기미 삼일운동으로 대한민국을 건립하여 세계에 선포한 위대한 독립정신을 계승하여 이제 민주독립국가를 재건함에 있어서 정의 인도와 동포애로써 민족의 단결을 공고히 하며 모든 사회적 폐습을 타파하고 민주주의 제 제도를 수립하여 정치, 경제, 사회, 문화의 모든 영역에 있어서 각인의 기회를 균등히 하고 능력을 최고도로 발휘케 하며 각인의 책임과 의무를 완수케 하여 안으로는 국민생활의 균등한 향상을 기하고 밖으로는 항구적인 국제평화의 유지에 노력하여 우리들과 우리들의 자손의 안전과 자유와 행복을 영원히 확보할 것을 결의하고 우리들의 정당 또 자유로이 선거된 대표로서 구성된 국회에서 단기 4281년 7월 12일 이 헌법을 제정한다."

---

6) 제헌 이래 220년이 넘은 오늘날까지 전문에 대해서는 일체의 변경이 없었던 미국이나, 통일 때 단 한 번 변경했던 독일과 비교하면 우리 헌법전문은 변경이 많은 편이라고 말할 수도 있다. 헌법전문의 변화과정과 외국 헌법의 전문에 대한 소개는 장영수, "헌법전문", 『헌법주석서 1』, 법제처, 2010 참조.

(2) 현행 헌법의 전문

"유구한 역사와 전통에 빛나는 우리 대한국민은 3·1 운동으로 건립된 대한민국임시정부의 법통과 불의에 항거한 4·19 민주이념을 계승하고, 조국의 민주개혁과 평화적 통일의 사명에 입각하여 정의·인도와 동포애로써 민족의 단결을 공고히 하고, 모든 사회적 폐습과 불의를 타파하며, 자율과 조화를 바탕으로 자유민주적 기본질서를 더욱 확고히 하여 정치·경제·사회·문화의 모든 영역에 있어서 각인의 기회를 균등히 하고, 능력을 최고도로 발휘하게 하며, 자유와 권리에 따르는 책임과 의무를 완수하게 하여, 안으로는 국민생활의 균등한 향상을 기하고 밖으로는 항구적인 세계평화와 인류공영에 이바지함으로써 우리들과 우리들의 자손의 안전과 자유와 행복을 영원히 확보할 것을 다짐하면서 1948년 7월 12일에 제정되고 8차에 걸쳐 개정된 헌법을 이제 국회의 의결을 거쳐 국민투표에 의하여 개정한다."

이상과 같이 제헌 당시의 전문과 현행 헌법의 전문 사이에 기본적 형식과 내용이 같다는 것이 확인된다. 그러나 지난 개헌의 역사에서 전문의 변천을 자세히 들여다보면 일정한 내용이 추가되거나 삭제된 사실을 알 수 있다. 비록 작은 변화이지만 그 시대의 고민과 정치적 상황이 반영된 결과이다. 이런 과정이 9차례 중 4번의 개헌에서 일어났다. 이렇듯 헌법전문은 약 70년의 풍상을 견뎌 내면서 오늘에 이른 비문(碑文)과도 같은 것이라 할 수 있다. 전문에 비교적 큰 변화를 가져왔던 1962년 헌법과 1972년 헌법은 5·16 군사쿠데타나 유신정변과 관련된 시대배경을 가지고 있다.

1962년 헌법은 전문(全文) 개정의 형식을 취하면서 전문(前文)도 개정하였다. 바뀐 것은 헌법개정이 국민투표를 통해 이루어졌음을 확인하는 내용, 그리고 제헌 당시와 달리 "4·19 의거와 5·16 혁명의 이념에 입각하여 새로운 민주공화국을 건설"한다고 선언함으로써 제3공화국의 정당성을 확보하려고 한 것이었다. 1972년 제4공화국 헌법(유신헌법)의 전문에서는 제3공화국 헌법의 전문에서 볼 수 없었던 "조국의 평화적 통일의 역사적 사명에 입각하여 자유민주적 기본질서를 더욱 공고히 하는"이라는 문구가 추가되었다. 이는 당시 이른바 10월 유신의 정당성 논리를 전문에 삽입한 것이다. 1979년 유신체제의 붕괴와 더불어 1980년 새로이 집권한 제5공화국은 전문을 개정하였다. 국민으로부터 비난받은 유신체제와 거리를 두기 위해서 4·19 의거 및 5·16 혁명을 동시 삭제하고 3·1 운동만을 남겼다. 다른 한편 쿠데타로 집권한 자신의 정권의 정당성 확보를 위해 유신정권과 거리를 두는 자세를 취한 것이다. 그래서 헌법전문의 변화과정에서 보면 한국 헌정사에서의 최저점은 유신헌법시대였다고 말할 수 있다.

1948년의 헌법은 바이마르공화국 헌법체제를 가장 큰 모델로 삼았다. 바이마르공화국은 취약한 공화국이었지만, 헌법만큼은 역사상 기본권보장에서 가장 화려한 헌법으로 평가받고 있다. 동시에 그 헌법은 서구 국가에서는 최초의 현대헌법이라고 불리고 있다.[7] 다시 말해 종전의 자유주의를 기조로 하던 근대 시민국가 헌법을 탈피한 현대 사회복지국가 헌법의 효시라고 평가받는 것이다.[8] 따라서 우리의 헌법도 매우 화려한—자유권은 물론 사회권까지 포함하는—기본권보장과 현대적 통치구조(위헌법률심사제의 도입), 경제민주주의를 반영한 사회적 시장경제질서를 갖게 되었다. 1948년 헌법이 발달된 현대헌법이었기 때문에 헌법에서의 규범과 현실의 불일치는 명약관화한 일이었다. 낙후된 경제, 국가운영의 비전문성, 민주주의의 경험 부족을 감안해 볼 때 당시 상황에서 헌법의 규범력은 논할 여지가 없었다. 그 시대에 헌법을 더욱 위축시킨 것은 반공이데올로기였고, 이를 배경으로 「국가보안법」이 모든 것을 지배하였다. 분단을 이유로 1949년 제정된 「국가보안법」은 사실상 헌법의 특별법으로 기능하게 된다. 특히 1950년 6·25 전쟁은 「국가보안법」의 활동공간을 한없이 넓혀 놓았다. 전쟁으로 인한 외상은 국민의 이성적 헌법판단을 마비시켰다. 군부정권은 이런 현상을 더욱 조장하고 정치에 이용하였다. 그 결과 헌법은 1987년 헌법 이전까지 '도덕적 헌장' 정도의 상징성만 가졌을 뿐이다. 사법고시 등 각종 공무원시험에서 헌법과목은 필수였으나, 법조인 양성을 위한 사법연수원에서도 헌법강의는 없었고, 판결에서도 헌법이 인용되는

---

7) 최초의 현대헌법은 자본주의 헌법과 단절하고 사회주의에 입각한 1918년 러시아의 레닌 헌법이다. 하지만 우리나라의 헌법학은 서구의 자유민주주의를 계승하면서도 사회주의적 요소를 절충한 바이마르 헌법을 최초의 현대헌법으로 잡는다.
8) 현대 사회복지국가 헌법의 특징을 보면 근대헌법과 달리 국민주권의 실질화, 실질적·절차적 법치주의, 사회적 기본권, 사회적 시장경제질서, 적극국가와 복지국가, 헌법재판의 시작, 정당제도 발달, 국제평화주의의 추구를 특징으로 한다.

경우가 없었다.[9] 헌법재판소가 활성화된 1988년 이후부터 비로소 헌법이 법규범으로 인식되기에 이른다.[10] 다시 말해서 헌법부재의 시대가 약 40년간 지속되었던 것이다. 문민정부에 들어서서야 '법치주의' 혹은 '입헌주의'를 언급할 수 있게 되었다.[11] 그 전까지는 헌법장애의 시대라고 말할 수 있다.

문민정부라고 해도 법치주의의 기초라 할 수 있는 형식적 법치주의 단계 이상으로 나아가지는 못했다. 기본권에서는 신체의 자유, 표현의 자유와 같은 자유권이 대폭 신장되었다. 폭력적 국가권력기구가 쇠퇴하는 한편, 국민의 대표기관인 국회의 비중과 활약이 커졌으며, 지방자치제도가 본격적으로 시행되었다. 박종철 고문사건과 이한열 사망사건이 기폭제가 된 6월 항쟁의 결과로 얻어진 현행 헌법에서는 국가의 물리적 폭력은 현저히 감소하였다. 이런 경향은 김대중·노무현 대통령 집권까지 계속되었다. 예컨대 민주화운동에 의한 피해자의 명예회복과 국가보상의 실시를 비롯해 과거사 청산, 사형제도의 경우에도 국민정부 이후 우리나라는 국제사면위원회가 인정하는 실질적 사형폐지국가로 분류되었다.

이명박 정부와 박근혜 정부는 시기적으로 볼 때 경제발전은 물론 사회복지국가로 헌법단계를 상승시켰어야 했다. 자유국가에서 복지국가로의 질적 변화를 통해 선진국 대열에 들어갔어야 할 골든타임이었다.

---

9) 물론 전혀 없었던 것은 아니다. 헌법재판이 행해진 약간의 예에 관한 소개는 이인복, "헌법재판제도의 연혁과 전개", 『헌법재판제도의 이해』, 법원도서관, 재판자료 제92집, 2001. 11 참조.

10) 헌법재판소는 규범으로서의 헌법을 정착시키는 데 크게 기여했다. 하지만 헌법재판소는 1987년 헌법의 배경이 된 자유민주주의 주제에 대해서는 적극적이었으나 공안사건, 사회권, 노동권 분야에서는 매우 보수적인 판단에 머무르고 있다. 결국 헌법의 발전은 헌재의 몫이 아니라 주권자인 국민의 몫이라는 것을 실감케 한다. 헌법재판소의 결정의 특징과 그 문제점 지적에 관해서는 김종서, "헌법재판과 민주법학", 『민주법학』, 제46호, 2011. 7, 333쪽 이하 참조.

11) 김영삼의 문민정부는 군부정권 청산에서 과감한 태도를 보였다. 이후 법치주의의 도로가 갈리기 시작했다고 볼 수 있다.

4. 주권과 민족주의(3·1 운동, 3·1 혁명)

1919년, 조선 민족대표 33인, 〈기미독립선언서〉

우리는 이에 우리 조선이 독립국임과 조선인이 자주민임을 선언하노라. 이로써 세계만방에 알리어 인류평등이라는 큰 뜻을 분명히 하는 바이며, 이로써 자손만대에 깨우쳐 일러 민족의 독자적 생존이라는 정당한 권리를 영원히 누려 가지게 하는 바이다. 반만년 역사의 권위에 의지하여 이를 선언하는 것이며, 2천만 민중의 성충을 합하여 이를 두루 펴서 밝히는 것이며, 영원히 한결같은 민족의 자유발전을 위하여 이를 주장하는 것이며, 인류적 양심의 발로에 기인한 세계개조의 큰 기화와 시운에 순응하여 함께 나아가기 위하여 이 문제를 제기하는 것이니 이는 하늘의 지시이며, 시대의 대세이며, 전 인류 공동 생존권의 정당한 발동이다. 그러기에 천하의 어떤 것이라도 이를 저지하거나 억제하지 못할지니라. (중략)

병자수호조약 이래 때때로 굳게 맺은 약속을 배반하였다 하여 일본의 신의 없음을 단죄하려는 것이 아니다. 그들의 학자는 강단에서, 정치가는 실제에서 우리의 왕조가 대대로 쌓아 온 업적을 식민지의 것으로 보고 우리 문화민족을 야만족같이 대우하며 한갓 정복자의 쾌락을 탐할 뿐이요 우리의 오랜 사회기초와 뛰어난 민족심리를 무시한다 해서 일본의 의리 없음을 꾸짖으려는 것도 아니다. 스스로를 채찍질하고 격려하기에 급한 우리는 남을 원망할 겨를이 없노라. 현재를 수습하여 아물리기에 급한 우리는 묵은 옛일을 응징하고 잘못을 가릴 겨를이 없노라. 오늘 우리에게 주어진 임무는 다만 자기 건설에 있을 뿐이요, 결코 남을 파괴하는 데 있지 않노라. 엄숙한 양심의 명령으로써 자기의 새 운명을 개척하려는 것이요, 결코 묵은 원한과 일시적 감정으로 남을 질투하여 내쫓고 배척하려는 것이 아니로다. (중략)

또 원한과 분노가 쌓인 2천만 민족을 위력으로 구속하는 것은 다만 동양의 영구한 평화를 보장하는 길이 아닐 뿐만 아니라 이로 인하여 동양의 안전과 위태함을 가르는 주된 축인 4억 중국 사람들이 일본을 두려워하고 질시하는 마음을 갈수록 농후하게 만들어 그 결과로 동양 전체가 함께 넘어져서 망하는 비운을 불러올 것이 분명하다. 그러니 오늘날 우리 조선의 독립은 조선인으로 하여금 정당한 생존과 번영을 이루게 하는 것인 동시에 일본으로 하여금 그릇된 길에서 벗어나 동양을 지탱하는 나라로서의 중대한 책임을 온전하게 수행하게 하는 것이고, 중국으로 하여금 꿈에도 잊지 못하는 불안과 공포에서 벗어나게 하는 길이며, 또한 동양평화를 중요한 일부로 하는 세계평화와 인류행복에 필요한 계단을 놓으려는 것이다. 이 어찌 구구한 감정상의 문제이리요?

1948년의 헌법은 대한민국의 건국을 확인하는 역사적 문서라 할 수 있다. 구한말의 「홍범14조」, 「대한국국제」가 있었으나 구왕조의 연장선에서 아직 근대국가의 형태를 취하지 못했다. 일제강점기에도 임시정부에서 헌법을 제정하고 5차에 걸쳐 개정하였지만, 주권을 상실한 상태였기 때문에 실질적 규범력을 가진 헌법은 아니었다.[12]

헌법전문을 통해서 볼 때 처음부터 지금까지 일관되게 인정되고 있는 현행 헌법의 뿌리는 3·1 운동이다. 조선 말기부터 갑신정변, 동학혁명, 갑오개혁, 대한제국의 성립 등 근대화의 단초는 나타났지만, 대한민국헌법의 근거는 3·1 운동에 두고 있다.[13] 3·1 운동의 헌정사적 의의는 무엇일까? 최근의 연구결과를 보면, 3·1 운동을 계기로 민주공화국이 확고해졌다는 것이다. 즉, 3·1 운동 이후 성립된 임시정부에서 임시헌법을 만들었는데, 이때부터 "대한민국은 민주공화국이다"라고 하여 국호와 국가형태가 정해졌다. 조선이나 대한제국으로의 회귀를 추구하는 복벽(復辟)주의는 사실상 단절된 것이다.

민주공화국이라 함은 국민주권을 뜻한다. 주권개념이 성립되기 위해서는 자주성, 즉 대외적 독립성과 대내적 최고결정권, 즉 자결권의 두 요소를 갖추어야 하는데, 3·1 운동은 전국적인 범위에 걸쳐 반외세(반일) 자주독립이 가장 뚜렷이 나타났고, 동시에 민족의 일체감을 표현한 최초의 사건이었다고 할 수 있다. 기미독립선언서에 표현된 자주독립, 비폭력, 세계평화 등은 근대적 시민의식을 표출하고 있었다. 그 결과 해방 이후 헌법제정 당시에도 민주공화국은 당연한 것으로 전제되고 있었고, 왕조체제로의 복귀는 논의대상조차 되

---

12) 「홍범14조」, 「대한국국제」, 임시정부의 헌법문서에 관해서는 정종섭, 『한국헌법사문류』, 박영사, 2002 참조.

13) 「대한국국제」의 제1조가 "대한국은 세계만방에 공인되온 바 자주독립하온 제국이니라"라고 했고, 3·1 운동의 독립선언서는 "오등은 자에 아 조선의 독립국임과 조선인의 자주민임을 선언하노라"로 주권에 관한 표현을 하고 있다. 고종시대의 주권의 초기 도입과정에 대해서는 강상규, "1870~1880년대 고종의 대외관과 자주의식에 관한 연구", 『통합인문학연구』, 제2권 제1호, 2010. 2 참조.

지 않았다. 이 점에서 3·1 운동의 혁명성을 찾을 수 있다.

> 헌법기초위원회 초안을 보면 3·1 운동은 '혁명'으로 표현되었었다. 독회에 들어갈 때만 하더라도 이승만 의장을 비롯해 모두가 3·1 혁명으로 호칭했다. 그런데 심의에 들어가면서 '혁명'이란 용어가 부적합하다 하며 '항쟁', '광복'이 대안으로 제시되었고, 조헌영 위원이 '운동'이란 표현으로 제안하였다(국회도서관, 『헌법제정회의록』, 헌정사자료 제1집, 341쪽, 652쪽 등). 서구 근대역사에서는 항상 새로운 국가를 만들 때마다 군주파와 공화파가 대결하는 양상을 보였다. 그런데 우리나라에서는 전혀 그런 논의가 없다. 일제에 대한 해방은 과거로의 복귀라는 주장이 있을 법도 했는데 그런 논의가 전혀 나오지 않았다. 바로 이 점에서 3·1 운동과 상해임시정부가 건국헌법과 맥이 닿는다.

3·1 혁명으로 부를 만한 당시의 시대적 상황도 있었다. 1917년의 러시아 혁명, 1919년 독일의 11월 혁명과 바이마르공화국의 출범 등 전 세계가 새로운 시대로 접어들고 있었다. 특히 중국의 경우 1911년 신해혁명에 의한 청조 멸망과 중화민국의 성립은 우리나라에도 큰 영향을 미치지 않을 수 없었다. 이런 분위기 속의 3·1 혁명은 쉽게 이해된다.

대한제국이 일본에게 외교권을 박탈당한 것이 1905년(을사늑약)이고, 한일합병이 1910년인데, 그 후 불과 9~14년 만인 1919년에 왕정복고주의가 사라지고 민주공화국으로 의견이 모아진 것은 어떤 연유에서일까? 이를 설명하기 위해서는 조선 말까지 소급되어야 한다. 동양 3국이 서양문화에 관심을 가지지 않을 수 없었던 상황에서 일본은 일찌감치 탈아입구(脫亞入歐)로 방향을 잡고 근대화로 나섰다. 조선에서 서양의 정치제도를 처음 접한 최한기는 1857년 『지구전요(地球典要)』라는 책에서 공회소(의회), 작방(爵房: 상원), 향신방(鄕紳房: 하원), 대총령(大總領: 대통령), 소총령(小總領: 주지사) 등 서양의 정치제도를 소개하였다. 일본의 정치제도에 대해서는 1881년 시찰단 방문 이후 보고서가 나왔다. 1883년 박문국에서 최초로 발간한 『한성순보』의 1884년 1월 30일자 신문에는 '구미입헌정체'라는 제목의 글로 서양 정치체제에 대한 자세한 내용이 게재되었다. 군민동치(君民同治: 입헌군주제)와 합중공화(合衆共和: 민주공화제)가 소개되었고, 헌법과 선거제에 대해서도 설명이 있었다. 1884년 10월에는 개화파에 의한 갑신정변이 있었다. 문명개화파였던 주도자들은 대체로 군신공치(君臣共治: 제한군주론)를 도입하고자 했으나 실패하였다. 군주는 그대로 두고 의회제를 도입하려는 시도가 계속 이어졌으나 성사되지 못했다. 개화파의 시도는 불발로 그치고, 이 기운은 독립협회로 이어졌다. 1896년 시작된 독립협회는 민권을 중시하였지만, 현실에서는 입헌군주제를 대안으로 제시하였다. 그러나 고종은 1899년 「대한국국제」 반포를 통해 전제군주제로 못 박고 독립협회를 탄압했다. 이후 독립협회의 정신이 민주공화제의 씨앗이 되어 퍼져 나갔던 것이다.[14]

정부 차원의 개혁은 좌절되었고, 재야 차원에서 개화자강운동이 계속되었다. 1904년 공진회, 1905년 헌정연구회, 1906년 대한자강회, 1907년 대한협회로 개혁운동은 면면히 지속되었다. 이들이 추구한 것은 입헌군주제였다.

최초로 공화제를 지향한 단체는 1907년 안창호 등에 의해 결성된 비밀결사인 신민회였다. 공화제는 미주 한인사회에서 조직한 공립협회(1905), 대한인국민회(1910)로 이어졌다. 대한인국민회는 1913년 7월 12일 「대한인국민회 헌장」을 반포했는데, 제1조에서 "본회는 대한국민으로 성립하여 이름을 대한인국민회라 칭"하고, 제2조에서는 "본회의 목적은 …… 조국의 독립을 광복하게 함에 있음"이라고 했다.[15] 1911년의 중국 신해혁명은 공화제로의 길을 더욱 재촉하여 공화주의 혁명사상이 끓어올랐다. 1917년 세계대전의 종전 분위기에서 '대동단결선언'이 이루어졌다. 해외 각지의 독립운동세력이 대동단결할 것을 호소하는 선언문으로 이 선언문을 기초한 이는 조소앙이다. 조소앙은 '주권상속의 대의'를 천명하였는데, 이는 융희황제(순종)가 삼보(三寶), 즉 토지와 국민과 주권을 포기한 그날이 민권 발생의 날이라는 것이다.[16] 3·1 운동 이후 조직된 상해임시정부는 4월 11일 각 지방의 대표들로 '임시의정원'이라는 이름의 의회를 구성하였다. 독립협회가 주장한 이래 최초의 의회로 여기에서 국호를 '대한민국'으로 정했고, 같은 날 「대한민국임시헌장」을 선포했다. 헌장의 제1조가 "대한민국은 민주공화국제로 함"이었다. 헌장은 전문 형식의 선포문과 본문 10개조로 되어 있었으며, 기초자는 조소앙이다.

근대국가의 바탕을 이룬 민족주의는 독립과 함께 한반도의 분단으로 인해

---

14) 박찬승, 『대한민국은 민주공화국이다』, 돌베개, 2013, 35~82쪽 참조.

15) 위의 책, 83~117쪽 참조.

16) 위의 책, 103~125쪽 참조.

시련기가 계속된다. 해방과 함께 진주한 미국과 소련의 영향으로 남북은 각각 자유주의와 사회주의 정부로 갈라졌다. 대한민국은 미군정의 영향하에 친미 정부가 세워짐에 따라 반공주의를 받들었다. 그런데 친일파에 대한 처벌은커녕 오히려 이들을 정부의 요직에 기용함으로써 건국헌법 부칙에 근거했던 '악질적인 반민족행위자'에 대한 처벌이 무산되었다. 「반민족행위자처벌법」은 소급입법이라고는 하지만 건국헌법전문의 "기미 3·1 운동으로 대한민국을 '건립'하여 세계에 선포한 위대한 독립정신을 계승하여 이제 민주독립국가를 '재건'함에 있어서"의 표현이 보여 주듯이, 헌법은 3·1 운동을 대한민국 건립의 시점으로 보고 있었다. 그렇기 때문에 반국가적 친일행위에 대한 처벌의 근거는 뚜렷했다. 그러나 '재건된' 해방 후의 대한민국은 그것을 강행할 충분한 힘과 의지가 없었다. 자력에 의한 독립이 이루어지지 않았기에 정부수립에서 국민의 자주적 의사결정보다는 미군정의 입장이 더 크게 작용했고, 결과적으로 최초의 집권정부는 헌법상의 약속을 이행할 힘이 부족했던 것이다. 그때부터 헌법상의 과거 청산은 이루어지지 않았고, 헌법의 권위가 상실되었다.

2009년 11월 민족문제연구소가 『친일인명사전』을 발간하였다. 발간사를 보면 "『친일인명사전』은 자조적인 역사의식과 역사 허무주의에 경종을 울리고 더욱 성숙하고 올곧은 역사의식과 가치관을 정립하는 데 기여하고자 합니다. 『친일인명사전』의 편찬목적은 수록된 개개인에게 역사적 책임을 묻고 비난의 화살을 돌리려는 것이 아니라 과거 사실에 대한 정리와 역사화를 통해 우리 사회의 가치기준을 바로 세우고, 나아가 후대에 타산지석과 반면교사로 삼을 수 있는 역사의 교훈을 남기기 위한 데 있다는 점을 거듭 말씀드립니다"(김병상 이사장)라고 하여 정의는 칼자루를 쥔 자의 것, 역사는 권력자의 편이라는 자조적인 역사인식을 바로잡기 위함임을 목적으로 내세우고 있다.

이제 집권자는 당연히 국가목표를 민족주의보다 반공주의를 우선시키면서 미국에 보조를 맞추었고, 미국이 일본에 대한 전후책임을 완화시키는 이른바 '역코스'를 결정하면서 한국정부도 일본과 함께 '반공블록'을 형성하였다. 이런 노선이 군부정권까지 이어졌다.

5·16 군사쿠데타 세력은 반공을 국시로 한다고 했다. 그러나 제헌국회 제2독회에서 이승만은 "헌법전문은 긴요한 글입니다. 거기에, 즉 우리의 국시 국체가 어떻다 하는 것이 표시될 것입니다. 나는 여러분에게 간절히 요구하는 것은 '우

　　헌법의 희생 아래 진행되었던 박정희 대통령의 근대화사업은 경제성장의
결실을 얻었다. 그리고 대한민국은 경제적으로 성공한 국가로 평가받기에 이
르렀다. 해방 이후 40년을 맞는 가운데 사회주의국가가 붕괴됨에 따라 북한은
외교적 고립과 경제적 궁핍에 처하게 되었고, 소련은 2등 국가로 밀려났으며,
미국 중심의 팍스아메리카 시대가 열렸다. 결국 남북분단 이후 대한민국이 선
택한 그 길이 '승리의 길'이었던 것이다. 반공에 대한 확신이 더 커질 수 있게
되었다. 하지만 그것은 이미 무의미해져 버렸다. 공산주의국가는 그 힘을 상
실했기 때문이다. 오히려 우리에게 새롭게 다가오는 중요한 것은 이제껏 지켜
온 '반공' 이후에 무엇을 할까를 발견하는 일이다. 이 지점에서 우리는 한편으
로는 민족적 자각이요, 다른 한편으로는 헌법적 자각을 해야 했다.

　　생각해 보면 일제에서의 독립도 그랬고, 반공주의에서의 승리도 그랬다. 과
연 이 독립과 승리를 우리 힘으로 이룬 것인가를 자문해 보아야 한다. 긍정적
인 대답도 찾을 수는 있겠지만 결코 그렇지 못하다. 독립도 연합군의 승리에
의한 결과물이었고, 반공의 승리도 미국의 승리에 의한 결과물이었다. 우리의
목표를 우리 스스로 달성한 것이라고 평가할 수는 없다. 경제적으로나 정치적
으로 이만큼 역량이 커진 지금은 우리가 갈 길이 무엇인가를 분명히 찾아야
할 때이다. 조선시대 이래 스스로 쟁취한 것이 거의 없는 우리로서 민족적 각
성이 필요하다. 민족적 각성은 '헌법적 각성'을 통할 때 비로소 한 단계 상승
할 수 있다. 아무래도 민족주의보다는 인간과 인류를 생각하는 헌법이 보편성
의 면에서 더 크기 때문이다. 다시 말해 우리의 민족주의는 입헌주의로 고양
되어야 한다는 것이다. 반공 이후 우리에게 더욱 가깝게 다가온 과제는 '통일'
과 '평화'이다. 그리고 이것은 이미 헌법전문이 예정하고 있는 길이기도 하다.
평화통일을 이룸으로써 분단된 주권을 회복함과 동시에 항구적인 세계평화와
인류공영에 기여하는 것이 헌법이 우리에게 부여한 지표인 것이다.

보편적 가치와 민족주의는 어떠한 관계일까? 근대국가는 민족주의에 기초한다. 이후 민족주의에 의해 지지되지 않는 정치권력은 불가능했다. 종교나 이데올로기나 공산주의 사회도 민족주의를 근거로 행해졌다. 그러나 헌법의 보편성과 부합하기 위해서 민족주의는 열려 있어야 한다.[17] 그런 점에서 헌법은 민족주의를 기반으로 하지만 동시에 민족주의를 인도하기도 한다. 다행히도 3·1 운동의 기본정신은 열린 민족주의였다. 기미독립선언서는 지금도 헌법의 정신을 새기는 문서로 전혀 손색이 없다.

독립선언서 곳곳에서 열린 민족주의가 발견된다. 특히 자주성과 관련해서 "오늘날 우리 조선의 독립은 조선인으로 하여금 정당한 생존과 번영을 이루게 하는 것인 동시에 일본으로 하여금 그릇된 길에서 벗어나 동양을 지탱하는 나라로서의 중대한 책임을 온전하게 수행하게 하는 것이고, 중국으로 하여금 꿈에도 잊지 못하는 불안과 공포에서 벗어나게 하는 길이며, 또한 동양평화를 중요한 일부로 하는 세계평화와 인류행복에 필요한 계단을 놓으려는 것이다. 이 어찌 구구한 감정상의 문제이리요?"라는 부분은 우리의 독립목표가 단지 일본으로부터 벗어나는 데 있는 것이 아니라 우리가 바른길을 가자는 데 있고, 동시에 일본 또한 삿(邪)된 길에서 벗어나게 하는 데 있다고 한 점이 특징적이다. 그것은 독립의 목표가 헌법의 보편적 가치에 있다는 것과 상통한다. 이런 자주성에 대한 입장은 인도의 간디의 스와라지(Swaraj) 사상에서 나타난 것과 같다.

5. 균등한 기회와 최고도의 능력 발휘

제헌국회의 제1독회를 시작하면서 헌법기초위원장이었던 서상일 의원은 다음과 같이 첫 보고를 하였다.

"이 헌법초안은 아시는 바와 같이 우리나라 국가민족의 만년대계의 기초를 정하는 기본법안인 것은 물론입니다. 그러한 동시에 우리 3천만과 우리들의 자손 만대가 자유스럽고 평화스럽고 영원한 행복을 누리기를 원하는 민주주의국가를

---

17) 민족주의와 법의 관계를 다룬 논문으로 최대권, "민족주의와 헌법", 『헌법학』, 박영사, 1989, 106~143쪽 참조.

건설하려고 하는 기본적 설계도인 것입니다. 아시는 바와 같이 우리의 노선은 두 가지밖에 없는 것입니다. 독재주의 공산국가를 건설하느냐 민주주의국가를 건설하느냐 하는 데 있어서 이 헌법정신은 민주주의 민족국가를 건설하려는 한 기본 설계도를 여기에 만들어 낸 것입니다. 그래서 이 헌법의 정신이 여기에 있고 또한 이 헌법의 제정은 우리들의 만년대계를 전망해서 유진오 위원을 중심으로 여러분이 만든 원안에 기초해서 우리 40명 위원들이 모여서 헌법을 장래를 전망해서 만든 것입니다. 헌법의 정신을 요약해서 말씀하자면 어데 있는고 하면 우리들이 민주주의 민족국가를 구성해서 우리 3천만은 물론이고 자손만대로 하여금 현 시국에 적응한 민족사회주의국가를 이루자는 그 정신의 골자가 이 헌법에 총집되어 있다고 말할 수 있습니다."[18]

이런 의도가 헌법전문에도 그대로 반영되었다. "정치 · 경제 · 사회 · 문화의 모든 영역에 있어서 각인의 기회를 균등히 하고, 능력을 최고도로 발휘하게 하며, 자유와 권리에 따르는 책임과 의무를 완수하게 하여"라는 구절이 있다. 우리 헌법의 모델이었던 바이마르공화국 헌법 자체가 사회민주주의적 헌법이었을 뿐만 아니라, 헌법의 기초자였던 유진오도 경제적 · 사회적 민주주의가 헌법의 기본이념임을 말하였다. 특히 '각인의 기회를 균등히 하는 제도'는 자유방임주의가 아니라 사회민주주의의 반영이라고 말했다.[19] 또한 건국헌법의 제84조 "대한민국의 경제질서는 모든 국민에게 생활의 기본적 수요를 충족할 수 있게 하는 사회정의의 실현과 균형 있는 국민경제의 발전을 기함을 기본으로 삼는다. 각인의 경제상 자유는 이 한계 내에서 보장된다"가 현행 헌법 제119조로 연결되고 있다는 점에서 현행 헌법은 사민주의 헌법이라고 할 수 있다.[20] 특히 건국헌법 제18조 제2문의 "영리를 목적으로 하는 사기업체에 있어서는 근로자는 법률의 정하는 바에 의하여 이익의 분배에 균점할 권리가 있다"는 '이익균점권' 조항은 비록 시행되지는 않았지만 당시 헌법이 사민주의 헌법이라는 것을 여실히 보여 주는 규정이었다.[21]

18) 국회도서관, 『헌법제정회의록』, 헌정사자료 제1집, 100쪽.
19) 유진오, 『헌법해의』, 채문사, 1952, 42쪽.
20) 오동석, "사회민주주의와 대한민국헌법", 국회헌정기념관 발표문, 2011. 7. 17.
21) 이흥재, "이익균점권의 보장과 우촌 전진한의 사상 및 역할", 『법학』(서울대학교), 제46권 제1호 참조.

헌법은 종합적인 역사적 소산물이다. 초기 산업자본주의 시대부터 고도로 발전된 자본주의 사회까지의 경험에 대응해서 변화해 온 헌법인 것이다. 헌법적 가치의 동시 실현 없이 경제발전의 지속이 있을 수 없다. 예컨대 국민들의 교육수준이 높아져야만 경제도 발전하는 것이고 그 역도 또한 맞다. 그렇듯이 민주화와 인권보장 확대는 필연적이다. 헌법에 따르면 부(자본)의 지배가 아니라 국민의 부(자본)에 대한 지배가 되어야 한다. 자본주의 사회에서 부의 지배의 측면은 항상 존재하지만 그것만은 아니다.[22] 이것은 근대국가에서는 국가가 담당하게 되어 있다. 이전 시대에는 군주국가와 상업자본이 결탁되어 있었지만 시민국가 이후에는 국가와 자본이 연결되고 있는 현실에도 불구하고, 헌법적 이념이나 논리는 그것을 결코 용납하지 않는 사회가 된 것이다. 그것이 바로 법치주의요, 입헌주의이다. 대체로 1995년 문민정부를 기점으로 법치주의와 입헌주의가 본격화되는 시기라고 말할 수 있다. 입헌주의가 더욱 고도화되는 선진국이 될수록 국가의 부와 함께 헌법상의 보편적 가치의 확대가 이루어져야 한다. 애국심이나 국가이익도 지켜야 하지만, 그 위에 인권보장, 세계평화, 세계시민 같은 보편적 가치의 존재가 필수적인 것이다.

선진국이 될수록 국가이익(national interest)을 넘어선 보편적 가치를 선택하는 금도를 보여 주어야 한다. 이러한 예는 과거의 영국이 잘 보여 주었다. 노예무역이 아직도 국가의 부에 도움이 되고 있을 때, 한편에서는 끊임없이 노예제도를 반인륜성, 반성경적 제도로 규탄하면서 이의 폐지를 요구하고 있었다. 노예무역과 노예제도는 오랫동안 지속되었다. 그렇지만 영국은 1807년 노예무역을, 1834년에는 노예제 자체를 폐기하는 결단을 내린다. 1838년부터 영국은 노예제 폐지를 주장하면서 국제외교에서 선진국으로서의 지도권을 확립하였다.[23]

---

22) 뒤베르제는 서구 헌법은 정확히 말해서 '금권 민주주의(plutodemocracy)'라고 규정지었다. 권력이 인민(demos)과 부(pluto)라는 두 개의 요소에 기초하고 있기 때문이다. 금권정치는 나쁜 체제를 지칭하고, 민주정치는 좋은 체제를 지칭하고 있다. 그러나 이 두 용어를 결합시킨다면 오히려 긍정적인 측면과 부정적인 측면을 균형 있게 나타내는 이점이 있다고 본 것이다. 모리스 뒤베르제, 김학준·진석용 옮김, 『서구민주주의의 두 얼굴』, 문학과지성사, 1983.

23) James Walvin, *A Short History of Slavery*, Penguin Books, 2007, pp. 212~213.

무상급식, 반값등록금제 등으로 불거진 수년 전 이래의 복지국가논쟁은 우리 헌법이 새로운 패러다임으로 전환되어야 함을 강력히 시사한다. 복지국가는 새로운 개념이 아니다. 앞에서 말했듯이 우리 헌법은 처음부터 복지국가(사회국가)적 헌법이었다. 다만, 헌법이 명목화된 채로 남아 있다가 이제야 그쪽 주제로 이동하기 시작한 것에 불과하다.

우리는 아직도 자유권, 자유주의에도 충분히 훈련이 된 상태가 아니다. 하지만 모든 것이 발전된 선진국으로 빠른 걸음으로 진행해야 하기 때문에 복지국가에 대해서도 이제 본격적으로 씨름을 할 때가 되었다. 중요한 것은 복지국가가 되면 헌법이 예정하는 인간상이나 법의 논리도 바뀌어야 한다는 사실이다. 다시 말해 법치주의도 예컨대 형식적 법치주의에서 실질적 법치주의로 전이된다거나, 억압적 법(repressive law), 자율적 법(autonomous law), 응답적 법(responsive law)으로 3단계의 발전이 있다는 것이다.

> 억압적 법의 단계는 사회방위와 국가이성이 강조되는 단계이다. 자율적 법은 법적 권위에 대한 엄격한 고수가 특징이며 형식주의와 법률주의가 강조된다. 응답적 법은 실질적 정의가 강조되고 자발적 의무체계가 적극적으로 모색되는 단계이다.[24] 우리 사회는 억압적 법을 지나 자율적 법 단계에 있다 할 수 있다. 아직도 법준수가 철저히 시행되고 있지 않지만, 여기에 응답적 법에 대처해야 한다는 것이다. 자율적 법 단계, 즉 형식적 법치주 단계에서는 헌법과 법이 정한 바를 철저히 요구하게 된다. 권리를 찾기 위한 인권소송 등이 권장되고 사법부의 역할이 강조된다. 하지만 응답적 법 단계에서는 권리주장도 중요하지만 시민으로서 먼저 행해야 할 자발적 의무가 강조되면서 덕성(civic virtue)이 강조된다.

헌법전문이 예정하고 있고, 또 복지국가가 진행되면 헌법 제11조 제1항 "모든 국민은 법 앞에 평등하다"가 말하는 '법 앞에 평등'을 최고수준에서 논하게 된다. 법 앞에 평등의 초기 단계는 특권계급의 철폐와 자의적 차별금지를 전면화하는 것이다. 우리 사회는 독재가 계속되는 동안 권력자들에 의한 특권이 존재했기 때문에 '형식적 평등'조차 지켜지지 않았다. 헌법이 가동되면서 최소한도의 형식적 평등은 지켜지는 수준에 이르렀다. 지금 우리가 해야 할 일은 '실질적 평등'의 실현에 있다. 이제 모든 국민의 평등에 머물지 않고,

---

24) Nonet & Selznick, *Law and Society in Transition*, Octagon Books, 1978.

형식적 평등의 대상을 보다 자세히 확대경으로 직시한다. 그러면 그 가운데에 불평등의 요소가 발견된다. 그 결과 '집단인지적 인권(group-differentiated human rights)'의 개념이 나오면서,[25] 특별한 지위에 있는 집단에 대한 적극적 평등실현조치 혹은 우선적 처우(affirmative action)가 많이 행해지고 있다. 여성, 노인과 아동, 장애인, 다문화가정, 탈북자, 청년 등 여러 갈래의 우선적 처우가 행해지고 있다. 이런 우선적 처우의 개념을 더욱 확대해 나가면 모든 사람들을 넘어 각 사람에 대한 관심을 갖게 된다. '동등한 배려와 존중(equal concern and respect)'[26]은 법의 지배의 이상향이다. 바로 이런 상황이 우리 헌법이 지향하는 지점인 것이다.

6. 평화통일과 항구적인 세계평화

사회복지국가 원리가 실현되기 위해서는 문화국가 원리, 평화국가 원리가 체계적으로 요청된다. 주권자인 국민들이 지혜로워 스스로 할 일을 알고, 타인과의 관계에서도 사랑과 존중에 기반을 둔 민주적 시민으로서의 역할을 충분히 해내며, 서로의 인격을 존중하고 가치를 높여 주는 그런 사회가 되는 것이다. 당연히 다툼보다는 공존이 선호될 것이다.

우리나라 헌법은 특별히 평화를 더 많이 강조하고 있다. 우선 전문에서 '평화적 통일의 사명'과 '세계평화'를 언급하고 있으며, 제4조, 제5조, 제66조 제3항, 제69조에서 평화의 내용을 담고 있다. 그것은 남북이 대립하고 있는 우리의 현상황을 반영한 것이다. 우선 남북관계에서 평화적 통일이 강조되는데, 헌법 제4조는 "대한민국은 통일을 지향하며, 자유민주적 기본질서에 입각한 평화적 통일정책을 수립하고 이를 추진한다"고 규정한다. 통일을 하되 평화적 통일이어야 한다는 것이다. 평화적 통일이란 무력에 의한 통일이 아니라 대화와 외교에 의한 통일이란 뜻이다. 그렇다면 대화의 조건에 부합해야 한다. 자유민주적 기본질서라는 조건을 붙인 채 통일논의를 하라는 것이 헌법의 입장

---

25) 집단인지적 인권이란 사회적 강자(지배집단에 속하는 사람)들과 신체적, 문화적, 종족적, 경제적으로 다른 사회적 약자들이 자유롭고 행복하게 살기 위해서 필요한 자유와 권리이다. 이 관념이 탄생하는 데에는 여성주의자들이 결정적으로 기여했다. 최현, "지구화와 인권 및 시민권", 『세계의 정치와 경제』, 한국방송통신대학교출판부, 2011, 159쪽.
26) 로널드 드워킨, 장영민 옮김, 『법의 제국』, 아카넷, 2004, 283~297쪽.

이다. 이것은 1972년 유신헌법에서 처음 전문으로 도입된 뒤 현행 헌법에서 제5조 통일조항에 또 도입된 것이다.

> '자유롭고 민주적인 기본질서'가 독일 헌법에 들어오게 된 배경은 국민주권을 실현하는 과정에서 민주주의를 치자와 피치자의 동일성이라고 지나치게 이상적으로 보아 주권자가 직접 독재권력을 행사하면 민주주의일 수 있다고 이해한 것에 대한 반성이었다. '주권적 독재'라고 불리는 이러한 생각이 20세기 전반에 극우와 극좌의 전체주의 지배질서를 가능하게 했기 때문이다. 그런데 유신정부는 국민을 동원하여 주권적 독재를 추구했던 당사자가 이 용어를 처음 도입했다는 점에서 아이러니라고 할 수 있다.[27]

이것은 '임시정부의 법통을 이어받아'와 같은 맥락에서 1980년의 민주화운동이 지나치게 좌경화되었다고 판단하여 당시 헌법개정의 중심에 있던 사람들이 의도적으로 넣은 것이다. 자유민주적 기본질서란 서독에서 극좌와 극우모두를 배격한다는 뜻에서 헌법에 삽입된 규정이다. 다시 말해서 이 개념은 모든 사상에 대한 상대주의라는 순수 자유주의적 민주주의와는 다른 이른바 '전투적 민주주의' 혹은 '방어적 민주주의'를 배경으로 하는 개념인 것이다. 이런 개념을 가지고 어떻게 공산주의국가인 북한과 대화를 하란 말인가? 다시 말해서 이쪽으로의 흡수통일이 아니라면 대화가 될 수 없는 것 아닌가?

> 1949년 5월에 제정된 서독의 본(Bonn) 기본법은 전투적 민주주의의 원칙에 입각하여 '자유롭고 민주적인 기본질서'를 침해 또는 폐지하려는 정당은 위헌(제21조 제2항)이며, '자유롭고 민주적인 기본질서를 공격하기 위하여 남용하는 자는 기본권의 효력을 상실'(제18조)하며, '연방의 존립'과 자유롭고 민주적인 기본질서의 위협에 대한 방지(제91조 제1항)를 규정하였다. 그리고 연방헌법재판소는 독일공산당 위헌판결 가운데서 '자유롭고 민주적인 기본질서'라 함은 '모든 폭력적 지배와 자의적 지배를 배제하고 그때그때의 다수 의사와 자유 및 평등에 의거한 국민의 자기결정을 토대로 하는 법치국가적 통치질서'라고 하였다.[28]

---

27) 송석윤, 『헌법과 미래』, 인간사랑, 2007, 31~32쪽.

28) 김민배, 『전투적 민주주의와 국가보안법』, 인하대학교출판부, 2004, 39쪽.

사실 이 개념이 그렇게 나쁜 것은 아니다. 그렇지만 남북관계에서는 매우 부정적인 요소로 작용하고 있다. '자유의 적'에 대한 방어를 명분으로 자리 잡은 「국가보안법」체제하에서 헌법기관들이 안보 관련 기구들에게 주권기관의 지위를 넘겨줌으로써 발생되는 결과란 기본권의 파괴였다. 국가의 안전보장과 사회질서의 유지라는 명목하에 안보기관들이 시민사회의 영역은 물론 입법, 사법, 행정의 모든 영역을 침범하였던 것이다.[29]

우리가 당면한 평화통일을 함에 있어서 어떤 기조로 북한과 대면해야 할까? 이와 관련한 답을 찾을 때는 언제나 '자유민주적 질서'에 입각한 평화통일은 자기모순적이어서 안 된다. 그렇다면 어떻게 해야 할까? 그것은 우리 헌법을 관류하는 더 높고 큰 헌법원리의 관점에서 해결을 보아야 한다. 즉, 우리 헌법원리는 국민주권주의, 자유민주주의 원리, 법치주의 원리, 사회국가 원리, 문화국가 원리, 평화국가 원리 등이 있는데, 순수한 자유민주주의 원리나 국민주권원리의 본질로부터 그 해법을 찾을 수 있을 것이라고 본다.[30] 다시 말해 대한민국의 '진정한 주권자'라면 북한을 민족주의의 차원에서 통일의 대상으로 생각은 하지만, 별도의 체제이자 국가라는 현실을 감안해서 결코 우리 방식으로만 이끌려는 무리수를 두지는 않을 것이다. 가급적 북한의 입장을 고려하면서 서로 공유할 수 있는 어떤 지점을 제공하고 그 공유 부분을 확대해 나가면서 통일의 지평을 확장시킬 것이다. 이렇게 볼 때 헌법상의 자유민주적 기본질서에 의한 통일정책은 우리 남한이 북한의 체제에 흡수될 수 없다는 것, 즉 북한의 팽창적이고 패권적인 공산통일에 대한 반대를 명확히 하는 것에 일차적 의의가 있다고 보는 것이지 북한을 자유주의체제로 바꾸고자 하는 규정이 아니라고 해야 한다는 것이다. 정태욱은 다음과 같은 훌륭한 대안을 제시한다.

그동안 남북한 양측의 평화통일정책은 평화보다 승리에 중점이 놓여 있었다고 볼 수 있다. 즉, 그것은 자유주의라기보다 근본주의에 기초하고 있었던 것이다. 남북 양측은 평화를 공존과 관용에서 구하지 않고, 북한은 '남한의 공산화'를, 남한은 '북한의 자유화'를 평화라고 생각한 것이다. 이렇게 볼 때 김대중 정부의 햇

---

29) 김민배, 『전투적 민주주의와 국가보안법』, 인하대학교출판부, 2004, 105쪽.
30) 이하 제4장의 '4.4. 자유민주주의 원리' 부분을 참조할 것.

이렇듯이 통일관점에서는 우리 모두가 '진정한 주권자'가 되어야 한다. 여기서 말하는 '진정한'이란 나와 너의 공존까지 생각하는 자주적인 국민이 됨을 의미한다. 진정한 주권자들이 함께 만난다면 그 어떤 문제도 허심탄회한 대화에 의해 슬기롭게 풀어서 주권자적 공동체를 만들어 갈 것이라고 본다.[32] 이런 평화적 대안은 북한과의 통일뿐만 아니라 동북아평화와 세계평화에도 마찬가지로 적용될 수 있을 것이다.

첨언해야 할 것은 평화국가의 이념은 대외문제뿐 아니라 국내에서도 중요하다는 사실이다. 근대화 100여 년을 지나가는 동안 우리나라는 많은 역사적 굴곡으로 인해 국내적 갈등관계가 복잡하게 많이 누적되어 있다. 일제강점기, 6·25, 군부독재를 거치면서 피해를 본 사례이다. 특정 정치집단이 행한 불법이지만 국가의 이름으로 행해졌기 때문에 우리는 이것을 '국가범죄'라고 부른다. 국가범죄에 대해서 수차례 헌법부칙에 의한 과거청산을 시도했으나 거의 실행된 바가 없었다. 그 후 2000년대를 전후해서 많은 과거청산특별법이 제정되었다. 그러나 여전히 그 해결은 미흡하기만 하다. 반성과 거듭남의 계기가 없었다는 뜻이다. 100년 동안의 수많은 피해자를 한 번에 묶는다면 이 땅에 제노사이드(genoside)가 행해졌다고 할 만한 정도이다. 그리고 이러한 국가범죄에 대해서 국민 모두가 가해자이기도 하고 피해자이기도 하다. 그렇기 때문에 국민 전체가 과거사에 대한 회개와 용서, 화해의 과정을 거치면서 보편적 시민성을 획득하는 거듭남이 꼭 필요하다. 그 결과는 국가는 악법청산, 인권보장, 평화지향의 변화된 모습으로 나타날 것이다.[33]

---

31) 정태욱, 『한반도 평화와 북한 인권』, 한울, 2009, 19~21쪽.

32) 필자는 이렇게 진정한 주권자를 가리켜 '주권자적 인간'이라고 부른다. 강경선, "노예제 폐지과정에서 나타난 주권자적 인간", 『민주법학』, 제58호, 2015. 7.

33) 국가범죄와 보편적 시민성, 과거사의 해결에 대해서는 이재승의 탁월한 글이 있다. 이재승, 『국가범죄』, 앨피, 2010; 이재승, "화해의 문법: 시민정치의 관점에서", 『민주법학』, 제46호, 관악사.

7. 나오며

2018년으로 제헌절은 70주년을 맞는다. 그중에서도 40년은 헌법부재의 시대였다. 헌법전은 있었지만 그 뜻이 전혀 검토되고 실현되지 않았던 것이다.[34] 그 헌법부재의 시기에도 국민들은 헌법을 배웠다. 실제 체험을 통해서 국민주권, 국가권력, 민주주의, 인권이 무엇인지를 배운 것이다. 그것이 힘이 되어 몇번의 저항권행사를 통해서 마침내 독재체제를 붕괴시켰고, 이제 입헌주의시대에 들어섰다. 우리 헌법은 영욕으로 점철된 역사를 가졌다. 그래서 서구 국가들은 물론이고 제3세계 국가들이라도 웬만하면 다 있는 '헌법의 아버지들(Founding Fathers)'이 없다. 부모 잃은 헌법의 고아인 셈이다. 그래서 헌법해석에서도 '제정자 의사설(originalism)'이 언급될 수조차 없다. 제정자의 권위가 없고, 또 밀실작업으로 이루어진 개헌의 경우에는 그 기록조차 알 수 없기때문이다. 제헌 당시 헌법 심의기간도 불과 40일에 지나지 않았다. 헌법에 대한 경시는 말할 수 없을 정도이다. 여러 가지 면에서 불행한 과거를 가졌음에틀림없다. 그러나 자기비하는 금물이다. 미국도 생각해 보면 한 켠에 노예제도가 생생히 있던 시절에 "만인은 평등하게 태어났다"고 선언하면서 헌법을제정한 나라이다. 불행한 과거를 가지지 않은 나라는 없다. 결국 그 헌법을 어떻게 잘 살려 나가는가가 더욱 중요하다.

상극의 상황은 고된 시련을 주지만 다른 한편 긴장과 인내와 도전을 통해희망과 창조의 계기로 주어질 수 있다. 우리에게 남북분단이 그러하다. 북한은 대한민국헌법에 가장 큰 상반구조(Gegenstruktur)를 형성해 왔다. 덕분에헌법의 왜곡과 인권억압 같은 분단비용을 치른 것도 사실이지만, 국민을 분발시켜 기세 있게 만들고 모순 속의 지양(止揚)이라는 지혜도 키운 측면이 있다. 그래서 유구한 반만년의 역사 속에서 한민족이 이렇게 강대해진 적이 없을 정도가 되었다.

우리는 자유민주적 기본질서라는 외곬의 지침에 얽매이기에는 너무나 모순

---

34) 일반적으로 헌법이라 일컬어지는 법적 헌법(rechtliche Verfassung)은 라살레(Lassalle)의 말에 따르면 하나의 종잇조각에 불과하다. 법적 헌법의 힘은 그것이 현실적 헌법과 일치하는 한에서만 발휘된다. 그렇지 못한 경우에는 불가피하게 갈등이 발생하며, 결국 단순한 종잇조각에 불과한 성문헌법은 국가에 사실적으로 존재하는 세력관계에 항상 굴복하게 된다. 콘라드 헤세, 계희열 옮김, 『헌법의 기초이론』, 박영사, 2001, 13~14쪽 참조.

투성이의 상황에 서 있다. 따라서 헌법원리로부터 보다 유연한 행동원리를 찾아내고 슬기롭게 평화통일의 해법을 찾아야 한다.

이제 우리 헌법의 상반구조는 북한 외에도 중국, 더 나아가서 강대국의 국가주의라는 것과의 대결일지도 모른다. 그래도 마찬가지이다. 우리 국민이 '헌법에 대한 의지'를 갖고 헌법전문에 나타나 있듯이 세계평화와 인류공영의 정신을 가지고 임한다면 반드시 그 길이 열리리라 확신한다. 그리하여 대한국민도 세계사에 일정 부분 기여하는 민족이 될 것을 간절히 소망한다.

> 헌법에의 의지(Wille zur Verfassung)는 세 개의 근원으로부터 나온다. ① 국가생활을 무절제하고 무원칙한 자의에서 벗어나게 하는 객관적이고 규범적인 확고한 질서의 필요성과 그 고유 가치를 인식하는 데 기초한다. ② 헌법에 의해 구성된 질서가 단순한 사실적 질서 이상의 것, 즉 정당화되고 또 항상 새롭게 정당화하는 질서라는 확신에 기초하고 있다. ③ 이런 질서는 인간적 욕구로부터 독립하여 효력을 가질 수 있는 것이 아니라, 오직 우리의 의지행위(Willensakte)를 통해서만 효력을 갖게 되고 유지된다는 의식에 기초하고 있다.[35]

---

35) 콘라드 헤세, 계희열 옮김, 『헌법의 기초이론』, 박영사, 2001, 22~23쪽.

제2편

헌법의
기본원리 및 제도

제4장
국가형태, 국민주권,
자유민주주의

개관

먼저 고전적 국가의 3요소, 즉 주권과 국민과 영토에 관하여 살펴본다. 오늘날은 과거와 달리 세계국가, 세계시민의 관점이 많이 반영되고 있다.

이어서 헌법의 기본원리에 관하여 알아본다. 헌법은 국가공동체가 지향하는 특정한 원리를 자체 내에 포함하고 있다. 일반적으로 이를 헌법원리라고 부르는데, 헌법원리 중에서 가장 중요한 것이 국민주권원리와 자유민주주의 원리이다. 국민주권원리는 군주주권과 인민주권 그리고 국가주권과 마찬가지로 특정한 배경을 지닌 역사적 개념이지만 오늘날의 헌법원리로도 여전히 중요한 의미를 지닌다. 다만, 고전적 국민주권원리와 다르게 오늘날은 실질적 국민주권원리로 전환되었다.

또 다른 헌법원리인 자유민주주의 원리는 그 역사적 배경과 관련해서 서로 상이한 이해가 전개되고 있다. 자유민주주의 원리도 현대에 이르면서 그 내용이 많이 바뀌었다. 자유민주적 기본질서가 바로 그것이다. 그 흐름에 대해서 알아보기로 한다.

4.1. 대한민국의 국가형태

4.1.1. 국가형태론

국가형태란 사회공동체가 정치적 통일체인 국가로 조직되는 형태를 말한다. 일반적으로 국가는 국가권력의 행사를 직접 담당하는 다양한 국가기관으로 구성된다. 국가가 통치기능을 수행하려면 그 구성부분인 국가기관들이 하나의 행동통일체로 조직되어야 하는데, 이런 국가기관들의 조직형태를 국가형태라고 부른다. 국가형태는 국가유형 개념에 대하여는 하위개념의 관계에 있고, 정부형태의 개념에 대하여는 상위개념의 관계에 있다. 자본주의국가의 국가형태로는 입헌군주국과 민주공화국이 있으며, 예외적으로 군사독재국가, 파시즘국가도 존재한다. 민주공화국의 경우 조직원리는 권력분립의 원칙을 준수한다. 이에 따라 정부형태, 즉 통치기구가 형성되는데, 대통령중심제 혹은 의원내각제가 보편적이다.

4.1.2. 대한민국 국가형태

1. 국가형태에 관한 규정과 그 의의

대한민국의 국가형태는 자본주의국가의 정상적 국가형태 중 하나인 민주공화국이다. 헌법 제1조 제1항은 "대한민국은 민주공화국이다"라고 규정하고 있으며 제2항에서는 "대한민국의 주권은 국민에게 있고, 모든 권력은 국민으로부터 나온다"고 선언하고 있다. 이때 말하는 민주공화국은 우리나라의 국가형태를 공화국으로 하고 공화국의 정치적 내용이 민주적으로 형성될 것을 요구하는 것이다.

'공화국(共和國, republic)'이라는 말은 어원상 공동구성체를 의미하며, 군주 등 일정 개인의 고유한 권리로부터 나오는 통치권력을 배제하는 개념이다. 즉, 모든 공권력은 국가구성원으로 이루어진 공동체에 귀속되며, 공공복리에 봉사하여야 하고, 자유롭고 평등한 시민이 헌법과 법률에 복종하는 것 외에는 어떠한 책임도 부담하지 않고 국가작용에 참여하는 국가형태를 말하는 것이다. '공화국'의 대립개념은 통상 '군주국'으로 간주된다. 즉, 19세기 이래 공화국은 군주국가를 폐지하는 이유가 되었던 것이다. 그러나 국가형태가 단순한 공화국이 아니라 민주공화국인 이상 민주공화국의 개념 안에는 비정상적 국가형태에 대한 거부의 의미가 담겨 있다. 군사독재국가나 파시즘국가가 그러한 예이다.

공화제는 각각의 이해관계를 공동의 안녕(common weal), 즉 모든 시민의 이익을 지향하는 정치체제를 말한다. 그렇기 때문에 공화제는 특정 이익이나 사회질서를 배타적으로 보호할 수 없으며, 사회 모든 분야 대표들의 참여에 의해 통치되어야 한다. 모든 집단이 평등하지 않고, 또 다양한 정부가 존재할 수 있지만, 모든 공화제 정부는 권력의 분권을 행해야 하며, 특히 민주공화국에서는 정치적 다수자들이 소수자들과 공공선(common good)을 실현시키기 위해 공존해야만 한다. 정치권력의 적당한 균형을 유지하기란 그리 쉽지 않다. 그래서 공화주의자들은 이 문제를 해결하기 위해 헌법적 차원의 '견제와 균형(checks and balances)'을 이룸으로써 파당주의(factionalism)의 폐해를 방지하고자 하였다.

민주적 공화국의 경우에는 모든 인민 혹은 그 대표가 정책결정에 지배력을 행사하게 되며, 다수의 지배에 의하여 소수가 배제되는 것을 경계해야 한다. 민주적 공화제의 형태가 오늘날과 같이 국민주권(인민주권)이나 다수결주의와 결합되어 사용된 것은 18세기 후반에 이르러서이다. 하지만 민주제 역시 공화제의 취지에 반할 위험은 있다. 민주제의 병폐, 즉 다수의 지배가 소수자의 보호에 소홀할 때에는 민주제도 공화주의와 충돌할 수 있는 것이다. 우리는 이렇듯 다수가 지배하되 소수까지 아우르는 민주적 공화제를 추구하는 것이다. 정치적 다수(majority)의 소수(minority)에 대한 관용(tolerance)과 공존 그리고 언제든지 권력이 교체될 수 있는 기회가 열려 있는 사회야말로 민주공화국이라 할 수 있다.

'민주'와 '공화국'의 유래를 살펴보자. 서양의 경우 민주주의는 영어로 'democracy'이다. 이는 그리스어에서 유래한 말로, 인민을 뜻하는 'demos'와 지배를 뜻하는 'kratos'가 합쳐진 것이다. 즉, 민주주의는 인민에 의한 지배를 뜻한다. 근대에 와서 민주주의는 자유주의와 만나 자유민주주의가 되었고, 이후에는 사회민주주의로 발전했다.

한편 공화국이란 말은 서양에서 'republic'이다. 이는 로마인들이 사용했던 'res publica'에서 비롯되었다. 로마에서는 기원전 509년에 폭정을 이유로 왕을 축출한 뒤 자신들의 국가를 '공공의 것'이라는 뜻을 가진 'res publica'로 불렀는데, 이것이 전해져 '군주가 없는 나라'를 가리키는 용어가 되었다. 로마는 집정관, 원로원, 민회 등 3자의 권력기관이 정립한 혼합정의 형태를 취하였고, 이를 공화정이라고 불렀다. 키케로도 이렇게 지도자, 귀족, 민중으로 구성된 공익을 추구하는 다수를 의미하였다. 그 후 공화정은 르네상스 시대에 이탈리아에서 부활되었고, 영국, 미국, 프랑스에서 각각의 특색을 가지고 발달하였다. 공화국을 본격적으로 가장 먼저 채택한 나라는 미국이다. 그런데 미국 헌법의 기초자였던 매디슨은 공화국을 대표자에 의한 정치, 즉 대의제민주주의를 지칭하였다.

동아시아에서의 '민주'와 '공화'라는 개념을 알아보자. 민주와 비슷한 말로 '민본(民本)'이 있는데, 이 말은 "백성은 나라의 근본이니, 근본이 견고해야 나라가 편안하다"라는 의미이다. 민본사상의 고전은 맹자에서 비롯되었다. 맹자의 민본사상은 조선에도 영향을 미쳤다. 정도전은 '백성은 임금의 하늘'이라고까지 주장하였고, 군주는 천명을 받은 존재로서 백성들을 어진 정치로 다스려야 한다고 했다. 민본주의는 민주주의와는 다르다. 민본주의는 지배층과 피지배층의 뚜렷한 구분을 전제로 하여, 지배층이 피지배층에 대해 온정적인 정치를 베푸는 것을 의미했다. '백성은 나라의 근본'이라는 표현과 '백성은 나라의 주인'이라는 표현과는 거리가 멀었다. 'democracy'를 '민주'로 번역한 사람은 『만국공법』을 번역한 윌리엄 마틴이다. 1863년 중국어로 변역하면서 '민주'라는 단어를 쓴 것이다.

한편 '공화'라는 말은 동아시아에서는 군왕이 없는 시대에 신하들이 나라를 다스리는 것이라는 의미로 썼다고 한다. 따라서 왕정하에서 '공화'를 말하는 것은 불경이고 반역에 해당하는 행위였다. 'republic'을 '공화'로 처음 번역한 사람은 일본의 미스쿠리 쇼고(箕作省吾)로, 1845년 네덜란드어를 번역하면서 이루어진 것이라 한다.[1]

---

1) 박찬승, 『대한민국은 민주공화국이다』, 돌베게, 2013, 30~35쪽 참조.

【통합진보당 해산청구사건(헌재 2014.12.19. 2013헌다1)】

(1) 입헌적 민주주의 체제

(가) 민주주의(democracy)라는 말은 고대 희랍어에서 유래된 것으로서, '평범한 시민'을 의미하는 데모스(dēmos)와 '권력, 지배'를 의미하는 크라토스(kratos)의 결합으로 이루어진 말이다. 이것은 '평범한 시민들의 지배'를 의미하는데, 고대 희랍의 정치철학에서는 군주에 의한 '1인의 지배'나 귀족 등에 의한 '소수의 지배'에 대비되는 맥락에서 '다수의 지배'를 의미하는 것으로 이해되기도 하였다. 그러나 그로부터 연유한 서구의 오랜 전통 속에서 민주주의는 가난한 자들이나 제대로 교육받지 못한 자들이 수적 우세를 내세워 자신들의 의사를 일방적으로 관철시킬 수 있는 정치체제로 통용되어 왔다. 즉, 평민 혹은 하층민에 의한 일방적이고 전제적인 지배체제로 인식되어 온 것이다.

이처럼 부정적으로 인식되었던 민주주의가 역사에 다시금 전면적으로 등장한 것은 근대의 입헌적 민주주의 체제가 성립된 이후였다. 고대 민주주의의 부정적 인식에서 탈피한 새로운 민주주의 체제는, 특정인이나 특정 세력에 의한 전제적 지배를 배제하고 공동체 전체의 동등한 구성원들에 의한 통치를 이상으로 하는 공화주의 이념과, 개인의 자유와 권리를 강조하는 자유주의 이념으로부터 큰 영향을 받았다. 전자는 공민으로서 시민이 가지는 지위를 강조하고 이들에 의해서 자율적으로 이루어지는 공적 의사결정을 중시한다. 따라서 이것은 시민들의 정치적 동등성, 국민주권, 정치적 참여 등의 관념을 내포하고, 우리 헌법상 '민주주의 원리'로 표현되고 있다. 그에 반해 후자는 국가권력이나 다수의 정치적 횡포로부터 보호받을 수 있는 인권의 우선성을 주장한다. 기본적 인권, 국가권력의 법률기속, 권력분립 등의 관념들은 자유주의의 요청에 해당하며, 우리 헌법상에는 '법치주의 원리'로 반영되어 있다. 따라서 오늘날 입헌적 민주주의에서는 원칙적으로 다수의 정치적 의사가 존중되어야 하겠지만, 그렇다고 하더라도 다수의 의사에 의해 소수의 권리가 무력화되어서도 안 된다. 자유를 누리기 위해 다수파에 가담해야 하는 사회라면 그러한 사회에서는 진정한 자유가 존재한다고 보기 어려운 까닭이다.

이렇듯 근대의 입헌적 민주주의 체제는 사회의 공적 자율성에 기한 정치적 의사결정을 추구하는 민주주의 원리와, 국가권력이나 다수의 정치적 의사로부터 개인의 권리, 즉 개인의 사적 자율성을 보호해 줄 수 있는 법치주의 원리라는 두 가지 주요한 원리에 따라 구성되고 운영된다.

(나) 한편 민주주의 원리는 개인의 자율적 판단능력을 존중하고 사회의 자율적인 의사결정이 궁극적으로 올바른 방향으로 전개될 것이라는 신뢰를 바탕으로 하고 있다. 이

신뢰는 국민들이 공동체의 최종적인 정치적 의사를 책임질 수 있다는, 즉 국민들이 주권자로서의 충분한 능력과 자격을 동등하게 가진다는 규범적 판단에 기초한다. 따라서 국민 각자는 서로를 공동체의 대등한 동료로 존중해야 하고, 자신의 의견이 옳다고 믿는 만큼 타인의 의견에도 동등한 가치가 부여될 수 있음을 인정해야 한다. 민주주의는 정치의 본질이 피치자에 대한 치자의 지배나 군림에 있는 것이 아니라, 타인과 공존할 수 있는 동등한 자유, 그리고 대등한 동료시민들 간의 존중과 박애에 기초한 자율적이고 협력적인 공적 의사결정에 있는 것이다.

따라서 민주주의 원리는 하나의 초월적 원리가 만물의 이치를 지배하는 절대적 세계관을 거부하고, 다양하고 복수적인 진리관을 인정하는 상대적 세계관(가치상대주의)을 받아들인다. 이 원리에서는 사회가 본질적으로 복수의 인간'들'로 구성되고 각 개인들의 생각은 서로 상이할 수밖에 없다고 보므로, 결국 정견의 다양성은 민주주의의 당연한 전제가 된다.

그래서 개인들의 의견은 원칙적으로 그 나름의 합리성에 기초한 것으로서 존중되어야 하므로, 이 체제에서는 누구나 다양한 정치적 견해를 가질 수 있고 이를 자유로이 표현할 수 있다. 경우에 따라서는 이러한 견해들 사이에 대립이 발생하기도 하지만, 이는 본질적으로 자연스러운 현상이다. 민주주의 원리는 억압적이지 않고 자율적인 정치적 절차를 통해 일견 난립하고 서로 충돌하기까지 하는 정견들로부터 하나의 국가공동체적 다수의견을 형성해 가는 과정으로 실현된다는 점에서 비민주적인 이념들과 근본적으로 구분된다. 설혹 통념이나 보편적인 시각들과 상충하는 듯 보이는 견해라 하더라도 원칙적으로 논쟁의 기회가 부여되어야 하고, 충돌하는 견해들 사이에서는 논리와 설득력의 경합을 통해 보다 우월한 견해가 판명되도록 해야 한다는 점이 민주주의 원리가 지향하는 정치적 이상이다.

요컨대, 다원주의적 가치관을 전제로 개인의 자율적 이성을 존중하고 자율적인 정치적 절차를 보장하는 것이 공동체의 올바른 정치적 의사형성으로 이어진다는 신뢰가 우리 헌법상 민주주의 원리의 근본 바탕이 된다. 우리 헌법도 개인의 자율성이 오로지 분열로만 귀착되는 상황을 피하고 궁극적으로 공존과 조화에 이르고자 하는 노력을 중시하고 있다. "자율과 조화를 바탕으로 자유민주적 기본질서를 더욱 확고히" 한다고 규정한 헌법전문은 우리의 민주주의가 지향하는 방향을 단적으로 보여 주는 것이다.

2. 민주공화국의 규범적 의미

헌법 제1조 제1항의 규정은 우리 헌법의 가장 핵심적인 사항의 하나로 모든 헌법규정의 기초가 된다. 헌법재판소도 "우리 헌법의 전문과 본문의 전체에 담겨 있는 최고이념은 국민주권주의와 자유민주주의에 입각한 입헌민주 헌법의 본질적 기본원리에 기초하고 있다. 기타 헌법상의 제 원칙도 여기에서 연유되는 것이므로 이는 헌법전을 비롯한 모든 법령해석의 기준이 되고, 입법형성권행사의 한계와 정책결정의 방향을 제시하며, 나아가 모든 국가기관과 국민이 존중하고 지켜 가야 하는 최고의 가치규범"[2]이라고 하였다. 그러므로 민주공화국이라는 국가형태는 헌법개정절차에 의해서도 개정될 수 없는 것이다.

민주공화국의 규범적 내용으로는 모든 국가권력의 기초인 국민주권의 원리, 가치상대주의에 입각한 정치이념으로서 자유민주주의, 3권의 분립을 포함한 권력의 분립 그리고 의회주의와 법치주의에 입각한 정치과정의 통제 등을 꼽을 수 있다. 그렇지만 민주공화국의 통치방식이 어떤 식으로 이루어져야 하는지에 대하여 명시적으로 밝히고 있는 것은 아니다. 일상 형식은 대의제민주주의를 취하나, 근본적으로는 직접민주주의에 뿌리를 두고 있다고 말할 수 있다.

4.2. 대한민국헌법의 적용범위

> **통계로 본 조선의 위치―조선은 결코 작은 나라가 아니다**
> - 독립신문 사설, 1896년 5월 30일(토)
>
> 지금 조선의 일을 조선 사람보다 도리어 외국 사람들이 더 아니 그 어찌 한심치 않으리요. 외국 사람들이 겉가량(겉으로 보고 대강 치는 셈)으로 조선의 인구 수효 치기를 1,600만 명인데, 사나이가 900만 명가량이요 여인이 700만 명가

---

2) 헌재 1989.9.8. 88헌가6.

량이라. 호수인즉 3,480,911호가량을 치고 지면인즉 영국 리(里)수로 12만 방리(方里: 사방 1리가 되는 넓이. 여기서 1리는 1마일)가량인즉 조선 리수로는 60만 방리가량이라. 이 수효들을 가지고 세계 각국과 비교하여 보면, 조선이 영국보다 크고 비리시(벨기에)보다 아홉 갑절이 크고, 하란(네덜란드)보다 여덟 갑절이 크고, 정말(덴마크)과 서사(스위스)보다 여섯 갑절이 크고, 희랍보다 다섯 갑절이 크고, 포도아(포르투갈)보다 세 갑절이 크고, 이탤리와 거진 같고, 서반구로 가면 셀베도(엘살바도르)보다 열세 갑절이 크고, 코스다카(코스타리카)와 센도밍고(산토도밍고)와 헤타이(아이티)보다 네 갑절이 크고, 니코록가(니카라과)와 한두라스(온두라스)보다 갑절이라.

인구 수효로는 정말과 희랍보다 여덟 갑절이요, 서사보다 다섯 갑절이요, 포도아와 하란과 비리시보다 세 갑절이요, 서전(스웨덴)과 나위(노르웨이)와 구라파 토이기(터키)보다 갑절이요, 서반아와 거진 같고 서반구 속에서 합중국 외에는 조선같이 인구가 많은 나라는 없는데, 그중에 근사한 나라인즉 브라실(브라질)과 묵서가(멕시코)라. 브라실은 12,333,000명이요 묵서가는 10,400,000명가량이라. 중앙아메리가 속에는 다섯 나라를 병하여 여섯 갑절이요, 남아메리가 속에 있는 각국을 병하여 갑절이라.

이것을 가지고 보거드면 조선이 세계 중의 큰 나라요 토지는 동양의 제일이라. 기후가 좋으니 각색 곡식과 실과와 채소가 구라파나 미국 못지않게 될 터이요 금·은·동·철과 석탄이 한량이 있는지라. 이 토지를 가지고 잘 서둘기만 하면 조선도 천하에 상등 나라로 될 터이라.

다만 나라가 이러한 것은 인민들이 학문이 없어 그런 것인즉, 상등 나라가 되려면 인민을 교육하는 것이 제일이란 말을 알 듯하노라. 인종인즉 조선 사람들이 동양에서 제일 가는 인종인 것은, 청인이 느리고 더럽고 완고하여 좋은 것을 보아도 배우지 아니하고 남이 흉을 보아도 부끄러운 줄을 모르고, 일본 사람들은 문명한 것을 본받기를 잘하나 성품이 너무 조급한 고로 큰일을 당하면 그르치는 일이 있거니와, 조선 사람은 가운데 있어 일본 사람의 개화하려는 마음도 있고 청인의 누그러진 성품도 좀 있는 인종인즉, 다만 잘 가르쳐만 놓으면 동양에서는 제일이 될 듯하더라.

오늘 우리가 이 말을 하는 의사는 다름이 아니라 조선 사람들은 조선이 남의 나라만한 나라라는 것을 알고, 조선 인민도 배우고 가르치기만 하면 남의 나라 인민만 하다는 것을 알게 하자는 뜻이니, 다만 할 것은 외국 학문을 배우려니와 조선 일도 공부하기를 바라노라.

(김홍우 편집감수, 『독립신문, 다시 읽기』, 푸른역사, 2004)

4.2.1. 국적

1. 국민과 국적의 개념

대한민국헌법은 원칙적으로 대한민국 국적을 가지고 있는 대한민국 국민에게 적용된다. 국민이라 함은 국가에 소속하는 개개의 자연인을 말하며, 이들은 전체로서 국민을 구성한다. 국민은 인민(people)과 구별된다. 국민은 국가적 질서를 전제로 한 개념으로서 국가의 구성원, 즉 국적을 가진 개개인의 집합을 의미하는 데 대하여, 인민은 국가적 질서와 대립되는 사회적 개념인 사회의 구성원을 의미하기 때문이다.

국적이라 함은 국민으로서의 신분 또는 국민이 되는 자격을 말한다. 누가 대한민국 국민으로서의 국적을 갖는가 하는 국민의 요건은 법률로 정한다(헌법 제2조). 그렇지만 「국적법」에 의해서 비로소 국적이 만들어지는 것은 아니다. "국적은 국가의 생성과 더불어 발생하고 국가의 소멸은 바로 국적의 상실사유인 것이다. 국적은 성문의 법령을 통해서가 아니라 국가의 생성과 더불어 존재하는 것이므로, 헌법의 위임에 따라 「국적법」이 제정되나 그 내용은 국가의 구성요소인 국민의 범위를 구체화, 현실화하는 헌법사항을 규율하고 있는 것"이라는 것이 헌법재판소의 입장이다.[3]

국적이라는 표현은 시민권이나 영주권 등과 구분된다. 우리나라와 일본, 중국, 대만, 유럽 대륙의 각 나라가 국적제도를 운영하는 데 비하여 미국, 캐나다, 호주 같은 영미법계 국가들처럼 국적제도 외에 시민권제도도 함께 두는 경우가 있다. 시민권제도를 운영하는 나라에서는 시민권자가 현실적으로 그 나라의 공민신분으로서 각종 권리와 의무의 주체가 된다. 대통령과 같은 최고위공직에 취임하는 경우 국적보유자만 그 대상으로 하는 것과 같이 극히 제한적으로 차이가 있긴 하지만 대체로 시민권과 국적은 그 법적 성격이나 기능이 거의 같다. 영주권은 국적과 상관없이 외국 정부로부터 그 나라에 영주(무기한 체류, 장기체류)할 수 있도록 부여받은 권리 또는 자격을 의미하는 것으로, 외국이주노동자가 한국에서 영주권을 취득하였다면 우리나라에 외국인 신분으로 영주할 수 있는 자격을 취득한 것을 의미하며, 우리나라의 국적을 취득한

---

3) 헌재 2000.8.31. 97헌가12.

것과는 구분된다. 마찬가지로 한국 사람이 외국의 영주권을 취득하였다 하더라도 한국인 신분은 계속 유지된다.

우리나라는 국적에 관하여 국적법정주의를 비롯하여 속인주의, 부모양계혈통주의, 단일국적주의를 원칙으로 한다. 외국인과 무국적인도 한국의 영토 내에 있을 때에는 한국법의 지배를 받지만 영토를 떠나면 원칙적으로 우리나라와 관계가 끊어진다.

2. 국적의 취득과 상실

(1) 국적의 취득

국적의 취득에는 선천적 취득과 후천적 취득이 있다. 선천적 취득은 출생이라는 사실에 기초한다. 그러나 출생으로 국적을 취득하는 경우에도 속인주의(혈통주의)와 속지주의(출생지주의)가 구별되고 있다. 속인주의는 부모의 국적에 따라 국적을 결정하는 방법이고, 속지주의는 부모의 국적에 관계없이 출생한 지역에 따라 국적을 결정하는 방법이다. 한국의 「국적법」은 부모양계혈통주의에 기초한 속인주의를 원칙으로 하고 속지주의를 예외적으로 채택하고 있다(「국적법」 제2조).

구「국적법」은 부계혈통주의를 취하였으나 헌법재판소의 위헌결정[4]을 받은 후 개정된 「국적법」은 부모양계혈통주의를 채택하였기 때문에 외국인 부와 한국인 모 사이의 적출자와 비적출자 모두 출생과 동시에 대한민국 국적을 취득한다(「국적법」 제2조 제1항 제1호). 다만 한국인과 모자관계가 없는 외국인 모와 한국인 부 사이의 비적출자는 한국인 생부의 인지나 별도의 귀화절차를 거쳐 우리 국적을 취득할 수 있다(동조 동항 제3호).

「국적법」
제2조(출생에 의한 국적 취득) ① 다음 각 호의 어느 하나에 해당하는 자는 출생과 동시에 대한민국 국적(國籍)을 취득한다.

---

4) 헌재 2000.8.31. 97헌가12. 자(子)가 출생한 당시 부(父)가 대한민국의 국민인 자만 원칙적으로 대한민국 국적을 부여하였던 부계혈통주의는 모(母)의 국적을 단지 보충적인 의미만을 부여하는 차별을 하는 것으로, 헌법재판소는 이 규정이 헌법 제11조의 평등원칙과 제36조 제1항의 가족생활에 있어서 양성평등의 원칙에 위배하는 것으로 보았다.

후천적 취득은 혼인, 인지, 귀화(보통귀화와 특별귀화), 수반취득 및 국적회복(재귀화) 등에 의한 취득을 말한다. 「국적법」 제3조 이하에 규정되어 있다.

(2) 복수국적의 금지

우리 「국적법」은 복수국적을 원칙적으로 방지하기 위해 국적포기절차를 마련하고 복수국적자의 법적 지위를 별도로 정하면서 「병역법」과 관련하여 복수국적자의 국적선택제도를 상세히 규정하고 있다. 특히 최근에 물의를 빚고 있는 이른바 원정출산문제에 대하여도 규율하고 있다. 복수국적과 관련한 최근 법령정비의 방향은 복수국적 자체를 과거와 같이 엄격하게 금지하려는 것은 아니지만 병역면탈과 같이 국익과 관련되는 문제에 있어서는 국가의 조치를 엄정히 하려고 한다.

「국적법」
제10조(국적 취득자의 외국 국적 포기 의무) ① 대한민국 국적을 취득한 외국인으로서 외국 국적을 가지고 있는 자는 대한민국 국적을 취득한 날부터 1년 내에 그 외국 국적을 포기하여야 한다. 〈개정 2010.5.4.〉
② 제1항에도 불구하고 다음 각 호의 어느 하나에 해당하는 자는 대한민국 국적을 취득한 날부터 1년 내에 외국 국적을 포기하거나 법무부장관이 정하는 바에 따라 대한민국에서 외국 국적을 행사하지 아니하겠다는 뜻을 법무부장관에게 서약하여야 한다. 〈신설 2010.5.4.〉
1. 귀화허가를 받은 때에 제6조 제2항 제1호·제2호 또는 제7조 제1항 제2호·제3호의 어느 하나에 해당하는 사유가 있는 자
2. 제9조에 따라 국적회복허가를 받은 자로서 제7조 제1항 제2호 또는 제3

호에 해당한다고 법무부장관이 인정하는 자

3. 대한민국의 「민법」상 성년이 되기 전에 외국인에게 입양된 후 외국 국적을 취득하고 외국에서 계속 거주하다가 제9조에 따라 국적회복허가를 받은 자

4. 외국에서 거주하다가 영주할 목적으로 만 65세 이후에 입국하여 제9조에 따라 국적회복허가를 받은 자

5. 본인의 뜻에도 불구하고 외국의 법률 및 제도로 인하여 제1항을 이행하기 어려운 자로서 대통령령으로 정하는 자

③ 제1항 또는 제2항을 이행하지 아니한 자는 그 기간이 지난 때에 대한민국 국적을 상실(喪失)한다. 〈개정 2010.5.4.〉

(3) 국적의 상실

대한민국 국민이 자진해서 외국 국적을 취득하면 대한민국 국적을 상실한다. 다만, 자신의 의사에 의한 것이 아니라 법령에 의해 외국 국적을 취득하게 된 경우에는 우리나라 국적을 계속해서 보유할 것인지 신고하는 제도를 두고 있다.

3. 재외국민의 보호

헌법 제2조 제2항은 "국가는 법률이 정하는 바에 의하여 재외국민을 보호할 의무를 진다"고 규정하고 있다. 재외국민이란 "대한민국의 국민으로서 외국의 영주권(永住權)을 취득한 자 또는 영주할 목적으로 외국에 거주하고 있는 자"(「재외동포의 출입국과 법적 지위에 관한 법률」 제2조 제1호)를 말한다. 재외국민의 권익을 보호하고 내외국민 간의 일체감을 조성하며 조국에 대한 귀속감을 고취시키기 위한 재외국민보호규정의 취지를 십분 살리기 위해 「재외동포의 출입국과 법적 지위에 관한 법률」은 과거 "대한민국의 국적을 보유하였던 자(대한민국정부 수립 전에 국외로 이주한 동포를 포함) 또는 그 직계비속(直系卑屬)으로서 외국 국적을 취득한 자"중 일정한 사람들을 '외국국적동포'라고 표현하며 적극적으로 보호하고자 한다.

헌법 제2조 제2항에서 말하는 재외국민의 보호가 무엇을 내용으로 하는지에 대해 헌법재판소는 "재외국민을 보호할 국가의 의무에 의하여 재외국민이

거류국에 있는 동안 받는 보호는 조약, 기타 일반적으로 승인된 국제법규와 당해 거류국의 법령에 의하여 누릴 수 있는 모든 분야에서의 정당한 대우를 받도록 거류국과의 관계에서 국가가 하는 외교적 보호와 국외거주 국민에 대하여 정치적인 고려에서 특별히 법률로써 정하여 베푸는 법률·문화·교육, 기타 제반 영역에서의 지원"[5]을 뜻한다고 하였다.

종래 재외국민 및 재외동포에 대한 국가적 지원이 부실했던 것과는 달리 최근 헌법재판소의 결정 중에는 재외국민보호에 관하여 주목할 만한 결정들이 나오고 있다. 그중에서 중요한 것은 다음과 같다.

① 주민등록이 되어 있는지 여부에 따라 선거권행사 여부를 결정하도록 함으로써 대한민국의 국민임에도 불구하고 「주민등록법」상 주민등록을 할 수 없는 재외국민의 대통령과 국회의원 선거권행사를 전면적으로 부정하는 것은 헌법에 위반된다(헌재 2007.6.28. 2004헌마644).

② 지방선거 선거권을 국내거주 재외국민에 대해서는 그 체류기간을 불문하고 전면적, 획일적으로 박탈하는 것은 국내거주 재외국민의 평등권과 지방의회의원 선거권을 침해한다(헌재 2007.6.28. 2004헌마644).

③ 국내거주자에 한해서만 부재자투표를 인정하고 국외거주자에 대해서는 부재자투표를 인정하지 않는 「공직선거법」 제38조 제1항은 위헌이다(헌재 2007.6.28. 2004헌마360).

④ 정부수립 이전에 국외로 이주한 구소련거주동포와 중국거주동포를 「재외동포의 출입국과 법적 지위에 관한 법률」의 수혜대상에서 배제한 것은 평등원칙에 위배된다(헌재 2001.11.29. 99헌마494).

재외국민의 보호와 관련하여 제기되는 또 다른 문제는 북한주민과 북한이탈주민이다. 여기에서는 판례의 태도만 언급하기로 한다. 우리 헌법이 "대한민국의 영토는 한반도와 그 부속도서로 한다"는 영토조항(제3조)을 두고 있는 이상 대한민국의 헌법은 북한지역을 포함한 한반도 전체에 그 효력이 미치고, 따라서 북한지역은 당연히 대한민국의 영토가 되므로 북한을 법 소정의 '외국'으로, 북한의 주민 또는 법인 등을 '비거주자'로 바로 인정하기는 어렵지만, 개별 법률의 적용 내지 준용에 있어서는 남북한의 특수관계적 성격을 고려하여 북한지역을 외국에 준하는 지역으로, 북한주민 등을 외국인에 준하는

---

5) 헌재 1993.12.23. 89헌마189.

지위에 있는 자로 규정할 수 있다고 할 것이다(대판 2004.11.12. 2004도4044 참조, 헌재 2005.6.30. 2003헌바114).

4. 국민의 헌법상 지위

국민주권의 원리에 입각한 민주국가에서 국민의 헌법상 지위는 기본적으로 ① 주권자로서의 국민, ② 최고국가기관으로서의 국민, ③ 기본권의 주체로서의 국민, ④ 피치자로서의 국민으로 구분할 수 있다.

주권자로서의 국민이란 국민주권의 원리를 바탕으로 하는 민주국가의 국민을 말하는데, 국가의사와 국가적 질서에 관하여 최고의 결정권을 가지며, 최고법규인 헌법을 제정할 권능을 갖는다는 의미에서 주권의 주체이다. 헌법전문, 제1조 제2항, 제7조 제1항, 제8조 제2항의 대한민국 또는 국민 전체 등이 바로 그것이다.

이와 달리 최고국가기관으로서의 국민은 현실적인 국가권력의 담당자로서의 지위, 즉 최고국가기관의 지위에 있는 국민을 말한다. 국민주권의 선언에도 불구하고 국민이 현실적인 국가의사 또는 국가적 질서를 형성하기 위해서는 정치적 행동통일체로 조직되지 않으면 안 되는데, 바로 현실적 행동통일체를 말한다. 주권자로서의 국민은 추상적·이념적 통일체이기 때문에 그와 같은 전체로서의 국민이 구체적인 국가의사를 결정하기 위해서는 최고국가기관으로서의 국민이라는 기관을 통해서 하거나 대표자를 선출하여 할 수밖에 없다. 여기에 주권자로서의 국민과 최고국가기관으로서의 국민이 구별되어야 할 이유가 있다. 주권자로서의 국민이 전체 시민이라면, 최고국가기관으로서의 국민은 그 전체 시민 중에서 능동적 시민(유권자집단)만을 의미한다. 우리 헌법에 있어서 헌법개정안의 확정(제130조 제2항), 국가안위에 관한 중요 정책에 관한 국민표결(제72조), 국회의원의 선출(제41조 제1항), 대통령의 직선(제67조) 등에서와 같이 국민이 헌법의 규정에 따라 투표와 선거를 하는 경우가 바로 여기에 해당한다.

국민은 또 다른 의미에서 기본권의 주체이기도 하다. 국가를 구성하는 개개인으로서의 국민은 국가권력에 의한 보호의 대상이 되기도 한다. 대체로 헌법 제10조에서 제37조까지의 국민이 이에 해당하며, 이때의 국민은 기본권의 주체로서의 국민을 뜻한다.

동시에 개개인으로서의 국민은 국가적 지배권의 대상이 되는 지위, 즉 피치자의 지위에 놓이기도 한다. 공의무의 주체로서 나타나는 경우가 여기에 해당한다. 이때의 국민 중에는 자연인 외에 때로는 법인도 포함된다.

4.2.2. 영역

국가의 영역(제3조)과 평화통일(제4조)과 관련된 헌법조문은 다음과 같다.

제3조 대한민국의 영토는 한반도와 그 부속도서로 한다.
제4조 대한민국은 통일을 지향하며, 자유민주적 기본질서에 입각한 평화적 통일정책을 수립하고 이를 추진한다.
---

1. 영역의 개념과 범위

국가는 일정 범위의 공간을 존립의 기초로 한다. 바로 이 공간이 영역이다. 영역은 영토 · 영해 · 영공으로 구성된다. 영역 내의 모든 인(人)과 물(物)을 독점적 · 배타적으로 지배할 수 있는 국가권력을 영역권 또는 영토고권이라 한다.[6]

영토는 국가영역의 기초가 되는 일정한 범위의 육지이다. 헌법 제3조는 "대한민국의 영토는 한반도와 그 부속도서로 한다"고 규정하고 있다. '국가의 영토'는 자연적 원인이나 국제조약에 의하여 그 범위가 변경되는 일이 있다. 영토가 변경되는 경우에도 국가의 동일성에는 영향이 없고, 국가의 지배권이 미치는 공간적 범위와 국민의 범위에 변경을 가져올 뿐이다. 침략적 전쟁을 부

---

6) 헌법재판소는 국가의 영토고권과는 달리 개개인의 기본권으로서 영토권을 만들어 내고 있다. "국민의 개별적 기본권이 아니라 할지라도 기본권 보장의 실질화를 위하여서는 영토조항만을 근거로 하여 독자적으로는 헌법소원을 청구할 수 없다 할지라도, 모든 국가권능의 정당성의 근원인 국민의 기본권 침해에 대한 권리구제를 위하여 그 전제조건으로서 영토에 관한 권리를, 이를테면 영토권이라 구성하여 이를 헌법소원의 대상인 기본권의 하나로 간주하는 것은 가능한 것으로 판단된다." 헌재 2001.3.21. 99헌마 139 · 142 · 156 · 160(병합).

인하는 까닭에 무력적 수단에 의한 영토의 변경은 허용되지 않고, 조약에 의한 영토의 변경도 헌법 제3조의 개정을 통해서만 가능하다고 하겠다.

영해는 영토에 접속한 일정한 범위의 영역이다. 우리나라는 「영해 및 접속수역법」에 따라 한반도와 그 부속도서의 육지에 접한 기선으로부터 외측 12해리의 선까지를 영해로 하고 있다. 다만, 일본과의 관계를 고려하여 대한해협에서는 3해리까지로 하고 있다.

「영해 및 접속수역법」
제1조(영해의 범위) 대한민국의 영해는 기선(基線)으로부터 측정하여 그 바깥쪽 12해리의 선까지에 이르는 수역(水域)으로 한다. 다만, 대통령령으로 정하는 바에 따라 일정 수역의 경우에는 12해리 이내에서 영해의 범위를 따로 정할 수 있다.

1982년 UN해양법 협약상 영해는 영토와 내수 밖의, 그리고 군도국가의 경우 군도수역 밖의 인접수역으로 정의되었다. 이것은 국제 해양법 논의역사로 볼 때 매우 오랜 시간의 토론 끝에 이루어진 것이다. 1982년 협약에서는 영해의 폭에 대해 종전의 3해리설과 6해리설 등 주장이 나뉜 끝에 최대 12해리로 정하였다. 이것은 영해의 최대 폭이므로 그 범위 내에서 연안국은 영해의 폭을 자유로이 결정할 수 있다. 그래서 대한해협수로에서는 양국의 영해가 3해리로 정해졌다. 그러나 이런 결정도 힘들 정도로 인접한 국경일 경우에는 양국 간에 영해를 결정하기 매우 어렵다. 이 경우에는 대체로 양국의 기선상의 가장 가까운 점으로부터 등거리에 있는 모든 점을 연결한 중간선이 영해의 경계가 될 것이다.[7]

영해에서는 국제법상의 무해항행권(right of innocent passage) 등 극히 제한적인 권리를 제외하고는 우리나라의 국가권능이 전면적으로 행사된다. 영공이라 함은 영토와 영해의 수직상공을 말한다. 영공의 범위는 일반적으로 지배 가능한 상공에 한정된다고 본다.

한편 서해 북방한계선(NLL, Northern Limit Line)은 영해와 다른 개념이다. 휴전협정, 즉 정전협정에서는 군사분계선을 육지에만 설치했을 뿐 해상에서

---

7) 정인섭 등, 『국제법』, 한국방송통신대학교출판문화원, 2015, 189~194쪽.

의 군사분계선은 없었다. 해상에서는 '쌍방의 인접해면(영해)'을 존중하고, 항구에 대한 어떠한 봉쇄도 허용되지 않음을 명하고 있다. 북한도 12해리를 영해로 규정한다. 따라서 북한의 12해리를 기준으로 하면 우리 영토인 서해 5도(백령도, 대청도, 소청도, 연평도, 우도)가 북한의 영해 안으로 포함된다. 이 때문에 서해에서의 영해는 개념이 불분명하다. 남한이 정한 서해 북방한계선(NLL)은 대체로 서해 5도와 북한 육지와의 등거리선이다. 뚜렷이 정해진 바 없는 이곳에서 NLL은 우리 선박이나 전력이 북상할 수 있는 상한선으로 설정된 것이지, 북한 선박이 내려오지 못하게 막는 '하한선'을 의미하는 것은 아니었다.[8]

2. 영토조항과 평화통일조항

(1) 영토조항과 평화통일조항의 충돌

헌법 제3조("대한민국의 영토는 한반도와 그 부속도서로 한다")의 규정에 따라 대한민국의 헌법과 법률은 휴전선 남쪽지역뿐만 아니라 북쪽지역에도 적용된다. 따라서 북한지역도 대한민국의 통치권이 미치는 지역이므로 영토조항의 논리상 조선민주주의인민공화국은 국토의 특정 지역을 법적 근거 없이 무력으로 사실상 장악하여 대한민국의 통치권행사를 방해하고 있는 반국가단체이다. 이를 논거로 해서 그동안 「국가보안법」이 존속해 왔다.

반면 헌법 제4조는 "대한민국은 통일을 지향하며, 자유민주적 기본질서에 입각한 평화적 통일정책을 수립하고 이를 추진한다"고 규정하고 있다. 여기서 말하는 평화적 통일의 상대방은 북한지역의 조선민주주의인민공화국이다. 이 조항은 통일정책의 추진이라는 대한민국의 특정 통치권행사에 있어서 주권자가 스스로 제약을 가하는 것이다. 일반적으로 한 국가의 통치권에는 경찰권과 군사권의 행사가 당연히 포함되는 것이지만 헌법이 무력을 통한 비평화적 통일정책의 추진을 금지하는 까닭에 조선민주주의인민공화국을 상대로 한 무력적 통일정책의 추진은 헌법에 위반된다.

그리하여 반국가단체에 대해 무력적 통일정책의 추진을 금하는 헌법 제4조는 조선민주주의인민공화국의 실체를 인정하는 것을 전제로 하고 있는 것 아닌가 하는 주장, 영토조항은 분단을 인정하지 않는 입장이지만 평화통일조항

---

8) 정태욱, "서해 북방한계선 재론", 『민주법학』, 제45호, 관악사, 2011. 3.

은 분단을 현실적으로 인정한 입장에서 규정한 조항이라는 주장, 1991년에 남북한이 동시에 유엔에 가입하였고 「남북 사이의 화해와 불가침 및 교류·협력에 관한 합의서」까지 교환함으로써 대한민국이 조선민주주의인민공화국을 사실상의 정부로 인정하는 것 아닌가 하는 주장 등이 지속적으로 제기되어 왔다. 이는 곧 헌법 제3조와 제4조의 충돌이라는 외관을 야기한다.

(2) 영토조항과 평화통일조항의 해석론

헌법 제3조와 제4조의 내용상의 불일치라는 문제에 대하여 다양한 학설이 대립하고 있다. 입법론적 차원에서 해결하자고 하는 주장을 제외한 해석론은 영토조항과 평화통일조항의 규범력을 어떻게 볼 것인지에 따라 나누어진다.[9]

제1설은 평화통일조항에 우선적 효력을 인정하는 견해이다. 영토조항과 평화통일조항이 일반법과 특별법 관계에 있다거나 평화통일은 헌법전문에도 나오는 헌법의 이념이라는 논거 등이 제시된다.

제2설은 영토조항을 미래지향적이고 미완성의 규정으로 보아 그 현실규범력을 부정하고, 구체적이며 현실적인 조항인 평화통일조항의 규범력만 인정하는 견해이다.

제3설은 헌법변천으로 인해 북한을 반국가단체로 보는 영토조항의 본래 의미가 더 이상 유지될 수 없다고 하는 견해이다.

제4설은 국제법의 관점에서 영토의 범위는 국가권력의 공간적인 효력범위에 국한된다는 국제법 원칙에 비추어 영토조항이 명목적인 규정에 지나지 않는다고 주장한다.

제5설은 영토조항의 규범력을 확고히 인정하는 대한민국 유일합법정부론이다. 이 견해에는 평화통일조항에도 불구하고 북한지역을 수복해야 한다는 흡수통일론과, 반국가단체와도 평화통일을 할 수 있다는 의미에서 상호 모순되지 않는다고 주장하는 견해가 대립하고 있다.

제6설은 남북한 특수관계론으로, 북한은 반국가단체이자 동시에 평화통일의 동반자라는 남북관계의 이중성이 영토조항과 평화통일조항에 반영되어 있다고 보고 두 조항 간의 모순 자체가 헌법의 뜻이라고 이해한다. 이 견해에 따

---

9) 도회근, "헌법 제3조(영토조항)의 해석", 『헌법규범과 헌법현실: 권영성 교수 정년기념논문집』, 법문사, 1999, 849~869쪽 참조.

르면 북한을 반국가단체로 규정하는 법률도 합헌이고 북한과 협력사업을 벌이는 것도 합헌이라는 결론에 이르게 된다.

(3) 판례의 태도

헌법재판소는 남북한 특수관계론의 입장에서 남북관계의 이중성을 인정하고 있다. "현 단계에 있어서의 북한은 조국의 평화적 통일을 위한 대화와 협력의 동반자임과 동시에 대남적화노선을 고수하면서 우리 자유민주주의 체제의 전복을 획책하고 있는 반국가단체라는 성격도 함께 갖고 있음이 엄연한 현실인 점에 비추어, 헌법의 전문과 제4조가 천명하는 자유민주적 기본질서에 입각한 평화적 통일정책을 수립하고 이를 추진하는 법적 장치로서 「남북교류협력에 관한 법률」 등을 제정·시행하는 한편, 국가의 안전을 위태롭게 하는 반국가활동을 규제하기 위한 법적 장치로서 「국가보안법」을 제정·시행하고 있는 것으로서, 위 두 법률은 상호 그 입법목적과 규제대상을 달리하고 있는 것이므로 「남북교류협력에 관한 법률」 등이 공포·시행되었다 하여 「국가보안법」의 필요성이 소멸되었다거나 북한의 반국가단체성이 소멸되었다고는 할 수 없다. 그러므로 국가의 존립·안전과 국민의 생존 및 자유를 수호하기 위하여 「국가보안법」의 해석·적용상 북한을 반국가단체로 보고 이에 동조하는 반국가활동을 규제하는 것 자체가 헌법이 규정하는 국제평화주의나 평화통일의 원칙에 위반된다고 할 수 없다."[10]

(4) 관련 문제

영토조항과 관련하여 지속적으로 제기되어 온 문제는 거의 전적으로 북한과 관련된 문제이다. 그중에서 몇 가지를 꼽아 본다면 첫째, 남북한 동시 유엔 가입으로 북한을 국가로 승인하는 효력이 발생했는지의 문제이다. 남북한이 동시에 유엔에 가입한 것은 국제법상 남한과 북한이 모두 국제적인 승인을 받았다는 것을 의미하는데, 이것이 곧 남북한 상호 간의 국가성 인정으로 간주될 수 있는지의 문제이다. 이에 대해 헌법재판소는 부정적이다. "남북한이 유엔에 동시 가입하였다고 하더라도, 이는 「유엔헌장」이라는 다변조약(多邊條約)에의 가입을 의미하는 것으로서 「유엔헌장」 제4조 제1항의 해석상 신규 가

---

10) 헌재 1997.1.16. 92헌바6; 1993.7.29. 92헌바48.

맹국이 '유엔'이라는 국제기구에 의하여 국가로 승인받는 효과가 발생하는 것은 별론으로 하고, 그것만으로 곧 다른 가맹국과의 관계에 있어서도 당연히 상호 간에 국가승인이 있었다고는 볼 수 없다는 것이 현실 국제정치상의 관례이고 국제법상의 통설적인 입장이다."[11]

둘째, 남북기본합의서의 체결이 묵시적인 상호 국가승인인지에 대해서도 부정적이다. "남북합의서는 남북관계를 '나라와 나라 사이의 관계가 아닌 통일을 지향하는 과정에서 잠정적으로 형성되는 특수관계'(전문 참조)임을 전제로 하여 이루어진 합의문서인바, 이는 한민족공동체 내부의 특수관계를 바탕으로 한 당국 간의 합의로서 남북당국의 성의 있는 이행을 상호 약속하는 일종의 공동성명 또는 신사협정에 준하는 성격을 가짐에 불과하다. 따라서 남북합의서의 채택·발효 후에도 북한이 여전히 적화통일의 목표를 버리지 않고 각종 도발을 자행하고 있으며 남북한의 정치, 군사적 대결이나 긴장관계가 조금도 해소되지 않고 있음이 엄연한 현실인 이상, 북한의 반국가단체성이나 「국가보안법」의 필요성에 관하여는 아무런 상황 변화가 있었다고 할 수 없다."[12]

셋째, 「국가보안법」과 「남북교류협력에 관한 법률」의 상호관계에 대하여도 양자 서로 다른 영역을 규율하는 것인지 아니면 일반법과 특별법의 관계인지에 대해 논란이 있다. 「남북교류협력에 관한 법률」이 "남북교류와 협력을 목적으로 하는 행위에 관하여는 정당하다고 인정되는 범위 안에서 다른 법률에 우선하여 적용"(제3조)하도록 되어 있기 때문이다. 헌법재판소는 입법목적과 규제대상, 나아가 구성요건을 달리한다는 이유로 일반법과 특별법의 관계를 부정한다.[13]

---

11) 헌재 1997.1.16. 92헌바6.
12) 헌재 1997.1.16. 92헌바6; 대판 1999.7.23. 98두14525.
13) 헌재 1997.1.16. 92헌바6; 1993.7.29. 92헌바48.

4.3. 국민주권의 원리

4.3.1. 국민주권원리의 개관

1. 국민주권원리의 개념

헌법 제1조 제2항은 "대한민국의 주권은 국민에게 있고, 모든 권력은 국민으로부터 나온다"라고 규정하고 있다. 여기서 주권(sovereignty)이란 일반적으로 국내에 있어서 최고의 권력, 국외에 대하여 독립의 권력을 의미한다. 주권은 한 영역 내에서 한 개인이나 기관이 다른 사람 혹은 기관에 대해서 최고의 권위를 행사할 수 있는 속성이라고 풀이된다. 역사적으로 볼 때 구성원이 평화롭고 안전하게 존속하기 위해서는 최종적인 중재자와 입법자의 존재가 필연적으로 요청된다. 이것이 주권의 존재이유가 되는데, 주권이론은 처음에 군주주권으로 표출되었고, 보댕이나 홉스는 인민의 대표기관이 그 주권을 보유할 수 있다고 보았다. 루소나 오스틴 같은 학자들은 주권은 국민(인민)에게 존재하며, 국가기관의 공무원들은 국민(인민)에게 책임을 진다고 하였다.

주권의 권위는 어떤 조건에 의해서도 제한을 받지 않는다는 점에서 절대적(absolute)인 성격을 갖는다. 그리고 일시적인 권위가 아니라는 점에서 영속적(perpetual)인 것이며, 다양한 사람이나 제도들에 분산되는 것이 아니라는 점에서 불가분적(indivisible)인 것이다. 또한 외부적 지배로부터 독립적(independent)이어야 하며, 내부적으로는 최고(supreme)의 성격을 띤다. 물론 이런 주권의 성격은 현실국가에서는 매우 제한적으로 나타난다.

2. 주권이론의 역사적 전개

(1) 군주주권론

근대적 의미의 주권개념은 15~16세기경 유럽에서 절대군주국가의 성립과 더불어 형성된 정치적 · 법적 개념이다. 국가를 단위로 한 법과 권력개념이 정립되기 시작했다는 점에서 근대성을 가진다. 대표적인 사상은 보댕(J. Bodin)

의 『국가론』(1576)이다. 예컨대 프랑스의 군주는 밖으로는 로마가톨릭교회(교권)와 신성로마제국(제권)의 지배, 안으로는 봉건제후의 영주권과의 꾸준한 항쟁을 통하여 국왕의 직접적인 지배권을 확립하는 중앙집권적 국가를 형성하였다. 특히 30년 전쟁의 결과로 체결된 1648년의 베스트팔렌조약은 국가단위의 주권을 분명히 한 계기가 되었다.

> 조선시대에 주권론이 처음 소개된 것은 국제법을 통해서이다. 이 가운데 중요한 인물이 박규수 선생이다. 연암 박지원의 손자인 박규수는 실학과 개화파를 잇는 사이 시대의 훌륭한 인물이었다. 선생은 어린 고종에게 주권의 중요성을 가르쳤다. 물론 당시에는 주권이란 용어는 아니었다. 그 후 고종은 대한제국의 황제가 되었다. 대한제국은 근대적 의미의 주권국가로 우뚝 선 역사적 사건이었다. 그러나 주권의 내적 토대가 없었기 때문에 대한제국과 고종은 자주적 결정권에 해당하는 외교권을 박탈당하는 수모를 겪어야 했다(1905년의 을사늑약). 우연찮게 현재의 헌법재판소의 터가 박규수 선생의 고택이라 한다. 헌법재판소가 특별히 국민주권을 꽃피우는 국가기관이 되었으면 바란다.[14]

(2) 국민주권론

특권계급만이 아니라 전체로서의 국민이 단일 · 불가분 · 불가양의 주권을 가진다는 주장은 제3신분을 주권자의 지위에 올려놓기 위함이었다. 국적 보유자로서의 전체 국민(nation)이 국가의사를 결정하고 집행하는 힘을 소유한다고 하더라도 이러한 국민은 추상적이고 관념적인 존재이므로 자연적인 의사결정력과 집행능력을 갖고 있지 않다. 따라서 자연인으로 구성된 국민대표를 별도로 구성하고 이들에게 주권의 행사를 맡겨야 하므로 주권의 소유와 행사가 필연적으로 분리된다. 국민대표 개념이 가장 먼저 나타난 곳은 영국이며 17세기 이후 점차 확립되었다. 영국에서 국민대표 개념의 발생과정이 비교적 자각적이지 못한 반면, 프랑스의 경우에는 국민(nation)주권원리와 인민(peuple)주권원리가 대립하는 과정을 거치면서 매우 자각적이고 체계적으로 수립되었다.

---

14) 김효전, 『헌법』, 소화, 2009; 박상섭, 『국가 · 주권』, 소화, 2008; 강상규, 『조선정치사의 발견』, 창비, 2013 참조.

초기 발전단계에서 국민주권은 선거라는 행위를 빌려 구특권계급을 국민 대표부로부터 배제할 뿐만 아니라, 수공업자나 소상인, 소부르주아와 천민 등 이른바 민중(la populaire)의 정치참여도 가능한 한 배제하였다. 민중이 법률 등의 제정에 직접 참여할 수 없도록 함과 아울러 국민대표의 선거로부터도 배제한 것이다. 이러한 의미에서 국민주권은 자본주의를 전개시키려는 부르주아 계급을 위한 주권원리였다. 이렇듯 국민주권은 제한선거와 대표제민주주의로부터 시작해서 오늘에 이르렀다.

(3) 인민주권론

프랑스혁명기의 민중 가운데 일부 자각적인 사람들은 보통선거제도의 수립을 통해 민중 모두가 유권자가 되어 주권을 행사하는 국가구상을 가지고 있었는데 이들이 내세운 주권이론이 인민주권론이다. 프랑스혁명기 민중운동의 지도자였던 바를레(J-F Varlet)는 루소의 이론을 추종하여 인민주권론을 발전시켰다. 여기에서 말하는 주권보유자이자 주권행사자인 인민(peuple)은 정치에 참가하는 자의 총체, 즉 유권자(시민)이다. 인민은 대표기관을 통해서가 아니라 직접 주권을 행사하고 국가의사를 결정하고 집행할 수 있다. 유권자로 이루어진 인민이 주권행사에 참가할 고유한 권리가 있기 때문에 직접민주제를 정치의 원칙으로 삼는다.

인민주권론은 완벽한 민주주의 실현을 목표로 두었고, 사회주의국가들에 의해서 기본원리로 채택되었다. 대부분의 사회주의국가에서 인민주권론의 이상은 실현되지 못했다. 소비에트 방식에 의해서 인민의 의사가 상층부까지 전달되는 것은 실현될 수 없었기 때문이다. 그 결과 1985년 4월 고르바초프에 의해 개혁(페레스트로이카), 개방(글라스노스트)정책이 도입되었고, 개혁이 불가능해지자 소연방체제는 폐기되었다. 중국이나 북한, 베트남, 쿠바 등 사회주의국가는 여전히 존재한다. 이웃 국가들의 과거와 현재를 이해하고 미래를 전망하기 위해서라도 우리는 국민주권론과 인민주권론의 특징을 이해할 필요가 있다. 현재는 국민주권원리에 의해 대의제와 직접민주제의 이상을 동시에 실현하려는 도상에 있다고 말할 수 있다.

(4) 의회주권론, 국가주권론

의회주권론은 민주주의의 발전을 선도했던 영국에서 정착된 국민주권의 한 방식이다. 영국은 일찍부터 군주의 권력을 헌법(마그나 카르타 등)과 의회를 통하여 제약해 왔다. 청교도혁명과 명예혁명을 계기로 의회가 군주를 압도하기 시작한 것이다. 그렇지만 영국은 군주는 그대로 존치시키면서 의회 중심의 정치를 하기로 방향을 잡았다. 1689년 권리장전(Bill of Rights)은 이를 확인한 역사적 헌법문서이다. 권리장전 제1조에서 "의회의 동의 없이 군주의 권위에 의해 법률을 정지 혹은 집행하는 권력은 위법적인 것이다"라고 선언함으로써 의회의 우위(Parliamentary Supremacy)를 확보한 것이다. 탄탄한 법의 지배 국가에서 의회주권을 더하면 의회가 법률을 개정하지 않는 한 잘못된 법률은 그대로 효력을 유지하게 된다. 사법심사제가 없기 때문이다. 그런 만큼 의회가 국민을 위해 일을 잘해야 한다. 유럽연합에 가입한 후 영국은 유럽헌법의 하위에 놓였기 때문에 법제의 변화를 도모하였다. 부분적인 사법심사제의 도입, 국민투표의 실시, 상원의 전면적 개편과 대법원의 신설, 더 나아가 성문헌법전의 준비까지 거론될 정도에 이르렀다. 하지만 영국의 유럽연합 탈퇴는 영국 법제의 이런 흐름에 또다시 변화를 초래할 것이다.

한편 우리와 법적 인연이 깊은 독일에서는 군주주권과 국민주권기 사이에 국가주권론이 들어섰다. 독일은 영국이나 프랑스와 달리 산업발달이 늦었고, 따라서 시민혁명이 성공하지 못하였다. 그렇지만 유럽 국가로서 일정 수준의 시민층 발달은 당연한 것이었다. 이와 같은 분위기에서 결정된 것이 비스마르크 체제이다. 시민과 황제 사이에서 교량역할을 하던 비스마르크 재상 체제가 가능했던 것이다. 독일의 철학자 헤겔은 시민국가에 대한 절대적 신봉자였다. 그는 가정과 사회를 넘어 자유와 이성을 발현한 시민국가를 찬양하였다. 여기서 군주주권과 국민주권 사이에 있었던 국가주권론의 위치를 상상할 수 있을 것이다. 국가법인론이 이를 이론적으로 뒷받침해 주었다.

(5) 국민주권론과 인민주권론의 비교

① 국민주권론에서 국민대표는 그를 대표로 선출한 국민의 지시나 명령에 구속되지 아니하는 무기속위임(자유위임)에 바탕을 두고 있지만, 인민주권론에서 인민대표는 그를 대표로 선출한 인민의 지시와 통제에 따르는 기속위임에 터 잡고 있다.

② 국민주권론에서는 권력의 남용과 자의적인 행사를 방지하기 위한 장치로 권력분립에 의존할 수밖에 없지만, 인민주권론에서는 인민의 직접의사를

반영하므로 권력의 민주집중제원리가 관철된다.

③ 국민주권론에서 선거는 최량의 대표를 선출하기 위하여 교양과 재산을 가진 자에게만 선거권을 부여하는 제한선거를 허용하지만, 인민주권론에서는 주권적 인민의 지분적 주권이 발현되어야 하므로 제한선거는 허용되지 않으며 보통선거만 허용된다.

④ 군주주권론이나 국민주권론이 다수지배의 원칙에서 벗어난 것이었기 때문에 인민주권론은 사회의 다수를 구성하는 민중을 해방시키기 위한 논리였다. 오늘날은 국민주권에 입각한 현대 자본주의국가 헌법에서도 인민주권적 요소가 상당 부분 가미되고 있다.

4.3.2. 국민주권원리의 내용

1. 주권과 통치권

국가권력이란 주권과 통치권을 말한다. 주권은 국가의사를 전반적 · 최종적으로 결정하는 최고의 권력을 말하며, 그것은 대내적으로 최고이며 대외적으로 독립된 권력을 의미한다. 어떠한 정치적 통일체가 국가이기 위해서는 이와 같은 의미의 주권을 가져야 한다. 또한 국가이기 위해서는 주권 이외에 국가적 조직을 유지하고 국가적 목적을 구체적으로 실현하기 위한 현실적 권력으로서의 지배권(통치권)이 필요하다.

통치권은 첫째, 그 실질적 내용에 따라 ① 영토 내의 모든 사람과 사물에 대한 지배권으로서의 영토고권, ② 국가구성원에 대한 속인적 지배권으로서의 대인고권, ③ 국가의 조직을 스스로 결정하는 자주조직권(권한고권)으로 나누어지고, 둘째, 그 형식적 내용에 따라 입법권, 집행권, 사법권 등으로 나누어진다. 이와 같은 통치권은 헌법에 근거를 갖는 국가의사의 힘이며, 일반적으로 국민에게 명령하고 강제하는 것을 그 본질로 한다.

이상과 같이 주권과 통치권은 상이한 개념임에도 불구하고 주권을 통치권과 같은 뜻으로 오용하는 경우가 있다. 과거의 절대군주국가에서는 주권의 주체와 통치권의 행사자가 군주라는 동일인이었기 때문에 주권＝통치권으로 혼동할 수 있었다. 그러나 현대 민주국가에서는 주권과 통치권은 본질적으로 상이한 개념이므로 혼동하여서는 안 된다.

첫째, 주권은 국가의 최고의사를 최종적 · 전반적으로 결정하는 최고의 권력으로서 모든 권력에 상위하는 근원적인 힘(헌법제정권력)을 의미한다. 이에 대하여 통치권은 주권(헌법제정권력)에서 연원하고 주권에 의하여 조직된 권력이며, 구체적인 국가목적을 수행하기 위하여 주권이 위임한 권력의 총괄적 지칭이다. 둘째, 주권의 주체는 전체로서의 국민이지만, 통치권은 헌법에 의하여 구성된 기관들인 최고국가기관으로서의 국민(유권자집단), 입법부, 집행부, 사법부 등이 헌법에 규정된 절차와 한도 내에서만 행사할 수 있는 권력이다. 셋째, 주권은 단일불가분이며 불가양의 권력인 데 대하여, 통치권은 분할이 가능하다.

우리 헌법에서 제1조 제2항 전단의 "대한민국의 주권은 국민에게 있고"라고 할 때의 '주권'은 본래 의미의 주권을 의미하고, 후단의 "모든 권력은 국민으로부터 나온다"고 할 때의 '모든 권력'(복수의 권력)은 주권에 의하여 조직되고 주권으로부터 연원된 현실적 국가권력인 통치권을 의미한다.

2. 현행 헌법과 국민주권원리

우리 헌법이 규정하고 있는 국민주권원리는 프랑스혁명기의 국민(nation)주권론과 동일하지 않다. 역사적 특수 형태로서의 국민주권론과 달리 국민주권이라고 하여 반드시 순수대표제(혹은 고전적 대표제)를 취하는 것은 아니기 때문이다. 대표를 선임하는 조건이나 구체적인 형태는 각각의 헌법에서 어떻게 정하느냐에 따라 달라지는데, 제한선거가 아닌 보통선거제를 도입하여 대표를 뽑거나 직접민주제를 통해 유권자집단을 국민대표로 할 수도 있기 때문이다. 역사적으로 보아도 제한선거로부터 남자보통선거 그리고 남녀평등의 보통선거로 차례로 발전해 왔고, 헌법개정이나 중요 정책에 대한 국민표결제의 도입 그리고 주민소환제 등의 직접민주제적 요소가 점진적으로 확대되고 있는 실정이다.

현대적 의미의 국민주권원리는 첫째, 직접민주제가 결합된다. 민주주의의 철저한 실현을 요구했던 인민주권원리가 영향력을 강화한 데 그 원인이 있다. 둘째, 비록 여전히 명령적 위임이 금지되고 있긴 하지만, 순수대표제를 기반으로 한 의회주의가 반(半)대표제에 기초한 의회제민주주의로 발전되었다. 셋째, 명망가정당에서 계급정당 내지 국민정당으로 변화를 거듭하면서 복수정당제에 기초한 정당제도가 구현되고 있다. 의원과 의회는 정당의 이름으로 내세워진 공약을 통해 유권자에 종속된다. 넷째, 인민주권원리에 기초한 철저한 민주주의의 요구가 관철되는 또 다른 측면이 지방자치의 충실화이다. 마지막으로 정치적 기본권을 보다 강화하고 있다. 보통선거권, 공무담임권, 국민표결권, 청원권 외에도 정치적 표현의 자유가 예전보다 강화되고 있다.

우리 헌법은 국민에 의해 직접 또는 간접으로 선출된 국민의 대표자로 하여금 국민을 대신하여 국가의사를 결정하고 집행하게 하는 대의제를 기본틀로 하되, 동시에 국민표결권 등의 직접민주제도 채택하고 있다. 국민발안제도나 국민소환제는 인정하고 있지 않으나, 제72조에서 중요한 국가정책에 대한 국민투표를 규정하고, 제130조 제2항에서 헌법개정안에 대한 국민투표권을 규정하고 있다.

정치적 기본권에 있어서는 정치적 표현의 자유와 정치적 결사의 자유(제21조), 선거권(제24조), 공무담임권(제25조), 청원권(제26조)을 인정하고 있다. 또한 정당을 통한 국민주권의 실현이라는 현대국가적 경향을 적극 반영하여 복수정당제를 보장하고 그 민주적 활동을 담보하고 있다(제8조).

또한 헌법은 제8장에서 지방자치를 규정하고 있다. 헌법의 규정을 받아 「지방자치법」에서 주민투표제(동법 제14조), 조례의 제정과 개폐청구(동법 제15조), 주민의 감사청구(동법 제16조) 그리고 주민소환제(동법 제20조) 등을 규정하고 있다.

국가업무를 담당하는 공무원이 임명권자가 아닌 국민 전체에 대한 봉사자로서 국민에 대하여 책임을 지고, 그 정치적 중립성이 보장된다(제7조)고 함으로써 공무의 처리에서 국민주권원리를 실현하고 있다. 대의제와 직접민주제에 관한 자세한 내용은 제15장에서 알아보기로 한다.

4.4. 자유민주주의 원리

4.4.1. 자유민주주의 개념을 둘러싼 논의

우리 헌법은 민주주의와 자유민주주의에 관한 다양한 표현을 담고 있다. 전문에서 '4·19 민주이념', '민주개혁', '자유민주적 기본질서'를 거론하고, 제4조에서 평화통일정책의 바탕으로 '자유민주적 기본질서'를 제시한다. 제8조 제2항에서는 정당의 목적과 활동이 '민주적'일 것을 요구하고 동조 제4항에서는 정당해산의 요건으로 '민주적 기본질서'에 위배될 것을 규정한다. 제32조 제2항에서는 근로의 의무의 내용과 조건을 '민주주의 원칙'에 따라 정하고, 제119조 제2항에서는 국가가 경제에 대한 규제와 조정을 하는 목적 중의 하나로 경제의 '민주화'를 설정하고 있기도 하다. 그 외에도 헌법이 직접 표현하고 있지 않아도 민주주의 내지 자유민주주의 이념이 바탕이 되고 그 이념을 실현하기 위한 조항은 적지 않다.

다양한 목적과 관련된 다양한 표현에도 불구하고 자유민주주의 원리가 우리 헌법의 중요한 원리 중 하나임은 의문의 여지가 없다.[15] 그렇지만 그 내용이 무엇인지에 대한 이해는 일정하지 않다. 특히 '민주적 기본질서'와 '자유민주적 기본질서'가 동일한 것인지 여부, '자유민주적 기본질서'와 '자유민주주의'가 동일한 것인지 여부 등이 주로 논란이 되고 있다.

4.4.2. 자유민주주의와 자유민주적 기본질서

통상 자유민주주의란 자유주의와 민주주의가 결합된 정치원리로서 정확히는 '자유주의적 민주주의(liberal democracy)'라고 할 수 있다. 근대 시민계급의 해방적 정치이념으로서 자유주의와, 1인 1표제(보통·평등선거)원리에 기

---

15) 헌법재판소도 일관되게 자유민주적 기본질서를 헌법의 가장 중요한 원리 가운데 하나로 본다(예컨대 헌재 1990.4.2. 89헌가113).

초를 둔 민주주의가 결합된 것이 고전적 의미의 자유민주주의인 것이다. 말 그대로 사람이라면 누구든지 자유롭게 표현하고 행복을 추구할 수 있는 그런 정치이념이 자유민주주의이다.

헌법은 당연히 자유민주주의에 입각한다. 그런데 헌법의 표현은 '자유민주적 기본질서'가 두 군데에서 언급되고 있음은 앞서 본 바와 같다. 우리나라의 헌법학자들과 헌법재판소는 양자를 특별히 구별하고 있지 않다. 그래서 우리는 자유민주주의를 자유민주적 기본질서로 보아도 된다. '자유민주적 기본질서'에 관한 1990년 헌법재판소의 초기 결정과, 24년이 지난 2014년 '민주적 기본질서'에 대한 헌법재판소의 결정문을 비교해 보자.

【(구)국가보안법 제7조 위헌심판사건(헌재 1990.4.2. 89헌가113)】
자유민주적 기본질서에 위해를 준다 함은 모든 폭력적 지배와 자의적 지배, 즉 반국가단체의 일인독재 내지 일당독재를 배제하고 다수의 의사에 의한 국민의 자치, 자유·평등의 기본원칙에 의한 법치주의적 통치질서의 유지를 어렵게 만드는 것으로서 구체적으로는 기본적 인권의 존중, 권력분립, 의회제도, 복수정당제도, 선거제도, 사유재산과 시장경제를 골간으로 한 경제질서 및 사법권의 독립 등 우리의 내부체제를 파괴·변혁시키려는 것이다.

【통합진보당 해산청구사건(헌재 2014.12.19. 2013헌다1)】
헌법 제8조 제4항이 의미하는 '민주적 기본질서'는 개인의 자율적 이성을 신뢰하고 모든 정치적 견해들이 각각 상대적 진리성과 합리성을 지닌다고 전제하는 다원적 세계관에 입각한 것으로서, 모든 폭력적·자의적 지배를 배제하고, 다수를 존중하면서도 소수를 배려하는 민주적 의사결정과 자유·평등을 기본원리로 하여 구성되고 운영되는 정치적 질서를 말하며, 구체적으로는 국민주권의 원리, 기본적 인권의 존중, 권력분립제도, 복수정당제도 등이 현행 헌법상 주요한 요소라고 볼 수 있다.

특별한 언급은 없었어도 헌법재판소는 자유민주적 기본질서와 민주적 기본질서를 같은 것으로 이해한다. 그렇게 보면 우리 헌법 두 군데에서 언급되는 자유민주적 기본질서는 무엇일까? 자유민주적 기본질서라는 표현은 독일 헌법학으로부터 수입한 용어이다. 독일 연방헌법재판소는 전통적인 자유민주주의와 다른 용어인 자유민주적 기본질서를 기본법에 도입하였다. 우리말로 번역하면 동일하지만, 독일어로 보면 자유민주주의는 'liberal democracy'로 이해되는 반면, 자유민주적 기본질서는 'free and democratic(Freiheitliche demokratische Grundordnung)'으로 표현하는 것이다. 즉, 양자가 다른 개념인 것이다. 자유민주적 기본질서는 독일 헌법(기본법)에서 제정 당시에는 3개 조문에서 표현되었고, 그 후 3개 조문이 더 늘어 지금은 6개 조문으로 늘어났다. 그리고 이 개념에 대하여 독일에서는 헌법학자들 간에 첨예한 논쟁이 벌어졌다.[16]

그런데 우리나라에서는 양자를 거의 구별하지 않고 있다. 번역이 '자유민주주의', '자유민주적 기본질서'로 같기 때문에 구별할 수도 없게 되어 있다. 구별하지 않아서 좋은 점도 있고 나쁜 점도 있다. 다만, 독일에서 자유민주적 기본질서가 나타난 시대배경과 그 적용례를 살펴보며 우리가 장단점을 취사선택하는 것이 반드시 필요하다고 본다.

우선 전통적인 자유민주주의는 순수 자유민주주의이다. 즉, 무제한의 자유와 민주주의가 결합된 것으로 이해할 수 있다. 민주주의는 가치관적으로 상대주의에 입각한다. 서로 다른 세계관, 가치관을 가진 사람들이 모여 토론하고 합의함으로써 보다 좋은 결론에 이르게 된다는 것에 대한 믿음이 민주주의의 본질이다. 그런데 시대를 지나면서 독일은 나치즘과 공산주의를 심하게 겪게 되었다. 나치즘을 극우사회주의라고 한다면, 공산주의는 극좌사회주의라고 평가된다. 이 두 개의 입장을 민주주의를 파괴하는 정치세력으로 규정짓고 그 대책으로 나온 것이 방어적 민주주의 개념이다. 방어적 민주주의란 "민주주의는 원래 상대주의이지만, 민주주의 자체를 파괴하는 입장과 세력에 대해서는 용인하지 않는다"는 조건이 붙은 상대주의이다. 현실사회에서는 방어적 민주주의가 불가피하다는 것을 인정하지 않을 수 없다. 다만, 방어적 민주주의가 자신이 설정한 조건을 최소한에 그치지 않고 마구 확장해 나가면 그것은 이미 민주주의가 아니라는 점을 주의해야 한다. 실제로 방어적 민주주의는 전투적 민주주의로 개명될 정도로 이데올로기 투쟁의 선봉에 나선 적도 있다. 체제 도전적인 정파, 정당이라는 이름으로 공식적으로 해산하는 일이 생긴 것이다. 방어적 민주주의가 상대주의적 세계관을 유지하지 못하고 절대주의적 세계관과 가치관으로 전환된다면 민주주의로서의 한계를 넘어서고, 자칫 잘못하면

---

16) 그 논쟁에 관하여는 국순옥, 『민주주의 헌법론』, 아카넷, 2015, 211쪽 이하 참조.

전체주의 사회로 접어들 위험조차 생긴다는 점을 유의해야 한다.

우리나라는 독일의 자유민주적 기본질서를 세 차례 수입하였는데, 1960년 개헌 시 현재의 정당조항과 관련해서 '민주적 기본질서를 위배한' 정당은 해산될 수 있는 요건으로 정한 것이 첫 번째 예이다. 당시 이 규정은 이승만 집권시절의 정당탄압 사례(특히 조봉암의 사형과 진보당 해산사건)를 방지하기 위해 정당을 헌법적 차원에서 보호하려 도입한 것이었다. 두 번째는 1972년 유신헌법에서 헌법전문에 도입한 것이다. "자유민주적 기본질서를 더욱 공고히 하는 새로운 민주공화국을 건설함에 있어서"가 바로 그 표현이다. 당시에 도입을 주도했던 사람들의 의도가 무엇인지는 알 수 없다. 또한 1987년 개헌에서는 "자율과 조화를 바탕으로 자유민주적 기본질서를 더욱 확고히 하여"라는 표현으로 남았고, 동시에 제4조 "대한민국은 통일을 지향하며, 자유민주적 기본질서에 입각한 평화적 통일정책을 수립하고 이를 추진한다"는 문장이 더 추가된다. 특히 1991년 이후에는 '자유민주적 기본질서'는 「국가보안법」(특히 제5조~제8조)에 편입되어 「국가보안법」의 근거로 활용되고 있다.

대체로 볼 때 우리나라에서는 자유민주적 기본질서나 자유민주주의나 별 문제의식 없이 같이 사용하고 있는 듯하다. 'liberal'이나 'free'나 구별 없이 '자유'로 번역되기 때문인데, 헌법학상으로는 더욱 천착해야 할 사항이지만 현실에서는 자유민주주의에 근접한 해석으로 자유민주적 기본질서를 운영하는 것이 선진국가형 민주국가로서 바람직하다고 하겠다.

제5장
법치주의 원리

개관

　법치주의 원리는 헌법원리 중의 하나이다. 실질적 법치주의는 입헌주의와 다르지 않다. 영국의 법의 지배(rule of law)가 발달과정부터 실질적 법치주의의 성격을 띠었다면, 독일의 법치국가론은 형식적 법치주의에서 시작하여 오늘날 실질적 법치주의로 전환되어 두 개의 법전통은 일치되었다.

　법치주의 원리는 행정의 법률적합성을 넘어서서 국민의 자유와 권리를 보장하고 국가작용의 예측 가능성과 법적 안정성을 확보하고자 하는 원리로 이해한다. 즉, 모든 국가적 활동과 국가공동체적 생활은 국민의 대표기관인 의회가 제정한 법률에 근거를 두고 법률에 따라 이루어져야 한다는 헌법원리이다. 헌법에 의해 구체화된 법치주의 원리는 그 목적으로서 기본권 보장을 들 수 있고, 성문헌법주의와 권력분립제, 그 구체적인 요소로 행정의 합법률성과 사법적 통제, 포괄적 위임입법의 금지, 위헌법률심사제를 포함한 사법절차, 비례의 원칙, 공권력행사의 예측 가능성 보장과 신뢰보호의 원칙 등을 꼽을 수 있다.

5.1. 법치주의 사상의 역사적 전개

5.1.1. 법의 지배와 법치주의

법치주의 원리는 헌법원리 중 하나이다. 법치주의를 중시하는 이유는 이 원리가 국민의 자유와 권리를 보장하기 때문이다. 법치주의 혹은 법치국가는 독일의 용어인 데 비해, 영국에서는 법의 지배(rule of law)라고 한다. 영국에서는 일찍부터 법원의 판결에 의해 축적된 보통법(common law)과 의회의 법률이 군주조차 구속시키는 원리로 자리 잡았다. 물론 이를 위해서는 의회와 군주 사이에 일전이 불가피하였다. 에드워드 코크(Edward Coke)는 "군주도 법 아래에 있다"는 말을 남긴 것으로 유명한데, 이 말은 군주도 법원의 커먼로(Common law)와 의회의 법률(Act)을 지켜야 한다는 것이다. 이 사건이 유명한 1628년의 권리청원이고, 이는 청교도혁명의 발단이 되었다. 군주의 자의적(恣意的) 지배(rule of arbitrariness)가 아닌 법의 지배원리를 확립함으로써 의회와 법원을 통한 시민지배의 시대를 열었다는 의미를 가진다. 따라서 우리는 법의 지배를 단순히 법에 의한 지배(rule by law)라고 생각해서는 안 되며, 국민주권과 기본권보장을 위한 법의 지배를 생각해야 하는 것이다. 이렇게 해서 영국의 법의 지배는 처음부터 실질적 법치주의에 부합하는 방향으로 발달하였다.

영국에서 법의 지배의 전통을 헌법적 차원에서 재정리한 학자는 다이시(Albert Dicey)이다. 그는 영국은 성문헌법전이 없어도 그것이 오히려 장점이라고 하면서, 영국의 민주주의와 권리보장에 대한 오랜 전통이 바로 법의 지배이자 헌법이라고 보았다. 국가권력은 법률에 의하지 않고는 시민의 권리를 침해할 수 없으며, 법률은 의회주권의 원칙에 입각해서 제정되는 것이고, 국가권력의 행사에서 재량을 최소화하며, 법 앞의 평등원칙이 관철되어 국민이나 국가기관을 불문하고 일반법원에서 재판을 받아야 하며, 국가기관의 지위는 국민들 사이에 공유된 헌법적 관습이나 불문의 전통과 신념에 의하여 정해져 있다. 입법, 사법, 행정, 그리고 국민의 기본권에 해당하는 모든 것이 영국헌법이자 법의 지배라는 것이다. 요컨대 법의 지배는 불문헌법 국가인 영국에

서 입헌주의를 대신하고 있는 것이다.[1]

그에 비하면 독일의 법치국가(Rechtsstaat) 원리는 대단히 형식적이었다. 즉, 법률의 우위, 법률에 의한 행정(행정법치주의), 법률에 의한 재판이라는 3박자로 표현된 형식적 법치국가였다. 의회가 제정한 법률을 중시한 것인데, 의회가 제정한 법률의 목적이나 내용을 묻지 않았다. 형식적 법치주의는 나치의 등장과 함께 그 허점이 드러났다. 절차와 형식의 합법성을 갖춘 채 나치는 600만 유대인을 학살하고 전 세계를 전쟁으로 몰아갔다는 불법의 책임에서 벗어날 수 없다.

제2차 세계대전 이후 독일은 실질적 법치주의 원리로 전회하였다. 실질적 법치국가라 함은 인간의 존엄성 존중, 실질적 평등과 같은 정의의 실현을 그 내용으로 하는 법에 의거한 통치원리를 기반으로 하는 국가를 말한다. 이제는 통치의 형식적 합법성보다 실질적 정당성을 강조하는 시대로 전환된 것이다. 시기적으로 보면 과거의 근대 시민국가 헌법에서 현대 사회복지국가 헌법으로 넘어오면서 함께 이루어진 현상이다.

미국은 독립과 함께 성문헌법전을 가졌으며, 헌법의 최고성을 인정하였고, 동시에 사법심사제를 정착시킨 나라이다. 미국의 입헌주의는 그 후 전 세계로 확대되었고, 유럽 국가들조차 위헌법률심사제가 보편화되었다. 오늘날의 법의 지배는 단순히 의회법률의 우위 차원을 넘어서 헌법의 우위시대에 들어섰다고 말할 수 있다.

5.1.2. 형식적 법치주의

영국에서 법의 지배관념이 의회주권을 배경으로 구축되고 있던 반면, 의회주권이 확보될 수 있는 정치적 기반이 형성되지 못한 독일에서는 의회주의 원리를 간접적으로 실현하기 위한 방편으로 법치국가관념이 형성되었다.

일반적으로 법치국가 용어를 처음 사용한 사람으로 알려진 몰(Robert v. Mohl)은 법치국가를 "개인의 계약으로 구성되고 그 활동이 개인의 자유를 위해 제한되는 새로운 형태의 국가로서 명확한 법률을 제정하고 신민을 보호하

---

1) 알버트 다이시, 안경환 · 김종철 옮김, 『헌법학입문』, 경세원, 1993.

기 위하여 법원을 설치하는 국가"로 봄으로써 이성법에 기초한 이성의 국가를 법치국가로 여겼다. 19세기 초반의 이러한 이성법적 법치국가론은 1848년 3월 혁명과 그 성과물인 1849년의 프랑크푸르트 헌법이 시행되지 못하자, 의회주권을 확립하지 못한 시민계급이 법률의 지배를 통해서 의회주의 원리를 실현하기 위한 정치적 방어개념으로 축소되었다. 즉, 법치국가의 핵심을 '행정에 대한 사법적 통제'라거나 '행정의 법률적합성' 등으로 간주했던 것이다. 이러한 자유주의적 법치국가의 기본전제는 무엇보다도 국가와 사회의 이원적 대립구조이다.

형식적 법치국가관념은 비스마르크 체제에서는 물론 바이마르 체제에 와서도 주류 헌법교재의 저자였던 국법실증주의자들에 의해 유지되고 있었다. 그러나 의회가 더 이상 국왕의 들러리 기관이 아니고 민주적으로 구성됨으로써 진정한 의미의 의회주권이 확립된 상황에서는 법치국가의 기능도 달라지게 된다. 형식적 법치국가의 연장선에 있는 바이마르 헌법체제에 대해 부정적인 시선이 적지 않음에도 불구하고 바이마르 헌법체제의 민주주의적 잠재력은 과소평가될 수 없다. 의회주권이 확립되었기 때문에 이때의 법치국가는 의회주의를 확인하고 보완하는 법기술적 장치에 지나지 않았다. 이 상황에서는 영국과 마찬가지로 형식적 법치국가와 실질적 법치국가의 구별은 불필요해지고, 법치행정과 법치사법은 '민주주의적 법치국가'의 징표로 기능하게 된다. 그러나 바이마르 헌법상의 의회 중심의 민주주의 성격은 아쉽게도 히틀러에 의해 유린당하였고, 제2차 세계대전 이후에는 독일도 본격적인 위헌법률심사제 시대로 접어들었다.

자유주의적 법률을 채택하고, 국제법의 공통된 원칙과 규범을 승인하며, 그에 상응하는 국가기관이나 공공기관을 만드는 것으로는 진정한 법의 지배를 달성하기에 부족하다. 인류발전의 매 단계에서 인류가 법의 핵심적 내용으로 이해하는 것들이 제정된 법률들에 담겨 있어야 한다. 위대한 철학자 스피노자는 법은 자유의 수학이라고 했다.

법을 그저 정치권력이 명하는 것, 국가가 제정한 것이라고 할 수는 없다. 20세기에 동시에 전개된 두 개의 불행한 법적 비극이 있었다. 그 하나는 전체주의적인 소비에트 공산주의이며, 다른 하나는 독일의 국가사회주의이다. 소련에서는 스탈린 정부의 이론가 안드레이 비신스키의 영향으로 제정법이 곧

법이며, 무산계급의 의지(또는 독재)가 바로 법으로 인식되었다. 이런 논리에 따라 국가가 제정법의 형태로 정한 것이면 뭐든지 적법한 것으로 여겨졌다.

히틀러는 이와는 다른 이념적 선택을 하였고, 공산주의 이념을 완전히 적대시하였지만 결과는 마찬가지였다. 국가사회주의가 지배하던 독일에서는 독일 민족의 의지가 법이며, 독일 민족의 의지는 영도자와 일체를 이루는 것으로 이해되었다. 그래서 법은 오로지 제정법의 형태로만 존재하였다.

이 두 개의 체제가 수백만 명을 살해한 이유는 두 곳 모두에서 제정법이 곧 법의 전부라고 생각했기 때문이었다.

(톰 빙험, 김기창 옮김, 『법의 지배』, 이음, 2013, 119~120쪽)

5.1.3. 실질적 법치주의

형식적 법치국가는 기본적으로 법률국가이다. 법률국가인 형식적 법치국가의 지양형태인 실질적 법치국가는 헌법국가의 형태를 띤다. 본(Bonn) 기본법 체제에서 법치국가의 확장은 두 가지 방향에서 진행되었다. 하나는 국민대표기관인 의회의 주권적 지위를 부정하고 헌법의 최고규범성을 선언하는 방식이었다. 독일 기본법 제20조 제3항 전단("입법은 헌법질서에 구속된다")과 제1조 제3항("이하의 기본권들은 직접적으로 효력 있는 권리로서 입법, 집행권 그리고 사법을 구속한다")이 그것이었다. 다른 하나는 위헌법률심판을 제도화하는 것이었다. 이를 통해 실질적 법치국가를 실현했다.

실질적 법치주의는 사회복지국가 헌법과 함께 생각해야 한다. 법치주의도 헌법의 발달과 함께 변화하는 것인데, 시민국가 헌법에 형식적 법치주의가 부합되었다면, 사회복지국가 헌법에는 실질적 법치주의가 대응하고 있다고 보면 된다. 사회복지국가란 실질적 평등, 실질적 정의를 추구한다. '모든 이들을 동일하게'의 원칙은 형식적 법치주의의 슬로건이다. 특권계층을 폐지하고 만인은 법 앞에 평등한 것을 선언한다. 그런데 사회복지국가에서는 이제 보편적 국민을 분절해서 보기 시작한다. '집단인지적 인권(group-differentiated human rights)'의 개념이 나오면서 실질적 정의를 실현하는 것이다. 눈을 감은 정의의 여신상이 형식적 법치주의의 표상이라면, 실질적 법치주의 시대의 정의의 여신은 눈을 뜨고 구체적으로 집단과 개인의 차이에 따라 배분하고자 나서는 것이다. 노동자의 몫, 농민의 몫, 장애인과 노인, 여성, 과거사 피해자 등으로 계속 집단을 분절해서 그에 해당하는 정의를 실현하고자 한다. 따라서 실질적 법치주의는 아주 작고 폭이 좁은 집단에 대해서도 법의 원칙을 개발한다. 처분적 법률이 많이 출현한다. 법률은 일반성과 추상성의 형식을 갖추어야 하지만, 실질적 법치주의에 이르면 국민의 생존과 복지를 충분히 보장하고 또 비상적 위기상황에도 적절히 대처하기 위한 특수하고 구체적인 대상을 위한 처분적 성격의 법들이 많이 나타난다는 것이다. 처분적 법률에는 일정 범위의 국민만을 대상으로 하는 개별인적 법률, 개별적이고 구체적인 상황 또는 사건을 대상으로 하는 개별사건적 법률, 시행기간이 한정된 한시적 법률 등의 유형이 있다. 최고법으로서의 헌법은 이렇게 현실에서는 아주 미세한 원칙으로 전환되어 작동한다. 명확성의 원칙, 비례의 원칙, 신뢰보호의 원칙, 이중기준의 원칙, 명백하고 현존하는 위험의 원칙, 공적 인물의 원칙, 무죄추정의 원칙, 일반심사와 엄격성심사 등 크고 작은 원리들이 최일선의 현실에서 만나게 되는 헌법들이다. 이런 원칙들은 이하에서 소개하는 원칙 외에도 개별 기본권마다 기본권의 특성을 보장하기 위해 다양한 원칙이 개발되어 있다(예컨대 언론의 자유와 관련해서는 이중기준의 원칙, 명백하고 현존하는 위험의 원칙, 내용차별금지, 견해차별금지 등으로 세분화).

이렇게 법이 원칙으로 그리고 원칙이 보다 세분화되는 이유는 결국 국민의 기본권을 보장하기 위함이다. 추상성과 개방성이 강한 기본권조항을 국가권력 담당자의 자의(恣意)에 맡기지 않기 위해서 더욱더 세밀한 원칙을 제시하는 것이다. 물론 이와 같이 세밀한 원칙 개발로도 권력남용과 재량권일탈은 막기 힘들다. 한편으로는 고의적으로 회피하고, 또 한편으로는 실질적 정의와 법을 찾는 것이 쉽지 않기 때문이다. 결국 헌법의 적용단계에서 발견되는 헌법은 합리성(reasonable)으로 귀착된다는 점을 인식해야 한다. 법이 발달하면 법은 법조문의 존재목적과 관련해서 해석되고 적용된다는 것이다. 법의 수준이 높은 사회에서는 이성으로서의 법(law as reason)이 작동하게 된다. 헌법＝헌법조문＝이성＝조리＝양심(헌법 제103조)의 연결관계가 있는 것이다.

실질적 법치주의는 배분적 정의를 법적으로 한다. 적극적 평등실현조치 (affirmative action)도 행해야 하고, 벌금차등납부제나 징벌적 손해배상제도 시행해야 하며, 기본소득도 강구해야 한다. 양심적 병역거부자에 대해서는 대체복무제를 생각해야 하고, 시설에 수용된 장애인에 대해서는 탈시설 자립생활을 하도록 해야 한다. 노동조합을 활성화시키고, 노동자들에게 경영참가 기회를 열어야 한다. 배분적 정의의 이념을 법에 실현하고자 하는 실질적 법치주의는 시민 모두가 보다 정직하고, 시민의 덕성을 쌓고, 합리적이면서 자율적이 되어야 가능한 사회이다.

5.2. 헌법상 법치주의 원리의 구성요소

5.2.1. 헌법에 구체화된 법치주의 원리

통상 법치주의 원리는 행정의 법률적합성을 넘어서서 국민의 자유와 권리를 보장하고 국가작용의 예측 가능성과 법적 안정성을 확보하고자 하는 원리로 이해한다. 다만, 법치주의 개념을 둘러싸고 의견의 편차가 존재하는 것과 마찬가지로 법치주의 원리의 구성요소가 무엇인지에 대하여도 학설이 일치하지는 않는다. 법치주의의 주요 요소만을 열거하면 다음과 같다. 우선 법치주의 원리의 목적으로 기본권 보장을 들 수 있고, 법치주의 원리의 전제가 되는 성문헌법주의와 권력분립제, 그 구체적인 요소로 행정의 합법률성과 사법적 통제, 포괄적 위임입법의 금지, 위헌법률심사제를 포함한 사법심사절차, 비례의 원칙, 공권력행사의 예측 가능성 보장과 신뢰보호의 원칙 등을 꼽을 수 있다.

5.2.2. 법치주의 원리의 목적과 그 전제

헌법이 다양한 기본권을 보장하고 적법절차를 규정하고 있는 것은 법치주의의 목적과 방법을 선언한 것이다. 현행 헌법의 경우 모든 영역에서 기회균등의 보장과 자유·행복의 확보를 규정한 전문, 인간으로서의 존엄과 기본권의 불가침성을 규정한 제10조, 법 앞에서의 평등을 규정한 제11조, 인간다운 생활권을 규정한 제34조 제1항 등의 기본권조항들을 통해 법치주의의 목적이 이러한 기본권 보장에 있음을 선언하고 있다. 동시에 제12조 제1항에서 헌법원리인 적법절차를 규정하고, 제37조 제2항에서 기본권의 제한과 한계에 관한 일반규정을 둠으로써 실질적 법치주의의 목적인 기본권을 보장하는 법치국가적 방법을 밝히고 있다.

법치주의의 목적과는 별개로 우리 헌법은 법에 의한 통치에 전제가 되는 요소도 지니고 있다. 그 하나는 성문헌법주의이다. 헌법의 개정곤란성과 더불어 형식적 의미의 헌법을 국가의 최고법규로 간주하는 성문헌법주의에서 헌법규정은 국가기관의 조직과 국가권력발동의 근거가 되며 국가권력을 제한하고 통제하는 기능을 한다. 따라서 현행 헌법과 같은 성문헌법주의는 법치국가를 제도적으로 보장한다.

또 다른 전제는 권력분립제이다. 헌법은 법치국가의 제도적 기반이 되는 권력분립의 원리를 채택하여 입법권은 국회에, 행정권은 대통령을 수반으로 하는 정부에, 사법권은 법원에 배분하고 있고, 권력 상호 간의 견제와 균형에 관해서도 규정하고 있다. 근대 형식적 법치주의 원리의 핵심이 행정의 합법률성 원칙이라고 한다면 이는 기본적으로 입법과 행정이 별개의 권력으로 구성되어야 한다는 점을 전제로 하는 것이다. 따라서 권력분립제는 법에 의한 통치를 가능하게 하는 전제조건이라고 할 수 있다.

5.2.3. 행정의 합법률성과 사법적 통제

1. 법률의 우위, 법률의 유보

종래 법치주의 원리의 핵심으로 간주되어 온 행정의 합법률성 원칙은, 행정은 법률에 근거하여 법률에 규정된 절차에 따라 행해져야 한다는 원칙으로 '법률의 우위'와 '법률의 유보'로 이루어져 있다. 법률의 우위란 입법부의 일반의사인 법률이 집행과 같은 다른 국가의사에 우선한다는 원칙이기 때문에 이 원칙에 따라 행정작용은 법률에 위배되어서는 안 된다. 법률의 유보란 행정작용은 법률에 근거해서만 이루어질 수 있다는 것으로, 행정작용에 대해 적극적으로 법률의 근거를 요구하는 것이다. 오늘날 법률의 유보원칙은 행정작용이 단순히 법률에 근거를 갖기만 하면 된다는 정도에 그치는 것이 아니라, 국민의 자유와 권리의 중요 부분과 관련된 것처럼 공동체의 주요 영역에 대한 판단에 있어서는 의회 스스로 하여야 한다는 이른바 의회유보의 원칙으로 전개되고 있다.

2. 포괄적 위임입법의 금지

행정의 합법률성 원칙에도 불구하고 현대 자본주의 헌법이 행정국가화 경향을 일정 정도 용인하고 있음은 부인할 수 없다. 대표적인 것이 광범위한 행정입법권의 인정이다. 헌법 제75조는 법률이 구체적으로 범위를 정하기만 하면 행정부에 행정입법을 할 수 있도록 허용하고 있다. 그렇지만 이러한 행정입법이 제약 없이 허용된다면 법치주의 원리는 물론이고 그 전제인 권력분립은 형해화되고 만다. 그래서 헌법은 '법률에서 구체적으로 범위를 정하여 위임받은 사항'에 관해서만 명령을 발하게 하는 것일 뿐 법치주의 원리에 반하는 포괄적 위임입법은 금지하고 있다.

헌법 제75조에서 말하는 '구체적으로 범위를 정하여'라는 의미는 대통령령 등 법률 하위법규에 규정될 내용 및 범위의 기본사항이 가능한 한 법률에 구체적이고도 명확하게 규정되어 있어서 누구라도 당해 법률로부터 대통령령에 규정될 내용의 대강을 예측할 수 있어야 한다는 것이다. 이러한 취지에서 헌법재판소도 포괄적 위임입법금지원칙에 대해 누차에 걸쳐 판단하고 있다. "관련된 법조항 전체를 유기적·체계적으로 종합 판단하더라도 그 위임내용을 예측할 수 없는 경우"[2] 혹은 "처벌의 대상에서 제외되는 대상행위가 어떤 것일지는 법률에서 도저히 예측할 수 없어 국민들로서는 어떠한 행위가 금지되고 어떠한 행위가 허용되는지를 알 수 없는 경우"[3] 포괄적 위임입법금지 원칙에 위배되는 것으로 본다.

---

2) 헌재 1997.5.29. 94헌바22.
3) 헌재 2002.5.30. 2001헌바5.

3. 의회유보

법률의 우위와 법률유보의 이론 또한 시대적 변화에 따라 근대 시민국가 헌법 때와는 다르게 이해되어야 한다. 시민국가 헌법에서는 의회가 군주의 집행권을 견제해야 하므로 행정은 법률에 의한 수권이 있는 경우에만 국민의 자유와 재산에 대하여 침해할 수 있다는 원칙, 즉 침해유보가 기본이었다. 하지만 현대 사회복지국가 헌법에서는 의회와 집행이 견제뿐만 아니라 균형과 조화를 이루어야 한다는 점도 강조되어야 한다. 동시에 행정도 적극행정이 되어 침해행정 외에 급부행정도 담당하고 있다는 사실을 고려할 필요가 높아졌다. 그 결과 의회의 법률유보는 '본질성 이론'에 입각하여 비단 침해유보뿐만 아니라 급부행정까지 포괄하기에 이르렀다. 이를 '의회유보'라고 부른다.[4] 본질성 이론은 입법자는 본질적 사항만큼은 스스로 철저하게 규정해야 하며 다른 국가기관에 위임해서는 안 된다는 결론에 이른다. 이것은 입법자의 의무이며, 따라서 입법의 본질에 대한 충실성은 입법자를 구속하는 원리가 된다. 이에 따라 1970년대 초반부터 독일 연방헌법재판소는 행정청에 재량을 부여하는 법률규정의 합헌성을 판단함에 있어서, 우선 '입법자가 국민의 자유와 평등의 영역에 관련되는 본질적인 결정을 스스로 하였는가'를 심사하고, 이어서 명확성의 관점에서 '재량규정이 충분히 명확하게 수권의 범위를 정하고 있는가'를 심사하였다.[5] 이와 같은 의회유보이론을 우리 헌법재판소에서도 채택하고 있다.

> **【한국방송공사법 제35조 등 위헌소원사건(헌재 1999.5.27. 98헌바70)】**
> 오늘날 법률유보원칙은 단순히 행정작용이 법률에 근거를 두기만 하면 충분한 것이 아니라, 국가공동체와 그 구성원에게 기본적이고도 중요한 의미를 갖는 영역, 특히 국민의 기본권실현과 관련된 영역에 있어서는 국민의 대표자인 입법자가 그 본질적 사항에 대해서 스스로 결정하여야 한다는 요구까지 내포하고 있다(의회유보원칙). 그런데 텔레비전방송수신료는 대다수 국민의 재산권 보장의 측면이나 한국방송공사에게 보장된 방송자유의 측면에서 국민의 기본권실현에 관련된 영역에 속하고, 수신료금액의 결

---

4) 한수웅, 『헌법학』(제4판), 법문사, 2014, 243~252쪽.
5) BVerfGE 48, 210, 221; 56, 1, 12FF.; 49, 89, 128FF. 위의 책, 248~249쪽 참조.

정은 납부의무자의 범위 등과 함께 수신료에 관한 본질적인 중요한 사항이므로 국회가 스스로 행하여야 하는 사항에 속하는 것임에도 불구하고 한국방송공사법 제36조 제1항에서 국회의 결정이나 관여를 배제한 채 한국방송공사로 하여금 수신료금액을 결정해서 문화관광부장관의 승인을 얻도록 한 것은 법률유보원칙에 위반된다.

【교사임용후보자 가산점사건(헌재 2004.3.25. 2001헌마882)】
헌법 제75조는 입법의 위임은 구체적으로 범위를 정하여 해야 한다는 한계를 제시하고 있는바, 적어도 국민의 헌법상 기본권 및 기본의무와 관련된 중요한 사항 내지 본질적인 내용에 대한 정책형성 기능만큼은 입법부가 담당하여 법률의 형식으로써 수행해야 하지, 행정부나 사법부에 그 기능을 넘겨서는 안 된다. 국회의 입법절차는 국민의 대표로 구성된 다원적 인적 구성의 합의체에서 공개적 토론을 통하여 국민의 다양한 견해와 이익을 인식하고 교량하여 공동체의 중요한 의사결정을 하는 과정이다. 일반국민과 야당의 비판을 허용하고 그들의 참여 가능성을 개방하고 있다는 점에서 전문관료들만에 의하여 이루어지는 행정입법절차와는 달리 공익의 발견과 상충하는 이익 간의 정당한 조정에 보다 적합한 민주적 과정이라 할 수 있다. 그리고 이러한 견지에서, 규율대상이 기본권적 중요성을 가질수록 그리고 그에 관한 공개적 토론의 필요성 내지 상충하는 이익 간 조정의 필요성이 클수록, 그것이 국회의 법률에 의해 직접 규율될 필요성 및 그 규율밀도의 요구 정도는 그만큼 더 증대되는 것으로 보아야 한다.

4. 행정법치주의와 사법적 통제

우리 행정의 합법률성 원칙을 관철하기 위해서 포괄적 위임입법금지(제75조) 외에 사법적 통제장치를 마련해 두고 있다. 헌법 제107조 제2항에서 "명령·규칙 또는 처분이 헌법이나 법률에 위반되는 여부가 재판의 전제가 된 경우에는 대법원은 이를 최종적으로 심사할 권한을 가진다"고 하여, 독립적 지위를 가진 법원이 행정입법과 행정처분의 합헌성과 합법률성을 심사함으로써 행정을 통제하도록 하고 있다. 행정심판에도 사법절차를 준용하도록 하고(제107조 제3항), 행정조직과 행정관청의 직무범위를 법률로 정하도록 할 뿐만 아니라(제96조, 제100조, 제114조 제6항·제7항) 행정 전반을 아우르는 「행정절차법」을 마련해 두고 있다.

5.2.4. 위헌법률심사제를 포함한 사법절차

실질적 법치주의 원리를 법치주의 원리의 가장 발전된 형태라고 주장하기 위해서는 실질적 법치주의가 행정과 재판은 물론 법률도 그 내용과 목적이 정당한 것이 되도록 담보할 수 있어야 한다. 이를 위해서 민주주의적 법치주의 원리에 심각한 위협이 될 수 있다는 위험성을 감수하고서도 우리 헌법은 위헌법률심사권을 헌법재판소에 부여하고 있다. 헌법 제107조 제1항이 "법률이 헌법에 위반되는 여부가 재판의 전제가 된 경우에는 법원은 헌법재판소에 제청하여 그 심판에 의하여 재판한다"고 하는 것이 그것이다.

이 외에도 법치주의 원리의 목적인 기본권보장을 위해서는 개개인의 기본권이 침해된 경우 독립된 법원이 구제해 줄 수 있는 체제가 확립되어야 한다. 헌법은 이를 위해 사법절차적 기본권을 보장하고 있다. 변호인의 조력을 받을 권리와 구속적부심사청구권 등(제12조), 영장제도(제16조), 재판받을 권리(제27조), 사법제도(제101조), 사법권 독립(제103조)에 관한 규정이 그러하다. 이에 더하여 국가배상청구권(제29조), 손실보상청구권(제23조 제3항), 형사보상청구권(제28조), 청원권(제26조), 헌법소원심판청구권(제111조 제1항 제5호) 등의 절차도 갖추어져 있다.

5.2.5. 과잉금지의 원칙(비례의 원칙)

과잉금지의 원칙, 즉 비례의 원칙은 모든 법에서 자주 원용되는 원칙이다. 특히 행정법학에서 발달한 원칙이 헌법에 적용된 예라고 할 수 있다. 우리 헌법재판소는 초창기부터 이 원칙을 가장 많이 활용하고 있다. 헌법 제37조 제2항은 "국민의 모든 자유와 권리는 국가안전보장·질서유지 또는 공공복리를 위하여 필요한 경우에 한하여 법률로써 제한할 수 있으며, 제한하는 경우에도 자유와 권리의 본질적인 내용을 침해할 수 없다"와 같이 기본권 제한을 까다롭게 규정하고 있는데, 특히 '필요한 경우에'는 재량의 폭이 클 위험성이 있는 표현이다. 그래서 이 불확실한 개념을 보다 명확하게 통제하기 위해서 과잉금지의 원칙이 도입되었다. 즉, 국가의 공권력에 의해서 기본권이 제한될 때 설사 그 목적과 법률적 근거가 다 마련되었다고 하더라도 동원된 수단의 적절성, 피해의 최소성, 얻어지는 공익과 상실된 개인의 기본권 사이에 비례성이 존재하는가 여부를 세분화된 기준에 따라 심사함으로써 공권력의 남용 방지와 국민의 기본권 보장에 충실을 기하고자 한 것으로 이해된다.

【형사소송법 제331조 단서규정에 대한 위헌사건(헌재 1992.12.24. 92헌가8)】

국가작용 중 특히 입법작용에 있어서의 과잉입법금지의 원칙이라 함은 국가가 국민의 기본권을 제한하는 내용의 입법활동을 함에 있어서 준수하여야 할 기본원칙 내지 입법활동의 한계를 의미하는 것으로서, 국민의 기본권을 제한하려는 입법의 목적이 헌법 및 법률의 체제상 그 정당성이 인정되어야 하고(목적의 정당성), 그 목적의 달성을 위하여 그 방법이 효과적이고 적절하여야 하며(방법의 적정성), 입법권자가 선택한 기본권 제한의 조치가 입법목적 달성을 위하여 설사 적절하다 할지라도 보다 완화된 형태나 방법을 모색함으로써 기본권의 제한은 필요한 최소한도에 그치도록 하여야 하며(피해의 최소성), 그 입법에 의하여 보호하려는 공익과 침해되는 사익을 비교형량할 때 보호되는 공익이 더 커야 한다(법익의 균형성)는 법치국가의 원리에서 당연히 파생되는 헌법상의 기본원리의 하나인 비례의 원칙을 말하는 것이다. 이를 우리 헌법은 제37조 제1항에서 "국민의 자유와 권리는 헌법에 열거되지 아니한 이유로 경시되지 아니한다", 제2항에서 "국민의 모든 자유와 권리는 국가안전보장·질서유지 또는 공공복리를 위하여 필요한 경우에 한하여 법률로써 제한할 수 있으며, 제한하는 경우에도 자유와 권리의 본질적인 내용을 침해할 수 없다"라고 선언하여 입법권의 한계로서 과잉입법금지의 원칙을 명문으로 인정하고 있으며 이에 대한 헌법위반 여부의 판단은 헌법 제111조와 제107조에 의하여 헌법재판소에서 관장하도록 하고 있다.

과잉금지의 원칙을 통해 우리는 헌법을 보호하기 위하여 법치주의 원리가 얼마나 세분화되고 있는지를 보았다. 그런데 이런 세분화 추세는 여기에 그치지 않는다. 목적의 정당성, 방법의 적정성, 피해의 최소성, 법익의 균형성 같은 기준들은 다시 세분화되어 검토를 거치고 있다. 예를 들어 방법의 적정성은 입법자가 입법을 할 때 수반되는 예측평가권이 일정한 원칙에 기속될 것을 요구한다. 그 원칙은 세 가지이다.

① 명백성통제: 입법자가 선택한 수단이 목적을 실현시키는 데 명백히 부적합한 것인지 여부에 대해 심사한다. 이것은 입법자의 예측평가권의 재량을 상당한 정도 인정하게 된다. 경제적 자유에 대한 제한입법에 대해서 적용된다.

② 상대적 타당성통제: 이것은 명백성통제에서 더 나아가 보다 확실한 예측이 가능한지까지 심사한다. 수단결정에서의 절차적 타당성을 갖출 것을 요구한다. 경제적 인권영역에 적용된다.

③ 심화된 내용통제: 법률효과가 확실하게 전망될 경우만 인정하는 것이다. 그만큼 입법자의 예측평가권의 선택 폭은 좁아진다. 주로 생명과 신체의 자유를 제한할 때 적용된다.[6]

이와 같은 과잉금지의 원칙과 그 세분화된 원칙들이 비단 헌법재판소의 판단의 기준에 그쳐서는 안 된다. 헌법과 법률, 그리고 행정입법, 집행, 사법, 국가긴급사태 등 모든 단계에서 비례의 원칙은 존중되어야 하는 것이다. 그것은 이 원칙이 바로 헌법을 저 밑에서 지탱하고 있는 국민의 건전한 상식이자 조리(條理)이기 때문이다.

5.2.6. 공권력행사의 예측 가능성 보장과 신뢰보호의 원칙

1. 법적 안정성과 정의의 문제

실질적 법치국가의 또 다른 요소는 공권력행사의 예측 가능성의 보장과 신뢰보호의 원칙이다. 공권력행사의 주체와 공권력행사의 방법 및 범위가 성문법규로써 규정되어야 국민이 그에 관련한 예측을 할 수 있다. 그 보기로는 헌법 제96조에서 행정각부의 설치·조직과 직무범위는 법률로 정하도록 하고 있는 것이다. 또한 헌법 제13조는 법률의 소급효를 금지하고 형벌의 불소급과 일사부재리를 규정함으로써 국민의 신뢰를 보호하고 있다.

한편 공권력행사의 예측 가능성을 보장한다는 것은 법적 안정성을 도모한다는 것의 또 다른 표현이다. 그러나 법적 안정성을 도모하는 것은 구체적인 사안에 따라 개별적인 정의와 충돌할 수도 있다. 특히 법적 분쟁이 많아지고 그 규모도 커지고 분쟁의 당사자들이 멀리 떨어져 있는 경우가 많아지면서 개별적 정의보다는 법적 안정성에 주목해야 할 필요성이 커지고 있다. 이러한 의미에서 규범에 대한 신뢰와 법적 안정성을 확보하는 것은 법치주의 원리의 또 다

---

6) 최갑선, "비례의 원칙에 따른 위헌심사", 『공법연구』, 제25편 제4호, 657쪽 이하.

른 요청이라고 할 수 있다. 규범의 체계가 정당해야 하고 소급입법은 원칙적으로 금지되어야 한다는 것은 법적 안정성을 위한 것이다.

　법적 안정성만을 도모하는 것은 개별적 정의에 반할 수 있는데, 헌법재판소의 판례를 통해 지속적으로 형성되어 가고 있는 신뢰보호원칙은 법적 안정성과 개별적 정의가 충돌하는 지점을 말하는 것으로 법치주의 원리와 관련된 새로운 쟁점 중 하나이다. 이하에서는 명확성의 원칙, 체계정당성의 문제와 소급입법의 문제 그리고 신뢰보호의 문제를 살펴보도록 한다.

2. 명확성의 원칙

　법률의 명확성을 요구하는 가장 확실한 영역은 「형법」분야이다. 죄형법정주의가 특별히 요구되기 때문이다. 헌법 제12조 제1항 후문에서는 "누구든지 …… 법률과 적법한 절차에 의하지 아니하고는 처벌, 보안처분 또는 강제노역을 받지 아니한다"고 규정하고 있다. 죄형법정주의에서 요구되는 첫 번째 사항은 형식적 의미의 법률이 존재해야 한다는 것이다. 두 번째는 그 법률의 내용이 명확해야 한다는 것이다.

> **【의료법 제5조 제3호 등 위헌소원사건(헌재 2001.6.28. 99헌바70)】**
> 명확성원칙은 헌법상 내재하는 법치국가 원리로부터 파생될 뿐만 아니라, 국민의 자유와 권리를 보호하는 기본권 보장으로부터도 나온다. 헌법 제37조 제2항에 의거하여 국민의 자유와 권리를 제한하는 법률은 명확하게 규정되어야 한다.
> 법률은 명확한 용어로 규정함으로써 적용대상자에게 그 규제내용을 미리 알 수 있도록 공정한 고지를 하여 장래의 행동지침을 제공하고, 동시에 법집행자에게 객관적 판단지침을 주어 차별적이거나 자의적인 법해석을 예방할 수 있다. 따라서 법규범의 의미내용으로부터 무엇이 금지되는 행위이고 무엇이 허용되는 행위인지를 국민이 알 수 없다면 법적 안정성과 예측 가능성은 확보될 수 없게 될 것이고, 법집행 당국에 의한 자의적 집행이 가능하게 될 것이다.
>
> **【특정범죄가중처벌 등에 관한 법률 제4조 위헌소원사건(헌재 1995.9.28. 93헌바50)】**
> 헌법 제75조에서 "법률에서 구체적으로 범위를 정하여 위임받은 사항에 관하여"라고

함은 법률 그 자체에 이미 대통령령으로 규정될 내용 및 범위의 기본적 사항이 구체적으로 규정되어 있어서 누구라도 당해 법률 그 자체에서 대통령령에 규정될 내용의 대강을 예측할 수 있어야 함을 의미하고, 그렇게 하지 아니한 경우에는 위임입법의 한계를 일탈할 것이라고 아니할 수 없다.

특정범죄가중처벌 등에 관한 법률 제4조 제1항의 "정부관리기업체"라는 용어는 수뢰죄와 같은 이른바 신분범에 있어서 그 주체에 관한 구성요건의 규정을 지나치게 광범위하고 불명확하게 규정하여 전체로서의 구성요건의 명확성을 결여한 것으로 죄형법정주의에 위배되고, 나아가 그 법률 자체가 불명확함으로 인하여 그 법률에서 대통령령에 규정될 내용의 대강을 예측할 수 없는 경우라 할 것이므로 위임입법의 한계를 일탈한 것으로서 위헌이다.

【출판사 및 인쇄소의 등록에 관한 법률 제5조의2 제5호 등 위헌제청사건(헌재 1998.4.30. 95헌가16)】

언론·출판의 영역에서 국가는 단순히 어떤 표현이 가치 없거나 유해하다는 주장만으로 그 표현에 대한 규제를 정당화시킬 수는 없다. 그 표현의 해악을 시정하는 1차적 기능은 시민사회 내부에 존재하는 사상의 경쟁메커니즘에 맡겨져 있기 때문이다. 그러나 대립되는 다양한 의견과 사상의 경쟁메커니즘에 의하더라도 그 표현의 해악이 처음부터 해소될 수 없는 성질의 것이거나 또는 다른 사상이나 표현을 기다려 해소되기에는 너무나 심대한 해악을 지닌 표현은 언론·출판의 자유에 의한 보장을 받을 수 없고 국가에 의한 내용규제가 광범위하게 허용된다. ……

이 사건 법률조항의 "음란" 개념은 적어도 수범자와 법집행자에게 적정한 지침을 제시하고 있다고 볼 수 있고 또 법적용자의 개인적 취향에 따라 그 의미가 달라질 수 있는 가능성도 희박하다고 하지 않을 수 없다. 따라서 이 사건 법률조항의 "음란" 개념은 그것이 애매모호하여 명확성의 원칙에 반한다고 할 수 없다. ……

"음란"의 개념과는 달리 "저속"의 개념은 그 적용범위가 매우 광범위할 뿐만 아니라 법관의 보충적인 해석에 의한다 하더라도 그 의미내용을 확정하기 어려울 정도로 매우 추상적이다. 이 "저속"의 개념에는 출판사등록이 취소되는 성적 표현의 하한이 열려 있을 뿐만 아니라 폭력성이나 잔인성 및 천한 정도도 그 하한이 모두 열려 있기 때문에 출판을 하고자 하는 자는 어느 정도로 자신의 표현내용을 조절해야 되는지를 도저히 알 수 없도록 되어 있어 명확성의 원칙 및 과도한 광범성의 원칙에 반한다.

3. 체계정당성의 원칙

비난 가능성이 작은 행위에 대해 높은 형벌을 부과하고 비난 가능성이 큰 행위에 대해 낮은 형벌을 부과한다면 규범에 대한 신뢰를 확보할 수 없다. 규범 상호 간의 구조와 내용 등이 서로 모순되지 않고 균형을 유지하도록 입법하는 것은 입법자를 구속하는 헌법적 원리로 볼 수 있다. 이에 대해서는 헌법재판소의 입장이 명료하다.

【구상속세 및 증여세법 제41조의2 제1항 위헌소원사건(헌재 2005.6.30. 2004헌바40 등)】

'체계정당성(Systemgerechtigkeit)'의 원리라는 것은 동일 규범 내에서 또는 상이한 규범 간에 (수평적 관계이건 수직적 관계이건) 그 규범의 구조나 내용 또는 규범의 근거가 되는 원칙 면에서 상호 배치되거나 모순되어서는 안 된다는 하나의 헌법적 요청(Verfassungspostulat)이다. 즉, 이는 규범 상호 간의 구조와 내용 등이 모순됨이 없이 체계와 균형을 유지하도록 입법자를 기속하는 헌법적 원리라고 볼 수 있다. 이처럼 규범 상호 간의 체계정당성을 요구하는 이유는 입법자의 자의를 금지하여 규범의 명확성, 예측 가능성 및 규범에 대한 신뢰와 법적 안정성을 확보하기 위한 것이고, 이는 국가공권력에 대한 통제와 이를 통한 국민의 자유와 권리의 보장을 이념으로 하는 법치주의 원리로부터 도출되는 것이라고 할 수 있다.

그러나 일반적으로 일정한 공권력작용이 체계정당성에 위반한다고 해서 곧 위헌이 되는 것은 아니다. 즉, 체계정당성 위반(Systemwidrigkeit) 자체가 바로 위헌이 되는 것은 아니고, 이는 비례의 원칙이나 평등원칙 위반 내지 입법의 자의금지 위반 등의 위헌성을 시사하는 하나의 징후일 뿐이다. 그러므로 체계정당성 위반은 비례의 원칙이나 평등원칙 위반 내지 입법자의 자의금지 위반 등 일정한 위헌성을 시사하기는 하지만 아직 위헌은 아니고, 그것이 위헌이 되기 위해서는 결과적으로 비례의 원칙이나 평등의 원칙 등 일정한 헌법의 규정이나 원칙을 위반하여야 한다.

또한 입법의 체계정당성 위반과 관련하여 그러한 위반을 허용할 공익적인 사유가 존재한다면 그 위반은 정당화될 수 있고, 따라서 입법상의 자의금지원칙을 위반한 것이라고 볼 수 없다. 나아가 체계정당성의 위반을 정당화할 합리적인 사유의 존재에 대하여는 입법의 재량이 인정되어야 한다. 다양한 입법의 수단 가운데서 어느 것을 선택할 것인가 하는 것은 원래 입법의 재량에 속하기 때문이다. 그러므로 이러한 점에 관한 입법의 재량이 현저히 한계를 일탈한 것이 아닌 한 위헌의 문제는 생기지 않는다고 할 것이다.

4. 소급입법금지원칙

헌법은 제13조 제2항에서 "모든 국민은 소급입법에 의하여 참정권의 제한을 받거나 재산권을 박탈당하지 아니한다"고 규정하여 참정권과 재산권에 대하여만 소급입법을 금지하는 것처럼 표현하고 있으나, 제13조 제1항의 소급처벌금지원칙 등을 감안하면 법치주의 원리에서 소급입법금지원칙이 도출된다는 점에는 아무런 이견이 없다.

(1) 진정소급입법

진정소급입법은 이미 과거에 완성된 사실 또는 법률관계를 규율대상으로 하여 사후에 그 전과 다른 법적 효과를 생기게 하는 입법을 말한다. 진정소급입법은 법적 안정성과 개인의 신뢰를 현저히 침해하는 것으로서 원칙적으로 인정되지 아니한다. 그러나 개인의 신뢰보호에 우선하는 특단의 사정이 있는 경우, 즉 기존의 법을 변경해야 할 공익적 필요가 심히 중대한 경우에는 예외적으로 허용될 수 있다. 헌법재판소는 이것을 다음과 같이 정리하고 있다.

"진정소급입법이 허용되는 예외적인 경우로는 일반적으로 국민이 소급입법을 예상할 수 있었거나, 법적 상태가 불확실하고 혼란스러웠거나 하여 보호할 만한 신뢰의 이익이 적은 경우와 소급입법에 의한 당사자의 손실이 없거나 아주 경미한 경우, 그리고 신뢰보호의 요청에 우선하는 심히 중대한 공익상의 사유가 소급입법을 정당화하는 경우를 들 수 있다."[7]

"이 사건 반란행위 및 내란행위자들은 우리 헌법질서의 근간을 이루고 있는 자유민주적 기본질서를 파괴하였고, 그로 인하여 우리의 민주주의가 장기간 후퇴한 것은 말할 것도 없고, 많은 국민의 그 생명과 신체가 침해되었으며, 전 국민의 자유가 장기간 억압되는 등 국민에게 끼친 고통과 해악이 너무도 심대하여 공소시효의 완성으로 인한 이익은 단순한 법률적 차원의 이익이고, 헌법상 보장된 기본권적 법익에 속하지 않는 반면, 집권과정에서 헌정질서 파괴범죄를 범한 자들을 응징하여 정의를 회복하여 왜곡된 우리 헌정사의 흐름을 바

---

7) 헌재 1998.9.30. 97헌바38.

로잡아야 할 뿐만 아니라, 앞으로는 우리 헌정사에 다시는 그와 같은 불행한 사태가 반복되지 않도록 자유민주적 기본질서의 확립을 위한 헌정사적 이정 표를 마련하여야 할 공익적 필요는 매우 중대한 반면, 이 사건 반란행위자들 및 내란행위자들의 군사반란죄나 내란죄의 공소시효완성으로 인한 법적 지위 에 대한 신뢰이익이 보호받을 가치가 별로 크지 않다는 점에서, 이 법률조항 은 위 행위자들의 신뢰이익이나 법적 안정성을 물리치고도 남을 만큼 월등히 중대한 공익을 추구하고 있다고 평가할 수 있어, 이 법률조항이 위 행위자들 의 공소시효완성에 따르는 법적 지위를 소급적으로 박탈하고, 그들에 대한 형 사소추를 가능하게 하는 결과를 초래하여 그 합헌성 인정에 있어서 엄격한 심 사기준이 적용되어야 한다고 하더라도, 이 법률조항은 헌법적으로 정당화된 다고 할 것이다."[8]

(2) 부진정소급입법

부진정소급입법이란 과거에 이미 개시되었지만 아직 완결되지 않고 진행 과정에 있는 사실 또는 법률관계와 그 법적 효과에 장래적으로 개입하여 법 적 지위를 사후에 침해하는 입법을 말한다. 헌법재판소는 부진정소급입법은 원칙적으로 허용되지만 신뢰보호원칙에 위배되지 않아야 한다고 판단하고 있다.

"넓은 의미의 소급입법은 신법이 이미 종료된 사실관계에 작용하는지 아니 면 현재 진행 중인 사실관계에 작용하는지에 따라 진정소급입법과 부진정소 급입법으로 나눌 수 있고, 전자는 헌법적으로 허용되지 않는 것이 원칙이며 특단의 사정이 있는 경우에만 예외적으로 허용될 수 있는 반면, 후자는 원칙 적으로 허용되지만 소급효를 요구하는 공익과 신뢰보호의 요청 사이의 교량 과정에서 신뢰보호의 관점이 입법자의 형성권에 제한을 가하게 된다."[9] 이때 "신뢰보호원칙의 위반 여부는 한편으로는 침해받은 신뢰이익의 보호가치, 침 해의 중한 정도, 신뢰침해의 방법 등과 다른 한편으로는 새 입법을 통해 실현 코자 하는 공익목적을 종합적으로 비교형량하여 판단하여야 한다."[10]

---

8) 헌재 1996.2.16. 96헌가2 등.
9) 헌재 2003.9.25. 2001헌마194.
10) 헌재 1998.11.26. 97헌바58.

> **【주택법 제46조 제1항 등 위헌제청사건(헌재 2008.7.31. 2005헌가16)】**
> 과거에 완성된 사실 또는 법률관계를 규율의 대상으로 하는 이른바 진정소급입법에 있어서는 입법권자의 입법형성권보다도 당사자가 구법질서에 기대하였던 신뢰보호의 견지에서 그리고 법적 안정성을 도모하기 위하여 특단의 사정이 없는 한 구법에 의하여 이미 얻은 자격 또는 권리를 존중할 입법의무가 있다 할 것이고, 이미 과거에 시작하였으나 아직 완성되지 아니하고 진행과정에 있는 사실 또는 법률관계를 규율의 대상으로 하는 이른바 부진정소급입법의 경우에는 구법질서에 대하여 기대했던 당사자의 신뢰보호보다는 광범위한 입법권자의 입법형성권을 경시하여서는 아니 될 것이므로, 특단의 사정이 없는 한 새 입법을 하면서 구법관계 내지 구법상의 기대이익을 존중하여야 할 의무가 발생하지는 않는다.

(3) 시혜적 소급입법

국민의 기본권을 보호하고 국민에게 예측 가능성을 보장하기 위해 소급입법금지원칙이 엄격히 준수되어야 하지만 국민에게 유리한 시혜적 입법의 경우에는 이와 사정이 다르다. 시혜적 소급입법이 다른 사람에게 불이익이 되는 경우가 아니라면 원칙적으로 소급입법은 허용된다. 또한 시혜적 소급입법을 할 것인지 여부는 입법재량으로서 그러한 시혜적 소급입법을 하지 않은 것이 현저하게 불합리하고 불공정하지 않는 한 헌법에 위반되지 아니한다는 것이 헌법재판소의 견해이다.

"신법이 피적용자에게 유리한 경우에는 이른바 시혜적인 소급입법이 가능하지만, 그러한 소급입법을 할 것인가의 여부는 그 일차적인 판단이 입법기관에 맡겨져 있으므로 입법자는 입법목적, 사회실정이나 국민의 법감정, 법률의 개정이유나 경위 등을 참작하여 시혜적 소급입법을 할 것인가 여부를 결정할 수 있고, 그 판단은 존중되어야 하며, 그 결정이 합리적 재량의 범위를 벗어나 현저하게 불합리하고 불공정한 것이 아닌 한 헌법에 위반된다고 할 수는 없다."[11]

---

11) 헌재 2002.2.28. 2000헌바69.

5. 신뢰보호의 원칙

신뢰보호원칙은 대륙법계의 관념으로 영미법계의 보통법상 금반언(禁反言)의 법리도 같은 이념을 가진다고 할 수 있다. 이 원칙은 민법상의 이론에서 출발하여 사법 영역에서 발전해 오다가 공법 영역에도 영향을 미쳤는데, 주로 행정법에서 논의되다가 헌법의 원칙으로 들어왔다. 헌법상 명시적 근거가 있는 것은 아니지만 헌법 제13조 제1항(형벌 불소급), 제2항(소급입법에 의한 재산권 및 참정권 박탈금지) 등이 신뢰보호원칙에 기반을 둔 규정이라고 하겠다. 법치주의 원리가 실질적 정의와 법적 안정성 등 두 가지 목표를 추구한다고 할 때 신뢰보호원칙은 법적 안정성의 요청에 근거하여 인정된다고 본다.[12]

법치주의 원리의 하나인 신뢰보호원칙에 위배되려면 우선 신뢰이익의 침해가 있어야 하는데, 신뢰이익의 침해는 공권력에 의한 선행조치가 존재하고, 이러한 선행조치를 신뢰하여 상대방이 일정한 조치를 했음에도 위 선행조치에 반하는 처분을 한 경우에 성립한다. 신뢰이익의 상실로 인한 손해의 정도와 국가행위를 통해 달성하고자 하는 공익을 비교형량하여 사익이 공익보다 커야 신뢰보호원칙에 위배된다. 설사 보호되는 공익이 침해되는 사익보다 크더라도 사익을 최소침해하는 방식을 채택하지 않는다면 이 경우에도 신뢰보호원칙에 위배된다.

개인의 신뢰를 보호하기 위해서는 그가 어느 정도로 법의 변화를 예측했는지 혹은 예측할 수 있었는지 등을 보고 결정하게 된다. 또한 법률에 따른 개인의 행위가 단지 법률이 반사적으로 부여하는 기회 활용을 넘어서 국가에 의하여 일정 방향으로 유인된 것이라면 특별히 보호가치가 있는 신뢰이익이 될 것이다. 신뢰이익이 인정될 경우에 그 구체적 방법은 국민으로 하여금 자신의 법적 지위를 그대로 유지할 수 있게 하는 존속보호, 재산상의 손실 등을 보상하는 보상보호, 신뢰를 가진 자를 행위에 참여시키는 절차적 보호 등이 있다. 경과규정을 두어 신법 대신 구법을 적용하도록 하는 방법도 선택된다.[13]

신뢰보호원칙에 관련된 헌법재판소의 주요 결정은 다음과 같다.

---

12) 안철상, "헌법상 신뢰보호원칙", 『헌법판례해설 I』, 대법원 헌법연구회, 2010, 3쪽 이하 참조.
13) 위의 책, 7~8쪽 참조.

【종합생활기록부제도개선보완시행지침 위헌확인사건(헌재 1997.7.16. 97헌마 38)】

헌법상의 법치국가 원리의 파생원칙인 신뢰보호의 원칙은 국민이 법률적 규율이나 제도가 장래에도 지속할 것이라는 합리적인 신뢰를 바탕으로 이에 적응하여 개인의 법적 지위를 형성해 왔을 때에는 국가로 하여금 그와 같은 국민의 신뢰를 되도록 보호할 것을 요구한다. 따라서 법규나 제도의 존속에 대한 개개인의 신뢰가 그 법규나 제도의 개정으로 침해되는 경우에 상실된 신뢰의 근거 및 종류와 신뢰이익의 상실로 인한 손해의 정도 등과 개정규정이 공헌하는 공공복리의 중요성을 비교교량하여 현존상태의 지속에 대한 신뢰가 우선되어야 한다고 인정될 때에는 규범정립자는 지속적 또는 과도적으로 그 신뢰보호에 필요한 조치를 취하여야 할 의무가 있다. 이 원칙은 법률이나 그 하위법규뿐만 아니라 국가관리의 입시제도와 같이 국·공립대학의 입시전형을 구속하여 국민의 권리에 직접 영향을 미치는 제도운영지침의 개폐에도 적용되는 것이다.

【농어촌특별세법 부칙 제3조 제3항 위헌소원사건(헌재 1998.11.26. 97헌바58)】

농어촌특별세법은 우루과이라운드 협상의 타결에 따른 후속대책의 일환으로 추진되는 농어촌 개발사업 등에 필요한 재원을 조달하기 위하여 10년을 시한으로 농어촌특별세를 신설하면서도, 법인세를 본세로 하는 농어촌특별세는 특별히 적용기간을 2년으로 단축하고 있고, 개정된 법인세법에 따라 법인세율이 종래 34%에서 32%로 인하된 것을 감안하여 그 차이인 2%만을 농어촌특별세로 부과함으로써 기업의 실질적 부담증가는 없도록 배려하고 있으므로, 비록 동법 부칙 제3조 제3항에서 그 시행일 이후 최초로 종료하는 사업연도의 개시일부터 적용토록 하고 있더라도 입법취지에서 엿보이는 공익목적의 중요성, 신뢰침해의 방법과 정도, 침해받은 신뢰의 보호가치 등을 종합적으로 비교·형량할 때 위 부칙조항이 헌법상의 신뢰보호원칙에 위반한 것이라 하기 어렵다.

【국립사범대학졸업자 중 교원미임용 등에 관한 특별법 위헌확인사건(헌재 2006. 3.30. 2005헌마598)】

이 사건 법률규정의 목적은 미임용자들의 신뢰를 보호하는 것이다. 이와 같은 목적이 헌법적으로 정당한가 하는 문제가 있을 수 있다. 살피건대, 미임용자들은 위헌결정이 있기 이전의 구교육공무원법 제11조 제1항이 유효한 것으로 믿고 국·공립사범대학을 졸업하면 교육공무원인 중등교원으로 무시험 우선 채용될 수 있을 것을 신뢰하여 우수한 대학입학고사 성적에도 불구하고 다른 대학에의 진학기회를 포기하고 중등교원이 되기 위하여 국·공립사범대학에의 진학을 선택하고 학업을 수행하여 졸업한 후 시·도 교육위원회별로 작성한 교사임용후보자명부에 등재되어 임용이 예정되어 있었던 자들이다. 이러한 미임용자들의 결정과 행위는 국가의 입법행위에 의하여 일정한 방향으로 유인된 신뢰의 행사라고 평가될 수 있으므로, 이들은 구교육공무원법 제11조 제1항의 존속에 대한 주관적 신뢰이익을 갖는다 할 것이다. 비록 우리 재판소의 결정에 의하여 구교육공무원법 제11조 제1항이 위헌으로 선언되었으나, 우리 헌법재판소법 제47조 제2항은 장래효의 원칙을 규정함으로써 위헌법률이 당연히 무효인 것이 아니라 위헌결정으로 장래 효력을 상실하도록 되어 있어 헌법재판소에 의한 위헌확인시까지는 유효한 신뢰의 근거로 작용할 수 있다.

그러나 이러한 신뢰이익은 위헌적 법률의 존속에 관한 것에 불과하여 위헌적인 상태를 제거해야 할 법치국가적 공익과 비교형량해 보면 공익이 신뢰이익에 대하여 원칙적인 우위를 차지하기 때문에 합헌적인 법률에 기초한 신뢰이익과 동일한 정도의 보호, 즉 "헌법에서 유래하는 국가의 보호의무"까지는 요청할 수는 없다. 즉, 미임용자들이 위헌적 법률에 기초한 신뢰이익이 보호되지 않는다는 이유를 들어 교육공무원의 공개전형을 통한 선발을 규정한 현행 교육공무원법을 위헌이라고 하거나, 위헌적 법률에 기초한 신뢰이익을 보장하기 위한 법률을 제정하지 않은 부작위를 위헌이라고 주장할 수는 없는 것이다.

5.3. 법치주의 원리의 한계

5.3.1. 다른 헌법원리와의 관계

1953년 독일 국법학자대회에서 사회적 법치국가를 논의의 대상으로 삼았을 때 주류 헌법학자들 사이에서는 두 가지 상반된 흐름이 나타났다. 하나는 포르스트호프(E. Forsthoff)로 대변되는 주장이다. 그는 법치국가만을 본 기본법의 핵심 구조원리로 간주하고 사회국가를 행정법상의 범주로 폄하한다. 자유주의적 법치국가론을 전개하는 이들에게 법치국가 원리는 사회국가 원리에 우선하는 특권적 지위를 갖는다. 반면에 독일 공법학계의 주된 흐름은 사회국가의 당위성을 강조하면서도 사회국가가 사회주의국가로 나아가지 못하도록 조정자 역할을 수행하도록 설정한다. 이들의 주장은 사회적 법치국가가 곧 정의국가, 정의국가가 즉 실질적 법치국가라는 등식을 보편화시켰다.

사회적 법치국가론을 전개한 이들은 민주주의를 사회국가의 견인차로 삼으려는 또 다른 논자들과 대립했다. 즉, 사회국가를 사회주의 이행기의 개량주의적 자본주의국가로 규정하고 그것을 민주주의의 관점에서 재구성하려는 사회민주당계열의 정치학자들에 대항하여 법치국가의 잣대를 들이댔던 것이다. 그럼에도 불구하고 독일의 주류 공법학계가 독일 보수주의 행정법학의 의도를 불식시킨 것은 발전적인 것이라 할 수 있다. 법치국가적 차꼬가 채워지긴 했으나 사회국가 원리를 헌법원리로 고양시킨 것은 공적이라 할 수 있는 까닭이다.

사회국가가 없는 법치국가, 즉 자유주의적 법치국가는 자유방임국가에서 벗어날 수 없다. 그런 의미에서 법치국가는 사회국가에 의해 한계를 지운 법치국가이어야 한다.

다른 한편에서 법치국가는 민주주의 원리에 의해 재설정되어야만 한다. 포르스트호프가 '헌법론' 당시의 슈미트로 회귀하여 시민적 법치국가적 헌법원리론을 주창하고 나선 것은 보수적 행정법학자의 당연한 귀결이었다. 국가와 사회를 엄격하게 대립시킴으로써 시민사회를 매개로 한 공공성을 인정하지 않는 자유주의적 법치국가는 결국에는 재판관국가로 귀착할 수밖에 없다. 정치적 다수가 배제된 상태에서 재판관국가의 법치국가 원리만 강제된다면 미래지향적인 역동적 국가생활은 단념하지 않을 수밖에 없다. 최근 헌법재판소의 권한제한과 관련하여 의회민주주의를 고려한 권한재분배 논의는 그래서 각별한 의미가 있다.

5.3.2. 국가긴급권

국가가 비상사태에 처한 경우 법치주의 원리는 축소될 수밖에 없다. 우리 헌법도 국가적 위기에 대비하여 대통령으로 하여금 긴급명령이나 계엄선포

등(헌법 제76조, 제77조)을 할 수 있게 하고 있다. 하지만 이 경우에도 대통령의 권한이 초헌법적인 권한이 아니기 때문에 법치주의 원리와 정신은 그대로 유지되어야 한다. 즉, 비상사태하에서도 국가긴급권의 행사에 있어서 법치주의 원리에서 나오는 일정한 한계가 존재한다.

첫째, 목적적 한계로 국가의 존립과 안전을 신속히 회복할 소극적 목적을 위해서만 발동되어야 한다. 둘째, 기한적 한계로 비상사태가 극복되면 지체 없이 바로 국가긴급권발동을 철회해야 한다. 셋째, 상황적 한계로 국가적 비상사태의 발생에 관한 판단은 누가 보아도 명백하게 객관성이 확보되어야 하며, 다른 정상적 방법에 의하여 비상사태의 극복이 불가능한 경우에만 발동되어야 한다. 마지막으로 내용적 한계로, 국가긴급권의 발동은 비상사태의 극복이라는 목적에 걸맞으면서도 국민의 기본권에 대하여 최소한의 침해를 야기하는 것이어야 한다.

제6장
사회국가 원리

개관

　사회국가란 자본주의 질서를 바탕으로 삼은 다음, 경제·사회·문화의 모든 영역에서 정의로운 사회질서의 형성을 위하여 사회현상에 관여하고 간섭하고 분배하고 조정하는 국가이며, 궁극적으로 국민 각자가 실제로 자유와 행사할 수 있는 그 실질적 조건을 마련해 줄 의무가 있는 국가를 의미한다. 헌법원리로서 사회국가 원리가 헌법전에 자리하게 된 것은 통상 바이마르 헌법을 효시로 본다. 바이마르 헌법은 사회주의 혁명과 사회주의 헌법으로부터 큰 영향을 받았다. 근대 시민국가 헌법이 자유방임체제로 귀결되어 극단적인 노동력 착취가 행해졌던 과거를 극복하고자 사회국가 원리를 현대 자본주의 헌법의 핵심원리로 설정하게 되었다. 사회국가 원리는 사회적 정의와 사회적 안전 그리고 실질적 자유를 이념적 내용으로 삼는다. 우리 헌법에서도 인간다운 생활을 할 권리를 위시해서 사회적 기본권의 보장, 재산권의 사회적 구속성, 사회적 시장경제질서의 추구 등으로 구체화되고 있다.

6.1. 사회복지국가 일반론

6.1.1. '새로운 사회'

　1951년에 출판된 카(E. H. Carr)의 『새로운 사회(*The New Society*)』는 제2차 세계대전 직후 유럽의 변모를 소개한 책이다.[1] 이 책은 원래 카가 BBC 라디오방송을 통해 대중들에게 강의한 것을 모아 엮은 것이라고 한다. 역사학자 카가 두 차례의 세계대전을 겪으면서 변화된 세상을 보며 이것을 '새로운 사회'로 명명한 것이었다. 우선 카 자신의 조국이었던 영국의 시대가 끝나고 미국이 주도하는 시대가 왔다는 것, 둘째, 서유럽이 완전 몰락의 분위기로 들어선 반면에 러시아나 아시아 국가들이 부상하고 있는 것, 셋째, 유럽의 자본주의경제가 크게 변화하고 있다는 사실, 즉 종전의 자유주의경제는 더 이상 유지될 수 없으며 경제에 대한 국가의 계획과 통제가 불가피한 복지국가 사회로 바뀌고 있다는 것, 마지막으로 개인주의 사회에서 대중민주주의 사회로 진입했다는 것 등이 새로운 사회의 모습이라고 설명하였다. 그는 전쟁에 지치고 실의에 빠진 영국 국민들에게 이와 같은 사실을 직시하고 과거로 돌아갈 수 있을 것이라는 불필요한 몽상에 젖어서는 안 된다는 것과, 이미 떠나온 폐허만 남은 뒤편 강안(江岸)에의 미련을 떨쳐 버리고, 결코 좌절과 절망에 빠지지 말고 미래에 대한 목표를 분명히 해서 새로운 사회에 적응해야 한다는 계몽강연을 했던 것이다.

　카가 '새로운 사회'로 부른 지 어느덧 60여 년이 지난 현재이다. 그동안 서구사회도 엄청난 변화를 거쳤다. EU(유럽연합)의 성립, 신자유주의 출현, 정보사회 등장, 세계화, 사회주의국가들의 붕괴 등 카가 당시에는 생각하지도 못했던 일들이 전개되었다.

　그 사이에 우리나라는 어떠했는가? 우리도 해방과 함께 새로운 사회를 맞이하였다. 그러나 카가 말한 '새로운 사회'와는 매우 다른 위치에서 새로운 사회와 대면하였다. 영국은 이미 오랜 세월 민주주의와 산업혁명을 배경으로 하여

---

1) 우리나라에서는 1972년에 번역되었다. E. H. 카, 박상규 옮김, 『새로운 사회』, 서문당, 1972.

이제는 종전과 같은 자유주의적 시장경제나 국가운영방식에서 탈피해야만 할 때라는 것이었다면, 우리의 경우에는 민주주의와 자유주의경제조차 경험하지 않은 근대화의 출발지점에 서 있었던 것이다.

이렇듯 서구의 역사와 우리나라의 역사는 대단히 다른 역사적 경로를 거쳐 오늘에 이르렀다. 여기에서 결코 지나칠 수 없는 것이 우리의 헌정사에 대한 평가의 문제이다. 우리 헌법은 제헌 당시부터 현대 사회복지국가 헌법의 내용을 담고 있었기 때문에 적어도 헌법전만큼은 현대에 서 있었다. 결국 헌법규범과 헌법현실의 괴리는 불가피했음이 분명하다. 경제도 발전단계가 있고 법도 발전단계가 있는 것이다. 경제는 근대의 출발점에 있는데, 헌법이 저만큼 앞에 복지국가 형태로 가서 손짓을 한다고 해서 첫 주자가 단숨에 다음 주자에게 바통을 넘겨줄 수는 없는 상황이었다.

바로 여기에서 우리의 헌정사의 왜곡과 비극과 우여곡절, 시행착오 등등이 연출되었다. 다행히도 우리는 비슷한 여건에 있었던 제3세계 국가 중에서는 드물게 산업화와 민주화에서 다 성공한 나라가 되었다. 이른바 '압축성장'의 신화를 이룬 나라로 꼽히는 것이다. 생각해 보면 영국이나 프랑스 정도를 제외한다면 대부분의 국가들은 후발 국가로서 선발 국가를 따라잡기(catch-up)한 나라들이다. 독일만 해도 후발 자본주의국가로서 빠른 성장을 위해서 비스마르크 체제와 같은 독특한 반(半)민주주의국가를 거쳐 오늘에 이르렀다. 미국도 독립 직후는 물론 남북전쟁으로 나라가 정비된 이후 한참까지도 선진 유럽 국가들을 따라잡기 위해 간난(艱難)을 무릅쓴 이야기가 전해진다. 일본 역시 유럽을 따라가기 위해 독일 방식을 취하는 동시에 군국주의 방식까지 더해 부국강병을 이룬 것으로 보인다. 러시아의 경우에는 아주 색다른 방향, 즉 사회주의 방식으로 경제와 정치를 시작한 예이다. 지금은 선진 강대국이 된 이런 나라들과 비교해 볼 때 우리는 '초(超)'압축성장을 한 셈이다. 서구가 겪은 300여 년의 역사를 불과 60년 동안에 축약했으니까 말이다.

이와 같이 외국의 예를 돌아보면 우리도 우리 나름의 방식이 있을 수 있다는 것을 알게 된다. 그런데 금방 알게 되는 것이 위에서 언급한 나라들의 경우 자기 방식을 선택했다고 해도, 그들은 헌법도 그에 맞추어 운영했다는 사실이다. 그것은 적어도 헌법의 중요성이나 법치주의의 테두리를 정해 놓고 그에 맞추어 나라를 운영했다는 의미이다. 그에 비하면 우리는 헌법과 국가운영이 완전히 겉돈 경우라는 차이점이 발견된다. 그래서 우리나라에서는 유독 과거사 정리문제가 심각할 정도로 남아 있다. 우리에게 입헌주의와 법치주의는 1987년 민주화운동 이후에나 작동하기 시작했다. 그로부터 20여 년이 지난 요즈음 우리는 민주주의에서도 비교적 좋은 성적을 나타내고 있다. 물론 만족해서는 안 되지만, 적어도 우리는 형식적 민주주의, 형식적 법치주의, 형식적 평등, 자유권 분야는 상당 정도 달성한 나라가 되었다.

2010년대에 이르면서 복지국가로의 진입이 시급한 시대정신으로 떠올랐다. 자유국가로서의 과제가 모두 잘 정리되었다는 말은 아니다. 압축성장한 나라들은 정리되지 않은 채 지나친 과제들이 많은 법이다. 봉건적 잔재나 형식적 법치주의에 위반되는 불법적 관행들이 그대로 방치되고 있다. 이런 과제들과 현대적 과제를 동시 진행할 수밖에 없는 것이 압축성장 국가의 운명이다. 이제는 복지국가로의 본격적 착수 없이는 그동안 벌여 놓은 일조차 수습할 수 없는 그런 상황에 이른 것이다. 착수되지 않았다는 점에서 복지국가는 우리에게 '새로운 사회'로 남아 있다. 복지국가는 헌법학에서는 '사회국가'로 부른다. 우리가 독일 법학을 따르기 때문이다. 양자의 차이가 있기는 하지만, 이 책에서는 사회국가, 복지국가, 사회복지국가라는 용어를 같은 것으로 혼용하기로 한다.

6.1.2. 사회복지국가의 역사

카가 말한 새로운 사회로서의 복지국가는 1950년대에 처음 등장한 것이 아니다. 복지국가는 이미 19세기부터 싹이 텄으며, 더 멀리는 프랑스혁명 당시의 바뵈프(Gracchus Babeuf, 1760~1797)로 소급된다.[2] 영국에서는 일찍이 오웬(Robert Owen, 1771~1858)이 산업혁명의 대두와 함께 닥칠 위험에 대하여 경고하면서 그에 대비할 국가 차원의 조치의 필요성을 주장했다. 1817년에 오웬은 "국내에 제조공업이 널리 보급되면 개인과 일반의 행복에 대해 아주 불리한 성격이 형성될 것이기 때문에 이를 억제할 만한 입법적 간섭이나 지도가 꼭 필요하다"는 취지의 표현을 남겼다. 영국에서는 1840년대에 인도주의 운동이 전개되어 공장법 제정을 통해 처음에는 연소자와 부인 노동자에

---

2) 바뵈프는 프랑스혁명 당시 정치적 민주주의의 자유와 평등은 경제적 자유와 평등을 갖추지 않는 한 공허한 것이라는 말을 해서 1797년 처형당했다.

게, 다음에는 노동자 전체에 대해 극단적인 육체적 착취로부터 보호했다. 소년의 굴뚝소제 취업금지, 예방접종 강제시행, 지방세에 의한 무료 공립도서관 설립 등의 입법이 시행되었다. 1890년대에는 최초의 사회보험제도가 생겼다. 영국의 처칠 연립정부는 전쟁 중이던 1942년 11월 '사회보험 및 사회 서비스에 관한 각부 위원회'가 마련한 '베버리지 플랜'을 발표했다. 위원장 베버리지(W. H. Beveridge)는 '5가지의 사회악'과 현대의 복지기둥(pillars of welfare)을 통해 사회복지정책을 제시했다. 즉, 결핍(want), 무위(idleness), 불결(squalor), 무지(ignorance), 질병(disease)을 5대악으로 꼽고 결핍(소득의 위험)에 대해서 사회보장으로, 무위(실업)에 대해서 고용으로, 불결(열악한 주거환경)에 대해서 주거정책으로, 무지에 대해서 교육으로, 질병(건강의 위험)에 대해서 보건·의료정책을 제시한 것이다. 이것이 영국에서 제2차 세계대전 이후의 복지국가의 시작이었다.

독일에서는 비스마르크가 사회보험제도를 도입하기 시작했다. 라살(F. Lassalle)의 사회민주주의가 복지국가의 밑거름이 되었다. 1919년 독일공화국 헌법(바이마르 헌법)은 최초의 사회국가 헌법으로 평가된다.

프랑스는 1944년 말부터 1945년까지 프랑스공화국 임시정부의 레지스탕스 전국평의회가 1944년 3월에 채택한 '강령'의 정신에 따라 라로크의 주도하에 입안한 '사회보장의 조직에 관한 계획'(일명 라로크 플랜)이 기초가 되었다.

사회보장이라는 용어는 1935년 미국 연방정부가 뉴딜정책의 일환으로 제정한 사회보장법(Social Security Act)에서 처음 공식적으로 사용되었다. 물론이 법은 이전의 다른 나라들과 여러 주의 제도를 모은 것이었다.

파시즘과 싸운 연합국들은 전후 재건정책의 주춧돌로서 사회보장계획을 실시하면서 복지국가로 전환하였다. 전쟁이 끝나면서 유럽의 경제적 부흥을 위한 미국의 마셜 플랜은 큰 힘이 되었다.

그리고 1950~1974년에는 서구 자본주의가 부흥한 시기이자 복지국가가 최고조로 발달한다. 1974년과 1979년 두 차례에 걸쳐 석유파동이 일어났다. 산유국들이 이스라엘에 대항하여 자원민족주의를 내세우면서 석유가격이 4배 정도 오른 것이다. 이로 인해 OECD 국가들의 실업률이 급격히 높아졌다.[3] 영

---

3) 신광영, "복지국가는 도덕적 해이를 가져올까", 『대한민국 복지: 7가지 거짓과 진실』, 두리미디어, 2011, 133쪽.

국의 대처 수상은 하이에크 같은 자유주의 경제학자를 이론적 배경으로 해서 신자유주의로 회귀한다. 동시에 미국도 레이건 대통령 이후 영국과 같은 노선을 걸었다. 여타의 유럽 국가들도 이 시기에 신자유주의의 강풍 속에서 복지국가의 후퇴 혹은 수정을 거치면서 각자의 길을 걷게 된다. 그 결과 오늘날의 사회복지국가의 형태를 보면 영미형, 유럽 대륙형, 북구형으로 나뉜다.

6.1.3. 사회복지국가의 세 형태

1. 앵글로색슨 모델

자유주의 복지유형이다. 영국은 일찍이 빈민에 대한 정책으로 구빈법을 제정하였다. 구빈법 초기에 애덤 스미스는 구빈법을 반대하며, 빈민도 시장의 원리에 맡겨야 한다고 했다. 국가에서 관리하면 비용과 세금이 들어가므로 비효율적이라는 생각이었다. 그러나 제1차 세계대전 직전에 영국은 정책을 바꾸었다. 빈민은 개인책임이라는 논리가 더 이상 타당하지 않게 된 것이다. 당시 남아공에서의 전쟁으로 인해 수많은 실업자가 생기면서 자유당은 불가피하게 실업보험을 제정하였다(1911). 일하는 사람은 누구나 의무적으로 가입하도록 했다. 오늘날의 실업보험의 시작이었다. 그리고 빈민에 대한 새로운 관점이 지속적으로 제기되었는데, 특히 찰스 부스(Charles Booth)와 시봄 라운트리(Seebohm Rowntree)의 역할이 컸다. 19세기 말부터 활동한 부스는 17년 동안의 조사연구를 통해 런던의 빈곤지도를 만들어 빈곤은 누구에게나 닥칠 수 있다는 것을 보여 주었다. 라운트리는 1930년대부터 1940년대 사이에 영국 요크 지역의 빈곤지도를 그리면서 동일한 결론에 도달했다. 즉, 빈곤은 개인의 문제가 아닌 사회의 문제라는 인식이었다. 국가가 그 문제를 해결해야 한다는 인식의 전환이 생기기 시작한 것이다. 영국 빅토리아 시대(1837~1901)의 자유방임주의를 마감하고, 국가의 적극적인 개입을 강조하는 새로운 자유주의(New Liberalism)에 발맞추어 단행된 사회개혁의 근거를 제공하였다. 19세기 말 영국에서 등장한 새로운 자유주의, 혹은 사회자유주의(Social Liberalism)는 자유권에 사회적 요소가 포함되어야 한다는 정치 이데올로기이다. 즉, 개인적 자유와 사회정의가 균형을 이룰 때 자유권이 완성된다는 것이다. 새로운 자유주의는 고전적 자유주의(Classical Liberalism)에 뿌리를 두고 있으나, 빈곤과 실업 같은 사회문제에 대해 정부의 책임과 역할을 강조하는 점에서 차별성을 갖는다. 따라서 1970년대 후반 세계사의 전면에 등장한 신자유주의(Neo-Liberalism)와는 반대의 것이다. 새로운 자유주의로 무장한 당시의 자유당정부(Liberal Government: 1906~1914)는 학교 무상급식(1906), 노령연금(1908), 실업보험(1911)과 건강보험(1911) 제도를 도입하였으며, 부자들에 대한 조세를 강화하여 노동자들과 노동이 불가능한 사람들에게 보조금을 지급할 수 있도록 설계된 재정법(Finance Bill: 국민예산(The People's Budget)이라 불림)을 제정하였다. 라운트리는 '복지국가의 아인슈타인'이라고 불렸다. 빈곤이라는 사회현상을 과학적으로 규명하면서 현대 사회복지국가가 시작되었다는 의미이다. 여기에 1942년 베버리지 보고서가 나오면서 법과 제도의 차원으로 변화하기에 이르렀다. 복지국가(welfare state)라는 용어는 영국 성공회 대주교였던 윌리엄 템플이 1941년 처음 사용했다. 당시 적국이었던 독일을 '전쟁국가(warfare state)'로 규정지으면서 대조적으로 영국인들에게 자부심을 주기 위한 말이었다.

한편 미국의 경우에는 테오도어 루스벨트(Th. Roosevelt, 1858~1919)가 20세기 미국 자본주의 발달에 크게 공헌하였다. 1901년 부통령 재임 시절 매킨리 대통령이 암살당하자 루스벨트는 42세 나이에 미국 대통령이 된다. 보수적 성향의 공화당 출신이지만 진보적 개혁가였던 그는 대기업을 불신하여 록펠러가 소유한 스탠더드 오일을 비롯해 40개의 독점기업을 강제 분할시켰다. 그는 기업들의 부패와 불법행위를 반대하는 것이지 자본주의 원리를 부정하지 않음을 명백히 했다. 대기업의 횡포를 제어했기 때문에 미국의 시장경제가 온전하게 발달했다. 1913년 우드로 윌슨 대통령 때에는 중앙은행인 연방준비제도(FRB: Federal Reserve System)가 창설되었고, 이어서 처음으로 누진 소득세가 도입되었다. 1929년 대공황이 닥치고, 1933년 프랭클린 루스벨트가 대통령에 취임한다. 프랭클린 루스벨트는 부자 증세, 저소득층 감세를 시행하고 노동조합의 활동을 보장했다. 기업가 세력이 막강했기 때문에 그에 대한 대항력(countervailing power)을 키우기 위해 노동조합을 활성화시킨 것이다. 또한 루스벨트는 1935년에 사회안전망을 만들었다. 오늘날의 미국 연금제도인 'social security'도 이때 시작되었다. 여기에는 연금에 의료보험까지 포함시켰는데, 의료보험 분야에 대한 위헌판결로 인해 시행되지는 못하였다. 소득

세 누진 최고세율이 한때 90%까지 올라간 적도 있으며, 상속세와 증여세율도 높았다. 그 무렵 장학재단이 많이 설립되었는데 바로 상속세와 증여세를 피하기 위한 수단이기도 했다. 당시 카네기 재단과 록펠러 재단 등이 그런 연유로 설립되었다.

독일의 히틀러는 루스벨트와 같은 시기에 등장했다. 히틀러도 막대한 규모의 재정지출로 경제를 회복시키고 고속도로 아우토반도 건설했다. 청년들에게는 결혼자금을 지원해 내수 증가를 꾀했다. 그에 따라 실업문제가 단기간에 해소되었고, 1936년 베를린올림픽까지 성공적으로 치렀다. 1936년은 케인스 (John Maynard Keynes, 1883~1946)가 『고용 · 이자 및 화폐의 일반이론』을 출간한 해였다. 케인스에 앞서 히틀러가 성공을 거둔 측면도 있다. 루스벨트의 뉴딜정책의 기반은 케인스의 이론과 『번영에의 길』이었다. 케인스 경제학은 고전경제학파와의 결별이었으며, 이를 케인스혁명이라고까지 부른다(수정자본주의).

미국에서는 1952년까지 민주당의 집권이 계속되었고, 트루먼에 이은 공화당의 아이젠하워 집권시기에도 정책만큼은 지속되었다. 케네디 암살 이후 대통령이 된 존슨은 '위대한 사회(great society)'운동 속에서 메디케어 (medicare: 노인의료혜택)와 메디케이드(medicade: 저소득층의료혜택)제도를 도입했다. 1965년 무렵 미국에서 케인스이론이 절정에 이른다. 그러던 것이 1973년 제1차 오일쇼크가 터지자, 스태그플레이션(저성장 고물가)이란 말이 나올 정도로 케인스이론이 작동하지 않았다. 정부가 아무리 재정지출을 늘려도 고용이 증가하지 않았던 것이다. 이런 상황에서 대통령이 된 카터는 독점통신기업인 AT&T를 해체시켜 이후 미국의 IT산업이 발전할 수 있는 경쟁체제를 구축한 공적을 남겼다. 레이건 대통령 이후 기조가 다시 바뀌었다. 이 시기는 신자유주의에 입각한 레이거노믹스로 불린다. 신자유주의의 등장은 레이건보다 1년 앞서 집권한 영국의 대처 수상이 시행하기 시작했다.[4]

---

4) 문진영, "자본주의 사회빈곤의 원인, 측정 그리고 대책"(민족미래연구소 발표문), 2015; 김종인, 『지금 왜 경제민주화인가』, 동화출판사, 2013, 66~74쪽, 115~116쪽.

2. 대륙형 조합주의 모델

1880년대 중반 비스마르크(Otto von Bismarck)에 의해 시작된 사회복지 정책은 전 유럽에 영향을 미쳤으나, 그 동기는 평등주의와는 무관한 정책이었다. 초기 독일의 사회정책은 권위주의적이고 조합주의적인 성격을 지녔으며, 제2차 세계대전 이후 복지국가로의 발전 또한 중도우파와 기독교민주당이 주도적 역할을 함으로써 보수성에서 크게 벗어나지 못했다.

대륙형의 특징은 사회보험 위주의 복지체계이다. 사고, 질병, 장애, 노령, 실업 등이 발생할 경우 이에 대한 소득보장과 건강보장을 중심으로 한 사회보험이 강하며 사회서비스 체계가 대단히 약한 점이 특징이다. 이 모델은 완전고용을 목표로 한 산업사회 발전과정에서는 나름의 기능과 효과를 거두었다고 볼 수 있다. 그러나 대륙형 모델의 문제는 후기 산업사회에서 뚜렷이 나타난다. 예를 들면 탈산업화와 고실업에 대한 국가적 접근방식에서 스칸디나비아 국가들이 공공부문의 고용창출과 적극적 노동시장 전략을 제공하는 대신, 유럽 대륙 국가들은 노동공급 감축을 통해 시장갈등을 완화시킨다. 남성노동자의 조기퇴직과 노동시간 감축을 통해 청년실업을 완화시키거나 여성노동의 억제를 유급 육아휴직제도로 대체한다. 2000년 독일의 복지정책 개혁내용 중 눈에 띄는 것은 높은 실업률에 대한 대응으로 여성을 장기간의 유·무급 육아휴직으로 노동시장에서 물러나게 한 제도이다. 돌봄서비스 체계 대신 이들이 선택한 방법은 육아를 여성에게 전담시킴으로써 주 소득원인 남성에 대한 의존적 관계를 키워 노동시장 참여를 요구하는 여성에게 또 하나의 사회적 갈등을 야기하였다. 독일은 유럽에서 가장 낮은 출산율(1.34)과 동시에 저출산의 장기화를 보이고 있어 독일 사회가 풀어야 할 중요한 과제로 남아 있다.

3. 북유럽 포괄주의 모델

산업화 초기 특히 스웨덴은 비스마르크와 달리 평등주의를 바탕으로 한 '국민의 집'을 역설했다. 사회민주당이 주도적으로 이끈 복지국가 건설은 공동체 민주주의를 목적으로 하며, 보편주의와 포괄적 방식을 특징으로 한다. 북유럽 유형의 특성은 가족정책과 노동시장정책의 두 기둥을 중심으로 소득보장과 사회서비스가 포괄적으로 설계된 고유의 디자인이라는 것이다. 즉, 발달된 가족정책 덕분에 북유럽 지역의 여성취업률은 독일보다 현저히 높으며 이를 통한 이인소득자 모델은 빈곤퇴치와 중산층화에 가장 중요한 기여를 했다고 할 수 있다. 또한 여성의 취업률 증가가 출산율 감소로 이어진다는 잘못된 상식과 달리 여성의 경제활동 증가는 안정적인 출산율 증가로 이어졌음을 스웨덴의 사례가 보여 준다.[5]

인구절벽, 출산율이 아니라 출산력이 문제다

한국은 이미 고령사회로 진입하고 있고 2030년쯤이면 초고령사회가 될 것으로 예측되며 이른바 인구절벽의 문제에 봉착하게 된다. 더욱이 고령화사회의 이면에는 고속성장과 세계화의 와중에서 발생한 빈부격차의 후유증이 악화되고 있기 때문에 여느 선진국의 경우와도 다른 복합적인 문제가 잠재되어 있다. 국가의 지속적인 발전을 가장 중요한 기조로 삼아야 하는 행정부와 국회가 이제라도 문제의식을 보여 주었다는 점에서 우선은 기대되는 바가 크다 하겠다. 그러나 정부가 작년 1년 동안 보여 준 내용은 실망스럽기 짝이 없으며 여전히 접근방식에 있어서는 구태의연하다. (중략)

저출산 문제는 우리만의 문제는 아니며 대부분의 OECD 국가들의 공통된 문제이다. 우리의 심각성은 저하된 출산율이 벌써 10년 이상 지속되는 점이며 더구나 여기에서 계층적 차이가 나타나고 있다는 점이다. 여기서 우리가 유념해야 할 점은 어느 나라도 출산율을 높이려고 단기적 수단을 반복하는 나라는 없으며 더욱이 출산율 증가를 명목으로 가족정책을 세우는 나라도 없다는 것이다. 출산을 회피하는 사회적 여건, 즉 청년들, 이 중에서도 여성들이 바라는 일과 가정을 양립할 수 있는 제도와 환경적 여건을 해결하다 보면 출산율은 물론 사회적 양극화 완화와 성평등 실현까지 해결되는 사례를 여러 나라에서 찾아볼 수 있다. 그 대표적인 사례가 북유럽의 가족정책이며, 프랑스 또한 감안할 내용이 많다. (중략)

북유럽 국가들은 노동정책과의 긴밀한 상호연계 속에서 가족정책을 사회정책의 핵심으로 삼고 있으며, 성평등을 넘어 빈곤예방 및 소득불평등의 완화수단으로 활용하고 있다. 가족정책과 노동정책은 사회정책의 핵심, 두 기둥(two piller)이라 불리며 이를 중심으로 소득보장정책과 사회서비스제도가 씨줄과 날줄처럼 잘 연계되어 있는 것을 찾아볼 수 있다.

---

5) 이종오 외, 『어떤 복지국가인가?』, 한울, 2013, 38~39쪽.

출산력 증가의 핵심은 젊은 부부의 맞벌이가 가능하도록 이를 지원하는 가족정책의 내실을 채우는 일이다. 첫째, 모든 모성에게 부모보험을 적용시켜야 한다. 부모보험은 적절한 출산휴가와 육아휴가를 보장하고, 그 기간의 소득 대체임금을 제도적으로 보장하며, 이후 직장 복귀를 보장하는 것을 주 내용으로 해야 한다. 둘째, 사회적 육아서비스를 증대시켜야 한다. 선거를 앞두고 시행한 우리나라의 무상보육제도는 이미 많은 모순을 안고 있다. 보육시설이 아직도 수요에 비해 턱없이 모자라는데 전업 모에게까지 이용하게 하는 것은 잘못된 평등정신에서 와전된 것이다. 셋째, 아동수당을 통해 아동권 보호 및 가구소득을 지원해야 한다. 이것은 유자녀 가구와 무자녀 가구 간의 생활수준 격차를 좁히려는 목적이 있으며 특히 다자녀 가구를 돕는 효과가 있다. 이 외에 젊은 층에 대한 주택마련과 자녀 수와 소득에 비례한 주택보조금 도입 또한 검토할 필요가 있다. 아동수당의 도입은 무상보육제를 보완하는 효과가 있으므로, 무상보육의 내용은 현금에서 서비스로 바뀌어야 한다.

가족정책이 발전한 나라일수록 출산율 증가와 아울러 빈부격차 감소 효과를 확인할 수 있으며 더욱이 여성고용률 또한 높다는 사실을 발견하게 된다. 자녀부양가족에 대한 사회적 연대를 바탕으로 이들에 대한 소득보장과 돌봄 및 사회서비스 분야를 적극 발전시켜야 한다. 여성의 경제활동기간이 짧고 긴 것이 국민연금 기여에 직접적인 영향을 미치므로 맞벌이 부부의 활성화는 노인 빈곤율의 감소와 노인정책 전반에 긍정적 의미를 지닌다.

이러한 발상과 내용이 저출산 고령화사회 대책에 마땅히 담겨져야 저출산으로 인한 닥쳐올 인구절벽 문제에 실질적인 대처가 가능하다고 본다. 더 나아가 여가부나 복지부 등 이른바 유관부처를 넘어서 범정부적 참여와 정책고민이 있어야 다가오는 인구절벽이라는 국가적 대재앙을 비로소 면할 수 있을 것이다.

(신필균[복지국가여성연대 대표], 허핑턴포스트, 2016.7.27.)

6.1.4. 사회복지국가의 이념적 위상

1. 네 가지 흐름

사회복지국가 사상은 19세기 중반부터 자본주의의 모순에 대한 비판을 드러내기 시작했다. 이에 따라 여러 갈래의 사회정의론이 추구되었고, 많은 사회주의 사상가들이 출현하였다. 1848년의 「공산당선언」도 그 일환이라고 할 수 있다. 자본주의의 문제를 해결하기 위한 이후의 전개과정은 네 가지 흐름으로 분류할 수 있다. ① 사회주의(공산주의), ② 사회민주주의, ③ 복지국가, ④ 자유방임주의가 바로 그것이다. 사회주의는 1917년의 러시아혁명을 통해서 전 세계로 확산되었다. 사회민주주의(사민주의)는 두 개의 입장이 있다. 하나는 의회를 통한 점진적 개혁으로 사회주의로 진입하겠다는 강한 사민주의 좌파 입장이라 할 수 있다. 다른 하나는 완화된 사민주의이다. 사민주의 우파인 이 입장은 중좌파의 정치지형을 가진 것인데, 복지국가 혹은 사회국가는 대부분 이 입장을 취한다. 사회복지국가는 자본주의를 인정하면서 자유방임적 자본주의의 모순과 폐해를 줄이고자 하는데, 우리 헌법이 지향하는 바도 이에 해당한다.

2. 상품화, 탈상품화

폴라니(Karl Polany)는 자본주의가 상품으로 만들지 않아야 하는 노동, 화폐, 토지를 상품으로 만드는 것에서 시민들의 비극적 삶이 시작되었다고 보았다. 마르크스는 상품물신주의가 되면서 인간이 소외되었다고 한다. 이들의 주장에 따르면 상품은 인간을 불행하게 할 수도 있다. 이러한 점에서 자본주의의 대안을 모색하는 논의는 생산수단의 사회화부터 탈상품화(decommodification) 주장까지 다양하게 나타난다. 폴라니가 상품화하지 않아야 할 항목을 들어 자본주의를 비판하고 있다면, 마르크스는 적대적 계급에 기반을 두어 벌어지는 상품물신주의의 토대 자체를 없애는 혁명을 꿈꾸었다. 사회민주주의자들은 탈상품화의 목록을 정치시장을 통해 작성하고 그 꿈을 실현시킴으로써 인간과 자본주의를 구하고자 했다. 탈상품화의 목록에는 의료, 교육, 빈곤, 주거 등과 아동·저소득층·노인·장애인 등의 노동력이 등재되었다. 사회권과 사회적 임금이라는 명목으로 소득과 서비스 등의 현금과 현물이 탈상품화의 정치를 통해 형성되고 전달되었다. 이와 같이 자본주의 정치는 상품화와 탈상품화를 둘러싼 대립과 타협으로 구성되었다.

계급갈등의 결과 자본주의가 파국의 드라마로 귀결될 것이라고 주장한 사회주의자들과는 달리 사민주의자들은 '보이는 손'의 타협의 정치를 통해, 즉 보이지 않는 손의 상품화를 보이는 손(법, 제도, 정책)의 탈상품화를 통해 자본주의가 치료될 것이라고 보았다. 즉, 타협의 정치가 자본주의의 파국을 막는다고 본 것이다. 따라서 계급 간 타협의 정치는 교육·의료 등을 탈상품화시켜 무상교육, 무상의료 등을 실현했으며, 아동수당·노령연금·장애연금 등을 통해 노동력 상품을 판매하지 않고서도 소득(사회적 임금)이 발생할 수 있도록 했다. 사회민주주의자들에게 타협의 정치는 시장을 어떻게 순화시키는가에 있다. 즉, 모든 것을 상품화하고 축적하는 과정에서 소수자를 위한 체제로 가려는 자본주의를 어떻게 계급타협을 통해 살 만한 세상으로 만들 것인가에 초점을 맞추었다. 이것은 정치적으로 계급들 간의 사회적 타협체제, 즉 사회적 코포라티즘(조합주의) 또는 삼자협의주의(tripartism)를 통해 가능했다. 즉, 계급 간의 갈등을 타협을 통해 복지국가를 실현했다. 사회민주주의자들에게는 민주주의가 시장에 대한 국가의 개입을 통해 상품화의 일부 영역을 탈상품화해야 한다는 것을 의미한다. 이들이 보기에는 현실적으로 자유주의의 보이지 않는 손은 허구이고, 시장은 언제나 국가와 정치의 개입 속에 존재해 왔다. 탈상품화를 지향하는 국가(사회적 관계)는 사회구성원들이 국가에로의 자유(freedom to state)를 누릴 수 있는 토대를 만든다. 즉, 조건의 평등이라는 기치 아래 사회권의 확보를 통해 시민들이 자유로울 수 있는 삶의 조건을 그들의 권리로서 보장해 주고자 한다.[6]

3. 제3의 길

영국은 노동당의 토니 블레어(Tony Blair)가 수상이 되면서 제3의 길을 선언한 바 있다. 제3의 길이란 그간의 제1의 길(구좌파에 의한 사민주의)과 제2의 길(신자유주의) 모두 잘못되었다는 전제에서 출발한다. 기든스(Anthony

---

6) 유범상, 『사회복지개론』, 한국방송통신대학교출판문화원, 2014, 24~31쪽.

Giddens)의 이론에 기초한 제3의 길은 사민주의와 신자유주의의 사잇길에 해당한다. 제3의 길은 사회투자국가라고 할 수 있는데, 사회투자국가는 전통적 복지국가와 달리 경제적 부양비를 직접 제공하기보다는 가능한 한 인적 자본(human capital)에 투자하는 국가이다. 근로연계 복지정책과 적극적 노동시장정책, 역량형성(capacity-building), 고용을 통한 자활 등을 전략으로 하는 국가이다. 우리나라 김대중 정부 시절에 답습한 정책이 바로 이것이다. 신자유주의가 모든 것을 상품화하려는 경향을 가지고, 사민주의는 탈상품화의 수준을 높이는 데 관심을 가지고 있는 것과 달리, 제3의 길은 시장으로 진입시키기 위해 또는 시장에서 탈락한 사람들을 재상품화(recommodification)시키는데 몰입한다. 그런 점에서 사민주의보다 신자유주의에 가까운 입장이라고 평가할 수 있다.[7]

6.1.5. 선별주의, 보편주의

과거의 사회복지는 사회적으로 불행한 자(과부, 노인, 고아, 장애인 등)나 낙오자, 빈곤자, 병자 등을 주요 대상으로 한 선별적 복지가 대세였다. 이는 급여나 서비스의 수급 시 자산조사(means test)나 욕구조사(need test)를 받아야 하는 경우이다. 보편주의(universalism)는 자산이나 욕구에 관계없이 특정한 범주에 해당하는 모든 사람이 급여나 서비스를 받을 수 있는 경우이다.

선별주의(selectivism)는 사회복지를 최소화할 뿐만 아니라 사회복지를 통한 소득재분배를 비판한다. 그 비판의 핵심 담론이 복지병이다. 한편 보편주의는 사회복지를 통한 소득이전을 적극적으로 찬성한다. 선별주의가 연대를 통한 공동책임이라는 사회복지의 근본적인 태도에 대하여 비판적이라면, 보편주의는 소득이전을 핵심으로 하는 사회복지를 적극적으로 찬성하는 입장이다. 사회복지를 통한 분배의 효과는 보다 온전한 민주주의, 즉 실질적 민주주의의 실현이다. 절차적 민주주의를 넘어선 경제적(실질적, 내용적) 민주주의는 경제적 영역에서의 불평등을 해소하는 것이다.[8]

---

7) 위의 책, 44~45쪽.
8) 위의 책, 12쪽.

선별주의는 사회적 위험을 주로 개인의 책임이라고 보면서 취약계층에 대한 최소한의 사회복지를 도입해야 한다는 견해이다. 이것은 그동안 신자유주의, 시장자유주의 등의 입장에서 주로 표명되어 왔다. 보편주의는 사회적 위험을 기본적으로 사회와 공공의 책임으로 보고, 일반 시민들을 대상으로 하는 사회복지를 실현하려는 견해이다. 이것은 진보적 자유주의, 사회민주주의 등의 입장으로 표명되어 왔다. 선별주의가 시민참여보다는 정부주도에 기반을 두어 취약계층만을 사회복지의 대상으로 삼는다면, 보편주의는 시민참여의 거버넌스에 기반을 두어 시민 일반을 위한 보편주의적 사회복지를 제도화하려는 경향을 가진다.

선별주의는 보편주의보다 상대적으로 비용이 훨씬 적게 들고 그 비용은 대체로 조세로 충당된다. 많은 비용을 필요로 하는 보편주의는 높은 세금을 통해 유지되고 있다. 이때 소득이 높은 사람일수록 세금을 많이 부담한다. 그리고 정부는 이 세금을 소득, 교육, 의료, 주거 등의 사회적 임금형태로 차등적으로 지급한다. 즉, 사회적 위험이 많은 사람에게 유리한 분배가 이루어지는 것이다. 따라서 보편주의는 연대와 협동의 원리에 따라 부자로부터 중산층과 빈곤층으로 소득이전을 달성한다. 이와 같이 차등적으로 세금을 내고 차등적으로 혜택을 받는 보편주의 때문에 조세를 더 많이 부담해야 하는 부자나 시장 세력은 이것을 선호하지 않는 경향이 있다. 즉, 선별주의는 경향상 시장 세력이 지지하고, 보편주의는 시민 일반에 이익을 줄 개연성이 크다.

복지정책은 대부분 세 가지 선별 기제를 가진다. 첫째, 65세 이상이냐, 자녀가 있느냐 같은 인구사회학적 특성을 기반으로 대상자를 선별한다. 둘째, 기여도에 따라 급여권한을 부여한다. 국민연금을 납부해 왔는지의 여부에 따라 대상자를 선별하는 것과 같은 방식이다. 셋째, 자산과 소득에 따라 대상자를 선별한다. 돈이 있는 사람과 없는 사람을 구분하는 것이다. 모든 복지정책은 이 세 가지 가운데 하나를 내세워 대상자를 선별하는 원칙으로 적용하기도 하고, 하나 이상의 원칙을 조합해서 대상자를 선별하기도 한다. 예를 들어 국민연금에서 노령연금을 수급하기 위해서는 최소 20년 이상 보험료를 납부해야 하고, 연령 또한 65세 이상이어야 자격이 부여된다. 인구사회학적 기준과 기여 여부라는 두 가지 선별원칙이 결합된 경우이다. 복지대상자를 선별하는 데 앞서 언급한 두 가지 원칙이 작동한다면 일반적으로 보편주의 원리가 적용되는 것으로 간주한다. 반면, 세 번째 원칙이 수급대상자를 선별하는 원리로 작동할 경우에는 잔여주의 복지정책이라고 한다.

이처럼 대상자를 선별하는 원칙은 보편주의 원칙과 대립되지 않는다. 보편주의 복지에 대립되는 것은 잔여주의 복지이다. 보편주의 복지에서도 차이를 인정한다. 잔여주의 제도는 보편주의 제도를 보완하는 데 머물러야 한다. 잔여주의 복지가 보편주의 복지를 대체해서는 안 된다. 보편적 복지가 무조건 퍼주자는 것이 아니라는 비판을 피하기 위해서는 선별주의 복지를 보편주의의 반대말로 설정하면 어려워진다.[9]

6.1.6. 사회보장, 사회보험, 공공부조

사회보장은 사회보험과 공공부조로 나뉜다.

1. 사회보험

사회보험은 질병, 산재, 실업, 노령 등의 사회적 위험에 대하여 보험적 방식으로 사회적(공적)으로 대응하는 것이다. 사회보험은 국가의 강제에 의해 보험가입을 하는 것으로, 갹출료(보험료)의 기여 정도가 할당(급여)의 기준이 되며, 국가가 직접 관장 또는 감독한다. 갹출료 부담은 노동자와 사용자 양자 부담이거나 노동자 · 사용자 · 국가의 3자 부담으로 한다. 사회보험은 국가가 법으로 제도를 강제할 뿐 실제 비용은 노사가 부담하므로 국가 책임보다는 개인적인 자조와 노사 간 사회연대원칙을 강조하고 있다. 사회보험은 공적 연금, 건강보험, 실업보험, 산재보험 등으로 구성되어 있다. 독일, 일본, 한국 등의 국가는 4대 사회보험제도에 장기요양보험제도를 사회보험으로 추가해서 운영하고 있다.

---

9) 윤홍식, "보편적 복지는 무책임한 퍼주기일까", 『대한민국 복지: 7가지 진실과 거짓』, 두리미디어, 2011, 174~177쪽.

2. 공공부조

공공부조는 사회보험제도와 더불어 사회보장제도의 양대 기둥으로 평가되어 왔다. 공공부조는 사회보험과 같이 소득보장이라는 동일한 목적을 가지고 있다. 사회보험이 모든 계층을 대상으로 한다면, 공공부조는 절대빈곤층, 다시 말해 일부 계층을 대상으로 한다. 따라서 공공부조는 사회보험을 보완하는 것으로, 보통 사회보험의 비대상자가 대상이 된다. 즉, 국가가 정해 놓은 최저생계수준 이하의 저소득층을 대상으로 한다. 그리고 저소득층을 선별하기 위해 자산조사를 실시한다. 이와 같이 공공부조는 대상자의 재정상태와 욕구에 따라 급여를 결정하고, 정부의 일반 세입에서 재정을 충당한다.[10]

기본소득

1. 개념

소득불평등 문제와 기술발달로 인한 일자리 감소를 해소하는 방안으로 '일하지 않고도 일정 소득을 보장'받는 기본소득이 주목받고 있다.

기본소득(basic income)이란 국가(또는 지방자치단체)가 개인의 노동 여부, 재산의 많고 적음에 관계없이 사회구성원 모두에게 무조건적으로 지급하는 소득을 말한다. 기본소득은 수급에 특별한 자격요건을 요하지 않으며, 개인 단위로 지급된다는 점에서 기존의 사회보장과 차이가 있다. 즉, 기본소득은 모든 구성원에게 인간다운 삶을 보장한다는 점에서 보편적 복지라 할 수 있다.

2. 재원

기본소득의 핵심쟁점 중 하나는 재원 마련에 관한 방법이다. 이에 대해서는 여러 방안이 제시되고 있다. 노벨상 수상자인 제임스 미드는 『아가토토피아』에서 자본과세와 투자신탁으로 재원을 조달하면 된다고 주장했다. 자본거래세(토빈세)를 재원으로 삼자는 주장도 있고, 온실가스 배출이나 환경오염에 대해 재원을 부담시키자는 의견도 있다.[11]

우리나라 녹색당은 현재 24.6%인 국민부담률(조세+사회보장기여금)을 OECD 평균 수준인 34.4%까지 끌어올리는 방법을 제시하고 있으며, 같은 맥락에서 소

---

10) 유범상, 앞의 책, 170~171쪽.
11) 하승수, "'베짱이'에게 왜 국가가 돈을 주는가", 『한겨레21』, 제994호, 2014.

득세와 부가가치세 및 불로소득에 대한 과세 강화를 통해 기본소득의 재원을 마련하는 방법[12]이 주장되고 있다.

3. 기본소득 도입으로 인한 효과

(1) 찬성론

기본소득 도입을 찬성하는 측[13]은 ① 보편적 복지제도 시행으로 기존 복지 혜택에서 소외된 사각지대를 없앨 수 있다고 주장한다. ② 제도의 도입으로 인해 많은 사람들이 원하는 노동을 하게 되어 노동력이 증대된다고 본다. '기본소득 스위스'의 공동 설립자이자 대변인인 체 와그너는 "기본소득은 노동에 대한 동기 부여를 강화하고, 더 인간적이고 안정적이며 생산적인 경제로 이끌 것이다"라고 주장한다. 기본소득이 노동력 상실을 부추길 것이라는 우려에 대해서 런던대학의 시범연구는 "공포를 원동력 삼아 노동하지 않을 때, 인간은 더 생산적인 존재가 된다"고 하였다. ③ 절대빈곤을 철폐하고 상대적 빈곤 역시 감소시킬 수 있다고 본다. 기본소득 재원 마련 과정에서 소득을 재분배함으로써 빈부격차를 감소시킬 수 있다는 것이다. ④ 그간 무임노동으로 여겨졌던 가사노동에 대한 대가가 지불됨으로써 여성의 자율성과 권리가 증진될 수 있다고 본다. ⑤ 기본소득을 받은 사람은 추가의 소득을 위해 노동을 할 수도 있지만, 노동을 하지 않고 그 시간에 사회참여나 자아실현을 위한 활동을 할 수도 있어 일과 생활의 균형이 이루어질 것을 기대한다.

(2) 반대론

반면, 기본소득 반대론자[14]는 ① 노동의욕에 미칠 부정적인 영향을 지적한다. 기본소득을 도입하면 일정 소득이 꾸준히 발생하기 때문에 노동활동을 하지 않는, 이른바 '베짱이'가 될 가능성이 높다는 것이다. ② 기존 복지가 감소할 수 있다는 우려도 만만찮다. 핀란드의 경우처럼 실업급여와 각종 수당 등을 폐지 또는 통합하고 낮은 수준의 기본소득을 지급한다면 전체적인 복지급여 수준이 하락하

---

12) 강남훈, "기본소득 도입 모델과 경제적 효과", 『진보평론』, 2010년 가을(제45호), 14~20쪽; 이강식, "한국에서의 기본소득 도입을 위한 법적 기반에 관한 연구", 『인권법연구』 제3호, 한국방송통신대학교 법학과, 2017.

13) 박석삼, "기본소득을 둘러싼 쟁점과 비판", 『노동사회과학』, 제3호, 노동사회과학연구소, 2010, 26~29쪽.

14) 김은표, "기본소득 도입 논의 및 시사점", 『이슈와 논점』, 제1148호, 국회입법조사처, 2016.

고 복지제도가 축소될 수 있다는 것이다. ③ 기본소득 도입에 따른 정부의 일자리 창출의지 감소 역시 문제가 될 수 있다. ④ 재정적 부담을 이유로 제도 도입을 반대한다. 기본소득에 필요한 재원을 확보하기 위해 가장 유력한 방안인 세금 인상은 부유층뿐 아니라 노동자에게도 부담을 가중시킬 수 있다는 이유이다.

4. 외국에서의 논의

유럽에서는 기술발달에 따른 일자리 감소문제가 현 사회보장제도로 대응하기 힘들다는 판단에 따라 중앙정부나 지방정부 차원에서 기본소득 논의를 진행하고 있다. 스위스는 2016년 6월 5일 모든 성인에게 매월 2,500스위스프랑(약 300만 원), 어린이와 청소년 등 미성년자에게는 매월 650스위스프랑(약 78만 원)을 지급하는 방안을 놓고 국민투표를 시행하였다.[15]

6.1.7. 현대 사회복지국가의 정의론

현대국가가 되면 이전의 개인주의에 기초한 민주주의, 즉 자유주의 사회에서 대중민주주의 사회로 변모한다. 여기에서의 이론적 기초도 따라서 변모하고 있다. 민주주의 역사를 보면 현대에 들어서기 전까지는 소수 특권계급이나 사회의 부분 집단에 대해서만 정치적 참여기회가 주어졌다. 고대 그리스 페리클레스 시대의 민주주의도 그랬고, 근대의 자유주의적 민주주의에서도 소수 유산자에게만 선거권이 주어졌다. 로크(John Locke, 1632~1704)의 자연법론과 개인주의는 18세기 영국의 휘그당에 의한 과두정치의 사상이었다. 개인주의적 민주주의 사상은 개인이 자연법에 근거한 생득적 권리를 지니고 있다는 신념에 입각해 있다. 이 견해는 정치에서의 소수파의 권리가 왜 중요시되어야 하는지를 잘 설명해 준다. 동시에 이 입장은 자유방임주의와 유사하여 모든 종류의 연합에 대해서 적대적 입장을 취한다. 그 결과 정당의 관념을 부인하고 이를 도당으로 취급하였다.

로크의 개인주의적 민주주의 견해에 대해서는 프랑스에서 루소의 일반의지

---

15) 국민투표 잠정집계 결과 반대 76.9%로 부결되었다. 이는 재원 마련 방안과 기본소득 실시에 따른 사회적 부작용 등에 대한 우려가 작용한 결과라 할 수 있다. 그러나 스위스 국민 4명 중 1명이 기본소득 도입에 동의했다는 사실은 큰 의미를 가진다.

론이 강하게 비판하고 나섰다. 일반의지론은 집단주의를 강조한다. 루소는 직접민주주의를 선호했는데, 그 단위가 큰 국가에서 인민이 주권자가 되려면 반드시 일반의지의 규율에 복종하지 않으면 안 된다고 생각하였다. 이런 사상의 연장선에 자코뱅당이 있는데, 이는 일반의지를 구현하기 위하여 단일정당을 창당한 것이다. 일반의지는 덕과 정의의 원천이었고 국가는 그것을 시행하는 일반의지의 도구였다. 이 일반의지에 반항하는 개인은 사회로부터 배제되고 스스로 사회에 대한 배반자라는 성명을 내는 것처럼 되었다.

개인주의는 과두정치의 사상인 것이다. 즉, 대중 속에 빠져들기를 원치 않는 선택된 소수의 진취적인 기상을 가진 사람들의 사상이다. 자연법에 뿌리박은 개인의 권리에 입각한 사상은 과두정치적이고 보수적인 18세기의 자연적 산물이었다. 이런 사상이 인민주권을 선언한 혁명의 격동 속에서 전도될 수밖에 없었던 것은 자연스런 일이었다.

대중민주주의의 출현은 산업혁명과 관련된다. 물론 산업혁명도 초기에는 개인기업에서 출발하였다. 애덤 스미스가 이 시기의 대표적 사상가이다. 산업혁명은 조만간에 기계가 인간을 압도하고 대량생산이 경쟁상 유리해지는 표준화 시대로 들어갔으며, 경제단위가 점점 더 확대되는 시대로 나아갔다. 매머드 트러스트, 매머드 언론기관, 매머드 정당, 매머드 국가 등으로 변화하였다. 대중사회로 변모한 것이다.

영국에서 자연법을 포기함으로써 개인주의적 전통을 포기하고, 대중사회 민주주의의 이론적 기초를 놓은 것은 공리주의자였다. 그들은 최초의 급진적 개혁가들이기도 했다. 대중민주주의는 다수가 소수를 압박한다는 문제점을 노정한다. 이 점은 토크빌이 1830년대의 미국에서 발견한 것이고, 1850년대에 J. S. 밀이 영국에서 발견한 것이다. 일반의지론에 입각해서 건설된 소련의 경우도 마찬가지였다. 일반의지는 당에 대한 충성을 요구하기에 이른다. 충성은 개인이 정당 내지 집단의 일반의지에 복종하는 것을 의미한다. 그에 비해 공리주의는 보다 실증적인 원칙을 제시한다. 그리고 공리주의의 원칙을 발전시켜 나온 것이 현대의 정의론이고, 그 대표적 저서가 롤즈(John Rawls, 1921~2002)의 것이다.

롤즈의 정의론

제1원칙: 각인은 모든 사람의 자유를 위한 동일한 방안과 양립할 수 있는 동등한 기본적인 자유들에 대한 충분히 적정한 방안을 동일하게 요구할 수 있는 유효한 권리를 가진다(기본적 자유의 원칙).

제2원칙: 사회적·경제적 불평등은 다음 두 조건을 충족하여야 한다. ① 그 불평등은 공정한 기회균등의 원칙 아래 모든 이에게 개방된 직책과 직위에 결부되어야 하며(공정한 기회균등의 원칙), ② 그 불평등은 사회의 최소 수혜자인 구성원에게 최대의 이익이 되어야 한다(차등의 원칙).

1981년에 최종 정리된 정의의 원칙이다. 이것은 1971년 『정의론(*A Theory of Justice*)』에서의 표현을 약간 수정한 것이다. 제2원칙 중 특히 차등의 원칙은 복지국가적 정의라 할 수 있다.

롤즈의 정의론은 노직(Robert Nozick, 1938~2002)의 자유지상주의에 의한 반론도 제기되었고, 매킨타이어(Alsadair C. McIntyre, 1929~), 왈저(Michael Walzer, 1935~), 마이클 샌델(Michael J. Sandel, 1953~)의 정의론으로 발전되기도 했다.[16]

6.2. 헌법과 사회국가 원리

6.2.1. 헌법상 연혁

사회국가의 정의는 여러 가지로 표현 가능하다. 우리 헌법재판소의 판례는 다음과 같이 표현한 바 있다. "사회국가란 한마디로 사회정의의 이념을 헌법에 수용한 국가, 사회현상에 대하여 방관적인 국가가 아니라 경제·사회·문

---

16) 최봉철, 『현대법철학』, 법문사, 2007, 제8장. 샌델의 입장에 관한 설명은 안민영, "마이클 샌델의 정의론에 대한 비판적 고찰", 한국방송통신대학교 석사학위논문, 2016 참조.

화의 모든 영역에서 정의로운 사회질서의 형성을 위하여 사회현상에 관여하고 간섭하고 분배하고 조정하는 국가이며, 궁극적으로는 국민 각자가 실제로 자유를 행사할 수 있는 그 실질적 조건을 마련해 줄 의무가 있는 국가이다."[17]

우리나라는 헌법규정에서 사회국가 원리를 명시적으로 언급하고 있지는 않다.[18] 하지만 사회국가 원리의 구체화된 여러 조문들이 있기 때문에 사회복지국가 헌법 국가라고 할 수 있다.[19]

• 헌법전문

"정치, 경제, 사회, 문화의 모든 영역에서 각인의 기회를 균등히 하고", "안으로는 국민생활의 균등한 향상을 기하고 밖으로는 항구적인 세계평화와 인류공영에 이바지함으로써"라는 표현이다.

• 재산권의 공공복리 적합성 의무

제23조 제2항 "재산권의 행사는 공공복리에 적합하도록 하여야 한다."

• 사회적 기본권에 해당하는 기본권 보장

제31조부터 제36조까지는 전형적인 사회권을 규정하고 있다.

• 국민경제에 대한 국가의 적극적 책임

제9장 제119조부터 제127조까지는 국민경제에 대한 국가의 적극적 책임을 규정하고 있다.

이렇듯 개별 조문을 비롯해서 우리 헌법은 전체적으로 현대 사회복지국가 원리를 지향하는 헌법이라고 할 수 있다. 이것은 다시 말해서 다른 모든 헌법 규정들도 사회복지국가 원리의 관점에서 해석하고 적용해야 한다는 뜻이다.

(현행 헌법)

제119조 ① 대한민국의 경제질서는 개인과 기업의 경제상의 자유와 창의를 존중함을 기본으로 한다.

---

17) 헌재 2002.12.18. 2002헌마52(저상버스 도입의무 불이행 위헌확인).

18) 독일 기본법 제20조 제1항은 "독일 연방공화국은 민주적, 사회적 연방국가이다"라는 표현으로 사회국가 원리를 하나의 일반조항으로 규정하고 있다.

19) 헌재 2002.12.18. 2002헌마52(저상버스 도입의무 불이행 위헌확인) 결정문에서도 같은 취지의 표현이 나온다.

② 국가는 균형 있는 국민경제의 성장 및 안정과 적정한 소득의 분배를 유지하고, 시장의 지배와 경제력의 남용을 방지하며, 경제주체 간의 조화를 통한 경제의 민주화를 위하여 경제에 관한 규제와 조정을 할 수 있다.

(1948년 헌법)

제15조 재산권은 보장된다. 그 내용과 한계는 법률로써 정한다. 재산권의 행사는 공공복리에 적합하도록 하여야 한다. 공공필요에 의하여 국민의 재산권을 수용, 사용 또는 제한함은 법률의 정하는 바에 의하여 상당한 보상을 지급함으로써 행한다.

제18조 근로자의 단결, 단체교섭과 단체행동의 자유는 법률의 범위 내에서 보장된다. 영리를 목적으로 하는 사기업에 있어서는 근로자는 법률의 정하는 바에 의하여 이익의 분배에 균점할 권리가 있다. (근로자에 대한 이익분배 균점권은 1963년 개헌 시 삭제)

제84조 대한민국의 경제질서는 모든 국민에게 생활의 기본적 수요를 충족할 수 있게 하는 사회정의의 실현과 균형 있는 국민경제의 발전을 기함을 기본으로 삼는다. 각인의 경제상 자유는 이 한계 내에서 보장된다.

(1980년 헌법)

제120조 ① 대한민국의 경제질서는 개인의 경제상의 자유와 창의를 존중함을 기본으로 한다.

② 국가는 모든 국민에게 생활의 기본적 수요를 충족시키는 사회정의의 실현과 균형 있는 국민경제의 발전을 위하여 필요한 범위 안에서 경제에 관한 규제와 조정을 한다.

③ 독과점의 폐단은 적절히 규제·조정한다.

6.2.2. 사회정의와 경제민주화

건국헌법 이래 존속해 온 '사회정의'라는 표현과, 1987년 현행 헌법 이후에 규정된 '경제의 민주화'는 사회국가의 이념과 주요 징표라고 할 수 있는데, 양자의 개념을 이해하기 위해서는 다분히 법철학이나 경제학이론의 힘을 빌리지 않을 수 없다. '사회정의'라는 표현은 제헌 당시의 헌법기초자인 유진오의 작품이다. 유진오는 제헌국회에서 제안이유를 다음과 같이 밝혔다.

제6장 경제장에 규정된 몇 개의 조문은 대체로 자유경제에 대한 국가적 통제의 원칙을 표시한 것입니다. 그러므로 일견 이 경제장을 보면 경제에 관한 국가적 통제가 원칙이 되고 자유경제는 예외가 되어 있는 것 같은 인상을 받을는지 모르지만, 그런 것이 아니라 적어도 중소상공업에 관해서는 자유경제를 원칙으로 하고, 대규모 기업, 독점성·공공성 있는 기업, 이런 기업을 국영 또는 공영으로 하는 동시에, 국방상 또는 국민생활상 긴절한 필요가 있는 때에는 법률로써 사기업을 국영 또는 공영으로 이전시킬 수 있다는 소위 기업사회화의 원칙을 이 경제장에서 게양해 본 것입니다. 즉, 경제적 활동은 원칙적으로 자유입니다. 그러나 그 경제적 활동이 공공성을 띠우는 정도로 이를 때, 그때에는 국가권력으로써 경제문제에 간섭을 한다, 이것이 제장의 기본정신이겠습니다.

특히 제83조는 이 경제문제에 관한 우리나라의 기본원칙을 게양한 것입니다. 모든 사람의 경제상 자유를 인정하지마는, 그 경제상 자유는 사회정의의 실현과 균형 있는 국민경제의 발전이라는 그 두 가지 원칙하에서 인정되는 것입니다. 사회정의라는 것은 대단히 막연한 것 같습니다마는, 이 조문에는 사회정의의 내용에 관해서 정의를 내리고 있습니다. 즉, 모든 국민에게 생활의 기본적 수요를 충족할 수 있게 하는 사회정의입니다. 자유경쟁을 원칙으로 하지마는 만일 일부 국민이 주리고 생활의 기본적 수요를 충족시키지 못한다고 하면 그것을 광정할 한도에서 경제상의 자유는 마땅히 제한을 받을 것입니다. 우리 헌법은 그러므로 균등경제의 원칙을 기본정신으로 하고 있다고 말씀할 수가 있겠습니다. 이러한 사회정의의 실현과 또 균형 있는 국민경제의 발전 …… 다시 말씀하면 경제상의 약자를 다만 도와줄 뿐만 아니라, 국민경제의 전체에 관해서 균형 있는 발전을 하는 것을 우리나라 경제의 기본정신으로 하는 것입니다. 국가적 필요로 보아서 어떠한 부문의 산업을 진흥시킬 필요가 있는 경우, 또 국가적 필요로 보아서 어떤 산업을 제한할 필요가 있는 경우, 그러한 때에는 국가권력으로써 이 모든 문제에 관해서 조정을 할 것입니다. 대개 이러한 것이 경제에 관한 기본적 제 원칙이라고 말씀하겠습니다.

(유진오, 「대한민국헌법 제안이유 설명」 중에서)

1987년 헌법에서는 '경제민주화'라는 용어가 들어왔다. 개헌과정에서 이 용어의 도입을 주도했다고 주장하는 김종인의 입장을 보자. 그는 "헌법 제119조 제2항의 '경제의 민주화를 위하여'란 부분은 재벌 기업을 지나치게 규제하기 위한 것이 아니다. 양극화 등으로 경제·사회적 긴장이 고조되어서 자본주의와 민주주의가 근본적으로 위협받거나 흔들릴 우려가 커질 때 정부가 자본주의와 민주주의의 붕괴를 막기 위해 원용할 수 있는 비상안전장치를 염두에 둔 것이다"[20]라고 설명한다.

> 사람들은 흔히 헌법 제119조 제1항과 제2항을 별개로 생각하는데 제1항과 제2항이 함께 가지 않으면 시장경제가 이뤄지지 않는다. 시장경제의 효율을 극대화하되 시장경제가 지속적으로 안정적으로 발전하기 위해서는 제2항이 함께 작동하지 않으면 안 되게 되어 있다. (중략) 경제민주화를 한마디로 요약하면 거대경제세력이 나라 전체를 지배하지 않도록 하자는 것이다. 국민 각계각층 모두를 아울러야 한다. 미국 등 선진국에서는 노동자와 사용자 사이의 '민주적 협조(democratic cooperation)'체제가 개별 기업과 경제 전체의 생산성과 효율성을 제고한다는 것을 잘 알고 있다.[21]

건국헌법 이후 내내 존재했던 사회정의와 1987년 헌법 이후의 경제민주화와 사정이 다른 것은 재벌의 존재 여부이다. 그런 점에서 경제민주화는 사회정의의 의미를 내포하면서 아울러 거대경제세력(재벌)의 독재를 막자는 취지가 깊게 배어 있는 용어로 받아들일 수 있다.

6.2.3. 사회국가, 민주국가, 법치국가

민주주의와 법치국가 원리, 그리고 사회국가 원리는 실질적인 자유와 평등을 실현시키기 위한 우리 헌법의 핵심적인 기본원리이며, 서로를 규정하는 3면경과 같다. 사회복지국가에서는 실질적 민주주의, 실질적 법치주의가 상응

---

20) 김종인, 『지금 왜 경제민주화인가』, 동화출판사, 2013, 40~41쪽.
21) 위의 책, 40~46쪽 요약.

해야 하는 것이다. 이에 대한 설명을 보기로 하자.

(1) 자유주의적 법치국가론이 의미하는 인간은 정치적으로는 성숙되고 경제적으로는 독립적인 인간이었다. 경제적으로 종속적인 사람들에게는 일정한 시민적 기본권이 주어지지 않았는데, 그 이유는 재산보유자만이 세금을 내고 이 세금으로 운영되는 공적인 일을 결정하는 데 참가하는 것은 당연하다는 것이다. 또한 합리적인 판단을 하기 위해서는 일정한 정도의 교육이 필요한데, 이를 위하여 충분한 경제적 여유가 필수불가결하였다. 칸트는 "이에 요구되는 조건은 자연적인 것(아이나 여자가 아닐 것) 외에도 스스로의 생계를 영위할 수 있는 일정한 정도의 재산(혹은 예술, 기술, 학식)을 가져야 한다. 예를 들어 하인이나 점원, 일용노동자, 이발사 등은 시민이 될 수 없다"고 하였다. 이를 근거로 당시에는 선거권을 제한하였다. 영국을 봐도 1688년 혁명 이후 겨우 전 인민의 2%만이 선거권을 가지고 있었다. 1832년 첫 번째 선거법 개정 이후에도 5%에 그쳤고, 피지배계급의 강력한 압력에 의해 실시된 1884년 선거법 개정에도 여전히 전 남성의 1/3 그리고 여성의 전부가 선거권에서 제외되었다. 시민적 법치국가에서는 사유재산권의 보장이 민주주의보다 항상 우위에 선 법칙이었다.

(2) 형식적 법치국가는 법률의 내용과는 관계없이 법률의 형식만을 갖추면 된다는 법실증주의적 세계관에 입각한 탓으로 독재국가의 수단으로 사용되었다. 나치스 시대의 긴급명령과 포괄적 수권법이 그 예이다. 제2차 세계대전 이후 독일의 헌법이론은 이제 자유, 평등, 정의의 실현을 핵심적 내용으로 하는 실질적 법치국가를 강조하는 쪽으로 중점이 주어졌다. 이러한 실질적 법치국가의 제도적 표현이 독일 기본법의 '사회적 법치국가'라는 개념이다. 이 개념은 원래 바이마르공화국 시대에 헬러(Hermann Heller)에 의해서 실질적 자유와 평등의 관념하에 전통적인 자유주의의 형식적 요청과 새로이 주장되는 사회주의의 내용적 요청을 결합시켜 보려는 의도에서 주장되었다. 헬러는 자유주의적 법치국가와 사회적 법치국가와의 차이를 평등의 원칙에 대한 이해의 상이함에서 찾았다. 전자에서 평등의 원칙은 단순히 형식적인 의미를 지닐 뿐이다. 그러나 사회적 법치국가에서는 평등의 원칙은 자유를 단순히 형식적으로만 보장하는 것이 아니라 실질적으로 보장하여야 한다. 이를 위하여 국가는 사회적 강자의 권리를 통제하고 사회적 약자를 위해서는 여러 가지 법적 보호조치를 통하여 자유를 실질적으로 보장받을 수 있도록 하여야 한다는 것이다. 프랑스, 이탈리아 등도 제2차 세계

대전 이후 사회국가 원리를 채택하였다.

(3) 민주주의와 법치국가 원리, 그리고 사회국가 원리는 실질적인 자유와 평등을 실현시키기 위한 우리 헌법의 핵심적인 기본원리이며, 서로를 규정하는 3면경과 같다. 즉, 민주주의가 국민의 의사에 기초한 국가질서의 형성을 그 내용으로 하는 것이고, 법치국가 원리가 민주적 의사결정과정을 통하여 마련된 법규범을 통하여 사회적 정의를 보장하는 것이라면, 사회국가 원리는 국민의 실질적인 자유와 평등을 실현시키는 데 적합한 사회구조를 형성하는 것을 그 내용으로 한다. 즉, 민주주의가 자유와 평등의 통치형태적 실현수단이고, 법치국가가 자유와 평등의 국가기능적 실현수단이라면, 사회국가는 자유와 평등이 실질적으로 이루어질 수 있는 사회구조를 추구한다. 이렇게 3개의 원리는 우리 헌법의 핵심적인 기본원리이며, 서로를 규정하는 3면경과 같다고 할 수 있다.

(4) 사회국가 원리는 국민의 실질적인 자유와 평등을 실현시키는 데 적합한 사회구조를 형성하는 것을 본질로 하고 있기 때문에, 국가는 경제, 조세, 노동, 교육, 의료, 복지, 주택, 환경 등 정책 전반에 걸쳐 사회적 불평등을 해소하는 데 우선순위를 두어야 한다. 국가의 이런 의무에 기인하는 국가의 급부는 일종의 자선행위(Akt der Gnade)가 아니라, 개개인이 국민의 한 사람으로서 국가에 대하여 지원을 요구할 수 있는 하나의 권리로 인정되고 있다. 사회적 정의는 사회적 관계의 개선행위와 개선요구에 관한 사회국가적 활동의 의무적 규범의 근거기준이 된다. 그러므로 사회적 정의는 사회국가의 법적 규정 및 가치척도를 정하는 지도목표(Leitziel)가 되며, 동시에 실제적 법 적용에 있어서 사법과 행정의 해석규정(Auslegungsregel)이 된다(BVerfGE 1, 97 105(1952)).

복지국가나 급부국가에서는 국가에서 제공하는 복지나 급부에 중점이 두어져 있고, 사회국가에서 국민이 가지는 사회적 기본권의 주체성이라든가 참여권의 성격이 상대적으로 소홀해질 수 있다. 사회국가가 복지국가나 급부국가와는 달리 국민이 국가의 일방적인 급부의 대상이 아니라 국가에게 실질적인 자유와 평등을 요구할 수 있는 권리와 국가가 제공하는 급부에 동등하게 참여할 수 있는 권리를 보장해 주는 것으로 이해한다면, 사회국가 원리는 '민주적으로 지속 가능한 참여'를 보장하는 다양한 형태의 민주주의의 발전을 통하여 구체적으로 실현될 수 있다고 할 것이다. 따라서 사회국가는 단순히 복지국가의 다른 표현이 아니라 좀 더 광범위하고 적극적인 의미에서 주권자인 국민이 국가의사 결정과정에 민주적으로 참여하여 실질적인 자유와 평등을 추구하는 국가사회체계를 뜻한다. 사회국가 원리는 국가와 사회를 분리하는 근대 자유주의적 국가개념을 극복하고, 주권자의 기본권을 법적으로 보장하는 '국가'와 자유평등 연대를 근본가치로 하는 '사회' 사이의 관계를 결합시켜 주는 헌법상의 기본원리로 발전해 가고 있다는 것이다.[22]

6.2.4. 사회적 기본권의 보장

헌법전문에서는 "모든 영역에 있어서 각인의 기회를 균등히 하고 …… 안으로는 국민생활의 균등한 향상을 기하고"라고 표현하면서 사회국가 원리의 내용을 밝히고 있다. 이러한 내용을 구체화한 것이 헌법 제31조부터 제36조에 걸쳐 규정되어 있는 사회권이다.

인간다운 생활을 할 권리(제34조 제1항)를 위시해서 사회보장, 사회복지증진을 위한 국가적 노력의 의무(제34조 제2항·제6항), 생활무능력자의 국가적 보호(제36조 제5항), 근로자의 고용증진과 적정임금의 보장 및 최저임금제의 실시(제32조 제1항), 인간의 존엄성에 합치되는 근로조건기준의 법률제정주의(제32조 제3항), 여자와 연소자의 근로의 특별보호(제32조 제4항·제5항), 근로3권의 보장(제33조 제1항), 환경권(제35조), 근로의 권리(제32조 제1항), 보건에 관한 국가적 보호(제36조 제3항) 등이 규정되어 있다.

6.2.5. 재산권의 사회적 구속성

건국헌법 이래 일관된 규정 중 하나인 헌법 제23조 제1항은 재산권의 내용과 한계를 법률로 정하도록 하고 있다. 이는 자유권에 관한 일반적 규정양식과 매우 다른 것이다. 자유권에 있어서는 근대 입헌주의 시민국가 헌법 이래 그 한계만 법률로 정하도록 할 뿐 자유권의 내용을 법률로 정하도록 하지는 않는다. 우리 헌법도 다른 자유권의 경우 제37조 제2항에서 그 한계를 법률로 정하도록 하고 있다.

---

22) 박병섭, "사회국가 원리의 역사적 전개와 법적 의미", 『민주법학』, 제54호, 2014.

이와 함께 바이마르 헌법 제153조 제3항(소유권의 사회적 의무규정)과 맥락이 이어지는 우리 헌법 제23조 제2항(재산권의 공공복리 적합성 의무규정)과 제3항의 사회화 규정도 사회국가 원리의 구체적 표현이다. 이 외에도 사유재산제의 수정조항으로 제121조와 제126조가 있다. 제121조에서는 농지의 소작제도를 금지하고 농지의 임대차와 위탁경영은 법률이 정하는 바에 의해 인정된다. 제126조도 국방상 또는 국민경제상 긴절한 필요가 있으면 법률을 통해 사영기업을 국유화 또는 공유화할 수 있음을 밝히고 있다.

6.2.6. 사회적 시장경제질서의 추구

우리 헌법에서 사회국가 원리가 포괄적으로 구현되어 있는 부문은 무엇보다도 제9장(경제)이다. 흔히 이를 사회적 시장경제질서라고 부른다.

경제질서의 유형에는 크게 자본주의적 시장경제질서와 사회주의적 계획경제질서가 있다. 자본주의적 시장경제질서는 ① 사유재산제, ② 직업선택의 자유, ③ 이윤추구원리, ④ 시장경제와 가격기구, ⑤ 노동의 상품화 등을 특징으로 한다. 이와 달리 사회주의적 계획경제질서는 ① 생산수단의 사회화, ② 사유재산제의 부인, ③ 이윤추구의 불인정, ④ 계획경제, ⑤ 공동생산·공동분배 등을 그 특징으로 한다.

양자의 절충으로서의 사회적 시장경제질서는 사유재산제의 보장과 자유경쟁을 기본원리로 하는 시장경제질서를 근간으로 하되, 사회복지·사회정의·경제민주화 등을 실현하기 위하여 부분적으로 사회주의적 계획경제 또는 통제경제를 가미한 경제질서이다. 그에 따라 자유와 평등, 직업의 자유, 계약의 자유, 집회의 자유, 소유권의 자유, 기업의 자유, 자유경쟁과 자유노동계약에 근거하면서 사회적 악습과 불공평 및 사회적 부정의를 배제하기 위해 필요한 경우에는 자유영역에 국가가 개입할 수 있고 더 나아가 개입이 요구된다.

6.2.7. 경제에 대한 규제와 조정의 사유

경제에 대한 국가개입의 일반 조항인 제119조에 따르면 국가개입의 사유를 다음과 같이 나열하고 있다.

첫째, 균형 있는 국민경제의 성장 및 안정과 적정한 소득의 분배를 유지하기 위함이고, 둘째, 시장의 지배와 경제력의 남용을 방지하기 위함이며, 마지막으로 경제주체 간의 조화를 통한 경제의 민주화를 이루기 위함이다.

균형 있는 국민경제의 성장 및 안정과 적정한 소득의 분배를 유지한다는 것은 국가가 극단적인 선성장 후분배 정책을 펴서는 안 된다는 것을 포함하여 성장과 분배의 조화를 추구한다는 것을 의미한다. 국가주도의 자본주의국가에 있어서 불균등 경제정책을 배경으로 극단적인 성장정책을 추진하면 균형 있는 국민경제를 도모할 수 없기 때문이다.

시장의 지배와 경제력의 남용을 방지한다는 것은 독과점규제를 통해 자유경쟁을 왜곡시키는 기업결합행위와 지배력을 남용한 경쟁제한행위를 규제함으로써 실질적인 자유경쟁을 도모하겠다는 것이다. 이는 자본주의의 속성상 자본의 집중과 집적으로 인해 시장의 왜곡이 필연적으로 발생한다는 점을 인식한 데 따른 대응이다. 즉, "국가목표로서의 '독과점규제'는 스스로에게 맡겨진 경제는 경제적 자유에 내재하는 경제력 집중적 또는 시장지배적 경향으로 말미암아 반드시 시장의 자유가 제한받게 되므로 국가의 법질서에 의한 경쟁질서의 형성과 확보가 필요하고, 경쟁질서의 유지는 자연적인 사회현상이 아니라 국가의 지속적인 과제라는 인식에 그 바탕을 두고 있는 것이다."[23] 또한 헌법재판소는 "헌법 제119조 제2항에 규정된 '경제주체 간의 조화를 통한 경제민주화'의 이념도 경제영역에서 정의로운 사회질서를 형성하기 위하여 추구할 수 있는 국가목표로서 개인의 기본권을 제한하는 국가행위를 정당화하는 헌법규범"[24]이라고 한다.

경제주체 간의 조화를 통한 경제의 민주화란 경제활동에 관한 의사결정방식이 민주적인 방식으로 행해져 국가, 기업 그리고 노동자(조직) 간에 힘의 균형이 이루어져야 한다는 것을 의미한다. 경제민주화의 영역은 비단 국가경제적 영역만 문제가 되는 것이 아니다. 경제민주화는 기업의 민주화, 즉 기업경영의 민주화를 포함하는 것이기도 하다. 기업경영의 공동결정권이나 기업이익균점권을 추구하는 근거규정으로 기능할 수 있는 것으로서 사용자의 기본

---

23) 헌재 1996.12.26. 96헌가18.

24) 헌재 2003.11.27. 2001헌바35.

권을 제한하는 국가행위를 정당화하는 규범이다. 독일은 1952년 연합국이 강요하다시피 해서 노사공동결정제도(Mitbestimmung)가 도입되었다. 1952년 「몬탄공동결정법」에 따라 철강과 석탄산업에 먼저 도입되었는데, 철강과 석탄재벌들이 전쟁의 특수를 노렸다는 점이 작용했다. 전략산업 분야에서 자본가를 견제하기 위해 근로자도 의사결정에 참여하도록 하는 체계를 갖추도록 한 것이다. 제도를 운용한 결과 노사관계 안정은 물론 기업경영에도 효율적이라는 점이 입증되어 1976년 공동결정법에 따라 종업원 2,000명 이상 전 산업으로 확대 도입하였다. 경제민주화를 헌법상 권력분립의 이론에 따라 국민의 기본권에 영향을 미치는 국가권력 외에 경제와 사회권력까지 포함시켜야 하는 것이 현대 헌법의 과제라 한다면, 이와 같은 노동자의 경영참가, 근로자이사제 등이 자연스런 추세라고 말할 수 있다.

근로자이사제는 간단히 이야기하면 기업이사회 차원에서 노사 간 경청과 소통, 협치의 제도화라고 할 수 있다. 현재 사업장 수준에서는 노사협의회라는 것을 통해 노사가 일정 사안을 협의하도록 되어 있다. 그러나 누구도 이걸로는 주인의식을 느끼지 못한다. 공동합의가 아닌 단순협의 수준인데다 그나마 이사회 사안은 처음부터 비껴가기 때문이다. 만약 사업장은 물론이고 이사회에서까지 노사가 머리를 맞대고 공동결정을 한다면 이야기는 달라진다. 근로자이사제는 이사회 차원의 노사 협치를 유도하는 장치이다. (중략)

더 적극적으로 보자면, 근로자이사제는 근로자가 '경영혁신의 공동주체'가 되는 길이자 근로자와 사용자가 '공동운명체'가 되는 길이다. 근로자이사제는 노사 갈등비용 감축과 노동자 경영혁신 촉진을 통해서 '새로운 경제성장 동력'이 된다. 기업의 지속 가능성을 최고도로 확보하는 길이기도 하다. 요컨대 오늘날의 지속 가능한 기업경영은 '노사가 경영의 성과와 책임을 공유하고 소통하는 경영구조'로 패러다임 전환을 요구하며, 이를 위해서 근로자이사제가 필수적이라는 것이다.

근로자이사제는 영국과 이탈리아 등 예외가 없는 것은 아니지만 유럽의 주요 국가들에서 이미 보편화된 제도라 할 수 있다. 지역적으로도 유럽 전역에 고루 확산되어 있다. 중서부에선 독일, 프랑스, 오스트리아, 체코, 북부에선 네덜란드, 덴마크, 스웨덴, 동부에선 슬로베니아, 헝가리, 폴란드, 남부에선 스페인, 그리스, 포르투갈 등 유럽의 18개 국가에서 시행 중이다. (중략)

18개국 중 독일만 이사정수의 절반을 근로자이사로 두도록 하고 나머지 나라들은 일반적으로 1/3선, 2~3인의 근로자이사를 두도록 규정한다. 근로자이사라고 통칭하지만 반드시 당해 기업의 근로자여야 하는 것은 아니고 근로자들이나 노동조합이 외부전문가를 추천할 수도 있다. 산별노조의 간부들(=전문가들)이 근로자이사로 활동하는 경우가 많다. 이런 나라들에선 일반적으로 노조조직률이 3, 40%대를 기록하고 있을 뿐 아니라 사업장 수준에서도 근로조건과 생산성 향상에 대한 안정적이고 강력한 노사공동결정제도가 뿌리내린 경우가 대부분이다. (중략)

당연히 근로자이사는 자본의 관점보다는 노동의 관점에서 안건을 분석, 평가하고 대안을 내놓게 될 것이다. 그에 따라 일하는 보통사람들의 관점과 이해관계가 이사회에서 대변되고 증진될 것이다. 마땅히 그래야 한다. 더욱이 대기업이 준법책임을 넘어 사회책임을 다하려면 이사회의 의사결정과정에서 노동, 인권, 환경, 협력업체, 지역사회 등에 미치는 사회적 영향과 비재무적 효과까지 감안하지 않으면 안 된다. 그렇지 않을 경우 그로 인한 기업리스크를 감당할 길이 없다. 대기업의 사회책임혁명이 진행되는 21세기에 근로자이사제는 기본이다.

(곽노현, "근로자이사제, 경제민주화의 새모델", 허핑턴포스트, 2016.6.7.)

【증권거래법 제191조의7 제3항 등 위헌소원사건(헌재 2003.11.27. 2001헌바35)】

다른 모든 기본권과 마찬가지로 재산권도 공익상의 이유로 제한될 수 있음은 물론이며, 특히 대형금융기관과 같은 대기업의 주식의 경우 입법자에 의한 보다 광범위한 제한이 가능하다. 기본권의 전체 체계에서 재산권은 기본권의 주체가 각자의 생활을 자기 책임하에서 자주적으로 형성하도록 이에 필요한 경제적 조건을 보장해 주는 기능을 한다. 이로써 재산권의 보장은 자유실현의 물질적 바탕을 의미하고, 자유와 재산권은 상호 보완관계이자 불가분의 관계에 있다. 재산권의 이러한 자유보장적 기능은 재산권을 어느 정도로 제한할 수 있는가 하는 사회적 의무성의 정도를 결정하는 중요한 기준이 된다. 재산권에 대한 제한의 허용 정도는 재산권행사의 대상이 되는 객체가 기본권의 주체인 국민 개개인에 대하여 가지는 의미와 다른 한편으로는 그것이 사회 전반에 대하여 가지는 의미가 어떠한가에 달려 있다. 즉, 재산권의 행사의 대상이 되는 객체가 지닌 사회적 연관성과 사회적 기능이 크면 클수록 입법자에 의한 보다 광범위한 제한이 정당화된다. 다시 말하자면 특정 재산권의 이용과 처분이 그 소유자 개인의 생활영역에 머무르지 아니하고 일반 국민 다수의 일상생활에 큰 영향을 미치는 경우에는 입법자가 공동체의 이익을 위하여 개인의 재산권을 제한하는 규율권한을 더욱 폭넓게 가진다(헌재 1998.12.24. 89헌마214 등, 판례집 10-2, 927, 945). 이러한 관점에서 볼 때, 대기업의 자본지분인 '주식'에 대한 재산권의 경우 재산권이 개인의 인격발현에 대하여 지니는 의미는 상당히 미소한 데 반하여 사회적 연관성이나 사회적 기능이 뚜렷하므로, 국가에 의하여 보다 폭넓게 제한될 수 있다. (중략)

헌법상의 경제질서에 관한 규정은, 국가행위에 대하여 한계를 설정함으로써 경제질서의 형성에 개인과 사회의 자율적인 참여를 보장하는 '경제적 기본권'과 경제영역에서의 국가활동에 대하여 기본방향과 과제를 제시하고 국가에게 적극적인 경제정책을 추진할 수 있는 권한을 부여하는 '경제에 대한 간섭과 조정에 관한 규정'(헌법 제119조 이하)으로 구성되어 있다.

특히 헌법 제119조는 개인의 경제적 자유를 보장하면서 사회정의를 실현하는 경제질서를 경제헌법의 지도원칙으로 표명함으로써 국가가 개인의 경제적 자유를 존중해야 할 의무와 더불어 국민경제의 전반적인 현상에 대하여 포괄적인 책임을 지고 있다는 것을 규정하고 있다. 우리 헌법은 헌법 제119조 이하의 경제에 관한 장에서 "균형 있는 국민경제의 성장과 안정, 적정한 소득의 분배, 시장의 지배와 경제력 남용의 방지, 경제주체 간의 조화를 통한 경제의 민주화, 균형 있는 지역경제의 육성, 중소기업의 보호육성, 소비자보호 등"의 경제영역에서의 국가목표를 명시적으로 언급함으로써 국가가 경제정책을 통하여 달성하여야 할 '공익'을 구체화하고, 동시에 헌법 제37조 제2항의 기본권 제한을 위한 법률유보에서의 '공공복리'를 구체화하고 있다(헌재 1996.12.26. 96헌가18, 판례집 8-2, 680, 692-693). 따라서 헌법 제119조 제2항에 규정된 '경제주체 간의 조화를 통한 경제민주화'의 이념도 경제영역에서 정의로운 사회질서를 형성하기 위하여 추구할 수 있는 국가목표로서 개인의 기본권을 제한하는 국가행위를 정당화하는 헌법규범이다.

그러나 이 사건 법률조항이 자본금감소의 명령을 할 수 있도록 한 것은 금융거래의 보호와 예금자보호라는 공익을 실현하기 위한 것으로서 헌법 제119조 제2항의 '경제민주화'와 아무런 연관이 없을 뿐이 아니라, '경제민주화'의 이념이 경제영역에서의 국가행위의 한계를 설정하고 청구인의 기본권을 보호하는 헌법규범이 아니라 개인의 경제적 자유에 대한 제한을 정당화하는 근거규범이라는 점에서도 헌법 제119조 제2항의 '경제민주화'는 이 사건 법률조항의 위헌성을 판단하는 근거로서 고려될 수 없다.

6.2.8. 경제질서와 관련된 주요 판례

1. 「도시계획법」 제21조(개발제한구역 설정)에 대한 위헌소원(헌재 1998.12.24. 89헌마214, 90헌바16, 97헌바78(병합))
2. 신문업에 있어서의 불공정거래행위 및 시장지배적 지위 남용행위의 유형 및 기준 제3조 제1항 등 위헌확인(헌재 2002.7.18. 2001헌마605)
3. 구「이자제한법」 중 개정법 등 위헌소원(헌재 2001.1.18. 2000헌바7)
4. 「영화법」 제26조(국산영화 의무상영제) 등 위헌확인(헌재 1995.7.21. 94헌마125)

> 국민연금은 헌법 제34조와 헌법 제119조 제2항에 근거한 국민연금법을 준수할 의무와 법적 근거를 가지고 있다. 따라서 이러한 국민연금법의 헌법적 근거는 국민연금으로 하여금 연금의 주인인 국민을 위한 경제민주화의 실현의무를 부여하였다고 할 것이다. 그리고 국민연금기금의 구체적 사회적 책무의 이행을 위하여 다음에 기술하고 있는 한국판 스튜어드십 코드(stewardship code)를 반드시 도입하여야 하며, 이 코드의 원칙과 기준을 통하여 국민연금은 지금의 우리 사회가 갈망하고 있는 경제민주화 실현이라는 시대적 사명을 이룩하는 데 적극 행동하여야 할 것이다. (중략) 우리나라는 영국에서 출발한 스튜어드십 코드제도를 도입하고자 한국기업지배구조원에서 '기관투자자의 수탁자 책임에 관한 원칙'을 제정하였다. 이것은 국민연금 등 기관투자자들은 투자기업의 주주총회에서 소극적으로 의결권에 참여하는 것에서 벗어나 앞으로는 이 원칙에 따라서 투자기업의 경영에 관여(engagement)하고 주주총회에서 적극적으로 의결권을 행사하라는 것이다.
>
> (박동욱, "경제민주화를 위한 국민연금의 헌법적 의무", 한국방송통신대학교 석사학위논문, 2017)

제7장
평화국가 원리와 문화국가 원리

개관

  평화국가 원리가 헌법원리로 본격적으로 논의된 것은 통상 제1, 2차 세계대전 이후라고 평가하지만, 자본주의국가 헌법의 원형이 형성되던 근대국가 초기에 부르주아와 다른 헌법사상을 제시했던 민중의 지도자들은 이 문제를 아주 분명하게 인식하고 있었다. 군사문제를 포함하여 평화에 대한 그들의 태도는 오늘날 평화주의를 보다 전향적으로 충전하는 것에 대한 중요한 시사점을 제공한다. 이념적 대립이 여전히 심각한 우리의 분단상황으로 인해 우리 헌법의 평화국가 원리에는 독특하게 평화통일원칙이 그 중요한 요소가 되고 있다.

  한편 사회복지국가 헌법에서는 헌법제도 외에 문화도 중요하다. 민주주의적 헌법문화가 없이는 헌법제도의 정착이 불가능하기 때문이다. 문화국가 원리의 가장 기초가 되는 것은 문화의 자율성이다. 문화국가 원리의 이러한 특성은 문화의 개방성 내지 다원성의 표지와 연결되는데, 문화국가 원리는 엘리트문화뿐만 아니라 서민문화, 대중문화도 그 가치를 인정하고 정책적인 배려의 대상으로 하여야 한다는 점을 승인한다.

7.1. 평화국가 원리

7.1.1. 평화국가 원리의 의의

1. 평화국가 원리의 개념

평화란 개인 간, 집단 간 또는 국가 간에 대립이나 투쟁이 없는 안정과 화합의 상태를 말한다. 국제사회에서는 강제장치가 없으므로 완전평화의 상태란 있을 수 없다. 그러나 두 차례 세계대전을 경험한 이래 각국은 전쟁을 방지하고 평화를 유지하기 위한 노력을 기울이고 있다. 그에 따라 여러 국제조약과 각국 헌법에서는 국제평화주의를 선언하고 있다.

평화국가란 국제협조·국제평화의 지향을 이념적 기반으로 하는 국가를 말한다. 평화국가의 원리란 국제적 차원에서 평화공존, 국제분쟁의 평화적 해결, 각 민족국가의 자결권 존중, 국내문제 불간섭 등을 그 핵심내용으로 하는 평화주의를 국가목적으로 지향하는 원리이다.

우리나라의 경우에도 헌법전문에서 국제평화주의를 선언하고, 제5조 제1항에서는 침략적 전쟁의 금지를 규정하고 있다. 또한 우리나라 헌법은 다른 나라에는 없는 독특한 규정을 갖고 있다. 평화통일에 관한 규정이 그것이다. 조국의 평화적 통일을 지향함으로써 남북한의 분단상태와 관련해서 국제평화주의 원칙을 추구하고 있다(헌법 제4조).

2. 형성 중인 원리로서의 평화국가 원리

국제사회를 대상으로 하는 국제평화주의에는 개별 국가들의 주권평등원칙과 내정불간섭원칙이 전제되어 있다. 그런데 이들 원칙은 현상유지적 성격을 갖는다. 따라서 적극적으로 평화체제를 유지하고자 하는 국제평화주의는 개별 국가의 주권에 대한 제약을 수반하기 때문에 이들 원칙과 갈등관계에 놓이게 된다. 유엔을 위시한 국제사회가 국제평화주의를 규범화하고 일반화하는 데 한계가 있을 수밖에 없다는 뜻이다. 이런 의미에서 개별 주권국가들이 국제평화주의를 핵심적인 내용으로 하는 평화국가 원리를 유엔의 요구대로 수용하기란 쉬운 일이 아니다. 게다가 국제평화를 해치는 행위에 주로 강대국이나 패권주의국가들이 연루되어 있다는 점을 고려하면 국제평화주의를 규범화하는 것이 얼마나 지난한 일인지 짐작할 수 있다. 평화국가 원리가 형성 중의 원리로 평가되는 이유가 여기에 있다.

특히 우리나라와 같이 국제사회에서 가장 이념적 갈등이 치열한 지역이고 아직도 평화체제가 수립되지 않은 나라로서는 평화국가 원리를 적극적으로 형성해 가는 것이 더더욱 어려운 상황이다. 전쟁을 염두에 둔 실존적 위기상황에서 평화정책을 표방함으로써 자기억제를 시도하는 것은 합의에 도달하기도 어려울 뿐만 아니라, 설령 합의에 도달한다고 하더라도 위기가 고조되는 순간 언제라도 폐기될 수 있는 원리로 간주되기 쉽다. 이런 의미에서 독일이나 특히 일본의 경우와 같이 헌법상의 평화주의를 실천적 좌표로 활용할 여지는 그렇게 크지 않아 보인다. 바로 이런 조건이 헌법해석서들이 평화주의를 헌법원리의 하나로 격상시키고 있음에도 불구하고 그 내포로 다루는 내용은 빈약하기 그지없는 상황을 설명해 준다.

전쟁과 평화의 문제에 대해 규범적 재단을 삼감으로써 법규범의 차원을 뛰어넘는 사안이거나 국제정치 혹은 국제법에서나 다룰 사안으로 방치하는 것은 이데올로기적 대립공간에서 아주 편리하게 생존을 도모했다는 방편일 수 있다.

헌법해석서들이 군비축소와 평화체제구축과 같은 당위적 요청을 모른 척하는 것과는 달리, 자본주의국가 헌법의 원형이 형성되던 근대 국가 초기에 부르주아와 다른 헌법사상을 제시했던 민중의 지도자들은 이 문제를 분명하게 인식하고 있었다. 군사문제를 포함하여 평화에 대한 그들의 태도는 오늘날 평화주의를 보다 전향적으로 충전하는 것에 대한 중요한 시사점을 제공한다. 또한편 보편적 개념으로서의 평화에 대한 논의를 한반도 현실에서 실천적으로 담보하는 물적 토대는 이미 상당히 갖추어져 있다. 7 · 4 남북공동성명을 위시하여 남북기본합의서 등 남북 간에 합의된 주요 문서들이 그것이다. 평화주의를 남북공동체의 공통규범으로 이해하는 것은 헌법학의 중요한 과제이다.

7.1.2. 평화주의의 규범화 과정

1. 평화주의의 규범화 역사

평화에 대한 인식이 전쟁 및 군사문제(군의 통제 및 규율)로 국한되어 있긴 하나 근대 입헌주의 시민국가 헌법은 평화문제를 스스로의 규율대상으로 삼았다.[1] 즉, 군대에 관한 기본문제는 법률만으로 처리할 수 없게 하고 헌법으로 처리해야 할 사항(헌법사항)으로 규정하였다. 헌법의 규율대상을 구체적으로 처리하는 경우에도 의회가 주도적으로 처리하도록(의회중심주의) 규정하였다.[2]

거의 같은 시기에 시민계급이 군주의 지지기반인 군대를 자신들의 기반인 의회의 관장하에 두는 것에 만족했던 것과는 달리, 당시의 민중계급과 이들의 지도자들은 군대와 전쟁문제에 대해 훨씬 엄격한 태도를 보였다. 1792년 5월에 제시되었던 민중의 헌법사상은 전쟁을 인류에 대한 범죄로 인식하면서 전쟁도발자에 대해 매우 엄격했고, 몇 해 뒤 '바뵈프의 음모'에서는 무력이 계급 지배의 수단이 될 가능성을 차단하는 데 보다 적극적이었다.[3] 군축과 평화문제에 대한 한층 진전된 태도는 1871년 파리코뮌이 제시했다. 파리코뮌은 인민

---

1) 스기하라 야스오, 이경주 역, 『헌법의 역사』, 이론과실천, 1999, 56쪽 이하.

2) 예컨대 1788년의 미합중국 헌법은 전쟁을 선언하는 것(제1조 제8절 제11항), 육해군을 징집하고 유지하는 것(제1조 제8절 제12항·제13항), 육해군의 통수와 규율에 관한 규칙제정(제1조 제8절 제14항) 등을 연방의회의 권한으로 하고 있다. 1791년 프랑스 헌법도 국왕의 통수권을 인정하면서도 군정사항은 의회의 배타적인 권한으로 규정하였다(제3편 제3장 제1절 제1조 제8호). 전쟁선포는 국왕의 제안에 기초하되 의회의 법률로 해야 하고(제2조 제1항), 군을 동원할 필요가 있을 때 국왕은 지체 없이 입법부에 통지하되 입법부가 전쟁을 해서는 안 된다고 결정한 경우 국왕은 모든 적대행동을 정지 또는 예방하기 위한 조치를 취해야 한다(동조 제2항·제3항). 전쟁 중 의회는 평화를 강구할 것을 국왕에게 요구할 수 있고, 국왕에게 그 요구에 응할 것을 의무지우거나(동조 제5항) 또는 평화조약·동맹조약에 비준하는 것을 의회의 권한으로 하고 있다(제3조).

3) 1792년 5월 민중의 헌법구상인 '사회상태에서의 인간권리의 엄숙한 선언'은 전쟁이 군주, 전제군주, 지배자의 지위에 있는 야심가들에 의해 일어나며 그 자체 인류에 대한 죄로 본다(제3조). '군대와 무력이 우월적인 지위를 차지하는 나라는 압제가 존재하는 나라'이기 때문에 이에 대하여 인민이 봉기하는 것은 인민의 신성한 권리이자 의무이다(제22조). 1796년 5월의 바뵈프의 음모(P. M. Buonarroti의 '이른바 바뵈프의 평등을 위한 음모', 1828년 저서 중)에서는 "무기를 일부 유권자에 맡기면 군대가 전제정치 또는 자유를 부정하는 정치의 수단이 되므로 무기를 주려거든 모든 유권자에게 주어서 모두가 조국을 방위

주권원리에 입각하여 군대와 경찰을 해체 또는 재편하는 등 군사소국주의를 지향하면서 시민의 자유를 해칠 위험과 경제에 대한 부담을 이유로 상비군을 폐지해야 한다고 선언했다.[4]

민중의 요구와는 거리가 멀었으나, 제2차 세계대전 이후 현대 자본주의 헌법에서는 평화에 관한 규정들이 점차 시민권을 얻었다. 여기에는 제1차 세계대전 이전의 전통 국제법이 국가의 무력사용권을 당연시했던 것에 대한 반작용도 한몫을 했다. 예컨대 1899년과 1907년의 '국제분쟁의 평화적 해결을 위한 헤이그협약(Hague Convention for the Pacific Settlement of International Disputes)'은 그 명칭과는 달리 이른바 정전(正戰)논리(just war doctrine)조차 담지 않은 채 무력에의 호소 가능성을 열어 두고 있었다. 국제연맹규약(제12조)이 전쟁을 규율하는 방편으로 고작 전쟁개시 전 냉각기간을 두도록 한 것도 그 연장선에 있는 것이었다.

그러나 1923년 국제연맹총회에서 침략전쟁을 국제범죄로 간주하고 1927년의 침략전쟁선언(Declaration on Aggressive Wars)이 문서화된 것은 진전이었다. 다음 해의 부전조약(Treaty for the Renunciation of War)에서 체약국 상호 간 '국가정책수단으로서의 전쟁'이 포기되었고, 제2차 세계대전 후 도쿄 및 뉘른베르크 국제군사법원헌장은 침략전쟁의 개시뿐만 아니라 그 준비행위 또한 국제법상 금지되는 것으로 보았다.

국제연합이 결성된 이후 유엔의 강제행동독점원칙은 무력의 위협과 사용을 포괄적으로 금지시키는 틀을 형성하고 있다(유엔헌장 제51조). 유엔의 강제행동독점의 예외는 안보리가 일정한 조치를 취하기 전에 일시적으로만 인정되는 자위권의 행사와, 안보리의 수권에 의한 지역적 협정이나 지역적 기구의 강제행동 두 경우뿐이다. 무력복구는 부인되며, 자위권의 자의적 확대에 불과

하도록 해야 한다. 군대를 통솔하는 사람은 유권자가 임명하고, 군대 내의 영속적인 계급을 폐지하고, 문민통제의 원칙이 확립되도록 하여야 한다", "아무 때나 무력에 호소해서는 안 되며, 자유가 위협되는 경우에만 무력이 유익하고 정당할 뿐이다. 아무리 명분이 좋은 전쟁이라도 이는 인류에 대한 범죄이며, 전쟁에 이긴 자에게도 죄악의 근원이 된다", "약탈심은 정복욕과 마찬가지로 유권자와 무관한 것이다"라고 하였다. 스기하라 야스오, 앞의 책, 105~106, 113쪽.

4) 그해 3월 29일의 법률은 다음과 같이 의결했다. 제1조 "징병을 하지 않는다." 제2조 "국민위병 이외의 어떠한 병력도 파리 내에 창설하거나 도입해서는 안 된다." 제3조 "모든 건강한 시민은 국민위병을 구성한다."

한 이른바 '예방적 자위권'은 허용되지 않는다. 테러 행위에 대해서도 자위권 행사는 원칙적으로 정당화되지 않는다. 유엔안보리의 허가 없이 타국의 영토에 대한 무력의 위협 또는 사용을 동반하는 '인도적 간섭'은 유엔헌장 제2조 제4항으로 미루어 금지된다. 다른 나라의 억압적인 정권을 전복하고 민주적인 정부체제를 수립하기 위해 무력으로 개입하는 이른바 '민주적 간섭'의 논리도 국제법상 결코 승인될 수 없다. 특히 1974년 12월 유엔총회에서 채택된 '침략에 대한 정의'는 국제평화를 향한 중요한 지침이 되고 있다.

제2차 세계대전 이후 국제법의 진전에 따라 침략전쟁 포기와 국제법 존중주의, 국제분쟁의 평화적 해결의무규정, 나아가 평화를 위해 주권을 스스로 일부 제한하는 헌법들이 나타나고 있다. 기본권 측면에서 양심적 반전주의자의 보호나 평화적 생존권이 부분적이나마 그 근거를 확보하고 있기도 하다. 그러나 현실적으로 사회주의국가 헌법이나 자본주의국가 헌법을 막론하고 자위전쟁을 포기하는 헌법은 거의 없고 군축에 관해 규율하는 헌법도 찾아보기 힘들다.

2. 독일 기본법과 일본 헌법의 평화주의

비록 제2차 세계대전의 전범국가로서 전승국의 압력에 의해 제정되었기는 하지만 독일 기본법과 일본 헌법에 들어 있는 평화에 관한 규정은 현대 시민국가 헌법의 평화주의에 관한 선도적 의미를 갖는다고 할 수 있다.

독일 기본법은 양심상 집총거부권(제4조 제3항)과 대체역무부과(제12a조 제2항)에 관한 규정 외에 국제평화를 위해 주권을 제한할 수 있도록 하고(제24조 제1항과 제2항), 국제법의 일반원칙은 법률에 우선하는 규범으로서 연방법의 구성 부분임을 선언한다(제25조). 독일 기본법이 평화에 대한 진전된 태도를 취하고 있음은 제26조에서 가장 뚜렷하다. 국가 간의 평화로운 공동생활을 교란시키기에 적합하고 교란할 의도로 행하는 행동과 특히 침략전쟁 수행의 준비는 위헌이다. 이러한 행위는 처벌되어야 한다(제1항).[5] 전쟁 수행용으로 지

---

5) 이 조항은 두 가지 의미가 내포되어 있다. 하나는 침략전쟁 준비의 금지가 개개인이 준수해야 할 의무로 구체화되고 있다는 점이고, 다른 하나는 국제법상 금지되어 있지 않는 침략전쟁 준비가 국내법상 형벌의 대상이 되고 있다는 점이다. K. Döhring, 「§178 Das Friedensgebot des Grundgesetzes」, in J. Isensee u. P. Kirchhof, (Hg.), *Handbuch des Staatsrechts der Bundesrepublik Deutschland*, 1992, 갓번호 30.

정된 무기는 연방정부의 허가를 얻어야만 제조, 수송, 거래될 수 있다(제2항).

독일 기본법보다 더욱 전향적인 태도를 보이는 것이 일본의 이른바 평화헌법이다.[6] 일본 국민은 정의와 질서를 기조로 하는 국제평화주의를 성실히 희구하고, 국가권력의 발동에 의한 전쟁과 무력에 의한 위협 또는 무력의 행사는 국제분쟁의 해결수단으로서는 이를 영구히 포기한다(제9조 제1항). 전항의 목적을 달성하기 위하여 육·해·공군, 그 밖의 전력은 이를 보유하지 않는다. 국가의 교전권은 인정하지 않는다(제9조 제2항). 일본 평화주의의 요체는 전쟁 포기 및 교전권의 부인, 모든 전력의 비보유, 평화적 생존권의 보장이다.

7.1.3. 헌법의 평화국가 원리

1. 국제평화주의

(1) 무력행사 및 무력에 의한 위협의 금지원칙

유엔헌장은 제2조 제4항에서 국제평화와 안전의 유지에 반하는 무력행사와 무력에 의한 위협을 포괄적으로 금지하고 있다. 여기에서 말하는 무력을 군사력만이 아니라 정치적·경제적 압력 및 다른 모든 형태의 압력을 포함하는 것으로 이해한다면, 무력행사 및 무력에 의한 위협의 금지는 국제평화주의의 가장 기본적인 내용이 된다.

전쟁이 가장 전형적인 무력행사이나 이른바 평화적 봉쇄도 그에 포함되며, 타국 영토로 침입하기 위해 용병 등의 비정규군이나 무장부대를 조직하거나 조직을 조장하는 행위도 포함된다. 타국 내에서 내전 및 테러 행위를 조직하거나 선동, 지원 및 참여 등도 금지된다. 특히 인민들로부터 자결, 자유 및 독립에 관한 권리를 박탈하는 모든 강제행위도 포함된다.[7]

무조건적으로 금지되는 무력행사로서 침략전쟁은 유엔총회가 유권적 해석

---

6) 일본에서 전개되고 있는 평화주의론에 대한 진보적 관점에서의 논평으로 和田進, "平和主義論の課題", 『法の科學』, 第27号, 1998, 88쪽 이하.

7) 1970년의 유엔총회결의 2625-XXV 'Declaration on Principles of International Law concerning Friendly Relations and Cooperation among States in Accordance with the Charter of the United Nations.'

을 시도하고 있다.[8] 그에 따르면 침략이란 타국의 주권, 영토보전 혹은 정치적 독립에 대하여 유엔헌장과 일치하지 않는 방법으로 무력을 사용하는 것(제1조)으로, 예컨대 무력에 의한 타국 항구 또는 연안의 봉쇄, 조약에 의하여 타국에 주둔 중인 군대를 조약규정에 위반하여 사용하거나 조약이 종료한 후에도 계속 주둔시키는 것, 타국이 제3국을 침략하는 데 자국 영토를 이용하도록 허락하는 행위, 그리고 이에 준하는 중대한 무력행위를 타국에 대하여 수행하는 무장집단, 비정규군 혹은 용병의 '국가에 의한 혹은 국가를 위한' 파견 등(제3조)이다. 침략은 정치적 · 경제적 · 군사적 혹은 기타 그 어떤 사유로도 정당화될 수 없으며, 침략전쟁은 국제평화에 대한 범죄이며, 침략으로 확보되는 영토의 취득이나 이익도 합법으로 승인되지 않는다(제5조). 국가의 범죄가 아니라 개인의 범죄로 다루어지는 한계가 있긴 해도 국제형사법원에 관한 로마규약에서 포괄하는 전쟁범죄는 국내법상 곧바로 효력을 갖는다.

유엔안전보장이사회가 필요한 조치를 취할 때까지만 인정되는 자위권의 발동에서도 한계는 있다. 역사상 침략전쟁과 자위전쟁은 구별이 용이하지 않을 뿐만 아니라 전쟁은 그 본질상 조직화된 폭력이며, 살육과 파괴를 계획적이고 체계적으로 행하는 것이기 때문이다. 국제사법재판소에 의하면 무력공격에 비례하고 또 그것에 대응하는 데 필요한 조치들만이 자위의 이름으로 정당화된다.[9]

전쟁수행의 방식과 관련하여 특히 핵전쟁은 어떠한 이유에서도 정의의 전쟁이라는 명분에 부합할 수 없으며,[10] 핵전쟁이 아니더라도 현대 전쟁수단의 파괴력과 잔혹성을 고려할 때 수단이 상당성을 결하는 것은 당연히 금지된다. 따라서 대량살상무기, 가공할 파괴력을 가진 무기를 동원한 정의의 전쟁이란 불가능하다. 특히 이 원칙은 과거 국제인도법상의 진전에 크게 힘입고 있는데, 예컨대 주네프조약 추가의정서(국제적 무력분쟁과 비국제적 무력분쟁의 희생자보호. 1978년 발효)는 무차별공격의 금지, 특정 군사목표를 대상으로 하지 않는 공격, 특정 군사목표만을 대상으로 할 수 없는 전투의 방법 또는 수단을 사

---

8) 유엔총회결의 3314-XXIX 'Definition of Aggression.'

9) Nicaragua v. USA, ICJ Reports, 1986.

10) 핵무기규제에 대한 국제법적 흐름에 대해서는 김명기 외, 『한반도 비핵지대화와 국제법』, 소화, 1999, 13쪽 이하 참조. 특히 핵무기 보유국의 의무에 대한 국제연합총회결의에 대해서는 19쪽 참조.

용한 공격의 금지, 무방비지역과 비무장지역에 대한 일체의 공격의 금지를 규정한다.

최근의 유엔평화유지활동은 인도적 개입에 있어서 일정한 지침을 제시하고 있다. 무력의 위협 또는 사용을 동반하는 인도적 간섭은 물론 유엔헌장에 의해 금지된다. 따라서 타국에 민주적인 정부를 수립하거나 지원하기 위해 무력으로 개입하는 것은 절대적으로 허용될 수 없다. 유엔의 관행으로 발전되어 오고 있는 평화유지활동은 진정한 의미에서 인도적 개입이 필요한 경우에 취할 수 있는 적절한 대응방식으로 평가될 수 있다.[11]

(2) 추가적 원칙의 모색

무력행사 및 무력에 의한 위협의 금지원칙 외에 실질적으로 국제평화주의를 이루기 위해서는 규범적 내용으로서 몇 가지 추가할 수 있어야 한다. 예컨대 포괄적 의미의 '분쟁의 평화적 해결원칙과 국제의무의 성실한 이행의 원칙', 군사적 긴장완화를 위한 원칙으로 '군비통제 및 군비축소의 원칙' 그리고 '무기수출입규제와 포괄적인 긴장완화를 위한 의무'를 들 수 있다.

분쟁의 평화적 해결원칙과 국제의무의 성실한 이행의 원칙은 유엔헌장에서 그 근거를 찾을 수 있다. 유엔헌장(제2조 제3항과 제33조~제38조)은 국제분쟁을 평화적 수단에 의해 국제평화 및 안전 그리고 정의를 위태롭게 하지 않는 방식으로 해결해야 한다고 규정한다. 분쟁해결수단을 선택하는 것은 주권국가의 자유이지만 그 수단은 평화적이어야 하고, 하나의 평화적 해결이 실패했을지라도 다른 평화적 해결수단을 강구해야만 한다. 예컨대 교섭, 사실심사, 중개, 조정, 중재재판, 사법적 해결, 지역기구 및 지역협정 등을 이용하여야 한다. 다만, 분쟁을 평화적으로 해결하는 것이 힘에 의한 위계구조를 전제로 하는 것이라면 이는 국제사회에서의 구조적 폭력을 단순 승인하는 것에 지나지 않기 때문에 국가 간의 민주화를 전제로 삼아야 할 것이다.

군비통제 및 군비축소의 원칙과 무기수출입규제와 포괄적인 긴장완화를 위

---

11) 실효성에 따라 구체적인 사례들에서 다소 편차를 보이기는 하지만, 회원국들이 자발적으로 제공하는 대체로 경무장의 군인이나 민간인으로 구성되는 평화유지군은 몇 가지 룰 아래서 기능하고 있다. 즉, 수용국의 동의하에 활동하고 동의가 철회되면 철수한다는 점, 분쟁의 어느 한편에 기울지 않고, 평화유지군은 전투를 하지 않으며 단지 자위를 위해서만 무기를 사용한다는 것 등이다. 김대순, 『국제법론』, 삼영사, 2003, 943쪽 이하.

한 의무의 원칙은 통상 국제법상의 문제로만 여겨지는 것이나 국내법에서도 적극적으로 모색할 필요가 있다.

군축(disarmament)이 다소 이상주의적 접근인 데 비해 군비통제(regulation of armaments)는 냉전시기의 현실주의적 접근의 결과물이다. 따라서 군사력의 구조 및 운용에 대한 통제로 국한되는 군비통제는 곧바로 규범화하는 것이 그다지 어렵지 않다. 유엔헌장 제11조의 군축과 군비통제의 원칙은 부분적 핵실험금지협약, 핵확산금지조약, 세균병기 및 독소병기의 금지협약, 탄도탄요격미사일체계제한협정, 전략무기제한협정, 핵무기 등 대량살상무기의 우주공간에서의 배치금지, 핵무기 등의 심해저·해상·지하 등에의 배치금지협정 등으로 구체화되고 있다.

무기거래에 대한 정보공개를 강제하는 등 무기수출입을 통제하는 것은 적극적 평화구축의 한 방편이다. 이러한 적극적 노력을 '긴장완화를 위한 의무'로 뒷받침하려면 전쟁을 선전하고 선동하는 것도 금지되어야 하고 이러한 행위를 방치하는 것 또한 허용되어서는 안 된다. 나아가 특정한 전쟁 그 자체를 목적으로 삼지 않는다고 해도 군비증강을 독려하는 행위 등을 규제할 수 있는 긴장완화 내지 평화추구에 관한 포괄적인 의무를 구상할 수 있다.

2. 평화에 관한 기본권

평화의 문제를 기본권으로 구성하면 헌법원리로서의 평화국가 원리를 구현하는 데 경우에 따라서는 보다 효과적일 수 있다. 평화에 대한 권리의 구체적인 표현으로는 국제법상의 평화권, 서유럽의 양심적 병역거부권, 일본에서의 평화적 생존권론, 우리나라 헌법재판소의 평화적 생존권 논란 등을 들 수 있다. 이들은 부분적으로 각국 국내법상 승인되고 관철되고 있다. 우리의 경우 평화에 대한 국제법상의 진전을 법원이 보다 적극적으로 수용하면 당장이라도 상당한 성과를 보일 수 있다. 그러나 국제인권법분야에서 축적되는 성과가 국내법적 효력을 발휘하지 못하는 것을 감안하면 평화에 대한 권리에 있어서도 같은 우려를 자아낸다.

평화에 대한 권리(right to peace)의 국제법적 전개는 제2차 세계대전 후 학설과 선언 등 일련의 노력 이후 1978년 유엔총회결의 '평화적 생존을 위한 사회의 준비에 관한 선언'으로 이어졌다. "모든 국민과 모든 인간은 평화 속에서 생존하는 고유의 권리를 가진다"는 선언은 1984년에도 재차 반복되었다. 1998년 광주 아시아인권선언에서는 평화롭게 살 권리(right to live in peace)를 선언하였다. 전쟁과 내전, 군사화된 국가와 시민사회가 가하는 위협과 공포, 무질서와 국가폭력, 사회적 약자의 안전을 위시한 사회의 안전, 억압과 착취, 환경상의 안전, 파시즘과 식민주의 그리고 신식민주의, 인권탄압의 빌미로 작용하는 외자유치, 국가의 국제사회에 대한 책임 등을 그 안에 담고 있다.

우리나라 헌법재판소는 '대한민국과 미합중국 간의 미합중국 군대의 서울지역으로부터의 이전에 관한 협정 등 위헌확인' 심판에서 "오늘날 전쟁과 테러 혹은 무력행위로부터 자유로워야 하는 것은 인간의 존엄과 가치를 실현하고 행복을 추구하기 위한 기본전제가 되는 것이므로, 달리 이를 보호하는 명시적 기본권이 없다면 헌법 제10조와 제37조 제1항으로부터 평화적 생존권이라는 이름으로 이를 보호하는 것이 필요하다. 그 기본내용은 침략전쟁에 강제되지 않고 평화적 생존을 할 수 있도록 국가에 요청할 수 있는 권리라고 볼 수 있을 것이다"[12]라고 하여 평화적 생존권을 인정하는 획기적인 결정을 내렸다. 그러나 2009년에 내린 '2007년 전시증원연습 등 위헌확인'에서 이를 정면으로 뒤집었다. 두 개의 결정례를 보도록 한다.

【대한민국과 미합중국 간의 미합중국 군대의 서울지역으로부터의 이전에 관한 협정 등 위헌확인사건(헌재 2006.2.23. 2005헌마268)】

오늘날 전쟁과 테러 혹은 무력행위로부터 자유로워야 하는 것은 인간의 존엄과 가치를 실현하고 행복을 추구하기 위한 기본전제가 되는 것이므로, 달리 이를 보호하는 명시적 기본권이 없다면 헌법 제10조와 제37조 제1항으로부터 평화적 생존권이라는 이름으로 이를 보호하는 것이 필요하다. 그 기본내용은 침략전쟁에 강제되지 않고 평화적 생존을 할 수 있도록 국가에 요청할 수 있는 권리라고 볼 수 있을 것이다.

【2007년 전시증원연습 등 위헌확인사건(헌재 2009.5.28. 2007헌마369)】

헌법전문 및 제1장 총강에 나타난 '평화'에 관한 규정에 의하면, 우리 헌법은 침략적 전쟁을 부인하고 조국의 평화적 통일을 지향하며 항구적인 세계평화의 유지에 노력하여야 함을 이념 내지 목적으로 삼고 있음은 분명하다. 따라서 국가는 국민이 전쟁과 테

---

12) 헌재 2006.2.23. 2005헌마268.

러 등 무력행위로부터 자유로운 평화 속에서 생활을 영위하면서 인간의 존엄과 가치를 지키고 헌법상 보장된 기본권을 최대한 누릴 수 있도록 노력하여야 할 책무가 있음은 부인할 수 없다.

그러나 평화주의가 헌법적 이념 또는 목적이라고 하여 이것으로부터 국민 개인의 평화적 생존권이 바로 도출될 수 있는 것은 아니다. 헌법에 열거되지 아니한 기본권을 새롭게 인정하려면 그 필요성이 특별히 인정되고, 그 권리내용(보호영역)이 비교적 명확하여 구체적 기본권으로서의 실체, 즉 권리내용을 규범 상대방에게 요구할 힘이 있고, 그 실현이 방해되는 경우 재판에 의하여 그 실현을 보장받을 수 있는 구체적 권리로서의 실질에 부합하여야 할 것이다.

그런데 평화적 생존권을 구체적 기본권으로 인정한다고 가정할 때, 그 권리내용이란 우선 '침략전쟁에 대한 것'에서 찾을 수밖에 없을 것이다. 왜냐하면 '침략전쟁이나 방어전쟁을 불문하고 전쟁이 없는 평화'란 자국의 노력만으로 이룰 수 있는 것이 아니라 세계 각국이 함께 노력하여 형성하는 평화로운 국제질서의 확립에 의해 달성할 수 있는 것일 뿐만 아니라 우리 헌법이 세계평화의 원칙을 규정하면서도 침략전쟁만을 부인하고 있기 때문이다. 따라서 평화적 생존권의 권리내용으로서 상정할 수 있는 것은 '침략전쟁에 강제로 동원되지 아니할 권리', '침략전쟁을 위한 군사연습, 군사기지건설, 살상무기의 제조·수입 등 전쟁준비 행위가 국민에게 중대한 공포를 초래할 경우 관련 공권력행사의 정지를 구할 권리' 등일 것이다.

그러나 침략전쟁과 방어전쟁의 구별이 불분명할 뿐만 아니라 전시나 전시에 준한 국가비상상황에서의 전쟁준비나 선전포고 등 행위가 침략전쟁에 해당하는지 여부에 관한 판단은 고도의 정치적 결단에 해당하여 사법심사를 자제할 대상으로 보아야 할 경우가 대부분일 것이다(헌재 2004.4.29. 2003헌마814 판례집 16-1, 601, 607 참조).

또한 평상시의 군사연습, 군사기지건설, 무기의 제조·수입 등 군비확충 등의 행위가 '침략적' 전쟁준비에 해당한다고 볼 수 있는 경우란 거의 없거나 '침략적 성격'·'중대한 공포' 등에 관한 규명이 사실상 곤란하므로, 이에 대하여 평화적 생존권이라는 이름으로 관련 공권력행사를 중지시키려는 것은 실효적으로 보호받을 가능성을 긍정하기 쉽지 않다.

이러한 사정을 종합적으로 고려해 보면, 평화적 생존권을 헌법에 열거되지 아니한 기본권으로서 특별히 새롭게 인정할 필요성이 있다거나 그 권리내용이 비교적 명확하여 구체적 권리로서의 실질에 부합한다고 보기 어렵다 할 것이다.

결국 청구인들이 평화적 생존권이란 이름으로 주장하고 있는 평화란 헌법의 이념 내지 목적으로서 추상적인 개념에 지나지 아니하고, 개인의 구체적 권리로서 국가에 대하여 침략전쟁에 강제되지 않고 평화적 생존을 할 수 있도록 요청할 수 있는 효력 등을 지닌 것이라고 볼 수 없다. 따라서 평화적 생존권은 헌법상 보장되는 기본권이라고 할 수는 없다 할 것이다.

한편 평화적 생존권보다 더욱 적용 가능성이 높은 것이 양심적 병역거부권이다. 양심적 병역거부권은 국가권력에 의한 병역강제를 자신의 양심에 따라 거부하는 것을 말한다. 우리나라에서는 판례상 인정되지 않지만 최근 대체복무제도를 이용하는 것이 타당하다는 주장이 제기되고 있다. 이에 대한 더 이상의 설명은 생략한다.

3. 국제법 존중주의

헌법은 "헌법에 의하여 체결·공포된 조약과 일반적으로 승인된 국제법규는 국내법과 같은 효력을 가진다"(제6조 제1항)라고 하고, "외국인은 국제법과 조약이 정하는 바에 의하여 그 지위가 보장된다"고 한다.

국제법질서는 기본적으로 국제법규와 조약으로 구성되므로 국제법규와 조약의 준수 및 그 이행은 국제법질서를 존중하는 것이 된다. 국제법과 국내법의 관계와 관련하여 양자가 별개의 법체계인지 아니면 동일한 법체계인지 학설이 갈리고 있다. 우리나라에서는 통일적 법질서로 보는 일원론 입장에 서 있다. 그럴 경우 양자의 효력의 우위에 관하여는 헌법우위론이 다수설이다.

조약이란 우리나라와 외국 간에 체결된 문서에 의한 합의를 말한다. 조약이 유효하게 성립하기 위해서는 각 당사국의 조약체결권자 간에 진정한 합의가 이루어지고 일정한 절차를 거쳐야 한다. 특히 국회의 동의를 요구하고 있으며, 국회의 동의는 국제법상 효력은 없지만 국내법상 효력발생요건이다. 조약의 효력에 대해서는 헌법우위론이 통설이므로 조약에 대하여는 규범통제의 대상으로서 인정하는 것이 또한 통설이다.

일반적으로 승인된 국제법규란 국제사회의 보편적 규범으로서 세계 대다수의 국가가 승인하고 있는 법규를 말한다. 이는 조약과 달리 명시적 가입 여부와 관계없이 세계 각국에 보편적 규범으로 일반적인 인정을 받은 것이다. 그 유형에는 성문의 국제법규, 국제관습법 그리고 국제사회에서 일반적으로 규범성이 인정된 조약 등이 있다. 국제관습법에는 전쟁법의 일반원칙, 대사나 공사의 법적 지위에 관한 원칙, 조약준수의 원칙, 민족자결의 원칙 등이 있으며, 성문의 국제법규에는 유엔헌장의 일부, 부전조약(不戰條約), 집단학살(genocide)금지, 포로에 관한 제네바협약, 세계우편연맹규정 등이 있다. 1948년의 국제연합 인권선언이나 포츠담선언 등은 이에 포함되지 않는다. 그 효력은 법률과 동위이며(다수설), 조약과 달리 위헌성 아닌 저촉 여부만이 문제된다.

4. 평화통일원칙

평화통일원칙에는 국제법적 측면과 국내법적 측면이 아울러 들어 있다. 따라서 국가 간의 관계에서 요구되는 국제평화주의가 요구하는 원칙들을 한계로 삼고, 그보다 더욱 엄격한 평화적 방법을 규범적으로 논의해야 할 필요성이 있다. 예컨대 긴장완화, 군축, 경찰력을 포함한 무력행사의 자제, 신뢰회복의 의무 등 '자유민주적 기본질서에 입각한 평화통일'이라는 단순한 표현을 넘어서는 더 적극적인 규범화 작업이 이루어져야 한다.

평화통일원칙의 규범적 내용으로 삼을 수 있는 것은 1991년 12월 13일의 남북기본합의서(6·15 선언 등)와 이듬해 9월 17일의 3개의 부속합의서에 포괄적으로 규정되어 있다. 남북기본합의서에 들어 있는 세 가지 주요 원칙[13]을 헌법상의 평화통일원칙의 구체적 내용으로 이해한다면 실질적으로 남북기본합의서의 규범적 효력을 확보할 수 있다.[14] 그러나 헌법재판소는 "남북합의서는 남북관계를 '나라와 나라 사이의 관계가 아닌 통일을 지향하는 과정에서 잠정적으로 형성되는 특수관계'임을 전제로 하여 이루어진 합의문서인바, 이

---

13) 남북합의서에서는 남북관계가 "나라와 나라 사이가 아닌 통일을 지향하는 과정에서 잠정적으로 형성되는 특수관계라는 것을 인정"하면서 평화통일을 위한 노력으로 1. 남북화해, 2. 남북불가침, 3. 남북교류·협력으로 나누고 있다. 각각의 내용에 대해서는 1992년 별도의 부속합의서들을 채택하였다.

14) 참고로 동·서독의 기본조약은 상호 동등권 및 정상화된 선린관계(제1조), 유엔헌장의 목적 및 원칙의 존중(제2조), 무력 포기와 경계선 존중(제3조), 단독대표권의 포기(제4조), 유럽안보협력회의의 정신 존중 및 군비축소(제5조), 영역한정의 원칙 및 독립, 자주성의 존중(제6조), 협력 및 사회개방(제7조), 상주대표부의 설치 및 교환(제8조), 기체결 조약의 상호 존중(제9조), 효력발생(제10조) 등으로 이루어져 있다.

는 한민족 공동체 내부의 특수관계를 바탕으로 한 당국 간의 합의로서 남북당국의 성의 있는 이행을 상호 약속하는 일종의 공동성명 또는 신사협정에 준하는 성격을 가짐에 불과"하다고 판시하여 "남북합의서가 법률이 아님은 물론 국내법과 동일한 효력이 있는 조약이나 이에 준하는 것으로 볼 수 없다"고 보고 있다.[15]

(1) 남북화해의 원칙

이 원칙은 남과 북의 현 상태를 유지하고 상호관계를 악화시키지 않아야 한다는 측면에서 요구되는 것으로 적대관계 해소를 위한 소극적인 원칙이다. 남북 간의 상호관계가 나라와 나라 사이의 관계가 아닌 잠정적인 특수관계라고 할 때, 이 '특수관계'가 의미하는 것은 주권국가 상호 간의 국제평화주의를 넘어서서 평화통일을 추구하는 대등당사자 관계를 말한다. 남북화해에 관한 부속합의서는 다음과 같이 설명하고 있다. 상대방의 법질서와 정책에 간섭해서는 안 되며, 대외관계에 간섭하는 행위도 금지된다. 이에 위반되는 경우에는 상대방의 시정요구에 응해야 한다. 사실에 대한 객관적 보도를 제외하고 상대방의 특정인, 당국을 비방·중상해서는 안 되며, 금지되는 비방·중상행위는 자기 내부의 군중집회를 포함하여 수단·방법을 가리지 않는다. 테러, 포섭, 납치, 살상 등 직·간접 그리고 폭력과 비폭력의 모든 파괴·전복행위는 금지된다. 이를 목적으로 하는 선전·선동행위도 금지되고, 이러한 목적으로 테러단체나 조직을 결성하거나 지원해서도 안 된다.

또한 현재의 정전상태를 공고한 평화상태로 전환시키기 위한 성실의무가 있다. 남북기본합의서와 '한반도의 비핵화에 관한 공동선언'(1992.2.19.)의 성실한 이행은 물론이고, 평화상태로 전환시키기 위한 적절한 조치를 강구할 포괄적 의무가 있다. 다만, 공고한 평화상태가 이룩될 때까지는 현재의 군사정전협정을 성실히 준수해야 한다.

남북기본합의서는 제3국과의 관계에서 상호 간의 적대적 태도를 불식시키는 것보다 더욱 나아가고 있다. 국제무대에서 민족의 존엄을 지키기 위한 협조의무를 지며, 상대방의 이익을 존중하며 민족의 이익을 위해 긴밀히 협조한다고 표현하고 있다.

---

15) 헌재 2000.7.20. 98헌바63.

(2) 무력불사용의 원칙

부속합의서에 따르면 남과 북은 자기 측 관할구역 밖에 있는 상대방에 대해 모든 형태의 무력사용행위를 금지하며, 상대방에 피해를 주는 일체의 무력도발행위를 해서는 안 된다. 상대방의 관할구역을 공격해서도 안 되고 일시라도 점령해서도 안 되며, 정규무력이나 비정규무력을 침입시켜서도 안 된다. 합의에 따라 오가는 상대방의 수송수단들을 공격하거나 공격을 모의하거나 진로를 방해하는 등의 일체의 적대행위는 금지된다.

분쟁이 발생한 경우 평화적 해결원칙을 제시하고 우발적 무력충돌에 대한 방지의무도 있다. 상대방의 계획적인 무력침공 징후에 대해서는 경고와 동시에 해명을 요구할 수 있으며, 우발적인 무력충돌이나 침범 가능성을 발견했을 경우에는 쌍방이 합의한 신호규정에 따라 상대방에게 즉시 통보하며, 이를 방지하기 위한 사전대책을 세워야 한다. 자연재해나 불가피한 침범의 경우 그 사유와 적대의사가 없음을 즉시 알리고 상대측의 지시에 따라야 하며, 상대측은 확인 후 대피를 보장하고 빠른 시일 내에 돌려보내야 한다. 우발적인 무력충돌의 경우 쌍방 군사당국자는 즉시 자기 측의 적대행위를 중지시키고 상대방에게 알린다.

(3) 남북교류협력의 원칙

앞의 두 원칙이 소극적 측면이 강한 반면, 이 원칙은 상호 간에 적극적 의무를 부과한다. 따라서 앞의 두 원칙과는 달리 이 원칙의 준수 여부는 양 당사자들에게 상당 부분 맡겨져 있다. 다만, 남북교류협력을 단순히 소극적으로 추진하는 정도가 아니라 사실상 포기 내지 중단하는 정도에 이른다면 평화통일원칙에 배치된다고 할 수 있다.

남북기본합의서와 그 부속합의서에는 교류협력의 대상과 방식에 대해 규정하고 있다. 남과 북은 민족경제의 통일적이며 균형적인 발전과 민족 전체의 복리향상을 도모하기 위하여 자원의 공동개발, 민족 내부교류로서의 경제교류를 실현한다. 특히 물자교류에 대해서는 관세를 부과하지 않으며, 남북 사이의 경제관계를 민족 내부관계로 발전시키기 위한 조치를 협의·추진한다.

교육, 문화·예술, 보건, 체육과 신문, 라디오, 텔레비전 및 출판물을 비롯한 출판·보도 등의 분야에서 교류와 협력을 실시한다. 민족구성원들의 자유로운 왕래와 접촉을 실현한다. 방문지역에서 자유로운 활동을 하도록 하며, 신변안전 및 무사귀환을 보장한다. 사회문화분야의 국제무대에 서로 협력하며 공동으로 진출한다.

> 　나는 울음을 우는 포로들의 얼굴을 하나씩 하나씩 들여다보았다. 포로들은 모두 각자의 개별적인 울음을 울고 있었다. 그들을 울게 하는 죽음이 그들 모두에게 공통된 것이었다 하더라도 그 죽음을 우는 그들의 울음과 그 울음이 서식하는 그들의 몸은 개별적인 것으로 보였다.
>
> 　그 개별성 앞에서 나는 참담했다. 내가 그 개별성 앞에서 무너진다면 나는 나의 전쟁을 수행할 수 없을 것이었다. 그때, 나는 칼을 버리고 저 병신년 이후의 곽재우처럼 안개 내린 산속으로 숨어들어가 개울물을 퍼먹는 신선이 되어야 마땅할 것이었다. 그러므로 나의 적은 적의 개별성이었다. 울음을 우는 포로들의 얼굴을 들여다보면서 나는 적의 개별성이야말로 나의 적이라는 것을 알았다. 나의 적은 전투 대형의 날개를 펼치고 눈보라처럼 휘몰아 달려드는 적의 집단성이기에 앞서, 저마다의 울음을 우는 적의 개별성이었다. 그러나 저마다의 울음을 우는 개별성의 울음과 개별성의 몸이 어째서 나의 칼로 베어 없애야 할 적이 되어야 하는 것인지를 나는 알 수 없었다. 적에게 물어보아도 적은 대답할 수 없을 것이었다.
>
> (김훈, 『칼의 노래』, 생각의 나무, 299~301쪽)

7.2. 문화국가 원리

7.2.1. 문화국가의 개념

　문화국가의 원리란 문화의 자유를 인정하면서 국가에 의한 문화의 급부, 즉 문화에 대한 국가적 보호 · 지원 · 조정 등을 실현하고, 문화에 대한 요구가 국민의 권리로 인정되는 국가원리를 말한다. 전통적인 관점에서 중요한 의미를 갖는 것은 국가로부터의 문화의 자율성과 문화에 대한 국가의 포괄적 권한 사이의 균형문제이다. 최근에는 문화에 있어서 평등의 문제가 새롭게 부각되고 있다.[16]

헌법재판소도 문화국가 원리를 헌법원리의 하나로 선언하고 있다. "우리나라는 건국헌법 이래 문화국가의 원리를 헌법의 기본원리로 채택하고 있다. 우리 현행 헌법은 전문에서 '문화의 …… 영역에 있어서 각인의 기회를 균등히' 할 것을 선언하고 있을 뿐 아니라, 국가에게 전통문화의 계승·발전과 민족문화의 창달을 위하여 노력할 의무를 지우고 있다(헌법 제9조). 또한 헌법은 문화국가를 실현하기 위하여 보장되어야 할 정신적 기본권으로 양심과 사상의 자유, 종교의 자유, 언론·출판의 자유, 학문과 예술의 자유 등을 규정하고 있는바, 개별성·고유성·다양성으로 표현되는 문화는 사회의 자율영역을 바탕으로 한다고 할 것이고, 이들 기본권은 견해와 사상의 다양성을 그 본질로 하는 문화국가 원리의 불가결의 조건이라고 할 것이다."[17]

7.2.2. 문화국가 원리의 내용

1. 문화의 자율성

문화국가의 가장 기초가 되는 것은 문화의 자율성이다. 문화의 본질적 특성이 개성과 다양성에 기초하여 창조적 활동을 영위하는 것이므로 국가가 일방적으로 특정한 문화만을 강제하고 획일화를 시도하는 것은 원칙적으로 허용되지 아니한다. "과거 국가절대주의 사상의 국가관이 지배하던 시대에는 국가의 적극적인 문화간섭정책이 당연한 것으로 여겨졌다. 그러나 오늘날에 와서는 국가가 어떤 문화현상에 대하여도 이를 선호하거나 우대하는 경향을 보이지 않는 불편부당의 원칙이 가장 바람직한 정책으로 평가받고 있다. 오늘날 문화국가에서의 문화정책은 그 초점이 문화 그 자체에 있는 것이 아니라 문화가 생겨날 수 있는 문화풍토를 조성하는 데 두어야 한다. 문화국가 원리의 이러한

---

16) 김수갑, "헌법상 문화국가 원리에 관한 연구", 고려대학교 대학원 박사학위논문, 1993.
17) 헌재 2004.5.27. 2003헌가1.

특성은 문화의 개방성 내지 다원성의 표지와 연결되는데, 국가의 문화육성의 대상에는 원칙적으로 모든 사람에게 문화창조의 기회를 부여한다는 의미에서 모든 문화가 포함된다. 따라서 엘리트문화뿐만 아니라 서민문화, 대중문화도 그 가치를 인정하고 정책적인 배려의 대상으로 하여야 한다."[18]

2. 국가에 의한 문화의 보호와 육성

오늘날 문화의 전파속도가 매우 빠르게 발달하는 상황에서 문화의 종속 내지 문화제국주의 문제는 고유한 문화를 지키려는 이들에게 심각한 현안이 되고 있다. 이런 경우 국가가 자율적 문화의 보존과 육성에 적극적으로 기여할 필요성이 생긴다. 이를 위해 국가는 전통문화, 특수분야의 문화, 대중문화, 항의문화 등 다양한 영역의 문화에 대하여 창작과 보존을 위한 재정적 지원, 행정적 지원 등을 수행하여야 한다.

그러나 한편으로 문화에 대한 국가의 지원은 때론 문화의 자율성을 제약하는 방향으로 작용할 수도 있다. 따라서 문화의 창조자, 문화의 전달자 그리고 문화의 수용자 등의 관점을 두루 감안하는 합리적인 정책을 도모해야 한다.

> **【학원의 설립·운영에 관한 법률 제22조 제1항 제1호 등 위헌제청사건(헌재 2000.4.27. 98헌가16, 98헌마429)】**
> 헌법은 자유권적 기본권의 보장을 통하여 개인이 자유를 행사함으로써 필연적으로 발생하는 사회 내에서의 개인 간의 불평등을 인정하면서, 다른 한편 사회적 기본권의 보장을 통하여 되도록 국민 누구나가 자력으로 자신의 기본권을 행사할 수 있는 실질적인 조건을 형성해야 할 국가의 의무, 특히 헌법 제31조의 '교육을 받을 권리'의 보장을 통하여 교육영역에서의 기회균등을 이룩할 의무를 부과하고 있다. 따라서 헌법 제31조의 '능력에 따라 균등한 교육을 받을 권리'는 국가에 의한 교육제도의 정비·개선 외에도 의무교육의 도입 및 확대, 교육비의 보조나 학자금의 융자 등 교육영역에서의 사회적 급부의 확대와 같은 국가의 적극적인 활동을 통하여 사인 간의 출발기회에서의 불평등을 완화해야 할 국가의 의무를 규정한 것이다. 그러나 위 조항은 교육의 모든 영역, 특히 학교교육 밖에서의 사적인 교육영역에까지 균등한 교육이 이루어지도록 개인

---

18) 헌재 2004.5.27. 2003헌가1.

이 별도로 교육을 시키거나 받는 행위를 국가가 금지하거나 제한할 수 있는 근거를 부여하는 수권규범이 아니다. 오히려 국가는 헌법이 지향하는 문화국가이념에 비추어, 학교교육과 같은 제도교육 외에 사적인 교육의 영역에서도 사인의 교육을 지원하고 장려해야 할 의무가 있는 것이다. 경제력의 차이 등으로 말미암아 교육의 기회에 있어서 사인 간에 불평등이 존재한다면, 국가는 원칙적으로 의무교육의 확대 등 적극적인 급부활동을 통하여 사인 간의 교육기회의 불평등을 해소할 수 있을 뿐, 과외교습의 금지나 제한의 형태로 개인의 기본권행사인 사교육을 억제함으로써 교육에서의 평등을 실현할 수는 없는 것이다.

3. 문화의 평등

다양한 집단의 문화는 상호 충돌하는 양상을 띠기도 하고, 사회경제적 지위에 따라 문화의 향유 가능성에서 편차가 커지기도 한다. 국가는 국민이 창조하고 향유하는 문화가 소수의 이익으로만 귀착되지 않도록 배려하지 않으면 안 된다. 다양한 문화의 공존을 위해서도 문화의 창조와 전달 그리고 향유에 있어서 부당한 차별화가 이루어져서는 안 된다. 최근 문화의 향유권의 문제가 평등권의 구체적 내용으로 진지하게 논의되고 있다.

7.2.3. 헌법문화

헌법을 구성하는 것이 헌법전만이 아니라는 것은 분명하다. 헌법전을 비롯해서 많은 법령들이 존재한다. 이런 수많은 법들은 제도로서 행위규범과 재판규범으로 활용된다. 헌법과 법률상의 수많은 제도들 곧 선거제도, 공무원제도, 교육제도, 지방자치제도, 재판, 경찰, 세무와 부동산, 기업, 가족, 혼인, 교통, 숙박 등등 생활의 모든 것이 제도 속에서 이루어진다. 제도는 국가의 강제를 뒷받침으로 하고 있기 때문에 실효성을 보장받는다. 그래서 제도를 통하여 사회는 질서 있게 돌아간다. 그런데 이와 같은 제도에도 불구하고 왜 현실은 제도의 목적에서 한참 미달될까? 가장 대표적으로 우리 헌법은 내용 좋은 제도를 구비했음에도 불구하고 현실은 왜 한참 부족한 상태일까? 이에 대한 대답은 헌법문화에서 찾을 수 있다.

문화란 사람들이 하는 온갖 가치 추구활동의 산물이다. 진선미를 포함하여 성스러움, 정의, 인권, 평화, 사랑 같은 가치들을 추구하는 학문, 도덕, 예술활동에서 발생되는 결과물이 문화이다. 문화는 생활 속에서 우리의 언어와 풍습, 습관 등에 스며 있는 생활양태라고 말할 수 있다. 그래서 문화는 우리의 행위를 규정한다. 행위규범인 법과 문화는 상호 교차하는 지점이 생긴다. 법은 지속적으로 제도화를 통하여 사회를 변화시키고자 하는 의식적 활동이다. 하지만 제도만 가지고 될 일은 아니다. 어떤 법제도가 훌륭하게 정착되기 위해서는 그에 상응하는 법문화가 수반되어야 하는 것이다. 오히려 법문화가 충분히 자리 잡은 곳에서는 법제도가 불충분해도 바람직한 질서가 자연스럽게 꽃을 피울 것이다. 제도는 문화와 달리 법적 확실성을 보장해 주기 때문에 제도화는 별도의 존재의의가 있다. 문제는 제도가 만들어져도 그 내실이 보장되지 않는 데 있다. 대표적으로 우리 헌법도 예외가 아니다. 좋은 내용을 갖춘 제도화된 헌법이지만―과거보다는 나아졌지만―여전히 제자리걸음하고 있는 원인이 무엇일까? 이제 우리 주변에 남아 있는 사회적 폐습과도 같은 고루한 습관을 청산해야 한다. 특히 봉건적 유습 같은 연고주의는 하루빨리 사라져야 한다. 마침 「부정청탁 및 금품 등 수수의 금지에 관한 법률」(일명 김영란법)이 제정되어 고질적인 접대문화와 그로 인한 부정부패를 척결하겠다고 한다. 바람직하기로는 문화는 문화에 의해서 변화되는 것이 순리겠지만, 워낙 고질적인 병폐는 법에 의해서 사회공학(social engineering)적으로 강제할 수밖에 없는 것이다. 다만, 이와 같은 제도가 성공하기 위해서는 일시적이 되어서는 안 되고, 우리의 생활문화가 바뀔 때까지 계속되어야 한다.

헌법상의 문화국가 원리는 민족문화, 전통문화도 중요하고, 학문과 예술을 통한 문화활동도 중요하지만, 종국적으로는 헌법문화에 합치되어야 할 것이다. 헌법문화란 무엇인가? 우선 시민문화(civic culture)로 표현할 수 있다. 'civic'은 비폭력을 포함하고, 문명화된 시민을 뜻한다. 타인의 생각과 사상에 관용적 태도를 가지는 평화를 애호하는 민주시민으로서의 자세이다. 단순히 비폭력적 사회라고 규정짓는 것만으로는 부족하다. 왜냐하면 현대사회와 국가는 보다 중층적이고 구조적인 폭력을 내포하고 있기 때문이다.[19] 산업혁명 이래 서구 문명은 모든 부분에서의 도구적 이성의 우위와 심화로 요약된다.

---

19) 지그문트 바우만, 정일준 옮김, 『현대성과 홀로코스트』, 새물결, 2013.

호르크하이머와 아도르노가 보기에 나치의 대학살은 서양 근대성의 파탄을 증명하는 것처럼 생각되었다. 같은 맥락에서 소위 문화산업(culture industry)의 공소함도 근대성의 배리가 낳은 하나의 결과에 다름아니다. 베버, 호르크하이머, 마르쿠제, 아도르노는 도구적 합리성의 우위가 돌이킬 수 없는 흐름이라는 음울한 인식을 공유하고 있다. 이 흐름은 개인을 대중문화나 관료주의의 '쇠우리'에 복속되도록 이끌며, 그 안에서 우리는 전적으로 '관리된 삶'을 살 수밖에 없다는 것이다.[20] 관료제는 어느 선까지는 우리에게 유익과 문명의 발달을 가져다주었지만, 그 이면에 엄청난 반인륜적 일에 기여할 수 있다는 점을 인식해야 한다.

> 정확성, 속도, 명확성, 서류에 대한 지식, 연속성, 신중함, 통일성, 엄격한 복종, 마찰의 감소, 물질적 비용 및 인건비 절약—이런 것들은 엄격하게 관료적인 행정에서 최적의 지점까지 끌어올려진다. 관료제화는 무엇보다도 순전히 객관적 고려에 따라 행정기능을 전문화한다는 원칙을 관철할 최적의 가능성을 제공한다. 업무의 '객관적' 이행이란 계산 가능한 규칙에 따라 '개인을 고려하지 않고' 업무를 수행함을 의미한다. 관료제적 합리성이 유대인 대학살이라는 홀로코스트를 빚어냈다.
>
> (지그문트 바우만, 정일준 옮김, 『현대성과 홀로코스트』, 새물결, 2013, 47~48쪽)

공화국 시민은 시민의 덕성(civic virtue)을 가져야 한다. 개인의 생활에서는 자립적이고 전문적인 직업 생활인이지만, 항상 소속 직장과 사회의 공적 정신을 유지하는 인간형이다. 헌법이 보장하는 권리의 향유자인 동시에 국가와 사회에 대한 책임과 의무도 수행하는 품성을 가진 시민이다. 헌법에 명시된 것으로 말하면 양심의 발동이다. 이와 함께 특별히 정직의 덕목을 강조하고 싶다. 정직은 법의 이념이 아니라 법 그 자체이다. 정직이 없으면 법치주의가 설 자리가 없다. 정직의 수준을 높여야 하며, 특별히 정직하지 못한 공직자에 대한 사회적 비난의 문화가 필요하다. 공직에 발을 들이지 못하도록 하는 분위기가 조성되어야 그것이 일반 시민들에게도 하나의 문화로 잡아 가리라고 본다. 이를 위해 민주시민교육이 필요하다. 민주시민교육을 위해서 헌법소양은

---

20) 윤평중, 『푸코와 하버마스를 넘어서』, 교보문고, 1990, 40쪽.

필수적이다. 초등학교부터 헌법에 대한 기초소양을 넓히는 것이 꼭 필요하다.

우리나라의 경우 전례 없이 많은 외국인들이 이민의 형태로 들어오고 있다. 단일민족의 역사를 가지고는 감당할 수 없는 다국적 문화를 체험하고 있는 것이다. 그러므로 배타주의적(xenophobia) 관점이 아닌 문화상대주의와 개방주의적(xenophile) 자세로 타국의 문화를 섭취할 수 있어야 한다.

문화국가는 나라가 선진국이 되면 될수록 더욱더 고양되어야 할 조건이다. 그래서 국민주권의 초기 단계보다도 사회복지국가의 단계로 접어들 때에는 국민들 각자가 성숙한 민주주의 문화가 몸에 밴 그런 시민이 되어야 하는 것이다. 문화국가는 실질적 법치국가와 짝을 이루게 된다. 그리고 실질적 법치주의를 완성시키려면 제도화 외에도 헌법문화의 성숙이 뒷받침되어야 한다.

'문화민주화' 시대를 향해

'문화민주화'란 용어가 다소 생소할지는 몰라도 역사적으로 거슬러 올라가면 19세기 영국의 윌리엄 모리스(William Morris)를 예로 들 수 있다. 사회주의자인 그는 당시 산업혁명의 과정을 통해 드러난 경제적 불평등과 이에 따른 빈곤의 가속화 그리고 노동의 윤리적 타락을 목격하고 지적 반성의 계기를 갖게 된다. 그러나 공교롭게도 그의 대응방식은 사회운동이 아닌 문화운동이었다. 한 국가의 사회적 문제가 그 나라의 문화예술 수준과 무관하지 않으며, 반면에 문화예술의 문제 또한 그 나라의 사회적 수준과 무관하지 않다는 유기론적 문화이론에 입각해 내린 결론이었다. 그의 문화운동은 이후 '예술민주화 사상'과 '미술공예운동'으로 이어지는데, '예술민주화 사상'이 운동의 이념적 토대였다면 '미술공예운동'은 구체적 실천의 과정이었다. 예술민주화 사상의 기본개념은 예술이 어느 특정인에게만 소유되거나 향유되는 것을 거부하고 나아가 상업주의 극복을 통해 문화의 정직한 생산과 공평한 분배를 추구하고 있다. 또한 '모든 노동자가 예술가가 되는 세상'을 제시함으로써 문화향유의 방식이 소수의 전문예술가에 의존하기보다 스스로 만들어 사용하는 문화를 강조하였다. 그가 특별히 '수공예'를 중요하게 다루었던 것도 이러한 이유에서이다.

그러나 모든 노동자가 예술가가 되는 세상을 꿈꾸었던 윌리엄 모리스의 이상은 결국 실패했다. 하지만 그의 꿈이 우리에게 의미하는 바는 여전히 크다. 모든 노동자가 예술가가 된다는 것은 무엇을 의미하는가? 그것은 한마디로 자율성에 기초한 삶의 보장을 의미한다. 오늘날 우리의 삶은 자본주의 시장과 의존적인 지배관계 속에 놓여 있다. 생산을 위한 노동은 물론이고 소비행위조차 자유롭지 못하다. 노동의 시간으로부터 자유로울 것 같은 여가시간조차 상품과 화폐의 그늘로부터 벗어나기 어렵다. 돈이 아니면 의식주 중 어느 하나 스스로 해결할 수 있는 게 없고, 자력과 자율성이 불가능한 가운데 국민 개개인의 내면적 성숙 또한 기대하기 힘들다. 이를 해결하기 위해 무엇이 필요한가? 스스로 제작하고 사용하는 문화를 키워 나가야 한다. 국민 개개인이 공예가이거나 디자이너가 되고 또는 연주자가 될 수 있어야 한다. 그러기 위해선 문화향유의 방식이 과거 소비적 문화향유에서 생산적 문화향유로 전환되어야 한다. 문화정책은 이를 지원하기 위해 수립되어야 하며 이것이 곧 '문화민주화'를 가리킨다. 문화의 불평등구조를 없앤다는 것이 단순히 시장에서 양질의 문화상품을 많이 구입하게 하거나 고급한 예술의 관람기회를 늘린다고 해서 해결되는 것은 아니다. 근원적으로 불평등의 문제는 문화소비의 양극화에 있는 것이 아니라 자율성의 부재에 있기 때문이다. 따라서 문화민주화의 정책의 목적은 단지 문화소비의 시장을 늘리는 데 있지 않고 국민 개개인을 문화생산자로 거듭나게 하는 데 있다. 그리고 이 같은 자율적 활동을 보장하기 위한 문화공간 조성을 지원하는 데 있다.

(정연택, 허핑턴포스트, 2016.3.7.)

7.2.4. 헌법의 문화국가 원리

1. 헌법규정

우리 헌법은 전문에 "유구한 역사와 전통에 빛나는", "정치 · 경제 · 사회 · 문화의 모든 영역에 있어서 각인의 기회를 균등히 하고"라는 표현에서 문화국가 원리와 문화적 평등을 선언하고 있다. 이를 구체화한 것이 제9조이다. "국가는 전통문화의 계승 · 발전과 민족문화의 창달에 노력하여야 한다." 대통령으로 하여금 '민족문화의 창달에 노력'할 의무를 부과하기도 한다(제69조).

문화적 기본권의 형태로는 학문과 예술의 자유(제22조), 종교의 자유(제20조), 양심의 자유(제19조)와 교육을 받을 권리(제31조)를 보장하고 있다. 이 외에도 언론출판의 자유(제21조), 지적 재산권의 보호(제22조 제2항) 등 간접적으로 문화영역을 보호하는 규정을 두고 있다.

2. 문화국가 원리에 관한 기타 판례

(1) 전통문화에 대한 헌법적 판단과 관련된 판례

1)「민법」제809조 제1항(동성혼 등의 금지)에 대한 위헌심판

"동성동본금혼제 역시 만고불변의 진리로서 우리의 혼인제도에 정착된 것이 아니라 시대의 윤리나 도덕관념의 변화에 따라 나타나서 그 시대의 제반 사회 · 경제적 환경을 반영한 것에 지나지 않는다는 점을 감안할 때, 이미 위에서 본 바와 같은 이유로 이 제도는 이제 더 이상 법적으로 규제되어야 할 이 시대의 보편타당한 윤리 내지 도덕관념으로서의 기준성을 상실하였다고 볼 수밖에 없고, 헌법 제9조의 정신에 따라 우리가 진정으로 계승 · 발전시켜야 할 전통문화는 이 시대의 제반 사회 · 경제적 환경에 맞고 또 오늘날에 있어서도 보편타당한 전통윤리 내지 도덕관념이라 할 것이다."[21]

2)「민법」제782조 제1항 본문 후단 등(호주제)에 대한 위헌심판

"헌법전문과 헌법 제9조에서 말하는 '전통', '전통문화'란 역사성과 시대성을 띤 개념으로 이해하여야 한다. 과거의 어느 일정 시점에서 역사적으로 존재하였다는 사실만으로 모두 헌법의 보호를 받는 전통이 되는 것은 아니다. 전통이란 과거와 현재를 다 포함하고 있는 문화적 개념이다. 만약 전통의 근거를 과거에만 두는 복고주의적 전통개념을 취한다면 시대적으로 특수한 정치적 · 사회적 이해관계를 전통이라는 이름하에 보편적인 문화양식으로 은폐 · 강요하는 부작용을 낳기 쉬우며, 현재의 사회구조에 걸맞은 규범 정립이나 미래지향적 사회발전을 가로막는 장애요소로 기능하기 쉽다. …… 따라서 우리 헌법에서 말하는 '전통', '전통문화'란 오늘날의 의미로 재해석된 것이 되지 않으면 안 된다.

그리고 오늘날의 의미를 포착함에 있어서는 헌법이념과 헌법의 가치질서가 가장 중요한 척도의 하나가 되어야 할 것임은 두 말할 나위가 없고 여기에 인류의 보편가치, 정의와 인도의 정신 같은 것이 아울러 고려되어야 할 것이다. 따라서 가족제도에 관한 전통 · 전통문화란 적어도 그것이 가족제도에 관한 헌법이념인 개인의 존엄과 양성의 평등에 반하는 것이어서는 안 된다는 자명한 한계가 도출된다.

---

21) 헌재 1997.7.16. 95헌가6.

역사적 전승으로서 오늘의 헌법이념에 반하는 것은 헌법전문에서 타파의 대상으로 선언한 '사회적 폐습'이 될 수 있을지언정 헌법 제9조가 '계승·발전'시키라고 한 전통문화에는 해당하지 않는다고 보는 것이 우리 헌법의 자유민주주의 원리, 전문, 제9조, 제36조 제1항을 아우르는 조화적 헌법해석이라 할 것이다."[22)]

(2) 문화와 재산권

1) 「문화재보호법」 제81조 제4항 등(문화재의 은닉 처벌 등) 위헌확인

"문화재는 '인위적·자연적으로 형성된 국가적·민족적·세계적 유산으로서 역사적·예술적·학술적·경관적 가치가 큰 것'으로, 그 성질상 수가 한정적이고, 대체 불가능하며, 손상되는 경우 회복이나 재생이 현저히 곤란한 재화라는 점, 국가의 전통문화 계승·발전과 민족문화 창달에 노력할 의무를 규정한 우리 헌법 제9조의 정신에 비추어 그에 관한 재산권행사에 일반적인 재산권행사보다 강한 사회적 의무성이 인정된다. 따라서 일정한 문화재에 대한 보유·보관을 금지하는 것은 문화재에 관한 재산권행사의 사회적 제약을 구체화한 것으로 재산권의 내용과 한계를 정하는 것이며 헌법 제23조 제3항의 보상을 요하는 수용 등과는 구별된다. 다만, 위와 같은 입법 역시 다른 기본권에 대한 제한입법과 마찬가지로 비례의 원칙을 준수하여야 하며, 재산권의 본질적 내용인 사적 유용성과 처분권을 부인해서는 아니 된다."[23)]

2) 구「문화예술진흥법」 제19조 제5항 등(공연관람자의 문화예술진흥기금 납입) 위헌제청

"공연관람자 등이 예술감상에 의한 정신적 풍요를 느낀다면 그것은 헌법상의 문화국가 원리에 따라 국가가 적극 장려할 일이지, 이것을 일정한 집단에 의한 수익으로 인정하여 그들에게 경제적 부담을 지우는 것은 헌법의 문화국가이념(제9조)에 역행하는 것이다."[24)]

---

22) 헌재 2005.2.3. 2001헌가9.
23) 헌재 2007.7.26. 2003헌마377.
24) 헌재 2003.12.18. 2002헌가2.

제8장
정당제도, 선거제도

개관

　헌법은 대의제민주주의를 채택하고 있다. 국민은 대표자를 선출함으로써 통치권의 대부분을 그들에게 위임하고 있다. 대의제를 효과적으로 운영하기 위해서 정당과 언론기관 등이 헌법적으로 특별한 보호를 받고 있다. 그래서 대의제는 정당민주주의라고 부른다. 정당은 국민의 이익을 위하여 책임 있는 정치적 주장이나 정책을 추진하고 공직선거의 후보자를 추천 또는 지지함으로써 국민의 정치적 의사형성에 참여함을 목적으로 하는 국민의 자발적 조직으로, 정당제도의 핵심은 민주적 정당활동을 보호하고 복수정당제를 보장하는 것이다.

　대표자를 선출하는 선거제도는 민의를 통치에 연결하는 통로이다. 잘못된 선거제도는 민의를 차단시키거나 왜곡시킨다. 그래서 선거법이 중요하다. 많은 선거법개정을 거쳐 개선해 온 것이 사실이지만 여전히 선거제도에는 불합리한 것들이 많다. 실질적 국민주권에 부합될 수 있는 선거제도를 찾는 의의가 바로 여기에 있다.

8.1. 정당제도

8.1.1. 정당과 복수정당제의 의의

보통선거제도가 확립된 오늘날에 있어서 민주주의의 실현방식은 과거와 달리 대중정당에 의해 주도되고 있다. 국민의 다양한 의사와 이해관계를 수렴하고 국가정책에 반영시키기 위해서는 국가정책을 결정하고 집행하는 사람과 국민들 사이를 매개하는 정치조직이 필요하다. 수많은 시민단체와 이익집단도 그러한 매개조직의 역할을 수행하지만 헌법에 의해 특별한 보호를 받는 결사는 정당뿐이다. "국민의 이익을 위하여 책임 있는 정치적 주장이나 정책을 추진하고 공직선거의 후보자를 추천 또는 지지함으로써 국민의 정치적 의사형성에 참여함을 목적으로 하는 국민의 자발적 조직"(「정당법」 제2조)인 정당[1]은 의회 내에서 국정방향을 결정하기 이전에 의회 밖에서 정치적 여론형성에 주도적인 역할을 수행할 뿐만 아니라 의회 내에서도 소속의원들에게 정당정책을 사실상 강제함으로써 전통적인 의회민주주의의 방식을 변화시키고 있는 것이다.

정당국가에 있어서는 선거의 성격이 정당의 신임을 묻는 선거로 변질되기 때문에 다양한 정책의 후보자가 존재하지 않으면 안 되는 것처럼 다양한 정책의 정당이 존재하는 것이 가장 중요한 사항이 된다. 즉, 복수정당제가 보장되지 않으면 정당국가적 민주주의는 그 존재가치를 상실하게 되는 것이다. 이념적으로는 진보에서 보수까지 다양한 정당이 많으면 많을수록 바람직하다고 할 수 있지만, 정치적 의견을 수렴하고 형성하는 데 드는 비용과 시간 그리고 그에 따른 효율성의 문제 등 현실적 제약조건을 감안하면 무수한 정당의 존재는 현실적이지 않다. 그럼에도 불구하고 주권자가 선택할 수 있는 정치적 의

---

1) 헌법재판소는 정당의 개념적 징표로 ① 국가와 자유민주주의 또는 헌법질서를 긍정할 것, ② 공익의 실현에 노력할 것, ③ 선거에 참여할 것, ④ 정강이나 정책을 가질 것, ⑤ 국민의 정치적 의사형성에 참여할 것, ⑥ 계속적이고 공고한 조직을 구비할 것, ⑦ 구성원들이 당원이 될 수 있는 자격을 구비할 것 등을 제시하고 있다. 2006.3.30. 2004헌마246.

견이 소수의 정당에 의해 실질적으로 독과점된 상태라면 민주주의는 심각한 왜곡에 직면하게 된다. 특히 단일정당이 정치적 의견을 독점하는 경우는 결코 허용될 수 없다. 이런 의미에서 복수정당제를 보장하여 주권자의 자유로운 선택이 가능하도록 해야 한다.

사적 결사에 불과한 정당을 헌법은 여러 가지 방법으로 특별히 보호하고 있다. 선거과정에서 보조금을 지급하는 등 특별한 대우를 하거나 헌법재판소가 해산심판을 하도록 하는 것 등이 그러하다. 그렇지만 근대 국가가 출발하던 당시부터 정당이 이처럼 헌법적 보호를 받았던 것은 아니다. 근대 초기 서구에서는 정당이 특수계급의 이익을 위해 출발했던 것만큼 단일의 국민의사를 분열시킨다고 불법시하였던 것이다. 대체로 제2차 세계대전 이후 비로소 헌법에 정당제도를 규정하기 시작했다. 하인리히 트리펠(Heinrich Triepel, 1868~1946)은 정당에 대한 헌법의 수용단계를 ① 적대시 단계, ② 무관심 단계, ③ 승인 및 합법화 단계, ④ 헌법수용 단계로 구분하였다. 우리 헌정사에서는 1960년 헌법에서 처음으로 정당에 관한 규정을 두었고,[2] 1962년 헌법은 철저한 정당국가를 지향하였다. 대통령과 국회의원선거에 입후보하기 위해서는 정당의 추천이 필요했고, 정당을 탈당하면 의원직을 상실하도록 했다(제36조 제3항, 제64조 제3항, 제38조). 정당의 자유로운 설립과 복수정당제 보장에 대하여도 규정하였다(제7조 제1항). 1980년 헌법은 정당운영자금을 국가가 보조할 수 있음을 규정했다(제7조 제3항).

8.1.2. 정당의 법적 성격

우리 헌법에서 정당을 어떻게 보고 있는지에 대해 견해가 갈린다. 정당을 사실상 국가권력의 담당자로 보아 국가기관이나 헌법기관으로 보는 국가(혹은 헌법)기관설, 헌법에서 특별한 보호를 한다고 하더라도 사적 결사에 지나지 않는다는 사적 결사설, 국민의사와 국가의사를 연결하는 기구로서 사회와 국

---

2) 제13조 ② 정당은 법률이 정하는 바에 의하여 국가의 보호를 받는다. 단, 정당의 목적이나 활동이 헌법의 민주적 기본질서에 위배될 때에는 정부가 대통령의 승인을 얻어 소추하고 헌법재판소가 판결로써 그 정당의 해산을 명한다.

가를 이어 주는 중개자적 기능을 한다고 보는 중개체설이 있다. 다수설과 헌법재판소는 중개체설이다. "정당은 자발적 조직이기는 하지만 다른 집단과는 달리 그 자유로운 지도력을 통하여 무정형적(無定型的)이고 무질서적인 개개인의 정치적 의사를 집약하여 정리하고 구체적인 진로와 방향을 제시하며 국정을 책임지는 공권력으로까지 매개하는 중요한 공적 기능을 수행"[3]한다는 것이다.

또한 정당이 구체적인 법률행위를 할 때 그 법적 형태가 무엇인지에 대하여는「민법」상의 법인격 없는 사단으로 보는 것이 다수설이자 헌법재판소의 입장이다. "정당의 법적 지위는 적어도 그 소유재산의 귀속관계에 있어서는 법인격 없는 사단으로 보아야 하고, 중앙당과 지구당과의 복합적 구조에 비추어 정당의 지구당은 단순한 중앙당의 하부조직이 아니라 어느 정도의 독자성을 가진 단체로서 역시 법인격 없는 사단에 해당"[4]한다는 것이다.

8.1.3. 헌법상 정당제도

1. 정당에 관한 헌법규정

「헌법」
제8조 ① 정당의 설립은 자유이며, 복수정당제는 보장된다.
② 정당은 그 목적·조직과 활동이 민주적이어야 하며, 국민의 정치적 의사형성에 참여하는 데 필요한 조직을 가져야 한다.
③ 정당은 법률이 정하는 바에 의하여 국가의 보호를 받으며, 국가는 법률이 정하는 바에 의하여 정당운영에 필요한 자금을 보조할 수 있다.
④ 정당의 목적이나 활동이 민주적 기본질서에 위배될 때에는 정부는 헌법재판소에 그 해산을 제소할 수 있고, 정당은 헌법재판소의 심판에 의하여 해산된다.

---

3) 헌재 1991.3.11. 91헌마21.
4) 헌재 1993.7.29. 92헌마262.

2. 정당의 특권과 의무

(1) 설립의 자유

「정당법」

제4조(성립) ① 정당은 중앙당이 중앙선거관리위원회에 등록함으로써 성립한다.

② 제1항의 등록에는 제17조(법정시·도당수) 및 제18조(시·도당의 법정당원수)의 요건을 구비하여야 한다.

제15조(등록신청의 심사) 등록신청을 받은 관할 선거관리위원회는 형식적 요건을 구비하는 한 이를 거부하지 못한다. 다만, 형식적 요건을 구비하지 못한 때에는 상당한 기간을 정하여 그 보완을 명하고, 2회 이상 보완을 명하여도 응하지 아니할 때에는 그 신청을 각하할 수 있다.

(2) 활동의 자유

「정당법」

제37조(활동의 자유) ① 정당은 헌법과 법률에 의하여 활동의 자유를 가진다.

② 정당이 특정 정당이나 공직선거의 후보자(후보자가 되고자 하는 자를 포함한다)를 지지·추천하거나 반대함이 없이 자당의 정책이나 정치적 현안에 대한 입장을 인쇄물·시설물·광고 등을 이용하여 홍보하는 행위와 당원을 모집하기 위한 활동(호별 방문을 제외한다)은 통상적인 정당활동으로 보장되어야 한다.

③ 정당은 국회의원지역구 및 자치구·시·군, 읍·면·동별로 당원협의회를 둘 수 있다. 다만, 누구든지 시·도당 하부조직의 운영을 위하여 당원협의회 등의 사무소를 둘 수 없다.

3. 정당의 설립과 활동 그리고 소멸

(1) 정당의 설립

「정당법」

제17조(법정시·도당수) 정당은 5 이상의 시·도당을 가져야 한다.

제18조(시·도당의 법정당원수) ① 시·도당은 1천인 이상의 당원을 가져야 한다.

② 제1항의 규정에 의한 법정당원수에 해당하는 수의 당원은 당해 시·도당의 관할구역 안에 주소를 두어야 한다.

제22조(발기인 및 당원의 자격) ① 국회의원 선거권이 있는 자는 공무원, 그 밖에 그 신분을 이유로 정당가입이나 정치활동을 금지하는 다른 법령의 규정에 불구하고 누구든지 정당의 발기인 및 당원이 될 수 있다. 다만, 다음 각 호의 어느 하나에 해당하는 자는 그러하지 아니하다.

「정당법」 제22조는 문제가 많은 조항이다. 이미 법조문의 구조부터가 무슨 소리인지 난해하다. 요점은 일반 공무원과 공무원인 교사, 그리고 다시 사립학교 교사로 이어지는 이들에게 정당가입을 금지하는 내용이다. 국회의원 선거권이 있는 자는 극히 예외적인 직업인을 제외하고는 광범위하게 정당활동을 보장해야 한다. 그렇지 않고 어떻게 정당민주주의와 대의제민주주의를 논할 수 있는가?

(2) 정당의 활동

「정당법」 제6장 제37조~제43조 참조.

(3) 정당의 소멸

정당은 헌법재판소의 위헌정당해산심판, 선거관리위원회의 정당등록취소, 정당의 자진해산에 의해 소멸한다. 위헌정당해산심판에 대하여는 별도의 항으로 다루기로 하고, 여기서는 정당의 등록취소에 대해서만 살펴본다.

「정당법」 제44조에 의하면 정당은 다음 어느 하나에 해당하면 등록을 취소한다. 첫째, 제17조(법정시·도당수) 및 제18조(시·도당의 법정당원수)의 요건을 구비하지 못하게 된 때, 둘째, 최근 4년간 임기만료에 의한 국회의원선거 또는 임기만료에 의한 지방자치단체의 장 선거나 시·도의회의원선거에 참여하지 아니한 때, 셋째, 임기만료에 의한 국회의원선거에 참여하여 의석을 얻지 못하고 유효투표총수의 100분의 2 이상을 득표하지 못한 때이다. 그러나 헌법재판소는 국회의원선거에 참여하여 의석을 얻지 못하고 유효투표총수의 100분의 2 이상을 득표하지 못한 정당에 대해 그 등록을 취소하도록 한 「정당법」 제44조 제1항 제3호('정당등록취소조항') 및 정당등록취소조항에 의하여 등록취소된 정당의 명칭과 같은 명칭을 등록취소된 날부터 최초로 실시하는 임기만료에 의한 국회의원선거의 선거일까지 정당의 명칭으로 사용할 수 없도록 한 「정당법」 제41조 제4항 중 제44조 제1항 제3호에 관한 부분('정당명칭사용금지조항')이 정당설립의 자유를 침해하여 위헌이라는 결정을 내렸다.[5]

> **【정당법 제41조 제4항 위헌확인 등(헌재 2014.1.28. 2012헌마431 등)】**
>
> 실질적으로 국민의 정치적 의사형성에 참여할 의사나 능력이 없는 정당을 정치적 의사형성과정에서 배제함으로써 정당제민주주의 발전에 기여하고자 하는 한도에서 정당등록취소조항의 입법목적의 정당성과 수단의 적합성을 인정할 수 있다. 그러나 정당등록의 취소는 정당의 존속 자체를 박탈하여 모든 형태의 정당활동을 불가능하게 하므로, 그에 대한 입법은 필요 최소한의 범위에서 엄격한 기준에 따라 이루어져야 한다. 그런데 일정 기간 동안 공직선거에 참여할 기회를 수 회 부여하고 그 결과에 따라 등록취소 여부를 결정하는 등 덜 기본권 제한적인 방법을 상정할 수 있고, 정당법에서 법정의 등록요건을 갖추지 못하게 된 정당이나 일정 기간 국회의원선거 등에 참여하지 아니한 정당의 등록을 취소하도록 하는 등 현재의 법체계 아래에서도 입법목적을 실현할 수 있는 다른 장치가 마련되어 있으므로, 정당등록취소조항은 침해의 최소성 요건을 갖추지 못하였다. 나아가 정당등록취소조항은 어느 정당이 대통령선거나 지방자치선거에서 아무리 좋은 성과를 올리더라도 국회의원선거에서 일정 수준의 지지를 얻는 데 실패하면 등록이 취소될 수밖에 없어 불합리하고, 신생·군소정당으로 하여금 국회의원선거에의 참여 자체를 포기하게 할 우려도 있어 법익의 균형성 요건도 갖추지 못하였다. 따라서 정당등록취소조항은 과잉금지원칙에 위반되어 청구인들의 정당설립의 자

---

5) 헌재 2014.1.28. 2012헌마431 등.

유를 침해한다. 그리고 정당명칭사용금지조항은 정당등록취소조항을 전제로 하고 있으므로, 위와 같은 이유에서 정당설립의 자유를 침해한다.

등록이 취소되면 잔여재산을 당헌이 정하는 대로 처분하고, 그에 관한 규정이 없으면 국고에 귀속한다(「정당법」 제48조). 등록취소된 정당의 명칭과 같은 명칭은 등록취소된 날부터 최초로 실시하는 임기만료에 의한 국회의원선거의 선거일까지 정당의 명칭으로 사용할 수 없다(동법 제41조 제4항).

4. 당내 민주주의

정당이 국가작용의 일부를 수행하는 매개체라고 한다면 최소한 국가작용을 수행하는 한에 있어서만큼은 민주주의 원리가 관철되어야 한다. 정당국가적 민주주의는 당내 민주주의에 기반하지 않고서는 실현될 수 없다. 그래서 정당의 활동과 관련하여 가장 중요한 문제가 당내 민주주의가 얼마나 잘 실현되느냐 하는 것이다.

헌법 제8조 제2항에서 정당의 목적·조직과 활동이 민주적이어야 한다고 규정하고, 동조 제4항에서 정당의 목적이나 활동이 민주적 기본질서에 위배될 때에는 해산심판의 대상이 될 수 있다고 하였지만, 우리 「정당법」은 정당의 활동 전반에 대하여 민주주의에 입각할 것을 직접적으로 요구하고 있지는 않다. 대의기관, 집행기관, 의원총회와 같은 일정한 조직을 가지고 있으면 그 조직의 구성과 조직활동에 대하여는 원칙적으로 당헌에 유보하고 있는 것이다.

정당재정에 있어서도 재정의 민주화에 대하여는 직접 규정하지 않고 정치자금이 공명정대하게 운용되고 회계가 공개되어야 한다는 점만을 밝히고 있다(「정치자금법」 제2조 제2항).

다만, 선거와 관련하여서는 「공직선거법」에서 민주적인 절차와 당내 경선 등 당내 민주주의에 대해 명문으로 규율하고 있다. 동법 제47조는 정당이 후보자를 추천하는 때에는 민주적인 절차에 따라야 한다고 하고, 동법 제6장의2에서는 정당의 후보자 추천을 위한 당내 경선에 대해 규율하고 있다. 당내 경선 자체는 선택사항이지만 당내 경선을 실질적으로 담보하기 위해 경선후보자 중에서 정당 후보자로 선출되지 아니한 자는 당해 선거의 같은 선거구에서는 후보자로 등록될 수 없도록 하고(동법 제57조의2 제2항), 당내 경선운동에 있어서도 민주적인 절차를 강제하고 있다(동법 제57조의3 내지 57조의8).

당대표가 공천권을 사실상 독점하는 경우와 같이 당내 민주주의가 이루어지지 않고 있는 경우, 헌법 제8조 제4항이 말하는 '민주적 기본질서'에 위배한다는 이유로 해산될 수 있는가?

헌법 제8조 제4항이 말하는 민주적 기본질서와 동조 제2항이 말하는 활동의 민주성 요구는 그 내용이 다르다. 민주적 기본질서는 민주적 활동이라는 표현과 등치시킬 수 없는 헌법의 특정한 규범적 내용을 담고 있는 개념이기 때문이다. 따라서 정당이 파시즘을 추구하는 등의 방식으로 민주적 기본질서에 위배되는 경우가 아니라면 단순히 정당 내부 운영이 비민주적이라는 이유만으로는 위헌정당으로 해산시킬 수 없다.

결국 현행법상 정당 내부의 운영에 있어서 당내 민주주의를 강화하는 방법은 국민의 여론활동과 선거를 통한 심판 등 간접적인 방법을 동원하는 것 외에 현실적인 방안이 그다지 많지 않다.

5. 위헌정당의 해산

헌법상 정당활동과 관련하여 눈길을 끄는 것은 위헌정당의 강제해산제도이다. 이것은 정당존립의 특권이면서 동시에 정당활동의 한계를 의미한다. 냉전시대의 종식과 더불어 다각화된 새로운 국제질서에서 정당해산제도의 본질과 요건을 분명히 하는 국제기준이 마련되었다. 우리나라도 가입하고 있는 유럽평의회의 베니스위원회(Venice Commission/European Commission for Democracy through Law)가 2000년 공표한 정당해산 가이드라인은 정당해산제도의 본질에 대해 중요한 시사점을 제공해 준다.

정당의 금지와 유사조치에 관한 베니스위원회의 지침(2000.1.10.)

유럽평의회 사무총장의 요구로 '법을 통한 민주주의를 위한 유럽위원회'는 정당의 금지와 유사조치들에 대한 조사를 수행하였다. 그 결과 1999년 12월 10~11일 베니스에서 개최된 베니스위원회(Venice Commission) 제41차 총회에서 지침을 채택하였다.

1. 각국은 모든 사람이 정당에서 자유롭게 결합할 권리를 가진다는 점을 승인해

야 한다. 이 권리는 정치적 의견을 가질 자유와, 공적 기관에 의한 아무런 간섭 없이 그리고 국경에 관계없이 정보를 주고받을 자유를 포함해야 한다. 정당을 등록하도록 요구하는 것은 그 자체로 이 권리의 침해로 여겨지지는 않을 것이다.

2. 정당의 활동을 통하여 위에서 언급한 근본적인 인권을 정당활동으로 행사하는 것에 대한 어떠한 제한도, 평시는 물론 공공적 비상사태의 경우에도 유럽인권협약, 기타 국제적 조약의 관련 규정과 부합하지 않는다.

3. 정당의 금지 또는 강제해산은 민주적 헌법질서를 전복하기 위한 정치적 수단으로 폭력의 사용을 주장하거나 폭력을 사용하고 이를 통해 헌법에 의해 보장되는 자유와 권리를 손상시키는 정당의 경우에만 정당화될 수 있다. 정당이 헌법의 평화적 변경을 주장한다는 사실만으로는 정당을 금지하거나 해산시키기에 충분한 사유가 되어서는 안 된다.

4. 정치적·공적 활동 및 정당활동의 영역에서 정당에 의해 권한을 부여받지 않은 구성원들의 개별적 행위에 대하여 전체로서의 정당에 대해 그 책임을 물어서는 안 된다.

5. 특히 광범위한 효력을 가지는 조치로서 정당의 금지 또는 해산의 사용은 극도로 자제되어야 한다. 정부, 기타 국가기관들은 권한 있는 사법기관에 정당을 금지하거나 해산해 달라고 요청하기 전에, 국가의 관련된 상황을 고려하여 그 정당이 진정으로 자유롭고 민주적인 정치질서에 대하여 또는 개인의 권리에 대하여 위험을 제기하는지 여부와 보다 덜 과격한(radical) 다른 조치로 그러한 위험을 예방할 수 있는지 여부를 평가해야 한다.

6. 정당의 금지 또는 법적으로 강제되는 해산을 향한 법적 조치들은 위헌성을 사법적으로 판단한 결과여야 하고 예외적인 성격을 가지는 것으로 여겨져야 하며 비례성 원칙에 따라 규율되어야 한다. 그러한 어떤 조치도 단지 그 개별 구성원뿐만이 아니라 정당 자체가 위헌적인 수단을 사용하거나 사용을 준비하여 정치적 목적을 추구한다는 충분한 증거에 근거를 두어야 한다.

7. 정당의 금지 또는 해산은 헌법재판소, 기타 적절한 사법기관에 의해 적법절차, 공개의 원칙(openness)과 공정한 재판이 완전하게 보장되는 절차에서 결정되어야 한다.

(김종서 옮김, 『민주법학』, 통권 제54호, 관악사, 2014)

(1) 정당해산의 실질적 요건

첫째, 대상이 되는 정당은 정당으로서 등록을 필한 정당을 말한다.

둘째, 민주적 기본질서의 위배 여부는 강령·기본정책과 당헌 그리고 당수와 당간부의 연설, 당 기관지, 출판물, 선전자료 또는 당명에 의한 평당원의 활동 등을 고려하여 판단한다.

셋째, 민주적 기본질서란 자유민주적 기본질서로 이해하는 입장이 다수설이다. 그 근거로는 사회민주주의를 포함시킬 필연성이 없으며, 독일 기본법에서는 '자유로운 민주주의적 기본질서'로 명문화하여 제한하고 있다는 점, 정당해산의 구실을 극소화하기 위해 제한적인 해석을 해야 한다는 점, 헌법전문에 '자유민주적 기본질서'가 규정되어 있다는 점을 들고 있다.

헌법재판소는 "자유민주적 기본질서에 위해를 준다 함은 모든 폭력적 지배와 자의적 지배, 즉 반국가단체의 일인독재 내지 일당독재를 배제하고 다수의 의사에 의한 국민의 자치, 자유·평등의 기본원칙에 의한 법치주의적 통치질서의 유지를 어렵게 만드는 것이고, 이를 보다 구체적으로 말하면 기본적 인권의 존중, 권력분립, 의회제도, 복수정당제도, 선거제도, 사유재산과 시장경제를 골간으로 한 경제질서 및 사법권의 독립 등 우리의 내부 체제를 파괴·변혁시키려는 것"[6]으로 본다.

(2) 정당해산의 절차적 요건

정당해산의 절차적 요건으로는 정부의 제소와 헌법재판소의 결정이 있다. 헌법재판소의 결정은 재판관 9인 중 6인의 찬성으로 결정하며, 정당해산결정의 선고까지 제소된 정당의 활동을 정지시키는 가처분결정을 할 수 있다. 헌법재판소는 결정서를 피청구인(정당의 대표자), 국회, 정부 및 중앙선관위에 송달해야 하며, 중앙선관위가 집행한다.

(3) 위헌정당해산결정의 효과

정당이 헌법재판소의 결정으로 해산된 때에는 해산된 정당의 강령(또는 기본정책)과 동일하거나 유사한 것으로 정당을 창당하지 못한다(「정당법」 제40조). 또 헌법재판소의 결정에 의하여 해산된 정당의 명칭과 같은 명칭은 정당

---

6) 헌재 1990.4.2. 89헌가113.

의 명칭으로 다시 사용하지 못한다(동법 제41조 제2항). 헌법재판소의 해산결정에 의하여 해산된 정당의 잔여재산은 국고에 귀속하고(동법 제48조 제2항), 헌법재판소의 결정에 따라 해산된 정당의 목적을 달성하기 위한 집회 또는 시위는 허용되지 아니한다(「집회 및 시위에 관한 법률」 제5조).

다만, 위헌정당해산심판이 인용되면 소속의원의 자격이 상실되는지 여부에 대하여는 명문의 규정이 없다. 정당국가적 성향을 강하게 내세웠던 1962년 헌법은 소속 국회의원의 자격을 상실토록 하였으나 규정이 없는 현행 헌법에서는 해석론이 갈린다. 무소속 입후보의 허용을 이유로 들어 자격이 유지되어야 한다는 견해와 정당제민주주의 원리를 강조하여 모든 국회의원이 자격을 상실한다고 하는 견해, 비례대표의원만 자격을 상실한다는 견해가 대립하고 있다. 지역구에서 직접 선출한 국회의원 의원직을 민주적 정당성이 상대적으로 취약한 헌법재판소가 박탈하는 것에 대한 의문을 제기하기도 한다. 이에 대해서 헌법재판소는 헌법재판소의 정당해산결정이 있는 경우 해산결정의 실효성을 확보하기 위해서 그 정당 소속 국회의원의 의원직은 당선방식을 불문하고 모두 상실되어야 한다고 하였다.[7]

【통합진보당 해산청구사건(2014.12.19. 2013헌다1)[8]】

첫째, 헌법 제8조 제4항의 '민주적 기본질서'에 대해서, "민주적 기본질서는 모든 폭력적·자의적 지배를 배제하고, 다수를 존중하면서도 소수를 배려하는 민주적 의사결정과 자유·평등을 기본원리로 하여 구성되고 운영되는 정치적 질서를 말하며, 구체적으로는 국민주권의 원리, 기본적 인권의 존중, 권력분립제도, 복수정당제도 등이 현행 헌법상 주요한 요소라고 볼 수 있다"고 하였다.

둘째, 헌법 제8조 제4항의 '정당의 목적이나 활동이 민주적 기본질서에 위배될 때'에 있어서 민주적 기본질서의 '위배'의 의미에 대해서, "민주사회의 불가결한 요소인 정당의 존립을 제약해야 할 만큼 그 정당의 목적이나 활동이 우리 사회의 민주적 기본질서에 대하여 실질적인 해악을 끼칠 수 있는 구체적 위험성을 초래하는 경우를 가리킨다"고 하였다.

---

7) 헌재 2014.12.19. 2013헌다1.

8) 헌법재판소는 2014년 12월 19일 재판관 8(인용) : 1(기각)의 의견으로, 피청구인 통합진보당을 해산하고 그 소속 국회의원은 의원직을 상실한다는 결정을 선고하였다.

셋째, 피청구인인 통합진보당의 목적이나 활동이 민주적 기본질서에 위배되는지 여부에 대해서, "피청구인이 추구하는 북한식 사회주의 체제는 인민민주주의 독재방식과 수령론에 기초한 1인 독재를 통치의 본질로 추구하는 점에서, 그리고 피청구인이 진보적 민주주의를 실현하기 위해서는 전민항쟁 등 폭력을 행사하여 자유민주주의 체제를 전복할 수 있다고 하고 있는 점에서 민주적 기본질서에 정면으로 저촉된다. 한편 피청구인의 활동들은 내용적 측면에서는 국가의 존립, 의회제도, 법치주의 등을 부정하는 것이고, 수단이나 성격의 측면에서는 자신의 의사를 관철하기 위해 폭력 등을 적극적으로 사용하여 민주주의 이념에 반하는 것이다. 내란 관련 사건 등 앞서 본 피청구인의 여러 활동들은 그 경위, 양상, 피청구인 주도세력의 성향, 구성원의 활동에 대한 피청구인의 태도 등에 비추어 보면, 피청구인의 진정한 목적에 기초하여 일으킨 것으로서, 향후 유사 상황에서 반복될 가능성이 크고 더욱이 피청구인이 폭력에 의한 집권 가능성을 인정하고 있는 점에 비추어 피청구인의 여러 활동들은 민주적 기본질서에 대해 실질적인 해악을 끼칠 구체적 위험성이 발현된 것으로 보인다. 특히 내란 관련 사건에서 피청구인 주도세력이 북한에 동조하여 대한민국의 존립에 위해를 가할 수 있는 방안을 구체적으로 논의한 것은 피청구인의 진정한 목적을 단적으로 드러낸 것으로서, 표현의 자유의 한계를 넘어 민주적 기본질서에 대한 구체적 위험성을 배가한 것이다. 결국 피청구인의 위와 같은 진정한 목적이나 그에 기초한 활동은 우리 사회의 민주적 기본질서에 대해 실질적 해악을 끼칠 수 있는 구체적 위험성을 초래하였다고 판단되므로, 민주적 기본질서에 위배된다"고 판시하였다.

넷째, 정당해산결정이 선고되는 경우 그 정당 소속 국회의원이 의원직을 상실하는지 여부에 대해서는, "헌법재판소의 해산결정으로 정당이 해산되는 경우에 그 정당 소속 국회의원이 의원직을 상실하는지에 대하여 명문의 규정은 없으나, 정당해산심판제도의 본질은 민주적 기본질서에 위배되는 정당을 정치적 의사형성과정에서 배제함으로써 국민을 보호하는 데에 있는데 해산정당 소속 국회의원의 의원직을 상실시키지 않는 경우 정당해산결정의 실효성을 확보할 수 없게 되므로, 이러한 정당해산제도의 취지 등에 비추어 볼 때 헌법재판소의 정당해산결정이 있는 경우 그 정당 소속 국회의원의 의원직은 당선방식을 불문하고 모두 상실되어야 한다"고 하였다.

– 이에 대해서 김이수 재판관의 반대의견 –

피청구인의 목적과 활동이 민주적 기본질서에 위배되지 않는다고 보았다.

"피청구인이 대안체제의 수립이나 구조적이고 급진적인 변혁을 추구한다고 하더라도, 피청구인이 폭력적 수단이나 그 밖에 민주주의 원칙에 반하는 수단으로 변혁을 추구하거나 민주적 기본질서의 전복을 추구하려 한다는 점이 구체적으로 입증되지 아니하는 한 피청구인의 목적이 민주적 기본질서에 위배된다고 볼 수 없다."

6. 정당과 정치자금의 문제

정당의 활동에는 정치자금이 필요하다. 그렇지만 정치자금은 정당의 내부구조와 관련하여 금권정치로 타락할 가능성을 높인다. 따라서 정당의 활동에 불가결한 정치자금을 확보하면서도 정치자금의 흐름을 투명하게 유지하는 것이 중요하다.

【정치자금에 관한 법률 제30조 제1항 위헌소원사건(헌재 2004.6.24. 2004헌바 16)】
정치자금의 조달을 정당 또는 정치인에게 맡겨 두고 아무런 규제를 하지 않는다면 정치권력과 금력의 결탁이 만연해지고, 필연적으로 기부자의 정치적 영향력이 증대될 것이다. 금력을 가진 소수 기득권자에게 유리한 정치적 결정이 이루어진다면 민주주의의 기초라 할 수 있는 1인 1표의 기회균등원리가 심각하게 훼손될 수 있다. 그러므로 정치자금에 대한 규제는 대의제민주주의의 필연적 귀결이다.

「정치자금법」은 제2조에서 정치자금의 기본원칙을 밝히고 있다.

「정치자금법」
제2조(기본원칙) ① 누구든지 이 법에 의하지 아니하고는 정치자금을 기부하거나 받을 수 없다.
② 정치자금은 국민의 의혹을 사는 일이 없도록 공명정대하게 운용되어야 하고, 그 회계는 공개되어야 한다.
③ 정치자금은 정치활동을 위하여 소요되는 경비로만 지출하여야 하며, 사적 경비로 지출하거나 부정한 용도로 지출하여서는 아니 된다. 이 경우 "사적 경비"라 함은 다음 각 호의 어느 하나의 용도로 사용하는 경비를 말한다.
1. 가계의 지원·보조
2. 개인적인 채무의 변제 또는 대여
3. 향우회·동창회·종친회, 산악회 등 동호인회, 계모임 등 개인 간의 사적

모임의 회비, 그 밖의 지원경비

4. 개인적인 여가 또는 취미활동에 소요되는 비용

④ 이 법에 의하여 1회 120만 원을 초과하여 정치자금을 기부하는 자와 다음 각 호에 해당하는 금액을 초과하여 정치자금을 지출하는 자는 수표나 신용카드 · 예금계좌입금, 그 밖에 실명이 확인되는 방법으로 기부 또는 지출하여야 한다. 다만, 현금으로 연간 지출할 수 있는 정치자금은 연간 지출총액의 100분의 20(선거비용은 선거비용 제한액의 100분의 10)을 초과할 수 없다.

1. 선거비용 외의 정치자금: 50만 원. 다만, 공직선거의 후보자 · 예비후보자의 정치자금은 20만 원

2. 선거비용: 20만 원

⑤ 누구든지 타인의 명의나 가명으로 정치자금을 기부할 수 없다.

8.2. 선거제도

8.2.1. 선거의 의의

선거란 유권자 합의에 의한 정치를 실현하기 위하여 유권자인 국민 혹은 주민이 자신들을 대표할 대의기관을 선출하는 행위이다. 이는 선거인이 누구를 당선인으로 선택할 것인가에 대한 개별적 의사표시인 투표와 다르다. 선거는 집합적 합성행위로서 합동행위적 성질을 가진다. 그 정치적 기능으로는 집행부 · 입법부 교체, 민의에 의한 정치, 국민주권 실현 등을 들 수 있다.

선거에서 가장 중요한 요소는 유권자의 의사가 선거과정을 통해 굴절이나 왜곡 없이 관철되는 것이다. 그래야만 대표는 정치적 정당성을 갖추게 되며 치자와 피치자 간에 동일성이 확보된다. 특히 대의제민주주의 아래서 선거과정의 정당성은 매우 중요하다. 선거인과 대표자의 관계를 무기속위임관계로 보아 선거 이후 선거인이 대표자를 구속하는 방법은 원칙적으로 존재하지

않는 것으로 간주하기 때문이다. 즉, 대표자에게는 유권자의 의사를 존중해야 할 '정치적 의무'만 있을 뿐 '법적 의무'를 인정하지 않기 때문에 민주주의의 성패는 오로지 선거에서 구할 수밖에 없다.

우리 헌법에서는 대통령(제67조)과 국회의원(제41조) 그리고 지방의회의원 (제118조 제2항)에 대해서만 선거에 의해 선출할 것을 명시적으로 규정하고 있다. 지방자치단체의 장의 경우 헌법은 선거와 임명이 모두 가능한 것으로 규정하고 있으며, 헌법 하위법령에서 지방자치단체의 장에 대해서도 선거로 뽑도록 하고 있다.

8.2.2. 선거제도의 유형

대표제와 선거구제가 어떤 방식을 취하고 있느냐에 따라 선거제도는 여러 가지 유형으로 구분된다. 대표제란 대표결정의 방식 또는 의원정수의 배분방 법을 말하고, 선거구제란 선거인단을 지역단위로 분할하는 방식이다.

대표제의 유형에는 다수대표제, 소수대표제, 비례대표제 등이 있다. 다수대 표제란 한 선거구에서 다수의 지지를 받은 후보자만 당선시키는 방식이다. 이 에는 최다득표만을 요구하는 상대적 다수대표제와 과반수득표를 요구하고 과 반수를 얻는 자가 없으면 결선투표를 행하는 절대적 다수대표제가 있다. 다수 대표제는 안정다수세력의 확보라는 장점이 있는 반면에 낙선된 후보자를 지지 한 선거인의 의사를 배제한다는 점, 정당의 득표율과 그 의석수가 정비례하지 않는 바이어스(bias) 현상이 일어날 수 있다는 점 등의 단점이 있다.

소수대표제란 한 선거구에서 2인 이상의 대표를 선출하는 제도로, 다수당이 의석을 독점하는 것을 막고 소수당에게도 의회에 진출할 수 있는 기회를 제공 하는 방식이다. 비례대표제란 다수대표제나 소수대표제가 실제 지지도가 의 석수로 그대로 반영되지 않는 점을 바로잡기 위한 제도로, 각 정당에게 득표 수에 비례하여 의석을 배분하는 대표제이다. 비례대표제에는 여러 가지 방식 의 제도가 있지만 흔히 사용되는 전형적인 것은 정당명부식 비례대표제이다. 그 밖에 병용제는 비례대표제가 군소정당의 난립을 초래할 수 있다는 점을 고 려하여 비례대표제에 다수대표제 또는 소수대표제를 가미한 것을 말한다.

선거구제는 1선거구에서 몇 명을 선출하느냐에 따라 나뉜다. 소선거구제는 1선거구에서 1명의 대표자를 선출하는 제도이다. 우리나라가 지역구 국회의원을 선출할 때 채택하고 있는 이 제도는 양대 정당제 확립, 정책 유사 정당 형성, 안정된 정치상황, 선거인과 대표의 유대감, 대표선택의 용이 등이 장점인 반면에, 대체로 사표가 많아진다는 것과, 정당득표율과 의석배분의 불균형(bias 현상)에, 지방적 인물의 당선 가능성이 크고, 지방적 편견이 작용할 가능성이 크다는 등의 단점이 있다.

중선거구제는 1선거구에서 2~4인의 대표자를 선출하는 제도이다.

대선거구제는 1선거구에서 5인 이상의 대표자를 선출하는 제도이다. 이 제도의 장점은 소수대표 가능, 사표의 축소, 광범위한 선택 가능성, 부정선거효과 감소, 정당 중심의 선거쟁점 형성 등이 있지만, 그 단점으로 군소정당의 난립과 정국불안정, 선거비용의 과다, 후보자에 대한 정보 부족, 보궐선거와 재선거 곤란 등이 있다.

8.2.3. 헌법상 선거제도

1. 선거의 기본원칙

선거의 기본원칙으로는 보통·평등·직접·비밀·자유선거의 5대 원칙을 일반적으로 들고 있다. 헌법도 제41조 제1항과 제67조 제1항에서 국민의 보통·평등·직접·비밀선거를 선거의 기본원칙으로 규정하고 있다.

(1) 보통선거의 원칙

보통선거의 원칙은 재력이나 납세액 또는 그 밖의 사회적 신분 등을 요건으로 하지 않고 일정한 연령에 이른 모든 국민에게 선거권 및 피선거권을 인정하는 선거원칙이다. 헌법 제37조 제2항에서 말하는 일반적 기본권 제한사유에 의해 선거권과 피선거권이 제약되는 것은 보통선거의 원칙에 위배되지 아니한다.

선거일 현재 19세 이상의 국민은 대통령 및 국회의원 선거권이 있으며, 19세 이상으로 해당 지방자치단체 관할구역에 주민등록이 되어 있거나 주민등록표에 3개월 이상 계속하여 올라 있고 해당 지방자치단체의 관할구역에 주민등록이 되어 있는 재외국민 혹은 영주권을 획득한 지 3년이 경과하고 외국인 등록대장에 올라 있는 외국인은 지방자치단체선거에 선거권이 있다(「공직선거법」 제15조).

반면에 금치산선고를 받은 자, 1년 이상의 징역 또는 금고의 형의 선고를 받고 그 집행이 종료되지 아니하거나 그 집행을 받지 아니하기로 확정되지 아니한 자(다만, 그 형의 집행유예를 선고받고 유예기간 중에 있는 자는 제외),[9] 「공직선거법」과 「국민투표법」에 의해 유죄가 확정된 선거범과 「정치자금법」의 특정한 범죄로 확정된 후 일정 기간이 지나지 아니한 자, 법원의 판결 또는 다른 법률에 의하여 선거권이 정지 또는 상실된 자 등은 선거권이 제한된다(「공직선거법」 제18조). 피선거권에 있어서도 선거권이 제한되는 자와 금고 이상의 형의 선고를 받고 그 형이 실효되지 아니한 자 및 법원의 판결 또는 다른 법률에 의하여 피선거권이 정지되거나 상실된 자, 그리고 「국회법」 제166조의 국회회의 방해죄의 형이 확정된 후 일정 기간이 지나지 아니한 자와 정당의 후보자추천 관련 금품수수금지를 위반하여 벌금형의 선고를 받고 그 형이 확정된 후 일정 기간을 경과하지 아니한 자는 피선거권을 행사할 수 없다(동법 제19조).

재외국민의 경우 국내에 주민등록이 되어 있는 경우에만 선거권을 행사할 수 있도록 했던 구「공직선거법」이 위헌결정[10]을 받음으로써 「공직선거법」을 개정하여 재외국민에게도 대통령선거 및 임기만료에 의한 국회의원선거의 선거권을 부여하고, 국내 거소 신고인 명부에 올라 있는 재외국민에게 지방자치단체선거의 선거권을 부여하였다(동법 제15조와 제37조). 그러나 2015년 1월에 재외국민에 대해서도 재외국민용 주민등록증을 발급하도록 「주민등록법」이 개정됨에 따라 재외국민에 대한 선거권 부여의 기준이 변경되어, 2016년 6월 30일부터는 국내 거소 신고 대신에 주민등록이 되어 있는 재외국민에게 선거권을 부여하고 있다.

(2) 평등선거의 원칙

평등선거의 원칙은 모든 선거인이 1표씩 가지는 1인 1표제를 원칙으로 하면서 모든 선거인의 투표가치까지 평등해야 한다는 것, 선거과정에서 모든 선

---

9) 헌재 2014.1.28. 2013헌마105에서 위헌결정을 받아 법개정에 이른 것이다.
10) 헌재 2007.6.28. 2004헌마644, 2005헌마360(병합).

거참여자들이 동등한 기회를 부여받아야 한다는 것을 포함하는 선거원칙을 말한다.

평등선거의 원칙과 관련하여 우선 생각할 수 있는 것은 선거구 획정이다. 국회의원 지역선거구는 시·도의 관할구역 안에서 인구·행정구역·지세·교통, 기타 조건을 고려하여 획정하되, 국회의 의원정수의 요건을 갖추기 위하여 부득이한 경우를 제외하고는 구·시·군의 일부를 분할하여 다른 국회의원 지역구에 속하게 하지 못한다. 이때 가장 중요한 것은 인구편차이다. 그리고 국회의원 지역구의 획정에 있어서 일정한 인구범위(인구비례 2:1의 범위)를 벗어나지 아니하는 범위에서 농산어촌의 지역대표성이 반영될 수 있도록 노력한다(「공직선거법」 제25조 제2항).

헌법재판소는 인구편차에 대하여 일정한 원칙을 계속해서 형성하고 있다. 1995년 결정에서는 전국선거구 평균인구수를 기준으로 상하 60%(최대선거구와 최소선거구의 인구수 비율이 4:1)의 인구편차를 허용한도로 삼았다.[11] 그러던 것이 2001년에 와서는 평균인구수 기준 상하 50%(인구수 비율 3:1)를 위헌 여부의 기준으로 삼으면서, 장차 인구편차가 상하 33⅓%(2:1) 또는 그 미만의 기준에 따라 위헌 여부를 판단하여야 할 것이라고 밝혔다.[12] 그리고 2014년에 이르러 헌법이 허용하는 인구편차의 기준은 인구편차 상하 33⅓%(2:1)를 넘어서지 않는 것으로 봄이 타당하다고 판단하였다.[13] 지역구 시·도의회의원 선거에 있어서는 선거구 간 인구편차의 허용기준을 상하 60%(4:1)로 삼고 있고,[14] 자치구·시·군의원 선거에서도 자치구·시·군의원 1인당 평균인구수 대비 상하 60%의 인구편차를 기준으로 삼고 있다.[15]

---

11) 헌재 1995.12.27. 95헌마224.
12) 헌재 2001.10.25. 2000헌마92 등.
13) 헌재 2014.10.30. 2012헌마192 등.
14) 헌재 2007.3.29. 2005헌마985 등.
15) 헌재 2009.3.26. 2006헌마67.

【공직선거법 제25조 제2항 별표 1 위헌확인사건(헌재 2014.10.30. 2012헌마 192 등)】

"인구편차 상하 33⅓%를 넘어 인구편차를 완화하는 것은 지나친 투표가치의 불평등을 야기하는 것으로, 이는 대의민주주의의 관점에서 바람직하지 아니하고, 국회를 구성함에 있어 국회의원의 지역대표성이 고려되어야 한다고 할지라도 이것이 국민주권주의의 출발점인 투표가치의 평등보다 우선시될 수는 없다. 특히 현재는 지방자치제도가 정착되어 지역대표성을 이유로 헌법상 원칙인 투표가치의 평등을 현저히 완화할 필요성이 예전에 비해 크지 아니하다. 또한 인구편차의 허용기준을 완화하면 할수록 과대대표되는 지역과 과소대표되는 지역이 생길 가능성 또한 높아지는데, 이는 지역정당구조를 심화시키는 부작용을 야기할 수 있다. 같은 농·어촌지역 사이에서도 나타날 수 있는 이와 같은 불균형은 농·어촌지역의 합리적인 변화를 저해할 수 있으며, 국토의 균형발전에도 도움이 되지 아니한다. 나아가 인구편차의 허용기준을 점차로 엄격하게 하는 것이 외국의 판례와 입법 추세임을 고려할 때, 우리도 인구편차의 허용기준을 엄격하게 하는 일을 더 이상 미룰 수 없다. 이러한 사정들을 고려할 때, 현재의 시점에서 헌법이 허용하는 인구편차의 기준을 인구편차 상하 33⅓%를 넘어서지 않는 것으로 봄이 타당하다. 따라서 심판대상 선거구구역표 중 인구편차 상하 33⅓%의 기준을 넘어서는 선거구에 관한 부분은 위 선거구가 속한 지역에 주민등록을 마친 청구인들의 선거권 및 평등권을 침해한다." 헌법재판소는 선거법개정의 시한을 2015년 12월 31일까지로 정하고 헌법불합치결정을 내렸다.

이와 관련해서 2015년 2월 24일 중앙선거관리위원회가 개선안을 내놓았다. 선관위는 권역별 비례대표제를 신설하고, 지역구와 비례대표 동시 입후보를 허용하는 사실상의 석패율제를 각각 제시했다. '권역별 비례대표제'의 경우 현 19대 국회의원 정수인 300명은 그대로 유지하면서도 지역구와 비례대표 비율을 2:1(±5%)로 설정해 비례대표를 약 100명까지 늘리도록 했다. 이 개선안은 정치권에 큰 충격을 주었고, 비례대표제 확대안이 바람을 일으켰다. 결과적으로는 큰 변화가 없었지만, 비례대표제의 확대와 다당제 정치, 그 위에 합의제민주주의와 의원내각제 도입의 필요성이 급격히 확산되었다. 전체적으로는 사회복지국가로서 갖추어야 할 실질적 민주주의에 대한 요청이라는 관점에서 긍정적인 흐름이었다고 볼 수 있다.

선거과정에서의 기회균등이라는 의미에서도 몇 건의 판례가 있다. 국회의원선거에서 정당추천 후보자에게는 1천만 원의 기탁금을 요구하면서 무소속 후보자에게는 2천만 원을 기탁하게 한 것은 평등선거원칙에 위배된다고 하였으나,[16] 선거대책기구의 설치를 정당에 대해서만 허용하는 것, 후보자 기호결정에서 정당추천 후보자에게 우선순위를 부여하는 것, 정당추천 후보자와는 달리 무소속 후보자에게만 선거권자의 추천을 받도록 하는 것 등에 대하여는 평등선거원칙에 위반되지 않는다고 보았다.[17] 선거기간에 임박해서 현역 국회의원에게 의정활동보고를 허용하는 것은 다른 예비후보자를 차별하는 것이 아니라고 하고,[18] 대통령선거 방송토론회에서 초청대상 후보자를 원내교섭단체 보유 정당의 후보자와 여론조사결과 평균지지율 10% 이상인 후보자로 제한하는 것이 다른 대통령 후보자를 차별하는 것이 아니라는 결정도 있다.[19]

(3) 직접선거의 원칙

직접선거의 원칙은 "선거결과가 선거권자의 투표에 의하여 직접 결정될 것을 요구하는 원칙이다. 국회의원선거와 관련하여 보면, 국회의원의 선출이나 정당의 의석 획득이 중간선거인이나 정당 등에 의하여 이루어지지 않고 선거권자의 의사에 따라 직접 이루어져야 함을 의미한다. 역사적으로 직접선거의 원칙은 중간선거인의 부정을 의미하였고, 다수대표제하에서는 이러한 의미만으로도 충분하다고 할 수 있다. 그러나 비례대표제하에서 선거결과의 결정에는 정당의 의석배분이 필수적인 요소를 이룬다. 그러므로 비례대표제를 채택하는 한 직접선거의 원칙은 의원의 선출뿐만 아니라 정당의 비례적인 의석 확보도 선거권자의 투표에 의하여 직접 결정될 것을 요구하는 것이다."[20]

따라서 정당명부에 대한 직접적인 투표를 인정하지 않게 되면 비례대표 의원의 선출에 있어서는 유권자의 투표행위가 아닌 정당의 명부 작성행위가 최종적이고 결정적인 의의를 갖게 된다. 이는 직접선거원칙에 위배된다. 고정명부식의 경우에도 직접선거원칙에 위배되는 것이 아닌지 문제될 수 있으나, 헌법재판소는 비례대표 후보자 명단과 그 순위, 의석 배분방식이 선거 시에 이

---

16) 헌재 1989.9.8. 88헌가6.
17) 헌재 2001.10.25. 2000헌마193; 1996.3.28. 96헌마9 등; 1996.8.29. 96헌마99.
18) 헌재 1996.3.28. 96헌마9 등.
19) 헌재 1998.8.27. 97헌마372 등.
20) 헌재 2001.7.19. 2000헌마91 등.

미 확정되어 있고 투표 후에 변경할 수 없으므로 선거권의 종국적 결정권이 침해된다고 할 수 없다는 이유로 고정명부식을 채택한 것 자체가 직접선거원칙에 위배되는 것은 아니라고 한다.[21]

(4) 비밀선거의 원칙

비밀선거의 원칙은 선거인이 투표를 통해 내린 의사결정이 다른 사람에게 알려져서는 안 된다는 선거원칙이다. 「공직선거법」 제167조는 투표의 비밀보장에 대하여 규율하고 있으며, 이를 위반하는 경우 제241조에서 3년 이하의 징역 또는 600만 원 이하의 벌금에 처하도록 하고 있다.

「공직선거법」
제167조(투표의 비밀보장) ① 투표의 비밀은 보장되어야 한다.
② 선거인은 투표한 후보자의 성명이나 정당명을 누구에게도 또한 어떠한 경우에도 진술할 의무가 없으며, 누구든지 선거일의 투표마감 시각까지 이를 질문하거나 그 진술을 요구할 수 없다. 다만, 텔레비전방송국, 라디오방송국, 「신문 등의 진흥에 관한 법률」 제2조 제1호 가목 및 나목에 따른 일간신문사가 선거의 결과를 예상하기 위하여 선거일에 투표소로부터 50미터 밖에서 투표의 비밀이 침해되지 않는 방법으로 질문하는 경우에는 그러하지 아니하며, 이 경우 투표마감 시각까지 그 경위와 결과를 공표할 수 없다.
③ 선거인은 자신이 기표한 투표지를 공개할 수 없으며, 공개된 투표지는 무효로 한다.

(5) 자유선거의 원칙

자유선거의 원칙이란 선거인이 어떤 간섭이나 강제 없이 자유롭게 선거권 행사 여부와 행사내용을 결정해야 한다는 원칙을 말한다. "자유선거의 원칙은 비록 우리 헌법에 명시되지는 않았지만 민주국가의 선거제도에 내재하는 법원리인 것으로서 국민주권의 원리, 의회민주주의의 원리 및 참정권에 관한 규정에서 그 근거를 찾을 수 있다. 이러한 자유선거의 원칙은 선거의 전 과정에

---

21) 「공직선거부정방지법」 제146조 제2항 위헌확인사건(당시 정당과 후보자 구분 없이 실시된 1인 1표제의 위헌성 여부) 헌재 2001.7.19. 2000헌마91.

요구되는 선거권자의 의사형성의 자유와 의사실현의 자유를 말하고, 구체적으로는 투표의 자유, 입후보의 자유, 나아가 선거운동의 자유를 뜻한다."[22]

최근 다른 몇몇 국가의 예를 따라 정당한 사유 없이 선거에 불참하는 경우 과태료나 벌금과 같이 벌칙을 부여함으로써 선거권의 행사를 공민의 의무로 전화하자는 논의가 점점 힘을 얻고 있으나 이는 자유선거의 원칙과 충돌할 가능성이 있다.

선거운동에 있어서는 자유와 공정이라는 두 이념 간의 갈등이 존재한다. 선거운동의 자유는 최대한 보장되어야 하지만 선거의 공정성을 해쳐서는 안 되기 때문이다. 헌법재판소도 "선거에 관한 입법은 '자유와 공정'이라는 두 이념이 적절히 조화되도록 형성되어야 하는데, 선거운동을 어느 정도로 허용하고 또는 제한하는 것이 적절한지에 관하여는 절대적인 기준이 있는 것이 아니고, 그 나라의 역사와 정치문화, 선거풍토와 선거문화의 수준, 민주시민의식의 성숙 정도 등 제반 사정에 따라 달라질 수밖에 없다"[23]고 하였다.

2. 현행법상 선거제도의 내용

(1) 선거공영제

선거운동의 자유를 철저하게 보장한다는 것은 후보자 간의 사회경제적 지위의 차이를 그대로 인정하는 것으로 이로 인해 많은 폐단이 생겨난다. 따라서 헌법 제116조 제2항은 "선거에 관한 경비는 법률이 정하는 경우를 제외하고는 정당 또는 후보자에게 부담시킬 수 없다"고 하여 선거운동에 있어서의 기회균등과 함께 선거비용의 국가부담을 내용으로 하는 선거공영제를 채택하고 있다.

---

22) 헌재 1994.7.29. 93헌가4, 6(병합).
23) 헌재 1999.11.25. 98헌마141.

(2) 선거구와 의원정수

「공직선거법」

제20조(선거구) ① 대통령 및 비례대표 국회의원은 전국을 단위로 하여 선거한다.

② 비례대표시·도의원은 당해 시·도를 단위로 선거하며, 비례대표자치구·시·군의원은 당해 자치구·시·군을 단위로 선거한다.

③ 지역구 국회의원, 지역구 지방의회의원(지역구시·도의원 및 지역구자치구·시·군의원을 말한다. 이하 같다)은 당해 의원의 선거구를 단위로 하여 선거한다.

④ 지방자치단체의 장은 당해 지방자치단체의 관할구역을 단위로 하여 선거한다.

제21조(국회의 의원정수) ① 국회의 의원정수는 지역구 국회의원과 비례대표 국회의원을 합하여 300명으로 한다.

② 하나의 국회의원지역선거구(이하 "국회의원지역구"라 한다)에서 선출할 국회의원의 정수는 1인으로 한다.

제22조(시·도의회의 의원정수)

제23조(자치구·시·군의회의 의원정수)

(3) 선거일과 선거기간

「공직선거법」

제34조(선거일) ① 임기만료에 의한 선거의 선거일은 다음 각 호와 같다.

1. 대통령선거는 그 임기만료일 전 70일 이후 첫 번째 수요일

2. 국회의원선거는 그 임기만료일 전 50일 이후 첫 번째 수요일

3. 지방의회의원 및 지방자치단체의 장의 선거는 그 임기만료일 전 30일 이후 첫 번째 수요일

② 제1항의 규정에 의한 선거일이 국민생활과 밀접한 관련이 있는 민속절 또는 공휴일인 때와 선거일 전일이나 그 다음날이 공휴일인 때에는 그 다음 주의 수요일로 한다.

(4) 기타 후보자와 선거운동, 당선인 결정 등에 관한 사항은 「공직선거법」의 내용을 직접 확인하는 것이 가장 빠르고 정확하다. 다만, 선거운동에 관한 판례가 많이 있기 때문에 이를 참고할 필요가 있다.

【공직선거법 제60조의3 제2항 제1호 등 위헌확인사건(헌재 2013.11.28. 2011헌마267)】

이 사건 3호 법률조항은, 명함 고유의 특성이나 가족관계의 특수성을 반영하여 단독으로 명함교부 및 지지호소를 할 수 있는 주체를 예비후보자의 배우자나 직계존·비속 본인에게 한정하고 있는 이 사건 1호 법률조항에 더하여, 배우자가 그와 함께 다니는 사람 중에서 지정한 1명까지 보태어 명함교부 및 지지호소를 할 수 있도록 하여 배우자 유무에 따른 차별효과를 크게 한다. 더욱이 배우자가 그와 함께 다니는 1명을 지정함에 있어 아무런 범위의 제한을 두지 아니하여, 배우자가 있는 예비후보자는 독자적으로 선거운동을 할 수 있는 선거운동원 1명을 추가로 지정하는 효과를 누릴 수 있게 된다.

이것은 명함 본래의 기능에 부합하지 아니할 뿐만 아니라, 선거운동 기회균등의 원칙에 반하고, 예비후보자의 선거운동의 강화에만 치우친 나머지, 배우자의 유무라는 우연적인 사정에 근거하여 합리적 이유 없이 배우자 없는 예비후보자를 차별 취급하는 것이므로, 이 사건 3호 법률조항은 청구인의 평등권을 침해한다.

3. 선거쟁송

선거에 대한 다툼은 두 가지로 나뉜다. 하나는 선거가 유효하다는 것을 전제로 당선인 결정에 문제가 있다고 다투는 당선무효소청과 당선무효소송이며, 다른 하나는 선거의 관리와 집행 자체가 위법하다고 하여 선거의 효력 자체를 다투는 선거무효소청과 선거무효소송이다.

(1) 선거소청

지방의회의원 및 지방자치단체의 장의 선거에 있어서 선거무효와 당선무효를 다투는 선거소청이 인정된다. 선거의 효력에 관하여 이의가 있는 선거인·정당 또는 후보자는 선거일로부터 14일 이내에 선거무효소청을 제기할 수 있고, 당선의 효력에 관하여 이의가 있는 정당 또는 후보자는 당선인 결정일로부터 14일 이내에 당선무효소청을 제기할 수 있다(「공직선거법」 제219조).

(2) 선거소송과 당선소송

대통령선거 및 국회의원선거에 있어서 선거의 효력에 관하여 이의가 있는 선거인·정당 또는 후보자는 선거일로부터 30일 이내에 당해 선거구 선거관리위원회위원장을 피고로 하여 대법원에 소를 제기할 수 있다. 지방의회의원 및 지방자치단체의 장의 선거에 있어서 선거의 효력에 관한 결정에 불복이 있는 소청인(당선인을 포함한다)은 해당 소청에 대하여 기각 또는 각하결정이 있는 경우에는 해당 선거구 선거관리위원회위원장을, 인용결정이 있는 경우에는 그 인용결정을 한 선거관리위원회위원장을 피고로 하여 그 결정서를 받은 날로부터 10일 이내에 비례대표 시·도의원선거 및 시·도지사선거에 있어서는 대법원에, 그 외는 선거구를 관할하는 고등법원에 소를 제기할 수 있다(「공직선거법」 제222조).

대통령선거 및 국회의원선거에 있어서 당선의 효력에 이의가 있는 정당 또는 후보자는 당선인 결정일로부터 30일 이내에 대통령선거의 경우에는 당선인(예외적으로 중앙선거관리위원회위원장 혹은 국회의장)을 피고로, 국회의원선거에 있어서는 당선인(예외적으로 당해 선거구 선거관리위원회위원장)을 각각 피고로 하여 대법원에 소를 제기할 수 있다. 지방의회의원 및 지방자치단체의 장의 선거에 있어서 당선의 효력에 관한 결정에 불복이 있는 소청인 또는 당선인인 피소청인은 해당 소청에 대하여 기각 또는 각하결정이 있는 경우에는 당선인을, 인용결정이 있는 경우에는 그 인용결정을 한 선거관리위원회위원장을 피고로 하여 그 결정서를 받은 날로부터 10일 이내에 비례대표 시·도의원선거 및 시·도지사선거에 있어서는 대법원에, 그 외는 선거구를 관할하는 고등법원에 소를 제기할 수 있다(「공직선거법」 제223조).

제9장
공무원제도와 군사제도

개관

헌법제도의 하나인 공무원제도는 공무원을 특정 집단이나 정권이 아닌 국민 전체에 대한 봉사자로 간주하면서 공무원의 정치적 중립성과 신분보장을 핵심내용으로 삼는다. 즉, 공무원은 국민 전체에 대한 봉사자이다(헌법 제7조 제1항). 따라서 공무원이 특수집단의 이익만 반영하여 행동하거나 그 신분이 불안정해지면 정치적 편향성을 띠게 되고 그러면 국가작용 전체가 불신받는 상황에 이른다. 헌법은 이러한 점을 고려하여 공무원은 국민 전체에 대한 봉사자임을 선언하고 있다. 사회복지국가의 안착을 위해서는 공무원의 지위에 대한 헌법의 정상화가 요청된다. 공무원의 자율성 보장과 정치적 기본권의 회복이 반드시 필요하다.

이 외에도 우리 헌법에서 군사제도는 국가의 안전보장과 국토방위를 사명으로 하여 평화지향의 원칙, 국민개병주의와 병정통합의 원칙, 문민통제의 원칙과 정치적 중립의 원칙을 핵심적 골자로 한다. 군인의 기본권 보장 역시 중요한 과제이다.

9.1. 공무원제도

9.1.1. 공무원과 공무원제도

1. 공무원과 공무원제도의 의의

공무원이란 직접 또는 간접적으로 국민에 의하여 선출 또는 임용되어 국가나 공공단체와 공법상의 근무관계를 맺고 공공적 업무를 담당하고 있는 사람을 의미한다. 공무원도 각종 노무의 대가로 얻는 수입에 의존하여 생활하는 사람이라는 점에서는 통상적인 의미의 근로자적 성격을 지니고 있다. 다만, 공무원은 임용주체가 궁극에는 주권자인 국민 또는 주민이기 때문에 국민 전체에 대하여 봉사하고 책임을 져야 하는 특별한 지위에 있고, 그가 담당한 업무가 국가 또는 공공단체의 공공적인 일이어서 특히 그 직무를 수행함에 있어서 공공성, 공정성, 성실성 및 중립성 등이 요구되기 때문에 일반 근로자와는 달리 특별한 근무관계에 있는 사람이다.[1)]

공무원은 국민 전체에 대한 봉사자이다(헌법 제7조 제1항). 따라서 공무원이 특수집단의 이익만 반영하여 행동하거나 그 신분이 불안정해지면 정치적 편향성을 띠게 되고 그러면 국가작용 전체가 불신받는 상황에 이른다. 헌법은 이러한 점을 고려하여 공무원은 국민 전체에 대한 봉사자임을 선언하고, 공무원의 신분보장과 정치적 중립성을 내용으로 하는 직업공무원제를 두면서, 공무원이 공무를 수행하는 동안에는 사인이 일반적으로 향유하는 기본권의 일부를 제한할 수 있도록 하였다.

2. 공무원의 종류

공무원은 소속에 따라 국가공무원과 지방공무원으로 구별되고, 임용방식과 신분보장 정도에 따라 경력직 공무원과 특수경력직 공무원으로 구분된다. 경

---

1) 헌재 1992.4.28. 92헌바27 등(병합).

력직 공무원이란 실적과 자격에 따라 임용되고 그 신분이 보장되며 평생토록 공무원으로 근무할 것이 예정되는 공무원을 말하며, 그 안에는 ① 기술·연구 또는 행정 일반에 대한 업무를 담당하며, 직군(職群)·직렬(職列)별로 분류되는 일반직 공무원, ② 법관, 검사, 외무공무원, 경찰공무원, 소방공무원, 교육공무원, 군인, 군무원, 헌법재판소 헌법연구관, 국가정보원의 직원과 특수분야의 업무를 담당하는 특정직 공무원이 있다. 특수경력직 공무원이란 경력직 공무원 외의 공무원으로, ① 선거로 취임하거나 고도의 정책결정업무를 담당하는 등의 정무직 공무원, ② 별도의 자격기준에 따라 임용되는 별정직 공무원이 있다(「국가공무원법」 제2조).

9.1.2. 헌법상 공무원제도

1. 국민 전체에 대한 봉사자

헌법 제7조 제1항은 "공무원은 국민 전체에 대한 봉사자이며, 국민에 대하여 책임을 진다"고 규정하고 있다. 이때 국민 전체에 대한 봉사자로서 공무원이란 최광의의 공무원으로서 경력직 공무원, 특수경력직 공무원, 군공무원은 물론이고, 공무원의 신분을 가지고 있지는 않지만 공무를 위탁받아 이에 종사하는 공무수탁사인도 포함한다.

공무원이 국민에 대해 책임을 진다는 의미는 정치적·윤리적 책임이라는 것이 다수설이다. 국민의 공무원소환권이나 파면권이 인정되지 않고 예외적으로만 법적 책임을 물을 수 있으며, 그나마의 정치적 책임도 직업공무원에게는 적용되지 않기 때문이다.

2. 직업공무원제도

(1) 의의

직업공무원제도란 국가 또는 지방자치단체와 공법상의 근무관계 및 충성관계를 맺고 있는 직업적 공무원으로 하여금 집권세력에 의한 논공행상의 제물이 되는 엽관제도를 지양하고, 정권교체에 따르는 국정운영의 중단과 혼란을 예방하며, 일관성 있는 공무수행을 유지하게 함으로써 안정적이고 능률적인 정책집행을 보장하려는 민주적이고 법치국가적인 공직구조에 관한 제도이다.

공무원제도의 유형에는 엽관제(spoils system)와 성적제(merit system)가 있다. 엽관제란 집권당의 당파적 정실에 따라 공무원을 임면하고 승진시키는 공무원제도이다. 이는 국왕에 대해 충성을 다함으로써 특권을 누렸던 전근대적 관료제도를 타파하고 선거에서 승리한 정당이 행정부를 독점하고, 만일 선거에서 패배하면 집권당과 함께 공무원도 물러서야 한다는 원리 아래 이룩된 근대 초기의 공무원제도이지만, 나중에는 정당의 타락과 더불어 선거운동이나 정치자금의 대상으로 이용되어 행정능률의 저하와 행정질서의 문란 등 많은 폐단을 낳았다. 그에 따라 공무원 본인의 능력의 실증에 의해 공무원을 임면하고 승진시키는 제도인 성적제가 오늘날의 일반적인 공무원제도로서 인정되고 있다. 우리나라는 경력직 공무원에서 성적제, 정무직 공무원에서 엽관제를 채택하고 있다.

헌법 제7조 제2항에서 "공무원의 신분과 정치적 중립성은 법률이 정하는 바에 의하여 보장된다"고 하는 직업공무원제는 과학적 직업분류제의 확립, 인사의 합리적 운영, 정치적 중립성의 보장과 능력 본위의 실적주의 확립, 독립된 인사행정기구의 설치 등을 그 내용으로 하고 있다. 정치적 중립성은 집권당의 영향으로부터 독립과 정당에 대한 불간섭 및 불가담을 의미한다.

직업공무원제가 적용되는 공무원은 원칙적으로 경력직 공무원에 국한되며, 특수경력직 공무원과 경력직 공무원 중 1급 공무원과 배정된 직무등급이 가장 높은 등급의 직위에 임용된 고위공무원단에 속하는 공무원은 해당되지 아니한다(「국가공무원법」 제68조). 헌법재판소장, 감사원장, 감사위원 등은 헌법과 다른 법률에 의해서 고도의 신분보장과 정치적 중립성이 요구된다(헌법 제106조, 제112조, 「감사원법」 제8조 내지 제10조).

공무원은 국민 전체에 대한 봉사자라는 점, 그 직무의 성질이 공적인 성격을 가진다는 점 그리고 근로관계의 특수성으로 말미암아 일정한 기본권이 제한되고 있다. 따라서 공무원은 정당가입 및 정치활동이 제한되고, 법률이 정하는 자에 한하여 노동3권이 인정되고 있다. 그리고 이른바 특별권력관계론에 따라 군인의 영내거주, 경찰관의 제복 착용, 집단행위의 금지 등과 같은 제한도 인정된다.

(2) 공무원의 신분보장

공무원의 신분보장이라 함은 공무원 본인의 귀책사유나 조직의 개편과 같이 정당한 사유 없이는 신분상 불이익을 받지 아니하는 것을 말한다. 「국가공무원법」 제68조는 1급 공무원과 배정된 직무등급이 가장 높은 등급의 직위에 임용된 고위공무원단에 속하는 공무원을 제외하고는 "공무원은 형의 선고, 징계처분 또는 이 법에서 정하는 사유에 따르지 아니하고는 본인의 의사에 반하여 휴직·강임 또는 면직을 당하지 아니한다"고 규정하고 있다(「지방공무원법」 제60조도 동일). 단, 정부조직의 개폐나 예산의 감소 등에 의하여 폐직(廢職) 또는 과원(過員)이 되었을 때는 직권면직할 수 있다(「국가공무원법」 제70조 제1항 제3호).

헌법재판소는 공무원의 신분보장과 관련하여 상당수의 결정을 내렸다. 임용결격 공무원이 사실상 근무기간 중 발생한 공무상 질병 등에 대하여 결격사유가 없는 공무원과 달리 차별하는 것은 허용된다고 하고,[2] 합리적 근거 없이 후임자의 임명처분에 의해 공무원의 신분을 상실케 하는 것은 직업공무원제도의 본질적 내용을 침해하는 것이라고 하며,[3] 지방공무원의 의사에 반하여 지방자치단체장들 간의 동의만으로 지방공무원을 전입·전출시키는 것은 공무원의 신분보장에 부합하지 않는다고 한다.[4] 반면에 공무원의 연령정년제를 계급정년제로 변경하거나 정년을 단축하는 것은 합헌이라고 판단했다.[5] 그 밖에 지방자치단체의 직제가 폐지된 경우에 해당 공무원을 직권면직할 수 있도록 규정하고 있는 「지방공무원법」 제62조 제1항 제3호가 직업공무원제도를 위반하는 것인지 여부에 대해서 직제폐지를 이유로 공무원을 직권면직함에 있어서 합리적인 근거를 갖추고 있으며 합리적인 면직기준과 동시에 그 공정성을 담보할 수 있는 절차를 마련하고 있으므로 직업공무원제도를 위반하고 있다고는 볼 수 없다고 하였다.[6]

---

2) 헌재 2001.9.27. 2000헌마342.
3) 헌재 1989.12.18. 89헌마2.
4) 헌재 2002.11.28. 98헌바101 등.
5) 헌재 1994.4.28. 91헌바15; 2000.12.14. 99헌마112 등.
6) 헌재 2004.11.25. 2002헌바8.

(3) 공무원의 정치적 중립

공무원의 정치적 중립성을 담보하기 위해 「국가공무원법」 제65조와 「지방공무원법」 제57조는 공무원의 정치운동을 상당히 포괄적으로 금지하고 있다. 즉, 공무원은 정당이나 그 밖의 정치단체의 결성에 관여하거나 이에 가입할 수 없고, 선거에서 특정 정당 또는 특정인을 지지 또는 반대하기 위한 행위를 하여서는 아니 된다. 또 다른 공무원에게 그러한 정치운동 금지사항에 위배되는 행위를 하도록 요구하거나, 정치적 행위에 대한 보상 또는 보복으로 이익 또는 불이익을 약속해서도 안 된다. 단순한 지지나 반대의 의사표시는 물론 허용되지만 그럼에도 불구하고 공무의 성격을 불문하고 정치운동을 금지하는 것은 논란의 여지가 있다. 헌법재판소는 지방공무원의 선거운동금지를 합헌이라고 본다.[7] 그리고 선거관리위원회 공무원에 대해 특정 정당이나 후보자를 지지·반대하는 단체에의 가입·활동 등을 금지하는 것은 선관위 공무원의 정치적 표현의 자유 등을 침해한다고 할 수 없다고 하였다.[8]

(4) 실적주의

실적주의 혹은 성적주의라 함은 공무원의 인사에 있어서 정치적·정실적 사유를 배제하고 자격이나 능력을 기준으로 공무원을 승진하고 전보하는 제도를 말한다. 「국가공무원법」 제26조와 「지방공무원법」 제25조는 장애인, 이공계 전공자, 저소득층 등에 대한 임용·승진·전보 등 인사관리상의 우대와 실질적 양성평등을 실현하기 위한 적극적인 정책 외에, 원칙적으로 "공무원의 임용은 시험성적·근무성적, 그 밖의 능력의 실증에 따라 행한다"고 규정하고 있다.

9.1.3. 공무원의 정치적 중립성을 재론함

공무원은 종래 특별권력관계라 하여 기본권의 예외지대로 설명한 바 있다. 독일 국법학에서 특별히 개발한 이론인데, 일본을 경유하여 소개된 이 제도는

---

7) 헌재 2008.4.24. 2004헌바47.
8) 헌재 2012.3.29. 2010헌마97.

조선왕조 시대의 유습을 벗기도 전에 우리 국민과 공무원들에게 시민이 아닌 신민(臣民)과 같은 사고방식을 몸에 배게 했다. 철저한 자율성, 개인적 자각과 인격 위에 기초하는 헌법의 민주주의가 뿌리를 내리지 못하는 이유도 이렇게 토대가 박약한 탓이라고 말할 수 있다.

공무원의 정치적 기본권은 원칙적으로 일반 국민들과 다를 이유가 없다. 그래서 서양 국가들은 공무원의 표현의 자유, 결사의 자유, 정당가입, 공직입후보권에 큰 제약을 두지 않고 있다. 심지어 특별권력관계의 전형에 해당하는 군인조차 그 제약은 거의 해금된 상태이다. 그러나 유독 일본과 한국만 이 굴레를 벗어나지 못하고 있다. 정치적 후진국이라 하지 않을 수 없는 대목이다. 공무원에 대한 정치적 자유보장은 공무원을 인격체로 회복시키는 의미를 가진다. 이것은 우리가 사회복지국가 헌법을 맞이하면서 반드시 해야 할 일이다. 집단과 조직논리에 매몰되어 관료주의가 팽배해지면 공무원 개개인은 자발성을 상실하고 상부의 지시만을 기다리는 복지부동적 수동형 인간이 된다. 인격 없는 공무원들이 어떻게 공공서비스를 자유자재로 담당할 수 있겠는가를 생각해 보아야 한다. 다음의 헌법재판소 결정문은 여전히 다수가 소극적 견해이지만, 다행히도 이제 4명의 반대의견이 나왔다는 점에 주목하면 좋겠다. 헌법재판소의 분위기가 이 정도 되었으면 입법부인 국회가 나서서 이 문제를 해결하는 것이 바람직하다고 하겠다.

공무원의 정치운동금지의무에 대한 비판적 고찰

정치적 형성과정에 적극적으로 참여할 수 있는 자유는 민주주의 체제하에서의 국민에게는 매우 중요한 기본권에 해당한다. 그러한 권리를 유독 공무원에게만 부정해야 할 헌법적 근거는 없다고 생각한다. 헌법이 말하는 정치적 중립은 정치적 무위(無爲)를 의미하는 것이 아니다. 오히려 우리 헌법이 말하는 공화국의 이념은 모든 국민에게 열려 있는 정치를 요구하고 있다.

우리 사회에는 아직도 민주공화국에 대한 이해가 부족하다는 느낌을 받는다. 공화국은 정치가 군주의 것, 특정 집단의 것에서 시민들의 품으로 돌아온 순간에 탄생했다. 공화국은 정치와 비정치를 구분하고, 특정 집단에게만 정치적인 것(das Politische)을 허용하고 또 다른 특정 집단에게는 철저한 비정치를 강요하는 '정치독점'을 거부한다. 공화국(republic)은 말 그대로 모든 사람의 것(res publica), 즉 공물(公物)이기 때문이다.

　민주주의는 모든 시민의 자율적인 정치참여와 정치적 의사소통의 조건이 확보되지 않고서는 지속될 수 없다. 공무원 또한 '제복을 입은 시민', '공무를 수행하는 시민'으로서 자율적인 정치참여에 나서는 데 하등 장애가 없는 곳, 그런 곳에서 민주주의는 참된 힘을 발휘하고 공화국의 진정한 의미가 실현된다. 그러하기에 공무원의 정치적 무위로 이해된 공무원의 정치적 중립성이라는 이데올로기가 국가기구의 구성에 대한 민주주의적·공화주의적 영향력을 차단하는 수단으로 기능할 수 있음을 경계해야 한다.

（이계수, "공무원의 정치운동금지의무에 대한 비판적 고찰", 『민주법학』, 제29호, 2005）

【정당법 제22조 제1항 제1호 등 위헌소원사건(헌재 2014.3.27. 2011헌바42)】

1. 정당가입 금지조항은 공무원의 정치적 중립성을 보장하고 초·중등학교 교육의 중립성을 확보한다는 점에서 입법목적의 정당성이 인정되고, 정당에의 가입을 금지하는 것은 입법목적 달성을 위한 적합한 수단이다. 공무원은 정당의 당원이 될 수 없을 뿐, 정당에 대한 지지를 선거와 무관하게 개인적인 자리에서 밝히거나 투표권을 행사하는 등의 활동은 허용되므로 침해의 최소성 원칙에 반하지 않는다. 정치적 중립성, 초·중등학교 학생들에 대한 교육기본권 보장이라는 공익은 공무원이 제한받는 불이익에 비하여 크므로 법익균형성도 인정된다.

또한 초·중등학교 교원에 대하여는 정당가입을 금지하면서 대학교원에게는 허용하는 것은 기초적인 지식전달, 연구기능 등 직무의 본질이 서로 다른 점을 고려한 합리적 차별이므로 평등원칙에 반하지 아니한다.

2. 구국가공무원법 제65조 제4항은 정치행위 규제조항에 의한 범죄구성요건의 실질을 '정당구성행위 및 선거운동에 관한 공무원의 능동적·적극적 정치행위'라고 밝히고 있어 죄형법정주의의 기본적 요청인 법률주의에 위배된다고 볼 수 없다.

국회, 법원, 헌법재판소 등 각 국가기관별로 소속 공무원에 대하여 금지하여야 할 정치행위의 내용을 개별적으로 구체화할 필요성이 인정되고, 일일이 법률로 규정하는 것은 입법기술상 매우 곤란하므로 위임의 필요성이 인정된다. 또한 공무원의 정치적 중립성을 훼손할 가능성이 큰 행위에 한하여 금지될 것임은 충분히 예상할 수 있으므로, 정치행위 규제조항은 포괄위임입법금지원칙에 위배되지 아니한다.

– 사건 정당가입 금지조항에 관한 재판관 박한철, 재판관 김이수, 재판관 강일원, 재판

관 서기석의 반대의견 –

공무원의 정당가입 자체를 일반적·사전적으로 금지하는 것은 입법목적과 입법수단 사이의 인과관계가 불충분하고, 공무원의 정당가입의 자유를 제한함에 있어서 갖추어야 할 적합성의 요건을 충족시키지 못하였다. 공무원의 정치적 중립성을 확보하고 근무기강을 확립하는 방안이 국가공무원법에 충분히 마련되어 있음에도 불구하고 정당가입을 일체 금지하는 것은 침해의 최소성 원칙에도 위배되고, 공무원의 정당가입을 금지함으로써 실현되는 공익은 매우 불확실하고 추상적인 반면 정당가입의 자유를 박탈당하는 공무원의 기본권에 대한 제약은 매우 크기 때문에 법익균형성도 인정하기 어렵다.

대학교원에게는 정당가입을 일반적으로 허용하면서 초·중등학교 교원에 대해서는 정당가입을 전면적으로 금지하는 것은, 오히려 교육내용에 재량이 많은 대학교육의 특성, 초·중등학교 교원이 정당에 가입하면 편향된 교육을 할 것이라는 추측은 논리적 비약이라는 점 등에 비추어 볼 때, 현저히 불합리한 차별에 해당하여 평등원칙에도 위배된다.

【국가공무원법 제66조 제1항 등 위헌소원사건(헌재 2014.8.28. 2011헌가18, 2011헌바32, 2012헌바185)】

1. 이 사건 국가공무원법 규정의 '공무 외의 일을 위한 집단행위'는 언론·출판·집회·결사의 자유를 보장하고 있는 헌법 제21조 제1항과 국가공무원법의 입법취지, 국가공무원법상 공무원의 성실의무와 직무전념의무 등을 종합적으로 고려할 때, '공익에 반하는 목적을 위하여 직무전념의무를 해태하는 등의 영향을 가져오거나, 공무에 대한 국민의 신뢰에 손상을 가져올 수 있는 공무원 다수의 결집된 행위'를 말하는 것으로 한정 해석되므로 명확성원칙에 위반된다고 볼 수 없다.

이 사건 국가공무원법 규정에서 공무원의 정치적 의사표현이 집단적으로 이루어지는 것을 금지하는 것은, 다수의 집단행동은 그 행위의 속성상 개인행동보다 공공의 안녕질서나 법적 평화와 마찰을 빚을 가능성이 크고, 공무원이 집단적으로 정치적 의사표현을 하는 경우에는 이것이 공무원이라는 집단의 이익을 대변하기 위한 것으로 비춰질 수 있으며, 정치적 중립성의 훼손으로 공무의 공정성과 객관성에 대한 신뢰를 저하시킬 수 있기 때문이다. 특히 우리나라의 정치현실에서는 집단적으로 이루어지는 정부정책에 대한 비판이나 반대가 특정 정당이나 정파 등을 지지하는 형태의 의사표시로 나타나지 않더라도 그러한 주장 자체로 현실정치에 개입하려 한다거나, 정파적 또는 당파적인 것으로 오해받을 소지가 크다. 따라서 공무원의 집단적인 의사표현을 제한하는 것은 불가피하고 이것이 과잉금지원칙에 위반된다고 볼 수 없다.

2. 이 사건 교원노조법 규정이 비록 '일체의' 정치활동을 금지하는 형태로 규정되어 있지만, 교육의 정치적 중립성을 선언한 헌법과 교육기본법의 규정 및 교원노조법의 입법목적, 교원노조의 인정취지, 그리고 관련 규범들과의 관계 등을 종합적으로 고려할 때, 이 규정에 의하더라도 교원의 경제적·사회적 지위 향상을 위한 활동은 노조활동의 일환으로서 당연히 허용되고, 교원노조는 교육전문가 집단이라는 점에서 초·중등교육 교육정책과 관련된 정치적 의견표명 역시 그것이 정치적 중립성을 훼손하지 않고 학생들의 학습권을 침해하지 않을 정도의 범위 내라면 허용된다고 보아야 한다. 이와 같이 이 사건 교원노조법 규정의 의미내용을 한정하여 해석하는 것이 가능한 이상, 명확성원칙에 위반된다고 볼 수는 없다.

교원의 행위는 교육을 통해 건전한 인격체로 성장해 가는 과정에 있는 미성숙한 학생들의 인격형성에 지대한 영향을 미칠 수 있는 점, 교원의 정치적 표현행위가 교원노조와 같은 단체의 이름으로 교원의 지위를 전면에 드러낸 채 대규모로 행해지는 경우 다양한 가치관을 조화롭게 소화하여 건전한 세계관·인생관을 형성할 능력이 미숙한 학생들에게 편향된 가치관을 갖게 할 우려가 있는 점, 교원노조에게 일반적인 정치활동을 허용할 경우 교육을 통해 책임감 있고 건전한 인격체로 성장해 가야 할 학생들의 교육을 받을 권리는 중대한 침해를 받을 수 있는 점 등에 비추어 보면, 교원노조라는 집단성을 이용하여 행하는 정치활동을 금지하는 것이 과잉금지원칙에 위반된다고 볼 수 없다.

교원노조는 교육의 정치적 중립성 요청으로 인해 그 업무와 활동에 있어서 강하게 정치적 중립을 요구받을 수밖에 없다는 점, 교원노조법은 공무원노조법과 달리 '일체의' 정치활동을 금지하는 것으로 되어 있지만, 교원노조에게도 교원의 근로조건 향상을 위한 활동 등은 허용된다는 점, 정치활동이 자유로운 대학교원단체의 경우 그 교육대상이 교원의 정치적 경향성에 별다른 영향을 받지 아니하는 대학생이라는 점에서 교원노조를 일반노조나 공무원노조, 대학교원단체와 달리 취급하는 것이 평등원칙위반이라고 볼 수 없다.

– 재판관 박한철, 재판관 김창종, 재판관 강일원의 이 사건 교원노조법 규정 부분에 대한 각하의견 –

당해 사건에서 문제가 된 시국선언의 주체는 교원노조가 아니라 시국선언 성명서에 서명한 교원 전체이다. 이 사건 교원노조법 규정은 교원노조 자체의 정치활동을 금지하는 규정이지 조합원인 교원 개인의 정치활동을 금지하는 규정이 아니고, 이 사건 교원노조법 규정 위반행위에 대해서는 별도의 제재규정이 없다는 점에서 이 사건 교원노조법 규정은 재판의 전제성이 인정되지 않는다.

– 재판관 이정미, 재판관 김이수의 반대의견 –

1. 어떠한 표현행위가 과연 '공익'을 해하는 것인지, 아닌지에 관한 판단은 사람마다의 가치관, 윤리관에 따라 크게 달라질 수밖에 없고, 법집행자의 통상적 해석을 통하여 그 의미내용을 객관적으로 확정할 수 있는 개념이라고 보기 어려운바, '공무 외의 일을 위한 집단행위'를 '공익에 반하는 목적을 위하여 직무전념의무를 해태하는 등의 영향을 가져오는 집단적 행위'라고 축소 해석한다고 하더라도 여전히 그 의미는 불명확할 수밖에 없으므로 명확성원칙에 위반된다.

또한 이 사건 국가공무원법 규정은 공무원의 직무나 직급 또는 근무시간 내외를 구분하지 않고 표현행위가 집단적으로 행해지기만 하면 헌법질서의 수호유지를 위한 정치적 의사표현까지도 금지하고 있으므로 과잉금지원칙에 위반된다.

2. 이 사건 교원노조법 규정의 취지는 교원 및 교원노동조합에게 '일체의 정치활동'을 금지하는 것인데, 교육의 정치적 중립성으로 인하여 교원의 정치활동이 일부 제한될 수는 있지만, 정치활동이 제한되는 장소·대상·내용은 학교 내에서의 학생에 대한 당파적 선전교육과 정치선전, 선거운동에 국한하여야 하고, 그 밖의 정치활동은 정치적 기본권으로서 교원에게도 보장되어야 한다는 점에서 과잉금지원칙에 위배된다.

대학교원에게는 정치활동을 일반적으로 허용하면서 초·중등학교 교원에게는 전면적으로 이를 금지하는 것은 현저히 불합리한 차별에 해당하여 평등원칙에 위배된다.

9.2. 군사에 관한 헌법원칙

9.2.1. 군사에 관한 헌법규정

우리 헌법상 군에 관한 주요 규정은 다음과 같다. 헌법 제5조 제2항("국군은 국가의 안전보장과 국토방위의 신성한 의무를 수행함을 사명으로 하며, 그 정치적 중립성은 준수된다"), 제39조 제1항("모든 국민은 법률이 정하는 바에 의하여 국방의 의무를 진다"), 제74조 제1항("대통령은 헌법과 법률이 정하는 바에 의하여 국군을 통수한다")과 제2항("국군의 조직과 편성은 법률로 정한다"), 제60조 제2항("국회는 선전포고, 국군의 외국에의 파견 또는 외국 군대의 대한민국 영역 안에서의 주류에 대한 동의권을 가진다").

이 외에도 국무총리와 국무위원의 군사에 관한 부서제도(제82조), 국무총리와 국무위원의 문민원칙(제86조 제3항과 제87조 제4항), 군사에 관한 중요 사항에 대한 국무회의 심의(제89조 제6호) 등이 헌법상 군사에 관한 규정을 이루고 있다. 또한 모든 기본권의 제한에 관한 사유로 '국가안전보장'이 제시되어 있는 것(제37조 제2항), 병역의무의 이행으로 인하여 불이익한 처우를 받지 아니한다는 규정(제39조 제2항)도 간접적이긴 하나 군사문제와 관련되어 있다고 볼 수 있다.

9.2.2. 군사에 관한 헌법원칙

우리 헌법이 침략전쟁을 부인하기 때문에 국군은 침략전쟁에 동원될 수 없다. 따라서 우리 헌법의 군사에 관한 원칙은 평화주의적 군사원칙이라고 말할 수 있다. 즉, 헌법은 국가의 존립과 안전을 위하여 군대의 헌법적 근거를 마련하고 있으면서도, 국제평화주의 조항과 함께 규정함으로써 평화주의에 대한 강한 지향성을 드러내고 있다. 국군이 국가수호의 사명을 배경으로 하되 평화주의를 지향한다는 점은 군사에 관한 가장 기본이 되는 헌법원칙이라고 할 수 있다.

1. 국가의 안전보장과 국토방위의 사명

군의 가장 기본적인 존재이유는 국가안전의 확보이다. 헌법 제5조 제2항 전단도 국군의 사명으로서 국가의 안전보장과 국토방위의 신성한 의무를 규정하고 있다.

헌법재판소는 "국가의 안전보장은 헌법상 중요한 국가적 법익의 하나로서 …… 국가의 존립, 헌법의 기본질서의 유지 등을 포함하는 개념으로서 결국 국가의 독립, 영토의 보전, 헌법과 법률의 기능, 헌법에 의하여 설치된 국가기관의 유지 등"[9]을 의미하는 것으로 이해한다. 헌법은 제5조 제2항 외에도 제37조 제2항, 제50조 제1항, 제60조 제1항, 제66조, 제91조, 제109조 등에서 국가안전보장을 규정하고 있다. 국군의 사명인 국토방위란 외부적 위협이나 침략으로부터 영토를 보전하는 것을 말한다.

헌법이 모든 국민에게 국방의 의무를 부과하고 있듯이 국가안전보장과 국토방위의무의 주체는 당연히 국민이다. 그러나 국가에 따라서는 영속적 계급제를 가진 상비군을 운영하기도 한다. 군사문제 전문집단이 군대를 주축으로 군정과 군령을 효과적으로 운용할 수 있는 체제를 갖추는 것이다. 우리나라가 이러한 예에 속하는 점을 고려하면 국군은 국가안보와 국방의 일차적 의무수행 주체라고 할 수 있다.

2. 평화지향의 원칙

국민은 평화적 생존을 소망하고 국가는 국민의 평화적 생존을 최대한으로 보장할 의무가 있다. 평화란 전쟁이 없는 상태를 뜻하지만 우리 헌법이 추구하는 평화주의는 소극적인 비전쟁상태만 뜻하는 것이 아니라 제도화된 평화질서의 적극적인 구축을 의미한다. 헌법은 특히 군국주의에 입각한 전쟁도발과 그로 인한 참담한 재화를 방지하기 위하여 전문에서 "밖으로는 항구적인 세계평화 ……에 이바지함으로써"라고 규정하고, 제5조 제1항에서는 "국제평화의 유지에 노력하고 침략적 전쟁을 부인한다"고 함으로써 우리나라의 군사제도가 국제평화주의에 바탕을 둔 평화지향적인 것임을 강조하고 있다. 따라

---

9) 헌재 1992.2.25. 89헌가104.

서 국군은 대한민국을 수호하고 한반도에서의 전쟁발발을 억제함은 물론 평화유지자로서 평화의 이념을 지향하는 기구이어야 한다.

그런데 국제평화의 유지와 관련하여 국군의 이라크파견결정의 위헌확인을 구하는 사건에서 헌법재판소는 "이 사건과 같은 파견결정이 헌법에 위반되는지의 여부, 즉 세계평화와 인류공영에 이바지하는 것인지 여부, 국가안보에 보탬이 됨으로써 궁극적으로는 국민과 국익에 이로운 것이 될 것인지 여부 및 이른바 이라크전쟁이 국제규범에 어긋나는 침략전쟁인지 여부 등에 대한 판단은 대의기관인 대통령과 국회의 몫이고, 성질상 한정된 자료만을 가지고 있는 우리 재판소가 판단하는 것은 바람직하지 않다"고 하여 헌법재판소가 사법적 기준만으로 이를 심판하는 것은 자제되어야 한다는 입장을 취하였다.[10]

3. 국민개병주의와 병정통합의 원칙

헌법은 국민군의 편성과 국가의 기본적인 병정관계(군령·군정관계)에 있어서 국민개병주의(國民皆兵主義)와 병정통합의 원칙에 따르고 있다.

국민군의 원칙을 실현하기 위해 채택한 국민개병주의는 헌법 제39조 제1항("모든 국민은 법률이 정하는 바에 의하여 국방의 의무를 진다")이 분명하게 밝히고 있다.

한편 국가의 기본적인 병정관계는 대체로 군령작용(용병작용)과 군정작용(양병작용)의 통합 여부에 따라 병정통합주의와 병정분리주의로 나눌 수 있다. 군령은 국방목적을 위하여 군을 현실적으로 지휘·명령·통솔하는 작용을 말하고, 군정은 국방목적을 위하여 국군을 편성·조직하고 병력을 취득·관리하는 작용을 말한다.

병정통합주의(군령·군정일원주의)라 함은 군령과 군정을 다 같이 일반행정기관이 관장하는 것으로 민주군정원칙에 충실한 방식이다. 반면에 병정분리주의(군령·군정이원주의)는 군령권을 군정권과 분리시켜 일반행정기관과 분리된, 주로 군인들로 구성된 별도의 기관에게 맡기는 방식이다. 병정분리주의는 프로이센과 구일본제국의 군제를 답습한 국가에서 볼 수 있는 군제로, 신속성과 효율성은 높을 수 있으나 비외교적인 군의 속성상 군국주의로 흐를

---

10) 헌재 2004.4.29. 2003헌마814.

위험성을 내포하고 있다. 병정통합주의는 영미계 국가의 군제로서 정부가 군부를 완전히 지배함으로써 문민우위를 실현할 수 있는 제도로 우리 헌법도 이를 따르고 있다. 그런데 최근의 「국군조직법」의 개정으로 인하여 합동참모의장(합참의장)의 권한이 병정통합에 해당되는 것이 아니냐는 위헌논의가 일각에서 일어난 바 있다. 이에 대해서 좀 더 상론하기로 한다.

「헌법」

제74조 ① 대통령은 헌법과 법률이 정하는 바에 의하여 국군을 통수한다.

② 국군의 조직과 편성은 법률로 정한다.

제82조 대통령의 국법상 행위는 문서로써 하며, 이 문서에는 국무총리와 관계 국무위원이 부서한다. 군사에 관한 것도 또한 같다.

「국군조직법」

제6조(대통령의 지위와 권한) 대통령은 헌법, 이 법 및 그 밖의 법률에서 정하는 바에 따라 국군을 통수한다.

제8조(국방부장관의 권한) 국방부장관은 대통령의 명을 받아 군사에 관한 사항을 관장하고 합동참모의장과 각군 참모총장을 지휘·감독한다.

제9조(합동참모의장의 권한) ① 합동참모본부에 합동참모의장을 둔다.

② 합동참모의장은 군령에 관하여 국방부장관을 보좌하며, 국방부장관의 명을 받아 전투를 주임무로 하는 각군의 작전부대를 작전지휘·감독하고, 합동작전 수행을 위하여 설치된 합동부대를 지휘·감독한다. 다만, 평시 독립전투여단급 이상의 부대이동 등 주요 군사사항은 국방부장관의 사전승인을 받아야 한다.

③ 제2항에 따른 전투를 주임무로 하는 각군의 작전부대 및 합동부대의 범위와 작전지휘·감독권의 범위는 대통령령으로 정한다.

헌법 제89조 제16호의 '합동참모의장'은 권력제한규범으로서의 헌법개념, 권력분립의 원칙, 헌법 제5조 제2항, 문민통제의 원리(제86조 제3항, 제87조 제4항), 병정통합주의(제74조, 제82조)와의 조명하에서 그들에 합치되는 한에서만 그 지위와 권한을 부여받을 수 있다. 그렇지 않으면 위헌이 된다.

가장 먼저 인식해야 할 것은 전쟁의 개시와 종전에 관한 판단은 국제정치를 고려해서 대통령이 결정한다. 이것이 문민통제의 원칙이다. 그리고 개전 이후의 전투는 군대가 담당하게 되는데 이것 또한 최종결정권은 대통령이다. 물론 전투 시 지휘권은 단위부대에 부여되어 있다. 국방부장관은 대통령의 명을 받아 군사에 관한 사항을 관장한다. 국방부는 군정과 군령업무를 계획·조정 및 통제하는 군정·군령 통할기구이다. 보통은 국방부 내국은 국방자원관리를 중심으로 한 군정을 담당하고, 합참은 군사력운용이라는 군령을 담당하고 있다. 국방부의 결정사항에 대한 집행기구는 2원화되어 있다. 군정집행은 각 군 본부가 담당하고, 군령집행은 별도의 통합사령부가 한다. 그런데 우리나라 합참은 국방부장관에 대한 보좌업무 외에 별도의 군령집행업무를 하고 있다.

그런데 현행 「국군조직법」 제8조와 제9조에 의하면 국방부장관은 사실상 군령권이 없는 듯 읽힌다. 국방부장관에게 부여된 군령권은 즉각 합참의장에게 부여된 것으로 「국군조직법」이 정하고 있기 때문이다. 다시 말하여 합참의장은 군령에 관하여 국방부장관을 보좌하는데, 보좌한 자가 다시 명을 받아 지휘를 하게 되는 것이다. 그렇다면 국방부장관의 군령권행사에 대한 자문역은 누가 담당해야 하는가? 「국군조직법」에 따르면 합참의장이 장관에 대한 자문역과 집행력을 동시에 가지게 되는 것이다. 자문역은 국방부장관과 한몸이 되어야 하고, 그래서 장관이 내린 결정이 군령이 되어 그것이 어떤 지휘관에게 전달되어 작전이 행해져야 하는 것인데, 국방부장관은 형식상의 군령권자에 불과하고 실질적으로는 합참의장이 군령에 관한 자문과 집행을 다 하게 된다. 이렇게 될 때 대통령, 국방부장관으로 이어지는 군통수체계에 허점이 생긴다. 대통령은 군사에 관한 행정과 명령을 국방부장관에게 맡기게 되는데, 국방부장관의 기능이 군령에 관해서—향후에는 군정분야까지도—사실상 공백이 생기고 합동참모의장에게 권한이 집중되는 형세를 보인다. 이것은 우리 헌법상의 원칙들, 즉 상하기관과 직급 사이의 권력분립원리, 문민통제의 원리, 군정·군령일원주의 모두에 위반되는 결과를 초래한다. 국방부장관의 군령에 관한 자문역을 맡을 그 어떤 기구를 반드시 찾아야 한다. 그것이 합동참모의장이 되어야 한다면, 국방부장관은 합참의장의 자문을 받아 국방부장관의 명령으로 합참의장이 아닌 그 누구를—각 군 참모총장 혹은 작전사령관—지휘를 해야 한다. 아니면 합참의장을 현재와 같이 국방부장관의 명령을 받아 군령권을 행사하는 기관으로 두고자 한다면 국방부장관을 위한 별도의 군령자문기구를 두어야 한다. 그렇게 되면 합참의장은 현재의 헌법이 예정하는 합참의장기구가 아니게 된다.

> 요약해서 말하면, 합동참모의장과 관련한 「국군조직법」의 권한부여규정은 일
> 정한 정도까지는 가능한 것이지만, 그것이 본래적 기능의 한계를 넘어서는 것까
> 지는 결코 용납될 수 없는 것이다.
>
> (강경선, "국군조직법에 대한 헌법적 검토", 발표문)

4. 문민우위의 원칙과 군에 대한 민주적 통제

문민우위의 원칙은 군인이 아닌 민간인이 군사에 관한 최고결정권자여야
하고, 군은 문민에 의한 국가정책결정에 복종하여야 한다는 것 그리고 군사에
관한 사항도 문민에 의하여 통제되어야 함을 말한다. 헌법도 제86조 제3항과
제87조 제4항에서 "군인은 현역을 면한 후가 아니면 국무총리·국무위원으
로 임명될 수 없다"고 하여 문민원칙을 규정하고 있다. 또한 헌법 제60조 제2
항은 대통령의 국군통수권행사에 관하여 국회의 동의를 얻도록 하고 있고, 제
89조에서는 군사에 관한 중요 사항은 국무회의의 심의를 거치도록 하고 있으
며, 제82조에서는 대통령의 군사에 관한 행위에는 국무총리와 관계 국무위원
의 부서를 얻도록 하여 문민통제의 원칙을 규정하고 있다.

모든 국가작용과 마찬가지로 군정작용도 민주적으로 운영되고 관리되어야
한다. 이를 위해 우리 헌법은 몇 가지 방안을 강구해 두고 있다. 첫째, 법치국
가의 원리이다. 헌법 제74조 제1항("대통령은 헌법과 법률이 정하는 바에 의하여
국군을 통수한다")과 제2항("국군의 조직과 편성은 법률로 정한다")이 그것이다.

둘째, 국군통수권의 행사에는 국회의 동의를 얻어야 한다. 국회는 헌법 제
60조 제1항에 따라 안전보장에 관한 조약, 강화조약 등에 대한 동의권은 물
론 선전포고, 국군의 외국에의 파견, 외국 군대의 대한민국 영역 내에의 주류
에 대해서도 동의권을 가진다. 국회의 동의권은 대통령의 국군통수권과 이에
기초한 일련의 군정작용을 민주적으로 통제하려는 데 그 목적이 있다. 이 외
에도 군정작용에 대한 국회의 국정감사·조사권의 행사, 국방예산에 대한 심
의·확정권 등을 통해 민주적 통제를 행할 수 있다.

5. 정치적 중립의 원칙

군은 한 국가에서 가장 강력한 물리력을 보유한 집단이다. 따라서 군이 정

치적 편향성을 띠는 경우에는 민주주의 정치가 그 근저에서부터 흔들릴 수 있다. 우리의 경우에도 이미 두 차례의 쿠데타와 군부독재정권을 경험한 바 있다. 이 점을 감안하여 헌법 제5조 제2항 후단은 특히 국군의 정치적 중립성 준수를 강조하고 있다. 군은 개인적 또는 집단적으로 정치에 개입하거나 정치활동을 하여서는 아니 되며 특정 정당을 지원하거나 후원할 수 없다. 「군형법」 제94조(정치관여)는 "정당이나 정치단체에 가입하거나 특정 정당이나 정치단체를 지지하거나 반대하는 행위를 한 사람은 5년 이하의 징역과 5년 이하의 자격정지에 처한다"고 하고 있다.

9.2.3. 군사영역에 있어서 기본권

헌법 제37조 제2항은 국민의 모든 자유와 권리는 국가안전보장을 위해 필요한 경우에 한하여 법률로써 제한할 수 있다고 한다. 따라서 군사목적을 위해 기본권이 제한되기도 하고, 군인이라는 신분상 일정한 기본권이 제한되기도 한다.

1. 군사목적을 위한 국민의 기본권 제한

군인이 아닌 일반 국민도 군사목적을 위해서는 기본권에 제한이 가해진다. 징발이나 군사적 제한과 같은 군사목적으로 군사적 부담이 있을 수 있다. 「징발법」이나 「군사기지 및 군사시설 보호법」 등이 그 예이다. 주요 방위산업체 근로자의 경우에는 단체행동권이 제한된다(헌법 제33조 제3항). 군사기밀의 보호를 위하여 표현의 자유와 알 권리가 제한되기도 한다. 「형법」, 「군사기밀보호법」 등이 그 근거가 된다. 헌법재판소는 군사기밀에 대해 "비공지의 사실로서 관계기관에 의하여 적법절차에 따라 군사기밀로 분류표시 또는 고지된 군사 관련 사항이어야 할 뿐만 아니라 아울러 그 내용이 누설될 경우 국가의 안전보장에 명백한 위험이 초래된다고 할 수 있을 정도로 그 내용 자체가 실질적인 비밀가치를 지닌 비공지의 사실에 한하는 것"이라고 본다.[11]

---

11) 헌재 1992.2.25. 89헌가104.

2. 군인의 기본권 제한

군인의 기본권은 공무원으로서의 기본권 제한에 추가적으로 제한된다. 공무원은 정당가입과 정치활동의 자유가 제한되고 근로3권 등이 제한되는데, 군인도 공무원인 이상 예외가 아니다. 군인의 경우에는 이에 추가하여 특별법원인 군사법원에 의해 재판을 받게 되고(헌법 제110조 제1항), 군인과 군무원은 전투·훈련 등 직무집행과 관련하여 받은 손해에 대하여는 법률이 정하는 보상 외에 국가 또는 공공단체에 공무원의 직무상 불법행위로 인한 배상은 청구할 수 없다(헌법 제29조 제2항).

대법원은 「군인복무규율」 제13조("① 군인은 군무 외의 일을 위한 집단행위를 하여서는 아니 된다. ② 군인은 국방부장관이 허가하는 경우를 제외하고는 일체의 사회단체에 가입하여서는 아니 된다. 그러나 군무에 영향을 주지 아니하는 순수한 친목단체에의 가입이나 친목활동은 예외로 한다")에 대한 판결에서, 이는 특수한 신분관계에 있는 군인에 대하여 국방목적 수행상 필요한 군복무에 관한 군율로서 그 규제가 합리성을 결여하였다거나 기본권의 본질적인 내용을 침해하고 있다고 볼 수도 없다고 하였다.[12]

3. 제복 입은 시민

앞서 살펴보았듯이 공무원에 대해서도 여전히 특별권력관계 논리가 현실에서 작동하고 있으므로 군인에 대해서는 말할 나위가 없다 할 것이다. 그렇지만 우리는 헌법의 최고단계로 진입하는 과정에 있다. 그렇기 때문에 헌법에 비추어 잘못된 것을 빠르게 시정하는 것이 급선무라 할 것이다. 군인과 관련하여 인권을 강조하기 시작한 것은 꽤 오래전부터이다. 많이 시정되고 있지만 여전히 불만족스러운 가운데 이제는 징집제 대신 모병제로의 전환과 같은 근본적 대안이 나오기 시작했다.

독일에서는 군인을 '제복 입은 시민(Staatsbürger in Uniform)'이라 부르면서, 군대와 법치주의 원리의 조화를 찾고 있다. 제복 입은 시민은 맹목적인 군인이 아니라 통찰과 확신에 따라 행동하는 인간을 추구한다. 이 개념은 프로

---

12) 대판 1991.4.23. 90누4839.

이센과 나치의 부정적인 군인상을 청산하고 새로운 상을 정립하는 것이다. 제복 입은 시민의 근본적 함축은 시민과 동일한 군인의 권리주체성이다. 따라서 독일 군사법제는 군인에게 광범위한 시민적·정치적·사회적 권리를 보장한다. 나아가 제복 입은 시민은 국제인도법과 헌법을 준수하고, 민주적인 질서에 충성하는 의무, 즉 시민성(civility)의 의무를 함의한다. 이러한 시민성의 의무는 군인의 인권을 강화하고 동시에 평화와 민주주의를 강화한다.

독일에서는 기본법(헌법)에 "양심상의 이유로 집총병역을 거부하는 자에게는 대체복무의 의무를 지울 수 있다"(제12a조)고 규정하였다. 다만, 2011년 7월부터 징집을 중단하고 직업군인과 지원병으로 구성되었다. 독일 군인은 정부정책에 비판적인 내용을 담고 있는 도서나 매체에 접근할 수 있다. 군인도 온갖 종류의 신문, 도서, 인쇄물을 수령할 수 있고, 자유롭게 라디오를 청취하고 텔레비전을 시청할 수 있다. 물론 독일에서도 도서에 대한 규제법제가 있다. 포르노그래피와 나치찬양도서 등이 주로 금지된다. 이러한 도서도 최종적으로 법원의 판결을 통해서 금지되며, 군당국은 이러한 도서를 군대 내에서 금지할 수 있다. 그러므로 정부정책에 대해 비판적이라는 이유로 군당국이 자발적으로 도서를 금지하는 제도는 없다.

독일 군인은 기본법에서 표현의 자유, 집회와 결사의 자유를 제한할 수 있다고 규정하고 있지만 실제로 그 제한의 방향과 정도는 아주 미미하다. 「군인법」을 통해서 정치적 행사에서의 제복 착용을 금지하고 있을 뿐이다. 따라서 장교가 민간인 복장을 하고 평화와 군축을 위한 시위에 참여하는 것도 허용된다. 「군인의 지위 및 복무에 관한 기본법」(2016. 6.30. 시행, 종전의 「군인복무규율」을 대체함)과는 매우 다른 것이다. 독일 군인은 조합이나 단체를 결성할 수 있으며, 노동조합과 직업단체의 가입, 조직, 활동권과 비가입, 탈퇴권도 인정된다. 다만, 이런 결사활동이 군대의 기능적 효율성을 저해해서는 안 된다. 따라서 군인의 파업, 파업유사행위, 파업준비행위는 허용되지 않으며, 그러한 행위는 「군인법」 제7조(충성의무)에 위반된다.

독일 군인은 당적을 보유할 수 있으며, 적극적으로 공직에 출마할 수 있다. 다만, 민주적 기본질서를 부정하고 헌법질서에 적대적인 목표를 가진 정당활동에 군인이 적극적이었다면 징계사유가 될 수 있다. 이에 비해 우리나라 「군인복무규율」은 군인에게 선거권과 투표권 이외에 일체의 정치활동을 금하고 있다(제18조). 군인을 '제복 입은 시민'으로 부르는 것은 그동안 공무원과 군인, 경찰 등을 '사슬에 매인 시민(citizen in chains)'으로부터 풀어서 헌법국가에 부응하려는 노력이라고 보면 된다.[13]

【군인사법 제47조의2 위헌확인 등 사건(헌재 2010.10.28. 2008헌마638)】

1. 군인사법 제47조의2는 "군인의 복무에 관하여는 이 법에 규정한 것을 제외하고는 따로 대통령령이 정하는 바에 의한다"고 규정하여 기본권 침해에 관하여 아무런 규율도 하지 아니한 채 이를 대통령령에 위임하고 있으므로, 그 내용이 국민의 권리관계를 직접 규율하는 것이라고 보기 어렵다.

또한 국방부장관 등의 '군 내 불온서적 차단대책 강구 지시'는 그 지시를 받은 하급 부대장이 일반 장병을 대상으로 하여 그에 따른 구체적인 집행행위를 함으로써 비로소 청구인들을 비롯한 일반 장병의 기본권 제한의 효과가 발생한다 할 것이므로 직접적인 공권력행사라고 볼 수 없다. 따라서 위 법률조항 및 지시는 기본권 침해의 직접성이 인정되지 아니한다.

2. 군인복무규율 제16조의2(이하 '이 사건 복무규율조항'이라 한다)는 국군의 이념 및 사명을 해할 우려가 있는 도서로 인하여 군인들의 정신전력이 저해되는 것을 방지하기 위한 조항이라고 할 것이고, 규범의 의미내용으로부터 무엇이 금지되고 무엇이 허용되는 행위인지를 예측할 수 있으므로 명확성원칙에 위배되는 법령조항이라고 보기 어렵다.

군의 정신전력이 국가안전보장을 확보하는 군사력의 중요한 일부분이라는 점이 분명한 이상, 정신전력을 보전하기 위하여 불온도서의 소지·전파 등을 금지하는 규율조항은 목적의 정당성이 인정된다. 또한 군의 정신전력에 심각한 저해를 초래할 수 있는 범위의 도서로 한정함으로써 침해의 최소성 요건을 지키고 있고, 이 사건 복무규율조항으로 달성되는 군의 정신전력 보존과 이를 통한 군의 국가안전보장 및 국토방위의무의 효과적인 수행이라는 공익은 이 사건 복무규율조항으로 인하여 제한되는 군인의 알 권리라는 사익보다 결코 작다 할 수 없다. 이 사건 복무규율조항은 법익균형성원칙에도 위배되지 아니한다.

이 사건 복무규율조항이 법률유보원칙을 준수하였는지를 살펴보면, 군인사법 제47조의2는 헌법이 대통령에게 부여한 군통수권을 실질적으로 존중한다는 차원에서 군인의

---

13) 독일 군인에 관한 설명은 이재승, "능동적 시민으로서의 군인", 『민주법학』, 제49호, 관악사, 2012. 7 참조.

복무에 관한 사항을 규율할 권한을 대통령령에 위임한 것이라 할 수 있고, 대통령령으로 규정될 내용 및 범위에 관한 기본적인 사항을 다소 광범위하게 위임하였다 하더라도 포괄위임금지원칙에 위배된다고 볼 수 없다. 따라서 이 사건 복무규율조항은 이와 같은 군인사법 조항의 위임에 의하여 제정된 정당한 위임의 범위 내의 규율이라 할 것이므로 법률유보원칙을 준수한 것이다.

– 재판관 이강국의 반대의견 –
병역의무를 수행하는 국군장병들은 헌법상의 의무를 성실히 이행하고 있는 선량한 국민으로서 국가는 이들의 기본권이 자의적으로 제한되지 아니하도록 하여야 함에도 불구하고, 군인사법 제47조의2는 '군인의 복무'라는 광범위하고 기본권 제한의 문제가 제기될 수 있는 분야에 관하여 아무런 한정도 하지 않은 채 대통령령에 위임하고 있어 포괄위임입법금지원칙에 위반되며, 그 위임을 받은 이 사건 복무규율조항 및 이 사건 지시는 위헌적인 위임조항에 근거하고 있어 그 자체로서 위헌으로서 청구인들의 기본권을 침해하였다.

– 재판관 이공현, 재판관 송두환의 반대의견 –
이 사건 복무규율조항은 수범자인 군장병들로 하여금 과연 어떠한 도서가 금지되는 도서인지 예측할 수 있는 기준을 제공하지 못할 뿐만 아니라, 집행기관의 자의적인 적용 가능성을 널리 열어 두고 있는 조항으로서 명확성의 원칙에 위반되며, 핵심적 정신적 자유인 '책 읽을 자유'를 제한하면서 금지대상이 되는 도서의 범위를 엄격하게 한정하거나 지정권자 및 객관적 사전심사절차를 규정하는 등 공익의 달성을 추구하면서도 기본권을 덜 제한하는 수단을 채택하지 아니한 채 자의적인 제한이 가능하도록 규정한 것으로서, 헌법상 비례의 원칙을 위반한 것이다. 따라서 이렇게 위헌적인 복무규율조항에 근거한 '불온도서 차단' 지시 역시 위헌으로서, 아무런 심사절차를 거친 바 없이 국방부장관 등이 일정 도서를 불온도서로 지정하여 군 내에서 금지함으로써 군장병들의 기본권을 직접 침해한 위헌적인 공권력행사이므로 헌법재판소가 그 위헌성에 관한 판단을 명백히 하여야 한다.

제10장
교육제도, 가족제도, 지방자치제도

개관

　교육영역에서는 교육의 자주성, 전문성, 정치적 중립성을 기초로 하여 교육제도 등의 법률주의, 대학의 자치 그리고 지방교육자치제를 주요 원칙으로 삼는다.

　혼인과 가족생활에서는 개인의 존엄에 기초한 혼인생활, 개인의 존엄과 양성의 평등에 기초한 가족생활을 보장하는 것이 가장 중요하다.

　지방자치제도는 일정한 지역의 주민이 자신의 지역 내의 행정사무를 스스로 처리하는 주민자치와 국가 내의 일정한 지역을 기초로 하는 공법인인 지역단체가 그 지역의 행정사무를 자주적으로 처리하는 단체자치를 그 구성요소로 하는데, 민주주의적 정치생활을 지역단위에서 실현하는 것을 핵심내용으로 한다. 우리의 민주주의를 더욱 정착시키기 위해서 연방제에 가까운 지방자치제의 도입이 논의되고 있다.

10.1. 교육에 관한 헌법원칙

10.1.1. 교육에 관한 헌법규정

우리 헌법은 전문과 제1장 총강에서 우리 국민이 자유롭고 문화적인 민주복지국가를 이룩하여 항구적인 세계평화와 인류공영에 이바지함을 그 이념으로 하고 있음을 밝히고 있다. 이러한 헌법이념의 실현을 위해서는 국민 각자의 자각과 노력이 필요하고 이를 위해 교육이 필수적이다. 헌법이념을 실현하고자 하는 교육은 "그 목적이 국민 개개인의 타고난 저마다의 소질을 계발하여 인격을 완성하게 하고, 자립하여 생활할 수 있는 능력을 증진시킴으로써 그들로 하여금 인간다운 생활을 누릴 수 있도록 함과 아울러 평화적이고 민주적인 국가 및 사회의 형성자로서 세계평화와 인류공영에 이바지하도록 함에 있는 것"[1]이다.

헌법 제31조는 교육에 관한 기본조항으로 교육을 받을 권리(제1항. 이 권리에 대해서는 기본권론에서 다룬다)를 필두로 하여 헌법이 예정하고 있는 교육제도 전반에 대해 규정하고 있다. 의무교육제도(제2항과 제3항), 교육의 자주성·전문성·정치적 중립성(제4항), 대학자치(제4항), 교육제도 법률주의(제6항) 등이다. 이를 위해 교육에 관한 기본법인「교육법」이 제정되어 있다.

10.1.2. 교육에 관한 헌법원칙

1. 교육의 자주성, 전문성, 정치적 중립성

교육의 기본원칙으로 자주성이란 교육내용이 원칙적으로 교육자에 의해 자주적으로 결정되고 행정권력에 의한 교육통제가 배제되어야 한다는 뜻이다. 공교육제도를 밑바탕으로 삼는 까닭에 교육의 자주성은 교육을 받을 기본권

---

1) 헌재 1991.7.22. 89헌가106.

을 가진 피교육자인 학생들의 권익과 복리증진에 저해가 되어서는 아니 되고, 또 국가와 사회공동체의 이념과 윤리에 의하여 제약을 받게 된다.[2]

교육의 전문성이란 교육정책의 수립이나 집행이 교육전문가에 의해 이루어져야 한다는 것이다. 교육의 전문성이 요구되는 이유는 교원 자신이 장기간에 걸친 교육과 훈련을 받지 않고서는 그 직업이 요구하는 소양과 지식을 갖출 수 없고, 교원은 다른 전문직인 의사·변호사 또는 성직자와 같이 고도의 자율성과 사회적 책임성을 아울러 가져야 한다는 사회적·윤리적 특성이 있기 때문이다.[3]

교육의 정치적 중립성은 교육의 정치적 무당파성, 교육의 권력으로부터의 독립, 교원의 정치적 중립 그리고 교육의 정치에의 불간섭을 그 내용으로 한다. 「교육기본법」 제6조 제1항과 제14조 제4항, 「교육공무원법」 제51조, 「국가공무원법」 제78조 제1항 및 제65조에 의해 교육공무원의 정치활동은 금지되고 있다.

2. 교육제도 등의 법률주의

헌법 제31조 제6항은 "학교교육 및 평생교육을 포함한 교육제도와 그 운영, 교육재정 및 교원의 지위에 관한 기본적인 사항은 법률로 정한다"고 규정하고 있다. 교육제도에 관한 기본법으로 「교육기본법」, 「초·중등교육법」, 「고등교육법」, 「사립학교법」, 「평생교육법」, 「교육공무원법」 등이 있으며, 교육재정에 관한 법률로는 「교육세법」, 「지방교육재정교부금법」 등이 있다.

교원의 지위에 대하여 법률주의를 규정한 것은 교원의 지위에 관한 기본적인 사항은 반드시 법률로 정하도록 하는 것인데, 여기에는 무엇보다도 교원의 신분이 부당하게 박탈되지 않도록 최소한의 보호의무에 관한 사항이 포함된다.[4] 교원의 지위를 향상하기 위해서 「교원의 지위 향상 및 교육활동 보호를 위한 특별법」이 제정되어 있다. 이 특별법에 의하면 교원은 형(刑)의 선고, 징계처분 또는 법률로 정하는 사유에 의하지 아니하고는 그 의사에 반하여 휴

---

2) 헌재 1997.12.24. 95헌바29 등.
3) 헌재 1991.7.22. 89헌가106.
4) 헌재 2006.4.27. 2005헌마1119.

직·강임(降任) 또는 면직을 당하지 아니하며(동법 제6조 제1항), 교원은 현행범인인 경우 외에는 소속 학교의 장의 동의 없이 학원 안에서 체포되지 아니한다(동법 제4조).

「교원의 노동조합 설립 및 운영 등에 관한 법률」은 교원도 노동조합을 결성하고 단체교섭과 단체협약을 할 수 있도록 보장하고 있다. 다만, 정치활동과 쟁의행위는 금지하고 있다(동법 제3조와 제8조).

【교원의 노동조합 설립 및 운영 등에 관한 법률 제2조 확인 등 사건(헌재 2015.5.28. 2013헌마671, 2014헌가21)】

이 사건 법률조항은 대내외적으로 교원노조의 자주성과 주체성을 확보하여 교원의 실질적 근로조건 향상에 기여한다는 데 그 입법목적이 있는 것으로 그 목적이 정당하고, 교원노조의 조합원을 재직 중인 교원으로 한정하는 것은 이와 같은 목적을 달성하기 위한 적절한 수단이라 할 수 있다.

교원노조는 교원을 대표하여 단체교섭권을 행사하는 등 교원의 근로조건에 직접적이고 중대한 영향력을 행사하고, 교원의 근로조건의 대부분은 법령이나 조례 등으로 정해지므로 교원의 근로조건과 직접 관련이 없는 교원이 아닌 사람을 교원노조의 조합원 자격에서 배제하는 것이 단결권의 지나친 제한이라고 볼 수 없고, 교원으로 취업하기를 희망하는 사람들이 '노동조합 및 노동관계조정법'(이하 '노동조합법'이라 한다)에 따라 노동조합을 설립하거나 그에 가입하는 데에는 아무런 제한이 없으므로 이들의 단결권이 박탈되는 것도 아니다.

이 사건 법률조항 단서는 교원의 노동조합 활동이 임면권자에 의하여 부당하게 제한되는 것을 방지함으로써 교원의 노동조합 활동을 보호하기 위한 것이고, 해직 교원에게도 교원노조의 조합원자격을 유지하도록 할 경우 개인적인 해고의 부당성을 다투는 데 교원노조의 활동을 이용할 우려가 있으므로, 해고된 사람의 교원노조 조합원자격을 제한하는 데에는 합리적 이유가 인정된다.

한편 교원이 아닌 사람이 교원노조에 일부 포함되어 있다는 이유로 이미 설립신고를 마치고 활동 중인 노동조합을 법외노조로 할 것인지 여부는 법외노조통보 조항이 정하고 있고, 법원은 법외노조통보 조항에 따른 행정당국의 판단이 적법한 재량의 범위 안에 있는 것인지 충분히 판단할 수 있으므로, 이미 설립신고를 마친 교원노조의 법상 지위를 박탈할 것인지 여부는 이 사건 법외노조통보 조항의 해석 내지 법 집행의 운용에 달린 문제라 할 것이다. 따라서 이 사건 법률조항은 침해의 최소성에도 위반되지 않는다.

이 사건 법률조항으로 인하여 교원노조 및 해직 교원의 단결권 자체가 박탈된다고 할 수는 없는 반면, 교원이 아닌 자가 교원노조의 조합원자격을 가질 경우 교원노조의 자주성에 대한 침해는 중대할 것이어서 법익의 균형성도 갖추었으므로, 이 사건 법률조항은 청구인들의 단결권을 침해하지 아니한다.

− 재판관 김이수의 반대의견 −

산업별·지역별 노동조합에 해당하는 교원노조에 재직 중인 교원 외에 해직 교원과 같이 일시적으로 실업상태에 있는 자나 구직 중인 교사자격 소지자의 가입을 엄격히 제한할 필요가 없고, 교사라는 직종에서 다른 직종으로 변환이 쉽지 않으므로 심판대상 조항은 이들의 단결권을 지나치게 제한하는 결과를 초래할 수 있다.

교원노조법상 쟁의행위 금지조항(교원노조법 제8조), 정치활동 금지조항(교원노조법 제3조) 등이 있으므로, 교원노조에 해직 교원 등이 포함된다고 하여 교원노조가 정치화되거나 그로 인해 교육의 공공성이나 국민의 교육받을 권리가 저해되는 결과가 초래될 위험도 없고, 해직 교원의 경우 교원소청심사위원회에 불복하고 심사위원회의 결정이 있을 때까지 조합원자격을 유지할 수 있도록 함으로써 단결권 제한을 최소화할 수 있다.

무엇보다 이 사건 법률조항은 법외노조통보 조항 등 다른 행정적 수단과 결합하여 단지 그 조직에 소수의 해직 교원이 포함되어 있다는 이유만으로 법외노조통보라는 가장 극단적인 행정조치를 하는 법적 근거가 될 수 있으므로, 노동조합의 자주성을 보호하기 위한 원래의 입법목적과 달리 도리어 이를 저해하는 결과를 초래할 수 있다.

그리고 이 사건 법률조항은 사립학교 교원의 경우에도 국공립학교 교원과 동일하게 단결권을 제한하는바, 사립학교 교원의 근로관계는 그 성질을 달리하고, 비교법적으로 보더라도 사립학교 교원의 노동3권을 제한하는 예는 찾아보기 어렵다.

따라서 이 사건 법률조항은 교원노조 및 해직 교원이나 구직 중인 교사자격 소지자의 단결권을 침해하는 것으로서 헌법에 위반된다.

3. 대학의 자치

헌법 제31조 제4항은 법률이 정하는 바에 따라 대학의 자율성이 보장된다고 규정하고 있다. 대학의 자율성, 즉 대학의 자치는 연구와 교육이라는 대학 본연의 임무를 수행하는 데 필요한 사항은 가능한 한 대학의 자율에 맡겨야 한다는 것을 뜻한다. 대학의 자치는 헌법 제22조 제1항의 학문의 자유의 보장 수단이다. 첫째, 학문은 인간정신의 귀중한 성과이며 인류문화의 집중적 표현이기 때문에 특별한 배려가 있어야 하고, 둘째, 학문의 진보는 문화의 선구적 역할을 담당하게 되므로 모든 예속으로부터 해방되어야 하며, 셋째, 학문은 새로운 지식의 개척이기에 자유로운 토의와 연구에 맡겨져야 하고, 넷째, 학문상의 진보나 새로운 발견을 일반인의 상식적 견해로써 반대하거나 박해한 역사적 경험에 비추어 국가와 사회도 학문의 독자성을 존중해야 한다.[5]

이와 같은 전통적인 대학 자율성의 개념이 최근에 많이 흔들리고 있다. 이른바 신자유주의의 경향에 따라 기업경쟁력 강화를 위해 산학협력을 잘하는 대학 이미지를 도입하였다. 즉, 대학은 기업에 필요한 인력양성소가 되어야 한다고 하면서 대학의 구조조정을 하기 시작하였고, 총장의 역할도 대학을 효율적으로 관리할 수 있는 경영인을 요구하였다. 시대추세를 외면해서도 안 되겠지만, 헌법이 정한 대학의 자율성은 적합하게 지켜져야 할 것이다.

【교육공무원법 제24조 제4항 등 위헌확인사건(헌재 2006.4.27. 2005헌마1047, 2005헌마1048)】

1. 헌법재판소는 대학의 자율성은 헌법 제22조 제1항이 보장하고 있는 학문의 자유의 확실한 보장수단으로 꼭 필요한 것으로서 대학에게 부여된 헌법상의 기본권으로 보고 있다(1992.10.1. 92헌마68 등, 판례집 4, 659, 670). 그러나 대학의 자치의 주체를 기본적으로 대학으로 본다고 하더라도 교수나 교수회의 주체성이 부정된다고 볼 수는 없고, 가령 학문의 자유를 침해하는 대학의 장에 대한 관계에서는 교수나 교수회가 주체가 될 수 있고, 또한 국가에 의한 침해에 있어서는 대학 자체 외에도 대학 전 구성원이 자율성을 갖는 경우도 있을 것이므로 문제되는 경우에 따라서 대학, 교수, 교수회 모두가 단독 혹은 중첩적으로 주체가 될 수 있다고 보아야 할 것이다.

2. 나아가 전통적으로 대학자치는 학문활동을 수행하는 교수들로 구성된 교수회가 누려 오는 것이었고, 현행법상 국립대학의 장 임명권은 대통령에게 있으나, 1990년대 이후 국립대학에서 총장 후보자에 대한 직접선거방식이 도입된 이래 거의 대부분 대학 구성원들이 추천하는 후보자 중에서 대학의 장을 임명하여 옴으로써 대통령이 대학총

---

5) 권영성, 『헌법학원론』, 법문사, 2010, 540쪽.

장을 임명함에 있어 대학교원들의 의사를 존중하여 온 점을 고려하면, 청구인들에게 대학총장 후보자 선출에 참여할 권리가 있고 이 권리는 대학의 자치의 본질적인 내용에 포함된다고 할 것이므로 결국 헌법상의 기본권으로 인정할 수 있다.

대학자치의 내용으로는 인사에 관한 자주결정권, 대학의 관리와 운영에 관한 자주결정권, 학사업무에 관한 자주결정권을 포함한다. 대학의 문제에 경찰권이 어느 정도까지 개입할 수 있는가의 문제에서 대학의 자주적인 가택권과 질서유지권 그리고 징계권을 감안하고 대학의 기능이 연구와 교육이라는 점을 감안하면 일차적으로는 대학의 판단권이 우선되어야 한다고 본다.

4. 지방교육자치제

「지방교육자치에 관한 법률」은 교육의 자주성 및 전문성과 지방교육의 특수성을 살리기 위하여 지방자치단체의 교육·과학·기술·체육 그 밖의 학예에 관한 사무를 관장하는 기관의 설치와 그 조직 및 운영 등에 관한 사항을 규정한 법이다(제1조). 지방자치단체의 교육·과학·기술·체육 그 밖의 학예에 관한 사무는 특별시·광역시 및 도의 사무로 한다(제2조). 2017년 1월 1일부터 시행된 개정 법률은 종전까지 존치되었던 교육위원회와 교육의원에 관한 규정을 일괄 삭제하였다.

지방교육자치의 기본원리로는 주민참여의 원리, 지방분권의 원리, 일반행정으로부터의 독립, 전문직 관리의 원칙 등을 들 수 있다. 이에 따라 시·도의 교육·학예에 관한 사무의 집행기관으로 시·도를 대표하는 교육감을 두며(제18조), 교육감은 주민의 보통·평등·직접·비밀선거에 따라 선출한다(제43조). 또한 시·도 단위에는 하급교육행정기관으로서 교육지원청을 설치하며 여기에 교육장을 둔다(제34조). 교육감, 교육장, 개별 학교로 이어지는 교육의 자치체계는 종국적으로 학교의 교장, 교사, 학생의 자율공동체가 되도록 해야 할 것이다.

10.1.3. 사회복지국가시대와 평생학습

1. 평생교육, 평생학습, 학습사회

현재의 교육학의 설명에 따르면 교육의 가장 광범위한 개념은 평생교육이다. 평생교육은 유아기부터 아동기, 청소년기, 성인기, 노년기에 이르기까지 일생에 걸쳐 가정과 학교 그리고 사회에서 이루어지는 모든 유형과 형식의 교육을 통틀어 부르는 개념이다. 현대적인 의미에서의 평생교육이라는 말과 사상이 대두된 것은 1965년 12월 유네스코 국제회의에서이다. 1972년 도쿄에서 열린 제3차 세계 성인교육국제회의를 전후해서 점차 평생교육의 개념과 원리가 받아들여짐으로써 학교교육체계 및 사회교육체계 사이의 장벽을 헐어 버리고 하나의 통합적인 원리하에 재정립하려는 교육개혁이 세계 도처에서 시도되어 그것이 오늘날의 정설이 되었다.

그리고 광의의 (평생)교육은 다시 학교교육과 가정교육, 사회교육으로 구분되는데, 학교교육은 형식교육 또는 정규교육이라 하고, 가정교육과 사회교육은 학교 외 교육이라고 부른다.[6] 학교 외 교육 가운데 사회교육을 비형식교육(nonformal education) 또는 비정규교육이라고 한다. 학교 또는 사회에서 일상적인 생활을 통해 자연발생적이고 우발적으로 이루어지는 교육이 있는데, 이를 무형식교육(informal education)이라고 한다. 가정교육은 학교 외 교육이자 무형식교육이다.

교육권의 역사를 보면 특권적 소수계층에만 향유되던 것에서 그 보장이 지속적으로 확대되었다. 이렇게 교육의 사회권적 성격이 강화되는 과정에서 평생교육, 평생학습의 개념이 출현하였다. 즉, 여건을 갖춘 일부 소수에게만 특권으로 주어졌던 교육권이 지속적으로 더 여러 계층의 사람들에게 확대되었고, 마침내 전 국민에게 확산시켜야 한다는 요청이 바로 평생교육, 평생학습인 것이다.

그래서 20세기 전반까지 사회교육의 일환으로 이루어졌던 서구 성인교육학계의 담론은 성인교육(adult education)에서 평생교육(lifelong education)

---

6) 이 분류는 조화태 외, 『평생교육개론』, 한국방송통신대학교출판부, 2003, 13쪽에 근거한 설명이다.

으로 이동하였고,[7] 그리고 최근에는 평생학습(lifelong learning)과 학습사회 (learning society)로 전개되어 왔다. 평생교육이 1970년대 이후 유네스코를 중심으로 인본주의와 인문교양을 강조하는 흐름에 기초했다면, 평생학습은 1990년대 들어 OECD와 세계은행(World Bank) 등이 주도하는 신자유주의의 확산과 맞물려 있다.

이렇게 된 데에는 산업사회에서 지식정보사회로 이동함에 따라 교육부문에도 새로운 현상이 나타났기 때문이다. 이른바 '학습시대'가 도래한 것이다. 종전의 '교수패러다임'이 아닌 '학습패러다임(learning paradigm)'이라고 부를 수 있는 것이다.

평생교육, 평생학습은 학습사회, 평생학습사회를 지향한다. 학습사회란 모든 남녀에게 시간제 교육이 제공되고, 배움과 충족감, 인간 됨이 목표가 되며, 모든 기관이 그러한 목표를 지향하는 사회를 의미한다.

학습사회를 반영한 법률상 표현은 '열린 학습사회'이다. 「고등교육법」 제52조는 "원격대학은 국민에게 정보·통신매체를 통한 원격교육으로 고등교육을 받을 기회를 부여하여 국가와 사회가 필요로 하는 인재를 양성함과 동시에 '열린 학습사회'를 구현함으로써 평생교육의 발전에 이바지함을 목적으로 한다"고 규정하고 있다. 그렇다면 '열린 학습사회'란 무엇인가? 이것을 「교육기본법」과 헌법의 이념과 결부시켜 생각해 보면, '열린 학습사회'란 교육의 관점에서 본 헌법의 완전한 실현에 해당한다. 그렇다면 '열린 학습사회'란 "국민들에게 자유와 평등이 널리 보장된 가운데 여러 가지 발달된 학습매체들을 활용해서 서로 간의 지식과 정보를 나누는 학습공동체를 말한다"고 해석할 수도 있다.

---

7) '교육'은 곧 아동을 대상으로 한 가르침이라고 생각해서 명명했던 페다고지(pedagogy) 적 교육학에 대신해서 앤드라고지(andragogy: 성인교육)라는 용어가 나왔다. 페다고지 에서는 학습자를 의존적으로 보지만, 앤드라고지에서 성인학습자는 자기주도적이다. 또한 페다고지에서는 학습자가 성인이 되었을 때를 대비하여 학습이 이루어지므로 교과목 지 향적이지만, 앤드라고지에서는 학습자가 현재의 실생활에 활용할 수 있는 교육내용을 학 습하여 학습 후에 곧바로 활용할 수 있도록 지원한다.

2. 평생학습과 교육법체계

(1) 헌법

우리 헌법 제31조는 제5항과 제6항에서 평생교육에 대해서 언급하고 있다. 제5항은 "국가는 평생교육을 진흥하여야 한다", 제6항은 "학교교육 및 평생교육을 포함한 교육제도와 그 운영, 교육재정 및 교원의 지위에 관한 기본적인 사항은 법률로 정한다"고 규정되었다. 이와 같은 평생교육에 관한 헌법규정은 세계에 유례가 없는 것이다.

(2) 법률

교육 관련 핵심적인 법률은 「교육기본법」, 「초·중등교육법」, 「고등교육법」, 「평생교육법」으로 이루어지고 있다. 1997년 12월 13일 종전의 「교육법」이 폐지되고 교육 3법, 즉 「교육기본법」, 「초·중등교육법」, 「고등교육법」이 제정되었으며, 1999년 8월 31일에 「평생교육법」이 제정되었다. 「교육기본법」은 1980년대부터 시작하여 오랫동안 준비된 끝에 제정되었기 때문에 최신화된 내용의 법률이라고 말할 수 있다.[8]

특히 「교육기본법」 제3조에는 '학습권' 규정을 두어 "모든 국민은 평생에 걸쳐 학습하고, 능력과 적성에 따라 교육받을 권리를 가진다"라는 규정이 들어왔다. 교육학자들 외에는 아직도 생소한 '학습권', '평생학습권'이 「교육기본법」에는 이미 들어온 것이다. 이렇게 법률에서는 도입되었지만, 정작 헌법 제31조의 '교육을 받을 권리'와 관련한 해설과 판례에서는 '학습권'의 개념이 충분히 반영되지 못하고 있는 현실이다.[9]

---

8) 1980년대에는 교육개혁심의위원회(1985~1988)가 활동하였으나 특별한 결과물을 내놓지 못했다. 거의 같은 무렵, 우리와 같은 목적으로 심의에 착수했던 일본의 임시교육심의회(1985~1988)는 국가 교육개혁의 기본방향을 '평생교육체제로의 전환'으로 결론짓고, 일차적인 시책으로 문부성(우리나라의 교육부)의 직제를 평생교육국 중심으로 전면 개편하여, 교육의 기본목적, 각급 학교교육의 탄력적 연계, 대학교육의 개방 등에 두기로 하는 등 우리나라와는 매우 대조적인 모습을 보여 주었다. 김승한, 『평생교육과 사회교육』, 교육과학사, 1991, 16쪽.

9) 케임브리지대학 교수 리치먼드(Kenneth W. Richmond)의 설명에 따르면, '교육'은 기본적으로 라틴어의 'educere(배우다)'가 중심개념인 데 반하여, '학교교육'은 'educare(가

교육의 개념상 위계적으로 파악해 볼 때 교육의 기본법에 해당하는 것이 마땅히「평생교육법」혹은 '평생학습법'이라는 명칭이 되어야 하고, 그 아래에 각종 학교교육법, 사회교육법 등이 배치되었어야 했다.

10.2. 가족에 관한 헌법원칙

10.2.1. 가족에 관한 헌법규정

가족이란 혼인과 혈연 그리고 입양 등의 형태로 결합하여 동거하면서 상호 협동하는 생활공동체를 말하며, 혼인이란 한 남성과 한 여성이 생활을 함께하기로 합의하는 것을 말한다. 헌법 제36조 제1항은 "혼인과 가족생활은 개인의 존엄과 양성의 평등을 기초로 성립되고 유지되어야 하며, 국가는 이를 보장한다"고 규정함으로써 헌법 차원에서 가족공동체를 보호하고자 한다.「민법」의 가족법 분야가 이 부분의 기본법이다.

혼인과 가족생활은 인간생활의 가장 본원적이고 사적(私的)인 영역이다. 이러한 영역에서 개인의 존엄을 보장하라는 것은 혼인 · 가족생활에 있어서 개인이 독립적 인격체로서 존중되어야 하고, 혼인과 가족생활을 어떻게 꾸려 나갈 것인지에 관한 개인과 가족의 자율적 결정권을 존중하라는 의미이다. 혼인과 가족생활을 개인의 존엄과 양성평등을 기초로 영위하도록 하는 것은 과거 봉건적인 가족관계에 대한 반성에서 비롯되었다. 즉, 남존여비사상과 가부장제를 부정하는 것이다. 다른 한편에서 헌법의 가족생활에 관한 규정은 이성 간의 일부일처제를 근간으로 한다.

르치다)'가 중심개념이다. 다시 말해 전자가 학습자 중심의 교육관을 대표하는 개념이라고 한다면, 후자는 교사 중심의 교육관을 대표하는 개념이다.

10.2.2. 혼인과 가족에 관한 헌법원칙

1. 개인의 존엄에 기초한 혼인생활

혼인이 개인의 존엄에 기초한다는 것은 혼인에서 개인의 자유로운 결정이 핵심적인 것이라는 의미이다. 혼인관계를 형성하는 단계에서나 해소하는 과정에서 개인의 존엄에 기초한 자유로운 결정권이 보장되어야 한다. 헌법재판소는 혼인의 자유의 헌법적 근거로 헌법 제36조 제1항 외에 헌법 제10조의 행복추구권에 포함된 성적 자기결정권을 들고 있다. 우리 「민법」은 혼인관계 형성의 자유에 대한 예외로, 미성년자인 자녀가 혼인할 경우 부모의 동의를 얻도록 하는 것(동법 제808조), 중혼을 금지하는 것(동법 제810조), 동성의 근친혼에 대한 제약(동법 제809조 제1항과 제2항)을 규정하고 있다.

종래 문제가 되었던 것 중 하나는 여성노동자에게 혼인하면 퇴직할 것을 조건으로 근로계약을 체결하는 이른바 독신조항이었다. 현재는 「남녀고용평등과 일·가정 양립 지원에 관한 법률」 제11조 제2항에서 "사업주는 근로여성의 혼인, 임신 또는 출산을 퇴직사유로 예정하는 근로계약을 체결하여서는 아니 된다"고 하고, 이를 위반하면 5년 이하의 징역 또는 3천만 원 이하의 벌금에 처하도록 하고 있다(동법 제37조 제1항).

여자사립대학에서 혼인자를 퇴교처분하는 교칙을 둔 경우 허용될 것인지가 문제가 된다. 학문연구와 교육을 위한 목적에서 그 정당성을 찾기 어렵고, 오히려 능력에 따라 균등하게 교육을 받을 권리 및 혼인의 자유를 과도하게 제한하는 것으로 볼 수 있다.

헌법재판소는 동성동본인 혈족 사이의 혼인을 그 촌수의 원근에 관계없이 일률적으로 모두 금지하는 것은 '인간으로서의 존엄과 가치 및 행복추구권'을 규정한 헌법이념 및 규정과 '개인의 존엄과 양성의 평등'에 기초한 혼인과 가족생활의 성립·유지라는 헌법규정에 정면으로 배치된다고 하였다.[10]

---

10) 헌재 1997.7.16. 95헌가6 내지 13(병합).

2. 개인의 존엄과 양성의 평등에 기초한 가족생활

가족생활에서 기본이 되는 것은 상호 인격을 존중하는 평등한 부부관계이다. 부부평등의 원칙에 따라 부부간의 협력의무, 공동생활의무, 공동친권이 인정된다.

이와 관련하여 대표적인 결정이 호주제에 관한 결정이다. "호주제의 남녀차별은 가족 내에서의 남성의 우월적 지위, 여성의 종속적 지위라는 전래적 여성상에 뿌리박은 차별로서 성역할에 관한 고정관념에 기초한 차별에 지나지 않는다. …… 호주제는 개인을 독립적 인격체로서 존중하는 것이 아니라 오로지 남계혈통 중심의 가의 유지와 계승이라는 목적을 위한 대상적·도구적 존재로 파악하고 있다. 호주제는 혼인과 가족생활 당사자의 복리나 선택권을 무시한 채 가의 유지와 계승이라는 관념에 뿌리박은 특정한 가족관계의 형태를 법으로써 일방적으로 규정하고 강요하는 것인데, 이는 혼인과 가족생활에서 개인의 존엄을 존중하라는 헌법 제36조 제1항의 요구에 부합하지 않는다."[11]

3. 혼인과 가족생활의 보장

헌법 제36조 제1항은 혼인과 가족생활을 더 이상 유지할 수 없게 하는 법령이나 조치에 대항하여 혼인과 가족생활을 계속해서 유지할 수 있게끔 하는 원칙규범이기도 하다. 헌법재판소는 부부의 자산소득합산과세 사건과 종합부동산세의 세대별 합산과세 사건을 심판하면서 이를 명확히 하고 있다.

즉, 종합부동산세의 세대별 합산과세 사건에서는 "헌법 제36조 제1항은 혼인과 가족생활에 불이익을 주지 않을 것을 명하고 있는데, 이는 적극적으로 적절한 조치를 통하여 혼인과 가족을 지원하고 제3자에 의한 침해로부터 혼인과 가족을 보호해야 할 국가의 과제와, 소극적으로 불이익을 야기하는 제한조치를 통하여 혼인과 가족생활을 차별하는 것을 금지해야 할 국가의 의무를 포함한다는 것이다"라고 하여 "특정한 조세법률조항이 혼인이나 가족생활을 근거로 부부 등 가족이 있는 자를 혼인하지 아니한 자 등에 비하여 차별취급하는 것이라면 비례의 원칙에 의한 심사에 의하여 정당화되지 않는 한 헌법

---

11) 헌재 2005.2.3. 2001헌가9·10·11·12·13·14·15, 2004헌가5(병합).

제36조 제1항에 위반된다 할 것이다"[12]라고 판시하였다.

부부의 자산소득합산과세 사건에서도 "헌법 제36조 제1항은 혼인과 가족에 관련되는 공법 및 사법의 모든 영역에 영향을 미치는 헌법원리 내지 원칙규범으로서의 성격도 가지는데, 이는 적극적으로는 적절한 조치를 통해서 혼인과 가족을 지원하고 제삼자에 의한 침해 앞에서 혼인과 가족을 보호해야 할 국가의 과제를 포함하며, 소극적으로는 불이익을 야기하는 제한조치를 통해서 혼인과 가족을 차별하는 것을 금지해야 할 국가의 의무를 포함한다. 이러한 헌법원리로부터 도출되는 차별금지명령은 헌법 제11조 제1항에서 보장되는 평등원칙을 혼인과 가족생활영역에서 더욱더 구체화함으로써 혼인과 가족을 부당한 차별로부터 특별히 더 보호하려는 목적을 가진다. 이때 특정한 법률조항이 혼인한 자를 불리하게 하는 차별취급은 중대한 합리적 근거가 존재하여 헌법상 정당화되는 경우에만 헌법 제36조 제1항에 위배되지 아니한다"[13]라고 판시하였다.

10.3. 지방자치제도

10.3.1. 지방자치제의 의의

지방자치제도는 일정한 지역을 바탕으로 단체(단체자치) 또는 일정한 지역의 주민(주민자치)이 지방사무를 자신의 책임 아래 대의기관을 통하여 처리하는 제도를 말한다. 우리 헌법은 제117조와 제118조에서 지방자치단체가 주민의 복리에 관한 사무를 처리하고 재산을 관리하며, 법령의 범위 안에서 자치

---

12) 헌재 2008.11.13. 2006헌바112, 2007헌바71 · 88 · 94, 2008헌바3 · 62, 2008헌가 12(병합).
13) 헌재 2002.8.29. 2001헌바82.

에 관한 규정을 제정할 수 있다고 하면서 지방자치단체의 종류와 조직 및 운영에 관한 사항을 법률로 정하도록 하였다.

지방자치의 개념은 일정한 지역의 주민이 그 지역 내의 행정사무를 스스로 처리한다는 주민자치의 요소와, 국가 내의 일정한 지역을 기초로 하는 공법인인 지역단체가 그 지역의 행정사무를 자주적으로 처리한다는 단체자치의 요소를 그 구성요소로 한다. 주민자치가 지역주민이 그 지역사회의 정치와 행정을 자신의 책임 아래 처리한다는 의미에서 민주성을 주된 속성으로 하는 것이라면(민주주의적 이념), 단체자치는 일정한 지역을 기초로 하는 지방자치단체가 국가 아래에서 독립된 인격과 자치권을 인정받아 자체의 기관을 가지고 단체의 의사를 결정하며 그 사무를 처리한다는 점에서 자주성을 주된 속성으로 삼는다(지방분권주의 이념).

지방자치단체는 전권능성(全權能性)과 자기책임성을 가진다. 전권능성이란 헌법 또는 법률이 국가 또는 다른 공공단체의 사무로 유보(규정)한 것이 아니면 모든 사무를 임의로 처리하고 규제할 수 있는 권한을 말하며, 그 구체적 내용은 자치입법권, 자주조직권, 자치행정권 등이다. 자기책임성이란 자치행정사무를 국가의 지시 또는 후견적 감독 없이 법에 따라 스스로 합목적적이라고 판단하는 바에 따라 처리하는 권한을 말한다.

지방자치단체가 전권능성과 자기책임성을 가진다는 것이 지방자치권이 국가성립 이전부터 지역주민이 보유하는 고유권능이라는 주장(자치고유권설)을 정당화하는 것은 아니다. 우리 헌법 제117조와 제118조가 제도적으로 보장하고 있는 지방자치의 본질적 내용은 '자치단체의 보장, 자치기능의 보장 및 자치사무의 보장'인데, 지방자치제도의 보장은 지방자치단체에 의한 자치행정을 일반적으로 보장한다는 것뿐이고, 마치 국가가 영토고권을 가지는 것과 마찬가지로 지방자치단체에게 자신의 관할구역 내에 속하는 영토·영해·영공을 자유로이 관리하고 관할구역 내의 사람과 물건을 독점적·배타적으로 지배할 수 있는 권리가 부여되어 있다고 할 수는 없다는 것이 헌법재판소의 견해이다.[14]

---

14) 헌재 2006.3.30. 2003헌라2.

10.3.2. 헌법상 지방자치제도

1. 지방자치단체의 종류

지방자치단체는 기본적으로 두 종류로 나뉘는데, 특별시·광역시·특별자치시·도·특별자치도(제주도)와 시·군·구(자치구)가 그것이다. 이 두 가지 지방자치단체 외에 특정한 목적을 수행하기 위하여 필요하면 따로 특별지방자치단체를 설치할 수 있다(「지방자치법」 제2조). 이 중 특별시·광역시·특별자치시·도·특별자치도는 정부의 직할(直轄)로 두고, 시는 도의 관할구역 안에, 군은 광역시나 도의 관할구역 안에 두며, 자치구는 특별시와 광역시, 특별자치시의 관할구역 안에 둔다. 특별시 또는 광역시 및 특별자치시가 아닌 인구 50만 이상의 시에는 자치구가 아닌 구를 둘 수 있고, 군에는 읍·면을 두며, 시와 구(자치구를 포함한다)에는 동을, 읍·면에는 리를 둔다(동법 제3조).

지방자치단체는 법인이기 때문에 국가와는 별개의 권리·의무의 주체가 될 수 있다. 공법인으로서의 지방자치단체에 대해 '정부의 직할'이라는 표현을 사용하는 것은 지방자치단체의 자주성을 부인한다는 의미가 아니라 특별시나 광역시 등과 중앙정부 사이에 또 다른 자치단체를 두지 않는다는 의미에 불과하다.

지방자치단체 상호 간의 관계는 원칙적으로 대등하다. 다만, 시·군 및 자치구의 조례나 규칙은 시·도의 조례나 규칙에 위반하여서는 안 되고(「지방자치법」 제24조), 일정한 사항에 있어서 보고의무를 지며(동법 제28조, 제133조, 제134조), 시장과 도지사는 시·군·자치구에 대하여 지도, 시정명령, 재의요구 등을 할 수 있기 때문에(동법 제166조 내지 제170조) 그 한도 내에서 수직적 관계가 조성된다.

2. 지방자치단체의 사무

지방자치단체는 관할구역의 자치사무와 법령에 따라 지방자치단체에 속하는 사무를 처리한다(「지방자치법」 제9조). 지방자치단체 내부의 구역, 조직, 행정관리 등에 관한 사무와 주민의 복지증진에 관한 사무 등이 자치사무이고, 법령에 따라 지방자치단체에 속하는 사무란 지방자치단체 자체에 위임된 단체위임사무와 지방자치단체의 장에게 위임된 기관위임사무로 나뉜다. 대부분의 위임사무는 기관위임사무인데, 이 기관위임사무는 지방자치단체의 장이 국가기관의 지위에서 수행하는 사무일 뿐이다. 따라서 기관위임사무에 있어서 위임받은 지방자치단체를 피청구인으로 하여 권한쟁의심판을 청구하는 것은 부적법하게 된다.[15]

「지방자치법」 제11조는 지방자치단체는 법률에 별도의 규정이 있는 경우를 제외하고는 외교, 국방, 사법(司法), 국세 등 국가의 존립에 필요한 사무나 물가정책, 금융정책, 수출입정책 등 전국적으로 통일적 처리를 요하는 사무 등의 국가사무를 처리할 수 없다고 규정하고 있다.

행정자치부장관이나 시·도지사는 지방자치단체의 자치사무에 관하여 보고를 받거나 서류·장부 또는 회계를 감사할 수 있다. 이 경우 감사는 법령위반 사항에 대하여만 실시한다. 단, 감사를 실시하기 전에 해당 사무의 처리가 법령에 위반되는지 여부 등을 확인하여야 한다(「지방자치법」 제171조).

3. 지방자치단체의 기관

일반지방자치단체에는 의결기관으로 지방의회가 있고, 집행기관으로 지방자치단체의 장이 있다.

(1) 지방의회

지방의회의원은 주민의 선거에 의해 선출되고 매년 2회 정례회를 개최한다(「지방자치법」 제44조). 지방의회는 조례의 제정·개정 및 폐지, 예산의 심의·확정, 결산의 승인 등에 대하여 심의권과 의결권을 가지며(동법 제39조 제1항), 행정사무 감사권 및 조사권(동법 제41조), 행정사무 처리상황에 대해 보고받을 권리와 질문권(동법 제42조), 의회규칙제정권(동법 제43조)을 갖는다. 지방의회의원의 임기는 4년이고 의안제출권과 청원의 소개권 등의 권리를 가진 반면, 공익우선 의무, 청렴 및 품위유지 의무, 이권불개입 의무, 영업금지 의무 등을 진다(동법 제36조).

---

15) 헌재 2009.5.28. 2006헌라6 서울특별시와 정부 간의 권한쟁의.

(2) 지방자치단체의 장

헌법 제118조 제2항은 지방자치단체의 장의 선임방법은 법률로 정하도록 하는데,「지방자치법」은 주민의 선거에 의하도록 하고 있다(동법 제94조). 임기는 4년이며 계속재임은 3기에 한한다(동법 제95조).

헌법이 지방자치단체의 장의 경우 지방의회와 달리 선거할 수도 있고 임명할 수도 있음을 밝히고 있기 때문에 지방자치단체의 장의 피선거권이 헌법상의 권리인지가 문제가 된다.

헌법상의 권리라면 이 기본권의 침해를 이유로 헌법소원심판을 청구할 수 있다. 헌법재판소는 지방자치단체장 선거권을 헌법상 기본권이라 단정하기 어렵다고 하면서도 평등권 심사의 대상이 되는 한에 있어서는 지방선거권에 대한 제한은 모두 헌법상의 기본권에 대한 제한에 해당한다고 하고, 피선거권에 있어서도 그것이 공무담임권에 포함되므로 지방의원 및 지방자치단체장의 피선거권에 대한 제한이 헌법상의 기본권에 대한 제한이라고 본다.[16]

지방자치단체장은 당해 지방자치단체의 통합대표권(「지방자치법」 제101조), 위임사무에 대한 관리집행권(동법 제103조), 법령 또는 조례가 위임한 범위 안에서 규칙제정권(동법 제23조), 소속 직원의 임용·감독권(동법 제105조)을 갖는다. 시·도지사는 위임한 사무에 대하여 행정감독권(동법 제167조, 제169조)과 직무이행명령권(동법 제170조)을 갖는다.

특히 지방자치단체의 장은 지방의회가 성립되지 아니한 때와 지방의회의 의결사항 중 주민의 생명과 재산보호를 위하여 긴급하게 필요한 사항으로서 지방의회를 소집할 시간적 여유가 없거나 지방의회에서 의결이 지체되어 의결되지 아니할 때에 선결처분(先決處分)을 할 수 있다. 이 선결처분은 지체 없이 지방의회에 보고하여 승인을 얻어야 하고, 승인을 얻지 못한 때에는 그때부터 효력을 상실한다(「지방자치법」 제109조).

지방자치단체장은 지방의회 의결에 대한 재의요구권 및 제소권을 가진다. 지방의회의 의결이 법령에 위반되거나 공익을 현저히 해친다고 판단되면 시·도에 대하여는 주무부 장관이, 시·군 및 자치구에 대하여는 시·도지사가 지방자치단체의 장으로 하여금 재의를 요구하게 할 수 있다. 재의의 결과 재적의원 과반수의 출석과 출석의원 3분의 2 이상의 찬성으로 전과 같은 의결

---

16) 헌재 2007.6.28. 2004헌마644 등.

을 하면 그 의결사항은 확정된다. 지방자치단체의 장은 재의결된 사항이 법령에 위반된다고 판단되면 대법원에 소를 제기할 수 있다. 이 경우 필요하다고 인정되면 그 의결의 집행을 정지하게 하는 집행정지결정을 신청할 수 있다. 주무부 장관이나 시·도지사는 재의결된 사항이 법령에 위반된다고 판단됨에도 불구하고 해당 지방자치단체의 장이 소(訴)를 제기하지 아니하면 그 지방자치단체의 장에게 제소를 지시하거나 직접 제소 및 집행정지결정을 신청할 수 있다(「지방자치법」 제172조).

(3) 지방교육자치단체

「지방교육자치에 관한 법률」은 시·도의 교육·학예에 관한 자치를 위하여 심의·의결기관으로 교육위원회와 집행기관으로 교육감을 두고, 그 하급 교육행정기관으로 교육청(교육장)을 두고 있다. 교육위원회는 시·도의회의원과 4년 임기의 선출직 교육의원으로 구성하며, 교육감의 임기는 4년이고 계속재임은 3기에 한한다(동법 제21조).

4. 지방자치단체의 권능

지방자치단체는 자치사무와 법령에 의하여 지방자치단체에 속하는 사무를 처리하는 등 자치행정권을 가지고 있고, 필요한 세입을 확보하고 지출을 관리하는 자치재정권도 가진다. 특히 법령의 범위 안에서 자치에 관한 규정을 제정할 수 있는데, 이하에서는 이 자치입법권을 중심으로 살펴본다.

(1) 조례제정권

헌법 제117조 제1항은 법령의 범위 안에서 자치에 관한 규정을 제정할 수 있다고 하고, 이를 받아서 「지방자치법」 제22조는 "지방자치단체는 법령의 범위 안에서 그 사무에 관하여 조례를 제정할 수 있다. 다만, 주민의 권리제한 또는 의무부과에 관한 사항이나 벌칙을 정할 때에는 법률의 위임이 있어야 한다"고 규정하고 있다.

조례제정사항에 있어서 자치사무에 관한 것은 당연히 조례를 제정할 수 있다. 지방자치단체에 위임된 단체위임사무의 경우에는 조례를 제정할 수 있으나, 집행기관인 지방자치단체장에게 위임된 기관위임사무는 상위 법령

에서 조례로 정할 수 있도록 한 경우가 아니라면 원칙적으로 조례를 제정할 수 없다.[17]

지방자치단체의 포괄적 자치권에 비추어 조례에 대한 법률의 위임은 법규명령에 대한 법률의 위임과 같이 반드시 구체적으로 범위를 정하여 할 필요가 없으며 포괄적인 것으로 족하다(포괄위임의 허용).[18] 그럼에도 불구하고 헌법 제37조 제2항과 「지방자치법」 제22조 단서에 따라 주민의 권리를 제한하고 의무를 부과하는 경우에는 법률의 위임을 요한다.[19]

(2) 규칙제정권

지방자치단체의 장은 법령이나 조례가 위임한 범위에서 그 권한에 속하는 사무에 관하여 규칙을 제정할 수 있다(「지방자치법」 제23조).

5. 민주적 주민자치의 내용

(1) 주민의 선거권과 피선거권

지방자치단체 주민의 참정자격은 대통령선거와 국회의원선거보다 넓게 인정된다. 19세 이상으로서 선거인명부 작성 기준일 현재 다음 어느 하나에 해당하는 사람은 그 구역에서 선거하는 지방자치단체의 의회의원 및 장의 선거권이 있다. 즉, 해당 지방자치단체의 관할구역에 주민등록이 되어 있거나, 「주민등록법」 제6조 제1항 제3호에 해당하는 사람(재외국민)으로서 주민등록표에 3개월 이상 계속하여 올라 있고 해당 지방자치단체의 관할구역에 주민등록이 되어 있는 국민, 혹은 「출입국관리법」 제10조에 따른 영주의 체류자격 취득일 후 3년이 경과한 외국인으로서 해당 지방자치단체의 외국인등록대장에 올라 있는 사람이 그것이다(「공직선거법」 제15조). 피선거권의 경우 선거일 현재 계속하여 60일 이상 해당 지방자치단체의 관할구역 안에 주민등록이 되어 있는 주민으로서 25세 이상의 국민은 그 지방의회의원 및 지방자치단체의 장의 피선거권이 있다(「공직선거법」 제16조).

---

17) 대판 1992.7.28. 92추31; 대판 1999.9.17. 99추30.
18) 헌재 2004.9.23. 2002헌바76.
19) 대판 1995.5.12. 94추28.

(2) 주민투표권

「지방자치법」 제14조에 따르면 지방자치단체의 장은 주민에게 과도한 부담을 주거나 중대한 영향을 미치는 지방자치단체의 주요 결정사항 등에 대하여 주민투표에 부칠 수 있다. 주민투표의 대상·발의자·발의요건, 그 밖에 투표절차 등에 관한 사항은 「주민투표법」이 정하고 있다.

주민투표권의 침해 여부를 다투는 경우, 비교집단 상호 간에 차별이 존재하는 경우 평등권 심사가 배제되는 것은 아니지만 주민투표권 그 자체는 헌법상 기본권이 아닌 법률상의 권리에 지나지 않는다는 것이 헌법재판소의 일관된 입장이다.[20]

주민투표는 특정한 사항에 대하여 찬성 또는 반대의 의사표시를 하거나 두 가지 사항 중 하나를 선택하는 형식으로 실시하여야 한다(「주민투표법」 제15조). 주민투표에 부쳐진 사항은 주민투표권자 총수의 3분의 1 이상의 투표와 유효투표수 과반수의 득표로 확정된다(동법 제24조 제1항). 주민투표 결과 확정된 사항에 대하여 2년 이내에는 이를 변경하거나 새로운 결정을 할 수 없다(동법 동조 제6항). 주민투표의 효력에 관하여 이의가 있는 주민투표권자는 주민투표권자 총수의 100분의 1 이상의 서명으로 소청과 소송을 진행할 수 있다(동법 제25조).

한편 헌법재판소는 국가정책에 관한 주민투표의 경우에 주민투표소송의 적용을 배제하고 있는 「주민투표법」 제8조 제4항에 대해서 "지방자치단체의 주요 결정사항에 관한 주민투표와 국가정책사항에 관한 주민투표 사이의 본질적인 차이를 감안하여, 이 사건 법률조항에 의하여 지방자치단체의 주요 결정사항에 관한 주민투표와는 달리 주민투표소송의 적용을 배제하고 있는 것"이라고 하여 심판대상 조항이 주민투표소송 등 재판청구권을 침해하였다고 보기는 어렵다고 판시하였다.[21]

(3) 조례의 제정·개폐청구권

「지방자치법」 제15조는 주민이 조례의 제정과 개폐를 청구할 수 있는 절차를 마련하고 있다. 이에 따르면 조례가 정하는 일정 수 이상의 주민이 지방자

---

20) 헌재 2001.6.28. 2000헌마735; 2007.6.28. 2004헌마643.
21) 헌재 2009.3.26. 2006헌마99.

치단체의 장에게 조례의 제정 혹은 개폐를 청구하면 지방자치단체의 장이 지방의회에 부의하는데, 지방의회가 부결시키더라도 별도의 주민투표를 실시하지는 않는다. 주민의 발안이 직접 주민투표에 회부되지도 않고 지방의회의 부결 이후 별도의 주민투표가 없다는 점에서 진정한 의미의 주민발안이라고 할 수는 없다.

(4) 주민감사청구권

조례가 정하는 일정 수 이상의 주민의 연서로 시·도에서는 주무부 장관에게, 시·군 및 자치구에서는 시·도지사에게 그 지방자치단체와 그 장의 권한에 속하는 사무의 처리가 법령에 위반되거나 공익을 현저히 해친다고 인정되면 감사를 청구할 수 있다(「지방자치법」 제16조).

(5) 주민소송

공금의 지출에 관한 사항, 재산의 취득·관리·처분에 관한 사항, 해당 지방자치단체를 당사자로 하는 매매·임차·도급 계약이나 그 밖의 계약의 체결·이행에 관한 사항 또는 지방세·사용료·수수료·과태료 등 공금의 부과·징수를 게을리한 사항을 감사청구한 주민은, 그 감사청구한 사항과 관련이 있는 위법한 행위나 업무를 게을리한 사실에 대하여 해당 지방자치단체의 장을 상대방으로 하여 소송을 제기할 수 있다(「지방자치법」 제17조 제1항).

소송의 종류로는 지방자치단체의 행위의 전부나 일부를 중지할 것을 요구하는 소송, 행정처분인 해당 행위의 취소 또는 변경을 요구하거나 그 행위의 효력 유무 또는 존재 여부의 확인을 요구하는 소송, 게을리한 사실의 위법 확인을 요구하는 소송, 해당 지방자치단체의 장 및 직원, 지방의회의원, 해당 행위와 관련이 있는 상대방에게 손해배상청구 또는 부당이득반환청구를 할 것을 요구하는 소송 등이 있다(「지방자치법」 제17조 제2항).

(6) 주민소환권

주민은 그 지방자치단체의 장 및 지방의회의원(비례대표 지방의회의원은 제외한다)을 소환할 권리를 가지며, 주민소환의 투표청구권자, 청구요건, 절차 및 효력 등에 관하여는 「주민소환에 관한 법률」이 정한다(「지방자치법」 제20조).

헌법재판소는 주민소환제도에 대하여 "주민의 참정기회를 확대하고 주민대표의 정책이나 행정처리가 주민의사에 반하지 않도록 주민대표나 행정기관에 대한 통제와 주민에 대한 책임성을 확보하는 데 그 제도적 의의가 있다. 그러나 주민소환제 자체는 지방자치의 본질적인 내용이라고 할 수 없으므로 이를 보장하지 않는 것이 위헌이라거나 어떤 특정한 내용의 주민소환제를 반드시 보장해야 한다는 헌법적인 요구가 있다고 볼 수는 없다"고 그 의의를 설명하고 있다.[22]

「주민소환에 관한 법률」이 주민소환의 청구사유에 관하여 아무런 제한을 두지 않은 것은 "주민소환제를 기본적으로 정치적인 절차로 설계함으로써 위법행위를 한 공직자뿐만 아니라 정책적으로 실패하거나 무능하고 부패한 공직자까지도 그 대상으로 삼아 공직에서의 해임이 가능하도록 하여 책임정치 혹은 책임행정의 실현을 기하려는 데 그 목적이 있고, 이러한 입법목적은 결과적으로 주민자치를 실현하기 위하여 주민소환제가 잘 기능할 수 있도록 한다는 점에서 그 정당성을 인정할 수 있다."[23]

주민소환제가 민주적인 제도이기는 하지만 소수의 주민들에 의해 선출직 지방공직자의 직무수행이 너무 이르게 저지되는 것 등을 막고자 주민소환투표의 청구제한기간을 설정해 두고 있다. 즉, 선출직 지방공직자의 임기개시일부터 1년이 경과하지 아니한 때, 선출직 지방공직자의 임기만료일부터 1년 미만일 때, 해당 선출직 지방공직자에 대한 주민소환투표를 실시한 날부터 1년 이내인 때가 그러하다(「주민소환에 관한 법률」 제8조).

주민소환투표 대상자는 주민소환투표안이 공고된 때부터 그 결과를 공표할 때까지 권한행사가 정지된다(「주민소환에 관한 법률」 제21조 제1항). 주민소환은 「주민소환에 관한 법률」 제3조의 규정에 의한 주민소환투표권자 총수의 3분의 1 이상의 투표와 유효투표 총수 과반수의 찬성으로 확정되고(동법 제22조 제1항), 주민소환이 확정된 때에는 주민소환투표 대상자는 그 결과가 공표된 시점부터 그 직을 상실한다(동법 제23조 제1항). 주민소환투표의 효력에 관하여 이의가 있는 해당 주민소환투표 대상자 또는 주민소환투표권자(주민소환투표권자 총수의 100분의 1 이상의 서명을 받아야 한다)는 소청과 소송을 진행할 수 있다(동법 제24조).

---

22) 헌재 2011.12.29. 2010헌바368.
23) 헌재 2009.3.26. 2007헌마843.

6. 지방자치단체에 대한 국가의 통제

지방자치행정을 주민자치적 방식으로 수행하는 것도 중요하지만 경우에 따라서는 국가 전체 행정의 통일성을 확보하는 것이 더 중요할 수도 있다. 이런 이유 등으로 국가는 입법적 방법, 행정적 방법 그리고 사법적 방법으로 지방자치행정에 관여하고 통제하고 있다.

입법적 방식으로는 지방자치단체의 조직과 운영에 관한 사항을 법률로 정하도록 한다(헌법 제118조 제2항). 그에 따라 「지방자치법」을 제정하고 그 외에도 「지방세법」이나 「지방공무원법」 등 개별 법률을 통해 통제를 한다.

행정적 방법은 주무부 장관이나 시·도지사가 갖는 시정명령권 및 취소·정지권(「지방자치법」 제169조), 직무이행명령권(동법 제170조), 재의요구명령권·제소지시권·제소권(동법 제172조)이다.

사법적 방법으로는 행정심판이나 행정소송, 헌법재판소의 권한쟁의심판을 들 수 있다.

【강남구청과 대통령 간의 권한쟁의사건(헌재 2002.10.31. 2001헌라1)】

1. 헌법 제117조 제1항은 "지방자치단체는 주민의 복리에 관한 사무를 처리하고 재산을 관리하며, 법령의 범위 안에서 자치에 관한 규정을 제정할 수 있다"고 규정하여 지방자치제도의 보장과 지방자치단체의 자치권을 규정하고 있다. 헌법이 규정하는 이러한 자치권 가운데에는 자치에 관한 규정을 스스로 제정할 수 있는 자치입법권은 물론이고 그 밖에 그 소속 공무원에 대한 인사와 처우를 스스로 결정하고 이에 관련된 예산을 스스로 편성하여 집행하는 권한이 성질상 당연히 포함된다. 다만, 이러한 헌법상의 자치권의 범위는 법령에 의하여 형성되고 제한된다. 헌법도 제117조 제1항에서 법령의 범위 안에서 자치에 관한 규정을 제정할 수 있다고 하였고, 제118조 제2항에서 지방자치단체의 조직과 운영에 관한 사항은 법률로 정한다고 규정하고 있다.

2. 헌법 제117조 제1항에서 규정하고 있는 '법령'에 법률 이외에 헌법 제75조 및 제95조 등에 의거한 '대통령령', '총리령' 및 '부령'과 같은 법규명령이 포함되는 것은 물론이지만, 헌법재판소의 "법령의 직접적인 위임에 따라 수임행정기관이 그 법령을 시행하는 데 필요한 구체적 사항을 정한 것이면, 그 제정형식은 비록 법규명령이 아닌 고시, 훈령, 예규 등과 같은 행정규칙이더라도, 그것이 상위법령의 위임한계를 벗어나지 아니하는 한, 상위법령과 결합하여 대외적인 구속력을 갖는 법규명령으로서 기능하게 된

다고 보아야 한다"고 판시한 바에 따라, 헌법 제117조 제1항에서 규정하는 '법령'에는 법규명령으로서 기능하는 행정규칙이 포함된다.

3. 문제조항에서 말하는 '행정자치부장관이 정하는 범위'라는 것은 '법규명령으로 기능하는 행정규칙에 의하여 정하여지는 범위'를 가리키는 것이고 법규명령이 아닌 단순한 행정규칙에 의하여 정하여지는 것은 이에 포함되지 않는다고 해석되므로 문제조항은 헌법 제117조 제1항에 위반되는 것이 아니다.

4. 법률에서 위임받은 사항을 전혀 규정하지 않고 모두 재위임하는 것은 '위임받은 권한을 그대로 다시 위임할 수 없다'는 복위임금지의 법리에 반할 뿐 아니라 수권법의 내용변경을 초래하는 것이 되고, 대통령령 이외의 법규명령의 제정·개정절차가 대통령령에 비하여 보다 용이한 점을 고려할 때 하위의 법규명령에 대한 재위임의 경우에도 대통령령에의 위임에 가하여지는 헌법상의 제한이 마땅히 적용되어야 할 것이다. 따라서 법률에서 위임받은 사항을 전혀 규정하지 아니하고 그대로 하위의 법규명령에 재위임하는 것은 허용되지 않으며, 위임받은 사항에 관하여 대강(大綱)을 정하고 그중의 특정 사항을 범위를 정하여 하위의 법규명령에 다시 위임하는 경우에만 재위임이 허용된다.

5. 문제조항은 법률에서 위임받은 사항을 전면적으로 재위임한 것이 아니라 위임받은 사항의 대강을 규정한 다음 단지 그 세부사항의 범위만을 재위임한 것이므로 결코 재위임의 한계를 일탈한 것이 아니다.

6. 문제조항은 시간외근무수당의 대강을 스스로 정하면서 단지 그 지급기준·지급방법 등의 범위만을 행정자치부장관이 정하도록 하고 있을 뿐이므로 청구인은 그 한계 내에서 자신의 자치입법권을 행사하여 시간외근무수당에 관한 구체적 사항을 자신의 규칙으로 직접 제정하고 이를 위하여 스스로 예산을 편성, 집행하고 또 이를 토대로 하여 관련된 인사문제를 결정할 수 있는 것이다. 또한 행정자치부장관이 정하게 되는 '범위'라는 것이, 지방자치단체장의 구체적인 결정권행사의 여지를 전혀 남기지 않는 획일적인 기준을 의미하는 것으로 볼 근거는 전혀 없는 것이므로, 문제조항은 그 형식이나 내용 면에서 결코 지방자치단체장의 규칙제정권, 인사권, 재정권 등을 부정하는 것이 아니므로 청구인의 헌법상 자치권한을 본질적으로 침해한다고 볼 수 없다.

7. 지방자치법 제9조 제2항 제1호 마목은 청구인에게 소속 공무원의 인사·후생복지 및 교육에 관한 자치사무를 처리할 수 있는 권한을 부여하고 있고 여기의 '인사·후생복지'에는 보수와 수당의 지급이 포함된다고 볼 수 있다. 따라서 청구인은 지방자치법 제9조 제2항 제1호 마목에 근거하여 청구인 소속 지방공무원의 수당에 관한 지급기

준, 금액, 절차, 방법 등을 구체화하는 규칙의 제정 및 시행에 관한 권한을 가진다. 또한 지방자치법 제9조 제2항 제1호 사목은 청구인에게 자치사무에 관한 예산의 편성·집행권한을 부여하고 있으므로 청구인은 위 법조항에 근거하여 그 소속 공무원의 수당에 관한 예산의 편성 및 집행권한을 가진다. 이러한 청구인의 권한들은 "지방자치단체는 법령의 범위 안에서 자치에 관한 규정을 제정할 수 있다"고 한 헌법 제117조 제1항에 따라 그 내용과 범위가 법령에 의하여 확정된다.

8. 헌법 제117조 제1항은 "지방자치단체는 법령의 범위 안에서 자치에 관한 규정을 제정할 수 있다"고 하여 법령의 규정이 지방자치단체의 자치입법권에 우선하고 있음을 명시하고 있거니와 여기서 말하는 '법령' 가운데에는 법규명령으로서 기능하는 행정규칙이 포함되는 것이므로 문제조항이 법규명령으로 기능하는 행정규칙에 의하여 청구인의 법률상의 권한을 제한하도록 한 것이라면, 그 제한이 지방자치의 본질을 침해하는 것이 아닌 한, 이는 청구인의 권한을 침해하는 것이 아니다. 그리고 문제조항에서 말하는 '행정자치부장관이 정하는 범위'라는 것은 '법규명령으로 기능하는 행정규칙에 의하여 정하여지는 범위'를 가리키는 것이고 법규명령이 아닌 단순한 행정규칙에 의하여 정하여지는 것은 이에 포함되지 않는다고 해석되므로 문제조항은 법규명령에 의한 자치권의 제한 이상을 의미하는 것이 아니므로, 청구인의 법률상 권한을 침해하는 것이 아니다.

【강남구청 등과 감사원 간의 권한쟁의사건(헌재 2008.5.29. 2005헌라3)】

1. 감사원법은 지방자치단체의 위임사무나 자치사무의 구별 없이 합법성 감사뿐만 아니라 합목적성 감사도 허용하고 있는 것으로 보이므로, 감사원의 지방자치단체에 대한 이 사건 감사는 법률상 권한 없이 이루어진 것은 아니다.

2. 헌법이 감사원을 독립된 외부감사기관으로 정하고 있는 취지, 중앙정부와 지방자치단체는 서로 행정기능과 행정책임을 분담하면서 중앙행정의 효율성과 지방행정의 자주성을 조화시켜 국민과 주민의 복리증진이라는 공동목표를 추구하는 협력관계에 있다는 점을 고려하면 지방자치단체의 자치사무에 대한 합목적성 감사의 근거가 되는 이 사건 관련 규정은 그 목적의 정당성과 합리성을 인정할 수 있다.

또한 감사원법에서 지방자치단체의 자치권을 존중할 수 있는 장치를 마련해 두고 있는 점, 국가재정지원에 상당 부분 의존하고 있는 우리 지방재정의 현실, 독립성이나 전문성이 보장되지 않은 지방자치단체 자체감사의 한계 등으로 인한 외부감사의 필요성까지 감안하면, 이 사건 관련 규정이 지방자치단체의 고유한 권한을 유명무실하게 할 정도로 지나친 제한을 함으로써 지방자치권의 본질적 내용을 침해하였다고는 볼 수 없다.

– 재판관 이강국, 재판관 이공현, 재판관 김종대의 반대의견 –

감사원이 지방자치단체의 자치사무에 대하여까지 합목적성 감사까지 하게 된다면 지방자치단체는 자치사무에 대한 자율적 정책결정을 하기 어렵고, 독립성과 자율성을 크게 제약받아 중앙정부의 하부행정기관으로 전락할 우려가 다분히 있게 되어 지방자치제도의 본질적 내용을 침해하게 될 것이다.

따라서 이 사건 관련 규정, 특히 감사원법 제24조 제1항 제2호 소정의 '지방자치단체의 사무에 대한 감찰' 부분을 해석함에 있어 지방자치단체의 사무 중 자치사무에 대한 합목적성 감찰까지 포함된다고 해석하는 한 그 범위 내에서는 위헌이다.

결국 이 사건 감사 중 청구인들의 자치사무에 대하여 합목적성 감찰을 한 부분이 있는지를 가려내어, 이 부분은 한정위헌으로 해석되는 이 사건 관련 규정을 근거로 한 것이어서 무효이고, 따라서 위 청구인들의 자치권을 침해하였다고 할 것이므로 위 청구인들의 이 부분에 관한 청구는 인용하여야 한다.

제3편

기본권 총론

제11장
기본권 보장의 역사와
기본권의 성격

개관

　미국과 프랑스를 시초로 하여 등장한 근대 시민국가 헌법은 인권이 목적이고 국가권력은 이를 위한 수단임을 명시하며, 기본권은 어떠한 권력도 침해할 수 없다고 선언하였다. 그러나 이러한 근대적 기본권이 보장하는 체계가 저임금·장시간 노동의 극단적 착취를 가능하게 하는 이른바 자유방임체제로 귀결되자 사회주의적 인권의식에 터 잡은 현대적 기본권이 등장하였다. 근대적 기본권이 형식적 보장에 머물렀다면 현대적 기본권은 실질적 보장을 추구한다. 1948년 헌법은 현대 헌법이고, 따라서 현대적 기본권으로 체계를 갖추었다.

　이 장에서는 기본권의 역사와 체계, 분류와 성격을 알아본다. 기본권에 관한 기본원리가 되는 법 앞에 평등의 원리에 대하여 살펴보도록 한다.

11.1. 기본권의 전개

11.1.1. 근대 이후 기본권의 전개

1. 근대적 기본권

■ 인권과 기본권의 관계

어의상으로 보면, 인권은 자연권, 천부인권, 전(前)국가적 권리로서 내외국인을 불문하고 모든 인간에게 부여되는 권리로 이해되는 반면, 기본권은 인권 중에서 국가가 특별히 실정화시킨 권리를 지칭한다.

이와 같은 설명은 상식적으로는 약간의 타당성을 가지지만 상세히 들여다보면 양자의 차이점은 근거가 박약하다는 사실을 알 수 있다. 헌법 제32조 제1항은 "열거되지 아니한 이유로 경시되지 아니한다"고 하였다. 그렇기 때문에 설령 헌법에 규정되지 않은 인권들이라도 보장해야 할 인권으로서의 비중과 의미를 갖는 경우에는 얼마든지 기본권으로 인정될 수 있는 것이다.

또한 인권은 자연권이며 천부인권이고, 기본권은 국가 내적 실정권이라고 하지만, 그것도 잘못된 피상적 지적에 불과하다. 헌법에 규정한 것은 국가마다 역사적으로 다른 전통을 가지겠지만, 기본권들은 자연권이자 천부인권으로 이해되었다. 다시 말해 전(前)국가적 권리라는 것이다. 우리는 기본권이라고 부르지만, 그 어원이 되는 영어 'basic rights, fundamental rights'나 독일어 'Grundrecht'는 모두 '기초적', '최소한도의' 권리의 의미를 넘어선 '근본적' 권리의 의미를 가진다. 근대 헌법 이후 헌법이 최고법규이고 근본규범이라 불리는 것도 이처럼 근본적 권리를 보장하는 규범에서 연유한다.

잘 갖추어진 자유권과 사회권을 포괄하는 기본권의 목록을 통째로 하루아침에 헌법에 담은 우리나라의 경우에는 기본권을 국가의 실정권으로 받아들이는 것조차 버거운 상태였다. 그래서 기본권을 정착시키는 데에만 오랜 세월이 걸렸다. 하지만 인권의 역사는 하나씩 쟁취하고 확인해서 쌓아 온 결실이었다. 예컨대 출판의 자유는 1640년대 영국의 청교도혁명 당시 군주의 억압에 대항해 밀턴이 『아레오파지티카(*Areopagitica*)』라는 책의 간행을 통해서 투옥을 불사하고 싸워 쟁취한 것이었다. 또 종교의 자유를 얻기 위해서 수많은 신교도와 이교도들이 희생을 치러야 했다. 이렇게 영국이나 프랑스의 경우에는 군주체제에서 시민들의 발흥과 더불어 점진적으로 그 공간을 확대시켜 온 것이 인권의 역사이다.

하지만 미국은 좀 다른 위치에 있었다. 애당초 미국은 영국에서 정치적·경제적으로 핍박상태에 처했던 신교도들이 이주한 영국의 식민지였다. 지역마다 약간씩 다르지만, 대체로 신대륙 생활 150년이 되면서 이들의 몸에 숙달된 영국의 생활방식은 새로운 상황에서 점차적으로 변화를 겪었다. 모국 영국과 확연히 달랐던 것은 신대륙은 신분사회가 아닌 평등한 사람들의 사회였다는 사실이다. 그들은 평등을 기초로 정치와 법제도를 쌓았다. 그러던 중 1774년 10월 14일 필라델피아에서 개최된 12개 식민지들의 대륙회의에서 권리선언이 의결되었다. 이에 따르면 북아메리카 식민지인들은 자연이 부여한 불가양의 권리, 영국 헌법의 원리 그리고 그들 자신의 헌법에 의해서 그들에게 당연히 인정된 권리를 가진다고 되어 있다. 1776년 영국과 독립전쟁을 치른 끝에 미국은 새로운 나라로 독립하게 되었다. 1787년 연방헌법을 만들기 전에도 신대륙의 13개 지역 대표들은 새로운 공동체에 대한 구상을 하였다. 즉, 독립 직후 대표자들이 각 지역마다 별도의 헌법을 제정하기로 결의한 것이다. 그 결과 가장 먼저 제정된 것이 버지니아 헌법이다. 13개의 국가(state)가 만들어졌고, 이들의 연합체로 국가연합(Confederation)을 구성하였다. 그런데 연합체보다는 좀 더 강하면서도 각 국가의 주권이 인정되는 연합체를 희구하였고, 그 결과 탄생한 것이 연방(Union)이다. 연방 아래서 13개의 국가들은 주권을 가진 주(州)가 되었다.[1]

버지니아 헌법은 권리장전이라고 부를 만큼 근대 헌법 기본권의 효시를 이루었다.

「버지니아 권리장전」(1776)

버지니아 인민의 대표가 완전하고 자유로운 회의에서 제정한 권리선언, 그 모든 권리는 정치조직의 기초로서 인민 및 그들 자손에게 속한다.

---

1) 조지형, 『헌법에 비친 역사』, 푸른역사, 2009, 296쪽 이하.

(1) 모든 사람은 태어날 때부터 자유로우며 독립하고 있고, 태어날 때부터의 일정한 권리를 가진다. 이들 권리는 인민이 사회를 조직함에 있어서 어떠한 계약에 의해서도 인민의 자손으로부터 박탈할 수 없다. 그러한 권리란 재산을 취득·소유하고, 행복과 안녕을 추구·획득하는 수단을 수반해서 생명과 자유를 향유하는 권리이다.

(2) 모든 권력은 인민에게 있고, 따라서 인민으로부터 유래하는 것이다. 행정관은 인민의 수탁자이고 또 공복이며, 항상 인민에 대해서 책임을 진다.

(3) 정부란 인민·국가 또는 사회의 이익·보호 및 안전을 위해 수립되었고 또 수립되어야 한다. 정부의 형태는 각기 다르지만 최대한의 행복과 안녕을 가져올 수 있고, 또 실정의 위험에 대한 보장이 가장 효과적인 것이 그 최선의 것이다. 어떠한 정부일지라도 그것이 이와 같은 목적에 반하거나 불충분한 것이라고 할 경우에는 사회의 다수인은 그 정부를 개량하고 변혁하고 또는 폐지할 권리를 가진다. 이러한 권리는 의심할 여지 없이 양도할 수 없고 또 버릴 수도 없는 것이다. 다만, 이 방법은 공공의 복리에 가장 이바지할 수 있다고 판단되는 것이어야 한다.

(중략)

(9) 과대한 액수의 보석금을 요구하거나 또는 과중한 벌금을 과해서는 안 된다. 또 잔혹하고 이상한 형벌을 과해서도 안 된다.

(10) 관리 또는 그 영장전달자에게 범행의 증거가 없이 혐의 있는 장소의 수색을 명하거나, 또 특정의 기명이 없는 또는 범죄가 명시되어 있지 아니하거나 증거가 없는 한 사람 내지 많은 사람들의 체포를 명령하는 일반체포영장은 가혹하고 압제적이며 발부되어서는 안 된다.

(11) 재산에 관한 분쟁 및 개인 간의 소송에 있어서는 고래로부터의 배심재판을 가장 우수한 것이고 신성한 것으로 하지 않으면 안 된다.

(12) 언론·출판의 자유는 자유의 유력한 방벽의 하나이고, 이를 제하는 자는 전제적 정부라고 하지 않으면 안 된다.

(13) 무기의 훈련을 받은 규율이 정연한 민병은 자유국가의 적당하고 안전한 호위이다. 평등에 있어서 상비군은 자유에 대해 위험한 것으로서 피하지 않으면 안 된다. 어떤 경우에도 군대는 문민의 권한(civil power)에 엄격히 복종하고 그 지배를 받지 않으면 안 된다.

(14) 인민은 통일된 정부를 가질 권리를 가진다. 따라서 버지니아 정부로부터 분

리 내지 독립된 어떠한 정부도 그 영역 내에 수립되어서는 안 된다.

(15) 대체로 자유로운 정치를 또는 자유의 향유를 확보함에는 오로지 정의, 중용, 절제, 순수 및 염결을 고수하고 인권이 근본적 제 원칙을 때때로 상기하는 이외에 방법이 없다.

(16) 종교 또는 창조주에 대한 예배 및 그 양식은 무력이나 폭력에 의해서가 아니라 오로지 이성과 신념에 의해서만 지시될 수 있을 것이다. 그러므로 모든 사람은 양심의 명하는 바에 따라 자유로이 종교를 신앙하는 평등한 권리를 가진다. 서로가 다른 사람에 대하여 기독교적 인내 · 애정 및 자비를 베푸는 것은 모든 사람의 의무이다.

(최대권, 『영미법』, 동성사, 1986, 부록)

미국의 독립선언서나 버지니아 헌법은 "모든 사람은 태어날 때부터 자유롭고 독립한, 일정한 생래의 권리를 가진다"고 한다. 즉, 우리의 평등과 생명과 자유 그리고 더 많이 추가된 권리들은 천부적 권리이며, 이는 자명하다고 선언한다. 그런데 미국은 이미 오랫동안 그런 권리를 행사해 온 터였기 때문에 이제 새롭게 만들어지는 헌법과 국가에 의해서도 그런 권리가 침해받아서는 안 된다는 의미에서 전(前)국가적 권리이자 천부인권이었던 것이다.

1789년의 프랑스혁명의 시작을 알리는 '인간과 시민의 권리선언'은 미국 여러 주헌법의 권리장전의 영향을 받았지만, 그보다 훨씬 짜임새가 있었다. 인간은 자유롭고 권리에 있어서 평등하게 태어났으며(제1조), 자유의 본질은 타인을 해치지 않는 모든 것을 할 수 있다는 데 있으며, 이 자유는 법률을 통해서만 한계를 그을 수 있다고 선언한다(제4조, 제5조). 사상의 자유 및 의사표현의 자유를 인간의 가장 고귀한 권리 중 하나로 보장하면서(제11조), 신성하고 불가침의 권리로 재산권을 승인한다(제17조). 게다가 선언에서 언급하고 있는 권리들의 보장이 확보되지 아니하고 권력의 분립이 확정되지 아니한 사회는 헌법을 가지지 아니한 것이라고 간주한다(제16조).

이렇게 해서 근대의 헌법은 국민주권과 기본권 보장, 의회주의, 법치주의 등으로 시작하게 된다. 그러나 시대가 지나면서 프랑스의 인권선언에 대해서도 왜 사회권에 관한 언급이 빠졌는지에 대해 의문을 제기한다. 그래서 프랑스혁명을 자유주의시대의 산물이라고 평가한다. 시대는 자유권적 기본권 외에 노동사회권에 대한 요구가 거세지는 방향으로 나아간다.

2. 현대적 기본권

근대적 기본권이 보장하는 체제가 저임금·장시간 노동의 극단적 착취를 가능하게 하는 이른바 자유방임체제로 나타나자, 근대 시민혁명기에 이미 싹을 보였던 사회주의적 인권의식이 근대적 기본권의 변화를 요구했다. 정신적 자유권에 대한 더욱 강력한 보장을 요구하고, 재산권을 비롯한 경제활동의 자유에 일정한 제한을 가하며, 국가권력에 대한 직접적인 참여를 강조했다. 현실 사회주의국가의 등장은 자본주의국가의 기본권 구조를 근본적으로 재편시켰다.

1919년의 바이마르 헌법을 비롯하여 근대적 기본권 구조와 결별한 새로운 현대적 기본권 구조는 다음과 같은 특징을 지니고 있다. 사회국가이념의 뒷받침으로 경제활동의 자유를 적극적으로 제한하고 사회권을 도입하였다. 소유권(혹은 재산권)에 공공복리에 이바지해야 하는 의무를 지운 것은 획기적인 것이었다. 노동자와 사회적 약자를 보호하기 위한 각종 기본권을 구비하였다. 직접보통선거가 제한선거를 대체하고, 부분적이나마 직접민주제가 도입되었으며, 의회해산제도와 같은 항상적 주권행사체제가 점차 강화되었다. 정신적 영역에 대한 자유권의 강화나 청구권의 보강에 이어서 기본권에 대한 국가의 보호의무가 현저히 강조되었다. 이 시기에 특기할 만한 것은 위헌법률심사제도가 일반화되고 있었다는 사실이다. 인권보장과 민주주의를 뒷받침하는 수단으로 의미를 가지면서도, 다른 한편으로 소수의 지배계급의 수중에서 벗어나 버린 의회를 견제하는 장치로서 위헌법률심사제도의 가능성에 주목한 측면이 적지 않다. 의도야 어쨌든 간에 기본권을 둘러싼 논의의 상당 부분이 민주주의적 토론의 장에서 사법규칙에 따른 권리다툼으로 이전되고 있음은 분명하다.

현대 자본주의 헌법의 성장에도 불구하고 현재의 기본권 또한 상당한 과제를 안고 있다. 대의제민주주의에 내재된 한계를 극복하고 '인민의, 인민에 의한, 인민을 위한 정치'를 진정으로 실현하려는 노력을 계속함으로써 이를 기본권으로 확보해야 한다. 대국가영역을 넘어선 사회영역에서의 모순을 기본권에 기대어 해결하는 데 보다 많은 노력이 경주되어야 한다. 외국인, 여성, 장애인, 아동 등 곳곳에 드리워진 차별의 그림자를 제거해야 할 뿐만 아니라 평화적 생존권을 위시한 제3세대 인권을 적극적으로 구축해 가야 한다.

1948년 12월 10일 유엔의 세계인권선언은 인권발전에 획기적인 것이었다. 이미 1919년 6월 28일에 설립된 국제노동기구(ILO)가 전 세계에 걸쳐 사회적 정의의 진작, 노동조건과 생활조건 개선을 통한 세계평화에의 기여를 선언한 바 있고, 1941년 1월 6일 프랭클린 루스벨트 대통령의 '네 가지 자유 연설(four-freedom-speech)', 1945년 6월 26일의「국제연합헌장」이 있었다. 세계인권선언은 1648년 베스트팔렌조약에 의해 국가 중심의 주권시대가 시작된 이후 약 300년 만에 인권의 시대가 열린 것이다. 1950년 11월 4일에는「유럽인권협약」이 제정되었고, 1966년에는 유엔총회에서「국제인권규약(International Covenant on Human Rights)」이 통과되었다. 이 규약은 전문 31개조로 구성된「경제적 · 사회적 · 문화적 권리에 관한 규약」과 전문 53개조로 된「시민적 · 정치적 권리에 관한 규약」을 포함하였다. 그리고 약 70년이 지난 지금은 두 개의 인권규약 외에 제3세대 인권을 논의하고 있다. 경제발전권, 평화권, 환경권, 인류공동의 유산에 대한 소유권, 인간적 도움을 요구할 권리와 같은 것들이 이에 해당한다. 21세기에 접어들면서 전 세계가 기후변화로 인한 인류위기에 대하여 긴급대응을 하고 있다.

프랭클린 D. 루스벨트: '네 가지 자유 연설'(1941)

(전략) 탄탄하고 건전한 민주주의의 기초에 대해서는 조금도 신비할 것이 없습니다. 우리 국민이 그들의 정치나 경제제도에 기대하는 기본적인 것은 다음과 같이 단순합니다. 청년들과 다른 사람들에 대한 기회균등, 일할 수 있는 능력을 가진 자를 위한 일자리, 안전이 필요한 사람들을 위한 안전, 소수를 위한 특권의 정지, 모든 사람의 시민적 자유 보전, 보다 넓고 부단히 상승하는 생활수준에서 과학적 진보의 성과 향유 등입니다.

이것들은 우리 근대 세계의 혼란과 믿을 수 없을 정도의 복잡성 가운데서도 결코 놓쳐서는 안 될 단순하고 기본적인 것입니다. 우리의 정치제도나 경제제도가 어느 정도까지 이런 기대를 실현하는가에 따라서 그 제도의 내적이고 영속적인 강도가 정해지는 것입니다.

우리 사회적 경제에 연관된 많은 주제가 즉각적인 개선을 요하고 있습니다. 예를 들면 우리는 현재보다 더 많은 시민에게 노후연금과 실업보험을 적용해야 합니다. 우리는 정당한 의료의 도움을 받을 기회를 더 넓혀야 합니다. 효과적 고용을 받을 자격이 있거나 필요로 하는 사람들이 고용될 수 있도록 더 나은 체계를 만들어야 합니다. 나는 개인적인 희생을 외쳤습니다. 거의 모든 미국인이 기꺼이 이러한 외침에 답하여 줄 것으로 확신합니다. 우리가 안전하게 만들려는 앞날에서는 네 가지 본질적이고 인간적인 자유에 기초를 둔 세계를 고대합니다.

첫째는 언론과 표현의 자유로, 전 세계 공통입니다.

둘째는 모든 사람이 자기 자신에게 맞는 방법으로 신을 예배하는 자유로, 전세계 공통입니다.

셋째는 결핍으로부터의 자유로, 이것을 세상 말로 옮긴다면 모든 나라가 그 국민을 위하여 건강하고 평화로운 생활을 줄 수 있는 경제적인 약속을 의미하는 것으로, 이것도 전 세계 공통입니다.

넷째는 공포로부터의 자유로, 세상 말로 옮긴다면 세계적인 군축이 철저히 추진되고, 어떠한 나라도 인접국에 대하여 물리적 침략행위를 계획할 수 없는 것을 의미하고, 전 세계 공통입니다.

그것은 먼 천년에나 실현될 수 있는 환상이 아닙니다. 이것은 우리의 시대, 우리의 세대에서 실현될 수 있는 세계의 현실적 기초입니다. 이런 세계는 독재자들이 폭탄을 터뜨려 창조하려는, 소위 압제의 새 질서입니다. 그런 신질서에 대하여 우리는 보다 위대한 개념인 도덕적 질서로 대항합니다. 훌륭한 사회란 세계지배와 해외 혁명계획에 대해 마찬가지로 두려움 없이 맞설 수 있습니다.

11.1.2. 우리나라의 기본권 전개

(1948.7.17.)
제28조 국민의 모든 자유와 권리는 헌법에 열거되지 아니한 이유로써 경시되지는 아니한다.
국민의 자유와 권리를 제한하는 법률의 제정은 질서유지와 공공복리를 위하여 필요한 경우에 한한다.
(1952.7.7.)
제28조 (변동 없음)
(1954.11.29.)
제28조 (변동 없음)

(1960.6.15.)

제28조 ① 국민의 모든 자유와 권리는 헌법에 열거되지 아니한 이유로써 경시되지는 아니한다.

② 국민의 모든 자유와 권리는 질서유지와 공공복리를 위하여 필요한 경우에 한하여 법률로써 제한할 수 있다. 단, 그 제한은 자유와 권리의 본질적인 내용을 훼손하여서는 아니 되며 언론, 출판에 대한 허가나 검열과 집회, 결사에 대한 허가를 규정할 수 없다.

(1960.11.29.)

제28조 (변동 없음)

(1963.12.17.)

제32조 (거의 변동 없음)

(1969.10.21.)

제32조 (변동 없음)

(1972.12.27.)

제32조 ① 국민의 자유와 권리는 헌법에 열거되지 아니한 이유로 경시되지 아니한다.

② 국민의 자유와 권리를 제한하는 법률의 제정은 국가안전보장·질서유지 또는 공공복리를 위하여 필요한 경우에 한한다. ('본질적 내용 침해금지' 내용 삭제)

(1980.10.27.)

제35조 ① 국민의 자유와 권리는 헌법에 열거되지 아니한 이유로 경시되지 아니한다.

② 국민의 모든 자유와 권리는 국가안전보장·질서유지 또는 공공복리를 위하여 필요한 경우에 한하여 법률로써 제한할 수 있으며, 제한하는 경우에도 자유와 권리의 본질적인 내용을 침해할 수 없다.

(1988.2.25.)

제37조 ① 국민의 자유와 권리는 헌법에 열거되지 아니한 이유로 경시되지 아니한다.

② 국민의 모든 자유와 권리는 국가안전보장·질서유지 또는 공공복리를 위하여 필요한 경우에 한하여 법률로써 제한할 수 있으며, 제한하는 경우에도 자유와 권리의 본질적인 내용을 침해할 수 없다.

헌법상 기본권의 제한규정을 중심으로 한 변천과정을 위와 같이 일람표로 만들어 보았다. 흥미로운 사실은 제헌 당시부터 현행 헌법까지 "국민의 자유와 권리는 열거되지 아니한 이유로 경시되지 아니한다"는 조항이 이어져 왔다는 것이다. 이 조문은 미국 헌법에서 유래하였다. 미국 헌법 수정조항 제9조가 바로 그것으로, "이 헌법에 특정 권리가 열거되어 있다는 사실이 국민이 보유하는 그 밖의 여러 권리를 부인하거나 경시하는 것으로 해석되어서는 아니 된다"가 원문이다. 우리 헌법의 체계로 볼 때 이 조문은 자유와 권리의 전국가성과 포괄성을 확인하고 있으며, 초국가적인 천부인권의 실정권화를 의미하는 규정으로 본다. 학설도 그러하지만, 헌법재판소에서도 그동안 이 규정을 근거로 하여 헌법에서 열거되지 않은 많은 기본권들을 도출시켰다. 인격권, 자기 결정권, 일반적 행동자유권, 개성의 자유로운 발현권, 알 권리, 생명권, 명예권, 성명권 등이 기본권의 명단에 올랐다.

우리나라의 역사를 통해서 볼 때 서양 헌법을 현실적으로 받아들일 때 가장 어려움을 겪는 부분 두 가지를 든다면 기본권의 천부인권성과 자율성(자치능력)이라고 생각한다. 우리 역사에서 국민들이 천부인권을 향유한 적이 있으며 또 지방자치 등 자치를 마음껏 누린 적이 있었는지를 생각해 보자. 왕조시대와 식민시대를 거쳐 그대로 헌법의 시대로 들어섰으니, 어느 시간에 천부인권이라고 국가권력에 항의를 할 수 있었을까? 서양에서는 하나씩 쟁취하면서 기본권의 목록들을 쌓아 갔지만, 우리는 천부인권의 목록을 단번에 입수해서 헌법에 규정한 것이다.

자율과 자치도 마찬가지이다. 중앙집권의 전통에서 자율의 영역을 보장받는 전통은 없었다. 서양은 근대국가 이전부터 자유도시와 대학, 교회, 가정 등은 자율의 영역이었다. 그 후 국가가 부분 영역을 상회하는 주권을 확보했을 때에도 이들 자치영역에 대해서는 가급적 그 본령을 보호하고자 했다. 동시에 자율영역의 사람들도 자율적 책임을 완수하는 것으로 부응하였다.

천부인권과 자치훈련의 부재는 동양 3국의 공통사항이다. 중국이나 일본도 국가와 국민의 힘을 통한 주권과 독립의 쟁취를 입헌주의의 일차적 목표로 삼았기에, 그들이 수용한 기본권 내지 인권의 개념에는 전국가적·개인적·경제적 성격보다 국가주의적·집단적·정치적 성격이 강하게 남아 있다.[2] 동양

---

2) 신우철, 『비교헌법사론』, 법문사, 2013, 123쪽.

의 이런 헌법적 미숙성은 시급히 극복해야 할 과제로 남아 있다. 문제는 이러한 천부인권과 자치에 대한 훈련과 보편화 없이는 우리가 선진 사회복지국가로 진입하기 곤란하다는 점에 있다. 자유와 자율이 없는 가운데 공동체를 꿈꾼다는 것은 또다시 전통사회로의 회귀 위험성이 크기 때문이다. 어려워도 훈련하고 넘어설 수밖에 없는 과제라 생각한다.

11.2. 기본권 총론

11.2.1. 기본권의 개념과 범위

1. 기본권의 개념

원래 인권이라는 개념은 인간의 생래적 및 천부적 권리로서의 자연권을 의미하는 것이었고, 기본권이란 개념은 헌법이 보장하는 국민의 기본적 권리를 나타내는 말로 차이가 있다. 그렇지만 오늘날 기본적 인권이라는 표현이 널리 쓰이고 있는 것으로 보아도 개념상 양자의 엄격한 구분은 큰 의미는 없다. 다만, 기본권의 역사적 전개에 있어서 '인간의 권리'와 '공민의 권리'의 구별은 기본권의 이해에 각별한 의미를 갖는다.

기본권을 인간의 권리로 파악하는 것은 기본권이 국가에 선재하는 인간의 권리라는 의미이다. 이 경우 개인의 자유와 평등은 국가형성의 정당화 조건이며, 자유권과 평등권은 국가권력의 행사를 의무 지우고 또 제한한다. 반면에 기본권은 국가에 의해 비로소 주어지는 권리라는 관념이기도 하다. 영미식의 인권개념에 대비되는 독일 기본권 발전사에서 독특한 의미를 취득했던 이러한 관념의 기본권도 오늘날에는 더 이상 '국가에 의해 유보되어 있는 권리'는 아니다.

국가에 선재하는 인간의 권리로서의 기본권 관념이 의미하는 것은 기본권의 행사는 국가에 대해 정당화될 필요가 없는 반면, 국가는 기본권의 제한을 정당화해야 한다는 것이다. 국가를 전제로 하는 권리로서의 기본권의 경우에도 마냥 법률에 유보되어 있는 것이 아니다. 왜냐하면 헌법상의 모든 기본권은 모든 국가권력을 구속하는 것으로, 국가권력행사의 근거이자 잣대가 되기 때문이다.

2. 기본권의 범위

이 책에서 서술의 대상으로 삼는 기본권은 헌법에 규정되어 있는 기본권이다. 학설상의 다툼은 있으나, 헌법은 "일반적으로 승인된 국제법규는 국내법과 같은 효력을 가진다"(제6조 제1항)고 함으로써 국제인권규약 등 국제법적 기초 위에 있는 국제적 기본권도 우리 규범체계에서 효력이 있음을 천명하고 있다. 아동과 여성 등 전통적으로 국제인권법의 발전을 추동시켰던 영역과 성, 유전공학, 환경, 국제범죄 등 최근 새로이 확대되고 있는 영역에서 확보되어 가는 기본권도 헌법재판소의 판단에 무관한 것이 아니다. 그렇지만 이 책에서의 서술은 헌법에 규정되어 있는 기본권으로 제한한다.

헌법소원을 제기하는 경우 침해를 원용할 수 있는 권리는 기본권이지만 이때의 의미는 헌법상의 권리로서의 기본권이다(「헌법재판소법」 제68조 제1항). 헌법재판소는 헌법소송상 헌법상의 기본권과 법률상의 권리를 구분한다. 예컨대 주민투표권은 헌법상의 기본권이 아니라 법률상의 권리에 지나지 않는다고 한다.[3]

【입법부작위 위헌확인사건(헌재 2001.6.28. 2000헌마735)】
1. 헌법 제117조 및 제118조가 보장하고 있는 본질적인 내용은 자치단체의 보장, 자치기능의 보장 및 자치사무의 보장으로 어디까지나 지방자치단체의 자치권으로 헌법은 지역주민들이 자신들이 선출한 자치단체의 장과 지방의회를 통하여 자치사무를 처리할 수 있는 대의제 또는 대표제 지방자치를 보장하고 있을 뿐이지 주민투표에 대하여는 어떠한 규정도 두고 있지 않다. 따라서 우리의 지방자치법이 비록 주민에게 주민

---

3) 헌재 2001.6.28. 2000헌마735.

투표권(제13조의2)과 조례의 제정 및 개폐청구권(제13조의3) 및 감사청구권(제13조의4)을 부여함으로써 주민이 지방자치사무에 직접 참여할 수 있는 길을 열어 놓고 있다 하더라도 이러한 제도는 어디까지나 입법자의 결단에 의하여 채택된 것일 뿐, 헌법이 이러한 제도의 도입을 보장하고 있는 것은 아니다. 그러므로 지방자치법 제13조의2가 주민투표의 법률적 근거를 마련하면서, 주민투표에 관련된 구체적 절차와 사항에 관하여는 따로 법률로 정하도록 하였다고 하더라도 주민투표에 관련된 구체적인 절차와 사항에 대하여 입법하여야 할 헌법상 의무가 국회에게 발생하였다고 할 수는 없다. 2. 우리 헌법은 법률이 정하는 바에 따른 '선거권'과 '공무담임권' 및 국가안위에 관한 중요 정책과 헌법개정에 대한 '국민투표권'만을 헌법상의 참정권으로 보장하고 있으므로, 지방자치법 제13조의2에서 규정한 주민투표권은 그 성질상 선거권, 공무담임권, 국민투표권과 전혀 다른 것이어서 이를 법률이 보장하는 참정권이라고 할 수 있을지언정 헌법이 보장하는 참정권이라고 할 수는 없다.

11.2.2. 헌법상의 기본권 구조와 분류

1. 헌법의 기본권 구조

우리 헌법은 제2장(국민의 권리와 의무)에서 전반적인 국민의 기본권을 보장하고 있다. 제10조부터 제36조까지가 개별적 기본권에 관한 규정이다. 이 부분이 헌법의 권리장전인 셈이다. 기본권은 여기에만 한정되지 않는다. 즉, 「헌법재판소법」 제68조 제1항에서 헌법소원의 제기요건으로 말하는 '공권력의 행사 또는 불행사로 인하여 기본권을 침해받은 자'에서의 기본권은 헌법 제2장의 규정 외에도 더욱 확장된다. 즉, 제8조(정당설립의 자유), 제41조 제1항(국회의원선거), 제67조 제1항 및 제4항(대통령선거), 제72조와 제130조 제2항(국민표결권), 제111조(헌법재판소심판의 청구), 제116조(선거운동의 평등), 제118조 제2항(지방의회의원선거), 제124조(소비자보호운동) 등도 헌법소원을 제기할 때 원용할 수 있는 헌법상의 기본권이다. 그 위치에 따른 차이가 있는 것은 아니다. 기본권이 주로 제2장에 들어 있다고 해서 제2장의 모든 규범이 전부 기본권인 것은 아니다. 예컨대 제31조 제6항("학교교육 및 평생교육을 포함한 교육제도와 그 운영, 교육재정 및 교원의 지위에 관한 기본적인 사항은 법률로 정한다")은 개인에게 아무런 주관적 권리를 부여하지 않는 조직법적 규범이다.

2. 기본권의 분류

학설에서는 기본권을 그 내용에 따라 다양하게 분류한다. 행복의 실현을 내용으로 하는 기본권인 행복추구권, 불합리한 차별적 처우를 받지 아니하는 것을 내용으로 하는 평등권, 국가의 부작위를 내용으로 하는 자유권적 기본권, 인간다운 생활의 보장을 내용으로 하는 사회적 기본권, 정치질서 형성에의 참여나 정치적 활동을 내용으로 하는 정치적 기본권, 경제적 이익의 확보를 내용으로 하는 경제적 기본권, 기본권 보장을 위한 일정한 국가행위를 청구할 수 있는 청구권적 기본권 등이 그것이다. 학자들의 다양한 의견에도 불구하고 최근의 기본권 논의에서는 내용에 따른 분류가 지닌 의미가 줄어들고 있다.

본래 기본권은 총체성의 성격을 띠기 때문에 어떤 하나의 기본권이라도 탈락되거나 부정된다면(예컨대 재산권은 보장하나 표현의 자유는 부정된다든지, 종교의 자유는 인정하지만 거주이전의 자유는 부정하는 등) 기본권 전체가 작동되지 않는다고 볼 수 있다. 모든 기본권들이 합쳐서 한 사람의 자유와 행복을 보장하는 데 기여하는 것이다. 실체적 권리를 보장하기 위해서 청구권(재판청구권, 청원권 등)이 필요하고, 자유권을 실질적으로 보장하기 위해서 사회권이 필요하며, 동시에 사회권이 잘 보장되기 위해서는 그 기초로 자유권이 보장되어야 하는 것이다. 이렇게 상호 연결을 통한 기본권의 총체성에도 불구하고, 우리는 개념에 대한 명확한 이해를 위해서 일정한 분류와 개별화가 불가피하다. 다시 말해서 다음과 같이 분류는 하되 총체적 성격을 잊지 않도록 유의해야 할 것이다.

1. 기본권의 이념과 포괄적 기본권
   (1) 인간으로서의 존엄과 가치
   (2) 행복추구권
2. 평등권(법 앞에 평등)
3. 자유권적 기본권(자유권)
   (1) 인신의 자유권
   생명권, 신체를 훼손당하지 아니할 권리, 신체의 자유

(2) 정신적 자유권

양심의 자유, 종교의 자유, 언론·출판의 자유, 집회·결사의 자유, 학문과 예술의 자유

(3) 사생활자유권

사생활의 비밀과 자유, 주거의 자유, 거주·이전의 자유, 통신의 자유

4. 경제적 기본권

재산권, 직업선택의 자유, 소비자의 권리

5. 정치적 기본권

정치적 자유, 참정권

6. 청구권적 기본권

청원권, 재판청구권, 국가배상청구권, 범죄피해자구조청구권, 국가보상청구권(손실보상청구권, 형사보상청구권)

7. 사회적 기본권(사회권)

인간다운 생활권, 근로의 권리, 노동3권, 교육을 받을 권리, 환경권, 쾌적한 주거생활권, 건강권

8. 헌법에 열거되지 아니한 권리

자기결정권, 일반적 행동자유권, 평화적 생존권, 휴식권, 일조권, 생명권, 수면권, 스포츠권, 부모의 자녀에 대한 교육권, 저항권

【화재로 인한 재해보상과 보험가입에 관한 법률 제5조 제1항의 위헌 여부에 관한 헌법소원사건(헌재 1991.6.3. 89헌마204)】

이른바 계약자유의 원칙이란 계약을 체결할 것인가의 여부, 체결한다면 어떠한 내용의, 어떠한 상대방과의 관계에서, 어떠한 방식으로 계약을 체결하느냐 하는 것도 당사자 자신이 자기 의사로 결정하는 자유뿐만 아니라, 원치 않으면 계약을 체결하지 않을 자유를 말하여, 이는 헌법상의 행복추구권 속에 함축된 일반적 행동자유권으로부터 파생되는 것이라 할 것이다.

【형법 제241조의 위헌 여부에 관한 헌법소원사건(헌재 1990.9.10. 89헌마82)】

헌법 제10조는 "모든 국민은 인간으로서의 존엄과 가치를 가지며, 행복을 추구할 권리를 가진다. 국가는 개인이 가지는 불가침의 기본적 인권을 확인하고 이를 보장할 의무

를 진다"라고 규정하여 모든 기본권을 보장의 종국적 목적(기본이념)이라 할 수 있는 인간의 본질이며 고유한 가치인 개인의 인격권과 행복추구권을 보장하고 있다. 그리고 개인의 인격권 · 행복추구권에는 개인의 자기운명결정권이 전제되는 것이고, 이 자기 운명결정권에는 성행위 여부 및 그 상대방을 결정할 수 있는 성적 자기결정권이 또한 포함되어 있으며 ……..

【제42회 사법시험 제1차시험 시행일자 위헌확인사건(헌재 2001.9.27. 2000헌마 159)】
휴식권은 헌법상 명문의 규정은 없으나 포괄적 기본권인 행복추구권의 한 내용으로 볼 수 있을 것이다. 이 행복추구권은 헌법 제10조에 의하여 보장되는 것으로 포괄적이고 일반조항적인 성격을 가지며 또한 그 구체적인 표현으로서 일반적인 행동자유권과 개 성의 자유로운 발현권을 포함한다.

11.2.3. 법 앞에 평등

제11조 ① 모든 국민은 법 앞에 평등하다. 누구든지 성별 · 종교 또는 사회적 신분에 의하여 정치적 · 경제적 · 사회적 · 문화적 생활의 모든 영역에 있어 서 차별을 받지 아니한다.
② 사회적 특수계급의 제도는 인정되지 아니하며, 어떠한 형태로도 이를 창 설할 수 없다.
③ 훈장 등의 영전은 이를 받은 자에게만 효력이 있고, 어떠한 특권도 이에 따르지 아니한다.

1. 들어가며

근대의 시작은 자유를 희구하고 확산하는 데 있었다. 군주, 귀족, 봉건제도 등의 강제에 대한 시민의 저항은 자유를 얻고자 함이었다. 자유는 인간의 본 성에서 기인한다. 자유는 타율의 고통에 대한 항의를 통해서 확보된다. 그 결 과 근대의 자유주의국가가 들어섰다.
미국의 독립선언서에서도 생명, 자유, 행복추구권을 양도할 수 없는 천부인권이라고 했다. 그런데 자유에는 반드시 평등이 수반된다. 로마의 정치가이자 법률가인 키케로(Cicero)는 다음과 같이 양자의 관계를 정리했다. "어떤 나라를 막론하고 국민이 최고권력자가 아닌 한 자유는 있을 곳을 찾지 못한다. 자유보다 아름다운 것은 없다. 그러나 평등이 없는 경우에는 자유도 있을 수 없다." 군주시대로부터 오늘날의 국민주권시대까지 왔다. 국민이 최고권력자가 된 것이다. 그런데 국민 한 사람 한 사람이 최고권력자라는 것은 바로 모든 국민이 평등하다는 의미이다. 즉, 평등해야 모든 국민이 자유롭다는 것이다. 그래서 자유와 평등은 한 꾸러미로 이해된다. 현대 헌법은 어떻게 해야 국민이 최고권력자가 될 것인가를 추구한다. 그 논리가 통치기구와 기본권 모두에 관류한다. 다수인 국민들이 함께 사는 방법으로 누구든지 예외 없이 법 아래에 있다는 원칙, 즉 법의 지배(rule of law) 혹은 법치주의를 통해 자율과 자유를 확보했고, 동시에 법은 국민 모두에게 평등해야 한다는 결론에 이르렀다. 이것이 법 앞에 평등(equality before the law)원칙이다.

2. 개념

(1) '법'의 뜻

법 앞에 평등이라 할 때 '법'은 국회에서 제정하는 법률뿐만 아니라 국가의 모든 법규범을 말한다. 즉, 성문법과 불문법, 국내법과 국제법을 포함한다.

(2) '법 앞에'의 뜻

법 앞에 평등에 대한 설명방식도 시대를 따라 확대되어 왔다. 초기에는 국민의 대표기관인 입법부 우위 사상에서 출발했기 때문에 의회에서 제정된 법률을 적용하는 기관인 행정부와 사법부로 하여금 법적용을 평등하게 해야 한다는 원칙으로 이해하였다(법적용 평등설). 그러나 현대 헌법에서는 입법부의 법률도 평등한 내용이 될 것을 요구하게 되었다(법내용 평등설). 따라서 헌법 제11조의 법 앞에 평등은 양자 모두를 포함하는, 즉 국가권력 전체가 국민을 평등하게 대우해야 함을 뜻한다.

【특정범죄가중처벌 등에 관한 법률 제5조의3 제1호 헌법소원사건(헌재 1992. 4.28. 90헌바24)】

우리 헌법이 선언하고 있는 '인간의 존엄성'과 '법 앞에 평등'은 행정부나 사법부에 의한 법적용상의 평등만을 의미하는 것이 아니고, 입법권자에게 정의와 형평의 원칙에 합당하게 합헌적으로 법률을 제정하도록 하는 것을 명하는 법내용상의 평등을 의미하고 있기 때문에 그 입법내용이 정의와 형평에 반하거나 자의적으로 이루어진 경우에는 평등권 등의 기본권을 본질적으로 침해한 입법권의 행사로서 위헌성을 면하기 어렵다.

(3) '평등'의 뜻

평등의 뜻에는 절대적 평등과 상대적 평등이 있다. 절대적 평등이란 평균적 정의론의 입장에서 모든 인간을 무차별적으로 또는 균등하게 대우해야 한다는 것이다. 상대적 평등이란 배분적 정의론에 입각해서 모든 인간을 평등하게 처우하되, 정당한 이유 혹은 합리적 근거가 있는 경우에는 차별적 처우가 용인된다는 것이다. 우리가 비난하는 차별(discrimination)은 불합리한 차별대우를 의미한다.

보통선거와 평등선거와 같이 정치적 영역에서는 연령이나 학력 등의 차이를 고려하지 않는 절대적 평등이 요구되지만, 일반 사회의 영역에서는 오히려 합리적 차별이 더 많이 요구된다. 그것은 모든 사람의 형편과 능력과 경력 등이 다르기 때문에 그 차이를 고려하지 않은 동일한 대우는 오히려 부정의한 결과로 인식되기 때문이다. 그래서 대부분의 경우에는 상대적 평등이 일반적이라 할 수 있다. 상대적 평등이란 불합리한 차별은 배척하지만, 합리적 차별은 용인하는 입장이다. 그렇다면 (평등=상대적 평등=합리적 차별=불합리한 차별 금지)의 등식이 일반적으로 성립된다. 다시 말해 평등은 '각자의 차이에 따른 합리적 차별'을 말한다. 이때 가장 중요한 점이 '합리'와 '불합리'를 가르는 판단기준은 무엇인가를 발견하는 일이다. 합리적이라는 정당화(justify)가 필요한 것이다. 이에 관하여 헌법이론은 ① 인간의 존엄성 존중의 원리에 반하지 않으며, ② 입법목적이 공공복리의 실현에 있는 것이고, ③ 입법목적 달성을 위한 수단도 적정한 것이면 합리적 차별이고, 이상의 요건을 갖추지 못한 경우에는 자의적(恣意的) 차별, 즉 불합리한 차별이라고 정리한다.[4]

---

4) 권영성, 『헌법학원론』, 법문사, 2010, 392쪽.

3. 평등의 원칙

(1) 평등의 원칙

평등의 원칙이라 함은 법적용의 대상이 되는 모든 인간을 원칙적으로 공평하게 다루어야 한다는 법원칙이다. 평등의 원칙은 '같은 것은 같게, 다른 것은 다르게 대우'하는 원칙이다. 따라서 평등의 원칙은 정의의 원칙과도 긴밀한 관계를 가진다.

(2) 평등의 원칙의 규범적 성격

평등의 원칙은 민주국가의 법질서를 구성하는 요소로서 국민의 기본권 보장에 관한 헌법의 최고원리이다. 평등의 원칙은 헌법해석의 지침인 동시에 입법·집행·사법 등 모든 공권력 발동의 기준이 된다.

4. 평등심사의 기준

평등심사의 기준으로 전통적으로 차별은 '불합리한 차등'을 의미하기 때문에 무엇이 '합리적(reasonable)'인 것과 '불합리적(unreasonable)'인 것을 구분하는 기준이냐를 탐색하는 데 집중하였다. 독일 연방헌법재판소는 일반적 평등원칙을 '본질적으로 서로 같은 것을 자의적으로 불평등하게 또는 본질적으로 서로 다른 것을 자의적으로 평등하게 취급하는 것의 금지'라는 자의금지(Willkürverbot)원리를 기본으로 삼았다. 우리 헌법재판소는 합리적 근거 심사[5]와 자의금지의 원칙[6] 모두를 평등심사의 기본으로 삼아 왔다.

이렇게 소박한 평등원칙에서 출발한 것이 그 후 소수자 보호를 더욱 엄격하게 대처할 필요가 생기면서 오늘날에는 차별심사가 보다 세밀화되었다.

(1) 미국

유색인종에 대한 차별의 문제에 대처하기 위해서, 1938년의 Carolene Products 판결은 합리적 근거 심사기준을 넘어 엄격심사(strict scrutiny)의 대

---

5) 헌재 1999.5.27. 98헌바26.
6) 헌재 1996.12.26. 96헌가18.

상이 되는 세 가지 분야를 제시하였다. 첫째는 헌법상 특수한 금지조항으로 되어 있는 최초의 수정헌법 10개 조항들에 관한 사항, 둘째는 정치적 과정을 규제하는 법률, 셋째는 소수자의 권리를 규제하는 법률이었다. 그 후 1976년 Craig v. Boren 판결에서는 전통적인 합리적 근거 심사와 엄격한 심사 사이에 중간심사(intermediate scrutiny)의 기준을 제시하였다.

(2) 독일

기존의 자의금지원칙만으로 대처하기가 곤란해지자, 연방헌법재판소는 1980년에 새로운 정식을 제시하였다. 두 집단 간의 차별적 대우를 정당화할 만한 차이가 존재하지 않음에도 불구하고 양 집단을 다르게 대우하는 경우에, 특히 인적 평등이 문제되는 경우에는 보다 엄격한 비례성심사를 적용해야 하며, 물적 평등의 경우에는 기존의 자의금지원칙을 적용해서 판단하도록 한다는 것이었다.[7] 독일에서는 차별심사기준이 완화된 심사와 엄격한 심사라는 이중의 심사기준으로 정착되었다. 엄격한 심사는 우선 직접 또는 간접적으로 특정 집단에 대해 차등대우를 할 경우에는 이러한 대우와 그 논거 사이에 적절한 비례성이 존재해야 함을 의미한다. 엄격한 심사는 차등대우가 기본법 제3조 제3항이 열거하고 있는 사유에 해당하는 경우에 적용된다. 또한 입법자가 스스로 선택한 규율체계에서 벗어난, 즉 체계 정당성에 위배되는 입법을 한 경우에도 엄격한 심사의 대상이 된다. 문제가 되는 차등대우가 개별 기본권을 심각하게 제한하는 경우 역시 보다 정밀한 심사를 하게 된다.[8] 1993년의 결정에서는 최신의 정식(Neueste Formel)을 제시하였다.

5. 차별금지의 사유와 영역

헌법 제11조 제1항에서는 "모든 국민은 법 앞에 평등하다. 누구든지 성별·종교 또는 사회적 신분에 의하여 정치적·경제적·사회적·문화적 생활의 모든 영역에 있어서 차별을 받지 아니한다"고 규정하고 있다. 헌법이 말하는 '성별·종교 또는 사회적 신분에 의하여'와 '정치적·경제적·사회적·문화적

---

7) BVerfGE 55, 72, 88.
8) 송석윤, 『헌법과 사회변동』, 경인문화사, 2007, 93쪽.

생활의 모든 영역에 있어서'라는 표현은 예시적인 표현일 뿐 차별금지의 사유와 영역은 제한이 없다(한정설이 아닌 예시설).

「국가인권위원회법」 제2조 제3호가 정한 '평등권 침해의 차별행위'는 훨씬 구체적이다. "'평등권 침해의 차별행위'란 합리적인 이유 없이 성별, 종교, 장애, 나이, 사회적 신분, 출신 지역(출생지, 등록기준지, 성년이 되기 전의 주된 거주지 등을 말한다), 출신 국가, 출신 민족, 용모 등 신체 조건, 기혼·미혼·별거·이혼·사별·재혼·사실혼 등 혼인 여부, 임신 또는 출산, 가족 형태 또는 가족 상황, 인종, 피부색, 사상 또는 정치적 의견, 형의 효력이 실효된 전과(前科), 성적(性的) 지향, 학력, 병력(病歷) 등을 이유로 한 다음 각 목의 어느 하나에 해당하는 행위를 말한다."

(1) 성차별

성차별금지는 곧 남녀평등을 뜻하는데, 여성에 대한 차별을 없애기 위한 노력의 결과, 성차별금지 및 남녀평등을 위한 다양한 입법이 1980년 이후 마련되기 시작하였다. 노동과 관련하여 제헌 이후 줄기차게 유지되어 온 "여자와 소년의 근로는 보호를 받는다"라는 헌법의 규정은 현행 헌법에서 "여자의 근로는 특별한 보호를 받으며, 고용·임금 및 근로조건에 있어서 부당한 차별을 받지 아니한다"와 같이 소년의 근로와 분리시켜 규정하였다. 또한 1980년 헌법과 현행 헌법은 "혼인과 가족생활은 개인의 존엄과 양성의 평등을 기초로 성립되고 유지되어야 한다"고 하여 양성평등을 강조하였다. 1987년 12월에는 「남녀고용평등법」이 제정되었다. 이 법률은 2001년 8월 전면개정 시 여성에 대한 차별금지규정들을 남녀에 대한 차별금지규정으로 변경시켰다. 그리고 2008년 7월에는 「남녀고용평등과 일·가정 양립지원에 관한 법률」로 명칭이 변경되었다. 종래의 「모자복지법」은 2003년 6월에 「모·부자복지법」으로, 다시 2008년 1월에는 「한부모가족지원법」으로 변경되었다. 2005년 3월의 개정으로 「가족법」상의 여성차별규정들이 대폭 삭제되었고, 2007년 12월의 개정으로 약혼과 혼인의 최저연령이 '남자 18세 이상, 여자 16세 이상'에서 '남녀 모두 18세 이상'으로 남녀 간 차등을 시정하였다. 성차별 시정에 대한 적극적인 노력은 남성만의 의무라 생각되었던 병역의무에 대한 위헌확인 헌법소원을 제기하는 데까지 나아갔다. 성차별과 관련한 분쟁처리는 법원과 헌법재판소 외에도 국가인권위원회, 노동위원회에서 담당하고 있다.

성별에 의한 모든 차별이 평등권 위반은 아니다. 사물의 본성상 여성에게만 해당하는 '생리적 차이'에 기인하는 차별대우는 정당화된다. 반면, 남녀 사이의 '기능상의 차이'는 차별대우를 정당화할 수 없다. 우리 사회에 전통이나 관습같이 남아 있는 수많은 남녀 간의 역할분담(가사는 여성 몫, 힘든 일은 남성 몫 등)은 법 앞에 평등에서 정당화될 수 없는 경우가 많을 것이다.[9]

> **【전문대학 간호과의 입학생을 여성으로 제한한 사례(국가인권위원회의 결정(2012. 9.17. 결정 12진정0486102))】**
> 간호사라는 직업이 전통적으로 여성에게 특화되어 있던 업무영역이었다고 하더라도 간호과 모집대상을 여학생만으로 한정하는 것은 성역할에 관한 사회적 고정관념에서 기인한 것이라 볼 수 있으며, 실습이 제한되거나 졸업 후 남자간호사로 취업하는 것이 제한적이라는 등의 이유로 남학생의 입학 자체를 제한하는 것은 합리적 이유 없이 성별을 이유로 교육시설 이용을 배제하는 것이다.

남성과 여성의 역할과 능력에 관한 고정관념에 기초하여 간호사를 전적으로 여성의 직업으로 보는 고정관념을 영속화하는 것은 온당치 않다. 미국 연방대법원도 미시시피주 주립여자대학교가 간호대학에 여성만 입학을 허용하고 남성에 대해서는 청강만 허용하는 것은 수정헌법 제14조의 평등보호조항에 위반된다고 판결 내렸다(Mississippi University for Women v. Hogan, 458 U.S.718(1982)).

(2) 간접차별

「남녀고용평등과 일·가정 양립지원에 관한 법률」 제2조 제1호 "'차별'이란 사업주가 근로자에게 성별, 혼인, 가족 안에서의 지위, 임신 또는 출산 등의 사유로 합리적인 이유 없이 채용 또는 근로의 조건을 다르게 하거나 그 밖의 불리한 조치를 하는 경우[사업주가 채용조건이나 근로조건은 동일하게 적용하더라도 그 조건을 충족할 수 있는 남성 또는 여성이 다른 한 성(性)에 비하여 현저히 적고 그에 따라 특정 성에게 불리한 결과를 초래하며 그 조건이 정당한 것임을 증명할 수 없는 경우를 포함한다]를 말한다"의 규정 중 괄호에 해당하는 사항이 간접차별

---

9) 김엘림, 『성차별 관련판례와 결정례 연구』, 에피스테메, 2013 참조.

을 의미한다. 간접차별은 모든 대상에게 동일하고 중립적인 기준을 적용하지만, 사회적 고정관념 혹은 관행으로 인해 그 결과 불평등한 처우로 발생하는 경우를 말한다. 예를 들면, 한 회사에서 부부 근무자에 대해서 한 사람은 퇴사를 요구하는 경우, 그 결과 대부분 여성(부인)이 직장을 포기하게 된다면 이것은 성차별을 야기하는 간접차별이라는 것이다. 간접차별 여부에 대한 심사기준은 무엇일까? 예컨대 미국 고용평등위원회는 4/5 규칙을 적용한다. 어떤 고용상의 기준에 의해 소수집단의 비율이 다수집단의 비율의 4/5 미만일 경우에는 그 기준을 소수집단에게 불평등효과를 야기한 것으로 간접차별에 해당한다고 판단하고 있다. 즉, 성별 간 격차가 20% 이상이 될 경우 불평등효과가 발생한 것으로 추정한다.[10]

【금융기관의 연체 대출금에 관한 특별조치법 사건(헌재 1998.9.30. 98헌가7)】

헌법 제11조 제1항은 "모든 국민은 법 앞에 평등하다. 누구든지 성별·종교 또는 사회적 신분에 의하여 정치적·경제적·사회적·문화적 생활의 모든 영역에 있어서 차별을 받지 아니한다"라고 규정하고 있다. 이러한 평등의 원칙은 일체의 차별적 대우를 부정하는 절대적 평등을 의미하는 것이 아니라 입법과 법의 적용에 있어서 합리적인 근거가 없는 차별을 하여서는 아니 된다는 상대적 평등을 뜻하고, 따라서 합리적인 근거가 있는 차별 또는 불평등은 평등의 원칙에 반하는 것이 아니다.

평등원칙은 행위규범으로서 입법자에게 객관적으로 같은 것은 같게, 다른 것은 다르게 규범의 대상을 실질적으로 평등하게 규율할 것을 요구하나, 헌법재판소의 심사기준이 되는 통제규범으로서의 평등원칙은 단지 자의적인 입법의 금지기준만을 의미하게 되므로 헌법재판소는 입법자의 결정에서 차별을 정당화할 수 있는 합리적인 이유를 찾아볼 수 없는 경우에만 평등원칙의 위반을 선언하게 된다. 다시 말하면, 헌법에 따른 입법자의 평등실현의무는 헌법재판소에 대하여는 단지 자의금지원칙으로 그 의미가 한정축소되므로 헌법재판소가 행하는 규범에 대한 심사는 그것이 가장 합리적이고 타당한 수단인가에 있지 아니하고 단지 입법자의 정치적 형성이 헌법적 한계 내에 머물고 있는가 하는 것에 국한될 수밖에 없다(헌재 1997.1.16. 90헌마110·136 등, 판례집 9-1, 90).

---

10) 성낙인,『헌법학』(제16판), 법문사, 2016, 1054~1055쪽.

헌법재판소는 98헌마363 결정(제대군인 가산점제도사건)에서 명시적으로 평등심사기준을 두 가지로 구별하였다. 헌법재판소는 출범 이후 1999년까지 평등심사에서 원칙적으로 자의금지원칙을 기준으로 하여 심사하여 왔으나, 이 사건을 계기로 법익의 균형성 심사에 이르는 엄격한 심사, 즉 비례심사를 시작하였다.

【제대군인지원에 관한 법률 제8조 제1항 위헌확인사건(헌재 1999.12.23. 98헌마 363)】

2) 심사의 척도

가) 평등위반 여부를 심사함에 있어 엄격한 심사척도에 의할 것인지, 완화된 심사척도에 의할 것인지는 입법자에게 인정되는 입법형성권의 정도에 따라 달라지게 될 것이다. 먼저 헌법에서 특별히 평등을 요구하고 있는 경우 엄격한 심사척도가 적용될 수 있다. 헌법이 스스로 차별의 근거로 삼아서는 아니 되는 기준을 제시하거나 차별을 특히 금지하고 있는 영역을 제시하고 있다면 그러한 기준을 근거로 한 차별이나 그러한 영역에서의 차별에 대하여 엄격하게 심사하는 것이 정당화된다. 다음으로 차별적 취급으로 인하여 관련 기본권에 대한 중대한 제한을 초래하게 된다면 입법형성권은 축소되어 보다 엄격한 심사척도가 적용되어야 할 것이다.

나) 그런데 가산점제도는 엄격한 심사척도를 적용하여야 하는 위 두 경우에 모두 해당한다. 헌법 제32조 제4항은 "여자의 근로는 특별한 보호를 받으며, 고용·임금 및 근로조건에 있어서 부당한 차별을 받지 아니한다"고 규정하여 '근로' 내지 '고용'의 영역에 있어서 특별히 남녀평등을 요구하고 있는데, 가산점제도는 바로 이 영역에서 남성과 여성을 달리 취급하는 제도이기 때문이고, 또한 가산점제도는 헌법 제25조에 의하여 보장된 공무담임권이라는 기본권의 행사에 중대한 제약을 초래하는 것이기 때문이다 (가산점제도가 민간기업에 실시될 경우 헌법 제15조가 보장하는 직업선택의 자유가 문제될 것이다).

이와 같이 가산점제도에 대하여는 엄격한 심사척도가 적용되어야 하는데, 엄격한 심사를 한다는 것은 자의금지원칙에 따른 심사, 즉 합리적 이유의 유무를 심사하는 것에 그치지 아니하고 비례성원칙에 따른 심사, 즉 차별취급의 목적과 수단 간에 엄격한 비례관계가 성립하는지를 기준으로 한 심사를 행함을 의미한다.

6. 적극적 평등실현조치

형식적 평등을 넘어 실질적 평등에 착안하면, 우리는 오랫동안의 차별적 사회관행으로 인하여 한 집단이 타 집단에 비하여 현저하게 차별 내지 불평등한 지위에 방치되어 있음을 발견하게 된다. 이 경우 개별적 시정에 맡기기에 앞서 집단인지적 시정의 차원에서 적극적으로 평등실현에 나서는 것을 적극적 평등실현조치(affirmative action)라 한다. 이것은 성격상 기회의 평등보다는 결과의 평등을 통한 실질적 평등을 실현하기 위함이다. 또한 차별에 처했던 집단이 타 집단에 비하여 어느 정도 균형을 잡았다고 생각할 때까지만 계속되는 잠정적 성격을 띤다. 적극적 평등실현조치는 외관상 한 집단에 대한 특별한 애호(favor)를 표현하는 조치인 까닭에 상대 집단에서는 반발할 가능성이 높다. 그래서 시행이 쉽지 않으며, 시행된다고 해도 그 후 역차별(reverse discrimination) 논란에 휩싸일 때가 생긴다. 이 제도는 미국에서 시작되었다. 주로 흑백인종 간의 실질적인 평등을 기하기 위해 대학입학에서 입학정원의 일부를 소수인종학생 할당(quota)으로 한 것과 관련하여 전개되었다. 특히 바키(Bakke) 사건이 유명하다.

University of California Regents v. Bakke, 438 U.S. 265(1978)
데이비스(Davis)시의 캘리포니아주립대학 의과대학은 100명의 신입생 중 16명을 소수인종학생 몫으로 할당하여 별개의 기준을 가지고 신입생을 선발하였다. 백인 앨런 바키(Allan Bakke)는 좋은 점수를 가지고도 두 번이나 낙방하였다. 그래서 주헌법과 1964년의 민권법, 헌법의 평등조항을 근거로 주대법원에 소송을 제기하였다. 주대법원은 대학의 특별입학기준은 위헌이라며 바키의 입학을 명하였다. 그러자 대학이 상소하여 연방대법원의 판결을 받게 되었다. 연방대법원에서도 4:1:4의 근소한 판결로 바키의 입학이 허가되었다. 하지만 4인의 대법관은 캘리포니아주립대학의 입학제도가 헌법상 허용되는 적극적 인종통합조치(affirmative integration action)라고 평가하였다. 이 판결에서 인종할당제는 사용될 수 없지만, 인종을 입학심사에서 참작할 수 있는 권한은 인정되는 것이어서, 이것을 부인한 주대법원의 판결은 그 부분에 한하여 파기한다는 입장으로 정리되었다. 이 입장에 따라 인종을 하나의 요소로 고려하는 미시간대학 로스쿨의 입학기준은 합헌으로 선고된 바 있다(Gratz v. Bollinger, 539U.S.24, 2003년 6월). 이에 2006년 미시간주는 주민투표를 통해 공립대학들의 소수계

우대정책을 금지하도록 주헌법을 개정하기에 이른다. 이에 대한 소송사건 Schuette v. BAMN에서 2014년 4월 22일 연방대법원은 대법관 6:2의 결정으로 합헌을 선고하였다. 이렇게 소수인종을 배려하던 미시간대학의 입학정책에 제동이 걸린 것이다.

미국에서 생긴 이 제도는 전 세계로 전파되었다. 인도에서는 헌법에 우리 헌법의 사회적 기본권에 해당하는 내용을 '국가정책의 지도원리(Directive Principles of National Policy)'로 규정하였다. 여기에 지정(指定) 카스트, 지정 부족 등 사회적 약자에 대한 교육과 경제적 기회 증대를 국가의 의무로 요구하였다. 헌법의 이 규정에 따라 인도에서는 사회적 약자에 대한 공직취임의 기회, 공공서비스와 교육의 기회를 적극적 우대조치 차원에서 전개하고 있다.

우리나라에도 이와 관련된 법제는 많이 있다. 특히 여성, 장애인, 저소득층 등에 대한 적극적 평등실현제도가 마련되어 있다. 그런데 1995년 12월 「공무원임용시행령」 제11조의3으로 채택된 여성채용목표제는 여성의 공직참여기회는 확대시켰지만, 남성에 대한 역차별문제를 야기하였다. 그래서 정부는 이 제도를 개선하여 2003년부터 공직 내 양성평등을 목표로 하는 양성평등채용목표제를 도입하였다. 또한 「정치자금법」에서는 공직진출을 장려하기 위하여 여성과 장애인추천에 대한 특별보조금을 지급하고 있다.

「정치자금법」

제26조(공직후보자 여성추천보조금) ① 국가는 임기만료에 의한 지역구국회의원선거, 지역구시·도의회의원선거 및 지역구자치구·시·군의회의원선거에서 여성후보자를 추천하는 정당에 지급하기 위한 보조금(이하 "여성추천보조금"이라 한다)으로 최근 실시한 임기만료에 의한 국회의원선거의 선거권자 총수에 100원을 곱한 금액을 임기만료에 의한 국회의원선거, 시·도의회의원선거 또는 자치구·시·군의회의원선거가 있는 연도의 예산에 계상하여야 한다. 〈개정 2006.4.28.〉

② 여성추천보조금은 제1항의 규정에 의한 선거에서 여성후보자를 추천한 정당에 대하여 다음 각 호의 기준에 따라 배분·지급한다. 이 경우 지역구시·도의회의원선거와 지역구자치구·시·군의회의원선거에서의 여성추천보조금은 제1항의 규정에 의하여 당해 연도의 예산에 계상된 여성추천보조금의 100분의 50을 각 선거의 여성추천보조금 총액으로 한다. 〈개정

2006.4.28., 2016.1.15.〉

제26조의2(공직후보자 장애인추천보조금) (내용 생략)

「공직선거법」

제47조(정당의 후보자추천) ① 정당은 선거에 있어 선거구별로 선거할 정수 범위 안에서 그 소속 당원을 후보자(이하 "정당추천후보"라 한다)로 추천 할 수 있다. 다만, 비례대표자치구·시·군의원의 경우에는 그 정수 범위를 초과하여 추천할 수 있다. 〈개정 1995.4.1., 2000.2.16., 2005.8.4.〉

② 정당이 제1항의 규정에 따라 후보자를 추천하는 때에는 민주적인 절차 에 따라야 한다. 〈개정 2005.8.4.〉

③ 정당이 비례대표국회의원선거 및 비례대표지방의회의원선거에 후보 자를 추천하는 때에는 그 후보자 중 100분의 50 이상을 여성으로 추천하 되, 그 후보자명부의 순위의 매 홀수에는 여성을 추천하여야 한다. 〈개정 2005.8.4.〉

④ 정당이 임기만료에 따른 지역구국회의원선거 및 지역구지방의회의원선 거에 후보자를 추천하는 때에는 각각 전국 지역구 총수의 100분의 30 이상 을 여성으로 추천하도록 노력하여야 한다. 〈신설 2005.8.4.〉

⑤ 정당이 임기만료에 따른 지역구지방의회의원선거에 후보자를 추천하는 때에는 지역구시·도의원선거 또는 지역구자치구·시·군의원선거 중 어 느 하나의 선거에 국회의원지역구(군지역을 제외하며, 자치구의 일부 지역이 다 른 자치구 또는 군지역과 합하여 하나의 국회의원지역구로 된 경우에는 그 자치구 의 일부 지역도 제외한다)마다 1명 이상을 여성으로 추천하여야 한다. 〈신설 2010.1.25., 2010.3.12.〉

「양성평등기본법」

제20조(적극적 조치) ① 국가와 지방자치단체는 차별로 인하여 특정 성별의 참여가 현저히 부진한 분야에 대하여 합리적인 범위에서 해당 성별의 참여 를 촉진하기 위하여 관계 법령에서 정하는 바에 따라 적극적 조치를 취하도 록 노력하여야 한다.

② 여성가족부장관은 국가기관 및 지방자치단체의 장에게 제1항에 따른 적 극적 조치를 취하도록 권고하고, 그 이행 결과를 점검하여야 한다.

11.2.4. 자유권적 기본권(자유권)과 사회적 기본권(사회권)의 관계

1. 양자의 대립관계

(1) 이념

자유권은 자유주의와 시민국가시대에서 개인주의적 세계관을 기초로 한다. 이에 비해 사회권은 사회복지국가를 배경으로 하여 단체주의적, 공동체주의적 세계관을 지향한다. 따라서 양자가 설정하는 인간관이 다르다. 자유권이 원자론적 개체, 무연고적 자아(unencumbered self: 간섭받지 않는 자아)의 인간상을 설정하고 있다면, 사회권은 상호연대, 연계적 자아(relational self)의 인간으로 파악한다. 일찍이 1789년 프랑스혁명이 추구한 자유(liberty) · 평등(equality) · 박애(fraternity)에서 자유는 자유주의시대로, 평등은 사회주의시대로 각각 그 극단을 추구했다면, 사회복지국가는 박애(혹은 형제애, 우애)를 통해 양자의 조화와 결합을 추구하는 것으로 설명된다.

(2) 주체

보통 자유권은 천부인권이고 전(前)국가적 권리이므로 인간의 권리로 이해된다. 외국인도 당연히 향유의 대상이 된다. 이에 대해 사회권은 국가의 재정 부담이 소요되는 권리이기 때문에 조세를 부담하는 국민만 대상으로 한다고 이해한다. 현실적 제약을 보면 이같은 설명이 타당해 보이지만, 권리의 본질을 살펴보면 이런 이해방식은 잘못이다. 사회권은 확대된 자유권이고, 성숙된 자유권이다. 이념도 자유에 머무르지 않고, 평등까지 아우르는 박애에 기초한다. 박애를 기초로 하면서 어떻게 국민의 권리로 축소시킬 수 있겠는가? 사회

권은 자유권보다 더욱 코스모폴리탄적(인류애적)이다. 다만, 현실의 국가가 그
것을 감당하지 못해서 우리는 부지런히 그 수준을 향해 나아가고 있다고 말해
야 한다. 이미 독일과 같은 사회복지국가 선진국은 내외국인을 막론하고 대학
의 등록금 감면이나 건강보험의 혜택을 주는 예를 볼 수 있고, 우리나라도 생
존권과 관련되는 공공부조적 급여나 산업재해보상제를 통해서 내외국인을 구
분하지 않는 측면을 찾아볼 수 있다.

(3) 권리의 본질

이미 언급한 것처럼 자유권은 대국가적 방어적 권리로 시작되었다. 그런 점
에서 소극적 권리의 성격이었다. 반면에 사회권은 국가의 급부나 수익을 요청
하는 적극적 권리이다. 그 결과 자유권은 별도의 법률이 없더라도 인정되는
전국가적 권리로 이해되는 반면, 사회권은 그것을 시행하려는 특별한 법규정
이 있어야만 집행이 되는 국법상의 권리로 이해된다.

(4) 효력

이와 같은 발생사적, 이념적, 현실적 차이로 인하여 자유권과 사회권은 그
효력도 상이하다. 자유권은 모든 국가권력을 직접 구속하는 효력을 가지며,
자유권에 관한 헌법규정은 재판규범으로서의 집행력이 강한 데 비하여, 사회
권은 주로 입법권만을 구속하며, 그에 관한 헌법규정은 재판규범으로서의 성
격도 미약한 편이다. 자유권은 사인 간의 효력이 적용되나, 사회권의 경우에
는 아직까지 대국가적 급부청구권으로 이해되기 때문에 예외적으로만 사인
간의 효력을 가진다고 말할 수 있다.

(5) 법률의 유보

자유권에 관한 법률유보는 자유와 권리를 제한하는 기본권 제한적 법률유
보를 의미하는 데 대하여, 사회권에 관한 법률유보는 권리의 내용을 구체화하
는 기본권 구체화적 법률유보를 의미한다.

2. 양자의 조화와 보완관계

기본권의 체계와 분류 중에서도 개념상 가장 중요한 것은 자유권과 사회권

이다. 두 개의 기본권은 추구하는 이념이나 세계관, 발생된 시대배경이 다르고, 내재된 논리구조 또한 다르다. 일반적으로 설명하면 자유권이 기본권의 기초에 해당한다고 할 수 있는 반면에, 사회권은 자유권의 성숙단계에서 요청되는 기본권이라고 할 수 있다. 자유권과 사회권이 개념상으로는 분리되지만, 실제로는 양자의 연관성을 잊으면 오류에 빠지게 된다. 자유권을 형식적 보장에 그치지 않고 실질적 보장까지 추구하면 필연적으로 사회권이 요청되는 것으로 이해되어야 한다.

예컨대 우리가 흔히 전형적인 자유권으로 분류하는 표현의 자유(언론·출판의 자유, 집회·결사의 자유 등)를 보자. 표현의 자유는 당연히 국가권력의 간섭을 받지 않는다는 것을 기본으로 한다. 그런 점에서 방어권이 철저히 유지되어야 한다. 그러나 표현의 자유를 내실 있게 행사하기 위해서는 국민의 알 권리, 교육받을 권리, 국가 관계기관에 대한 정보공개청구권 등이 요청되는 것이다. 이렇게 해서 전형적인 자유권도 서서히 사회권적 성격으로 변질되고 있다는 것을 알게 된다.

사회적 지원 없이 가능한 자유권이 있을까를 생각해 보자. 신체의 자유를 보장받기 위해서는 신체의 자유를 억압할 수 있는 일차적인 국가기관들, 즉 경찰, 검찰 등의 국가기관들이 조사와 수사의 환경을 좀 더 개선하고, 과학수사를 할 수 있는 실력을 갖추어야 하며, 구치소나 교도소의 경우에도 시설환경의 개선 등이 수반되어야 한다. 이 모든 것이 국민으로서 그 시정을 요청할 수밖에 없는 대상이 된다는 것이다. 실제로 우리 사회는 국민들의 이런 요구와 저항 속에서 수사기관과 교정시설이 개선된 것이라 할 수 있다.

사회권도 마찬가지이다. 사회권이라 하여 오로지 국가에 대해서 급부를 요청할 수 있는 권리라고만 이해하는 것은 단순한 생각이다. 예컨대 전형적인 사회권으로 분류되는 교육받을 권리도 우선 국민의 교육받을 권리를 간섭받지 말아야 한다는 것부터 출발한다. 내가 어떤 학교를 가고 어떤 방식으로 학습을 할 것인가는 국가가 강제할 사항이 아니라, 전적으로 내가 선택할 사항이라는 것이다. 이런 자유권적 측면을 기반으로 해서 교육권은 국가에 대해서 최대한의 공교육, 무상에 가까운 교육을 제공해야 한다는 사회권적 이해로 나아가야 한다는 것이다. 사회권의 자유권적 측면과 아울러, 자유권에 사회권적 측면이 있다는 것을 생각하면서 양자의 관계를 정립해 보자.

제12장
기본권의 기능, 효력, 국가의 기본권 보호의무

개관

　고전적 기본권은 국민의 자유를 보장받기 위해 국가에 의한 간섭과 규제의 배제가 강조되었다. 하지만 오늘날 국민의 기본권은 국가권력 외에 경제적·사적 집단에 의한 권력의 피해로부터도 안전망이 필요해졌다. 이런 고민에서 기본권은 주관적 공권과 객관적 가치질서(법규범)의 이중적 성격을 가지고 있다는 것이 강조되었다. 헌법의 최고규범으로서의 발판이 마련된 것이다.

　기본권의 효력은 전 영역에 걸쳐 방사적 효력을 가진다. 기본권은 대(對)국가적 효력과 대(對)사인 간 효력을 아울러 가진다. 헌법은 최고법으로서 공법적 영역과 사법적 영역 모두에 걸쳐 효력을 가진다.

　국가의 기본권 보호의무는 헌법 제10조 제2문에 근거하고 있다. 국가가 이 의무를 잘 수행하기 위해서는 국민들이 국가에 대한 재정과 인력에 관한 일정한 의무를 자발적으로 수행해야 한다.

12.1. 기본권의 기능

12.1.1. 기본권의 고전적 기능

옐리네크(Georg Jellinek)는 개인과 국가의 관계에서 기본권의 고전적 기능을 소극적 지위(status negativus), 적극적 지위(status positivus), 능동적 지위(status activus), 수동적 지위(status subjektionis)로 구분하였다.

소극적 지위란 개인이 국가로부터 자유를 가지고, 개인의 문제를 국가의 개입 없이 처리하며, 자신의 사회적 공동생활을 국가개입 없이 자율적으로 해결해 가는 상태이다. 자신의 자유로운 공간과 법익을 국가의 침해로부터 보호하려는, 소위 대(對)국가적 방어권으로서의 기본권은 기본권에 대한 침해가 발생한 경우 그 침해를 제거하고, 침해가 임박한 경우에는 침해로의 행위를 중지시키는 방향으로 작용한다. 헌법에서 '~의 자유를 가진다'고 표현되어 있는 기본권은 대부분 일차적으로 방어권을 의미한다. 따라서 그러한 기본권의 일차적인 의도는 국가가 해당 기본권을 침해하는 것에 대한 방어이다.

적극적 지위란 개인이 국가 없이는 자유를 누릴 수 없고 오히려 개인이 자유롭게 생존하기 위해 국가의 대책에 의존하고 있는 상태이다. 이 상태는 국가에 대한 청구권, 급부권, 절차적 권리 등에 의해 실현된다. 최근에는 국가의 기본권 보호의무에 대응하는 기본권보호청구권이 주장되기도 한다. 적극적 지위를 보장하는 기본권에 있어서는 이미 마련되어 있는 기존의 제도, 급부 및 절차에 대한 참여를 보장하는 것이냐 아니면 새로운 제도, 급부 및 절차를 마련해 달라고 요구하는 것이냐로 나뉘고, 전자에 대해서는 평등권이 주요한 기능을 하기 때문에 인정하기 어렵지 않으나 후자에 대해서는 학설과 판례가 소극적이다. 어쨌거나 적극적 지위를 보장하는 기본권으로는 권리보장적 기본권인 청구권적 기본권과 생존권적 성격의 사회권적 기본권이 대표적이다. 여기에는 청원권(제26조), 재판청구권(제27조, 제107조 제1항, 제111조 제1항), 국가배상청구권(제29조), 국가보상청구권(제23조 제3항, 제28조), 범죄피해자구조청구권(제30조), 인간다운 생활권(제34조 제1항), 사회보장수급권(제34조), 교육을 받을 권리(제31조), 근로의 권리(제32조), 근로3권(제33조), 환경권

(제35조), 보건권(제36조 제3항) 등이 있다. 자유권의 외관을 띠는 기본권의 경우에도 그로부터 점차 확장된 기능이 도출되기도 한다. 예컨대 표현의 자유는 전통적으로는 사상 또는 의견의 자유로운 표명과 그것을 전파할 자유를 의미하는 것으로, 국가에 의한 방해배제가 주된 기능이었으나 의견의 자유로운 표명을 위해서는 정보에 대한 자유로운 접근·수집·처리, 즉 알 권리가 필수적이다. 따라서 표현의 자유에는 일정한 범위 내에서 정보에 대한 청구권이 포함되어 있는 것이다.[1]

능동적 지위는 개인이 국가 안에서 그리고 국가를 위하여 자유를 행사하는 상태이다. 이러한 상태는 공민으로서의 권리인 공민권을 통해 확보된다. '참여권'이 이에 해당한다. 참여권(Mitwirkungsrecht, Teilnahmerecht)이란 국가공동체의 정치적 의사형성에 참여하고 공동형성하는 권리를 말한다. 헌법개정안에 대한 국민표결권(제130조 제2항), 국가안위에 관한 중요 정책에 대한 국민표결권(제72조), 공무원선거권(제67조 제1항, 제41조 제1항, 제118조 제2항), 공무담임권 등이 규정되어 있으나, 관련 조문의 숫자는 많지 않다. 그런데 오늘날 민주적 국민은 능동적 지위만을 통해서 국가에 참여하는 것이 아니다. 언론, 출판, 집회, 결사의 자유를 비롯해 예술의 자유, 소비자권리, 환경권 등 온갖 분야에서 정치적 행위가 이루어진다. 그런 점에서 옐리네크의 지위론에 입각한 기본권 분류도 우리가 일정한 한계 내에서 활용해야 한다.

수동적 지위는 개개의 국민이 국가의 구성원으로서 국가의 통치권에 복종하는 지위를 말한다. 이 지위에서는 의무가 발생한다.

12.1.2. 기본권의 이중적 성격(주관적 공권과 객관적 가치질서)

헌법의 기본권은 사법상의 권리와 마찬가지로 기본권의 주체 스스로가 침해된 기본권의 회복을 청구할 수 있는 권리의 성격을 가진다. 이것을 주관적 공권으로서의 기본권이라고 부른다. 권리가 본래 주관적 성격을 띤다는 점에서 주관적 공권은 중복적인 표현이다. 외래용어를 번역하다 보니 생긴 일이다. 주관적 공권의 반대말은 객관적 가치질서(법규범)라고 할 수 있다. 이것 또

---

1) 헌재 1992.2.25. 89헌가104.

한 법이 본래 객관적이란 점에서 중언부언의 표현이라 할 수 있다. 어쨌든 우리는 기본권(예컨대 언론의 자유)이 침해되었을 때 침해된 자신의 명예나 인격, 정신적 타격을 시정하기 위한 조치(예컨대 민형사소송)를 취할 수 있다. 또 한편 나의 언론의 자유는 비단 나만의 권리에 국한된 것이 아니라 사회 전체에 걸친 문제로 파악할 수 있다. 말하자면 공익적 관점이다. 그래서 헌법질서를 훼손한 잘못을 시정하기 위한 공익적 조치(청원, 탄원, 공익적 소송 등)를 취할 수 있다.

> **【형사소송법 제312조 제1항 단서 위헌소원사건(헌재 1995.6.29. 93헌바45)】**
> 따라서 청구인들은 형사피고인으로서 '독립된 법관에 의한 재판을 받을 권리', '합헌적인 실체법과 절차법에 따른 재판을 받을 권리', '신속한 공개재판을 받을 권리'를 가지고 있으며 궁극적으로는 이들 권리를 통한 '법관에 의한 공정한 재판을 받을 기본권'을 향유하는 것이다.
> 국민의 기본권은 국가권력에 의하여 침해되어서는 아니 된다는 의미에서 소극적 방어권으로서의 의미를 가지고 있을 뿐만 아니라, 헌법 제10조에서 국가는 개인이 가지는 불가침의 기본적 인권을 확인하고 이를 보장할 의무를 진다고 선언함으로써, 국가는 나아가 적극적으로 국민의 기본권을 보호할 의무를 부담하고 있다는 의미에서 기본권은 국가권력에 대한 객관적 규범 내지 가치질서로서의 의미를 함께 갖는다. 객관적 가치질서로서의 기본권은 입법·사법·행정의 모든 국가기능의 방향을 제시하는 지침으로서 작용하므로, 국가기관에게 기본권의 객관적 내용을 실현할 의무를 부여한다.

헌법소원은 주관적 공권과 객관적 가치질서 양자를 모두 추구하는 성격을 가진다. 공권력에 의해 침해받은 기본권의 회복의 성격과 다른 한편 헌법은 당해 사안과 관련해서 과연 어떤 입장을 취하는가를 심판한다는 점에서 공익소송의 성격을 띤다. 공익소송의 성격을 가진다는 점에서 헌법소송에 변호사 강제의무를 부과하면서 동시에 국선대리인제를 두는 이유가 있다. 「헌법재판소법」 제70조 제1항은 "헌법소원심판을 청구하려는 자가 변호사를 대리인으로 선임할 자력(資力)이 없는 경우에는 헌법재판소에 국선대리인을 선임하여 줄 것을 신청할 수 있다"고 규정한다.

객관적 가치질서로서의 기본권은 헌법이기 때문에 여타의 법률과 법령보다 상위의 효력을 가진다. 따라서 여타의 법령들은 기본권에 합치되어야 한다.

즉, 기본권의 내용을 존중하는 법이 되어야 하는 것으로 입법, 사법, 행정 모든 국가권력은 기본권을 존중해야 한다. 기본권은 객관적 가치질서(법규범)이기 때문에 '방사효(Ausstrahlungswirkung; radiating effect)'가 인정되며, 국가권력 모두는 기본권에 구속된다. '방사효'란 레이더 전파가 전 방향으로 발사되는 것과 같은 형상이다. 이 부분은 기본권의 사인 간 효력(수평적 효력) 내용과도 관련된다.

개인이 해당 주관적 공권을 보유하고 행사하는지와 무관하게 기본권규정이 객관법적 기능을 지니고 있다는 사실로 인해 몇 가지 법적 효과가 도출되고 있다. 무엇보다도 법률 등 헌법 하위법의 해석에서 기본권이 해석의 기준이 된다. 소위 기본권 합치적 해석의 명령을 통해 기본권은 사법권 및 행정권에 의한 헌법 하위법의 해석 및 적용에 영향을 미친다. 하위법의 규정을 올바르게 해석하기 위해 모든 방법론적 노력을 경주한다 하더라도 다양하게 해석될 수 있는 경우가 적지 않다. 특히 일반조항과 불확정개념의 경우 그러한 가능성은 더욱 커진다. 이때 기본권은 선택의 기준이 된다. 즉, 하위법을 기본권 우호적이고 자유친화적·자유보호적으로 해석해야 하는 것이다. 그렇다고 해서 헌법 합치적 해석의 한 내포인 기본권 합치적 해석이 규범의 의미를 넘어서는 해석을 요구하는 것은 아니다. 그것은 입법자의 몫이다.

하위법에 요구되는 기본권 합치적 해석은 민사법의 경우 흔히 기본권의 사인 간 효력의 문제로 다루어진다(이하 기본권의 효력 부분 참조). 사적 자치에 대한 배려 등 고려해야 할 사항들로 인해 국가에 대한 방어권으로서의 기본권 기능에 비해 보호효과가 줄어들 수 있으나, 적어도 사법상의 일반조항을 통해 기본권이 민사법영역을 장악하고 있음은 부인할 수 없다.

기본권의 객관법적 기능은 헌법 하위법을 해석하는 데에서만 효과를 발휘하는 것이 아니다. 입법자가 헌법 하위법을 만들어 내는 경우에도 그 효과를 발휘한다. 입법자는 기본권에 위반하는 입법을 할 수 없다. 나아가 기본권이 개인에게 주관적 권리를 부여하지 않은 경우에도 입법자는 기본권을 보호해야 할 의무를 지며, 기본권이 국가의 설비, 급부, 절차 등에 요구하는 기준을 존중해야 한다. 오늘날에는 기본권해석론의 많은 노력을 통해 기본권의 객관법적 기능과 국가의 기본권 보호의무(제10조 제2문)를 매개로 하여 국가에 대한 주관적 보호청구권을 끌어내고 있기도 하다.

【정당법 제6조 제1호 등 위헌확인사건(헌재 2004.3.25. 2001헌마710)】

오늘날 정치적 기본권은 국민이 정치적 의사를 자유롭게 표현하고, 국가의 정치적 의사형성에 참여하는 정치적 활동을 총칭하는 것으로 넓게 인식되고 있다. 정치적 기본권은 기본권의 주체인 개별 국민의 입장에서 보면 주관적 공권으로서의 성질을 가지지만, 민주정치를 표방한 민주국가에 있어서는 국민의 정치적 의사를 국정에 반영하기 위한 객관적 질서로서의 의미를 아울러 가진다. 그중 정치적 자유권이라 함은 국가권력의 간섭이나 통제를 받지 아니하고 자유롭게 정치적 의사를 형성·발표할 수 있는 자유라고 할 수 있다. 이러한 정치적 자유권에는 정치적 의사를 자유롭게 표현하고, 자발적으로 정당에 가입하고 활동하며, 자유롭게 선거운동을 할 수 있는 것을 주된 내용으로 한다.

12.2. 기본권의 주체

12.2.1. 기본권의 주체의 의의

기본권은 주관적 권리로서 기본권을 보유할 자격이 있는 자에게 일정한 법적 힘을 부여한다. 기본권에 의해 의무를 진 자에 대해 부작위를 요구하거나 경우에 따라서는 작위 혹은 수인을 요구하는 것이다. 이때 기본권에 의해 누가 권리를 향유할 자격을 가졌으며 누가 의무를 지게 되었는가의 문제가 제기된다. 이 문제는 헌법소원의 적법성에 있어서도 의미를 갖는다. 즉, 헌법소원은 기본권의 향유주체에 의해서만 제기될 수 있으며 기본권 의무자를 그 상대방으로 한다.

기본권의 주체는 원칙적으로 일반 국민이다. 일반 국민이란 한국의 국적을 가진 모든 자를 말한다. 다만, 기본권의 주체성은 기본권 보유능력과 기본권 행사능력으로 나뉜다. 기본권 보유능력이란 기본권을 보유할 수 있는 기본권 귀속능력을 말한다. 이에는 미성년자, 심신상실자, 수형자 등까지 포함되고, 때에 따라서는 죽은 자와 태아도 포함된다.[2] 기본권 행사능력이란 기본권의 주체가 자신의 기본권을 실질적으로 행사할 수 있는 자격 또는 능력을 말한다. 선거권, 피선거권, 투표권 등 특정 기본권은 그것을 현실적으로 행사하기 위하여 일정 연령조건을 구비하고 결격사유가 없어야 하는 등 기본권 행사능력이 별도로 요구된다. 그러나 조건을 부여할 수 없는 기본권, 예컨대 인간의 존엄과 가치, 행복추구권 등은 기본권 보유능력과 행위능력이 일치한다.

【수형자에 대한 선거권 제한 위헌 여부 사건(헌재 2004.3.25. 2002헌마411)】
이 사건 법률조항은 형사처벌을 받은 모든 사람에 대하여 무한정 선거권을 제한하는 것이 아니라 금고 이상의 형의 선고를 받은 자에 대하여 그 집행이 종료되지 아니한 경우에 한하여 선거권을 제한하고 있어, 어느 정도 중대한 범죄를 범하여 사회로부터 격리되어 형벌의 집행을 받는 등 선거권을 제한함이 상당하다고 인정되는 경우만으로 한정되며 내용적으로도 그 불이익은 금고보다 가벼운 형벌인 자격상실이나 자격정지의 한 효과에 불과하다. 또한 수형자가 선거권을 행사하지 못하는 것은 수형자 자신의 범죄행위로 인한 것으로서 자신의 책임으로 인하여 일정한 기본권 제한을 받는 것이므로, 수형자의 선거권 제한을 통하여 달성하려는 선거의 공정성 및 형벌집행의 실효성 확보라는 공익이 선거권을 행사하지 못함으로써 입게 되는 수형자 개인의 기본권 침해의 불이익보다 크다고 할 것이어서 그 법익 간의 균형성도 갖추었다.
이와 같이 이 사건 법률조항은 과잉입법금지의 원칙을 위배하였다고 보기 어렵고, 그밖에 대부분의 나라에서 형의 선고와 관련하여 이 사건 법률조항과 비슷한 유형의 선거권 결격사유를 규정하고 있는 외국의 입법례에 비추어 보더라도 특별히 헌법에 위반된다고 볼 수 없다고 할 것이다.

- 재판관 김영일의 반대의견 -
오늘날 수형자와 국가와의 관계는 더 이상 명령과 복종만이 존재하는 일방적인 관계가 아니며, 자유민주적 헌법질서하에서 수형자도 인간으로서의 존엄과 가치를 가지므로 범죄인의 반사회적 행위에 대한 제재를 위하여 수형자의 자유박탈 이외에 별도의 기본

---

2) 사자(死者)에게 존엄권이나 명예권을 인정하는 견해가 늘고 있다. 우리 「형법」 제308조는 '공연히 허위의 사실을 적시하여 사자의 명예를 훼손한 자'를 처벌한다. 태아의 경우 생명권을 포함하여 일정한 기본권의 주체가 될 수 있음은 일반적으로 받아들여지고 있다.

권인 선거권을 제한하는 것은 정당한 입법목적이라고 할 수 없다. 또한 이 사건 법률조항의 입법목적을 우리 헌법이 허용하는 한계 내의 정당한 목적으로 고쳐 살피는 경우에도, 이 사건 법률조항은 범죄의 종류와 내용을 가리지 않고 모든 금고 이상의 형의 선고를 받은 수형자가 선거권을 행사하지 못하도록 규정함으로써 입법목적을 달성하기 위하여 필요한 최소한의 정도를 넘어 청구인들의 기본권을 과도하게 제한하였고, 공직선거제도의 공정성이라는 공익과 수형자의 선거권이라는 기본권을 적절하게 조화시키지 못하고 과도하게 선거권 및 보통선거의 원칙, 그리고 보통선거원칙이 실현하고 있는 평등원칙을 침해하였다고 볼 수밖에 없다.

12.2.2. 미성년자

기본권 보유능력은 있으나 그 행사능력이 제한되어 있는 예로 미성년자를 들 수 있다. 18세 이상의 남녀가 결혼하면 성년으로 간주되지만 그렇지 않은 경우 「민법」상 완전한 기본권 행사능력을 인정하는 것은 만 19세에 도달하였을 때이다. 그러나 「민법」상 행위능력이 제한된다고 해서 헌법상 기본권 행사능력이 반드시 그렇게 좁게 이해되는 것은 아니다. 예컨대 인터넷 홈페이지를 운영하는 초등학생이 표현의 자유를 주장할 수 있는가라는 문제에 있어서 「민법」상의 기준만으로 재단될 수는 없다. 아동인권이 강조되고, 학생인권조례 등이 제정되는 것은 이와 같은 이유에서이다. 미성년자의 기본권 행사능력을 둘러싼 논의에는 미성년자 보호라는 관점과 부모의 양육권 등도 함께 고찰되어야 한다.

【학교보건법 제6조 제1항 제2호 위헌제청 등 사건(헌재 2004.5.27. 2003헌가, 2004헌가4(병합))】
2. 이 사건 법률조항은 대학 부근 정화구역 내의 극장을 일반적으로 금지하고 있다. 그런데 대학생들은 고등학교를 졸업한 자 또는 법령에 의하여 이와 동등 이상의 학력이 있는 자 중에서 선발되므로 신체적·정신적으로 성숙하여 자신의 판단에 따라 자율적으로 행동하고 책임을 질 수 있는 시기에 이르렀다고 할 것이다. 이와 같은 대학생의 신체적·정신적 성숙성에 비추어 볼 때 대학생이 영화의 오락성에 탐닉하여 학습을 소홀히 할 가능성이 적으며, 그와 같은 가능성이 있다고 하여도 이는 자율성을 가장 큰 특징

으로 하는 대학교육이 용인해야 할 부분이라고 할 것이다. 따라서 대학의 정화구역에 관하여는 학교보건법 제6조 제1항 단서에서 규율하는 바와 같은 예외조항의 유무와 상관없이 극장에 대한 일반적 금지를 둘 필요성을 인정하기 어렵다. 결국 대학의 정화 구역 안에서 극장시설을 금지하는 이 사건 법률조항은 극장운영자의 직업수행의 자유 를 필요·최소한 정도의 범위에서 제한한 것이라고 볼 수 없어 최소침해성의 원칙에 반한다. (중략)

6. 이 사건 법률조항에 대하여 단순위헌의 판단이 내려진다면 극장에 관한 초·중·고 등학교·유치원 정화구역 내 금지가 모두 효력을 잃게 됨으로써 합헌적으로 규율된 새 로운 입법이 마련되기 전까지는 학교정화구역 내에도 제한상영관을 제외한 모든 극 장이 자유롭게 설치될 수 있게 될 것이다. 그 결과 이와 같이 단순위헌의 결정이 내려 진 후 입법을 하는 입법자로서는 이미 자유롭게 설치된 극장에 대하여 신뢰원칙 보호 의 필요성 등의 한계로 인하여 새로운 입법수단을 마련하는 데 있어서 제약을 받게 된 다. 이는 이 결정의 취지에서 정당한 목적으로서 인정한 공익의 측면에서 비추어 보아 도 바람직하지 아니하다. 따라서 이 사건 법률조항 중 초·중등교육법 제2조에 규정한 각 학교에 관한 부분에 대하여는 단순위헌의 판단을 하기보다는 헌법불합치결정을 하 여 입법자에게 위헌적인 상태를 제거할 수 있는 여러 가지의 입법수단 선택의 가능성 을 인정할 필요성이 있는 경우라고 할 것이다. 따라서 초·중·고등학교·유치원 정화 구역 부분에 관하여는 헌법불합치결정이 타당하다.

12.2.3. 외국인

무국적자를 포함하여 외국인도 헌법상의 기본권의 주체가 되는가? 당연히 된다. 기본권은 천부인권이다. 그리고 유엔 인권선언이나 국제협약들은 그 방 향을 지향하고 있다. 하지만 현실에서는 국가마다의 발전 정도가 다르기 때문 에 외국인은 국내인에 비해 기본권 행사에서 많은 제한을 받게 된다. 그러나 국가가 발전될수록 내외국인을 차별처우하는 폭은 줄어야 할 것이다.

인간의 존엄과 가치, 행복추구권은 당연히 외국인에 대해서도 제한할 이유 가 없겠지만, 여타의 권리들은 국가정책이나 국가 간 상호주의 원칙에 따라 제 한되고 있다. 그렇지만 이미 입국사증(비자)을 면제하는 나라가 많아지고, 참 정권도 과거에 비해 확대되고 있으며, 사회권의 경우도 그러하다. 좋은 의미에서 경제발전과 세계화가 진행된다면 국경의 문턱은 더욱 낮아질 수밖에 없을 것이다.

「국가공무원법」

제26조의3(외국인과 복수국적자의 임용) ① 국가기관의 장은 국가안보 및 보안·기밀에 관계되는 분야를 제외하고 대통령령 등으로 정하는 바에 따라 외국인을 공무원으로 임용할 수 있다. 〈개정 2011.5.23., 2015.5.18.〉

「공직선거법」

제15조(선거권) 제2항

3. 「출입국관리법」 제10조에 따른 영주의 체류자격 취득일 후 3년이 경과한 외국인으로서 같은 법 제34조에 따라 해당 지방자치단체의 외국인등록대장에 올라 있는 사람

「주민투표법」

제5조(주민투표권) 제1항

2. 출입국관리 관계 법령에 따라 대한민국에 계속 거주할 수 있는 자격(체류자격변경허가 또는 체류기간연장허가를 통하여 계속 거주할 수 있는 경우를 포함한다)을 갖춘 외국인으로서 지방자치단체의 조례로 정한 사람

외국인이 기본권을 누릴 수 있는가에 대하여, 기본권의 성질 혹은 문언에 따라서 외국인에게도 기본권 주체성을 인정하는 것이 통설이다. 우선 인간으로서의 존엄과 행복추구권이 인정되며, 평등권은 상호주의의 원칙에 따라 인정되고, 전통적 자유권은 원칙적으로 보장된다. 다만, 거주·이전의 자유와 언론·출판·집회·결사의 자유 그리고 출입국의 자유는 제한된다. 경제적 기본권은 상당한 제한을 받지만 소비자의 권리는 인정된다. 정치적 기본권은 국민주권의 원리에 따라 국민의 권리를 의미하므로 외국인에게는 인정되지 아니한다. 다만, 지방선거에 있어서는 외국인의 참정권을 부분적으로 인정한다. 청구권적 기본권은 그 대부분이 기본권을 보장하기 위한 기본권이므로, 일정한 기본권의 보장과 결부된 청구권적 기본권은 외국인에게도 인정되어야 한다. 사회적 기본권은 원칙적으로 부인된다. 다만, 환경권과 건강권 등은 인정

된다. 외국인에게 인정되는 기본권의 범위가 항상 일정한 것은 아니다. 국가 간의 교류가 확대되고 기본권의 보편적 성격이 더욱 강조되는 오늘날에는 국익의 관점에서 외국인에게 대체로 거부되었던 경제적 기본권도 그 인정폭이 현저히 커지고 있으며, 몇몇 나라에서는 지방자치 수준이기는 해도 참정권에서도 외국인의 참여가 승인되고 있다.

12.2.4. 법인

법인의 기본권 주체성과 관련하여 사법상의 법인과 공법상의 법인이 구별되어야 한다. 기본권이 그 성질상 법인에게 적용될 수 있는 것이면 사법상의 법인은 기본권의 주체가 된다. 이때의 헌법상의 법인개념은 헌법 하위법상의 법인개념보다 넓어서 민사법상의 권리능력을 필요로 하지 않으며, 통일적으로 의사를 형성할 수 있는 인적 결합체이면 그것으로 족하다. 경우에 따라서는 권리능력 없는 사단(예컨대 한국신문편집인협회)에게도 기본권 주체성이 인정된다.[3] 그러나 공법인의 경우는 사정이 다르다. 공법상의 법인, 즉 국가, 지방자치단체, 영조물, 공법상의 사단과 재단 등은 원칙적으로 기본권 주체성이 인정되지 않는데, 그 이유는 국가(와 국가 내에서 공무를 수행하는 모든 법인)는 기본권의 수범자일 뿐 기본권의 소지자가 될 수 없고 국민의 기본권을 보호하고 실현해야 할 책임과 의무만을 지고 있기 때문이다.[4]

다만, 공법인의 경우에도 때로는 기본권에 의해 보호될 필요가 존재하기도 한다. 헌법재판소는 국립대학인 서울대학교가 공권력의 주체인 동시에 학문의 자유의 주체가 되기 때문에 학문의 자유의 보장수단인 대학의 자율성이라는 기본권을 향유하는 주체라고 보았고,[5] 한국방송공사도 언론자유의 주체로서 방송의 자유를 향유한다고 보았다.[6] 공법인의 기본권 주체성을 인정함에 있어서는 다음에 유의해야 한다. 공법상의 법인은 그 존립이 전적으로 국가의

---

3) 헌재 1995.7.21. 92헌마177 등.
4) 헌재 1994.12.29. 93헌마120.
5) 헌재 1992.10.1. 92헌마68 등.
6) 헌재 1999.5.27. 98헌바70.

결정에 의존하기 때문에 국가가 배정한 기능과 과제의 테두리 안에서만 작용한다. 따라서 공법인이 해당 기본권 주체성을 지니기 위해서는 공법인에게 배정된 기능과 과제가 해당 기본권과 관련되어 있어야 한다. 나아가 그 공법인이 법적으로 독립성을 지닌 법주체로서 해당 기본권적 행위를 통해 국가에 대립할 수 있어야 한다. 국가의 지시에 완전히 종속되어 있는 경우라면 오로지 기본권의 수범자에 그칠 뿐이기 때문이다. 해당 기본권을 둘러싸고 국가로부터 대립하는 정도에 따라서 기본권 주체성은 뚜렷해진다.

이처럼 기본권의 주체는 국가권력에 의해 권리를 침해받는 국민(자연인, 법인)이라는 관념을 명백히 하면 틀림이 없다. 그래서 설사 대통령, 국회의원이라 하더라도 공직을 평계로 개인적인 기본권이 부당히 침해되는 경우에는 그에 관한 한 기본권의 주체가 되는 것이다.

> **【공직선거 및 선거부정방지법 제53조 제3항 등 위헌확인사건(헌재 1999.5.27. 98헌마214)】**
> 청구인들은 지방자치단체의 장이라고 하더라도 표현의 자유, 정치활동의 자유나 선거운동의 자유 등 헌법상 보장된 기본권의 주체가 될 수 있다.
> 이 사건 법률조항의 입법취지는 지방자치단체의 홍보물의 발행횟수를 제한하는 방법으로 지방자치단체의 장이 지방자치단체의 홍보물을 자신의 표현수단으로 남용하는 가능성을 억제하려는 데 있다. 따라서 이 사건 법률조항은 지방자치단체의 장이 지방자치단체의 홍보물을 통하여 자신의 정치적 견해 및 정책 등을 밝히는 표현의 자유 또는 정치활동의 자유를 제한하는 규정이므로 이 사건 법률조항에 의하여 청구인들의 기본권인 표현의 자유가 침해될 수 있다.

12.2.5. 기본권의 포기

기본권 주체가 자신의 기본권을 포기할 수 있는가? 자신의 기본권을 제약하는 국가행위에 동의하는 것은 어떤 의미를 갖는가? 예컨대 집회가 진행 중인 근처를 지나가다가 경찰에게 수색영장이 없음에도 불구하고 자신의 가방을 수색하도록 허락하는 것은 경찰의 행위를 합법으로 만드는가? 결혼하면 퇴직한다는 조건으로 체결한 고용계약은 유효한가?

기본권이 침해되었는지를 심사하는 경우 기본권에 대한 제약이 있었을 때 관련자의 동의가 있었다면 해당 국가의 조치는 통상 기본권의 제약이 아닐 것이다. 다만, 관련자의 동의가 애초부터 허용될 수 없는 것이라면 사정은 달라진다. 예컨대 헌법이 명문으로 금지하는 고문(제12조 제2항)이나 검열(제21조 제2항)은 기본권 주체가 이를 허용한다고 해서 그러한 국가행위가 허용되는 것은 아니다.

기본권 주체가 단순히 상소를 하지 않는 것과 같이 어떤 기본권을 사용하지 않는 경우는 기본권의 포기가 아니다. 언제든지 상소할 수 있는 상태는 단지 기본권을 행사하고 있지 않을 뿐이기 때문이다. 그러나 상소수단을 법적으로 구속력 있게 포기하여 다시는 해당 사건에서 상소권을 행사할 수 없게 된 때에는 기본권의 불행사와 달리 기본권의 포기이다.

흔히 선거에서 기권한다는 것도 정확히는 선거권의 포기가 아니라 불행사에 해당한다. 헌법상 권리로서의 기본권은 주관적 공권의 성격도 있지만, 객관적 가치질서(법규범)의 성격을 동시에 띠기 때문에 본인의 기본권 포기는 법규범을 부정하고 훼손하는 격이 되어 불가능한 것이다. 다시 말해 주관적 공권으로서의 기본권은 포기가 가능하지만, 객관적 법규범에 해당하는 것은 포기의 대상이 될 수 없다.

12.3. 기본권의 효력

12.3.1. 기본권의 효력의 의의

기본권의 효력이란 기본권이 규정되어 있는 의미대로 실현될 수 있는 힘을 말한다. 기본권의 효력은 두 가지 관계영역에서 문제가 되어 왔다. 하나는 국가와 국민의 관계로서 기본권의 대국가적 효력 내지 기본권의 수직적 효력으로 불린다.

우리 헌법에는 독일의 경우처럼 기본권이 직접 효력을 발휘하는 법으로서 입법권, 행정권, 사법권을 구속한다는 명문의 규정은 없다. 그러나 기본권이 모든 국가권력을 구속한다는 것은 학설과 판례가 널리 인정하고 있다. 기본권의 구속력을 받는 수범자가 일차적으로 국가라는 사실로 인해 기본권의 대국가적 효력이 기본권 효력의 가장 중요한 부분이 된다.

헌법상의 기본권규정이 보호하려고 하는 법익은 반드시 국가에 의해서만 침해되는 것이 아니다. 예컨대 인간의 존엄과 가치가 보호하려는 '인격체로서의 인간 존재'는 국가만이 침해할 수 있는 것이 아니라 사인, 특히 사실상 압도적인 힘의 우위에 있는 사인에 의해서도 침해될 수 있고 오늘날 그 가능성은 점차 커지고 있다.

이러한 사정 아래 기본권규정을 통해 사인 상호 간의 관계를 규율할 필요가 제기되었고, 이것을 기본권의 사인 간 효력 혹은 기본권의 수평적 효력이라고 한다. 이것은 종래 기본권의 제3자적 효력이라고 불러 왔던 것이다. 기본권의 기능이 일차적으로 대국가적 방어권으로 국한되었던 시기를 감안한다면 그러한 한에서 기본권의 사인 간 효력문제는 기본권 효력의 확장이라고 불러도 무방하겠다.

12.3.2. 기본권의 대국가적 효력

1. 국가작용과 기본권의 효력

헌법 제10조 제2문은 국가의 존립목적이 불가침의 기본적 인권을 확인하고 보장하는 것임을 분명히 함으로써 모든 국가권력이 기본권에 구속됨을 포괄적으로 선언하고 있다. 국가권력에 의한 기본권의 침해는 불법행위를 형성하여 그로 인하여 손해를 입은 경우에는 손해배상책임을 져야만 한다. 그래서 모든 국가권력의 의무로서의 기본권 보장은 입법권·행정권·사법권·통치권·헌법개정권·자치권 등을 구속하며, 특수신분관계에서도 예외는 아니다.

입법권도 기본권에 구속되므로 입법자가 제정하는 법률은 실질적 법치주의에 따라 그 내용이 기본권 보장이념과 합치해야 한다. 물론 입법자에게는 광범한 입법형성의 여지가 인정되지만 법률로 기본권을 제한함에 있어서는 기본권의 본질적 내용을 침해해서는 안 되고 비례의 원칙에 위배해서도 안 된다(헌법 제37조 제2항). 그리고 기본권을 침해하는 위헌법률에 대하여는 헌법재판소의 심판에 의해 그 효력이 상실된다(헌법 제107조 제1항, 제111조 제1항).

사법권도 기본권을 최대한 보장하는 방향으로 재판을 하여야 하며, 기본권을 침해하는 재판은 정당성이 부인된다. 사법권은 독립되어야 하며, 법관은 법률과 양심에 따라 법의 해석과 적용에 있어서 인간의 존엄과 가치의 우월을 인정하여야 한다. 사법권에 의한 기본권의 침해의 경우에는 대체로 자체 내에 구제방법을 갖추고 있다.

입법권이나 사법권과는 달리 행정권의 기본권에의 구속은 행정권의 다양한 행위형식으로 인하여 고려해야 할 내용이 다소 늘어난다. 원칙적으로 국가는 행정력으로써 인간의 존엄과 가치 및 행복추구권을 보장하여야 하므로 인간의 존엄에 반하는 행정처분은 위헌·무효이다. 특히 행정작용 중 권력적 작용으로서 경찰력이나 형집행권, 검찰권 등에 의한 기본권 침해는 금지된다. 행정권에 대한 기본권의 효력은 명령·규칙·처분에 대한 위헌·위법판단에 의해 뒷받침되고 있다(헌법 제107조 제2항).

2. 비권력적 국가작용과 기본권

행정작용 중 권력적 성격이 없는 행정작용도 기본권규정에 구속되어야 하는가, 즉 관리행위와 국고행위는 어떠한가? 예컨대 행정청이 청사 건설을 위해 건설업체와 도급계약을 체결하는 경우를 생각해 보자. 건물을 짓기 위해 건설업자와 계약을 맺는 것은 사인들 간에도 얼마든지 있을 수 있는 평등한 계약당사자 사이의 법적 문제이다. 행정청이라고 해서 공권력의 주체로서 우월한 지위를 보장해 주어야 할 이유가 없다. 이런 논리가 정당하다면 행정청은 여러 건설업체 중에서 자신의 이익에 부합하는 건설업체를 아무런 구속 없이 자유롭게 선택할 수 있어야 한다. 이는 계약의 자유의 핵심인 계약상대방 선택의 자유에 해당하기 때문이다. 그렇지만 행정청이 아무런 기준 없이 자의적으로 건설업체를 선택하는 경우 탈락한 업체들로서는 부당하다는 느낌을 갖게 된다. 그 이유는 행정청이 국민의 세금으로 운영되고 행정청의 공무원은 모든 국민의 봉사자로서 차별적으로 행정업무를 보아서는 안 된다고 생각하기 때문이다. 따라서 행정청의 건설업체 선택행위도 헌법 제11조 평등권과 평등원칙규정에 구속되어야 한다는 논리가 자연스레 나오게 된다.

기본권이 원칙적으로 사인들 사이의 사계약에는 직접 적용되는 것이 아니라는 관점에서 비록 행정청이 하는 행위일지라도 사계약과 같은 행위는 기본권이 직접 적용되지 않는다는 논리가 더 이상 허용되지 않는다면 생각을 좀 더 확장해 보자. 행정청이 아니라 공기업 내지 상사회사의 지분을 갖고 있는 공권력의 주체는 기본권에 구속되는가?

오늘날에는 사법(私法)을 적용하는 방식으로 진행되는 행정작용이 늘어나고 있다. 국·공립박물관에서 입장료를 받고 관람하게 하는 경우, 행정청이 전기나 수도를 공급하고 사용료를 받는 경우, 행정청에서 소모할 사무용품을 사인에게서 구입하는 경우 등이 그러하다. 이것은 성질에 따라 대체로 세 가지로 분류할 수 있다.

첫째는 소위 행정사법(行政私法)으로, 예컨대 국가가 생활보호대상자에게 보조금을 지급하면서 사법적 계약형식을 취하지만 그 진정한 목적이 행정과제의 이행을 위한 것일 경우가 해당한다. 두 번째는 사무용품의 조달과 같이 행정의 보조업무를 위한 방편으로 사법이 쓰이는 것이다. 세 번째는 국가권력의 담당자가 자기 사업으로 기업활동을 하거나 기업의 지분을 보유하는 것과 같이 행정이 영리활동을 하는 것이다.

행정사법의 경우에만 기본권 구속성을 인정하고 나머지 두 경우에는 기본권의 적용을 부인하는 견해도 있고, 국고행위는 전체적으로 기본권규정에 직접 구속받지 않으면서 제3자적 효력에 따라 간접적으로만 효력이 미친다고 하기도 한다.

그러나 그렇게 이해하는 경우 사실상 진정한 행정목적을 위해 형식만 사법을 빌리는 소위 '행정의 사법으로의 도피'를 초래하여 기본권규정이 유명무실해질 수 있다. 헌법 제10조가 기본권 보호의무를 부과하는 국가는 공권력의 주체로서의 국가와 비권력적·사경제적 주체로서의 국가를 구별하고 있지 않으며, 국가의 사법적 활동 역시 사인의 사법적 활동과 달리 공적 과제를 수행하기 위한 수단이라는 점 등을 고려할 때 관리행위나 국고행위에 있어서도 기본권은 직접적으로 효력이 미친다고 할 것이다. 이렇게 본다면 행정관청이 사무용품을 구입하면서 비합리적인 이유로 경쟁관계에 있는 다른 물품제공자를 불리하게 대우한다면 헌법 제11조 제1항에 대한 위반이 될 것이다.

12.3.3. 기본권의 사인 간 효력

1. 서론

헌법이 정한 기본권은 당연히 국가 전체에 대한 규범으로 이해된다. 하지만 종래 기본권의 효력은 주로 국가권력에 대해서만 효력을 미치는 것으로 설명해 왔다. 그것은 국민의 자유와 권리는 주로 국가권력에 의해서 억압과 침해를 당하는 것으로 이해했기 때문이다. 이것은 방어권으로서의 기본권이다. 그렇지만 이런 설명은 현실에 부합되지 않는다. 우리의 기본권들은 국가에 의해서만 침해당하는 것이 아니라 이 사회의 온갖 권력들, 즉 기업이나 사회단체, 조직들에 의해서 침해당하는 경우가 많기 때문이다. 세계화가 된 오늘날에는 국내의 범위를 넘어 국제적인 관계에 의해서도 기본권이 침해당하는 경우가 허다하다.

그래서 기본권의 효력을 사적 관계에까지 확대되어야 한다는 방향으로 이론과 현실이 전개되어 왔다. 이것이 기본권의 효력 확장 혹은 기본권의 제3자적 효력, 기본권의 사인 간 효력이 가지는 관심주제이다.

앞서 기본권은 이중적 성격이 있다고 했다. 즉, 주관적 공권으로서의 성격과 객관적 가치질서로서의 성격을 아울러 가지는 것이다. 그러므로 기본권의 침해는 공사영역을 막론하고 곧 헌법질서의 침해로 이어진다. 그래서 사기업에서의 기본권 침해도 당연히 헌법침해의 문제가 발생한다. 다만, 사적 관계에서의 기본권 침해를 할 때 우리가 주의를 기울여야 하는 것은 기본권 침해를 이유로 공권력이 그 시정 차원에서 강제될 때, 자유주의 사회가 금과옥조로 지켜 왔던 '사적 자치의 원칙'이 위협을 받을 수 있다는 것이다. 기본권도 중요하지만 사적 자치의 원칙은 더욱 소중하다는 것이고 이런 주장은 당연히 일리가 있다.

2. 전통적 입장

(1) 간접효력설

현재의 판례와 통설은 여전히 기본권의 사인 간 효력에 있어서 간접효력설을 취한다. 간접효력설은 기본권의 효력이 민사법의 일반조항을 통해 '간접적으로' 적용된다는 것을 의미한다. 「민법」에서는 사적 자치를 보증하는 최후의 장치로 신의성실의 원칙(제2조 제1항), 권리남용금지원칙(제2조 제2항), 공서양속의 원칙(제103조), 공정의 원칙(제104조), 불법행위책임(제750조) 등을 규정하고 있다. 「민법」상의 일반조항(공서양속조항, 신의성실조항 등)을 통하여 간접적으로 적용되어야 한다고 한다. 이때 사법상의 일반원칙을 '진입관문(Einbruchstellen)'이라고 한다. 그리고 간접효력설은 공서양속설이라고도 한다. 어떤 민사법규정도 기본권규정에 반해서는 안 되며 기본권의 정신 안에서 해석되어야 한다는 주장은 이들 조항을 매개로 한다는 것이다.

예컨대 종교사학법인에 채용된 교직원이 개종 혹은 종교를 포기함으로써 해직되었다면 종교의 자유를 원용하여 해직시킨 행위의 무효를 다투는 것이 아니라, 종교의 자유가 보호하려는 법익을 침해하는 해직행위는 고용계약을 성실히 준수해야 하고 권리를 남용해서는 안 되며 양속에 반하는 행위를 해서는 안 된다는 등 「민법」의 강행규범을 위반했기 때문에 무효라는 논리로 다루어진다는 것이다.

(2) 미국의 국가행위의제론

이런 문제의식은 미국에서도 마찬가지였다. 미국도 철저하게 자유주의원칙을 신봉하는 나라이다. 그래서 특히 경제에서의 사적 자치의 원칙은 철저히 옹호되었다. 그러나 사적 자치의 원칙에 대한 지나친 집착은 오히려 사회정의의 실현에 걸림돌이 되었다. 특히 인종차별과 관련해서 이 문제가 지속적으로 제기되었다.

국가행위이론은 'Shelly v. Kraemer, 334 U.S.1(1948)'에서 처음 나왔다. 일정 지역의 토지소유자들이 백인 외의 사람에게 토지를 양도하지 말 것을 약속하는 제한협정을 맺었다. 흑인인 셸리가 토지 일부를 매수했는데 다른 백인이 그 제한협정을 근거로 셸리의 소유권을 부인하는 소를 제기한 것이다. 주 최고법원은 원고의 손을 들어 주었다. 그러자 셸리는 수정헌법 제14조 '법의 평등한 보호(equal protection of the law)'를 근거로 연방대법원에 위헌심판을 청구하였다. 그런데 제14조에 의하면 "어떠한 주도 그 관할권 내에 있는 어떤 사람에 대해서도 법률에 의한 평등한 보호를 거부하지 못한다"는 규정이 보여 주듯이 제14조는 주에 대한 명령이지, 사인에 의한 차별을 규정한 것은 아니었다. 그 점에서 사인 간의 제한협정은 주(국가)의 행동은 아니다. 하지만 이 협정은 주 법원에 의해 강제집행되는 것이란 점에서 주의 행위, 즉 국가행위(state action)에 해당하므로 주 최고법원의 결정은 잘못이라고 판단했다. 한편으로는 인종차별금지를 금지해야 하고, 다른 한편으로는 사적 계약, 사적 자치를 존중해야 하는 가운데 고육지책으로서의 판결이 나온 것이다.

유언에 의해서 백인만 이용할 수 있는 사설공원을 만들 수 있을까? 만약 인정된다면 결과적으로 흑백차별을 하는 셈이고, 부인된다면 민법상의 유언의 자유를 부인하게 된다. 미국에서 1914년 실제로 이런 일이 있었다. 베이컨(Bacon)의 유언에 따라서 공원이 만들어지고 그곳은 백인여성과 아동에게만 개방되었다. 이 공원은 자선재단에 의해서 운영되었으며, 재단의 이사는 조지아(Georgia)주 메이컨(Macon)시가 임명하였다. 그리고 이 공원에는 면세혜택이 주어졌다. 이때 6인의 흑인이 이 공원운영의 위헌성을 다투었다. 메이컨시가 깊이 관여된 이 공원의 흑인에 대한 입장 거부는 위헌적인 국가행위(state action)에 해당한다는 요지였다. 대법원은 6:3으로 주장을 인용하였다.

이 외에도 국가시설을 임차한 백인이 흑인에게는 물건을 팔지 않는 행위에 대해 국가행위와 동일시하는 국유재산의 이론, 국가로부터 재정적 원조, 조세 감면 또는 그 밖의 공적 부조를 받고 있는 사인의 행위를 국가행위와 동일시하는 국가원조의 이론 등이 있고, 더 나아가 국가와의 관련성이 없음에도 불구하고 정당이나 사립대학과 같이 사인이 하는 행위의 성질이 국가기능을 행사하는 경우에 국가행위로 간주한다. 어쨌거나 미국 판례에서 전개되는 국가행위의제론은 기본권은 국가권력에 대해서만 효력을 가진다는 대전제를 고수하는 연장선에 있다.

3. 공·사법 일원론과 이원론 그리고 공공성

간접효력설을 주장하는 입장에서는 직접효력설이 헌법의 효력을 지나치게 강조함으로써 사적 자치와 계약의 자유를 부인하게 되고, 전통적인 공·사법 이원론의 가치를 깨뜨린다고 비판한다. 공·사법 이원론은 자유주의시대를 지탱하는 법이론으로, 국가로부터 사적 영역을 보호해야 한다는 중요한 기능을 한 이론이기도 하다. 그에 비하여 공·사법 일원론은 이론적으로는 완벽한 사회를 지향하지만, 현실에서는 전체주의와 독재주의로 흐를 위험성을 내포한다. 사회주의국가와 나치스국가가 공히 추구했던 것이 공·사법 일원론이었고, 그 실험은 불가능한 것으로 결론이 났다. 개인의 사적 공간을 무시하는 정치와 법은 온당치 않다. 이렇게 볼 때 간접효력설의 취지가 무의미한 것만은 아니다.

하지만 우리의 헌법은 사회복지국가를 지향한다. 사회복지국가는 자유주의를 기초로 하되, 사회주의 사상을 변용해서 도입한 체제이다. 그래서 당연히 공·사법 일원론적 요소가 강할 수밖에 없다. 실제로 사회복지국가 헌법의 특색은 조세국가, 행정국가, 적극국가와 같이 국가가 개인의 행복을 위해서 적극적으로 개입하고 실현하는 정부를 지향하는 데 있다. 공·사법 일원론을 취하면서도 전체주의 사회의 위험을 면하는 방법이 없을까?

우리는 오늘날 '공공성(公共性)'이란 용어를 자주 구사한다. 교육의 공공성, 언론의 공공성, 공공적 시민, 기업의 사회적 책임(즉, 공공성) 등을 언급하는데, 공공성은 국가의 권력적 성격과 사적 영역을 동시에 함의하는 것으로 이해된다. 언론은 사적 기업으로 운영되지만, 언론의 본래 기능을 생각할 때 국가는 물론 일반 시민들도 언론사를 외면할 수가 없다. 따라서 언론은 사적 측면과 공적 측면을 동시에 가지는 것이다.

4. 기본권의 사인 간 효력(수평적 효력)

앞서 기본권은 헌법규정이기 때문에 방사적 효력을 가진다고 했다. 즉, 전 사회에 헌법으로서의 영향력을 미친다는 것이다. 이것은 현대사회에서 불가피한 이론이다. 근대 헌법이 17~18세기에 탄생한 것은 맞지만, 사실 당시 헌법의 효력은 선언적 효력에 그쳤다. 근대를 대표하는 법은 민법이었다. 민법은 재산권의 불가침을 선언했고, 계약자유의 원칙, 과실책임의 원칙과 같이 개인주의와 사적 자치와 재산권의 보호를 구체제로부터 방어하기 위한 사실상의 헌법전이었다. 1789년의 인권선언은 구속력이 없었고, 오히려 1804년의 나폴레옹 민법전(Code Civil)이 자유주의 헌법원리와 자연권을 수호하는 헌법으로서의 역할을 하였다. 독일의 경우 1848년 프랑크푸르트의 바울교회 헌법이 구속력을 가진 기본권을 포함하였으나 불발로 그쳤다. 1871년의 비스마르크 헌법은 기본권을 포함하지 않았다. 1900년에 시행된 독일 민법전(BGB)은 독일제국하에서 자유주의 헌법원칙으로서의 역할을 담당하였다. 1919년 바이마르공화국 헌법은 기본권규정을 담았지만 헌법의 기본권은 단지 프로그램적 규정으로 이해되었고, 구체적 실현은 입법자에게 위임되었다. 영국의 경우에는 민법전 대신 오랫동안의 커먼로(common law)가 빅토리아 여왕 시대의 자유주의 헌법원리를 대신하였다. 이와 같은 민법의 시대는 사회주의의 대두 혹은 사회복지국가가 출범하면서 중단되었다. 이후 민법을 대신해서 헌법의 시대가 본격적으로 열렸다. 특히 제2차 세계대전 이후 독일은 기본법(GG)을 제정하면서 헌법의 서두에 기본권을 규정하였다(제1조~제19조). 이 시대의 민법은 헌법이 되었고, 종전의 민법은 이제 사법(private law)으로 불리게 되었다. 물론 민법은 초기 자유주의시대의 부르주아 계층의 시민의 의미를 넘어 국민, 인민의 의미로 새겨야 할 것이다.

독일 기본법 제1조 제3항은 "이하의 기본권은 직접 효력을 갖는 법으로서 입법, 집행 및 사법을 구속한다"고 규정하였다. 이 규정은 기본권이 단지 정치적 선언으로서의 의미를 넘어 불가침적 인권으로서의 법규범임을 명백히 하였다(동조 제2항). 더욱이 1951년에는 독일 연방헌법재판소가 설치되었고, 많은 헌법판례를 축적하기 시작하였다. 특히 헌법소원은 기본권의 가치와 의미를 확고히 하는 데 기여하였다. 이제 독일에서 헌법은 국가의 최고법규범으로서 확실히 자리매김하였다. 그런 점에서 기본권의 제3자적 효력, 간접효력설은 헌법의 규범력을 약화시키려는 시도로까지 보인다. 민법시대의 잔영을 지키려는 보수적 태도라고 말할 수 있다. 1958년 뤼트(Lüth) 판결은 이와 관련된 유명한 판례이다.

이제 기본권의 제3자적 효력과 같은 소극적 표현에서 벗어나 기본권의 사인 간 효력 혹은 수평적 효력(horizontal effect)으로 간단히 정리하는 것이 옳다. 1976년 포르투갈 헌법은 제18조 제1항에서 "권리, 자유 및 보장에 관한 이 헌법의 조항들은 공인, 개인, 공공기관 및 민간기관에 직접 적용되며 이들에 대해 구속력을 가진다"고 규정하기에 이른다. 또한 최근에 제정된 남아프리카공화국 헌법(1996)은 제8조 제1항에서 "권리장전은 모든 법률에 적용되며 입법부, 행정부, 사법부 및 모든 국가기관을 구속한다"고 하였고, 제2항에서 "권리장전의 규정은 해당 권리의 속성 그리고 해당 권리에 의해 부과되는 모든 의무의 속성을 고려해 적용이 가능한 경우, 적용이 가능한 범위 내에서 자연인 또는 법인에 대해 구속력을 가진다"고 정하였다. 이런 시대적 추이에 따라 유럽연합의 입장은 매우 직설적이다. 유럽인권협약(European Convention on Human Rights)상의 기본권은 유럽연합 법의 일반원칙으로 간주되어 모든

회원국의 민사법체계에 효력을 미치는 것으로 본다.[7]

이와 별도로 유엔 차원에서도 기업의 인권존중에 대한 관심이 지속적으로 증대되어 왔다. 기업의 사회적 책임(CSR, Corporate Social Responsibility)은 영리활동을 기본으로 하는 기업에 대해서 일정한 법적, 윤리적 책임을 묻는 것이다. 기업인권(business and human rights)도 거론된다. 기업인권의 문제가 제기된 것은 다국적기업에 대한 규제와 관련해서이다. 1970년대에 처음 제기된 이후 유엔경제사회이사회가 이 문제를 검토하기 시작하였다. 1999년에는 사무총장의 제안으로 다국적기업의 CEO를 주요 구성원으로 해서 유엔 글로벌 콤팩트(UNGC)를 구성하였다. UNGC는 인권, 노동, 환경, 반부패에 관한 10개의 원칙을 표방하고, 여러 다국적기업에게 가입을 촉구하였다. 한편으로는 기업인권규범의 제정이 추진되었는데, 2011년 「기업인권에 관한 이행원칙: 유엔 '보호, 존중, 구제' 프레임워크의 실행」이 유엔인권이사회에서 통과되었다. 이 이행원칙은 기업의 인권책임을 '기업의 인권존중 책임'이라는 말로 정리했다. 2010년에는 국제표준화기구(ISO, International Organization for Standardization) 26,000이 발표되었는데, 조직의 사회적 책임에 관한 표준 정립을 목적으로 만들어진 것이다. 이것은 기업에게 인권존중의 책임을 부여하고 있는데, 국제인권규약의 존중을 내용으로 하고 있다.[8]

우리나라의 법체계를 볼 때 기본권의 사인 간 효력은 다음과 같이 정리할 수 있다. 즉 '(국가의) 공권력의 행사 혹은 불행사로부터 침해받은 기본권'은 헌법소원 방식의 길이 열려 있고, 사인 간의 기본권 침해는 국가인권위원회에의 진정, 국민권익위원회에의 민원제기, 더 나아가 민형사소송에 의한 해결방식의 길이 있다. 가장 중요한 것은 공·사법 이원론체계가 수호하고자 하는 사적 자율의 영역이 침해되지 않으면서도 동시에 공적인 질서 특히 헌법적인 기본권의 효력이 준수되는 그런 조화로운 모습이 요청된다. 사적 자치의 자유와 자율성의 영역은 헌법에서 매우 중요한 가치이다. 기본권의 효력 확장을 이유로 사적 자치가 손상을 받는다면 그것은 헌법의 발전이 아니라 후퇴를 뜻한다. 그만큼 사회복지국가를 위해서는 시민 개개인과 사적 집단의 헌법인식

---

7) Fundamental Rights and Private Law In the European Union(1), Introduction, Cambridge Univ. Press, 2010.
8) John Gerard Ruggie, 이상수 옮김, 『기업과 인권』, 필맥, 2014.

수준이 높아져야 한다.

사인이 자신의 이름으로 행정과제를 고권적으로 이행하는 일을 수탁받아 행하는, 이른바 공무수탁사인은 당연히 기본권의 적용을 받는다는 의미에서 여기에서 말하는 사인이 아니다. 기본권의 사인 간의 적용문제는 기본권이 개인과 국가 사이의 고전적인 양자관계를 넘어서 개인과 다른 개인의 관계에도 효력을 갖는 것을 말한다. 이러한 기본권 효력의 확장이론은 기본권이 국가기관뿐만 아니라 사적 단체나 조직 그리고 사인에 의해서도 위협당하는 사회적 상황에다가, 현대 자본주의국가의 사회국가화 경향 그리고 이러한 국가권한 확장을 기본권이론의 측면에서 뒷받침하는 논리인 기본권의 이중성론 등에 힘입고 있다.

기본권이 사인 간에도 직접적 효력을 갖는다고 해서 사적 자치의 영역도 대국가적 효력과 똑같은 기준이 적용된다고 이해하면 안 된다. 오히려 기본권의 충돌이론이 보여 주는 것처럼 하나의 기본권과 사적 자치라는 기본권이 상호 충돌하는 것으로 해결하는 것이 좋을 것이다. 예를 들어, 국가가 공무원을 채용함에 있어서 특정 종교를 신앙하는 사람만을 대상으로 하는 것은 제20조와 제11조에 의해 직접적으로 위반된다. 따라서 해당 종교를 신앙하지 않는 지원자는 특정 종교를 믿는 사람만을 대상으로 하는 행위가 기본권에 위반되고 그로 인해 그 행위가 무효임을 주장할 수 있다. 그러나 특정 종교를 기반으로 하는 사립학교법인이 같은 종교 신자만을 대상으로 교직원을 선발하는 행위에 대한 평가는 그렇게 단순하지 않다. 종교의 자유가 침해되었다는 이유로 사학법인의 선발행위 자체가 곧바로 무효라고 할 수는 없을 것이다. 그러나 사적 자치의 자유가 남용에 가까운 지경까지 간다면 그것은 당연히 종교의 자유를 침해한다는 판단을 받게 될 것이다.

또 다른 예로 사적 자치의 원칙에 충실하자면, 자신의 자유로운 의사에 따라 고용계약을 체결하면서 제복을 입겠다고 하거나 제한된 지역에 거주하겠다고 하는 것은 헌법 제10조의 일반적 행동자유권이나 제14조의 거주·이전의 자유에 대한 제약이 결코 아니다. 그것은 사적 자치의 자유 보호라는 헌법적 가치가 훨씬 우세한 경우이다.

사적 권리주체들 사이의 분쟁에 기본권규정이 직접적으로 적용된다고 보기 힘든 또 다른 이유는 법실무에서 발견된다. 즉, 헌법소원심판의 요건이 '공권력의 행사 또는 불행사로 인한 기본권 침해'(「헌법재판소법」 제68조 제1항)로 제한되어 있기 때문에 사적 권력에 의한 침해는 해당되지 않는다는 것이다. 그리고 사적 권리에 관한 분쟁은 통상 민사법원이 담당하는데, 민사법원의 본 안판단은 공권력의 행사 그 자체를 문제 삼는 것이 아니다. 대등한 당사자 간의 분쟁이라는 차원에서 접근하는 민사분쟁과 형사재판이나 행정재판과 같이 공권력의 행사를 본안으로 삼는 공법적 분쟁해결절차는 이질적이다. 따라서 공·사법 이원체계를 취하고 있는 우리의 경우 직접적용설을 취하기 곤란한 때가 나타날 것이다. 더구나 우리 「헌법재판소법」은 독일과 달리 법원의 재판에 대해서는 기본권 침해를 이유로 한 헌법소원을 제기할 수 없도록 함으로써 (동법 제68조 제1항. 다만, 위헌으로 결정된 법령을 적용하여 기본권을 침해하는 재판의 경우에는 헌법소원을 제기할 수 있다. 헌재 1997.12.24. 96헌마172, 173 병합) 민사법적 분쟁의 해결에 기본권이 가지는 구속력이 그나마 더 약하다. 그러나 민사재판관은 분쟁해결 시 헌법상 기본권규정과 사적 자치의 자유라는 두 가지 요소를 모두 감안해서 재판을 하는 것이 옳다. 현실은 민사 판례나 학설에 압도되어 있지만, 향후 새로운 돌파구를 위한 개발의지와 노력을 기울인다면 기본권과 사적 자치의 자유와의 조화로운 해결책은 반드시 마련될 것이다.

12.3.4. 기본권보호청구권

지금까지의 논의에서 한 걸음 더 나아가 최근에는 기본권에 근거하여 국가에 대해 자신의 기본권적 법익을 보호해 달라고 요구할 수 있는 청구권, 소위 기본권보호청구권에 관한 논의가 비등해지고 있다. 다소 유동적이지만, 독일 연방헌법재판소는 기본법 제2조 제2항(생명권 및 신체를 훼손당하지 않을 권리)에 대한 국가의 보호의무로부터, 사인에 의해 동조항의 권리가 침해되는 경우 그 피해자에게 보호청구권이 있음을 인정하였다(BVerfGE 77, 170. 화학무기결정). 공권력의 담당자인 민사법관에게 기본권을 존중할 것을 요구할 수 있는 헌법적 청구권을 인정하는 것보다 기본권의 효력은 더욱 구체적으로 확장되고 있다.

12.4. 기본권의 갈등

기본권의 갈등이란 기본권끼리의 마찰과 모순으로부터 야기되는 문제들을 의미하는 것으로 기본권의 경합과 기본권의 충돌을 포함하는 개념이다.

12.4.1. 기본권의 경합

기본권의 경합이란 하나의 기본권 주체가 국가에 대해 자신의 일정한 행위를 보호받기 위해 효력이 다른 기본권들을 동시에 주장하는 경우로서 주로 대국가적 효력의 문제이다. 예컨대 집회나 시위에 참여하려는 사람을 체포·구속한 경우 신체의 자유와 집회의 자유의 관계가 이에 속한다. 문제는 어떤 기본권이 우선하는가 아니면 선택적으로 행사할 수 있는가인데, 관련성이 보다 직접적인 것이 우선되어야 한다는 직접 관련 기본권 적용의 원칙, 효력이 강한 기본권이 적용되어야 한다는 최강력 기본권 적용의 원칙, 어떤 기본권도 배제될 필요가 없다는 관련 기본권 전부적용의 원칙 등이 제시되고 있다.

12.4.2. 기본권의 충돌

기본권의 경합보다 심각한 것이 기본권의 충돌이다. 기본권의 충돌이란 서로 다른 기본권의 주체가 상충하는 이해관계로 말미암아 각각 나름대로의 기본권의 효력을 주장하는 경우이다. 예컨대 낙태에 있어서 모의 인격발현권과 태아의 생명권이 충돌하고, 출판물에 의한 명예훼손이 문제된 경우 출판의 자유와 인간의 존엄이 충돌할 수 있다. 우리 헌법재판소에서도 보도기관의 보도 및 편집·편성의 자유와 언론보도피해자의 반론보도청구권과의 충돌이 문제가 된 경우가 있다.[9]

---

9) 헌재 1991.9.16. 89헌마165.

기본권의 충돌에 있어서 외견적 기본권 충돌과 혼동해서는 안 된다. 얼핏 기본권이 충돌하는 것처럼 보이지만 사실은 한 기본권 주체의 경우, 기본권의 보호영역에 포함되지 않는 경우, 즉 기본권의 남용에 지나지 않는 경우가 그러하다. 따라서 보호영역을 세심하게 확정하는 체계적 해석은 기본권의 갈등을 해결하는 첫 번째 작업이 된다.

기본권의 충돌을 해결하는 방법으로 널리 알려진 것이 실천적 조화의 원리이다. 즉, 해당 기본권과 충돌하는 다른 기본권이나 헌법적 법익들이 모두 실현될 수 있도록 상호 조정하는 것이다. 충돌하는 법익들을 상호 보완하는 것을 목표로 하여 최적으로 실현될 수 있는 경계를 그음으로써 어느 하나를 배제하지 않으며 더 제한되는 기본권도 주변 영역만 제한된다는 원리이다. 법익형량에서도 본질적 내용은 모든 경우에 존중되어야 한다. 경우에 따라서는 충돌하는 기본권들 사이에 조정이 전혀 불가능한 경우도 있을 수 있다. 앞서 예로 들었던 낙태가 그러하다. 낙태를 허용하면 태아의 생명권에는 아무것도 남지 않는다. 따라서 이 경우에는 태아의 생명이 우선적으로 보호되어야 한다.

12.5. 국가의 기본권 보호의무

12.5.1. 기본권 보호의무의 개념

사인으로부터 기본권 혹은 기본권적 법익[10]을 보호해야 할 필요성은 위험사회로 치닫고 있는 현대사회에 점점 커지고 있다. 특히 원자력공학, 유전공학, 나노기술 등 첨단과학기술의 발달과 이로 인해 커지는 인간의 존엄과 가

---

10) '기본권(적) 법익'이라는 표현은 대국가적 방어권으로서의 기본권을 넘어서는 것을 나타내기 위함이다. 즉, 방어권으로서의 기본권은 국민과 국가의 관계 속에서만 존재하는 반면, '기본권이 보호하려는 법익'은 국가와 국민의 관계와 무관하게 '절대적으로' 존재함을 표상하는 것이다. 따라서 사인에 의한 기본권 침해는 엄밀하게 말하자면 사인에 의한 기본권 법익의 침해라고 불러야 한다는 것이다.

치에 대한 위협을 그때그때 입법이 적절히 대응하기란 아주 어렵다. 이렇듯 위험이 증대하고 있음에도 불구하고 단지 학문의 자유, 영업의 자유만을 강조하는 것은 또 다른 의미의 자유방임주의를 뜻할 뿐이다. '기본권으로 보장되는 위험'을 제어하기 위해 헌법적 수단이 필요하고 국가의 기본권 보호의무가 그 필요성에 부응하고 있다고 평가되고 있다.

우리 헌법학계는 기본권 보호의무론에 대하여 헌법 제10조 제2문("국가는 개인이 가지는 불가침의 기본적 인권을 확인하고 이를 보장할 의무를 진다")을 근거로 한 광의의 기본권 보호의무를 주장하는 측과 독일 판례와 학설에서의 논의를 바탕으로 한 협의의 기본권 보호의무를 주장하는 측으로 나뉜다.

우리 헌법재판소는 다소 용어상의 혼란을 보이지만 기본권 보호의무라는 표현도 쓴다.[11] 그러나 독일에서 전개되는 기본권 보호의무가 '기본권을 근거로 한' 국가의 보호의무인 데 반해, 우리 헌법재판소가 사용하는 기본권 보호의무는 '기본권을 보호 내지 실현해야 할' 국가의 포괄적 의무를 지칭한다. 독일에서 전개되고 있는 기본권 보호의무론은 원칙적으로 대국가적 방어권인 자유권이 제3자로부터 위태롭게 된 경우 국가가 해당 자유권에 근거해서 부담하는 보호의무를 지칭하는 까닭에, 사회권도 포함한 기본권 보호의무를 관념하고 있는 우리의 경우 동일한 방식으로 논의할 수는 없다. 그렇지만 생명이나 신체와 같이 중요 법익을 보호하고자 한다는 점에서 상당 부분 일치하고 있으므로 많은 것을 시사한다고 할 수 있다.[12]

12.5.2. 기본권 보호의무의 내용

1. 헌법적 근거

기본권 보호의무에 관한 헌법규정은 헌법 제10조 제2문이다. "국가는 개인이 가지는 불가침의 기본적 인권을 확인하고 이를 보장할 의무를 진다"고 규정함으로써 국가의 적극적인 기본권 보호의무를 선언하고 있는바, 이러한 국

---

11) 예컨대 헌재 1997.1.16. 90헌마110 · 136(병합) 등.
12) 송기춘, "국가의 기본권보장의무에 관한 연구", 서울대학교 박사학위논문, 1999.

가의 기본권 보호의무 선언은 국가가 국민과의 관계에서 국민의 기본권을 침해해서는 안 되고 국민의 기본권 보호를 위해 노력하여야 할 의무가 있다는 의미뿐만 아니라, 국민의 기본권을 타인의 침해로부터 보호할 의무, 즉 국가가 사인 상호 간의 관계를 규율하는 사법(私法)질서를 형성하는 경우에도 헌법상 기본권이 존중되고 보호되도록 할 의무가 있다는 것을 천명한 것이다.[13]

헌법재판소는 국가의 기본권 보호의무에 관한 규정으로 헌법 제10조 제2문을 들지만, 보호의 대상이 되는 법익에 따라서 해당 기본권이 기본권 보호의무의 근거가 된다는 점을 지적하고 있다. 예컨대 생명권과 신체의 안전에 관한 권리에서 헌법 제10조 제2문 외에 제36조 제3항("모든 국민은 보건에 관하여 국가의 보호를 받는다")을 거론하면서, 국민의 생명·신체의 안전이 질병 등으로부터 위협받거나 받을 우려가 있는 경우 국가로서는 그 위험의 원인과 정도에 따라 사회·경제적인 여건 및 재정사정 등을 감안하여 국민의 생명·신체의 안전을 보호하기에 필요한 적절하고 효율적인 입법·행정상의 조치를 취하여 그 침해의 위험을 방지하고 이를 유지할 포괄적인 의무를 진다고 한다.[14]

실정법상의 근거 외에 해석론상으로 기본권의 이중성으로부터 근거를 구하기도 한다. 기본권의 이중성이란 기본권이 주관적 공권으로서의 성격 외에 객관적 법질서로서의 성격을 아울러 가진다는 것으로, 객관적 법질서로서의 성격으로 인해 기본권규정은 사인 간에도 방사효를 갖게 되고 그 결과 사인에 의한 사인의 기본권 침해를 방지해야 할 국가의 의무가 도출된다는 것이다.

2. 기본권 보호의무의 수범자와 이행의 통제

기본권 보호의무의 수범자는 당연히 국가이다. 기본권이 모든 국가권력을 구속하는 까닭에 기본권 수범자는 모든 국가기관이 된다. 그렇지만 기본권 보호의무가 자연재해나 전쟁과 같이 사인의 책임으로 돌릴 수 없는 경우로부터 유래하는 것이 아니라면 기본적으로 사인 상호 간의 기본권이 충돌하는 듯한 상황이 초래된다. 즉, 사인에 의해 기본권적 법익이 침해되었다고 판단되면 국가는 그 가해자에게 일정한 불이익을 부과하게 된다.

---

13) 헌재 2008.7.31. 2004헌바81.
14) 헌재 2008.12.26. 2008헌마419·423·436(병합)

예컨대 낙태의 경우 태아의 생명을 보호하기 위해 모(母)의 기본권을 제한하는 문제가 발생한다. 바로 여기에서 기본권 보호의무가 법치주의 원리와 접하게 된다. 입법이 불비되어 있는 경우 법치주의 원리는 곧 입법자에게 입법의 의무를 부과하게 되고 그 한도에서 기본권 보호의무는 일차적으로 입법의무로 전화된다. 결국 입법이 결여되어 있거나 불충분한 경우 입법자가 기본권 보호의무의 일차적인 수범자가 되고, 제정된 규범을 집행하는 과정에서는 행정기관과 사법기관이 기본권 보호의무의 수범자가 된다.

국가가 소극적 방어권으로서의 기본권을 제한하는 경우 그 제한은 헌법 제37조 제2항에 따라 국가안전보장·질서유지 또는 공공복리를 위하여 필요한 경우에 한하고, 자유와 권리의 본질적인 내용을 침해할 수는 없으며 그 형식은 법률에 의하여야 하고 그 침해범위도 필요 최소한도에 그쳐야 한다. 그러나 국가가 적극적으로 국민의 기본권을 보장하기 위한 제반 조치를 취할 의무를 부담하는 경우에는 그 보호의 정도가 국민이 바라는 이상적인 수준에 미치지 못한다고 하여 언제나 헌법에 위반되는 것으로 보기는 어렵다. 국가의 기본권 보호의무의 이행은 입법자의 입법을 통하여 비로소 구체화되는 것이고, 국가가 그 보호의무를 어떻게 어느 정도로 이행할 것인지는 입법자가 제반 사정을 고려하여 입법정책적으로 판단하여야 하는 입법재량의 범위에 속하는 것이기 때문이다.

물론 입법자가 기본권 보호의무를 최대한 실현하는 것이 이상적이지만, 그러한 이상적 기준이 헌법재판소가 위헌 여부를 판단하는 심사기준이 될 수는 없다. 헌법재판소는 권력분립의 관점에서 소위 '과소보호금지원칙'을, 즉 국가가 국민의 기본권 보호를 위하여 적어도 적절하고 효율적인 최소한의 보호조치를 취했는가를 기준으로 심사하게 된다. 따라서 입법부작위나 불완전한 입법에 의한 기본권의 침해는 입법자의 보호의무에 대한 명백한 위반이 있는 경우에만 인정될 수 있다. 다시 말하면 국가가 국민의 법익을 보호하기 위하여 아무런 보호조치를 취하지 않았든지 아니면 취한 조치가 법익을 보호하기에 명백하게 부적합하거나 불충분한 경우에 한하여 헌법재판소는 국가의 보호의무의 위반을 확인할 수 있을 뿐이다.[15]

---

15) 헌재 1997.1.16. 90헌마110; 2008.7.31. 2004헌바81.

3. 헌법재판소의 판례

그간 헌법재판소는 국가의 기본권 보호의무에 관하여 주로 생명과 신체의 안전을 중심으로 중요한 판례를 축적해 왔다.

【교통사고로부터 국민을 보호할 의무사건(헌재 1997.1.16. 90헌마110·136(병합))】

국가의 기본권 보호의무의 이행은 입법자의 입법을 통하여 비로소 구체화되는 것이고, 국가가 그 보호의무를 어떻게 어느 정도로 이행할 것인지는 원칙적으로 한 나라의 정치·경제·사회·문화적인 제반 여건과 재정사정 등을 감안하여 입법정책적으로 판단하여야 하는 입법재량의 범위에 속하는 것이다. 국가의 보호의무를 입법자가 어떻게 실현하여야 할 것인가 하는 문제는 입법자의 책임범위에 속하므로, 헌법재판소는 권력분립의 관점에서 소위 과소보호금지원칙을, 즉 국가가 국민의 법익보호를 위하여 적어도 적절하고 효율적인 최소한의 보호조치를 취했는가를 기준으로 심사하게 되어, 결국 헌법재판소로서는 국가가 특정 조치를 취해야만 당해 법익을 효율적으로 보호할 수 있는 유일한 수단인 특정 조치를 취하지 않은 때에 보호의무의 위반을 확인하게 된다.

국가의 신체와 생명에 대한 보호의무는 교통과실범의 경우 발생한 침해에 대한 사후처벌뿐이 아니라, 무엇보다도 우선적으로 운전면허취득에 관한 법규 등 전반적인 교통 관련 법규의 정비, 운전자와 일반 국민에 대한 지속적인 계몽과 교육, 교통안전에 관한 시설의 유지 및 확충, 교통사고 피해자에 대한 보상제도 등 여러 가지 사전적·사후적 조치를 함께 취함으로써 이행되고, 교통과실범에 대한 국가형벌권의 범위를 확대한다고 해서 형벌권의 행사가 곧 확실하고도 효율적인 법익의 보호로 이어지는 것도 의문이므로, 형벌은 이 경우 국가가 취할 수 있는 유효적절한 수많은 수단 중의 하나일 뿐이지, 결코 형벌까지 동원해야만 보호법익을 유효적절하게 보호할 수 있다는 의미의 최종적인 유일한 수단이 될 수 없다. 따라서 국가가 취한 제반의 보호조치와 교통과실범에 대한 형사처벌조항을 고려한다면, 단지 일정 과실범에 대하여 형벌권을 행사할 수 없는 법망의 틈새가 존재한다고 하여, 그것이 곧 국가보호의무의 위반을 의미하지는 않는다.

– 재판관 김진우, 재판관 이재화, 재판관 조승형의 위헌의견 –

(기본권 보호의무 위반 여부) 생명·신체라는 기본권적 법익이 헌법질서에서 차지하는 의미와 비중의 중대성에 비추어 볼 때, 가해자에 대한 사적 복수를 허용하지 아니하고

국가기관이 공소권을 독점하는 법제도 아래에서는 그 침해의 사전예방 및 그 침해행위에 대한 사후제재를 위하여 형벌이라는 최종적 수단을 이를 대체할 만한 다른 효과적인 방안이 마련되지 않는 가운데서 포기할 수 없고 이때 비로소 국민의 생명·신체·재산에 대한 국가의 보호의무를 다하는 것이라고 할 것이다. 특례법 제3조 제2항 단서에 해당되지 않는 중대한 과실로 인한 교통사고로 말미암아 피해자에게 신체에 대한 중대한 침해, 즉 생명에 대한 위험을 발생시킨 경우나 불구 또는 불치나 난치의 질병, 즉 중상해에 이르게 한 경우에 교통사고를 일으킨 차량이 종합보험 등에 가입되어 있다는 사정만으로 공소조차 제기하지 못하도록 한 것은 국가의 국민의 생명·신체에 대한 보호로서는 너무도 부족하여 과소보호금지의 원칙에 반한다.

【사용자의 부당한 해고로부터 근로자 보호의무사건(헌재 2002.11.28. 2001헌바50)】
1. 헌법 제15조의 직업의 자유 또는 헌법 제32조의 근로의 권리, 사회국가 원리 등에 근거하여 실업방지 및 부당한 해고로부터 근로자를 보호하여야 할 국가의 의무를 도출할 수는 있을 것이나, 국가에 대한 직접적인 직장존속보장청구권을 근로자에게 인정할 헌법상의 근거는 없다. (중략)

– 재판관 윤영철, 재판관 권성, 재판관 주선회의 반대의견 –
한국보건산업진흥원법에 의한 한국식품위생연구원과 한국보건의료관리연구원의 통폐합은 그 실질에 있어 '한국보건산업진흥원의 손을 빌린 입법적 정리해고'라고 보아야 한다. 그런데도 불구하고 위 부칙 제3조는 해고대상자의 선발기준의 정립 및 구체적 대상자의 선정에 있어 자의성을 배제하고 공정성을 담보할 수 있는 절차, 그리고 해고대상이 됨으로써 직장을 상실하게 된 근로자들에게 불복과 구제의 절차를 전혀 보장하지 않음으로써 근로관계의 존속보호를 위한 국가의 최소한의 보호의무조차 저버리고 있다.
일반기업의 근로자일 경우 근로기준법에 의한 정리해고 제한법리를 통하여 혹은 합병 또는 영업양도에 관한 판례에 의하여 일정한 실체적, 절차적 요건을 갖추지 않은 부당한 근로관계의 종료(직장상실)로부터 보호되고, 이를 위하여 중앙노동위원회, 법원이라는 구제기관의 도움을 받게 되는 반면, 청구인들과 같이 '특정 법률에 의해 그 사업장이 통폐합당함으로 말미암아 실질적으로 정리해고된 근로자들'에 대하여는 그에 현저히 미치지 못하는 최소한의 보호조치마저 제공하지 않음으로써 일반근로자들에 비하여 합리적 이유 없이 이들을 차별하고 있다.

12.6. 기본권 향유자로서의 국민의 의무

12.6.1. 의무의 의미

공화국에서의 시민은 공동체의 일원으로서 일정한 책무를 가질 수밖에 없다. 역사적으로 볼 때나 개념적으로 볼 때 가장 대표적인 시민의 의무는 납세와 국방이었다. 이와 같은 의무가 군주주권시대처럼 신분상의 제약으로 강제적으로 주어질 때 시민들은 마침내 신분제를 철폐하고 새로운 시민국가를 만들었다. 그러나 시민국가가 만들어진 이후에도 국가를 운영하기 위해 꼭 필요한 것은 국민의 납세와 국방에 대한 책임이었다. 다만, 이제는 이 책임을 국민의 자발적인 결정으로 수행하는 것으로 바뀌었다. 그것이 바로 헌법과 법치주의에 의한 의무의 이행방식이다. 고전적 자유주의 논리에 의하면 시민의 공동체에 대한 의무는 자유보다도 더 고귀한 덕목이었다. 그 누구보다도 자유를 추구했던 칸트도 "오, 의무여!"라는 찬사와 함께 자유의 극치로서의 의무의 위치를 설정하였다.

물론 현실사회는 이와 같은 이상적인 법치주의 속에서의 자유와 의무와는 다른 모습이다. 법치주의라 하지만 제한선거, 차등선거에 의해 선출된 의원들이 국민의 이름으로 법을 제정하는 대의제민주주의에서 대다수의 국민들은 영문도 모른 채 세금과 병역에 차출되는 형편이었다. 그리고 지금도 조세제도와 병역제도에서는 빈익빈 부익부의 논리가 관철되면서 불평등과 부조리의 온상을 면치 못한 실정이다. 그렇지만 우리는 보다 나은 사회복지국가를 향해 나아가야 한다. 그러기 위해서는 다시 한 번 공화국 시민으로서의 국민의 바른 자세가 무엇인지를 살필 수 있어야 한다.

헌법 제10조의 "모든 국민은 인간으로서의 존엄과 가치를 가지며, 행복을 추구할 권리를 가진다. 국가는 개인이 가지는 불가침의 기본적 인권을 확인하고 이를 보장할 의무를 진다"가 말해 주듯이, 국가는 개인의 기본권에 대한 보호의무가 있다. 하지만 국가는 무엇인가? 그것은 국민들이 구성해서 만든 조직체이다. 국민의 기본권 보장을 위한 재정이나 인력 모두 국민들로부터 나온다. 따라서 국민들의 책임과 의무는 국가의 기본권 보호의무의 전제가 된다.

12.6.2. 기본적 의무의 유형

국민의 기본적 의무는 근대 입헌주의 헌법에서 볼 수 있는 고전적 의무와 현대 사회복지국가 헌법에서 추가된 사회국가적 의무로 나눌 수 있다. 납세의 의무(헌법 제38조), 국방의 의무(헌법 제39조 제1항)가 전자의 것이라면, 교육을 받게 할 의무(헌법 제31조 제2항), 근로의 의무(헌법 제32조 제2항), 환경보전의 의무(헌법 제35조 제1항 후단), 재산권행사의 사회적 구속성(헌법 제23조 제2항) 등은 후자의 것이다. 또한 헌법의 명문 규정과 관계없이 국민들은 국가에 대한 충성의무, 법 준수의무, 헌법 옹호의무 등이 주어진다. 이런 의무가 나오는 것은 헌법의 주인이 국민이기 때문이다. 주인은 헌법이 잘 운영되도록 할 궁극적 책임자인 것이다.

12.6.3. 헌법의 완성자로서의 국민

이상에서 국민주권 국가에서 주권자로서의 국민은 기본권의 최대보장과 최소제한, 국가의 과소보호금지의 원칙 속에서 살아가야 한다는 것이 헌법원리임을 알게 되었다(헌법 제1조와 제10조의 연결성). 국가는 국민의 기본권 보장을 위하여 최대한 노력해야 한다(헌법 제10조). 그럼에도 불구하고 현실은 아직 국민주권이 충분히 실현되지 않은 상태이다. 따라서 국민들의 기본권 또한 미흡한 수준에 머물러 있다. 그 수준은 개개인의 형편에 따라 그 위치가 다 다르다. 국민과 국가는 보다 더 좋은 수준으로 향상시키도록 노력해야 한다. 하지만 그 가운데 개개인 스스로 자신의 인간으로서의 존엄과 가치를 누리고자 최선의 방법을 모색해야 한다. 자유와 행복은 결코 타인이 가져다주는 것이 아니라 스스로 찾아야 하는 것이다. 헌법의 최종 완성자(perfecter)는 국민 개개인이다.

제13장
기본권의 제한, 침해 그리고 그 구제

개관

 헌법은 국민의 기본권의 보장을 위해 존재한다. 그래서 기본권은 최대보장의 원칙, 최소제한의 원칙이 적용된다. 그러나 공동의 이익을 위해서는 국민의 자유와 권리가 제한될 수 있다. 그렇지만 기본권을 제한하는 경우에도 제한의 목적, 법률적 근거, 과잉금지원칙 그리고 본질적 내용침해금지 같은 원칙을 철저히 준수해야 한다. 이러한 기본권 제한의 원칙에서 벗어난 국가작용에 대해서는 일정한 구제제도가 마련되어 있다. 입법기관, 행정기관 그리고 사법기관에 의한 기본권 침해는 각각 별도로 살펴야 한다. 특히 헌법재판소에 의한 헌법소원심판은 개개인 기본권 구제절차의 최종적인 형태로서 보통의 사법적 구제방식과 다른 독특한 실체적 요건과 절차적 요건을 요구하고 있다.

13.1. 기본권의 제한과 그 한계

13.1.1. 개관

1. 기본권 제한의 원칙

다른 입헌주의 헌법과 마찬가지로 우린 헌법도 인간의 존엄성 존중을 선언하고, 국가의 불가침의 기본권 확인과 기본권 보호의무를 규정한 다음(헌법 제10조), 국민의 개별적 기본권을 열거하고(헌법 제11조~제36조), 헌법에 열거되지 아니한 자유와 권리도 경시되지 아니함을 선언함으로써(헌법 제37조 제1항) 기본권을 보장하고 있다.

그러나 기본권 이외의 헌법질서의 실현과 공공의 이익을 위해서 기본권의 한계와 제한의 문제가 대두될 수밖에 없다. 사실 역사적으로 어떠한 기본권의 보장내용이 무엇이냐 하는 것은 기본권의 한계와 제한의 문제를 중심으로 간접적으로 확인받아 왔다고 할 수 있다.

그런 점에서 기본권의 한계나 제한이 어디까지냐 하는 문제는 기본권 보장에 있어서 가장 중요한 문제라고 할 수 있다. 참된 기본권 보장이 이루어지기 위해서는 '기본권의 최대보장의 원칙'뿐만 아니라 '기본권의 최소제한의 원칙'이 요구된다. 여기에서 특히 기본권 제한의 한계가 핵심적인 문제로 등장하는 것이다.

2. 기본권의 보호영역

기본권의 제한이 사실상 기본권의 효력을 제약하는 것임을 감안하면 기본권 보장과 한계의 전제가 되는 문제로 기본권의 보호영역을 살펴보아야 한다. 예컨대 양심의 자유 혹은 종교의 자유에 해당되는지 문제 삼을 때 양심이나 종교가 무엇을 말하는지 그 내용을 구체적으로 확정하는 것이 우선되어야 한다. 개별 기본권들은 고유한 생활영역에서 효력을 갖는다. 종교의 자유는 종교적 생활과 관련된 개인의 삶에 관련되어 있고, 표현의 자유는 정보 및 의견을 통한 생활과 그에 관한 의사소통에 관련된 생활영역에서 효력을 갖는다. 사례문제를 풀려고 할 때 맨 처음 확정해야 하는 것은 주어진 사태에서 어떤 기본권을 원용할 수 있는지 찾아내는 것이고, 그것은 주어진 사태에서 하려는 행위가 어떤 보호영역에 해당하는지 규명하는 데에서 시작된다. 이와 같이 기본권에 의해 보호된 생활영역을 그 기본권의 보호영역 혹은 규범영역이라고 한다.

개별 기본권의 보호영역을 획정하는 것은 한결같지는 않다. 예를 들어 헌법 제15조의 직업선택의 자유는 직업생활을 보호영역으로 하지만, 제11조의 평등권은 보호영역이 한정되지 않는다. 따라서 이때는 보호영역을 획정하려는 노력은 불필요하다. 제10조의 행복추구권에서 도출되는 일반적 행동자유권 역시 보호영역을 적극적으로 확정할 필요가 없고, 다만 다른 기본권이 문제가 되고 있는 행위를 자신의 보호영역으로 삼고 있는지 여부를 확인하는 것이 필요하다. 만약 다른 기본권의 보호영역에 속하는 행위라면 보충적 성격을 가진 행복추구권에 속하는지는 굳이 따지지 않아도 된다.

3. 기본권의 제한개념

어떤 행위가 기본권의 보호영역 안에 있을 때 비로소 기본권의 제한은 문제가 된다. 여기서 말하는 제한이란 개인에게 기본권의 보호영역에 속하는 어떤 행위를 전부 또는 일부 불가능하게 하는 모든 국가의 활동을 말하는 것으로, 그러한 작용이 의도적인 것이든 그렇지 않든, 직접적이든 간접적이든, 법적인 것이든 사실적인 것이든, 명령 및 강제를 통해서 이루어지든 그렇지 않든 간에 그 작용이 공권력에 귀속될 수 있는 행위로부터 나오는 것이면 기본권의 제한이다.

그러나 통상 사소한 부담이나 일상의 성가심만으로는 기본권의 제한이 존재한다고 하기는 어려울 것이다. 예컨대 교통의 흐름이 원활하지 않은 장소에서 교통경찰이 음주단속을 하는 경우 검문을 받는 사람들에게는 기본권 제한의 문제가 발생할 수 있으나 교통체증으로 지체되고 있는 사람들에게 기본권 제한이 존재한다고 하기는 어렵다.

기본권의 제한과 관련하여 제기되는 또 다른 문제는 국민의 기본의무이다. 헌법은 납세의 의무(제38조), 국방의 의무(제39조 제1항), 교육의 의무(제31조

제2항), 근로의 의무(제32조 제2항), 환경보전의 의무(제35조 제1항), 재산권행사의 공공복리적합의무(제23조 제2항)를 규정하고 있다. 기본권과 기본의무의 대립은 그것이 형량의 대상이 되는 한 기본권의 제약으로 나타난다. 종교의 자유 혹은 양심의 자유에 근거한 집총거부가 국방의무와 충돌한다고 보는 경우(대법원은 일관되게 아예 종교와 양심의 자유의 보호영역에 속하지 않는 것으로 본다. 대판 55도894 등), 이를 대체복무를 통해 해결하는 대안적 해결방식은 별론으로 하고, 국방의무규정은 입법자에게 구체화 의무를 부과하는 것이다. 입법이 이루어진 다음 법률에 의해 부과된 다른 의무들과 마찬가지로 기본의무는 기본권과 나란히 존재하는 규범이 아니어서 기본권과 충돌문제는 발생하지 않고 법률에 의한 기본권의 제한문제로 다루어진다.

13.1.2. 기본권 제한의 유형

제37조 ② 국민의 모든 자유와 권리는 국가안전보장·질서유지 또는 공공복리를 위하여 필요한 경우에 한하여 법률로써 제한할 수 있으며, 제한하는 경우에도 자유와 권리의 본질적인 내용을 침해할 수 없다.

기본권 제한의 문제는 우리 헌법상 다양한 유형으로 제기된다. 가장 중요한 것은 기본권 제한의 일반원칙인 헌법 제37조 제2항을 둘러싼 논의이다. 여기서는 제한유형과 그 한계의 순으로 서술한다.

헌법은 기본권 제한의 유형으로 크게 헌법이 직접 특정 기본권에 한계를 긋고 있는 경우와 법률유보에 의한 경우로 나누고 있다. 학설과 판례에서는 헌법의 명문 규정이 없음에도 불구하고 기본권의 내재적 한계를 인정하기도 한다.

1. 기본권의 내재적 한계문제

독일 기본법은 제2조 제1항에서 "누구든지 타인의 권리를 침해하지 않고 헌법질서나 도덕률에 반하지 않는 한 자신의 인격을 자유로이 신장할 권리를 가진다"고 하고, 연방헌법재판소는 타인의 권리, 헌법질서 그리고 도덕률을 헌법 내재적 한계로 인정하며, 다수설도 이를 따른다. 우리나라에서도 학설은 법률유보가 없다고 해도 절대적 기본권을 제외하고는 모든 기본권이 내재적 한계에 따라 제한될 수 있다는 견해가 있고, 헌법재판소도 "기본권도 국가적·사회적 공동생활의 테두리 안에서 타인의 권리·공중도덕·사회윤리·공공복리 등의 존중에 의해 내재적 한계가 있는 것"이라고 한다.[1]

우리 헌법은 개별적 법률유보만 인정하는 독일 기본법과는 달리 일반적 법률유보조항인 제37조 제2항을 두고 있으므로 편제상 기본권의 내재적 한계를 별도로 인정할 필요가 없다. 기본권의 제한은 내재적 한계를 통하지 않고서도 모든 기본권에 대하여 일반적 법률유보로써 가능하다. 게다가 내재적 한계로 제시된 세 가지 개념이 지닌 문제도 심각하다. 타인의 권리는 제37조 제2항의 '질서유지'로 해소되며, 헌법질서라는 개념은 개념상의 크기로 인해 기본권의 한계를 획정하는 개념으로는 부적당할 뿐만 아니라, 도덕률에 의해 법규범상의 권리를 재단하는 것은 기본권규정을 일반조항으로 해체하는 것이 되고 만다. 따라서 기본권의 내재적 한계를 논의하는 것은 실익도 없는 위험한 시도일 뿐이다.

2. 기본권 제한의 형식

헌법 제21조 제4항은 언론·출판의 자유에 대하여는 제37조 제2항의 일반적 제한사유 외에 타인의 명예나 권리 등을 거론하고 있다. 이를 두고 개별적 가중법률유보 혹은 기본권 제한에 관한 헌법유보라고 부르기도 하지만 헌법이 직접 기본권을 제한하고 있음은 분명하다. 헌법에 의한 기본권의 제한은 입법자의 입법형성의 여지가 크게 축소된다는 점에서 그 의미가 있다. 이 경우 기본권 심사는 통상 법률유보에 의한 기본권 심사의 경우보다 더욱 엄격하게 하여야 한다.

그러나 헌법 제21조 제4항의 경우를 보더라도 개별적 법률유보는 기본권의 남용에 대한 경고적 기능이 보다 주된 것이다. 따라서 개별적 법률유보에 의하여 기본권을 제한하는 경우에도 제한의 목적이나 한계에 관하여는 제37조 제2항의 적용을 받는바, 이 경우에도 과잉금지의 원칙과 본질적 내용침해금지 원칙이 적용되기 때문에 해석상 개별적 법률유보를 별도의 기준으로 거론할

---

1) 헌재 1990.9.10. 89헌마82.

실익이 그다지 크지 않다.

헌법재판소는 "헌법 제21조 제4항은 '언론·출판은 타인의 명예나 권리 또는 공중도덕이나 사회윤리를 침해하여서는 아니 된다'고 규정하고 있는바, 이는 언론·출판의 자유에 따르는 책임과 의무를 강조하는 동시에 언론·출판의 자유에 대한 제한의 요건을 명시한 규정으로 볼 것이고, 헌법상 표현의 자유의 보호영역 한계를 설정한 것이라고는 볼 수 없다. 따라서 음란표현도 헌법 제21조가 규정하는 언론·출판의 자유의 보호영역에는 해당하되, 다만 헌법 제37조 제2항에 따라 국가안전보장·질서유지 또는 공공복리를 위하여 제한할 수 있는 것이라고 해석하여야 할 것이다"라고 보았다.

헌법이 스스로 설정하고 있는 기본권에 대한 제한은 기본권의 내용에 제한을 가하는 경우와 주체에 제한을 가하는 경우가 있다. 전자로는 정당설립의 자유를 보장하면서 목적이나 활동이 민주적 기본질서에 위배되지 않을 것을 조건으로 하는 제8조 제4항과 앞서 말한 제21조 제4항 그리고 재산권행사에 대한 제한으로서 공공복리적합의무를 들 수 있고, 후자로는 군인 등에 대한 배상청구권의 제한(제29조 제2항)과 근로3권에 관한 공무원과 주요 방위산업체 종사자의 제한(제33조 제2항과 제3항)이 있다.

헌법이 기본권의 제한을 입법권자에 위임하여 입법권자가 법률에 의하여 기본권을 제한할 수 있도록 하는, 이른바 법률유보에 의한 기본권 제한이 기본권 제한에 있어서 가장 일반적이고 또 가장 중요하다. 법률유보에 의한 기본권 제한의 경우 우리 헌법은 모든 기본권에 적용될 수 있도록 법률유보를 일반적으로 규정하는 소위 일반적 법률유보(제37조 제2항)를 취하고 있다. 이와 달리 독일 기본법처럼 제한 가능한 기본권에만 개별적으로 법률유보를 명시할 수도 있다. 어쨌거나 기본권의 제한에서 법률유보는 오늘날 입법권에 의한 기본권 보장과 입법권으로부터의 기본권 보장이라는 이중적 의미를 지닌다.

해당 기본권의 성격과 관련하여 법률유보의 의미는 아주 상이하다. 기본권을 제한하기 위해 자유권에 부가되는 법률유보는 흔히 기본권 제한적 법률유보(제37조 제2항)라고 부르며, 선거권(제24조)이나 환경권(제35조 제2항)과 같이 그 구체적인 내용을 법률로 만들도록 하는 법률유보를 기본권 형성적 법률유보라고 부른다. 기본권 제한적 법률유보는 본래적 의미의 법률유보로서, 국가 이전에 이미 선재하는 자유를 제한사유에 의해 사후적으로 제약한다는 의미에서 '제한하는 경우의' 법률유보이다.

기본권 제한적 법률유보와 기본권 형성적 법률유보의 가장 중요한 차이는 각각의 입법에 있어서 입법자의 형성의 여지이다. 기본권을 제한하는 경우에 입법자는 형성의 여지가 적은 반면, 기본권을 형성하는 경우에는 형성의 여지가 많다. 따라서 기본권 제한적 법률유보에 따라 기본권을 제한하는 법률의 위헌 여부에 대한 판단은 기본권 형성적 법률유보에 따라 정립된 법률의 위헌 심사보다 더욱 엄격하게 이루어져야 한다.

13.1.3. 기본권 제한의 일반원칙과 제한의 한계

1. 일반적 법률유보의 사유

일반적 법률유보조항인 헌법 제37조 제2항은 "국민의 모든 자유와 권리는 국가안전보장·질서유지 또는 공공복리를 위하여 필요한 경우에 한하여 법률로써 제한할 수 있으며, 제한하는 경우에도 자유와 권리의 본질적인 내용을 침해할 수 없다"고 함으로써 기본권 제한의 일반원칙을 규정하고 있다. 여기서 말하는 '자유와 권리'에는 원칙적으로 모든 기본권이 포함된다.

국가안전보장의 개념은 국가의 존립, 헌법의 기본질서유지 등을 포함하는 개념으로서 결국 국가의 독립, 영토의 보전, 헌법과 법률의 기능, 헌법에 의하여 설치된 국가기관의 유지 등의 의미로 이해될 수 있다.[2] 이때 국가의 안전보장과 정권의 안전보장은 엄격히 구별하여야 한다. 국가안전보장이 질서유지 외에 기본권 제한의 또 다른 근거로 헌법에 자리한 것이 1972년의 유신헌법이었음은 그 남용의 위험을 방증한다.

어쨌거나 기본권 제한사유로서 국가안전보장은 존립보장과 유지라는 소극적 성격에 국한되어야만 한다. 이러한 해석은 다소간의 적극적 목적을 위해 별도로 공공복리를 두고 있기 때문이다.

질서유지의 개념에 대해서도 다양한 견해가 있으나 광의의 질서유지에서 국가안전보장을 제외한 질서, 즉 '사회의 안녕질서'를 의미하며, 여기에는 헌법의 기본질서 이외에 타인의 권리유지, 도덕질서유지, 사회의 공공질서유지

---

2) 헌재 1992.2.25. 89헌가104.

등이 포함되어 있다고 볼 수 있다. 질서유지를 위하여 기본권을 제한하는 경우에도 현상유지적인 소극적 의미만을 내포하는 것으로 보아야 한다.

현상유지적 개념으로서의 국가안전보장과 질서유지와 달리 기본권 제한의 또 다른 사유인 공공복리는 매우 불확정적인 개념이다. 국민 공동의 행복과 이익, 사회생활을 하는 만인 공통의 공존·공영의 이익 또는 인권 상호 간의 충돌을 조정하고 각인의 인권의 최대한의 보장을 꾀하는 사회정의의 원리 등 다양한 시도의 공통분모로 사회적 법치국가적인 공공복리를 꼽을 수 있다.

공공복리를 위한 기본권 제한은 국가안전보장이나 질서유지와는 달리 적극적인 성격을 내포하지만 주된 대상을 재산권으로 삼기 때문에 「국토이용관리법」, 「토지수용법」, 「건축법」, 「도시계획법」, 「하천법」, 「도로법」, 「삼림법」 등에서 뚜렷하다.

2. '법률'에 의한 제한

헌법 제37조 제2항은 기본권을 제한하는 법규범의 형식을 '법률'로 한정하고 있다. 이때의 법률이란 국회에서 정립한 형식적 의미의 법률을 말한다. 기본권을 제한하는 법률은 일반적이어야 하고 동시에 명확해야 한다. 일반적 법률이란 불특정한 다수인을 상대로(규범수신인의 일반성) 불특정한 다수의 경우를 규율(추상성 혹은 규율대상의 일반성)하는 법률을 의미하는바, 원칙적으로 특정인을 대상으로 하거나 구체적으로 특정된 사항을 법률의 내용으로 할 수 없다. 다만, 현대국가에 있어서 사회적 약자를 배려하는 법률과 위기상황에 대처하기 위한 법률의 경우에는 개별적이고 구체적인 법률의 제정도 부분적으로는 피할 수 없다. 극단적인 처분적 법률이 아니라면 법률의 일반성 요구에도 불구하고 처분적 법률도 때로는 허용될 수 있다.

또한 법률은 명확성을 가져야 한다. 기본권 제한법률이 불명확한 경우에는 '불명확하기 때문에 무효(void for vagueness)'라는 이론이 적용된다. 법률이 명확한지 여부는 그 규정의 문언만으로 판단할 것이 아니라 관련 조항을 유기적이고 체계적으로 종합하여 판단하여야 한다.[3] "법률의 명확성 원칙은 입법자가 법률을 제정함에 있어서 개괄조항이나 불확정 법개념의 사용을 금지하

---

3) 헌재 1999.9.16. 97헌가73 등.

는 것이 아니다. 행정부가 다양한 과제를 이행하고 각 개별적 경우의 특수한 상황을 고려하며 현실의 변화에 적절하게 대처할 수 있도록 하기 위하여 입법자는 불확정 법개념을 사용할 수 있으나, 이로 인한 법률의 불명확성은 법률해석의 방법을 통하여 해소될 수 있어야 한다. 따라서 법률이 불확정개념을 사용하는 경우라도 법률해석을 통하여 행정청과 법원의 자의적인 적용을 배제하는 객관적인 기준을 얻는 것이 가능하다면 법률의 명확성 원칙에 부합하는 것이다."[4]

또 기본권 제한법률은 그 제한의 대상이 되는 기본권을 구체적으로 적시하여야 하며, 기본권 일반을 제한한다고 규정하는 것은 허용될 수 없다.

법률에 의해 기본권을 제한한다는 의미는 법률이 하위규범으로 수권하는 것을 부인하는 것이 아니다. 기본권을 제한하는 국가작용은 대체로 집행권에 의해 실현되는바, 이 경우 형식적 의미의 법률에 근거를 두고 있는 실질적 의미의 법률, 즉 법규명령이나 조례, 규칙이 기본권 제한의 근거로 연결된다. 판례에 의하면 행정규칙에 의해 기본권이 제한되는 경우도 있을 수 있다. 이른바 법령보충적 행정규칙이 그러하다. "헌법이 인정하고 있는 위임입법의 형식은 예시적인 것으로 보아야 할 것이고, 그것은 법률이 행정규칙에 위임하더라도 그 행정규칙은 위임된 사항만을 규율할 수 있으므로 국회입법의 원칙과 상치되지도 않는다. 다만, 형식의 선택에 있어서 규율의 밀도와 규율영역의 특성이 개별적으로 고찰되어야 할 것이다. 그에 따라 입법자에게 상세한 규율이 불가능한 것으로 보이는 영역이라면 행정부에게 필요한 보충을 할 책임이 인정되고, 극히 전문적인 식견에 좌우되는 영역에서는 행정기관에 의한 구체화의 우위가 불가피하게 있을 수 있다. 그러한 영역에서 행정규칙에 대한 위임입법이 제한적으로 인정될 수 있는 것이다."[5]

헌법 제37조 제2항이 기본권 제한을 형식적 입법자에게만 허용하는 것은 위임입법의 한계를 분명히 하고 있는 것이다. 법규명령을 정립할 수 있도록 수권하는 경우 법률에서 그 내용, 목적, 범위가 특정되어 있어야 한다.

기본권 제한의 결정권이 사실상 법규명령으로 넘어가는 것은 허용되지 않는다. 기본권 제한에 관한 본질적인 결정은 입법자가 스스로 내려야 하며 하

---

4) 헌재 2004.7.15. 2003헌바35 · 37(병합).
5) 헌재 2004.10.28. 99헌바91.

위규범에 위임해서는 안 된다(본질성 이론). 무엇이 본질적인가를 판단함에는 당해 규범의 정립으로 인해 기본권에 초래되는 타격의 강도를 고려해야 한다. 다만, 기본권 제한에 있어서 입법자의 결정권은 '입법자의 기본권에의 구속'을 통해 약화되지 않을 수 없다.

3. 과잉금지원칙(광의의 비례의 원칙)

법률유보는 입법자가 스스로 기본권을 제한하거나 입법자가 행정으로 하여금 기본권을 제한할 수 있도록 수권하는 것을 허용한다. 그러나 기본권행사의 한계를 설정하는 경우에 입법자가 준수해야 할 한계 또한 당연히 존재한다. 헌법 제37조 제2항은 이를 포괄적으로 '필요한 경우에 한하여 …… 제한할 수 있으며'라고 표현하고 있다. 흔히 과잉금지의 원칙 혹은 광의의 비례의 원칙으로 다루어진다.

과잉금지의 원칙 혹은 광의의 비례의 원칙은 다음과 같은 것을 요구한다. ① 국가가 추구하는 목적이 허용될 수 있는 것이며 명확할 것, ② 국가가 동원하는 수단과 방법이 투입해도 되는 것일 것, ③ 투입되는 수단이 목적의 달성에 적합할 것(적합성), ④ 수단의 투입이 목적의 달성을 위해 필요한 것일 것(필요성), ⑤ 기본권 제한으로 침해받는 이익과 제한을 통해 달성하려는 목적인 공익이 올바르게 형량되고 균형을 이룰 것(협의의 비례의 원칙) 등이다. 이 다섯 가지를 요약해서 헌법재판소는 과잉금지의 원칙을 ① 목적의 명확성, ② 방법의 적정성, ③ 피해의 최소성, ④ 법익의 균형성(협의의 비례의 원칙)으로 표현하고 있다.[6]

광의의 비례의 원칙은 기본권을 제한하는 법률을 정립하는 입법자는 물론 기본권을 제한하는 활동을 하는 행정작용에도 마찬가지로 요구된다. 그러나 입법자는 어떠한 목적을 추구하고 어떠한 수단을 투입할 수 있는지 결정함에 있어서 행정작용보다 훨씬 더 자유롭다. 실제로 목적의 정당성이 부인되는 경우는 극히 드물다.

적합성과 필요성이라는 기준도 입법작용과 행정작용에 각기 다른 의미를 갖는다. 입법자의 선택은 행정작용에 비해 보다 큰 신뢰를 받는다. 적합성은

---

6) 헌재 1991.5.13. 89헌가97 등; 1992.12.24. 92헌가8.

수단이 목적의 달성을 촉진하는 경우에만 충족되는 것이며, 선택한 수단이 최적의 것인가를 말하는 것이 아니라 그 수단이 목적달성에 유효한 수단인가를 따지는 것이다.[7] 필요성은 동일한 실효성을 얻기 위해 부담을 덜 주는 수단이 없을 때 달성된다. 필요성 심사가 긍정적이면 적합성 심사의 결과도 긍정적일 수밖에 없으며, 필요성 심사의 결과가 부정적이면 그 수단이 적합하더라도 비례의 원칙에 위반된다. 헌법재판소에 의하면 기본권행사의 '방법'을 제한함으로써 입법목적을 달성할 수 있음에도 불구하고 기본권행사의 '여부'를 제한하는 경우,[8] 입법자가 임의적 규정으로도 입법목적을 달성할 수 있음에도 불구하고 필요적 규정을 두는 경우,[9] 국민에게 의무를 부과하지 않고도 그 목적을 실현할 수 있음에도 불구하고 국민에게 의무를 부과하는 경우[10] 등은 최소침해성의 원칙에 위반된다고 한다.

협의의 비례성, 즉 법익의 균형성은 기대 가능성이라고도 한다. 헌법 제21조 제4항은 언론·출판의 권리보다 타인의 명예권이 우선한다고 규정하고 있다. 그러나 그 외의 사태에 대하여는 아무런 원칙이 없다. 공익과 사익을 독자적으로 형량해야 한다고 하더라도 형량을 위한 합리적이고 구속력 있는 잣대는 없다. 법익의 균형성이 충족되지 않았다면 필요성 심사가 엄밀하게 재차 수행되어야 할 때가 많다.[11] 보호하고자 하는 공익이 매우 중요한 경우에도 그 공익에 대한 침해의 가능성이 희박한 상황에서는 그에 대응하는 사익이 보호되어야 한다는 것이 헌법재판소의 견해이다.[12]

---

7) 헌재 2006.6.29. 2002헌바80 등.
8) 헌재 1998.5.28. 96헌가5.
9) 헌재 2004.3.25. 2001헌바89.
10) 헌재 2006.6.29. 2002헌바80 등.
11) "19세 미만의 청소년들에게 술을 팔지 못하게 하는 위 법률조항은 그 합리성이 인정되고, 나아가 식품접객업자인 청구인이 위 법률조항으로 인하여 만 19세 미만의 자에게 술을 팔지 못하여 받게 되는 불이익의 정도와 청소년에 대한 술의 판매를 규제하여 청소년이 건전한 인격체로 성장하는 데 기여하게 되는 공익을 비교할 때에 전자의 불이익은 그렇게 크다고 볼 수 없는 반면, 후자의 공익은 매우 크고 중요한 것이라고 인정되어 위 법률조항이 청구인의 직업수행의 자유를 과도하게 제한하여 이를 침해하는 것이라고 할 수 없다." 헌재 2000.1.18. 99헌마555; 2002.4.25. 2001헌가27.
12) 헌재 2008.7.30. 2004헌마1010 등.

【기부금품모집금지법 제3조 등 위헌제청사건(헌재 1998.5.28. 96헌가5)】

입법자는 공익실현을 위하여 기본권을 제한하는 경우에도 입법목적을 실현하기에 적합한 여러 수단 중에서 되도록 국민의 기본권을 가장 존중하고 기본권을 최소로 침해하는 수단을 선택해야 한다. 기본권을 제한하는 규정은 기본권행사의 '방법'에 관한 규정과 기본권행사의 '여부'에 관한 규정으로 구분할 수 있다. 침해의 최소성의 관점에서, 입법자는 그가 의도하는 공익을 달성하기 위하여 우선 기본권을 보다 적게 제한하는 단계인 기본권행사의 '방법'에 관한 규제로써 공익을 실현할 수 있는가를 시도하고, 이러한 방법으로는 공익달성이 어렵다고 판단되는 경우에 비로소 그다음 단계인 기본권행사의 '여부'에 관한 규제를 선택해야 한다.

법 제3조에 규정된 모집목적을 충족시키지 못하는 경우에는 기부금품을 모집하고자 하는 자는 기본권을 행사할 수 있는 길이 처음부터 막혀 있다. 따라서 법 제3조에서 허가의 조건으로서 기부금품의 모집목적을 제한하는 것은 기본권행사의 '방법'이 아니라 '여부'에 관한 규제에 해당한다. 그러나 국민의 '재산권보장과 생활안정', 즉 '모집행위에 의한 폐해나 부작용의 방지'라고 하는 법이 달성하려는 공익을 실현하기 위하여 기부금품의 모집행위를 독자적인 법률에 의하여 규율할 필요성이 비록 있다고 하더라도, 규율의 형태에 있어서 모집목적에 관한 제한보다는 기본권의 침해를 적게 가져오는 그 이전의 단계인 모집절차 및 그 방법과 모집된 기부금품의 사용에 대한 통제를 통하여, 즉 기본권행사의 '방법'을 규제함으로써 충분히 입법목적을 달성할 수 있다고 보여진다.

4. 본질적 내용 침해금지

기본권을 제한함에 있어서 비례성 심사를 통과했다고 하더라도 본질적 내용을 침해했는지에 대한 심사가 진행되어야 한다. 무엇이 본질적 내용인지에 대해서는 상대설과 절대설로 나뉜다. 상대설은 기본권의 본질적 내용은 기본권별로 개별 사안을 고려하여 확정되어야 한다는 입장인 반면, 절대설은 유보 없이 보호되는 실체적인 핵심내용이 존재한다는 입장으로서 그것을 인간의 존엄과 가치로 보는 견해와 침해로 말미암아 기본권이 형해화되는 지경에 이르게 되는 핵심이 본질적 내용이라는 견해가 대립된다.

다수의 견해와 헌법재판소는 절대설 중 후자인 핵심영역보장설을 따른다. 즉, 당해 기본권의 핵이 되는 실질적 요소 내지 근본요소가 본질적 내용이고, 본질적 내용의 침해인지의 판단은 그 침해로 인하여 당해 기본권이 유명무실해지고 형해화되어 헌법이 그 기본권을 보장하는 궁극적인 목적을 달성할 수 없게 되는 지경에 이르는 것이라고 한다.[13] 다만, 생명권에 있어서는 약간의 침해만으로도 생명권 전체가 박탈되는 특유의 구조로 인해 절대설을 취하는 경우 생명권의 제한은 처음부터 불가능한 것이 된다. 따라서 생명권에 대하여 절대설을 따르면 사형제도는 본질적 내용을 침해하는 것으로 위헌이라고 볼 수밖에 없다. 이런 이유로 헌법재판소는 "다른 생명 또는 그에 못지아니한 공공의 이익을 보호하기 위한 불가피성이 충족되는 예외적인 경우"에는 생명권의 완전한 박탈도 허용된다고 보아 상대설을 따른다.[14]

일반적으로 하나의 기본권은 그 외연이 확대될수록 다른 기본권과 접촉되는 가능성이 커진다. 거꾸로 보면 그 중심으로 접근할수록 보호의 강도가 커진다고 할 수 있다. 따라서 내심의 자유로서의 양심의 자유, 신앙의 자유, 학문연구와 예술창작의 자유 등은 그 제약이 곧 본질적 내용의 침해와 동일시될 수 있다.

13.1.4. 기본권 제한의 특수한 문제

1. 국가긴급권에 의한 제한

제76조 ① 대통령은 내우·외환·천재·지변 또는 중대한 재정·경제상의 위기에 있어서 국가의 안전보장 또는 공공의 안녕질서를 유지하기 위하여 긴급한 조치가 필요하고 국회의 집회를 기다릴 여유가 없을 때에 한하여 최소한으로 필요한 재정·경제상의 처분을 하거나 이에 관하여 법률의 효력을 가지는 명령을 발할 수 있다.
② 대통령은 국가의 안위에 관계되는 중대한 교전상태에 있어서 국가를 보위하기 위하여 긴급한 조치가 필요하고 국회의 집회가 불가능한 때에 한하여 법률의 효력을 가지는 명령을 발할 수 있다.
제77조 ① 대통령은 전시·사변 또는 이에 준하는 국가비상사태에 있어서

---

13) 헌재 1989.12.22. 88헌가13 등; 1990.9.3. 89헌가95.
14) 헌재 1996.11.28. 95헌바1.

병력으로써 군사상의 필요에 응하거나 공공의 안녕질서를 유지할 필요가
있을 때에는 법률이 정하는 바에 의하여 계엄을 선포할 수 있다.

기본권의 제한은 원칙적으로 법률에 의해서만 가능하나 국가비상사태에서
는 대통령의 긴급명령이나 대통령의 비상계엄선포에 따른 계엄사령관의 특별
조치와 같은 국가긴급권에 의한 기본권의 제한이 인정된다.

헌법 제76조 제1항 또는 제2항의 요건이 충족될 경우 대통령은 긴급재정·
경제명령 또는 긴급명령을 발할 수 있는데, 이러한 명령들은 법률의 효력을
가지므로 헌법 제37조 제2항의 틀 내에서 기본권을 제한할 수 있다. 헌법 제
77조 제1항의 요건이 충족될 경우 계엄을 선포할 수 있는데, 비상계엄이 선포
된 때에는 법률이 정하는 바에 의하여 영장제도, 언론·출판·집회·결사의
자유, 정부나 법원의 권한에 관하여 특별한 조치를 할 수 있다(제77조 제3항).
또 비상계엄이 선포된 경우에는 민간인도「계엄법」제10조 제1항 또는 제14
조에 규정된 죄를 범한 경우 군사법원의 재판을 받으며, 사형선고를 제외하고
는 일정한 범죄에 한하여 단심제가 허용되고 있다(헌법 제110조 제4항).

법규범의 형식이 다르다는 차이를 빼면 계엄의 경우에도 헌법 제37조 제2항
의 요건이 충족되어야 한다. 같은 맥락에서 법치국가적 한계를 감안할 때「계
엄법」제9조 제1항이 제한될 수 있는 기본권을 헌법 제77조 제3항의 규정보
다 넓게 잡아 '거주·이전의 자유'를 포함시키고 막연한 표현으로 '단체행동'
을 넣고 있는 것은 위헌의 소지가 크다.

2. 특수신분관계와 기본권 제한

일반 국민이 국가와의 관계에서 누리는 기본권은 공무원 혹은 수형자의 경
우에도 동등하게 보장되어야 하는가? 예컨대 수형자의 경우에도 헌법 제18
조의 통신의 비밀은 일반 국민의 것과 동등하게 보호되어야 하는가?

이 문제는 과거 특별권력관계로 다루어졌던 것으로 오늘날 '신분상 혹은 직
무상 기본권 제한이 강화된 영역'으로 다루어진다. 종래 ① 공법상의 근무관
계(공무원의 근무관계, 군복무관계), ② 공법상의 영조물 이용관계(국·공립학교
와 재학생의 관계, 교도소와 수형자의 관계, 국·공립병원과 전염병 환자의 관계),
③ 공법상의 특별권력관계(특허기업·공공조합에 대한 국가의 감독관계), ④ 공

사단관계(공공조합과 조합원의 관계) 등으로 구분되던 이 영역에 대해서도 당연히 법치주의가 전면적으로 적용되고, 따라서 기본권 심사에 있어서도 예외가 없다.

그럼에도 불구하고 공무원 근무, 군복무, 학생교육, 수형자 복역 등은 각각 독자적인 생활질서를 가지는 것이기 때문에 그 각각의 독특한 생활질서가 요구하는 합리적인 범위 내에서 기본권을 최소한 제한하는 것은 허용될 수 있다. 그러나 이 경우에도 헌법과 법률에 의한 기본권 제한이라는 일반원칙의 테두리를 벗어날 수는 없다. 헌법은 공무원인 근로자는 법률이 정하는 자에 한하여 근로3권을 인정하며(제33조 제2항), 군인 등에 대해서는 국가배상청구권을 제한하며(제29조 제2항), 군인과 군무원은 군사재판을 받으며(제27조 제2항), 비상계엄의 군사재판은 일정한 경우 단심으로 할 수도 있음(제110조 제4항)을 규정하고 있다. 그 외 법률에 있어서도 공무원의 정치활동 제한(「국가공무원법」 제65조 제1항, 「정당법」 제22조), 수형자의 경우 교도소에 수용(「형의 집행 및 수용자의 처우에 관한 법률」 제11조, 제16조)·접견 및 서신수발의 제한(동법 제41조, 제43조)·이발(동법 제83조)·도서열람의 제한(동법 제47조) 등이 있다.

참고로 헌법재판소는 수용자의 기본권 제한과 관련해서 미결수용자가 구치소 내에서 실시하는 종교행사 등에의 참석을 금지당한 것에 대하여 "피청구인이 수용자 중 미결수용자에 대하여만 일률적으로 종교행사 등에의 참석을 불허한 것은 미결수용자의 종교의 자유를 나머지 수용자의 종교의 자유보다 더욱 엄격하게 제한한 것이다. …… 이 사건 종교행사 등 참석불허 처우로 얻어질 공익의 정도가 무죄추정의 원칙이 적용되는 미결수용자들이 종교행사 등에 참석을 하지 못함으로써 입게 되는 종교의 자유의 제한이라는 불이익에 비하여 결코 크다고 단정하기 어려우므로 이 사건 종교행사 등 참석불허 처우는 과잉금지원칙을 위반하여 청구인의 종교의 자유를 침해하였다"고 판시하였다.[15] 그러나 구치소장이 수용자의 거실에 폐쇄회로 텔레비전(이하 'CCTV'라 함)을 설치하여 계호한 행위가 과잉금지원칙에 위배하여 수용자의 사생활의 비밀 및 자유를 침해하는지 여부에 대하여는 "교도관의 시선에 의한 감시만으로는 자살·자해 등의 교정사고 발생을 막는 데 시간적·공간적 공백이

---

15) 헌재 2011.12.29. 2009헌마527.

있으므로 이를 메우기 위하여 CCTV를 설치하여 수형자를 상시적으로 관찰하는 것은 위 목적달성에 적합한 수단이라 할 것이며, …… 이로 인하여 청구인의 사생활에 상당한 제약이 가하여진다고 하더라도, 청구인의 행동을 상시적으로 관찰함으로써 그의 생명·신체를 보호하고 교정시설 내의 안전과 질서를 보호하려는 공익 또한 그보다 결코 작다고 할 수 없으므로, 이 사건 CCTV 계호행위가 과잉금지원칙을 위배하여 청구인의 사생활의 비밀 및 자유를 침해하였다고는 볼 수 없다"고 하였다.[16]

13.2. 기본권의 침해와 구제

13.2.1. 개관

기본권은 헌법에 선언된 것 자체로는 큰 의의가 없는 것이고, 완전한 의미에서 기본권 보장이 실효를 거두려면 현실적으로 기본권이 침해된 경우에 그 침해의 배제와 더불어 구제절차가 완비되어야 한다.

따라서 기본권 보장을 위해서는 우선 기본권의 대국가적 효력에 의하여 국가권력이 기본권에 기속되어야 하겠지만, 기본권의 국가권력에 대한 기속력에도 불구하고 현실적으로 국가권력이 기본권을 침해한 경우 기본권 침해에 대한 구제수단이 존재하지 않는다면 기본권의 효력만으로는 기본권 보장은 현실적인 것이 되지 못한다. 그런데 기본권 침해에 대한 가장 효과적인 구제수단은 역시 국가기관에 의하여 주어지므로 이 문제는 '국가권력 간의 통제' 문제와도 연관이 있다.

기본권의 침해는 누구에 의해서 혹은 어떤 방법에 의하여 침해되는가에 따라 여러 가지 형태가 있으며, 그 구제방법도 일률적이지 않다. 침해의 주체에

---

16) 헌재 2011.9.29. 2010헌마413.

따라 분류하면 국가와 사인으로 나눌 수 있다. 전통적으로 기본권의 침해는 국가권력에 의한 것이 주로 문제되어 왔으나, 오늘날은 거대 사조직 등 사인에 의한 기본권 침해도 심각한 문제가 되고 있다.

기본권의 침해에 대한 구제제도로는 청원권이나 선거권의 행사방법도 있으나, 개인이 재판청구권 등 각종 청구권적 기본권을 행사하여 사법기관에 의하여 구제를 받고 최종적으로 헌법재판소에 의하여 구제를 받는 것이 가장 효과적인 방법이라고 할 수 있다. 특히 현행 헌법이 헌법재판소를 신설함으로써 기본권의 침해에 대한 구제의 폭이 확대되었다.

우리 헌법은 기본권의 구제수단으로 청원권(제26조), 재판청구권(제27조), 행정쟁송제도(제107조 제2항 및 제3항, 제27조 제1항), 국가배상청구권(제29조), 형사보상청구권(제28조), 위헌법률심사제(제107조, 제111조 제1항 제1호), 헌법소원(제111조 제1항 제5호) 등을 규정하고 있다.

13.2.2. 입법기관에 의한 기본권의 침해와 구제

1. 입법기관에 의한 기본권 침해의 의의

입법기관에 의한 기본권의 침해는 적극적 입법, 즉 법률에 의해 기본권을 침해하는 경우와 입법자가 입법을 하지 않거나 불충분한 내용의 입법만을 함으로써 기본권을 침해하는 경우로 나눌 수 있다. 그런데 입법기관에 의한 기본권 침해에 있어서는 '법률의 합헌성 추정', '입법형성의 자유' 등의 문제와 관련하여 그 구제에 어려움이 있다.

국회가 헌법에 위반하여 기본권을 침해하는 법률을 제정함으로써 국민의 기본권을 침해하는 경우 우리 헌법은 구체적 규범통제방법으로 위헌법률심사제도와 헌법소원제도를 인정하고 있다.

위헌법률심사제도에 의하면 기본권을 침해하는 법률이 재판의 전제가 된 경우 당사자의 신청 또는 직권으로 법원이 헌법재판소에 위헌법률심판제청을 하고(「헌법재판소법」 제41조 제1항), 헌법재판소가 당해 법률의 위헌심판을 하여 위헌결정을 내리면 그 법률은 효력이 상실된다(동법 제47조 제2항). 법원이 당사자의 위헌법률심판의 제청을 기각한 경우에는 당사자는 동법 제68조 제2항에 의거하여 직접 헌법재판소에 위헌 여부를 가려 달라는 헌법소원심판을 청구할 수 있다.

또한 법률이 직접적으로 개인의 기본권을 침해한 경우에는 그 개인은 헌법재판소에 당해 법률에 관하여 헌법소원심판을 청구할 수 있고 헌법재판소가 인용결정(위헌결정)을 내리면 역시 그 법률은 효력이 상실된다. 우리 헌법재판소도 법률에 대한 헌법소원을 보충성의 예외로 보아 이를 인정하고 있다.[17] 다만, 법률에 대한 헌법소원을 제기하려면 자기관련성·현재성·직접성 등의 적법성을 갖추어야 하고 그 청구기간에서도 특색이 있다.

헌법소송 외의 구제수단으로는 대통령이 법률안거부권을 행사함으로써 기본권을 침해하는 법률의 제정을 막는 방법, 국민이 법률의 개폐를 청원하는 방법, 선거를 통해 정치적 책임을 추궁하는 방법 등이 있다. 그 외에 국회의원 소환제에 의한 구제 및 국민발안과 국민투표에 의한 구제 등도 생각할 수 있으나 우리나라에서는 인정되지 않는다.

2. 입법부작위에 의한 기본권 침해

입법부작위에 의한 기본권의 침해란 국회가 법률을 제정하지 아니하거나 불충분한 입법을 하여 국민의 기본권을 침해하는 것을 말하는데, 이는 국회에 '입법의무'가 존재함을 전제조건으로 한다.

따라서 문제가 되는 경우는 헌법이 국회에 입법의무를 지우고 있음에도 국회가 현실적으로 그 입법의무를 이행하지 아니하여 법률이 존재하지 아니하는 경우인 '진정입법부작위'와, 헌법이 국회에 입법의무를 지우고 있고 그에 따라 국회가 법률제정 또는 개정하였지만 그 법률이 불완전하거나 불충분하여 그 불완전하고 불충분한 부분은 사실상 입법작용이 없는 것과 같은 '부진정입법부작위'가 있다.

그러나 부진정입법부작위는 적극적 입법작용이 가지는 불완전성과 불충분성을 다투는 방식, 즉 정립된 법률의 통상적 위헌심사로 다루어지기 때문에 입법부작위에 의한 기본권 침해에 대한 구제문제로서 논의되는 것은 '진정입법부작위'의 경우뿐이다.

---

17) 헌재 1989.3.17. 88헌마1.

헌법재판소는 입법재량을 이유로 입법행위에 대한 소송청구권은 원칙적으로 인정될 수 없고, 따라서 입법부작위에 대한 헌법재판소의 재판관할권은 극히 한정적으로 인정할 수밖에 없다면서 ① 헌법에서 기본권을 보장하기 위해 명시적으로 입법위임을 하였음에도 불구하고 입법자가 이를 이행하지 않은 경우와, ② 헌법해석상 특정인에게 구체적 기본권이 생겨 이를 보장하기 위한 국가의 행위의무 내지 보호의무가 발생하였음이 명백함에도 불구하고 입법자가 아무런 입법조치를 취하지 않은 경우에만 입법부작위에 대한 헌법소원을 인정하고 있다.[18]

13.2.3. 집행기관에 의한 기본권의 침해와 구제

1. 행정기관에 의한 기본권 침해

제107조 ② 명령·규칙 또는 처분이 헌법이나 법률에 위반되는 여부가 재판의 전제가 된 경우에는 대법원은 이를 최종적으로 심사할 권한을 가진다.
③ 재판의 전심절차로서 행정심판을 할 수 있다. 행정심판의 절차는 법률로 정하되, 사법절차가 준용되어야 한다.
제111조 ① 헌법재판소는 다음 사항을 관장한다.
5. 법률이 정하는 헌법소원에 관한 심판

기본권의 침해는 주로 법의 집행과정에서 일어난다. 행정기관에 의한 기본권의 침해는 그 원인상 ① 기본권의 침해를 내용으로 하는 위헌적 법률에 근거하여 기본권을 침해하는 경우, ② 법률은 합헌인데 그 해석·적용에 고의와 과실이 있어 기본권을 침해하는 경우로 나눌 수 있고, 행정행위에 의한 침해 양태에 있어서도 적극적 행정행위에 의한 기본권 침해와 행정부작위에 의한 기본권 침해로 나눌 수 있다.

행정기관에 의해 기본권이 침해된 경우 그 구제방법으로는 행정쟁송, 즉 행

---

18) 헌재 1989.3.17. 88헌마1; 1991.9.16. 89헌마163; 1991.11.25. 90헌마19; 1996.10.31. 94헌마108.

정심판과 행정소송이 가장 전형적이다.

행정심판은 행정기관의 위법·부당한 처분이나 부작위로 인하여 권익을 침해당한 개인이 처분청의 상급행정기관에 대하여 그 시정을 요구하는 방법이다(헌법 제107조 제3항). 과거에는 취소소송의 경우 행정심판전치주의를 택하여 행정소송을 제기하려면 일정한 경우를 제외하고는 반드시 행정심판을 거치도록 하였다.

그러나 개정된 「행정소송법」은 행정심판을 거치지 않고 취소소송을 제기할 수 있는 경우를 확대하고 있다(「행정소송법」 제18조). 행정심판의 중요성에 비추어 헌법은 "행정심판의 절차는 법률로 정하되 사법절차가 준용되어야 한다"(제107조 제3항)고 규정하고 있다.

행정심판의 종류로는 취소심판(행정청의 위법 또는 부당한 처분을 취소하거나 변경하는 행정심판), 무효 등 확인심판(행정청의 처분의 효력 유무 또는 존재 여부를 확인하는 행정심판) 그리고 의무이행심판(당사자의 신청에 대한 행정청의 위법 또는 부당한 거부처분이나 부작위에 대하여 일정한 처분을 하도록 하는 행정심판)이 있다(「행정심판법」 제5조).

헌법은 제107조 제2항에서 행정재판에 관한 규정을 두어 행정명령·행정규칙·행정처분 등의 위헌·위법 여부를 법원이 판단할 수 있도록 하고 있다. 행정쟁송은 행정에 대한 사법적 통제의 기능을 가지고 있으나 국민의 기본권 보장을 위한 구제기능도 가지고 있다. 「행정소송법」에서는 의무이행소송까지 인정되지 않았으나 부작위위법확인소송은 인정되고 있다. 이에 따라 행정청의 부작위로 기본권이 침해된 경우 이의 위법을 확인하는 소송을 제기할 수 있게 되었다. 부작위위법확인소송에서 인용판결이 확정되면 부작위청은 판결의 취지에 따라 당초의 신청에 대한 처분을 하여야 할 의무를 지게 되므로(「행정소송법」 제30조 제2항과 제38조 제2항) 실질적으로는 의무이행소송의 효과를 기대할 수 있다.

법원은 재판의 전제가 된 법규명령(시행령, 시행규칙)의 위헌·위법 여부를 심사하여 그 법규명령이 위헌·위법하다고 판단될 경우 적용을 거부함으로써 행정입법에 의한 기본권 침해를 구제해 준다(헌법 제107조 제2항). 행정작용에 대해 사법적 방식을 통한 구제에는 최종적으로 헌법소원심판이 있다(제111조 제1항 제5호).

그 외 국가배상을 청구하는 방법, 형사보상을 청구하는 방법, 청원하는 방법 등이 있다. 감독청에 의한 직권취소나 당해 공무원에 대한 탄핵심판, 민·형사책임 또는 징계책임의 추궁 등도 기본권 구제에 간접적으로 기여한다고 할 수 있다. 그리고 국무총리 소속의 국민고충처리위원회가 행정기관의 민원 사무집행에 관련한 국민의 권익을 옹호하고 있는바, 이는 일종의 옴부즈맨제도이다. 국가인권위원회는 인권침해 사례에 대한 조사, 교육, 권고 및 의견표명 등 인권 전반에 관한 포괄적인 업무를 수행하는 기관으로 인권발전에 큰 기대를 품게 하고 있다.

2. 사법기관에 의한 기본권 침해

사법기관에 의한 기본권의 침해로는 ① 법령해석·적용의 오류 또는 사실인정에서의 오인 등 오판에 의한 기본권 침해, ② 재판의 지연에 의한 신속한 재판을 받을 권리의 침해, ③ 재판절차에 있어서의 당사자의 기본권 침해, ④ 대법원규칙에 의한 기본권 침해 등을 들 수 있다.

재판의 위헌·위법문제는 상소제도와 재심, 비상상고 등에 의하여 사법절차 내에서 자체적으로 구제된다. 헌법재판에 의한 구제와 관련하여 「헌법재판소법」 제68조 제1항은 법원의 재판을 헌법소원의 대상에서 제외하고 있다. 그러나 헌법재판소는 법원이 헌법재판소가 위헌으로 판단한 법률을 적용하여 기본권을 침해하는 경우 그 재판은 헌법소원의 대상이 된다고 하였다.[19]

13.2.4. 기본권 구제의 그 밖의 문제

사인에 의한 기본권 침해는 ① 범죄, ② 민사상의 불법행위, ③ 위헌적 계약의 체결 등의 방법으로 일어난다. 사인의 범죄에 의한 기본권 침해 경우에는 가해자를 고소·고발함으로써 형사처벌을 받게 할 수 있고, 일정한 경우 국가에 대해서 범죄피해자구조청구권을 행사할 수 있다(헌법 제30조). 타인의 불법행위에 의한 기본권 침해의 경우에는 손해배상청구를 할 수 있고, 위헌적 계약의 체결은 소송을 제기하여 법원으로부터 무효선언을 받음으로써 구제될 수 있다.

---

19) 헌재 1997.12.24. 96헌마172.

헌법상 보장된 기본권이 헌법에 규정된 방법으로 보장될 수 없는 긴박한 상태에서 자력구제가 가능할 것인가? 일반적으로 공무원이나 사인이 불법적으로 국민의 기본권을 침해하는 경우에는 정당방위가 인정되고 있으며, 사인의 정당한 권리행사라 할지라도 그것이 도를 넘은 경우에는 긴급피난을 할 수 있을 것이다. 「형법」 제23조는 청구권의 보전에 관하여 엄격한 요건하에서 이를 인정하고 있고, 「민법」은 제209조 점유권에 관하여 명문으로 이를 규정하고 있는바, 법질서의 통일적인 해석적용을 위하여 불가피한 경우에는 이를 인정하여야만 할 것이다.

국가권력의 기본권 침해에 대하여 실정법적 구제수단을 모두 사용했으나 구제가 불가능한 경우에는 최후수단으로 국민의 저항권행사를 생각할 수 있다. 오늘날 기본권의 보장과 그 법적 구제수단의 정비는 저항권의 행사 없이도 기본권의 침해에서 구제될 수 있는 것처럼 보인다. 그러나 아직도 실정법적인 방법만으로 기본권을 보장할 수 없는 경우가 있다. 이러한 저항권은 독일의 경우에는 연방헌법재판소에서 인정하고 있지만 우리나라의 대법원판례는 저항권을 부인하고 있다.[20] 그러나 '불의에 저항한 4·19 민주이념을 계승'한다고 규정하고 있는 헌법전문에서 저항권의 근거를 찾는 견해도 있다. 국민주권국가라면 헌법규정의 유무와 관계없이 저항권은 당연히 존재한다.

13.3. 헌법소원

제111조 ① 헌법재판소는 다음 사항을 관장한다.
1. 법원의 제청에 의한 법률의 위헌 여부 심판
2. 탄핵의 심판
3. 정당의 해산심판

---

20) 대판 1975.4.8. 74도3323.

4. 국가기관 상호 간, 국가기관과 지방자치단체 간 및 지방자치단체 상호 간의 권한쟁의에 관한 심판

5. 법률이 정하는 헌법소원에 관한 심판

② 헌법재판소는 법관의 자격을 가진 9인의 재판관으로 구성하며, 재판관은 대통령이 임명한다.

③ 제2항의 재판관 중 3인은 국회에서 선출하는 자를, 3인은 대법원장이 지명하는 자를 임명한다.

④ 헌법재판소의 장은 국회의 동의를 얻어 재판관 중에서 대통령이 임명한다.

헌법은 제111조 제1항 제5호에서 헌법재판의 한 형태로 헌법소원을 규정하고 있다. 「헌법재판소법」 제68조 제2항에 의거한 이른바 위헌심사형 헌법소원은 그 실질이 위헌법률심판이기 때문에 개인의 권리를 구제하는 헌법소원은 「헌법재판소법」 제68조 제1항의 헌법소원을 말한다. "공권력의 행사 또는 불행사로 인하여 헌법상 보장된 기본권을 침해받은 자는 법원의 재판을 제외하고는 헌법재판소에 헌법소원심판을 청구할 수 있다. 다만, 다른 법률에 구제절차가 있는 경우에는 그 절차를 모두 거친 후가 아니면 청구할 수 없다." 이하에서는 「헌법재판소법」 제68조 제1항의 이른바 권리구제형 헌법소원에 대해 살펴본다.

13.3.1. 헌법소원심판의 청구요건

1. 실질적 요건

헌법소원심판을 청구하기 위해서는 실질적 요건으로서 ① 청구인능력이 인정되어야 하며, ② 공권력의 행사 또는 불행사가 있어야 하고, ③ 헌법상 보장된 기본권의 침해주장이 있어야 하며, ④ 청구인적격으로서 기본권 침해의 자기관련성·현재성·직접성이 인정되어야 하고, ⑤ 다른 법률에 구제절차가 있는 경우 그 절차를 모두 마쳐야 하며, ⑥ 권리보호의 이익이 있어야 한다. 이 중 공권력의 행사 또는 불행사의 요건은 헌법소원심판의 대상에서 설명하

기로 하고 나머지만 순서대로 고찰한다.

우선 헌법소원은 기본권을 침해받을 수 있음을 전제로 하기 때문에 헌법소원심판을 청구할 수 있으려면 기본권 주체성이 있어야 한다. 따라서 해당 기본권의 성격상 기본권능력이 부인되는 경우의 외국인, 사단 등은 청구인적격을 갖지 못한다. 국회노동위원회, 국회의원, 교육위원, 지방의회와 지방자치단체의 장 등은 기본권 주체성이 부인되므로 헌법소원을 청구할 수 없다. 다만, 공권력의 주체라고 할지라도 국·공립대학이나 공영방송국과 같이 국가에 대해 독립성을 가진 독자적인 기구로서 대학의 자치나 방송의 자유와 같이 해당 기본권에서 기본권 실현에 이바지하는 경우에는 예외적으로 기본권 주체성이 인정될 수 있다.[21]

청구인적격이 확보되기 위해서는 헌법상의 기본권이 침해되어야 한다. 기본권 침해란 자기의 기본권(자기관련성)이 직접적으로(직접성) 그리고 현재 침해된 경우(현재성)이어야 한다. 자기관련성과 관련하여 단체는 그 구성원의 권리를 행사할 수 없고, 구성원은 단체의 권리가 침해되었음을 이유로 헌법소원을 청구할 수 없다.[22] 자기관련성은 공권력 작용의 상대방에게만 인정된다. 그러므로 간접적인 의미에서 청구인의 기본권에 영향을 미친 경우는 청구인적격이 없다. 특히 법령에 대한 헌법소원의 경우에 구체적인 집행행위의 매개 없이 법령에 의해 직접 기본권이 침해되어야 한다.[23] 장래 기본권이 침해될 가능성이 있다고 하여 헌법소원심판을 청구할 수는 없다. 다만, 기본권 침해가 가까운 장래에 확실시되고 침해가 되면 구제가 곤란하고 법익침해가 중대하면 예외적으로 현재성을 인정할 수 있다.[24]

기본권이 침해의 자기관련성·직접성·현재성이 갖춰져 있다고 해도 권리보호의 이익이 없으면 청구인적격은 인정되지 않는다. 심판계속 중에 사실관계 또는 법률관계의 변동으로 기본권의 침해가 종료된 경우에도 헌법소원은 부적법한 것이 된다. 다만, "청구인에 대한 권리상태가 종료되었더라도 위헌 여부의 해명이 헌법적으로 중대하거나 기본권 침해행위의 반복 위험성이 있

---

21) 헌재 1992.10.1. 92헌마68 등.

22) 헌재 2001.1.18. 2000헌마149.

23) 헌재 1989.3.17. 88헌마1 등; 2001.3.21. 99헌마139.

24) 헌재 2001.3.21. 99헌마150.

는 경우에는 예외적으로 심판청구의 이익이 있다"고 본다.[25]

권리보호의 이익이 있음이 입증되어 청구인적격이 인정되었다고 해도 다른 법률에 구제절차가 있는 경우에는 그 절차를 모두 거친 후가 아니면 헌법소원을 청구할 수 없다(보충성의 원칙). 여기서 '다른 법률에 의한 구제절차'라 함은 공권력의 행사 또는 불행사를 직접 대상으로 하여 그 효력을 다툴 수 있는 적법한 권리구제절차를 의미하는 것으로, 공권력의 행사 또는 불행사의 결과로 생긴 효과를 원상복귀시키거나 사후적이고 보충적인 구제수단인 손해배상청구나 손실보상청구를 의미하는 것은 아니다.[26] 그리고 헌법재판소는 "청구인의 불이익으로 돌릴 수 없는 정당한 이유 있는 착오로 전심절차를 밟지 않은 경우 또는 전심절차로 권리가 구제될 가능성이 전혀 없거나 권리구제절차가 허용되는지의 여부가 객관적으로 불확실하여 전심절차이행의 기대 가능성이 없을 때에는" 보충성 원칙의 예외를 인정한다.[27] 헌법재판소는 행정입법부작위에 대해 대법원이 행정소송의 대상으로 봄에 있어서 소극적이라는 이유로 다른 구제절차가 없는 것으로 간주하여 헌법소원을 제기할 수 있다고 본다.[28]

2. 절차적 요건

형식상 및 절차상의 요건으로 심판청구서의 작성, 변호사자격의 대리인 선임(변호사 강제주의) 외에 청구기간이 지나지 않아야 한다. 기본권 침해의 사유가 발생하였음을 안 날로부터 90일 이내에, 그리고 사유가 발생한 날로부터 1년 이내에 청구해야 한다. 다른 법률에 의한 구제절차를 거친 헌법소원의 심판은 최종결정을 통지받은 날로부터 30일 이내에 청구하여야 한다(「헌법재판소법」 제69조 제1항). 법령에 대한 헌법소원의 경우 원칙적으로는 법령이 시행된 사실을 안 날로부터 90일 이내, 법령이 시행된 날로부터 1년 이내에 청구해야 하나, 법령이 시행된 뒤에 비로소 그 법령에 해당하는 사유가 발생하여

---

25) 헌재 1992.1.28. 91헌마111; 1997.11.27. 94헌마60 등; 2005.10.27. 2005헌마126; 2006.7.27. 2004헌마655; 2006.6.29. 2005헌마415; 2013.9.26. 2011헌마782.
26) 헌재 1993.5.13. 92헌마297.
27) 헌재 1989.9.4. 88헌마22 등.
28) 헌재 1998.7.16. 96헌마246.

기본권의 침해를 받게 된 자는 그 사유가 발생하였음을 안 날로부터 90일 이내에, 그 사유가 발생한 날로부터 1년 이내에 청구해야 한다. 여기서 '법령에 해당하는 사유가 발생한 날'이란 법령의 규율을 구체적이고 현실적으로 적용받게 된 최초의 날을 의미한다.[29]

13.3.2. 헌법소원심판의 대상

헌법소원심판의 대상은 '공권력의 행사 또는 불행사'이다. 공권력의 행사 또는 불행사란 공권력을 행사할 수 있는 지위에 있는 기관에 의한 작위 또는 부작위로서 그로 인해 국민의 권리·의무 내지 법적 지위에 직접적인 영향을 미치는 행위이어야 한다. 이때의 공권력에는 입법, 행정, 사법 등의 공권력뿐만 아니라 공법상의 사단과 재단 등의 공법인이나 국립대학교와 같은 영조물의 작용도 포함된다.[30] 헌법재판소는 사실행위 중에서 계속적인 성질을 가진 권력적 사실행위는 포함시키지만,[31] 비권력적 사실행위는 포함시키지 않는다.[32] 청구대상의 범위는 일반적으로 기본권이 구속하는 공권력의 범위와 일치한다. 공권력의 불행사에 관하여는 공권력의 주체에게 헌법상의 작위의무가 있는 경우를 지칭한다. 헌법재판소는 헌법규정과 헌법재판소의 결정에 대한 헌법소원을 인정하지 않는다.[33]

명령·규칙·조례의 위헌·위법 여부는 법원의 판단대상이므로 그것들에 기인하는 기본권 침해의 경우는 헌법소원의 대상이 되지 않는다. 그러나 명령·규칙·조례 그 자체에 의하여 직접 기본권이 침해되었을 경우에는 헌법소원의 대상이 된다.[34] 행정규칙이 대외적 구속력을 가지게 되는 경우에는 예외적으로 헌법소원의 대상이 될 수 있다. 즉, "행정규칙이 법령의 규정에 의하여 행정관청에 법령의 구체적 내용을 보충할 권한을 부여한 경우나 재량권행

---

29) 헌재 2006.7.27. 2004헌마655.

30) 헌재 1992.10.1. 92헌마68 등; 1998.8.27. 97헌마372 등.

31) 헌재 1993.7.29. 89헌마31; 2003.12.18. 2001헌마163; 2012.3.29. 2010헌마475.

32) 헌재 1994.5.6. 89헌마35; 2001.10.25. 2001헌마113; 2012.10.25. 2011헌마429.

33) 헌재 1995.12.28. 95헌바3; 1989.7.24. 89헌마141.

34) 헌재 1995.4.20. 92헌마264 등.

사의 준칙인 규칙이 그 정한 바에 따라 되풀이 시행되어 행정관행이 이룩되게 되면, 평등의 원칙이나 신뢰보호의 원칙에 따라 행정기관은 그 상대방에 대한 관계에서 그 규칙에 따라야 할 자기구속을 당하게 되는 경우에는 대외적 구속력을 가지게 되는바, 이러한 경우에는 헌법소원의 대상이 될 수도 있다."[35]

행정청의 처분이 헌법에 위반된다는 이유로 그 취소를 구하는 행정소송을 포함한 모든 구제절차를 종료하여 판결이 확정된 후 재차 제기하는 헌법소원이 가능한가? 이에 대해서는 긍정하는 견해와 사실상 법원의 재판에 대한 헌법소원이므로 인정될 수 없다는 견해가 대립하고 있다. 헌법재판소는 "원처분에 대하여 헌법소원심판청구를 받아들여 이를 취소하는 것은 원처분을 심판의 대상으로 삼았던 법원의 재판이 예외적으로 헌법소원심판의 대상이 되어 그 재판 자체까지 취소되는 경우에 한하고, 이와는 달리 법원의 재판이 취소되지 아니하는 경우에는 확정판결의 기판력으로 인하여 원처분은 헌법소원심판의 대상이 되지 아니한다"고 한다.[36]

행정계획도 "그 내용이 국민의 기본권에 직접 영향을 미치는 내용이고, 앞으로 법령의 뒷받침에 의하여 그대로 실시될 것이 틀림없을 것으로 예상될 수 있는 것일 때에는 그로 인하여 직접적으로 기본권 침해를 받는 사람에게는 사실상의 규범작용으로 인한 위험성이 이미 발생하였다고 보아야 하므로 헌법소원의 대상이 되는 공권력에 해당된다."[37] 따라서 헌법재판소는 공무원채용시험 시행계획공고가 공권력의 행사에 해당한다고 보았다.[38]

헌법소원 건수의 가장 많은 부분을 차지했던 검사의 불기소처분과 관련하여, 자의적 불기소처분은 평등권과 재판절차진술권을 침해하는 것으로 보아 불기소처분에 대한 불복절차인 검찰항고를 거쳤다면 또 다른 불복수단인 재정신청을 거치지 않아도 헌법소원을 제기할 수 있다는 것이 과거 헌법재판소의 입장이었다. 그러나 2007년 「형사소송법」이 개정되어 형사상 모든 범죄에 대하여 형사피해자인 고소인은 검찰청에의 항고를 거친 후 고등법원에 재정신청을 제기할 수 있을 뿐 검찰청에의 재항고 내지 헌법재판소에 헌법소원을

---

35) 헌재 2001.5.31. 99헌마413.
36) 헌재 1999.10.21. 97헌마301 등(병합).
37) 헌재 1992.10.1. 92헌마68 등(병합); 2000.6.1. 99헌마538 등.
38) 헌재 2000.1.27. 99헌마123.

제기할 수 없게 되었다. 헌법재판소도 재정신청을 할 수 있음에도 이를 거치지 아니한 채 불기소처분의 취소를 구하는 헌법소원심판을 청구한 경우 보충성의 원칙에 반한다는 이유로 각하하였다.[39]

고소인과 달리 고발인은 자신의 기본권이 침해되지 않은 까닭에 헌법소원심판을 청구할 수 없다.[40] 범죄혐의가 없음이 명백한 사안을 자의적으로 기소유예처분을 했다면 다른 사전구제절차가 없으므로 이 기소유예처분은 헌법소원의 대상이 된다.

법원의 재판은 원칙적으로 헌법소원심판청구의 대상이 되지 않는다(「헌법재판소법」 제68조 제1항). 여기서 '법원의 재판'이라 함은 소송사건을 해결하기 위해 법원이 하는 종국판결 외에도 본안 전 소송판결 및 중간판결이 모두 포함되고, 기타 소송절차의 파생적이고 부수적인 사항에 관한 판단도 포함된다. 따라서 재판장의 소송지휘나 재판진행에 따른 명령이나 사실행위도 헌법소원심판의 대상이 되지 않고, 사법의 부작위인 재판의 지연도 그러하다.[41] 단, 헌법재판소가 위헌으로 결정한 법령을 적용하여 국민의 기본권을 침해한 재판에 대해서는 예외적으로 헌법소원심판청구가 인정된다.[42] 독일과 달리 법원의 재판을 헌법소원의 대상에서 배제함으로써 헌법소원의 유용성이 현저히 줄어들게 되었다.

---

39) 헌재 2008.7.8. 2008헌마479.

40) 헌재 1989.12.22. 89헌마145.

41) 헌재 1992.12.24. 90헌마158; 1998.5.28. 96헌마46.

42) "「헌법재판소법」 제68조 제1항이 위와 같이 원칙적으로 헌법에 위반되지 아니한다고 하더라도 법원이 헌법재판소가 위헌으로 결정하여 그 효력을 전부 또는 일부 상실하거나 위헌으로 확인된 법률(이하 단순히 '그 효력을 상실한 법률'이라 한다)을 적용함으로써 국민의 기본권을 침해한 경우에도 법원의 재판에 대한 헌법소원이 허용되지 않는 것으로 해석한다면, 위 법률조항은 그러한 한도 내에서 헌법에 위반된다고 보지 아니할 수 없다. 모든 국가기관은 헌법의 구속을 받고 헌법에의 기속은 헌법재판을 통하여 사법절차적으로 관철되므로, 헌법재판소가 헌법에서 부여받은 위헌심사권을 행사한 결과인 법률에 대한 위헌결정은 법원을 포함한 모든 국가기관과 지방자치단체를 기속한다. 따라서 헌법재판소가 위헌으로 결정하여 그 효력을 상실한 법률을 적용하여 한 법원의 재판은 헌법재판소 결정의 기속력에 반하는 것일 뿐 아니라, 법률에 대한 위헌심사권을 헌법재판소에 부여한 헌법의 결단(헌법 제107조 및 제111조)에 정면으로 위배된다." 헌재 1997.12.24. 96헌마 172 · 173(병합).

제4편

국가작용

제**14**장
통치구조의 구성원리와
통치작용

개관

　통치기구의 구성과 통치작용은 입헌주의 원리에 의하여 지배되고 있다. 넓은 의미에서의 입헌주의는 '이념적 기반'으로서 국민주권의 원리를, '가치' 내지 '이념'으로서 기본권의 보장을, '제도'로서 대의제와 권력분립을, '원칙'으로서 법치주의 등을 포괄하는 통치원리이다.

　통치작용이란 통치기구들이 수행하는 기능이다. 헌법상 권력분립원리는 국가작용을 3권분립론에 따라 입법, 행정, 사법으로 나누고 있다. 고전적 권력분립론은 국가권력의 집중을 방지하는 데 목적이 있었지만, 현대의 권력분립론은 국가권력 간의 상호 견제와 균형 외에도 경제권력 등 사적 집단의 권력에 대한 헌법적 통제까지 관심을 확대하고 있다.

14.1. 권력분립의 원리

14.1.1. 권력분립의 개념

인권을 보장하기 위하여 권력의 집중과 자의적 권력행사를 억제하여야 한다는 근대 입헌주의 사상은 권력분립이라는 제도를 창안하였다.

① 국가의 통치작용을 기능의 관점에서 입법, 집행, 사법으로 분할하고, 이들 작용을 각각 분리·독립된 입법부, 집행부, 사법부에 귀속시킨다.

② 각 기관은 독립하여 자신에 귀속된 통치작용만 행사하고, 다른 기관에 귀속된 통치작용을 행사할 수 없다.

③ 세 기관의 구성자는 별개의 자(기관)가 아니면 안 되며, 어떤 자도 동시에 다른 기관의 구성자가 될 수 없다.

이렇게 기관 상호 간에 '견제와 균형(checks and balances)관계'가 성립하여 어떤 자도, 어떤 기관도 국가의 모든 기구를 지배할 수 없게 하려는 것이 권력분립의 원리이다.

권력분립제는 권력의 합리적 배분과 기관 상호 간의 억제라고 하는 단순한 기술론에 앞서 개인의 자유와 권리를 확보하기 위한 자유주의적 조직원리를 의미한다. 자기극대화와 영속성을 속성으로 하는 권력과, 그러한 권력을 행사하는 인간에 대한 회의와 불신이라는 자유주의적 사고가 권력분립론의 배경이 되고 있다. 요컨대 권력분립제는 권력의 남용 또는 권력의 자의적 행사를 방지하기 위한 원리이다.

14.1.2. 권력분립의 사상과 이론

근대적 의미의 권력분립론은 로크(J. Locke)와 몽테스키외(Montesquieu)에 의하여 이론적으로 확립되었다. 로크는 『시민정부이론(市民政府二論)(Two Treatises on Civil Government)』(1690)에서 국가의 최고권력이 국민에게 있다는 것을 전제로 하여 국가권력에는 입법권 그리고 입법권 아래에 집행권과 연합권(동맹권·외교권)이 있어야 한다고 하였다. 로크의 권력분립론은 사법권에 관한 언급이 없고, 집행권과 연합권은 "거의 분리될 수 없으며 동시에 다른 사람의 수중에 둘 수도 없다"고 한 점을 들어 흔히 2권분립론이라 한다. 로크가 제시한 권력분립론의 도식을 프랑스의 정치상황에 적용하여 체계화한 사람이 몽테스키외이다.

몽테스키외는 『법의 정신(De l'esprit des lois)』(1748)에서 3권의 성질에 관하여 다음과 같이 설명하고 있다.

입법권과 집행권이 한 사람의 수중에 결합되어 있을 때에는 자유란 존재하지 않는다. 왜냐하면 같은 군주 혹은 같은 원로원이 폭정적인 법률을 만들고, 그것을 폭정적으로 집행할 우려가 있기 때문이다.

만일 재판권이 입법권과 집행권으로부터 분리되지 않는다면 자유란 있을 수 없다. 재판권이 입법권과 결합된다면 시민의 생명과 자유를 지배하는 권력은 자의적이 될 것이다. 왜냐하면 재판관이 곧 입법자이기 때문이다. 또한 재판권이 집행권에 결합되어 있다면 재판관은 압제자의 힘을 가지게 될 것이다. 또한 동일한 인간 또는 어떤 집단이 이 세 가지 권력을 모두 행사한다면 모든 것을 상실하게 될 것이다.

(몽테스키외, 『법의 정신』 제11편에서)

로크가 2권분립론에 입각하여 집행권에 대한 입법권의 우위를 강조한 데 대하여, 몽테스키외는 엄격한 3권분립론에 입각하여 각 기관의 상호 견제와 균형의 관계를 확립하려고 했다는 점에서 차이가 있을 뿐이다. 몽테스키외의 엄격한 3권분립론은 미국의 헌법제정에 영향을 미쳐 대통령제로 발전하였고, 로크의 입법권 우위의 2권분립론은 영국의 헌정에 영향을 미쳐 의원내각제로 발전하였다.

국민주권론 국가들(자유주의국가)은 권력분립제를 원칙으로 채택하고 있지만, 인민주권론의 국가들(사회주의국가)은 인민의 권력은 분할될 수 없다는 것에 기초를 두고 국가권력에서도 권력분립이 아닌 권력집중제를 원칙으로 삼았다. 지금도 중국은 그대로 유지하고 있다.

> ### 2004년 중화인민공화국 헌법
>
> **제3조** 중화인민공화국의 국가기구는 민주집중제 원칙을 실행한다. 전국인민대표대회와 지방각급인민대표대회는 모두 민주선거를 통하여 구성되며 인민에 대하여 책임지고 인민의 감독을 받는다. 국가의 행정기관·재판기관·검찰기관은 모두 인민대표대회에 의하여 조직되며 인민대표대회에 대하여 책임을 지고 감독을 받는다. 중앙 및 지방 국가기구의 직권 구분은 중앙의 통일적인 지도 아래 지방의 능동성·적극성을 충분히 발휘시킨다는 원칙에 의거한다.

14.1.3. 권력분립의 제도화와 그 유형

1. 권력분립의 제도화

권력분립의 사상은 18세기 말의 미국과 프랑스의 근대 혁명의 지도이념이 되었을 뿐만 아니라, 혁명이 성공한 후에는 권력분립제가 실정제도로서 각국 헌법에 널리 채택되었다. 시민의 사적 자치의 영역에 국가권력이 개입하는 것을 반대한 시민계급에게는 권력분립제야말로 시민의 자유와 권리를 수호하는 데 불가결한 제도로 인식되었기 때문이다. 1776년의 뉴햄프셔주 헌법과 버지니아주 헌법이 권력분립제를 채택한 것을 효시로, 1787년의 미국 연방헌법과 1791년의 프랑스 헌법도 이를 채택하였다.

세계의 현행 헌법 중에서 권력분립제를 채택한 전형적 헌법은 미국 연방헌법이다. 미국 연방헌법이 권력분립제를 기본원리로 한 이유에 관해서는 몽테스키외의 이론적 영향과 식민지시대의 경험에 따른 것이라고 보고 있다. 미국 연방헌법에서의 권력분립제는 입법·집행·사법의 3권을 각각 연방의회·대통령·법원에게 부여하여 서로 간섭할 수 없도록 구성되어 있다.

프랑스는 인권선언 제16조를 반영하여 1791년 헌법에서 국민주권의 원리와 헌법제정권력의 이론을 구현하면서 권력분립도 어느 정도 제도화하였다. 즉, 1791년 프랑스 헌법은 입법권은 국민의회, 집행권은 군주, 사법권은 민선법관에 위임하여 각 권력을 고립에 가까울 만큼 분리함으로써 권력분립을 엄격하게 하였다.

> 프랑스 「인간과 시민의 권리선언」(1789.8.26.)
>
> **제16조** 권리의 보장이 확보되어 있지 않고 또 권력의 분립이 제정되어 있지 않은 사회는 헌법이 없는 사회이다.

2. 권력분립제의 유형

권력분립을 권력분리의 정도와 내용이라는 관점에서 본다면 각국 헌법에서 제도화된 권력분립의 형태는 다음과 같은 몇 가지 유형으로 나눌 수 있다.

첫째, 입법부와 집행부의 관계를 기준으로 할 때 ① 입법부 우위형(프랑스혁명 당시의 국민공회제 등), ② 집행부 우위형(제한군주제와 신대통령제 · 반(半)대통령제 등), ③ 엄격한 분립형(미국 연방헌법, 1791년의 프랑스 헌법 등) 내지 균형형(의원내각제를 바탕으로 하는 헌법)으로 나눌 수 있다.

둘째, 입법부와 사법부의 관계를 기준으로 할 때 ① 입법부 우위형(위헌법률심사제가 인정되지 아니하는 영국의 경우), ② 사법부 우위형(헌법 법원이 법률을 위헌으로 판단하면 그 법률 자체가 무효가 되는 독일의 경우), ③ 균형형(사법부가 위헌심사의 결과 위헌법률을 구체적인 사건에 적용하지 않을 뿐 무효로 선언할 수 없는 미국의 경우)으로 나눌 수 있다.

14.1.4. 권력분립제의 위기와 그 현대적 변용

권력분립제는 19세기에 와서 입헌정치의 보급과 더불어 서구 외의 국가들에까지 확대되어 갔다. 그렇지만 20세기에 접어들면서 고전적 권력분립제는 위기에 봉착하게 되었다. 그 바탕에는 이 제도의 배경이 된 개인주의, 자유주의가 점차 퇴조하기 시작하였다는 점이 있다. 더욱이 입헌제 내지 의회제민주주의의 위기(전체주의로 인한 1930년대 위기, 군부쿠데타와 사회주의로 인한 1960년대 위기)는 권력분립의 원칙마저도 유지할 수 없게 하였다. 즉, 근대적 개인주의, 자유주의에 수반되는 갖가지 모순과 결함이 노정되고, 현대국가가 당면한 특수적 · 위기적 상황 때문에 '강대한 집행권' 내지 '강력한 정부'가 요구되었다. 정당정치의 발달로 국가권력이 통합되는 양상을 드러내는 것도, 행정권의 우위로 인한 행정국가화 경향도, 헌법재판제도의 일반화로 인한 사법국가화 경향도 고전적 권력분립제를 해체하는 방향으로 작용하였다.

그러나 오늘날에도 권력분립은 입법은 민주적으로 선출된 의회에, 집행은 경험이 풍부한 전문가에게, 사법은 법에 능통한 법률가에게 분담시킨다는 국가기능의 합리적 분할을 의미하는 현대적 의의를 여전히 지니고 있다.

국가권력의 극단적인 일원화는 전제제나 독재제로 흐르고 만다. 권력분립제를 전적으로 폐기하거나 유린하였을 경우 어떠한 결과가 나타났는지는 파시즘의 역사가 잘 보여 주고 있다. 특히 사법권의 독립이나 입법부의 민주성이 독재권력에 의하여 유린될 때에는 시민의 자유는 물론 민주주의의 기본적 가치마저도 도저히 유지될 수 없다.

오늘날 헌법학의 기본문제 중 하나는 권력분립제에 수반되는 불합리한 요인을 제거하고 또 현대적 상황에 대응하기 위해서는 어느 정도 권력의 집중과 통합이 불가피하다는 인식에 입각하면서도 권력분립제의 전면적인 폐지가 아니라 권력분립의 합리적인 재구성을 어떻게 할 것인가를 구명하는 일이다. 이런 의미에서 입법, 행정, 사법의 3권을 중심으로 한 권력분립제가 아닌 실질적 국가작용의 상호 통제라는 관점에서 접근하는 것이 필요하다. 야당에 의한 행정부의 통제, 시민단체에 의한 국가권력의 통제, 지방자치조직에 의한 중앙정부의 견제 등 기능적 권력통제체제를 적극적으로 모색하는 것이 중요하다.

한편 전통적인 권력분립의 원리를 현대적으로 재해석해야 할 사항이 있다. 권력분립원리의 현대적 적용(usus modernus)에 관한 요청인 것이다. 로크나 몽테스키외 같은 정치사상가들이 활동하던 때는 군주시대로부터 시민의 시대로 넘어오는 과정이었다. 그때는 시민의 시대를 대비해서 사회계약론에 의한 헌법에 대한 구상이 나오고, 의회주의, 그리고 군주권력을 제한할 수 있는 권력분립원리가 나온 것이다. 새롭게 대두하는 시민에게 가장 중요한 과제는 군주와 국가권력으로부터의 외압을 막는 것이었다. 그 결과 전제권력을 방지하기 위해 국가권력을 분립시키는 방법이 강구되었고, 또 구체적으로 헌법에 반영되었다. 권력분립은 이처럼 철저하게 자유주의 사상의 산물이다.

그런데 현대 사회복지국가를 살고 있는 우리에게 국가권력은 국민들에게 영향을 주는 권력 중에서 가장 큰 것임은 분명하지만, 그 이상으로 비대해진 권력이 자본의 권력이다. 보다 구체적으로 말하면 국내 혹은 국제적인 대기업의 권력이다. 이들에 직접 고용되어 있든 혹은 그저 소비자로서든 국민들은 대기업의 권력에 포획되었다는 것을 실감하게 된다. 환경침해와 기후변화, 전자공장에서의 백혈병 사고, 가습기 살균제에 의한 대량 피해, 불합리한 전기 누진세에 의한 가정의 피해 등등 어느 것 하나도 속시원한 설명을 들어 보기 힘들고 잘못에 대한 시정조치도 기대하기 힘들다. 대기업의 거대 권력화는 자본과 국가 간의 결합이다. 이 사실은 오랫동안 국가와 법이론에 관한 사실주의자(realist)들에 의해서 지적되어 온 바이다. 대표적으로 막시스트들은 국가와 법을 자본가들의 지배수단이라고 규정지었다. 이념론으로 보면 틀린 소리이지만, 현실론으로 보면 타당한 부분이 많다. 국가의 주요 기관을 가진 자들이 장악하고(제한선거에 의해서), 거기에서 만들어진 법률을 국민의 이름으로 시행하는 것의 허구성을 잘 드러낸 주장이다. 우리가 사실주의 혹은 현실주의적 국가와 법이론을 채택하지는 않더라도 그 모습은 오늘날에도 여전히 타당한 것이다. 이미 프랑스의 뒤베르제(Maurice Duverger)도 서양의 정부를 금권민주주의(pluto democracy)라고 명명하였다. 왜냐하면 권력이 인민(demos)과 부(pluto)라는 두 개의 요소에 기초하고 있기 때문이다.[1]

그래서 헌법은 국민의 자유와 권리를 지키기 위해서 일차적으로 국가권력의 남용을 방지하기 위한 권력분립장치를 마련해야 할 뿐만 아니라, 동시에 경제와 사회권력으로부터의 안전장치를 마련해야 하는 것이다. 그것이 바로 경제헌법이고, 우리 헌법은 제9장에서 집중적으로 규정하고 있다. 경제헌법을 대표하는 표현은 '경제의 민주화'(헌법 제119조 제2항)이다. 이것은 경제권력의 민주화를 뜻한다. 향후 예상되는 문제는 경제의 민주화 외에도 사회 제 세력의 권력, 정보권력, 외국의 권력 등에 대한 헌법적 대처가 될 것이다.

14.1.5. 헌법에 있어서의 권력분립제

1948년의 건국헌법을 비롯한 역대 헌법들은 예외 없이 권력분립제를 규정하였다. 그러나 권력분립의 정도와 내용이 반드시 동일한 것은 아니었다. 건국헌법은 비교적 집행부 우위의 권력분립제를, 1960년 헌법은 비교적 균형이 유지된 권력분립제를, 1962년 헌법은 다시 집행부 우위의 권력분립제를,

---

1) 모리스 뒤베르제, 김학준·진석용 옮김, 『서구민주주의의 두 얼굴』, 문학과지성사, 1983.

1972년 헌법과 1980년 헌법은 집행부의 절대적 우위를 내용으로 하는 권력분립제를 규정하였다.

권력분립의 이념적 기초가 국민의 자유와 권리의 보장을 위하여 권력의 집중과 자의적인 권력행사를 억제하는 데 있다는 점을 고려하면 현대적 국가상황에서는 그 실현형태가 권력의 분할(separation), 권력 상호 간의 견제와 균형(checks and balances), 권력의 통제(control)를 포괄하는 내용의 합리적인 권력구조론, 권력관계론이 아니면 안 된다. 이러한 관점에서 현행 헌법이 규정하고 있는 권력분립의 내용을 검토하고자 한다.

1. 권력의 분할

권력의 분할은 권력의 집중을 방지하기 위하여 국가기능을 3분하여 각 기능의 본질적 부분을 각기 분리·독립된 기관들에 귀속시키는 제도이다. 대략적으로 보면 3권의 분립이지만, 실제로는 더 다양하게 국가의 모든 권력을 효율성이 인정되는 한도 내에서 최대한 분할하고 기관 간의 견제와 균형을 기대하고 있다. 즉, 중앙선거관리위원회, 헌법재판소, 국가인권위원회, 국민권익위원회 등은 3권에 포함되지 않는 기관이지만 실제로는 국가권력의 견제와 균형에 훌륭히 참여한다. 권력분립원리를 이해할 때 이제는 사고를 좀 더 유연하게 하는 것이 좋을 것 같다. 권력의 분할은 수평적 분할과 수직적 분할로 나눌 수 있다.

수평적 권력분할은 입법권은 국회에(제40조), 집행권은 대통령을 수반으로 하는 정부에(제66조 제4항), 사법권은 법관으로 구성된 법원에 속한다(제101조 제1항)는 헌법규정과, 국회의원과 대통령의 겸직을 금지하는 헌법규정(제43조, 제83조) 등에 의하여 실현되고 있다. 이러한 수평적 권력분할에 대한 예외로서 대통령에게는 ① 긴급명령과 긴급재정경제명령을 발포할 수 있는 권한, ② 국가안위에 관한 중요 정책을 국민투표에 붙일 수 있는 권한, ③ 법률안을 제출할 수 있는 권한 등을 부여하고 있으며, 국회에 대하여는 ① 국무총리·국무위원의 해임건의권, ② 국회의장의 법률공포권을 인정하고 있다.

헌법상 구조적인 측면에서의 수직적 권력분할은 우선 지방자치제에서 찾아볼 수 있다(제117조, 제118조). 다소 부실한 규정이라는 생각이 들지만, 헌법의 발달방향은 지방자치제의 정착에서 찾아야 한다. 우리나라의 전통은 온통 중앙집권주의였기 때문에 지방자치는 익숙하지 못한 것이 사실이다. 그러나 민주주의의 발달을 위해서는 하부단위에서의 자율과 자치가 필수적이라고 할 수 있다. 좀 미흡하고 부작용이 있다고 하더라도 우리 사회는 지방자치에 활력을 줄 수 있도록 해야 한다. 단순한 지방자치에 머물지 않고, 지방분권을 강화하고, 좀 더 강하게는 연방제적 지방분권까지 시도해 볼 만하다. 그것은 우리 사회의 인구와 사회적 관계의 복합성을 감안할 때 중앙정부가 주도하는 정치는 비효율적일 수밖에 없다고 보이기 때문이다.

이와 관련해서 중요한 수직적 권력분할이 기관 내부에서의 관할권의 배분이다. 이것은 공직사회에서의 대폭적인 권한위임과 공무원 개개인의 책임강화로 이어진다. 공무원의 관료조직은 일사분란하다는 점에서 그 장점과 단점이 발견된다. 조직이 유기체적으로 연대하여 일을 하고 공동으로 책임을 지는 것이 안정성은 있지만, 특히 하급공무원 개개인의 창의와 자발성은 저하될 수밖에 없게 만든다. 결과적으로 작업의 생산성과 효율성이 떨어진다는 것이다. 사회복지국가의 성패 여부는 편성된 복지예산을 가지고 일선 담당 공무원이 얼마나 자발적으로 합목적적인 공적 서비스를 수행해 내느냐에 달려 있다고 해도 과언이 아니다. 종전의 관료주의적 방식을 깨고 각자에게 일정한 권한과 책임을 부여하는 공직사회의 틀 변화가 꼭 필요하다.

시간적인 측면에서의 수직적 권력분할은 ① 국회의원의 임기는 4년, ② 대통령의 임기는 5년, ③ 대법원장, 헌법재판소장, 대법관, 헌법재판소재판관, 선거관리위원회위원의 임기는 6년으로 한다는 헌법규정에 의하여 뒷받침되고 있다.

권력분할과 관련해서 상부권한의 하부로의 대폭적 위임과 자치의 강화가 요청된다. 복지국가를 준비하려면 결국 국가의 조직과 공직자 모두 자율성이 강화되어야 하고, 국민들도 개개인의 자율적 인격 발현이 요구된다. 이것은 특별히 자치가 요구되는 지방자치, 대학자치, 가족과 종교단체는 말할 것도 없고, 전국과 전 국민으로 확산되어야 한다. 교육을 예로 들면 교육부 중심에서 교육청 자치로, 교육청에서도 다시 학교단위로, 학교에서는 다시 교실단위로, 교실에서는 교사와 학생이 자율적으로 만나는 그런 공간이 되어야 한다는 논리이다.

2. 권력 상호 간의 견제와 균형

현행 헌법에서는 구헌법이 규정하였던 대통령의 비상적 대권들을 삭제하고, 국회의 권한을 확대·강화하였을 뿐 아니라 사법부의 독립을 고양함으로써 권력 상호 간의 견제와 균형이 강조되고 있다.

기구구성 면에서 권력 상호 간의 견제와 균형은 ① 국무총리, 대법원장, 헌법재판소장, 대법관, 감사원장의 임명에 국회의 동의를 얻게 하고, ② 헌법재판소와 중앙선거관리위원회의 구성을 국회, 대통령, 대법원장의 합동행위에 의하게 하며, ③「정부조직법」과 헌법재판소 및 법원의 설치·조직에 관한 법률을 국회로 하여금 제정하도록 함으로써 구현하려 하고 있다.

기능 면에서 권력 상호 간의 견제와 균형은 국회의 ① 국무총리 등에 대한 국회에의 출석·답변요구 및 질문권, ② 국회에 의한 정부 및 법원의 예산심의제, ③ 정부의 재정행위에 대한 의결권을 통하여 하고 있으며, 대통령의 ① 임시국회소집요구권, ② 법률공포권, ③ 국회예산안의 편성제출권, ④ 대통령, 국무총리 등의 국회에서의 의견표시권, ⑤ 정부의 행정입법권, ⑥ 대통령의 사면·감형·복권에 관한 권한 등을 통해서 구현하려 하고 있다.

제도 면에서 권력 상호 간의 견제와 균형은 ① 헌법개정 시의 국민투표제, ② 복수정당제, ③ 직업공무원제, ④ 국군의 정치적 중립성, ⑤ 대학자치제, ⑥ 헌법재판제도, ⑦ 선거공영제, ⑧ 지방자치제 등을 통해서 구현하려 하고 있다.

3. 권력의 통제

현행 헌법에서는 기관 상호 간의 감시와 비판을 통한 권력통제의 장치가 광범하게 채택되어 있다.

첫째, 국회는 ① 국무총리·국무위원의 해임건의, ② 대통령, 기타 고위직 공무원에 대한 탄핵소추, ③ 국정감사·조사, ④ 선전포고 등 외교행위에 대한 동의, ⑤ 긴급명령과 긴급재정경제처분·명령에 대한 승인, ⑥ 계엄해제요구, ⑦ 대통령이 제안한 헌법개정안의 의결, ⑧ 대통령의 일반사면에 대한 동의 등에 의하여 대통령과 정부를 통제할 수 있다. 또한 ① 법관에 대한 탄핵소추, ② 국정감사·조사 등을 통하여 법원을 통제할 수 있다.

둘째, 대통령은 ① 법률안의 거부, ② 국가안위에 관한 중요 정책의 국민투표회부 등으로 국회를 통제할 수 있다.

셋째, 법원은 명령 · 규칙 · 처분의 위헌 · 위법심사를 통하여 국회, 정부, 헌법재판소를 통제할 수 있다.

넷째, 헌법재판소는 위헌법률심판, 권한쟁의심판, 탄핵심판, 정당해산심판, 헌법소원심판 등을 통하여 국회, 대통령, 정부, 법원을 통제할 수 있다.

4. 경제의 민주화

앞서 언급한 것처럼 국민의 입장에서는 국가권력뿐만 아니라 일반 경제 · 사회권력이라도 국민의 주권과 기본권을 구속하는 경우에는 이를 배제시킬 수 있는 길이 열려야 한다. 우리 헌법은 특히 경제권력과 관련하여 제9장에서 규정하고 있다. 헌법 제9장은 경제권력에 대한 헌법, 즉 경제헌법이라고 볼 수 있다. 경제권력에서의 입헌주의의 관철은 경제권력의 남용에 대한 제한(소극적 기능)과 경제권력의 배분(적극적 기능)으로 나눌 수 있다. 경제권력의 견제와 균형을 도모하고자 하는 입법이 「독점규제 및 공정거래에 관한 법률」이라 한다면, 경제권력의 배분은 노동법과 경제법, 사회보장법에 포함되는 모든 법률들에 산재되어 있다. 이와 관련한 상세한 내용은 앞의 사회국가 원리와 기본권의 사인 간 효력(수평적 효력)을 참조하면 좋을 듯하다. 우리 헌법은 자유민주주의 위에 사회국가 원리를 축조한 것이기에 개인의 재산권 보장, 개인의 경제상의 자유와 창의를 존중해야 한다. 사적 자치의 원리는 인류가 쟁취한 귀중한 자유와 행복의 보고(寶庫)이다. 그럼에도 불구하고 개인의 영역이라도 헌법이 요구하는 공공의 정신과 민주주의, 법치주의 질서는 시민과 기업 그리고 사회 제 단체가 존중하는 원칙이 되어야 한다.[2]

---

2) 여기서 경제민주화의 뜻은 특정 거대경제세력이 나라를 지배하지 않도록 하자는 것이다. 지나친 탐욕을 억제하여 특정 거대경제세력이 시장을 지배하는 구조를 차단함으로써 시장 전체의 효율을 높이자는 것으로, 국민 각계각층 모두를 아울러야 한다. 미국 등 선진국에서는 노동자와 사용자 사이의 '민주적 협조(democratic cooperation)' 체제가 개별 기업과 경제 전체의 생산성과 효율성을 제고한다는 것을 잘 알고 있다. 김종인, 『지금 왜 경제민주화인가』, 동화출판사, 2013.

14.2. 통치작용

14.2.1. 헌법규정

통치작용이란 통치기구들이 수행하는 기능이다. 국가기능, 즉 국가가 수행하는 국가작용을 전형적인 권력분립원리인 3권분립론에 따라 분류하면 입법, 행정, 사법으로 나뉜다. 권력분립원리는 입법·집행·사법작용으로 국가작용을 분할하여 이들을 각기 분리·독립된 기관으로 하여금 담당하게 하는 것으로 구체화된다. 따라서 입법권은 국회에(헌법 제40조), 행정권은 대통령을 수반으로 하는 정부에(헌법 제66조 제4항), 사법권은 법관으로 구성된 법원에(헌법 제101조 제1항) 속한다고 하여 이에 따르고 있다.

14.2.2. 입법작용(입법권)

1. 입법의 개념

헌법 제40조의 '입법'은 실질적 의미로 해석하여야 한다. 즉, 입법작용은 국가기관에 의한 일반적·추상적 성문법규범의 정립작용이다. 그리고 이때의 법규범은 일반적·추상적 법규범을 의미하는 것일 뿐 그 내용은 국민의 권리·의무와 직접 관계가 있어야 하는 제한을 받지는 않는다. 헌법 제40조의 입법을 실질적 의미로 이해한다면 입법권은 당연히 일반적이고 추상적인 성문법규범을 정립하는 권한으로 보아야 한다. 그 의미는 두 가지이다.

첫째, 실질적 의미의 입법에 관한 권한은 헌법에 특별한 규정이 없는 한 원칙적으로 국회의 권한에 속한다는 국회 중심의 입법원칙을 규정한 것이다. 물론 국회입법의 원칙에 대한 예외들을 헌법은 여러 곳에서 규정하고 있다. 행정입법, 사법입법, 자치입법, 긴급입법 등에 관한 규정이 그것이다.

둘째, 형식적 의미의 법률은 국회가 단독으로 의결한다는 국회 단독의결의 원칙을 규정한 것이다. 정부의 법률안제안권이나 대통령의 법률안거부권이 인정되고 있지만, 이것은 법률제정에 있어 입법부와 집행부의 상호 협조 내지 상호 통제를 위한 것일 뿐이다. 법률의 제정에서 본질적이고 핵심적인 과정인 심의와 의결은 국회가 단독으로 행한다. 국민의 자유와 권리를 보장하기 위해서는 국민의 대표기관인 국회가 이를 담당하는 것이 이상적이기 때문이다.

2. 입법권의 범위

헌법은 "입법권은 국회에 속한다"(제40조)라고 하여 국회입법의 원칙(국회 중심 입법주의)을 규정하면서 법률의 내용을 국민의 권리·의무와 직접 관련이 있는 사항에 국한하고 있지 않다. 그러므로 헌법에 의하여 금지되지 아니하고 또 그 사항이 입법의 내용이 될 수 있는 것이면 국회에 의한 입법의 대상이 된다.

그러나 헌법은 실질적 의미의 입법에 관한 권한을 국회에 독점시키지 아니하고(국회입법독점의 배제), 국회입법의 원칙에 대한 예외를 여러 곳에서 규정하고 있다. 구체적으로 살펴보면 행정입법은 대통령·국무총리·행정각부의 장에게(제75조, 제95조), 자치입법은 지방자치단체에(제117조 제1항), 사법입법은 대법원과 헌법재판소에(제108조, 제113조 제2항), 선거관리 등에 관한 입법은 중앙선거관리위원회에(제114조 제6항), 조약체결권·긴급명령권·긴급재정경제명령권은 대통령에게(제73조, 제76조) 부여하고 있다.

그 결과 헌법상 국회가 단독으로 행사할 수 있는 입법권은 실질적 의미의 입법에 관한 권한 중 헌법개정의 심의·의결권(제128조 제1항, 제130조 제1항), 법률안의 심의·의결권(제53조), 조약의 체결·비준에 대한 동의권(제60조), 국회규칙의 제정권(제64조 제1항)뿐이다.

이 중에서 국회가 보유하는 입법권의 핵심은 법률제정권이다. 법률은 국가 법체계의 근간이기 때문에 국민의 자유와 권리 그리고 민주주의를 보장하기 위해서는 국민의 대표기관인 국회가 법률제정권을 보유하는 것이 헌법적 요청이기 때문이다. 헌법은 여러 조항에서 주요한 내용을 법률에 명시적으로 위임하고 있다.

형식적 의미의 법률이 어떠한 내용을 담을 수 있는가와 관련하여 독일 헌법사적 개념에 유의할 필요가 있다. 이른바 법규사항과 입법사항의 구별이다. 법규란 용어는 넓은 의미로는 법규범 일반을 가리키지만, 좁은 의미에서는 특수한 성질을 가진 협의의 법규범만을 말한다. 19세기 후반의 독일에서 법률은 법규사항만을 규율할 수 있었는데, 그것은 국민의 권리와 의무에 관한 사항을 의미하였다. 이때 좁은 의미의 법규는 첫째, 일반적이고 추상적인 법규범만을 의미함으로써 구체적인 행정처분이나 판결과 구별된다. 행정이나 재판은 '법규'에 의거하여 행해져야 한다는 경우의 법규가 그러한 의미이다. 둘째, 좁은 의미의 법규는 국민의 권리·의무와 직접 관계가 있는 사항을 규정한 법규범만을 의미함으로써 행정규칙(행정명령)과 구별된다. 이러한 법규의 개념은 근대 입헌주의와 법치주의의 소산으로, 국민의 자유와 권리를 제한하는 국가작용은 반드시 국민의 대표기관인 의회가 제정한 법률에 근거하여야 한다는 사상에서 유래한 것이다.

그러나 의회가 국민의 민주적 대표기관으로 자리 잡으면 의회제정의 법률 형식에 담을 수 있는 내용에 한계를 지을 필요가 없게 된다. 이때 입법사항은 국민의 권리와 의무에 관한 사항에 한정되지 않고 헌법이나 법률이 형식적 의미의 법률로써 규정하도록 하고 있는 모든 사항을 말한다.

헌법 제2장에서 국민의 권리와 의무에 관련되는 사항(법규사항)을 반드시 법률로써 규정하도록 하는 기본권 법률주의를 명시하는 데에서 법규사항을 발견할 수 있다. 이를테면 죄형법정주의(제12조 제1항), 재산권의 내용과 한계 및 보상의 기준(제23조), 선거권(제24조), 공무담임권(제25조), 재판청구권(제27조), 국가배상청구권(제29조), 범죄피해자구조청구권(제30조), 사회보장수급권(제34조 제5항), 기본권제한입법(제37조 제2항), 납세의무(제38조), 국방의무(제39조) 등이 그것이다.

그렇지만 형식적 의미의 법률로 규율할 수 있는 사항은 법규사항에 한정되지 않는다. 입법사항을 유형화하면 다음과 같다.

첫째, 국가기관 조직사항은 헌법이 반드시 법률로써 규정하도록 하고 있다. 예컨대 대통령선거(제67조), 국회의원선거(제41조), 국군의 조직·편성(제74조 제2항), 행정각부(제96조)·감사원(제100조)·법원(제102조 제3항)·헌법재판소(제113조 제3항)·선거관리위원회(제114조 제7항)의 조직, 지방자치단체의 종류(제117조 제2항) 등이 그것이다.

둘째, 국가 중요 정책사항도 헌법은 그 결정권을 국회에 유보하여 법률의 형식으로써만 규정하도록 하고 있다. 예컨대 국적(제2조 제1항), 정당제도(제8조), 교육제도(제31조 제6항), 계엄(제77조), 사면(제79조), 국토의 이용·개발

(제120조), 소비자보호운동(제124조) 등이 그것이다.

셋째, 법률이 또 다른 법률로써 규정하도록 하고 있는 사항도 법률로써 규정하여야 한다. 예를 들면 「정부조직법」은 국가정보원의 조직·직무범위, 기타 필요한 사항을 따로 법률로 정하도록 규정하고 있다(제17조 제2항).

넷째, 그 밖에도 국회가 스스로 법률로써 규정하는 것이 필요하다고 판단하는 사항은 법률로써 정할 수 있다.

이렇게 볼 때 오늘날 입법사항은 법규사항을 포함하는 개념으로서 형식적 의미의 법률이 담을 수 있는 내용을 표현하는 용어로 이해할 수 있을 것이다.

3. 국회입법형식으로서 법률

(1) 법률의 특성

민주국가에서 법률제정은 헌법이 직접 규정하지 아니하면서 헌법이 규범화할 것을 요구하고 있는 국가생활의 기본문제를 민주적 질서에 따라 형성하는 작용이다. 따라서 법률제정은 첫째, 민주적 정당성을 가져야 하고 민주적 절차에 따라 이루어져야 한다. 즉, 법률은 민주적으로 선출된 의회에서 자유로운 정치적 의사형성을 가능케 하는 민주적 절차에 따라 제정되어야 한다.

둘째, 법률제정은 법치주의 원리에 합치해야 한다. 즉, 법률은 그 문언이 명확하여 예측 가능한 안정성을 가져야 하며, 그 내용도 합리적이고 실질적 평등을 구현하는 것이어야 한다.

셋째, 법률제정은 법치주의 원리와 함께 사회국가 원리를 담아내야 한다. 즉, 법률이 일반적이고 추상적인 내용을 갖추어야 함은 물론 국민 개인의 생존을 배려하기 위하여 필요한 경우에는 개별적이고 구체적인 내용까지도 담아내야 하는 것이다.

(2) 법률의 형태

근대 시민적 법치국가에서 법률의 형태는 국가작용의 전제와 한계를 규정하기 위하여 일반적이고 추상적인 법규범을 의미하는 일반적 법률이었다. 그러나 현대 사회적 법치국가에서는 국민의 일반적 자유를 보장해야 할 뿐만 아니라 국민의 생존배려를 위한 구체적 방법과 기준까지 제시할 필요가 있기 때문에 다양한 형태의 법률이 등장한다. 즉, 일반적 법률 외에 처분적(조치적) 법률을 비롯한 계획적 법률과 동의적 법률이 그것이다. 독일 기본법의 경우 예산안의 확정은 예산법이라는 연방법률의 형태(기본법 제110조 제2항), 조약의 체결·비준에 대한 동의는 동의법이라는 연방법률의 형태(기본법 제59조 제2항)를 취하고 있다.

1) 일반적 법률

일반적 법률 또는 규범적 법률은 일반적이고 추상적인 법률을 말한다. 여기서 일반적이라 함은 불특정 다수인을 대상으로 함을 말하고, 추상적이라 함은 불특정한 사항을 규정함을 말한다. 따라서 이러한 법률은 개별적 국민에게 구체적인 내용의 효력을 직접 발생케 하지 않고 국가의 집행작용 또는 사법작용을 매개로 하여 비로소 구체적·개별적인 사건에 적용되거나 국민에게 구체적 권리 또는 의무를 발생케 한다.

근대 시민적 법치국가에서 법률의 일반성은 무릇 법률이 신분에 따라 달리 적용되지 않고 모든 사람에게 평등하게 적용되도록 보장하는 점에 그 역사적 의의가 있었다. 당시 권력의 분립과 법치주의를 유지하기 위하여 일반적 법률의 제정만 인정되었던 것은 그 때문이다.

2) 처분적 법률

처분적 법률이라 함은 국가의 집행작용이나 사법작용을 매개로 하지 아니하고 직접 국민에게 구체적 권리 또는 의무를 발생시키는 법률을 말한다. 다시 말하면 처분적 법률은 어떤 처분이나 조치와 같은 구체적·개별적 사항을 내용으로 하는 법률이다. 그 유형에는 특정 범위의 인적 대상을 가지는 개별인법률, 개별적·구체적인 사건을 대상으로 하는 개별사건법률, 시행기간이 한정된 한시법률이 있다.

현대 사회적 법치국가에 있어서는 국가과제와 기능의 확대에 따라 일반적 법률만으로는 국민의 생존과 복지를 배려할 수 없을 뿐 아니라 항상적인 비상적·위기적 상황에 대처할 수 없었다. 그러므로 국가의 집행작용이나 사법작용을 매개로 하지 아니하고 직접 구체적·개별적 사건을 그 대상으로 하는 처분적 법률이 필요해졌다.

오늘날 처분적 법률이 무조건 위헌으로 평가받지 않는 이유가 여기에 있다.

첫째, 권력분립원리 측면이 있다. 일반적·추상적 법규범 정립작용인 입법과 개별적·구체적 법집행작용인 집행을 구별하여 별도의 기관에 주어야 하는데, 의회가 처분적 법률을 제정하는 것은 입법이 집행작용의 영역까지 침범하는 것으로 볼 수 있기 때문이다. 그렇지만 특정 개인을 특정직에 임명하거나 처벌하는 등의 극단적인 개별적·구체적 처분이 아니라면 헌법상 사회국가적 정당화가 가능한 것으로 본다(다수설).

둘째, 평등원칙위반도 생각할 수 있다. 처분적 법률의 적용대상이 일정한 범위의 국민 또는 특정 사안에 한정되기 때문에 불평등처우의 가능성이 있기 때문이다. 그렇지만 헌법상 평등원칙이 실질적·상대적 평등을 의미할 뿐 아니라 사회국가 원리를 구현하는 것은 불가피하게 독자적 생활능력이 없는 특정 범위의 국민의 생존을 배려하는 내용을 담을 수밖에 없기 때문이다. 따라서 처분적 법률이라 하여 곧바로 평등원칙위반의 위헌인 것은 아니며, 차별적 규율이 합리적인 이유로 정당화될 수 있는 경우에는 합헌일 수 있다. 이와 관련한 판례를 보자.

> **【5·18민주화운동 등에 관한 특별법 제2조 위헌제청 등 사건(헌재 1996.2.16. 96헌가2, 96헌바7, 96헌바13(병합))】**
>
> 개별사건법률은 원칙적으로 평등원칙에 위배되는 자의적 규정이라는 강한 의심을 불러일으키는 것이지만, 개별법률금지의 원칙이 법률제정에 있어서 입법자가 평등원칙을 준수할 것을 요구하는 것이기 때문에 특정 규범이 개별사건법률에 해당한다 하여 곧바로 위헌을 뜻하는 것은 아니며, 이러한 차별적 규율이 합리적인 이유로 정당화될 수 있는 경우에는 합헌적일 수 있다. 이른바 12·12 및 5·18 사건의 경우 그 이전에 있었던 다른 헌정질서파괴범과 비교해 보면, 공소시효의 완성 여부에 관한 논의가 아직 진행 중이고, 집권과정에서의 불법적 요소나 올바른 헌정사의 정립을 위한 과거청산의 요청에 미루어 볼 때 비록 특별법이 개별사건법률이라고 하더라도 입법을 정당화할 수 있는 공익이 인정될 수 있으므로 위 법률조항은 헌법에 위반되지 않는다.

(3) 법률제정권의 한계

국회의 법률제정권은 헌법상의 일정한 한계가 있다. 헌법은 국가의 최고규범으로서 국회에 대하여 입법권을 부여한 수권규범일 뿐 아니라 입법권에 한계를 설정한 제한규범이기 때문이다. 이처럼 법률이 헌법에 합치되어야 한다는 것이 바로 '법률의 합헌성' 원칙이다.

첫째, 법률은 헌법의 명문 규정상 한계가 있다. 예컨대 소급입법에 의하여 처벌하거나 참정권을 제한하거나 또는 재산권을 박탈하는 법률, 연좌제를 규정하는 법률은 원칙적으로 제정할 수 없다(헌법 제13조).

둘째, 법률은 헌법의 기본원리 혹은 기본질서에 의한 한계가 있다. 즉, 법률은 헌법상 인정되는 국민주권원리 · 법치주의 원리 · 권력분립원리 혹은 자유민주적 기본질서 · 사회적 시장경제질서의 본질에 위배되어서는 안 된다.

셋째, 법률은 헌법상 기본권 제한법리에 따른 한계가 있다. 무엇보다도 법률은 기본권의 본질적 내용을 침해해서는 안 된다. 그뿐만 아니라 법률에 의하여 기본권을 제한하는 경우에 그 제한은 일반적 법률유보에 따라야 하고, 그 경우에도 필요한 최소한의 제한에 그쳐야 한다(헌법 제37조 제2항).

넷째, 법률은 국제법상의 일반원칙에 의해서 일정한 제한을 받는다. 국제법규가 직접 국내법규를 구속하는 것은 아니지만, 국제사회의 질서라든가 헌법 제6조 제1항의 국제질서 존중주의의 정신에 비추어 국제법상의 일반원칙을 정면으로 부정하는 법률은 제정하지 않아야 한다.

다섯째, 법률은 입법재량권 남용금지에 의한 한계가 있다. 국회의 입법형성의 자유는 헌법과 헌법원리에 기속되는 범위 안에서의 자유일 뿐이다. 따라서 헌법 제23조 제3항의 공공필요, 제32조 제2항의 민주주의 원칙, 제37조 제2항의 국가안전보장 · 질서유지 또는 공공복리, 제119조 제2항의 적정한 소득의 분배, 경제력의 남용, 경제의 민주화 등을 법률로 구체화함에 있어 그 재량권의 행사가 헌법상의 일반 원칙인 자의금지의 원칙, 적법절차의 원칙, 비례와 공평의 원칙, 과잉금지의 원칙, 명확성의 원칙 등에 배치되어서는 안 된다.

국회의 법률제정권의 한계를 일탈한 법률은 위헌법률심판, 헌법소원심판 등을 통하여 위헌 · 무효가 된다.

(4) 법률제정권에 대한 통제

국회가 헌법의 명문 규정 또는 그 기본원리에 위배하는 내용을 법률에 담거나 헌법에 규정된 절차를 무시하고 법률을 제정하는 경우와 같이 법률제정의 한계를 벗어나거나 법률제정의 절차에 흠이 있는 때에는 권력분립원리에 따라 다른 국가기관이 이를 통제할 수 있어야 한다.

우선 대통령은 법률안거부권 · 법률안제출권 · 법률안공포권 등을 통해 국회의 법률제정권에 제약을 가할 수 있다. 또한 그 밖의 국회입법권과 관련해서 대통령은 헌법개정안제안권 · 조약체결권 등을 사용할 수 있다.

다음으로 사법기관은 법원의 위헌법률심판제청권, 헌법재판소의 위헌법률심판권·헌법소원심판권 등을 통하여 국회에서 제정한 법률에 대하여 통제를 가할 수 있다. 헌법재판소는 일정한 조건 아래에서 입법부작위에 대한 헌법소원도 인정하고 있다.

오늘날에는 특히 시민단체를 매개로 한 국민의 입법청원과 입법에 대한 저항, 언론매체를 통한 여론의 형성, 이익단체의 로비활동 등이 국회의 입법권을 통제하는 유력한 수단으로 자리 잡고 있다.

14.2.3. 집행작용(집행권, 행정권)

1. 행정과 행정권

(1) 행정의 개념

입법은 일반적이고 추상적인 성문의 법규범을 정립하는 국가작용인 데 대하여, 행정은 입법의 하위개념으로 법을 구체화하고 개별적인 경우에 집행함으로써 현실적으로 국가목적을 실현하는 국가작용이다. 행정과 사법은 법 아래에서 행해지는 법집행작용이라는 점에서는 공통성을 가지고 있지만, 사법은 당사자의 신청에 따라 구체적인 법률상의 분쟁에 대하여 법을 판단하고 선언함으로써 법질서를 유지하려는 소극적인 국가작용인 데 대하여, 행정은 능동적이고 계속적인 형성적 국가작용이라는 점에서 서로 구별된다.

(2) 정부(집행부)가 행사하는 행정권(집행권)의 범위

헌법 제66조 제4항은 헌법에 다른 규정이 없는 한 실질적 의미의 집행에 관한 권한은 원칙적으로 정부의 권한으로 한다는 집행부 집행의 원칙을 규정한 조항이다. 이때의 집행권은 실질적 의미의 집행에 관한 권한을 의미하지만 집행부가 집행에 관한 권한을 독점하고 있는 것은 아니다.

헌법은 헌법정책상의 이유로 실질적 의미의 집행작용의 일부를 국회·법원과 헌법재판소(사법행정), 지방자치단체(지방행정), 선거관리위원회 등의 관할로 하고 있는 것도 없지 아니하기 때문이다(인사, 예산편성, 예산집행 등). 따라서 실질적 의미의 집행에 관한 권한을 의미하는 헌법 제66조 제4항의 행정권(집행권)의 개념과 행정부(집행부)가 현실적으로 행사하는 행정권(집행권)의 범위는 구별하여야 한다.

요컨대 현행 헌법상 집행부가 행사할 수 있는 집행권의 구체적인 범위는 실질적 의미의 집행작용 중에서 헌법이 다른 국가기관의 소관으로 하고 있는 것을 제외한 집행(행정)에 관한 권한이라고 할 수 있다. 헌법상 집행권은 대통령과 정부 소속기관인 국무총리, 국무위원, 행정각부의 장 등에 의하여 행사된다.

(3) 협의의 행정과 통치행위

헌법 제66조 제4항에서 말하는 행정권은 단지 법률을 집행하는 권한만을 의미하는 것이 아니라 그 이상의 집행에 관한 권한을 의미한다. 다시 말하면 입법·사법의 기능에 대응하는 제3의 국가기능인 집행권에는 '단순한 법률의 집행'에 관한 권한 이외에 고도의 정치적 성격을 띤 '국가의 정치적 지도와 결단'에 관한 권한이 포함되어 있다. 전자를 협의의 행정 또는 '일반행정'이라 하고, 후자를 통치행위라 부르고 있다. 헌법 제66조 제4항의 행정권도 엄격한 의미에서는 협의의 행정과 통치행위를 포괄하는 집행권을 규정한 것이다.

협의의 행정은 법규범의 구속을 받으면서 구체적·개별적으로 국가과제를 실현하는 활동으로서 사법적 심사의 대상이 되는 집행작용이다. 이에 대하여 통치행위는 고도의 정치성 때문에 사법적 심사의 대상이 되기에 부적합한 집행작용을 말한다. 협의의 행정은 법률에 근거하며 법률에 기속되는 작용인 데 대하여, 통치행위는 직접 헌법에 근거하고 협의의 행정만큼 법률의 기속을 받지 아니하는 작용이다. 다시 말하여 통치행위가 국가에 관한 지도적·방향제시적 활동을 의미한다면, 행정은 보다 기술적·사무적·구체적·세부적 과제의 처리를 그 내용으로 하는 활동이다. 또한 통치행위가 정치적 목적을 설정하고 실천하기 위한 정치적 지도를 그 내용으로 하는 것이라면, 행정은 더욱 전문적 과제의 처리를 그 내용으로 하는 것이다.

2. 행정작용의 특성과 분류

(1) 행정작용의 특성

1) 행정의 법구속성

협의의 행정은 법의 규제를 받으며 법의 구체화를 위한 국가작용이므로 법에 구속된다. 행정이 특히 시민의 자유와 권리를 제한하거나 새로운 의무를 부과하는 것인 때에는 그것은 법률에 근거가 있어야 하며 법률에 따라 행해지지 않으면 안 된다.

2) 행정의 적극성

협의의 행정의 성격도 시대의 추이에 따라 변해 왔다. 국가의 성격이 야경국가에 머물러야 했던 18, 19세기에는 행정도 공공의 안녕, 질서의 유지라는 소극적 성격을 벗어나지 못하였다. 그러나 20세기에 들어서면서부터 복잡한 현대적 상황에 대응하여야 할 필요에서 국가적 기능의 확대와 더불어 행정의 적극적 성격이 요청되었다.

3) 행정의 독자성 · 독립성

행정이 법률의 집행을 의미한다고 할 때 법률의 집행이 공정하고 적정한 것이 되려면 정치적 세력을 포함한 그 밖의 외부적 세력에 의한 간섭과 방해를 받지 않는 행정의 독자성 · 독립성이 유지되어야 한다. 정부의 정치적 중립성을 위한 직업공무원제의 확립이 요청되는 까닭도 바로 여기에 있다.

4) 행정의 책임성

행정이 국민의 의사를 반영하는 법률을 공정하고 성실하게 집행하려면 법률집행의 결과에 대하여 책임을 져야 한다. 법률의 집행을 의미하는 행정이 법원이나 헌법재판소 등에 의한 사법적 심사의 결과 위헌 · 위법한 것으로 판단되거나 여론에 따라 부당한 것으로 판단될 경우에는 그 책임은 구체적으로 국민에 대한 책임, 국회에 대한 책임의 형태로 나타난다.

5) 행정의 통일성

행정은 국가목적을 실현하기 위한 작용이므로 전체적으로 볼 때 통일성이 유지되어야 한다. 이러한 통일성은 집행부 수반인 대통령 또는 내각에게 정부에 관한 최고의 권한과 최종적인 책임을 부과함으로써 보장된다.

(2) 행정작용의 분류

협의의 행정은 무엇을 기준으로 하는가에 따라 여러 가지 유형으로 나눌 수 있다.

1) 행정은 이를 행하는 주체에 따라 국가행정, 자치행정, 위임행정으로 나눌 수 있다.

2) 행정은 그 목적에 따라 외무행정, 내무행정, 재무행정, 군사행정, 사법행정, 교육행정 등으로 나눌 수 있다.

3) 행정은 그 내용에 따라 경제행정, 문화행정, 복지행정, 경찰행정 등으로 나눌 수 있다.

4) 행정은 공권력의 발동을 수단으로 하는지 여부에 따라 권력행정(명령·강제작용)과 비권력행정(관리작용)으로 나눌 수 있다.

3. 집행권에 대한 통제

집행권은 법치주의의 원칙에 따라 법률의 근거가 있는 경우에 법률에 규정된 절차에 따라 행사되어야 한다. 이것을 '법률에 의한 행정' 또는 '행정의 합법률성의 원칙'이라 한다. 통치행위와 협의의 행정을 포함한 집행이 헌법이나 법률에 위배될 경우 민주국가에서는 국민을 비롯한 국회 등에 의한 통제가 가해질 뿐 아니라, 특히 협의의 행정은 사법적 심사를 통하여 그 효력이 부인된다. 이것을 집행권에 대한 민주적 통제라 한다.

14.2.4. 사법작용(사법권)

헌법 제101조 제1항은 "사법권은 법관으로 구성된 법원에 속한다"고 규정하고 있다. 이 조항은 헌법 제40조 및 제66조 제4항과 더불어 헌법에서 3권분립에 관한 규정을 의미하지만, 사법에 관한 권한은 헌법에 다른 규정이 없는 한 원칙적으로 법원이 행사한다는 법원사법의 원칙과 사법권 독립을 선언한 규정이기도 하다. 그러나 이때의 사법이 어떠한 국가작용이며 또 사법권은 무엇에 관한 권한을 의미하는가가 문제된다.

1. 사법의 의의와 본질

(1) 사법의 개념

오늘날의 지배적인 견해는 성질설로서, 성질설은 국가작용의 성질 여하를 기준으로 하여 입법, 집행, 사법을 구별하려는 견해이다. 즉, "사법이란 구체적인 법적 분쟁이 발생한 경우에 당사자로부터 쟁송의 제기를 기다려 독립적 지위를 가진 기관이 제3자적 입장에서 무엇이 법인가를 판단하고 선언함으로써 법질서를 유지하기 위한 작용"으로 이해하고 있다.

(2) 사법의 본질

사법의 본질 내지 사법의 고유한 기능으로는 다음과 같은 것을 들 수 있다.

첫째, 사법은 구체적인 법률상의 분쟁의 존재를 그 전제로 한다. 사법의 대상은 구체적이고 현실적인 권리·의무관계에 관한 분쟁이어야 하므로 추상적·가정적인 문제는 사법의 대상이 되지 아니한다.

둘째, 사법은 당사자로부터의 쟁송의 제기를 그 전제로 한다. 행정은 국가목적 또는 공익목적의 실현을 위하여 능동적으로 발동되지만, 사법은 당사자로부터의 쟁송의 제기가 있어야 하기 때문에 수동적임을 특색으로 한다.

> 여기서 기억해야 할 점이 재판은 당사자로부터 제소가 있을 때 비로소 열리는 것이지, 당사자가 자신들의 분쟁을 조기에 해결하게 되면 재판은 열리지 않게 된다는 것이다. 형사재판은 원고인 국가(검찰)가 법원에 제소하는 것이다. 법원의 재판이 일반적으로 비용과 시간이 많이 소요될 뿐만 아니라, 설사 재판이 끝난다고 해도 분쟁당사자 사이에서는 여전히 반목과 불신이 남게 되는 것이 다반사인 것을 감안한다면 분쟁 초기에 상호 대화나 양보나 용서와 화해 등등의 방법으로 해결한다면 당사자 간의 진정한 평화가 더 클 것이라고 본다. 공익소송이 아닌 한 가급적 당사자 간 분쟁해결이 바람직하다. 고래로 소송은 패가망신(敗家亡身)이라 했다.
>
> 최근 재판 전 단계에서나(즉, 경찰이나 검찰 등) 혹은 제소 이후에도 가급적 재판 외의 조정, 중재, 화해에 의한 당사자 합의를 도출시키고자 하는 대안적 분쟁해결방법(ADR, Alternative Dispute Resolution)에 대한 모색이 증가 추세에 있다.[3]

셋째, 사법은 무엇이 법인가를 판단하고 선언하는 작용이다. 따라서 사법은 법을 보장하는 작용이며 법에 엄격히 기속된다.

넷째, 사법은 법질서를 유지하기 위한 작용이다. 행정이 새로운 질서의 형성을 위한 적극적인 작용이라면 사법은 다만 현재의 분쟁을 해결함에 그치는 현상유지를 위한 소극적인 작용이다.

---

3) 박현철, "경찰 직무에서의 ADR의 필요성", 한국방송통신대학교 석사학위논문, 2016.

다섯째, 사법은 독립적 지위를 가진 기관이 제3자적 입장에서 하는 작용이다. 사법에 있어서 법의 판단과 선언은 정확하고 공정한 것이어야 하며, 그러기 위해서는 신분이 보장된 법관이 누구의 지시도 따르지 아니하고 오직 법과 그 양심에 따라 행할 것이 요청된다.

요컨대 사건성 · 수동성 · 법기속성 · 소극성 · 판단의 독립성과 절차의 특수성 등이 사법의 본질적 속성이라 할 수 있다.

2. 사법권의 범위와 한계

(1) 사법권의 범위

헌법 제101조 제1항에서 "사법권은 법관으로 구성된 법원에 속한다"고 하는 것은 헌법에 별도의 규정이 없는 한 실질적 의미의 사법에 관한 권한은 원칙적으로 법원의 권한에 속한다는 법원사법의 원칙을 규정한 것으로 보아야 한다.

헌법 제101조 제1항의 규정에도 불구하고 헌법은 실질적 의미의 사법에 관한 권한을 법원에 독점시키지 아니하고 그중 일부를 다른 국가기관의 권한으로 하고 있다. 다시 말하면 실질적 의미의 사법에 관한 권한의 전부를 법원에 독점시키고 있는 것이 아닐뿐더러 법원이 행사하는 권한의 전부가 실질적 의미의 사법에 관한 것만도 아니다. 그러므로 법원이 현실적으로 행사하게 되는 사법권은 그 범위가 한정적이다.

헌법은 헌법정책상의 이유로 실질적 의미의 사법에 관한 권한의 일부를 대통령(사면 · 복권 등), 정부(행정심판 · 징계 등), 국회(의원의 징계 등), 헌법재판소(위헌법률심판 · 위헌정당해산심판 · 탄핵심판 · 권한쟁의심판 · 헌법소원심판 등) 등에 부여하고 있다. 따라서 법원이 행사하는 실질적 의미의 사법에 관한 권한 중 기본적인 것을 든다면 민사재판권, 형사재판권, 행정재판권과 헌법재판권의 일부가 있다.

1) 민사재판권

민사재판권이란 민사소송의 처리에 필요한 권한을 말한다. 민사소송은 사인 간의 생활관계에 관한 분쟁 또는 이해의 충돌을 국가가 그 재판권을 행사하여 법률로써 강제적으로 해결 · 조정하기 위한 절차이다. 본래의 민사소송으로부터 파생하는 부수 소송이나 법률관계에 영향을 미치는 사실 존부의 확정을 목적으로 하는 소송도 민사소송에 포함된다.

  2) 형사재판권

  형사재판권이란 형사소송의 처리에 필요한 권한을 말한다. 협의의 형사소송은 국가형벌권의 구체적인 행사에 관한 절차, 즉 공소의 제기로부터 재판의 확정에 이르기까지의 일련의 절차를 말한다. 이에 대하여 광의의 형사소송은 국가형벌권의 실행과 관련이 있는 일체의 절차로서 협의의 형사소송은 물론, 이것을 전후한 절차를 모두 포함하여 수사절차, 공판절차 및 집행절차의 전부를 가리킨다. 이때의 형사소송은 검사의 공소로서 이루어지는 정식절차 이외에 「소년법」 등에 의한 형사절차, 약식절차, 즉심절차 등 특수한 절차도 포함한다.

  3) 행정재판권

  헌법은 제107조 제2항에서 "처분이 헌법이나 법률에 위반되는 여부가 재판의 전제가 된 경우에는 대법원은 이를 최종적으로 심사할 권한을 가진다"고 하여 행정처분의 위헌·위법 여부를 심사하는 행정재판권도 일반법원의 관할로 하고 있다. 그러한 의미에서는 영미법계의 사법국가주의를 채택하고 있는 것이다. 그러나 현행 행정소송제도가 순수한 사법국가주의를 채택하고 있는 것만은 아니다. 행정소송의 특수성을 감안하여 ① 임의적 절차로서 행정심판을 취하고 있으며, ② 제소기간을 한정하고, ③ 직권심리주의를 가미하고 있기 때문이다.

  4) 헌법재판권

  헌법재판권이란 헌법소송의 처리에 필요한 권한을 말한다. 여기서 헌법소송은 의회가 제정한 법률이 헌법에 위반되느냐의 여부를 심사하고, 헌법에 위반된다고 판단할 경우 그 법률의 효력을 상실하게 하거나 그 적용을 거부하는 제도를 말한다. 그러나 광의의 헌법소송이라 할 때에는 위헌법률심사(협의의 헌법재판) 이외에 명령·규칙심사, 탄핵심판, 정당해산심판, 권한쟁의심판, 헌법소원심판, 선거소송심판 등도 포함된다.

  넓은 의미의 헌법재판권 중에서 헌법이 법원의 권한으로 하고 있는 것은 선거소송에 관한 재판권과 명령·규칙심사권뿐이다. 위헌법률심판에 관해서는 법률이 헌법에 위반되는지 여부가 재판의 전제가 된 경우에 법원은 헌법재판소에 제청하여 그 심판에 의하여 재판한다(헌법 제107조 제1항)고 하고 있으므로 법원은 헌법재판소에 법률의 위헌 여부의 심사를 제청할 권한을 가지고 있을 뿐이다. 위헌법률심판권, 탄핵심판권, 위헌정당해산심판권, 권한쟁의심판권, 헌법소원심판권 등은 헌법이 헌법재판소의 권한으로 하고 있다.

(2) 사법권의 한계

헌법 제101조 제1항에 따라 사법권은 법관으로 구성된 법원의 권한이 되고 있으며, 국민에게는 재판청구권이 보장되어 있으므로(동법 제27조), 실질적인 사법에 관한 권한의 일체를 법원이 행사하여야 하고 또 행사할 수 있다.

그러나 ① 헌법이 명문의 규정을 가지고 다른 기관의 권한으로 하고 있거나 사법적 심사의 대상에서 제외하고 있는 사항(실정법상의 한계. 국회의원의 자격심사, 징계, 제명과 비상계엄하의 군사재판), ② 국제법상의 이유로 사법적 심사의 대상에서 제외되고 있는 사항(국제법상의 한계. 외교특권자와 조약), ③ 권력분립의 결과 헌법정책상 또는 재판기술상의 이유로 법원의 재판권이 미칠 수 없는 사항(권력분립상의 한계. 통치행위, 국회의 자율권에 속하는 사항, 행정청의 자유재량행위, 행정소송상의 이행판결)에 대해서는 법원이 사법권을 행사할 수 없다. 그 밖에 ④ 사법작용의 본질상 법원의 사법권이 미칠 수 없는 경우(사법본질상의 한계)도 있다.

【일반사병 이라크파병 위헌확인사건(각하)(헌재 2004.4.29. 2003헌마814)】

2. 이 사건 파견결정이 헌법에 위반되는지의 여부, 즉 국가안보에 보탬이 됨으로써 궁극적으로는 국민과 국익에 이로운 것이 될 것인지 여부 및 이른바 이라크전쟁이 국제규범에 어긋나는 침략전쟁인지 여부 등에 대한 판단은 대의기관인 대통령과 국회의 몫이고, 성질상 한정된 자료만을 가지고 있는 우리 재판소가 판단하는 것은 바람직하지 않다고 할 것이며, 우리 재판소의 판단이 대통령과 국회의 그것보다 더 옳다거나 정확하다고 단정짓기 어려움은 물론 재판결과에 대하여 국민들의 신뢰를 확보하기도 어렵다고 하지 않을 수 없다.

3. 이 사건 파병결정은 대통령이 파병의 정당성뿐만 아니라 북한 핵 사태의 원만한 해결을 위한 동맹국과의 관계, 우리나라의 안보문제, 국내외 정치관계 등 국익과 관련한 여러 가지 사정을 고려하여 파병부대의 성격과 규모, 파병기간을 국가안전보장회의의 자문을 거쳐 결정한 것으로, 그 후 국무회의 심의·의결을 거쳐 국회의 동의를 얻음으로써 헌법과 법률에 따른 절차적 정당성을 확보했음을 알 수 있다. 그렇다면 이 사건 파견결정은 그 성격상 국방 및 외교에 관련된 고도의 정치적 결단을 요하는 문제로서, 헌

법과 법률이 정한 절차를 지켜 이루어진 것임이 명백하므로, 대통령과 국회의 판단은 존중되어야 하고 헌법재판소가 사법적 기준만으로 이를 심판하는 것은 자제되어야 한다. 이에 대하여는 설혹 사법적 심사의 회피로 자의적 결정이 방치될 수도 있다는 우려가 있을 수 있으나 그러한 대통령과 국회의 판단은 궁극적으로는 선거를 통해 국민에 의한 평가와 심판을 받게 될 것이다.

제15장
대의제민주주의와
직접민주주의

개관

　대의제라 함은 주권자인 국민이 국가의사나 국가정책을 직접 결정하지 아니하고 대표자를 선출하여 그들로 하여금 국가의사나 국가정책을 결정하게 하는 통치구조의 구성원리를 말한다. 국민주권의 원리를 실현하는 이상적인 방법은 자기동일성의 원리에 충실한 직접민주제적 방법이지만 정치의 단위가 대규모화됨에 따라 직접민주제적 방식에 의존할 수 없는 현실을 고려하여 간접민주제인 대의제를 취하게 된다.

　고전적 대의제는 직접민주제와 상호 분리되어 이해했지만, 현대에는 양자의 장점을 최대한 조화시키고자 한다. 그 결과 반(半)대표제, 반(半)직접민주제와 같은 형식을 취한다. 대의제가 최대의 효과를 발휘하기 위해서는 국민의 수준이 뒷받침되어야 한다. 이에 따라 시민적 덕성(civic virtue)이 중요한 과제로 다가온다. 이의 헌법적 표현이 주권자적 인간이다.

15.1. 헌법과 시민

15.1.1. 대의제민주주의

1. 규범론적 대의제

헌법전문은 대한국민이 헌법제정권력자임을 분명히 하고 있다. 헌법 제1조는 우리나라는 민주공화국이며, 모든 국가권력은 국민으로부터 나온다고 한다. 그리고 헌법 제10조는 국민은 인간의 존엄과 가치를 가지며, 국가는 이를 확인하고 보장할 의무를 진다고 했다. 최고법규범인 헌법 중에서도 가장 중요한 이들 규정만 보아도 국민은 나라의 주권자임에 분명하다. 주권자란 대외적으로 독립하고, 대내적으로 최고의 자주적 의사결정권(자결권)을 보유함을 뜻한다. 국민은 바로 이런 자결권을 갖는다. 주권자는 당연히 통치권을 보유한다. 통치권은 가장 압축해서 분류할 때 입법권, 집행권, 사법권이 있다. 이 세 개의 권한은 모두 주권자인 국민의 권한이다. 다만, 국민의 위임으로 입법권은 정치인인 국회의원에게, 집행권은 대통령과 행정관료들에게, 사법권은 법률가들에게 맡긴 것이다. 그런데 국민은 기본권의 주체이기도 하다. 구태여 모든 사람이 국가의 통치의 일에 골몰할 필요가 없다. 그래서 분업의 원리에 따라 일부가 통치를 담당하고, 나머지는 자기의 직업을 통해 생산과 소비를 하면서 행복을 추구한다.

통치작용에 참여하는 사람들을 공직자라 할 때, 공직자는 당연히 국민의 봉사자로서 국민의 생명과 재산과 기본권을 보장하는 일을 하게 된다. 국민들은 자신의 직업을 수행하면서 얻은 수입 중 일부를 세금으로 납부해 재정을 채우고, 일부 국민들은 장기간 혹은 단기간 동안 통치작용에 공직자로서 참여하기도 한다. 그리고 나라의 위기를 대비하여 전 국민이 국방의 의무를 진다. 이러한 통치방식이 대의제민주주의이다. 이것이 대의제의 이념론(idealism)이다. 규범학으로 본 대의제라는 뜻이다.

2. 현실론적 대의제

대의제의 현실론(realism)은 이와 다르다. 현실의 역사를 보면 1인에 집중되었던 군주주권의 어느 시점부터 서서히 의회제도가 두각을 나타내기 시작한 것이다. 영국의 경우 그것은 귀족회의가 존 왕에게 마그나 카르타에 서명을 요구한 것부터 시작되었다. 그 후 귀족회의 외에도 평민회의가 생겼는데, 전자가 상원, 후자가 하원의 전신이었다. 시대의 흐름에 따라 세력은 상원에서 하원으로 이동되었다. 하원의 권한이 강해진 것은 하원의 지지기반이 커지는 것과 비례한다. 그래서 선거권이 확대될 때마다 하원은 상원을 압도해 나갔고, 마침내 내각도 하원의 다수당이 지배하게 되었다. 제한선거시대에는 국민들 중에서도 선거권과 피선거권을 독과점한 일부 시민(부르주아)들이 국가권력의 지배세력이었지만, 보통선거시대로 접어들면서부터 의회는 전 국민의 대표기관이 되었다. 그렇다고 해서 대의제가 국민 전체의 것이 된 것은 아니다. 이처럼 대의제는 평민들과 군주, 혹은 귀족, 혹은 계급과의 대결의 역사, 권력투쟁의 역사라고 할 수 있다. 역사를 보면 기득권층이 스스로 의회를 만들고, 의회를 확장해 나간 것이 아니다. 정반대로 내놓지 않으려는 것을 강제로 빼앗아 가면서 확대해 나간 것이다. 대의제 역사에서 보면 지금도 여전히 선거권, 피선거권 확대운동은 계속되고 있다. 지금은 실질적 민주주의의 관점에서 전개되고 있다. 1인 1표 가치와 선거구획정에서의 불평등, 비례대표제의 확대, 소외집단에 대한 특별할당제, 합의제민주주의 등과 관련해서 선거법, 정당법 등이 끊임없이 요동치는 것은 이 지점에서의 세력 간 투쟁을 반영하는 것이라고 볼 수 있다.

보통선거시대에 이르러 의회가 전 국민의 손에 의해 뽑히면서 이제 '다수의 지배(rule of the majority)'라는 민주주의시대를 구가할 수 있게 되었다. 그런데 동시에 '다수의 횡포(tyranny of the majority)'가 문제로 떠올랐다.[1] 민주주의의 단점에 대한 보완책으로 사법심사제가 도입되었다. 오늘날 위헌법률심사제로 대표되는 헌법재판제도는 사법부의 권위를 한껏 높여 주었다. 헌법재판의 기능도 순기능과 역기능이 있다. 이제 헌법적 관심은 선거에 의해서

---

1) '다수의 횡포'란 개념은 토크빌(A. Tocqueville)이 저서 『미국의 민주주의』에서 사용한 용어인데, 밀(J. S. Mill)이 『자유론』에서 다시 사용하여 유명해졌다.

선출되지도 않은 사법부에서 어떻게 국민의 선거에 의해서 구성된 의회의 법률을 폐기시킬 수 있느냐 하는 데 모아졌다. 이른바 입헌주의와 민주주의의 관계이다. 양자는 당연히 같은 것이라 여겨지지만, 입헌주의는 모난 민주주의를 잘라 버리고 있는 것이다. 이렇게 해서 사법부의 권한을 민주적으로 통제하는 방안이 모색되고, 법관선출제가 거론된다. 부분적으로는 타당하지만, 선거가 만능은 아니다. 헌법과 민주주의는 같은 목표를 추구한다. 그런데 현실에서는 충돌한다. 그렇다면 양자의 가장 바람직한 관계 설정은 무엇인가를 생각해 보아야 한다.

15.1.2. 직접민주주의

서구 대의제민주주의의 부정적 측면을 경험한 후 그 대안으로 떠오른 것이 바로 인민주권론이다. 인민주권론은 사회주의와 결합되어 실제로 사회주의 국가에 도입, 실시되었다. 직접민주주의에 입각한 이상론으로 새 판 짜기를 시도했던 것이다. 하지만 대부분의 현실 인민주권론은 실패로 끝났다고 보아야 한다. 대표자는 인민의 의사에 구속되어야 한다는 기속위임설, 권력분립제가 아닌 권력집중제, 인민에 의한 재판 등은 소기의 목표를 달성하지 못했다. 그렇지만 인민주권과 직접민주제의 이상, 즉 풀뿌리 민중의 의사가 정치에서 소외되지 않도록 해야 한다는 문제의식만큼은 간직되어야 할 사항으로 남아 있다.

인민민주주의가 추구한 직접민주주의는 아니라도 오늘날 대의제 민주주의의 한계를 자주 경험하면서 직접민주제에 대한 요구가 점증하는 것이 사실이다. 국민에 의한 직접적 개입과 통제가 없이는 대의제의 문제점을 해소할 수 없다는 절박한 심정에서 나타나는 요구라 할 수 있다. 이와 같은 직접민주제에 대한 요구는 일차적으로는 지방자치와 같은 작은 영역에서 반영될 수 있을 것이다. 또한 오늘날의 발달된 전자민주주의를 잘 활용할 수 있다면 전국적 차원에서도 국민투표와 국민발안, 국민소환과 같은 직접민주제의 도입이 가능할 것이다.[2]

---

2) 이기우, 『이제는 직접민주주의다』, 미래를 소유한 사람들, 2016.

> 주권은 양도될 수 없는 것처럼 그와 같은 이유로 대표될 수도 없다. 주권의 본질은 일반의사(general will)이며, 의사는 대표될 수 없다. 의사는 스스로의 의사이거나 개인의 의사 그 어느 하나일 뿐 그 중간이라는 것은 있을 수 없다. 국민의 대표자라는 사람들(people's deputies)은 국민의 대표자(representatives)도 아니고 대표자로 될 수도 없다. 그들은 단지 국민의 대리인에 지나지 않는다. 그들은 어떠한 일도 최종적으로 결정할 수 없다.
>
> (J. J. 루소, 『사회계약론』)

15.1.3. 반(半)대표제, 반(半)직접민주제, 반(半)직접제

여기에서 국민주권론이 예정하는 순수대표제와 인민주권론의 직접민주주의의 현대적 접목으로서 반(半)대표제 이론이 있다. 약 100년 전 프랑스의 에즈맹(A. Esmein)이 제시한 것으로, 반(半)직접민주주의라고도 한다.[3] 그런데 반대표제의 내용이 종래의 대의제에 국민투표, 국민발안제 같은 직접민주제의 방식 몇 개를 첨가하는 것을 지칭하는 것에 지나지 않는다면 그것은 큰 의미를 지니지 못한다. 이런 소극적 의미의 반직접민주제보다는 더 적극적 의미의 반직접민주제를 주장하는 이론도 있다. 국순옥 교수는 반대표제도 이론을 소극적으로 평가한다. 즉, "순수대표의 법적 의제와 관계없이 우리 의회주의 헌법현실에서 일정 부분 작동하고 있는 반대표제도도 정당민주주의가 제대로 굴러가지 못하고 겉돌기만 계속하는 한, 의회 대표성의 위기를 푸는 데 아무런 도움이 되지 못한다"고 보면서, 보다 급진주의적 접근방식이 남은 유일한 대안이라고 말한다.[4] 그 대안을 보다 구체적으로 보면 다음과 같다.

> 자유주의적 민주주의의 테두리 안에서 선택이 가능한 현실적 대안은 국민주권에 인민주권의 이념을 접목한 반직접제도이다. 반대표제도의 역사적 진화형태인 반직접제도는 반대표제도 속에 이미 싹트고 있던 직접민주주의적 경향을 한 단계 끌어올려 제도적 차원에서 구체화하려는 주권이행 과도기 단계의 새로운 대

---

3) 성낙인, 『헌법학』(제16판), 법문사, 2016, 332~333쪽.
4) 국순옥, 『민주주의 헌법론』, 아카넷, 2015, 456~458쪽.

표형태이다. 주목을 끄는 것은 대표자보고제도, 대표자문책제도, 대표자소환제도 등이다.[5]

15.1.4. 민주시민

대의제와 직접민주제의 조화를 꾀하는 것이 목표라는 것은 옳다. 그런데 그 방법이 문제이다. 대의제나 직접민주제나 그 실행자는 국민이라는 점을 알아야 한다. 국가의 일을 담당하는 공직자도 국민이고, 공직자들에게 청원과 비판과 조언을 보내는 것도 국민이다. 사실 모든 성년의 국민은 한편으로는 일반 시민의 역할을, 다른 한편으로는 공직자의 임무를 띠고 있다. 공직자의 개념을 국가에서 봉급을 받는 공무원에 제한하지 않고 사회다원론적 관점에서 보면 성년이 된 국민들은 이 사회에서 공사 간의 어느 집단에서든 일정한 직책을 맡고 있다. 그런 의미에서 그들은 부분집단의 대표자이기도 하고 평회원이기도 하다. 그래서 모든 국민은 평회원으로서의 시민역할과 공직 담당자로서의 시민역할 모두를 잘할 수 있는 기초역량을 습득해야 한다. 이것이 민주시민교육이다. 당연히 요람에서 무덤까지 유형·무형의 교육이나 문화, 습관 속에서 민주시민으로서의 교양과 덕을 갖추도록 해야 한다. 일부는 의식적 교육도 필요할 것이고, 더 크게는 성숙한 민주주의 문화가 사회에 뿌리를 내리도록 해야 할 것이다. 그것이 우리가 선진 민주사회로 가는 근본적인 초석이 될 것이다. 우리 「교육기본법」 제2조(교육이념)에서는 "교육은 홍익인간(弘益人間)의 이념 아래 모든 국민으로 하여금 인격을 도야하고 자주적 생활능력과 민주시민으로서 필요한 자질을 갖추게 함으로써 인간다운 삶을 영위하게 하고 민주국가의 발전과 인류공영의 이상을 실현하는 데에 이바지하게 함을 목적으로 한다"고 규정하고 있다. 평생교육부터 학교교육, 사회교육까지 교육의 이념으로 설정되어 있는 것이다.

지금은 보다 많은 국민들이 정치에 참여하는, 즉 참여민주주의가 활성화되고 있는 시대이다. 특히 정보화시대에 접어들면서 소셜미디어를 통해 국민들은 자신의 직업과는 별도로 공적인 생활에의 관심 표명과 참여를 확대시켜 나

---

5) 위의 책, 456~458쪽.

가고 있다. 물론 이와는 정반대의 현상, 즉 정치에 대한 무관심 또한 증대하고 있다. 대표자들에 의한 정치공간 외에서도 시도 때도 없이 국민들의 넓은 의미의 정치행위가 이루어지는 것이다. 국민들 각자 민주시민이 가져야 할 소양과 능력 면에서의 성숙이 꼭 필요한 이유가 바로 여기에 있다.

최근에는 민주시민교육을 위해 헌법교육이 많이 활용되고 있다. 우리 사회는 남북분단으로 인하여 보수와 진보 간의 대립이 극심한 것이 현실이기 때문에 민주시민교육의 내용과 기준을 잡는 것도 용이하지 않았다. 그 결과 헌법교육이 대안으로 떠올랐다. 정상적인 국가의 지속과 발전을 위해서는 당연히 헌법교육이 필요하다. 초·중·고등학교 시절부터 대한민국의 헌정사와 헌법의 기본구조, 즉 국민주권원리와 기본권보장에 대한 이해를 축적시키는 것은 성숙한 공화국 시민이 되기 위해 필수적인 사항일 것이다. 그러나 헌법조문에 관한 구체적인 교육보다도 더욱 중요한 과제는 일상생활부터 공적 활동에 이르기까지 정직(honesty)과 합리성(reasonableness)에 대한 인성훈련을 제도화하는 것이다. 정직과 합리성은 입헌주의의 전제와 근저에 해당되는 것이며, 법치주의의 처음과 끝이라 할 수 있기 때문이다.

15.2. 헌법상 대의제의 원리

15.2.1. 대의제의 헌법규정과 판례

제40조 입법권은 국회에 속한다.

제41조 ① 국회는 국민의 보통·평등·직접·비밀선거에 의하여 선출된 국회의원으로 구성한다.

② 국회의원의 수는 법률로 정하되, 200인 이상으로 한다.

제66조 ④ 행정권은 대통령을 수반으로 하는 정부에 속한다.

제67조 ① 대통령은 국민의 보통·평등·직접·비밀선거에 의하여 선출한다.

② 제1항의 선거에 있어서 최고득표자가 2인 이상인 때에는 국회의 재적의

현행 헌법은 제40조, 제66조, 제101조를 통하여 본래 주권자인 국민의 주요 권력인 입법권, 행정권, 사법권을 각각 국회, 정부, 법원에 두는 것으로 규정하였다. 또한 현행 헌법은 제41조(국회의원의 선출), 제67조(대통령의 선출)를 통해 국민에 의해 선출된 대표기관을 통해 통치하는 대의제가 통치의 근간임을 밝히고 있다. 한편 사법권의 경우에는 선출에 의하지 않은 법관에 의하여 행사되고 있다(제101조 제1항, 제3항). 국가의 입법권과 집행권을 선출된 대표기관이 독자적인 판단과 자기 책임 아래 수행하도록 함으로써 정책결정과 정책 집행의 방식을 대의제로 규정하고 있는 것이다. 게다가 헌법 제7조 제1항("공무원은 국민 전체에 대한 봉사자이며, 국민에 대하여 책임을 진다")과 제46조 제2항("국회의원은 국가이익을 우선하여 양심에 따라 직무를 행한다")은 대의제의 핵심이라고 할 수 있는 자유위임의 원칙을 간접적으로 밝히고 있다. 이러한 대의제(대표민주제)를 위하여 국민에게는 선거권(제24조)과 공무담임권(제25조)이 보장되어 있다.

헌법재판소는 "헌법의 기본원리인 대의제민주주의하에서 국회의원선거권이란 것은 국회의원을 보통·평등·직접·비밀선거에 의하여 국민의 대표자인 국회의원을 선출하는 권리에 그치고, 개별 유권자 혹은 집단으로서의 국민의 의사를 선출된 국회의원이 그대로 대리하여 줄 것을 요구할 수 있는 권리까지 포함하는 것은 아니다. 또한 대의제도에 있어서 국민과 국회의원은 명령적 위임관계에 있는 것이 아니라 자유위임관계에 있기 때문에 일단 선출된 후에는 국회의원은 국민의 의사와 관계없이 독자적인 양식과 판단에 따라 정책결정에 임할 수 있다"[6]고 하고, 대법원도 "의회대표제하에서 의회의원과 주민은 엄연히 다른 지위를 지니는 것으로서 의원과는 달리 정치적, 법적으로 아무런 책임을 지지 아니하는 주민이 본회의 또는 위원회의 안건심의 도중 안건에 관하여 발언한다는 것은 현행법상 선거제도를 통한 대표제원리에 정면으로 위반되는 것으로서 허용될 수 없다고 보아야 할 것이고, 다만 간접민주제

---

6) 헌재 1998.10.29. 96헌마186.

를 보완하기 위하여 의회대표제의 본질을 해하지 않고 의회의 기능수행을 저해하지 아니하는 범위 내에서 주민이 의회의 기능수행에 참여하는 것—예컨대 공청회에서 발언하거나 또는 본회의, 위원회에서 참고인, 증인, 청원인 등의 자격으로 발언하는 것—은 허용된다"고 한다.[7]

15.2.2. 대의제의 의의와 기능

1. 대의제의 의의

대의제란 주권자인 국민이 국가의사나 국가정책을 직접 결정하지 아니하고 대표자를 선출하여 그들로 하여금 국가의사나 국가정책을 결정하게 하는 통치구조의 구성원리를 말한다. 국민주권의 원리를 실현하는 이상적인 방법은 자기동일성의 원리에 충실한 직접민주제적 방법이지만 정치의 단위가 대규모화됨에 따라 직접민주제적 방식에 의존할 수 없는 현실적 사정을 고려하여 간접민주제인 대의제를 취하게 된다.

대의제는 통치자와 주권자의 개념적 분리에 기초하고 있다. 즉, 국민에 의해 선출된 국민의 대표자인 통치자와 통치자를 선출하는 국민인 주권자가 구별되는 것이다. 그래서 주권자인 국민은 통치자를 선출하는 기관구성권과 함께 기관을 통제하는 권한을 갖는 반면, 통치자는 정책결정권과 함께 주권자에 대하여 책임을 진다.

대표자가 주권자에 대하여 책임을 진다는 것은 명령적 기속을 의미하는 것이 아니다. 종래 대표자는 직무를 수행함에 있어서 구체적 존재로서의 국민 개개인의 지시나 명령에 구속되는 것이 아니라 스스로 국민 전체의 이익을 위하여 행동하는 것으로 관념해 왔다. 따라서 대의기관의 정책결정이 설령 주권자의 의사에 반한다고 해도 선거에서 정치적 책임을 묻는 것 외에 주권자의 의사에 부합하는 정책결정을 법적으로 강제하는 방법은 부인했다. 그러나 의회해산제의 도입, 공무원이 아닌 사람을 포함하는 위원회체제, 여론정치의 발달 등으로 자유위임의 원리를 실질적으로 제약하려는 시도들이 늘어나고 있다.

---

7) 대판 1993.2.26. 92추109.

2. 대의제의 기능

대의제는 대의기관으로 하여금 책임정치에 충실하도록 요구한다. 비록 직접민주제적 강제장치가 결여되어 있기는 하지만 스스로의 책임에 기초하여 정책을 결정하고 집행하는 정치를 실현하게 한다. 대의제는 직접민주제에 비해 민주적 정당성에서 약점을 가지고 있는 만큼 권력통제의 메커니즘과 선거제도 등의 민주적 정당화 절차를 필수적인 것으로 요구한다. 그러므로 대의제는 이러한 권력통제장치와 선거제도 등의 절차를 발달시킨다.

대의제의 가치는 그 자체의 속성으로 인해 전문가정치를 강화하고 제한정치의 실현에 이바지한다는 점이다. 대의제는 필연적으로 기관구성과 정책결정이 분리되기 때문에 정책결정을 위한 전문기관을 별도로 설치하는 것을 본질로 한다. 현대의 고도산업사회에서 전문가의 역할은 점점 커지고 있기 때문에 이러한 사회적 요구에 부합하는 전문가정치를 가능하게 하는 측면이 있다. 동시에 대의제는 대의기관의 권능을 한시적인 것으로 간주하는 시스템이기 때문에 대의기관의 권능을 시기와 내용에 있어 제한하는 제한정치를 실현한다. 대의기관들이 합의제를 통해 주권자의 의사를 추정해 가는 구조가 구현된다면 대의제는 소수의 이익도 반영하는 사회통합적 기능을 수행할 수 있다.

15.2.3. 대의제 구현의 전제조건

1. 세 가지 조건

의회주의의 원리를 구현하기 위해서는 일정한 사회적 · 정치적 전제조건이 충족되어야 한다. 의회주의는 그와 같은 전제조건하에서만 성립하고 성공할 수 있다. 20세기를 의회주의의 쇠퇴기라고 하는 것도 의회주의가 본래 예정한 조건과 본래 기대한 기능을 상실하였기 때문이다.

(1) 정당한 대표관계의 구성
의회가 국민의 대표자로 구성되는 합의체로서 국가의사를 결정하는 중추기관이라면, 의회의 구성원과 국민 간에는 정당한 대표관계가 성립하여야 한다.

정당한 대표관계는 자유롭고 공정한 선거를 통해서만 구성될 수 있다. 그러나 선거의 공정이 확보되는 것만으로는 불충분하다. 항상 국민의 감시와 통제가 의회의 활동에 미칠 수 있어야 한다. 루소(J. J. Rousseau)가 지적하고 있듯이 국민이 선거일에만 주권자가 되는 데 그치고 선거와 선거 사이의 기간에는 의회에 의한 절대정이 행해진다면 선거가 이상적으로 실시된다고 하더라도 의회제는 지배를 위한 조작의 도구가 되고 말 것이기 때문이다.

(2) 공개성과 이성적 토론 및 다수결의 원리

의회주의는 공개된 장소에서 대립된 의견의 소유자가 토론과 반론이라는 변증적 과정에서 타협에 의하여 국가의사를 결정하는 정치방식이다. 의회정치를 '공개와 토론'의 정치라고 하는 것도 그 때문이다.

의회주의는 첫째, 국가의사가 공개적 방식으로 결정되어야 한다. 둘째, 국가의사는 다수결에 따라 결정되어야 한다. 다수결의 본질은 단순한 수의 지배 또는 힘의 지배가 아니라 '논리의 지배'라는 데에 있다. 셋째, 의회에서의 국가의사의 결정은 다수결로, 그리고 다수결은 이성적 토론을 전제로 하는 것이라야 한다. 이성적 토론은 '소수의견의 존중'과 '반대의견에 대한 설득'이 전제될 때에만 가능하다. 의회주의의 가치는 국민 중의 다원적 이해관계, 다양한 의견, 대립된 이데올로기를 토론의 장으로 끌어들여 그곳에서 조정과 통합을 꾀하는 데 있다.

(3) 정권교체의 가능성

의회주의의 구현을 위해서는 상술한 두 가지 조건 외에도 의회 내에 있어서 세력분포의 교체가 가능해야 한다. 여기서 교체 가능성 또는 교체의 원리(principle of rotation)란 소수의견과 다수의견의 위치교체 가능성을 말한다.

의원내각제를 채택하는 곳에서 교체 가능성이란 원내에서의 의석분포와 내각이 교체되는 기회를 의미한다. 어떤 시기의 소수의견이 조만간 다수의견이 되어 정책결정의 주도권을 장악할 수 있는 전망이 전혀 없다면 의회제는 실질적으로 고정된 일당독재체제와 다를 것이 없다. 선거가 독재제를 정당화시켜 주는 하나의 의식으로 전락하지 아니하고, 가변적 여론을 반영하여 평화적인 방법으로 정권을 교체시킨다는 바로 그 점이 민주적인 의회가 기능을 발휘할 수 있는 조건이다.

2. 평가

 과거 군부정권시대의 경우에는 앞서 언급한 세 가지 조건이 전혀 충족되지 않았다. 즉, 대의제는 우리에게 그림의 떡이었던 것이다. 그러나 현행 헌법 이후 20여 년이 지난 오늘날 우리나라는 적어도 형식적 요건은 갖추고 있다고 판단된다. 그만큼 변화가 있었던 것이다. 하지만 지금은 이 세 가지 조건의 내용, 즉 실질적 충족을 점검해야 한다.

 첫째 조건은 주로 선거법, 정당법 등 정치관계법의 공정성에 관한 문제가 될 것이다. 선거가 단순히 투표에만 있는 것이 아니고 후보자와 유권자 사이에 공감을 불러일으키는 기간이라고 한다면, 선거기간은 공론장을 열어야 한다. 예컨대 과거에는 선거과열로 인하여 선거운동을 지나칠 정도로 제한할 수밖에 없었다면, 이제는 선거운동의 자유를 훨씬 허용하는 방향으로 개정되어야 한다. 그리고 공무원과 교사의 피선거권 차별도 정리되어야 할 요소이다. 정당의 후보자 선정과정도 국민과의 교감 속에서 이루어지려면 상향식 도입 등 좀 더 민주적인 선출과정이 되어야 할 것이다.

 둘째 조건은 실질적 민주주의에 관한 문제이다. 우리나라의 민주주의는 상당 수준으로 발전했다. 영국의 『이코노미스트(Economist)』지는 매년 민주주의 지수를 평가하는데, 한국은 20위권 내외에 있다. 과거에 비하면 놀랄 만큼의 발전수준이다. 하지만 우리가 10위권 이내로 진입하기 위해서는 실질적 민주주의를 훈련하고 정착시켜야 한다. 그것은 단순히 토론의 장을 열고 누구에게나 발언권과 표결권을 부여하는 데 그치지 않고, 마음속 깊이 있는 자신의 의사를 표현할 수 있는 사회적 분위기가 조성되어야 한다. 국가, 법정, 가정, 학교, 직장, 동창회 등등 어디서든지 실질적인 표현의 자유의 보장과 의견교환, 토론 그리고 그에 따른 표결이 이루어지도록 해야 한다. 여기에 숙의민주주의(deliberative democracy)가 좋은 모델이 될 것이라고 본다.

 셋째 조건은 우리나라에서 여야 간의 정권교체가 대통령선거에서나 국회의원선거에서 이루어진 바 있기는 하다. 그러나 사회가 아직도 진보와 보수, 반공과 반북주의로 편협성을 탈피하지 못하고 있기 때문에 유연한 정책과 이념을 가진 정당의 입지가 좁다. 진보적인 정책을 지향하는 정당은 아직 갈 길이 요원하다. 최근의 정당해산심판은 우리 사회의 개방성에 찬물을 끼얹었다. 사회는 선진국형으로 다양해졌는데 정당은 양당체제를 벗어나지 못하고 있는 상황이다. 다당제 속의 합의제 정부가 꼭 필요한 훈련과제라고 할 수 있다. 즉, 이념이 다르더라도 서로 연합정부를 만들어 타협적인 정치를 해 나갈 수 있는 사회가 요청된다.

15.3. 대의제의 기반으로서 직접민주제

15.3.1. 직접민주제의 의의와 기능

국민의 자치가 이상적으로 이루어지기 위해서는 가능한 한 전체 국민이 직접 참가하여 국가의사를 결정하는 방식이 바람직하다. 그러나 대부분의 국가에서는 전 국민이 일시에 한자리에 회집하여 국정을 다룬다는 것이 현실적으로 불가능하다. 인구의 증가, 생활영역의 확대, 사회생활의 복잡화 같은 사정 때문에 부득이 대의제민주주의(간접민주제)를 채택하지 않을 수 없다.

다만, 의회민주제를 원칙으로 하는 경우에도 민주주의의 실현을 위해서 직접민주제를 채택하는 것이 이론상 가능할 뿐만 아니라 실제로 각국에서 그렇게 하고 있다. 오히려 의회민주제의 결함이나 병폐가 여러 가지로 나타나고 있는 까닭에 적어도 최종적으로는 주권자인 국민이 직접 정치과정에 개입하여 혼란의 조정, 비위의 시정 그리고 중요한 입법 등을 행할 필요가 있다.

15.3.2. 직접민주제의 정치적 가치

직접민주제의 긍정적 측면으로는 다음의 내용을 들 수 있다. 첫째, 직접민주제에 있어서는 국민이 스스로 중요한 국가의사를 결정하므로 국민자치의 원칙이 고도로 실현된다. 둘째, 중요한 국가의사를 국민이 직접 결정하므로 의회의 부패와 무능력이라는 결함을 시정·보완할 수 있다. 셋째, 국가기관 상호 간의 충돌로 말미암아 국가의사의 결정이 지연될 경우에 국민이 개입하여 신속히 해결할 수 있다.

직접민주제의 부정적 측면으로는 다음과 같은 내용을 들 수 있다. 첫째, 직접민주제에 있어서는 다수결의 전제가 될 심의·설득·타협의 기회가 없기 때문에 그 다수결은 불합리한 것이 될 수도 있다. 둘째, 유권자에 대한 선동과 여론의 조작 등으로 쉽사리 다수의 지지를 획득할 수 있고, 또 그것이 권력체제를 정당화시켜 주는 근거로 작용할 수도 있기 때문에 독재정치의 합리화 수단으로 악용될 수 있다. 셋째, 유권자의 정치적 무관심으로 말미암아 기권율이 높을 경우에 투표결과를 가지고 전체 의사를 추정하는 것은 위험하다. 넷째, 매수·협박, 투·개표부정 등으로 투표결과가 조작될 가능성이 있다.

15.3.3. 직접민주제의 구현방법

1. 국민표결

국민표결이란 중요한 법안이나 정책을 국민투표로써 결정하는 방식을 말한다. 국민표결에는 레퍼렌덤(협의의 국민표결)과 프레비시트(국민결정)가 있다.

레퍼렌덤(referendum)은 대체로 헌법상 제도화되어 있는 것으로, 의회가 의결한 일정한 중요 사항(국가의 중요 정책, 헌법개정안, 중요한 법률안 등)을 국민이 직접투표로써 최종적으로 확정하는 방식이다. 이에 대하여 프레비시트(plébiscite)는 대체로 헌법상 제도화되어 있지 아니한 것으로, 영토의 병합이나 변경 또는 집권자가 그 권력의 정통성에 대한 신임 여부를 국민에게 직접 묻는 방식이다.

프레비시트는 레퍼렌덤과 마찬가지로 국민투표라고 하는 직접민주제의 형식을 띠면서(따라서 레퍼렌덤과의 엄밀한 구별이 곤란하다) 실질적으로는 전제적 지배를 정당화시키는 위장적 수단으로 이용되는 경우가 많았다. 주민의 투표로써 영토의 귀속이나 집권자에 대한 신임확인을 결정한 예가 대표적인 경우라 할 수 있다.

하지만 민주주의의 관점에서 프레비시트가 특히 문제되는 것은 전제적 지배자가 그 권력의 정통성을 확보하기 위하여 국민투표를 실시하는 경우이다.

이들에 의한 국민투표는 독재를 은폐하기 위한 위장수단에 지나지 않는다. 이러한 수단을 이용한 독재를 '국민투표제적 독재제'라 한다.

2. 국민발안

국민발안(initiative, Volksbegehren)은 일정 수의 유권자가 중요한 법안이나 그 밖의 의안을 제안할 수 있는 제도를 말한다. 이는 미국의 몇몇 주의 헌법, 스위스 헌법(제138조~제142조), 독일 기본법(제29조) 등에서 인정되고 있다. 일본과 우리나라의 지방자치제에서도 조례의 제정·개폐를 청구하는 형식으로 이 제도가 부분적으로 채택되고 있다. 국민발안은 제안이 곧장 국민투표에 부의되는 직접발안과, 의회의 의결 후에 국민투표에 부의되는 간접발안으로 나누어진다.

3. 국민소환

국민소환 또는 국민파면(recall, Abberufung)이란 국민의 의사로써 공직자를 임기만료 전에 해직시키는 제도이다. 이 제도는 일정한 절차에 의한 일정수의 유권자의 청구에 따라 직접파면의 효과가 발생한다. 이 제도는 미국의 여러 주에서 상당히 광범위하게 채택되어 있다. 넓은 의미에서의 국민소환에는 상술한 공직자 해직제 이외에 의회의 해산청구 등도 포함시키는 경우가 있다. 우리나라에서는 「지방자치법」과 「주민소환에 관한 법률」에서 주민소환투표를 규정하고 있다.

15.3.4. 제도화된 직접민주정치

현행 헌법은 예외적으로 직접민주제를 채택하고 있다. 헌법개정안에 대한 국민투표제(제130조 제2항)와 대통령이 부의한 국가안위에 관한 중요 정책에 대한 국민투표제(제72조)가 그것이다. 그러나 국가 차원에서 국민발안제와 국민소환제는 인정하고 있지 아니하다. 향후 개헌을 예상한다면 제72조의 국민투표제를 좀 더 탄력적으로 운영하도록 하여 중요한 국가정책에 대한 국민투표를 실시할 수 있도록 하는 것이 바람직할 것이다.

지방자치 차원에서는 직접민주제의 도입이 활성화되어 있다. 「지방자치법」 제14조 제1항은 "지방자치단체의 장은 주민에게 과도한 부담을 주거나 중대한 영향을 미치는 지방자치단체의 주요 결정사항 등에 대하여 주민투표에 부칠 수 있다"고 하고, 이를 위해 별도로 「주민투표법」을 제정하고 있다. 게다가 「지방자치법」 제20조 제1항은 비례대표 지방의회의원을 제외하고 지방자치단체의 장 및 지방의회의원에 대한 주민소환권을 보장하고 이를 위해 「주민소환에 관한 법률」을 제정했다. 이 외에도 다소 간접적이기는 하지만 조례의 제정·개폐청구권(「지방자치법」 제15조), 주민감사청구권(동법 제16조), 감사청구한 사항과 관련하여 주민소송제도(동법 제17조)를 두고 있다.

15.3.5. 제도화되지 않은 직접민주정치

1. 이익집단

직접민주주의는 많은 이익집단(interest group) 혹은 압력단체(pressure group)에 의해서도 실현된다. 이익집단은 정치질서 내에서 국가의사결정(예컨대 임금정책, 중소기업정책, 대기업정책, 국방정책 등)에 영향력을 미치려고 하는 이차집단적인 조직이나 단체를 일컫는다.[8] 사회학에서 말하는 이차집단이기 때문에 일차집단, 즉 문중조직, 동창회, 향우회, 재향군인회 등은 이에 해당하지 않는다. 물론 우리나라의 정치현상으로 보면 이들 일차집단도 정치성향을 강하게 띠면서 이차집단화하는 모습마저 보인다. 그리고 직업상의 전문직단체들이 있다. 약사회, 의사회, 변호사회 등이 이에 해당한다. 또한 전국경제인연합회, 중소기업인연합회 등 많은 경제인단체가 있으며, 농민단체와 노동조합도 있다. 이익집단은 이익표출을 통하여 국가의사결정에 반영하는 기능을 수행하고 있다.

이익집단은 국가의사결정에 영향력을 미치기 위하여 로비(lobby)라는 방법을 쓴다. 그러나 우리나라는 로비가 공식화되어 있지 않기 때문에 이익단체

---

8) 최대권, 『헌법학강의』, 박영사, 1998, 152쪽 이하 참조.

는 집단적인 청원, 서명, 시위 등을 하거나 관계기관과 공청회 등을 공동으로 개최하기도 한다. 이익집단은 다원주의 민주주의의 토대를 형성하게 된다. 그래서 이익집단의 정치적 수준과 경향이 그 나라의 민주주의의 성격을 규정짓는 데 큰 역할을 한다. 다원주의(pluralism)는 다음과 같은 문제점을 극복해야 한다.

첫째, 이익집단으로 활동하는 조직이나 단체의 비민주주의적 조직과 운영 방식이다. 대표적으로 정당의 당내 민주주의, 노동조합의 조합민주주의가 요구되듯이, 모든 조직은 내부의 조직과 운영에서 자유와 민주주의가 관철되어야 한다. 그렇지 않을 때 그 조직은 과정에서는 물론 결과에서도 비민주적인 효과를 사회에 끼치기 때문이다.

둘째, 다원주의는 이익집단에 참여하는 개인이 최대한 합리적으로 행동하리라는 예측 속에 서 있다. 그러나 현실은 그에 미치지 못하는 경우가 많다. 님비(nimby: not in my back yard), 핌피(pimfy: please in my front yard)현상이 난무하면 사회의 공공질서는 기대할 수 없게 된다.

셋째, 이익집단 간의 조직력이나 자금력에서 차이가 나기 때문에 기회균등의 문제가 야기될 수 있다. 대기업을 대표하는 전경련이나 상공회의소, 무역협회 같은 조직들은 음으로 양으로 정부입법 및 정책에 크게 영향을 미친다. 반면 중소기업, 벤처기업의 이익단체들은 그와 같지 못하므로 그 영향력에서 비대칭성과 불균형이 생기게 된다.

넷째, 이익집단은 단순히 다원주의 사회의 구성체를 넘어서 국가의 성격 자체를 결정짓는 측면이 있다. 대기업 위주의 국가정책, 군산복합체로서의 정부, 대토지 농산업자들의 수출정책에 대한 압력 등은 의회와 대통령 등의 선출과정에서부터 정책결정까지 강한 영향력을 미치게 된다. 국가는 자본가의 지배수단이라는 자본주의의 적나라한 측면이 비판받을 수 있다. 중립자로서의 국가를 견지할 때 국민 전체에 사회정의를 실현하는 입헌국가로서의 신뢰와 권위를 지킬 수 있다.[9]

다원주의의 문제를 해소하기 위한 방법이 조합주의(corporatism)이다. 조합주의는 국가가 개입한 통제적, 권위주의적 모델이다. 미국 헌법의 기초자인 매디슨(James Madison)은 파벌(faction)에 관하여 언급했는데, 파벌이란 "전

---

9) 위의 책, 156쪽 참조.

체의 다수이건 소수이건 다른 시민의 권리 또는 지역사회의 영구적이며 전체적인 이익에 역행하는 어떤 공통된 열정 또는 관심의 충동으로 단결되어 행동하는 사람들"이라고 하였다. 이 파벌정신이 정부에 대한 불신과 공공행정을 더럽힌 것이라고 본다. 매디슨은 파벌의 원인을 없애는 두 가지 방법이 있지만, 자유를 희생하면서까지 파벌을 없애는 것은 더 어리석은 짓이라고 보았다. 결국 그는 파벌, 즉 이익단체들 스스로 견제와 균형을 통해서 그 악영향을 최소화시키는 방안을 모색하였다. 파벌을 없애는 한 방법은 작은 사회로부터 큰 사회로 정치의 규모를 바꾸는 데 있고, 미국 연방정부는 주와 지방보다는 훨씬 파당적 악영향으로부터 해방될 것이라고 보았다.[10]

다른 한편 토크빌(Tocqueville)은 미국의 수많은 자유로운 결사체(association)에서 미국 민주주의의 희망을 보았다.

퍼트남(Putnam)은 이익단체의 다원주의에 대한 해결책을 제시하였다. 그의 '사회적 자본(social capital)' 이론은 "구성원들 사이에 네트워크, 상호 호혜의 규범, 신뢰 등으로 구성되는 사회적 자본이 축적되어 있을 경우 협력 및 집합행동이 훨씬 수월하며 결사체 민주주의의 가능성 또한 높아진다"는 내용이다.[11]

프랑스인 토크빌이 미국을 여행한 후 유럽과 신생국가 미국의 차이점을 집필한 1835년의 글을 읽어 보자. 여기서 강조되는 것은 꼭 이익집단에 국한된 것이 아니라 일반결사체(association)가 갖는 민주주의에서의 중요성이다.

> 아메리카합중국에 존재하는 정치적인 결사는 그 나라에 있는 무수한 결사의 집단 가운데 오직 하나의 유형에 불과하다. 아메리카인들은 끊임없이 결사를 조직한다. 모든 사람이 참가할 수 있는 상공단체가 있을 뿐만 아니라, 수천 가지의 단체, 즉 종교단체, 도덕단체, 진지한 단체, 쓸데없는 단체, 포괄적인 단체, 제한적인 단체, 큰 단체, 작은 단체 등이 있다. 아메리카인들은 오락을 제공하기 위해서, 책을 배포하기 위해서, 다른 나라에 선교사를 파견하기 위해서 결사를 구성한다. 이와 같은 방법으로 그들은 병원이라든지, 교도소라든지, 학교를 건설

---

10) 알렉산더 해밀턴 · 제임스 메디슨 · 존 제이, 김동영 옮김, 『페더럴리스트 페이퍼』, 한울아카데미, 1995, 제10호.
11) 김의영 외, 『미국의 결사체 민주주의』, 아르케, 2006.

한다. 어떤 새로운 사업을 시작할 때 프랑스에서는 정부기관을, 영국에서는 귀족을 보게 되는 데 반해 아메리카합중국에서는 어떤 단체를 틀림없이 발견하게 된다. …… 아메리카인들에게는 정치단체 못지않게 일반 단체들도 꼭 필요하며, 때로는 그 이상으로 중요할 경우도 인정하지 않을 수 없다. 민주국가에서 단체에 관한 학문은 어머니이며, 그 이외의 학문의 발전은 단체에 관한 학문이 이룩해 놓은 발전에 달려 있다. 인간사회를 지배하는 법칙 가운데는 다른 어떤 것보다 더 엄격하고 분명한 것이 한 가지 있다. 만약 인간이 문명화되고 싶어 하거나 또는 문명상태에서 머무르고자 하면 사회의 평등화가 이루어지는 것과 비례해서 단체구성의 기술이 성장 발전해야 한다.

(알렉시스 토크빌, 박지동 옮김, 『미국의 민주주의』, 한길사, 1983, 506~510쪽)

2. 노동조합

노동자가 단결하는 것은 헌법상 권리이다. 헌법이 인정해서가 아니라 천부인권으로 이해되는 권리이다. 노동조합은 스스로 자유의사로써 결집한 자주적·자치적인 결사체이다. 국가는 이 단결체에 대해서 간섭을 할 수 없으며, 오히려 보호해야 한다. 노동조합은 노동자의 이익을 위한 노동자 동맹이다. 사회적 자치를 기반으로 성장한 것이고, 국가에 의해서 발생한 것이 아니며, 국민들 내부로부터 형제동맹체(Verbrüderungen)로 발생한 것이다. 개인이 대항세력에 의해 위협당하고 거기에 독립적으로 맞서기에는 너무나도 자기가 무력하다고 느꼈을 때 시작된 상호 부조의 충동이 동맹 창조의 원동력이다.[12] 사회적·자주적 자치가 강했던 서양의 전통에서는 더욱 확연한 데 비해 우리 사회에서는 노동자라는 개념부터가 생소했기 때문에 국가 내적 권리로 이해하는 것이 습관이 되어 있다. 그러나 대학의 자치, 지방자치, 가정의 자치 등과 마찬가지로 노동의 단결권도 국가 이전의 권리로 이해하는 인식의 전환이 필요하다. 이와 같은 자주적인 고유 영역에도 헌법의 원리는 작동하지만, 자주와 자치의 원리가 곧 헌법의 핵심원리라는 것을 생각하면 불필요한 국가권력과 중앙정부의 간섭은 자제되어야 한다.

---

12) 후고 진쯔하이머, 이원희 옮김, 『노동법원리』, 관악사, 2004, 59~60쪽. 이 책은 원래 1927년 발간된 노동법의 고전이다.

발달된 자본주의 사회에서 가장 많은 수를 차지하는 국민은 노동자이다. 여기서 기업의 민주주의가 한 나라의 민주주의에 지대한 영향을 미친다는 것을 깨달을 수 있다. 노동자의 일반적 자유권(표현의 자유, 정치적 자유 등)과 사회권(고용안정, 임금, 휴가, 고용과 해고, 퇴직 등)의 보장이 우리 헌법의 발달에 절대적으로 긴요한 사항임을 인식하지 않을 수 없다.

노동조합의 영향력은 노조 조직률, 노조 집중성과 집권성, 단체교섭의 수준과 단체협약의 적용범위, 단체협약 적용률, 파업빈도 등을 이용하여 측정한다. 첫째, 한국의 현재 노동조합 조직률은 12.5%(2016)이며, 단체협약 적용률은 12%(2010)로 노동3권 사각지대가 광범위하다. 특히 비정규직은 노동3권 사각지대에 놓여 있다. 둘째, 근로자 수가 많은 중소 영세사업장일수록 노조 조직률이 낮은 것도 노동3권 사각지대를 만드는 요인이다. 셋째, OECD와 ILO 통계에서도 한국의 노동조합은 영향력이 취약한 것으로 나타난다. 이 같은 특징이 사내하도급의 확산을 가능하게 하는 요인이다.[13]

특히 사회복지국가의 발달에는 그 동력으로서 노동자와 노동조합의 역할이 중요하다. 투표권자로서의 노동자, 노동조합의 정당에 대한 조직적 지지, 그 결과 사회복지를 지향하는 정부의 출현이 필요한 것이다. 이것이 유럽의 조정시장경제(coordinated market economy)의 성공모델이다. 정부와 재벌 그리고 노동조합 간의 신뢰를 바탕으로 한 파트너십이 성립된 것이다. 우리는 최근 20여 년 동안 노사정이라는 삼자협상제를 통한 시도가 계속되고 있지만, 대기업 재벌과 노동조합 간의 현저한 불균형으로 이와 같은 타협점이 이루어지지 않고 있다. 노조의 조직률도 약하지만, 노조의 대표성도 문제이다. 산별노조 방식으로 협상창구가 일원화되어 노조의 대표성을 강화해야 하는데, 현재 산별노조와 지역노조가 경합하기 때문에 기업과의 협상도 난항을 겪을 가능성이 높다. 노동자의 경영참가제도도 시행되어야 할 주요 과제이다.

3. 시민사회와 시민운동

홉스, 루소, 로크와 같은 사회계약론자들은 강제력을 독점하는 조직체인 '국가'와 자유롭고 평등한 개인들로 이루어진 결사체인 '시민사회'를 분리하

---

13) 은수미, "이중적 노동시장을 넘어", 『어떤 복지국가인가?』, 한울, 2013, 233쪽 이하.

였다. 시민사회는 개인이나 가족들로 이루어진 사적 영역과 이들 사이의 상호 작용을 통해 나타나는 공공영역으로 구분된다. 공공영역에서 공개적으로 활동하는 사적인 결사체와 언론기관들은 시민사회의 중요한 행위자이다. 시민사회 내의 공공영역의 활성화는 시민들의 이익을 반영하고 국가의 행위를 감시·평가함으로써 민주주의 발전에 중요한 역할을 담당하게 된다.

시민의 능동적인 참여로 이루어지는 운동이 곧 시민운동이다. 시민운동은 노동운동으로 대표되는 기존의 '구사회운동'에 대비되는 '신사회운동'으로 명명되고 있다. 이것은 1970~1980년대에 서유럽과 북아메리카에서 등장한 환경, 평화, 여성, 소비자, 지방자치, 교육, 동성애, 반핵, 녹색당 운동 등과 같은 새로운 산업사회의 운동이라고 할 수 있다.

시민운동은 주로 NGO(nongovernmental organization: 비정부조직)라고 불리는 시민단체를 통하여 이루어지는데, 이 NGO는 크게 세 가지 역할을 하고 있다. 첫째, 정부와 협력해 복지서비스 제공을 확대하는 역할, 둘째, 국가권력과 경제권력을 견제하고 시민의 일상권리를 보호하는 역할, 셋째, 국제정치에서 국가의 역할을 보완하거나 국가이기주의를 견제해 국제사회의 공동문제를 해결하는 역할이다.

시민단체는 자발적으로 이루어진 풀뿌리 네트워크 조직을 선호하고 교육 프로그램에 이르기까지 직접행동을 주요 전략으로 채택하기 때문에 기존의 대의제민주주의를 보완하고 대체할 수 있는 '강한 참여민주주의'로 인식되고 있다.[14]

4. 웹(Web) 2.0과 집단지성

21세기 현대사회를 가리켜 '지식기반의 정보사회(knowledge-based information society)'라고 일컫는다. 정보사회란 정보혁명 또는 커뮤니케이션 혁명으로부터 파생된 사회로서 정보기술의 혁신에 의해 정치, 경제, 사회, 문화 등 사회구조 전반에 걸쳐 정보와 지식의 가치가 높아지는 사회라고 할 수 있다. 정보사회는 지식과 정보가 재화로서의 가치가 높아지고 사회적 중

---

14) 김호기, "시민사회와 시민운동", 『청소년을 위한 시민사회』, 아르케, 2004, 13~36쪽.

요성이 커진다는 점에서 산업사회나 후기산업사회와 구별된다.[15] 정보사회를 대표하는 것이 디지털의 발달이다. 1990년대 이후 인터넷의 등장과 함께 집단지성(collective intelligence)과 네트워크 사회의 관계에 대한 논의가 활발하게 이루어지고 있다. 인터넷의 발달은 웹 2.0시대를 열었는데, 이것은 가상공간에서의 '개방, 참여, 공유'를 그 정신으로 하고 있다. 블로그의 출현 이후 SNS(social networking service)의 확산은 집단지성의 측면에서 더욱더 긍정적으로 작용하고 있다. 이와 함께 '연결된 공론장(networked public sphere)'을 통하여 자유의 확대를 폭발적으로 가져왔고 동시에 대중의 민주주의시대가 활짝 열렸다. "아이디어는 타인들과 나눌 때 비로소 움직인다. 아이디어는 표현되고, 검토되고, 다듬어지고, 차용되고, 수정되고, 개작되고, 확장되면서 성장한다. 이런 활동은 한 사람의 머릿속에서 이루어지는 경우는 드물고, 대개 다양한 관점과 안목을 가진 수많은 사람들을 거치면서 이루어진다. 웹은 그러한 기회를 준다."[16]

15.4. 실질적 민주주의

15.4.1. 집단지성

집단지성(collective intelligence)이란 다수의 개체들이 서로 협력하거나 경쟁하는 과정을 통하여 얻게 된 집단적 능력을 의미하는 것으로, 평범한 다수 사람들의 판단이 모이면 전문가보다 나은 가치판단을 할 수 있다는 전제에서 출발한다. 집단지성은 1910년대 하버드대학 교수이자 곤충학자인 윌리엄 모턴 휠러(William M. Wheeler)가 개미의 사회적 행동을 관찰하면서 처음 제

---

15) 설진아, 『글로벌 미디어』, 한국방송통신대학교출판부, 2007, 5쪽.
16) 찰스 리드비터, 이순희 옮김, 『집단지성이란 무엇인가』, 21세기북스, 2009.

시하였다.[17] 휠러는 개체로는 미미한 개미가 공동체로서 협업하여 거대한 개미집을 만들어 내는 것을 관찰하였고, 이를 근거로 개미는 개체로서는 미미하지만 군집하면 높은 지능체계를 형성한다고 하였다. 이후 피터 러셀(Peter Russell), 톰 애틀리(Tom Atlee), 하워드 블룸(Howard Bloom) 등의 연구가 이루어졌으며, 제임스 서로위키(James Surowiecki)는 실험결과를 토대로 "특정 조건에서 집단은 집단 내부의 가장 우수한 개체보다 지능적"이라고 주장하였다. 사회학자 피에르 레비(Pierre Levy)가 사이버 공간에서의 집단지성 개념을 정리하면서 집단지성의 개념이 본격적으로 확산되었다.[18] 집단지성은 정치, 경제, 사회학, 과학 등 다양한 분야에서 발현될 수 있으며, 온라인의 발달과 더불어 우리 삶에 깊숙이 개입하고 있다. 이와 같은 집단지성의 대표적 예로 위키피디아,[19] 오픈소스,[20] 네이버 지식iN,[21] 블로그, 트위터, 페이스북 등을 들 수 있다.

집단지성과 관련된 논의들은 '네트워크 사회'의 도래를 전제로 하고 있다. 1990년대 이후 인터넷의 등장과 함께 집단지성과 네트워크 사회의 관계에 대한 논의가 활발하게 이루어지고 있다는 사실이 이를 입증해 준다.

레비는 인간사회에서 '관심' 또는 '의식'이라는 개념이 집단지성의 출발점이 된다고 보았으며, 관심은 다양한 아이디어를 창출하는 첫걸음이 된다고 주장하였다. 그는 '누스페어(noo-sphere)'의 개념을 차용하여 집단지성의 내적인 작동원리를 설명하고 있다.[22] 그 의미는 '정신적 영역'(의식 등)이 인간들의 유대관계 속에서 상호 교류가 활발해짐으로써 더욱 확장되고 나아가 인류사회를 변화시키는 단계에 우리가 살고 있다는 것이다.

---

17) William M. Wheeler, *Ants: Their Structure, Development, And Behavior*, Rediff Books, 1910, 위키피디아에서 재인용.
18) 피에르 레비, 권수경 옮김, 『집단지성: 사이버 공간의 인류학을 위하여』, 문학과지성사, 2002.
19) 여러 사람이 자유롭게 열람하고 확실하지 않거나 잘못된 정보는 누구든지 수정 및 삭제할 수 있는 형태의 자료열람 사이트이다.
20) 무상으로 공개된 소스코드 또는 소프트웨어이다.
21) 네이버 사용자 사이의 지식교류 서비스로 사용자가 올린 질문이나 궁금한 내용, 고민에 대해 다른 사용자가 답을 다는 형태로 지식을 공유한다.
22) 피에르 레비, 김동윤 · 손주경 · 조준형 옮김, 『누스페어: 새로운 철학, 새로운 문명, 새로운 세계』, 생각의나무, 2003.

또한 레비는 집단지성은 '관계'를 중시한다고 한다. 이미 인류는 오랜 기간 씨족 또는 부족의 공동체의 일원으로서 살아왔다. 그는 '호혜적 관계성' 또는 '함께'하는 존재로서의 인간의 모습을 설명하면서 집단지성은 개인들이 '함께'하는 것을 전제로 한다고 하였다. 집단지성 연구자들은 각 종교로부터 이와 같은 관계망의 의미에 관한 단초를 발견하고 있다. 예컨대 기독교에서의 타인(이방인)에 대한 '환대', 불교 특히 〈화엄경〉의 '인드라 망'의 개념, 노자(老子)의 '무위(無爲)와 자연' 사상들은 '총체성(wholeness)'과 '상호 연결성(interconnectedness)'의 개념을 강조한 공통점이 있다고 본다.

집단지성과 관련된 외부적 요인으로는 '자유'와 '기술'을 꼽을 수 있다. 여기서 '자유'란 표현 및 창작과 관련된 자유를 의미하며, '기술'이란 하드웨어적인 것과 소프트웨어적인 것을 모두 포함한 커뮤니케이션 기술을 의미한다. 정치 · 사회 및 기술적 성숙의 정도에 따라 집단지성이 다르게 나타난다. 정치적 자유가 발달한 사회에서 집단지성의 효과가 훨씬 큰 것은 물론이다. 동시에 인터넷과 디지털 기술의 발달이 집단지성을 획기적으로 부각시켜 놓았다. 집단지성은 창작성과 혁신성을 가져온다. 또한 공유(commons)와 협업(collaboration)을 통해 호혜적 유대관계 그리고 활발한 상호 교류를 증가시킨다.

카스텔(M. Castells)은 지구촌의 수평적 · 인터렉티브 커뮤니케이션 체제의 등장이 정체성 혁명 및 정보화주의 등과 함께 사회변동을 주도하고 있다고 주장한다. 그는 노드(node)로 연결된 사회가 등장함으로써 수직적 사회구조가 급속히 와해되고 있는데, 그 이유는 과거와 같이 엘리트 집단이 소수의 미디어를 동원하여 여론을 관리하던 방식이 더 이상 작동하기 힘들기 때문이라고 한다. 전통적인 매스미디어가 아직도 엘리트 집단의 수중에 있다 하더라도 새로운 정보의 흐름을 주도하는 블로그, 트위터 등 소셜네트워크 미디어의 등장은 기존 엘리트층에게 커다란 위협이 되고 있는 것이 사실이다. 이는 우리 사회가 획일주의의 시대에서 다원주의의 시대로 넘어가고 있음을 보여 준다. 구성원들 간에 '수평적 연결성'이 형성됨으로써 종전의 사회와 현저한 차별이 생긴다. 누구든지 생산자이자 소비자를 겸하는 프로슈머(prosumer)가 되는 사회로 변화하고 있는 것이다. 종전에는 신문사만이 기사를 생산했다면, 지금은 누구든지 자신의 PC를 통해서 기사를 생산하는 시대가 온 것이다.

이러한 정신은 '오픈소스' 운동을 탄생시키기도 했으며, 크라우드소싱(crowd

sourcing) 역시 같은 맥락에서 이해될 수 있다. 이는 자본주의의 주요 징표 중 하나인 '사적 소유'의 개념과 배치되는 것이기도 하지만, 네트워크 사회에서는 지식과 정보의 확산이 거의 실시간으로 이루어지고 있기 때문에 '공유'를 통해 '기여'를 이끌어 낼 수 있는 체제로의 전환이 무엇보다 강조될 수밖에 없다. 정부, 기업, 언론 또한 마찬가지이다.

대화형 저널리즘은 바로 이와 관련이 있다고 하겠다. 즉, 오늘날에는 수용자와 언론사가 생각을 공유하는 저널리즘의 탄생이 요구된다. 앤더슨과 그의 동료들이 동관 모델(conduit model)의 한계를 인정하고 대화형 모델로 넘어갈 것을 주장하는 이유가 여기에 있다.[23] 이렇듯 집단지성은 탈엘리트주의와 개인의 부상을 불러일으키고 있다.[24]

15.4.2. 숙의민주주의

1. 개념

대의제민주주의의 한계를 넘어서서 실질적 국민주권을 강화하기 위한 노력은 숙의민주주의(deliberative democracy)까지 도달하게 되었다. 숙의민주주의는 심의민주주의, 토의민주주의로 번역되기도 한다. 숙의 모델은 자유주의(대의제민주주의) 모델의 '약한 민주주의'와 공동체주의 모델의 '획일적 정치' 모두를 거부한다. 숙의론자들은 자유주의자들과 달리 민주주의란 공통의 관심사에 관한 민주적 대화와 토론을 통하여 사적 개인들을 적극적인 시민으로 전환시키는 것과 긴밀히 연관된다는 점을 강조하고, 공동체주의자들과는 달리 민주적 대화란 이미 존재하는 공동선 혹은 공통의 이익을 발견하는 과정이 아니라 상호 이해와 합의를 통하여 그것을 만들어 가는 과정으로 이해한다. 숙의 모델에서 민주적 정당성은 시민들 사이의 공적 심의로부터 도출된다. 숙

---

23) 롭 앤더슨 · 로버트 다덴 · 조지 킬렌버그, 차재영 옮김, 『저널리즘은 어떻게 민주주의를 만드는가?』, 커뮤니케이션북스, 2006.

24) 집단지성의 이론과 현황에 대한 설명은 설진아, 『소셜미디어와 사회변동』, 커뮤니케이션북스, 2011, 90쪽 이하 참조.

의 모델은 모든 사람의 이익을 동등하게 고려해야 한다는 원리가 자유주의자들처럼 의사결정 담당자들의 시민들에 대한 책임감 속에서 이루어진다고 보지 않고 시민들의 숙의과정 자체에서 실현된다고 본다. 그런 점에서 절차주의적 민주주의 모델이다.

우리 사회에 민주주의의 기본형식은 많이 도입되었지만, 그 실질(내용) 측면에서 보면 많이 부족한 상태이다. 우리가 형식적 민주주의를 넘어 실질적 민주주의사회로 가기 위해 꼭 습득해야 하는 것이 '숙의민주주의'라 할 수 있다. 즉, 절차와 내용상에서 참여자들의 숙의성(deliberation)을 회복시키자는 말이다.

민주주의는 구성원들의 대화와 토론을 통해 합의에 이르는 정치방식이다. 합의에 이르지 못하면 일단 표결에 의하고, 이때 다수결방식이 사용된다. 우리 사회가 과거 독재사회를 벗어나서 지금은 대체로 구성원들에게 기본적인 발언권, 투표권 정도는 인정하게 되었다. 그런데 그 이상으로 진전되지 않았다는 데에 문제가 있다. 지금은 발언을 해도 정말 속마음을 이야기하느냐를 점검해야 한다. 형식적인 발언, 겉도는 발언에 기초를 둔 토의는 하나마나이다. 그리고 대충 짤막한 토론시간을 준 뒤 합의가 이루어지지 않으므로 표결에 들어가 다수결로 결정짓는 방식은 형식만 남은 민주주의라 말할 수 있다. 우리 사회가 이렇게 겉도는 형식적 민주주의에서 더 발전하지 못했기 때문에 민주주의의 비효율에 대한 불신이 팽배해진 측면이 있다. 실질적인 민주주의를 통하여 민주주의의 위력을 사람들이 경험해야만 한다. 이것을 위해 구성원들 모두가 자신의 속마음을 표현할 수 있는 사회를 만들어야 하고, 또한 각자도 그렇게 마음자세를 바꿔야 한다.

숙의민주주의는 주장하는 학자들마다 조금씩의 편차가 있지만, 기존의 절차적 민주주의가 형식적이고 획일적인 다수결주의로 변질되는 것을 경계하는 민주주의 갱생 프로젝트라고 할 수 있다. 즉, 민주주의의 정체(停滯)와 퇴행에 대응하기 위한 세계적 차원의 '민주화 이후의 민주주의' 제안이라고 할 수 있다. 숙의민주주의는 기존의 '대의제민주주의'가 과두주의적인 폐쇄적 지배체제로 흐르는 것에 맞서 민주주의의 근본 이상을 지키기 위한 것이라고 할 수 있다. 숙의민주주의는 각 구성원들의 고유성과 개별성을 회복하고 그렇게 모든 주체들의 관여 속에서 끊임없는 시행착오와 교정을 거치는 과정으로서의 민주주의를 회복하고 공동체를 회복하자는 것이다.

2. 숙의민주주의의 예

숙의민주주의의 '숙의'는 배심원들의 평의과정에서 착안한 것이다. 배심원들은 해당 사건에 직접적인 이해관계를 갖지 않는 사람들이지만, 동시에 한 명의 시민으로서 공동체의 중대한 사건에 대하여 공적인 책임감을 갖고 독립적으로 최선의 판단을 하게 된다. 배심원들의 평결은 만장일치제를 채택함으로써 그만큼 상호 설득과 진지한 토론의 과정을 거치고, 그럼으로써 자신의 기존의 생각들을 철저히 검증하고 객관화하는 과정을 겪는다. 그리고 그와 같은 과정을 거치면서 스스로 시민의 자격과 공적 존재감을 확인하고, 평의라는 공론장을 통하여 이 사회가 서로의 존재에 의하여 지지되고 지속되고 있음을 실감하고 체득하게 되는 것이다.

위르겐 하버마스(J. Habermas)에 따르면, 공통의 관심사에 관한 시민들 사이의 숙의가 일어나는 사회적 공간은 바로 공론장(public sphere)이다. 공론장은 시민들이 서로 평등한 주체로 만나서 공통의 관심사에 대하여 합리적이고 이성적인 토론을 벌이고, 합의를 도모하고 대중적 여론을 형성하는 자본과 국가로부터 독립된 사회적 공간을 가리킨다. 공론장이 제대로 발전하기 위해서는 몇 가지 규범적 조건이 충족되어야 하는데, '국가와 자본으로부터의 자율성 확보', '도덕적 · 실천적 주장의 비판적 교환', '성찰성', '역지사지의 태도', '진실성', '동등한 참여', '개방성과 평등성' 등의 원리가 포함되어야 한다.[25] 또한 공감능력을 키우고, 상대방에 대한 경청의 자세를 통하여[26] 상호 존중과 배려 속에서 토의와 숙고가 진행되어야 한다.

이와 같은 숙의민주주의는 우리의 일상사와 국가생활(국회, 정부, 법원 모두에 해당함), 기업생활, 단체생활 등 모든 곳에서 두루두루 쓰여야 한다. 우리가 매일 심각한 토론과 회의만 할 수는 없다. 그러나 어떤 집단이든 간에 좀 더

---

25) 정준영 외, 『정보사회와 디지털문화』, 한국방송통신대학교출판부, 2009, 80~83쪽; 서울대학교 정치학과 교수 공저, 『정치학의 이해』, 박영사, 2010, 74~77쪽.

26) 경청하는 자세는 민주주의에서 아주 중요하다. 경청이 단지 주의 깊게 듣는다는 의미의 '傾聽(attentive listening)'에 머물지 않고 상대방을 존경하면서까지 들어주는 '敬聽(respectful listening)'에 이르도록 해야 한다는 성공회대 박성준 선생의 표현이 아주 귀중한 것이다.

진지하고 심도 깊은 이야기를 나눌 필요는 존재한다. 2007년 「형사소송법」의 개정으로 도입된 공판중심주의에 의한 형사재판은 판사와 피고인(그리고 대리인인 변호사), 원고(검사), 증인 등이 법정에 모여서 충분히 토론하는 가운데 진실과 법을 찾아가는 방식으로 바뀌었다.[27] 법이 판사나 검사나 권력자와 전문가들에 의해 독점되고 있다는 생각에서 벗어나야 한다.

전문가들은 당연히 일반인들보다 많은 지식을 가지고 있기 때문에 판단력도 올바를 가능성이 높지만 꼭 그러한 것은 아니다. 전문가들은 한편으로 전문지식의 논리로써 일반인들을 미혹에 빠뜨리는 마술사(bewilderer)이기도 하다. 그러므로 모든 토론장은 일반인들과 다른 전문가들까지 볼 수 있도록 공개와 참여가 보장되어야 한다. 이것은 일반인과 전문가 모두를 위해서 유익한 일이다.

15.4.3. 남는 문제

위에서 시대적 변화를 감안해서 우리가 시급히 개선해야 할 실질적 민주주의의 내용으로 웹 2.0의 정신과 집단지성의 중요성, 숙의민주주의의 실천을 강조하였다. 그러나 이들의 내부사정을 들여다보면 여기에도 각각의 문제점이 발견되고, 그 한계가 존재하는 것이 사실이다.[28] 그러나 미디어학과 사회학자들이 전하는 한계의 지적에도 불구하고, 우리가 당면한 사회 현실에서는 이와 같은 실질적 민주주의의 방식들을 적극적으로 도입해서 활성화시키고 확산시킬 이유가 분명히 존재한다. 그리하여 벌써 30년 동안이나 형식적 민주주의에서 헤어나지 못하고 있는 우리 사회를 지금과는 현저하게 차이 나는 실질적 민주주의 사회로 한 단계 상승시켜야 한다고 본다.

---

27) 최정학 · 오병두, 『형사소송법』, 한국방송통신대학교출판문화원, 2016, 194쪽.
28) 임혁백 외 15인 공저, 『한국사회의 소통위기』, 커뮤니케이션북스, 2011.

15.5. 헌법의 인간상: 주권자적 인간

15.5.1. '필연적' 과제로서의 사회복지국가

우리나라는 많이 발전했다. 여전히 불만족스럽지만 그래도 대체로 볼 때 현재 우리는 헌법의 3분의 2 고지까지 올랐다고 보인다. 초반 3분의 1은 헌법의 기초체험, 즉 주권자로서의 의식을 체득하는 일이었고 이것은 대체로 건국 이후 1987년까지 진행되었다고 본다. 이 시기는 헌법 부재 시기라 불러야 하지만, 그렇다고 완전히 헛된 시간을 보낸 것은 아니었다. 마치 중상주의의 군주시대처럼 국가는 비약적인 경제성장을 통해 이후의 민주주의의 토대를 마련했고, 그 반면 군주의 전제에 맞선 시민들처럼 경찰독재와 군부독재의 억압 가운데서도 새로운 시대를 고대하면서 국민주권의식과 기본권의 중요성을 직접 체험한 귀중한 시기였다. 많은 시대적 차이가 있음에도 불구하고 과감한 비유를 하자면 우리나라의 초기 40년을 영국의 튜더왕조에서 권리장전(1689)에 이르는 시기로 보면 어떨까 하는 생각이 든다.[29]

다음 3분의 1은 특히 문민정부 이후 약 20년 동안 형식적 민주주의, 형식적 법치주의, 자유권 보장 등에 관한 부분에서 약진한 시기이다. 여전히 미흡하지만 그런대로 잘되었다고 볼 수 있다. 부패지수가 40위 밖으로 밀려나 있고, 노인 자살률이 세계 1위라는 창피스런 것도 있지만, 전자제품, 반도체, 조선, 자동차 등 세계 정상의 기업을 배출하였고, 인터넷 보급률, 지하철, 창구직원의 사무처리능력, 쓰레기 분리수거, 한류문화 등 시민생활에서도 세계 최정상 수준에 도달한 것이 많다. 스포츠와 올림픽에서 선진국형 금메달이 많아졌다는 것도 크게 변화된 모습이다. 2016년 가을에 시작된 대규모 평화적 촛불시위는 정치적, 문화적으로 성숙한 국민들의 모습을 유감없이 보여 주었다.

그렇다면 나머지 3분의 1은 무엇인가? 사회복지국가 부분이다. 제헌 68년이 되도록 이제까지 우리가 본격적으로 착수해 보지 않았던 사회복지국가 헌

---

29) 박정희 시대를 중상주의에 비유하는 것은 김기원 교수의 책에서도 언급되었다. 김기원, 『한국의 진보를 비판한다』, 창비, 2012.

법 부분의 실행이 우리의 남은 과제이다. 사회복지국가 과제란 간단히 말하면 선진국형 정치·경제·사회·문화를 실현하는 일이다. 사회복지국가는 제헌 당시부터 헌법적 '당위(Sollen)'로 주어진 것이었고 지금도 여전히 그러하다.

헌법적 당위를 지체함으로써 우리나라는 정체되었고, 정체는 곧 퇴보를 뜻한다. 그리고 주변 국가들이 변화하고 발전함으로써 정체된 우리가 주변 국가들에게 밀리게 되었다는 것이다. 그것은 강국들에 의해 무시당하는 결과를 빚는다. 존경은커녕 우리의 존재감마저 빛을 잃는다면 그것은 국권상실과 다르지 않다. 주권이란 자기결정권, 즉 자결권이다. 우리의 결정이 주변 국가들에 하등의 영향을 미치지 못하게 될 때 우리는 자기결정권을 상실할 것이고, 그것은 곧 주권상실을 의미한다. 이 상황이 되면 우리는 다시 100년 전의 상황, 즉 주변 강대국의 변방국 처지로 떨어진다. 변방국은 사실상의 주권부재국가이자 반(半)노예국가이다.

우리나라가 헌법 고지 3분의 2 지점까지 이르자 풍요와 자유를 동시에 만끽하게 되었다. 그동안의 수고를 생각할 때 안식은 당연히 필요하다. 충분히 즐기고 쉬어도 좋다. 문제는 더 가겠다는 각오가 없다는 데 있다. 이쯤에서 만족하고 주저앉고자 한다는 것이다. 목표도 상실한 듯하다. 그러나 우리가 가야 할 목표를 잊어서는 안 된다. 이렇게 말해도 요즘의 분위기를 보면 너무 풍요로움을 느껴서인지 안주하려는 경향이 농후하다. 그래서 지금은 당위만 가지고는 안 된다. 이미 약효가 많이 떨어진 상태이다. 당위보다 고단위 처방을 써야 한다. 그것이 '필연(Müssen)'이다. 필연으로 위협을 가하고 압박해야 할 때이다. 필연은 우리가 하지 않으면 안 되는 그런 상황을 말한다. 필연은 절박성에서 당위를 초월한다. 지금 이 시기가 매우 급하다. 이동하지 않으면 우리의 국권이 유지될 수 없을 정도로 급박한 상황이다. 그렇다면 이제 우리에게는 선택지가 없다. 당위까지는 선택이 우리에게 주어졌지만, 필연에 오면 선택의 자유란 없다. 필연을 거부하는 이에게는 배제와 도태와 파탄만이 기다릴 것이다. 이제 마지막 배는 목적지를 향해 떠날 것이다. 우리가 타든 안 타든 그 마지막 배는 무심히 떠나간다는 것이다. '필연'으로서의 사회복지국가를 순리적으로 받아들이는 자세와 그에 대한 실천적 지혜가 필요한 때이다.

이와 같은 필연적 과제에 대한 해법을 고민하는 것이 정치이다. 헌법은 당연히 민주정치를 요구한다. 사회복지국가에서의 정치는 개별 국민들의 인격을 살리는 정치가 되어야 한다. 개별 국민이 자유로운 인격발현을 기초로 능력을 최고도로 발휘하게 하며, 책임과 의무를 완수하게 하는 정치가 필요하다. 그런 점에서 직접민주주의와 대의제민주주의의 조화, 형식적 민주주의를 넘어 실질적 민주주의를 요한다. 실질적 민주주의는 경제민주주의와 실질적 법치주의를 구성요소로 할 것이고, 이 흐름은 국가와 사회 각 단위와 국민들을 자율화시키는 쪽으로 진행할 것이다. 이것이 현재의 구체적인 정치과제이다.

15.2.2. 주권자적 인간

헌법의 꽃이 만개하기 위한 일대 전환점을 맞고 있다. 이 전환점을 잘 극복하면 헌법이 이상으로 하는 자유와 평등, 정의, 복지, 문화, 환경, 평화 등이 실현될 것이다. 그리고 이런 시대적 과제를 극복하지 않으면 안 된다는 것이 당위(Sollen)를 넘어 '필연(Müssen)'으로 주어져 있기에 그 반대는 가정할 수조차 없다. 결국 이 험난한 길을 성공적으로 가기 위해서는 우리 모두가 각자의 개성과 능력을 최대한 발휘할 수 있는 자유롭고 평등한 사회가 되어야 하는 것이다. 개인의 자유와 사회적 연대라는 모순으로 보이는 두 개의 가치를 통일적으로 실현해야만 하는 것이다. 이와 같은 난해한 헌법 과제를 실현할 수 있는 방법이 실질적 민주주의이고, 그 한 예가 숙의민주주의의 훈련이다. 실질적 민주주의 실현을 위해서는 자유와 책임, 권리와 의무의 주체가 되는 인격이 전제되어야 하고, 이러한 인간형을 '주권자적 인간(sovereign person)'이라고 부르고자 한다. 주권자적 인간은 헌법이 지향하는 모든 가치와 정신을 추구하는 사람이다.

대의제에서 국민의 대표자인 공직자들은 국민에 앞서서 헌법의 지평을 넓히지 않는다. 대부분의 공직자는 국민들이 어느 정도 변화된 이후 비로소 입법을 하거나 판결을 내린다. 그러므로 우리가 헌법의 발전과 완성을 추구한다면 대의제의 공직자들에게 기대하기에 앞서 국민들이 헌법을 선취하는 것이 필요하다. 그래야 공직자가 움직인다.[30] 직접민주주의와 대의제와의 접점을

---

30) 대표자와 주권자적 인간의 상호관계에 대해서는 강경선, "노예제 폐지과정에서 나타난 주권자적 인간", 『민주법학』, 제58호, 민주주의 법학연구회, 2015. 7.

이루는 이 부분에서 가장 핵심이 되는 것은 주권자적 인간의 역할이다. 헌법에 대한 각성과 의지를 가진 한 국민이 바로 헌법의 변화를 초래하는 것이다.

헌법은 우리 공동체의 정체성을 '민주공화국'으로 규정하였고, 모든 권력은 국민으로부터 나온다고 했다(헌법 제1조). 또한 헌법의 근본 목적을 '인간으로서의 존엄과 가치'(헌법 제10조)에서 구하고 있다. 즉, 우리의 민주주의는 주권자인 국민들의 존엄과 가치를 목적으로 하며, 이 목적은 민주주의 원리에 의하여 구체화될 것을 예정하고 있는 것이다. 이렇게 우리 헌법은 국민 개개인이 민주질서 속에서 주권자적 인격이 될 것을 소망하고 있다.

바람직한 공화국(republic) 시민의 상은 일반 시민으로서는 자기 직업에 전문성을 가지고 자신의 행복을 추구하며 살아가지만, 공공 정신을 잃지 않아야 한다. 그래서 필요한 경우에는 공직자로 불려 나와 시민의 대표자로서의 임무도 성공적으로 수행할 수 있는 사람이어야 한다. 그리고 오늘날의 시대추세는 점점 더 직접민주주의의 확대 경향에 들어서 있으므로 직접민주주의의 강화 방안을 찾기보다는 불신의 늪에 빠진 대의제민주주의를 구하는 방안을 마련하는 일이 더 시급하다고 본다. 그래서 훌륭한 공직자가 더없이 필요한 때이다. 두말할 필요도 없이 그 훌륭한 공직자는 헌법에 충실한 주권자적 인간이어야 한다. 이러한 주권자적 인간이 헌법의 인간상이라 생각한다. 따라서 우리의 민주시민교육의 목표는 국민들이 주권자적 인간이 되도록 하는 것에서 찾으면 좋을 것이다.

존 스튜어트 밀, 『자유론』

나는 이 책에서 자유에 관한 아주 간단명료한 단 하나의 원리를 천명하고자 한다. 이를 통해 사회가 개인에 대해 강제나 통제—법에 따른 물리적 제재 또는 여론의 힘을 통한 도덕적 강권—를 가할 수 있는 경우를 최대한 엄격하게 규정하는 것이 이 책의 목적이다. 그 원리는 다음과 같다. 인간사회에서 누구든—개인이든 집단이든—다른 사람의 행동의 자유를 침해할 수 있는 경우는 오직 한 가지, 자기 보호를 위해 필요할 때뿐이다. 다른 사람에게 해(harm)를 끼치는 것을 막기 위한 목적이라면, 당사자의 의지에 반해 권력이 사용되는 것도 정당하다고 할 수 있다. 이 유일한 경우를 제외하고는, 문명사회에서 구성원의 자유를 침해하는 그 어떤 권력의 행사도 정당화될 수 없다. 본인 자신의 물리적 또는 도덕적 이익(good)을 위한다는 명목 아래 간섭하는 것도 일절 허용되지 않는다. 당사자에게 더 좋은 결과를 가져다주거나 더 행복하게 만든다고, 또는 다른 사람이 볼 때 그렇게 하는 것이 현명하거나 옳은 일이라는 이유에서, 본인의 의사와 관계없이 무슨 일을 시키거나 금지시켜서는 안 된다. 이런 선한 목적에서라면 그 사람에게 충고하고, 논리적으로 따지며, 설득하면 된다. 그것도 아니면 간청할 수도 있다. 그러나 말을 듣지 않는다고 강제하거나 위협을 가해서는 안 된다. 그런 행동을 억지로라도 막지 않으면 다른 사람에게 나쁜 일을 하고 말 것이라는 분명한 근거가 없는 한, 결코 개인의 자유를 침해해서는 안 되는 것이다. 다른 사람에게 영향(concern)을 주는 행위에 한해서만 사회가 간섭할 수 있다. 이에 반해 당사자에게만 영향을 미치는 행위에 대해서는 개인이 당연히 절대적인 자유를 누려야 한다. 자기 자신, 즉 자신의 몸이나 정신에 대해서는 각자가 주권자인 것이다.

(존 스튜어트 밀, 서병훈 옮김, 『자유론』, 책세상, 2005, 32~33쪽)

15.5.3. 주권자적 인간의 내용

1. 기본권의 주체

주권자인 국민은 기본권의 주체이다. 태어나서 살아가는 동안에 모든 사람은 최대한 자신의 인격을 발현할 수 있어야 한다. 인격의 발현이란 자신의 내부에 있는 욕망과 능력을 충족시키고 개발한다는 의미이다. 대부분의 사람들은 너무나 작은 것만 충족하거나 혹은 충족은커녕 상처만 받다가 인생을 마치는 경우도 적지 않은 이 사회이다. 좋은 사회, 좋은 국가라면 국민들의 행복추구권을 최대한 지원하고 잠재력을 개발할 수 있도록 도와주어야 한다. 이것이 헌법전문과 헌법 제10조가 예정하는 취지라 할 수 있다. 특히 사회복지국가의 실현을 통하여 국민이 인간다운 생활을 할 권리의 최저보장 수준을 끊임없이 상승시킬 수 있어야 한다.

2. 기본권 향유자로서의 국민의 의무

헌법 제10조 "모든 국민은 인간으로서의 존엄과 가치를 가지며, 행복을 추구할 권리를 가진다. 국가는 개인이 가지는 불가침의 기본적 인권을 확인하고 이를 보장할 의무를 진다"가 말해 주듯이, 국가는 개인의 기본권에 대한 보장의무가 있다. 하지만 국가는 무엇인가? 그것은 국민들이 구성해서 만든 조직체이다. 국민의 기본권 보장을 위한 재정이나 인력 모두 국민들로부터 나온다. 따라서 국민들의 책임과 의무는 국가의 기본권 보호의무의 전제가 된다.[31]

국민의 기본적 의무는 근대 입헌주의 헌법에서 볼 수 있는 고전적 의무와 현대 사회복지국가 헌법에서 추가된 사회국가적 의무로 나눌 수 있다. 납세의 의무(헌법 제38조), 국방의 의무(헌법 제39조 제1항)가 전자의 것이라면, 교육을 받게 할 의무(헌법 제31조 제2항), 근로의 의무(헌법 제32조 제2항), 환경보전의 의무(헌법 제35조 제1항 후단), 재산권 행사의 사회적 구속성(헌법 제23조 제2항) 등은 후자의 것이다. 또한 헌법의 명문 규정과 관계없이 국민들은 국가에 대한 충성의무, 법 준수의무, 헌법 옹호의무 등이 주어진다. 이런 의무가 나오는 것은 헌법의 주인이 국민이기 때문이다. 주인은 헌법이 잘 운영되도록 할 궁극적 책임자인 것이다.

3. 법운동가

민주시민이라면 공직자로서든 혹은 일반 시민의 자격으로서든 자신이 속한 헌법의 수준을 높이는 실천운동을 하게 된다. 헌법의 수준이 높아져야 자신과 공동체 모두의 삶이 행복해지기 때문이다. 그래서 법운동을 하게 된다. 법운동은 법이 작동하고 있는 온갖 영역에서 전개되어야 한다. 입법운동(법령에 대한 제정 및 개폐운동), 사법운동(판례개선운동), 법문화운동(소극적으로는 '사회적 폐습과 불의'의 타파운동, 적극적으로는 사회정의와 인권, 민주주의의 실천운동), 그리고 법학운동(낡은 학설을 새로운 이론으로 대체하기 위한 운동) 등으로 다방면에 걸쳐 전개될 수 있다. 이처럼 법운동가가 되면서 그는 완성된 시민으로 성장한다. 진정한 자유인으로서의 길이 열리는 것이다. 심미적 실존, 윤리적 실

---

31) 김도균, 『권리의 문법』, 박영사, 2008.

존, 종교적 실존의 단계로 성숙해 가면서 그는 진정한 자유의 맛을 보게 되는 것이다.[32] 그래서 누구든지 'atopotatos(유토피안)'가 될 수 있다.[33] 이렇게 해서 우리는 이상사회의 실현을 목격하게 될 것이다.

4. 헌법의 완성자로서의 국민

주권자로서의 국민은 기본권의 최대보장과 최소제한, 국가의 과소보호금지의 원칙 속에서 살아가야 한다는 것이 헌법원리이다(헌법 제1조와 제10조의 연결성). 국가는 국민의 기본권 보장을 위하여 최대한 노력해야 한다(헌법 제10조). 그럼에도 불구하고 현실은 아직 국민주권이 충분히 실현되지 않은 과정의 상태이다. 따라서 국민들의 기본권 보장은 항상 불충분한 수준에 머물러 있다. 이것은 개개인의 형편에 따라 그 위치가 다 다르다. 국민과 국가는 보다 더 좋은 수준으로 향상시키도록 노력해야 한다. 하지만 그 가운데 개개인 스스로 자신의 인간으로서의 존엄과 가치를 누리고자 최선의 방법을 모색해야 한다. 자유와 행복은 결코 타인이 가져다주는 것이 아니라 스스로 찾아야 하는 것이다. 헌법의 최종 완성자(perfecter)는 개개인의 몫으로 주어져 있다.

---

32) 쇠렌 키르케고르, 임규정 옮김, 『죽음에 이르는 병』, 한길사, 2014. 교육학과 심리학에서는 다양한 인격의 발현단계를 제시하고 있다. 예를 들어 미국의 심리학자 콜버그(Lawrence Kohlberg)는 인습이전수준(pre-conventional level), 인습수준(conventional level), 인습이후수준(post-conventional level) 등 3수준, 6단계로 도덕적 인지가 발달한다고 설명하였다.

33) 'atopotatos'는 고대 그리스 아테네인들이 소크라테스를 가리킨 말이라 한다. 'atopotatos'는 'atopos'의 최상급형인데, atopos는 부정어 'a(=not)'에다 장소(place)라는 뜻의 'topos'를 붙인 말이다. atopos는 '여기에 없는 사람', 즉 '유토피안', '이상적 인간'의 뜻이고, 소크라테스는 그중에서도 최고의 유토피안이라고 불렸다는 것이다.

대한민국헌법

[시행 1988.2.25.] [헌법 제10호, 1987.10.29., 전부개정]

유구한 역사와 전통에 빛나는 우리 대한국민은 3·1 운동으로 건립된 대한민국임시정부의 법통과 불의에 항거한 4·19 민주이념을 계승하고, 조국의 민주개혁과 평화적 통일의 사명에 입각하여 정의·인도와 동포애로써 민족의 단결을 공고히 하고, 모든 사회적 폐습과 불의를 타파하며, 자율과 조화를 바탕으로 자유민주적 기본질서를 더욱 확고히 하여 정치·경제·사회·문화의 모든 영역에 있어서 각인의 기회를 균등히 하고, 능력을 최고도로 발휘하게 하며, 자유와 권리에 따르는 책임과 의무를 완수하게 하여, 안으로는 국민생활의 균등한 향상을 기하고 밖으로는 항구적인 세계평화와 인류공영에 이바지함으로써 우리들과 우리들의 자손의 안전과 자유와 행복을 영원히 확보할 것을 다짐하면서 1948년 7월 12일에 제정되고 8차에 걸쳐 개정된 헌법을 이제 국회의 의결을 거쳐 국민투표에 의하여 개정한다.

제1장 총강

제1조 ① 대한민국은 민주공화국이다.

② 대한민국의 주권은 국민에게 있고, 모든 권력은 국민으로부터 나온다.

제2조 ① 대한민국의 국민이 되는 요건은 법률로 정한다.

② 국가는 법률이 정하는 바에 의하여 재외국민을 보호할 의무를 진다.

제3조 대한민국의 영토는 한반도와 그 부속도서로 한다.

제4조 대한민국은 통일을 지향하며, 자유민주적 기본질서에 입각한 평화적 통일정책을 수립하고 이를 추진한다.

제5조 ① 대한민국은 국제평화의 유지에 노력하고 침략적 전쟁을 부인한다.

② 국군은 국가의 안전보장과 국토방위의 신성한 의무를 수행함을 사명으로 하며, 그 정치적 중립성은 준수된다.

제6조 ① 헌법에 의하여 체결·공포된 조약과 일반적으로 승인된 국제법규는 국내법과 같은 효력을 가진다.

② 외국인은 국제법과 조약이 정하는 바에 의하여 그 지위가 보장된다.

제7조 ① 공무원은 국민 전체에 대한 봉사자이며, 국민에 대하여 책임을 진다.

② 공무원의 신분과 정치적 중립성은 법률이 정하는 바에 의하여 보장된다.

제8조 ① 정당의 설립은 자유이며, 복수정당제는 보장된다.

② 정당은 그 목적·조직과 활동이 민주적이어야 하며, 국민의 정치적 의사형성에 참여하는 데 필요한 조직을 가져야 한다.

③ 정당은 법률이 정하는 바에 의하여 국가의 보호를 받으며, 국가는 법률이 정하는 바에

의하여 정당운영에 필요한 자금을 보조할 수 있다.

④ 정당의 목적이나 활동이 민주적 기본질서에 위배될 때에는 정부는 헌법재판소에 그 해산을 제소할 수 있고, 정당은 헌법재판소의 심판에 의하여 해산된다.

제9조 국가는 전통문화의 계승·발전과 민족문화의 창달에 노력하여야 한다.

제2장 국민의 권리와 의무

제10조 모든 국민은 인간으로서의 존엄과 가치를 가지며, 행복을 추구할 권리를 가진다. 국가는 개인이 가지는 불가침의 기본적 인권을 확인하고 이를 보장할 의무를 진다.

제11조 ① 모든 국민은 법 앞에 평등하다. 누구든지 성별·종교 또는 사회적 신분에 의하여 정치적·경제적·사회적·문화적 생활의 모든 영역에 있어서 차별을 받지 아니한다.

② 사회적 특수계급의 제도는 인정되지 아니하며, 어떠한 형태로도 이를 창설할 수 없다.

③ 훈장 등의 영전은 이를 받은 자에게만 효력이 있고, 어떠한 특권도 이에 따르지 아니한다.

제12조 ① 모든 국민은 신체의 자유를 가진다. 누구든지 법률에 의하지 아니하고는 체포·구속·압수·수색 또는 심문을 받지 아니하며, 법률과 적법한 절차에 의하지 아니하고는 처벌·보안처분 또는 강제노역을 받지 아니한다.

② 모든 국민은 고문을 받지 아니하며, 형사상 자기에게 불리한 진술을 강요당하지 아니한다.

③ 체포·구속·압수 또는 수색을 할 때에는 적법한 절차에 따라 검사의 신청에 의하여 법관이 발부한 영장을 제시하여야 한다. 다만, 현행범인인 경우와 장기 3년 이상의 형에 해당하는 죄를 범하고 도피 또는 증거인멸의 염려가 있을 때에는 사후에 영장을 청구할 수 있다.

④ 누구든지 체포 또는 구속을 당한 때에는 즉시 변호인의 조력을 받을 권리를 가진다. 다만, 형사피고인이 스스로 변호인을 구할 수 없을 때에는 법률이 정하는 바에 의하여 국가가 변호인을 붙인다.

⑤ 누구든지 체포 또는 구속의 이유와 변호인의 조력을 받을 권리가 있음을 고지받지 아니하고는 체포 또는 구속을 당하지 아니한다. 체포 또는 구속을 당한 자의 가족 등 법률이 정하는 자에게는 그 이유와 일시·장소가 지체 없이 통지되어야 한다.

⑥ 누구든지 체포 또는 구속을 당한 때에는 적부의 심사를 법원에 청구할 권리를 가진다.

⑦ 피고인의 자백이 고문·폭행·협박·구속의 부당한 장기화 또는 기망, 기타의 방법에 의하여 자의로 진술된 것이 아니라고 인정될 때 또는 정식재판에 있어서 피고인의 자백이 그에게 불리한 유일한 증거일 때에는 이를 유죄의 증거로 삼거나 이를 이유로 처벌할 수 없다.

제13조 ① 모든 국민은 행위 시의 법률에 의하여 범죄를 구성하지 아니하는 행위로 소추되지 아니하며, 동일한 범죄에 대하여 거듭 처벌받지 아니한다.

② 모든 국민은 소급입법에 의하여 참정권의 제한을 받거나 재산권을 박탈당하지 아니한다.

③ 모든 국민은 자기의 행위가 아닌 친족의 행위로 인하여 불이익한 처우를 받지 아니한다.

제14조 모든 국민은 거주·이전의 자유를 가진다.

제15조 모든 국민은 직업선택의 자유를 가진다.

제16조 모든 국민은 주거의 자유를 침해받지 아니한다. 주거에 대한 압수나 수색을 할 때에는 검사의 신청에 의하여 법관이 발부한 영장을 제시하여야 한다.

제17조 모든 국민은 사생활의 비밀과 자유를 침해받지 아니한다.

제18조 모든 국민은 통신의 비밀을 침해받지 아니한다.

제19조 모든 국민은 양심의 자유를 가진다.

제20조 ① 모든 국민은 종교의 자유를 가진다.

② 국교는 인정되지 아니하며, 종교와 정치는 분리된다.

제21조 ① 모든 국민은 언론·출판의 자유와 집회·결사의 자유를 가진다.

② 언론·출판에 대한 허가나 검열과 집회·결사에 대한 허가는 인정되지 아니한다.

③ 통신·방송의 시설기준과 신문의 기능을 보장하기 위하여 필요한 사항은 법률로 정한다.

④ 언론·출판은 타인의 명예나 권리 또는 공중도덕이나 사회윤리를 침해하여서는 아니된다. 언론·출판이 타인의 명예나 권리를 침해한 때에는 피해자는 이에 대한 피해의 배상을 청구할 수 있다.

제22조 ① 모든 국민은 학문과 예술의 자유를 가진다.

② 저작자·발명가·과학기술자와 예술가의 권리는 법률로써 보호한다.

제23조 ① 모든 국민의 재산권은 보장된다. 그 내용과 한계는 법률로 정한다.

② 재산권의 행사는 공공복리에 적합하도록 하여야 한다.

③ 공공필요에 의한 재산권의 수용·사용 또는 제한 및 그에 대한 보상은 법률로써 하되, 정당한 보상을 지급하여야 한다.

제24조 모든 국민은 법률이 정하는 바에 의하여 선거권을 가진다.

제25조 모든 국민은 법률이 정하는 바에 의하여 공무담임권을 가진다.

제26조 ① 모든 국민은 법률이 정하는 바에 의하여 국가기관에 문서로 청원할 권리를 가진다.

② 국가는 청원에 대하여 심사할 의무를 진다.

제27조 ① 모든 국민은 헌법과 법률이 정한 법관에 의하여 법률에 의한 재판을 받을 권리를 가진다.

② 군인 또는 군무원이 아닌 국민은 대한민국의 영역 안에서는 중대한 군사상 기밀·초병·초소·유독음식물공급·포로·군용물에 관한 죄 중 법률이 정한 경우와 비상계엄이 선포된 경우를 제외하고는 군사법원의 재판을 받지 아니한다.

③ 모든 국민은 신속한 재판을 받을 권리를 가진다. 형사피고인은 상당한 이유가 없는 한 지체 없이 공개재판을 받을 권리를 가진다.

④ 형사피고인은 유죄의 판결이 확정될 때까지는 무죄로 추정된다.

⑤ 형사피해자는 법률이 정하는 바에 의하여 당해 사건의 재판절차에서 진술할 수 있다.

제28조 형사피의자 또는 형사피고인으로서 구금되었던 자가 법률이 정하는 불기소처분을 받거나 무죄판결을 받은 때에는 법률이 정하는 바에 의하여 국가에 정당한 보상을 청구할 수 있다.

제29조 ① 공무원의 직무상 불법행위로 손해를 받은 국민은 법률이 정하는 바에 의하여 국가 또는 공공단체에 정당한 배상을 청구할 수 있다. 이 경우 공무원 자신의 책임은 면제되지 아니한다.

② 군인·군무원·경찰공무원, 기타 법률이 정하는 자가 전투·훈련 등 직무집행과 관련하여 받은 손해에 대하여는 법률이 정하는 보상 외에 국가 또는 공공단체에 공무원의 직무상 불법행위로 인한 배상은 청구할 수 없다.

제30조 타인의 범죄행위로 인하여 생명·신체에 대한 피해를 받은 국민은 법률이 정하는 바에 의하여 국가로부터 구조를 받을 수 있다.

제31조 ① 모든 국민은 능력에 따라 균등하게 교육을 받을 권리를 가진다.

② 모든 국민은 그 보호하는 자녀에게 적어도 초등교육과 법률이 정하는 교육을 받게 할 의무를 진다.

③ 의무교육은 무상으로 한다.

④ 교육의 자주성·전문성·정치적 중립성 및 대학의 자율성은 법률이 정하는 바에 의하여 보장된다.

⑤ 국가는 평생교육을 진흥하여야 한다.

⑥ 학교교육 및 평생교육을 포함한 교육제도와 그 운영, 교육재정 및 교원의 지위에 관한 기본적인 사항은 법률로 정한다.

제32조 ① 모든 국민은 근로의 권리를 가진다. 국가는 사회적·경제적 방법으로 근로자의 고용의 증진과 적정임금의 보장에 노력하여야 하며, 법률이 정하는 바에 의하여 최저임금제를 시행하여야 한다.

② 모든 국민은 근로의 의무를 진다. 국가는 근로의 의무의 내용과 조건을 민주주의 원칙에 따라 법률로 정한다.

③ 근로조건의 기준은 인간의 존엄성을 보장하도록 법률로 정한다.

④ 여자의 근로는 특별한 보호를 받으며, 고용·임금 및 근로조건에 있어서 부당한 차별을 받지 아니한다.

⑤ 연소자의 근로는 특별한 보호를 받는다.

⑥ 국가유공자·상이군경 및 전몰군경의 유가족은 법률이 정하는 바에 의하여 우선적으로 근로의 기회를 부여받는다.

제33조 ① 근로자는 근로조건의 향상을 위하여 자주적인 단결권·단체교섭권 및 단체행동권을 가진다.

② 공무원인 근로자는 법률이 정하는 자에 한하여 단결권·단체교섭권 및 단체행동권을 가진다.

③ 법률이 정하는 주요 방위산업체에 종사하는 근로자의 단체행동권은 법률이 정하는 바

에 의하여 이를 제한하거나 인정하지 아니할 수 있다.

제34조 ① 모든 국민은 인간다운 생활을 할 권리를 가진다.

② 국가는 사회보장 · 사회복지의 증진에 노력할 의무를 진다.

③ 국가는 여자의 복지와 권익의 향상을 위하여 노력하여야 한다.

④ 국가는 노인과 청소년의 복지향상을 위한 정책을 실시할 의무를 진다.

⑤ 신체장애자 및 질병 · 노령, 기타의 사유로 생활능력이 없는 국민은 법률이 정하는 바에 의하여 국가의 보호를 받는다.

⑥ 국가는 재해를 예방하고 그 위험으로부터 국민을 보호하기 위하여 노력하여야 한다.

제35조 ① 모든 국민은 건강하고 쾌적한 환경에서 생활할 권리를 가지며, 국가와 국민은 환경보전을 위하여 노력하여야 한다.

② 환경권의 내용과 행사에 관하여는 법률로 정한다.

③ 국가는 주택개발정책 등을 통하여 모든 국민이 쾌적한 주거생활을 할 수 있도록 노력하여야 한다.

제36조 ① 혼인과 가족생활은 개인의 존엄과 양성의 평등을 기초로 성립되고 유지되어야 하며, 국가는 이를 보장한다.

② 국가는 모성의 보호를 위하여 노력하여야 한다.

③ 모든 국민은 보건에 관하여 국가의 보호를 받는다.

제37조 ① 국민의 자유와 권리는 헌법에 열거되지 아니한 이유로 경시되지 아니한다.

② 국민의 모든 자유와 권리는 국가안전보장 · 질서유지 또는 공공복리를 위하여 필요한 경우에 한하여 법률로써 제한할 수 있으며, 제한하는 경우에도 자유와 권리의 본질적인 내용을 침해할 수 없다.

제38조 모든 국민은 법률이 정하는 바에 의하여 납세의 의무를 진다.

제39조 ① 모든 국민은 법률이 정하는 바에 의하여 국방의 의무를 진다.

② 누구든지 병역의무의 이행으로 인하여 불이익한 처우를 받지 아니한다.

제3장 국회

제40조 입법권은 국회에 속한다.

제41조 ① 국회는 국민의 보통 · 평등 · 직접 · 비밀선거에 의하여 선출된 국회의원으로 구성한다.

② 국회의원의 수는 법률로 정하되, 200인 이상으로 한다.

③ 국회의원의 선거구와 비례대표제, 기타 선거에 관한 사항은 법률로 정한다.

제42조 국회의원의 임기는 4년으로 한다.

제43조 국회의원은 법률이 정하는 직을 겸할 수 없다.

제44조 ① 국회의원은 현행범인인 경우를 제외하고는 회기 중 국회의 동의 없이 체포 또는 구금되지 아니한다.

② 국회의원이 회기 전에 체포 또는 구금된 때에는 현행범인이 아닌 한 국회의 요구가 있으면 회기 중 석방된다.

제45조 국회의원은 국회에서 직무상 행한 발언과 표결에 관하여 국회 외에서 책임을 지지 아니한다.

제46조 ① 국회의원은 청렴의 의무가 있다.

② 국회의원은 국가이익을 우선하여 양심에 따라 직무를 행한다.

③ 국회의원은 그 지위를 남용하여 국가·공공단체 또는 기업체와의 계약이나 그 처분에 의하여 재산상의 권리·이익 또는 직위를 취득하거나 타인을 위하여 그 취득을 알선할 수 없다.

제47조 ① 국회의 정기회는 법률이 정하는 바에 의하여 매년 1회 집회되며, 국회의 임시회는 대통령 또는 국회 재적의원 4분의 1 이상의 요구에 의하여 집회된다.

② 정기회의 회기는 100일을, 임시회의 회기는 30일을 초과할 수 없다.

③ 대통령이 임시회의 집회를 요구할 때에는 기간과 집회요구의 이유를 명시하여야 한다.

제48조 국회는 의장 1인과 부의장 2인을 선출한다.

제49조 국회는 헌법 또는 법률에 특별한 규정이 없는 한 재적의원 과반수의 출석과 출석의원 과반수의 찬성으로 의결한다. 가부동수인 때에는 부결된 것으로 본다.

제50조 ① 국회의 회의는 공개한다. 다만, 출석의원 과반수의 찬성이 있거나 의장이 국가의 안전보장을 위하여 필요하다고 인정할 때에는 공개하지 아니할 수 있다.

② 공개하지 아니한 회의내용의 공표에 관하여는 법률이 정하는 바에 의한다.

제51조 국회에 제출된 법률안, 기타의 의안은 회기 중에 의결되지 못한 이유로 폐기되지 아니한다. 다만, 국회의원의 임기가 만료된 때에는 그러하지 아니하다.

제52조 국회의원과 정부는 법률안을 제출할 수 있다.

제53조 ① 국회에서 의결된 법률안은 정부에 이송되어 15일 이내에 대통령이 공포한다.

② 법률안에 이의가 있을 때에는 대통령은 제1항의 기간 내에 이의서를 붙여 국회로 환부하고, 그 재의를 요구할 수 있다. 국회의 폐회 중에도 또한 같다.

③ 대통령은 법률안의 일부에 대하여 또는 법률안을 수정하여 재의를 요구할 수 없다.

④ 재의의 요구가 있을 때에는 국회는 재의에 붙이고, 재적의원 과반수의 출석과 출석의원 3분의 2 이상의 찬성으로 전과 같은 의결을 하면 그 법률안은 법률로서 확정된다.

⑤ 대통령이 제1항의 기간 내에 공포나 재의의 요구를 하지 아니한 때에도 그 법률안은 법률로서 확정된다.

⑥ 대통령은 제4항과 제5항의 규정에 의하여 확정된 법률을 지체 없이 공포하여야 한다. 제5항에 의하여 법률이 확정된 후 또는 제4항에 의한 확정법률이 정부에 이송된 후 5일 이내에 대통령이 공포하지 아니할 때에는 국회의장이 이를 공포한다.

⑦ 법률은 특별한 규정이 없는 한 공포한 날로부터 20일을 경과함으로써 효력을 발생한다.

제54조 ① 국회는 국가의 예산안을 심의·확정한다.

② 정부는 회계연도마다 예산안을 편성하여 회계연도 개시 90일 전까지 국회에 제출하고, 국회는 회계연도 개시 30일 전까지 이를 의결하여야 한다.

③ 새로운 회계연도가 개시될 때까지 예산안이 의결되지 못한 때에는 정부는 국회에서 예

산안이 의결될 때까지 다음의 목적을 위한 경비는 전년도 예산에 준하여 집행할 수 있다.

    1. 헌법이나 법률에 의하여 설치된 기관 또는 시설의 유지·운영

    2. 법률상 지출의무의 이행

    3. 이미 예산으로 승인된 사업의 계속

제55조 ① 한 회계연도를 넘어 계속하여 지출할 필요가 있을 때에는 정부는 연한을 정하여 계속비로서 국회의 의결을 얻어야 한다.

② 예비비는 총액으로 국회의 의결을 얻어야 한다. 예비비의 지출은 차기국회의 승인을 얻어야 한다.

제56조 정부는 예산에 변경을 가할 필요가 있을 때에는 추가경정예산안을 편성하여 국회에 제출할 수 있다.

제57조 국회는 정부의 동의 없이 정부가 제출한 지출예산 각 항의 금액을 증가하거나 새 비목을 설치할 수 없다.

제58조 국채를 모집하거나 예산 외에 국가의 부담이 될 계약을 체결하려 할 때에는 정부는 미리 국회의 의결을 얻어야 한다.

제59조 조세의 종목과 세율은 법률로 정한다.

제60조 ① 국회는 상호원조 또는 안전보장에 관한 조약, 중요한 국제조직에 관한 조약, 우호통상항해조약, 주권의 제약에 관한 조약, 강화조약, 국가나 국민에게 중대한 재정적 부담을 지우는 조약 또는 입법사항에 관한 조약의 체결·비준에 대한 동의권을 가진다.

② 국회는 선전포고, 국군의 외국에의 파견 또는 외국 군대의 대한민국 영역 안에서의 주류에 대한 동의권을 가진다.

제61조 ① 국회는 국정을 감사하거나 특정한 국정사안에 대하여 조사할 수 있으며, 이에 필요한 서류의 제출 또는 증인의 출석과 증언이나 의견의 진술을 요구할 수 있다.

② 국정감사 및 조사에 관한 절차, 기타 필요한 사항은 법률로 정한다.

제62조 ① 국무총리·국무위원 또는 정부위원은 국회나 그 위원회에 출석하여 국정처리상황을 보고하거나 의견을 진술하고 질문에 응답할 수 있다.

② 국회나 그 위원회의 요구가 있을 때에는 국무총리·국무위원 또는 정부위원은 출석·답변하여야 하며, 국무총리 또는 국무위원이 출석요구를 받은 때에는 국무위원 또는 정부위원으로 하여금 출석·답변하게 할 수 있다.

제63조 ① 국회는 국무총리 또는 국무위원의 해임을 대통령에게 건의할 수 있다.

② 제1항의 해임건의는 국회 재적의원 3분의 1 이상의 발의에 의하여 국회 재적의원 과반수의 찬성이 있어야 한다.

제64조 ① 국회는 법률에 저촉되지 아니하는 범위 안에서 의사와 내부규율에 관한 규칙을 제정할 수 있다.

② 국회는 의원의 자격을 심사하며, 의원을 징계할 수 있다.

③ 의원을 제명하려면 국회 재적의원 3분의 2 이상의 찬성이 있어야 한다.

④ 제2항과 제3항의 처분에 대하여는 법원에 제소할 수 없다.

제65조 ① 대통령·국무총리·국무위원·행정각부의 장·헌법재판소 재판관·법관·중앙

선거관리위원회 위원·감사원장·감사위원, 기타 법률이 정한 공무원이 그 직무집행에 있어서 헌법이나 법률을 위배한 때에는 국회는 탄핵의 소추를 의결할 수 있다.

② 제1항의 탄핵소추는 국회 재적의원 3분의 1 이상의 발의가 있어야 하며, 그 의결은 국회 재적의원 과반수의 찬성이 있어야 한다. 다만, 대통령에 대한 탄핵소추는 국회 재적의원 과반수의 발의와 국회 재적의원 3분의 2 이상의 찬성이 있어야 한다.

③ 탄핵소추의 의결을 받은 자는 탄핵심판이 있을 때까지 그 권한행사가 정지된다.

④ 탄핵결정은 공직으로부터 파면함에 그친다. 그러나 이에 의하여 민사상이나 형사상의 책임이 면제되지는 아니한다.

제4장 정부

제1절 대통령

제66조 ① 대통령은 국가의 원수이며, 외국에 대하여 국가를 대표한다.

② 대통령은 국가의 독립·영토의 보전·국가의 계속성과 헌법을 수호할 책무를 진다.

③ 대통령은 조국의 평화적 통일을 위한 성실한 의무를 진다.

④ 행정권은 대통령을 수반으로 하는 정부에 속한다.

제67조 ① 대통령은 국민의 보통·평등·직접·비밀선거에 의하여 선출한다.

② 제1항의 선거에 있어서 최고득표자가 2인 이상인 때에는 국회의 재적의원 과반수가 출석한 공개회의에서 다수표를 얻은 자를 당선자로 한다.

③ 대통령후보자가 1인일 때에는 그 득표수가 선거권자 총수의 3분의 1 이상이 아니면 대통령으로 당선될 수 없다.

④ 대통령으로 선거될 수 있는 자는 국회의원의 피선거권이 있고 선거일 현재 40세에 달하여야 한다.

⑤ 대통령의 선거에 관한 사항은 법률로 정한다.

제68조 ① 대통령의 임기가 만료되는 때에는 임기만료 70일 내지 40일 전에 후임자를 선거한다.

② 대통령이 궐위된 때 또는 대통령당선자가 사망하거나 판결, 기타의 사유로 그 자격을 상실한 때에는 60일 이내에 후임자를 선거한다.

제69조 대통령은 취임에 즈음하여 다음의 선서를 한다.

"나는 헌법을 준수하고 국가를 보위하며 조국의 평화적 통일과 국민의 자유와 복리의 증진 및 민족문화의 창달에 노력하여 대통령으로서의 직책을 성실히 수행할 것을 국민 앞에 엄숙히 선서합니다."

제70조 대통령의 임기는 5년으로 하며, 중임할 수 없다.

제71조 대통령이 궐위되거나 사고로 인하여 직무를 수행할 수 없을 때에는 국무총리, 법률이 정한 국무위원의 순서로 그 권한을 대행한다.

제72조 대통령은 필요하다고 인정할 때에는 외교·국방·통일, 기타 국가안위에 관한 중요 정책을 국민투표에 붙일 수 있다.

제73조 대통령은 조약을 체결·비준하고, 외교사절을 신임·접수 또는 파견하며, 선전포고

와 강화를 한다.

제74조 ① 대통령은 헌법과 법률이 정하는 바에 의하여 국군을 통수한다.

② 국군의 조직과 편성은 법률로 정한다.

제75조 대통령은 법률에서 구체적으로 범위를 정하여 위임받은 사항과 법률을 집행하기 위하여 필요한 사항에 관하여 대통령령을 발할 수 있다.

제76조 ① 대통령은 내우·외환·천재·지변 또는 중대한 재정·경제상의 위기에 있어서 국가의 안전보장 또는 공공의 안녕질서를 유지하기 위하여 긴급한 조치가 필요하고 국회의 집회를 기다릴 여유가 없을 때에 한하여 최소한으로 필요한 재정·경제상의 처분을 하거나 이에 관하여 법률의 효력을 가지는 명령을 발할 수 있다.

② 대통령은 국가의 안위에 관계되는 중대한 교전상태에 있어서 국가를 보위하기 위하여 긴급한 조치가 필요하고 국회의 집회가 불가능한 때에 한하여 법률의 효력을 가지는 명령을 발할 수 있다.

③ 대통령은 제1항과 제2항의 처분 또는 명령을 한 때에는 지체 없이 국회에 보고하여 그 승인을 얻어야 한다.

④ 제3항의 승인을 얻지 못한 때에는 그 처분 또는 명령은 그때부터 효력을 상실한다. 이 경우 그 명령에 의하여 개정 또는 폐지되었던 법률은 그 명령이 승인을 얻지 못한 때부터 당연히 효력을 회복한다.

⑤ 대통령은 제3항과 제4항의 사유를 지체 없이 공포하여야 한다.

제77조 ① 대통령은 전시·사변 또는 이에 준하는 국가비상사태에 있어서 병력으로써 군사상의 필요에 응하거나 공공의 안녕질서를 유지할 필요가 있을 때에는 법률이 정하는 바에 의하여 계엄을 선포할 수 있다.

② 계엄은 비상계엄과 경비계엄으로 한다.

③ 비상계엄이 선포된 때에는 법률이 정하는 바에 의하여 영장제도, 언론·출판·집회·결사의 자유, 정부나 법원의 권한에 관하여 특별한 조치를 할 수 있다.

④ 계엄을 선포한 때에는 대통령은 지체 없이 국회에 통고하여야 한다.

⑤ 국회가 재적의원 과반수의 찬성으로 계엄의 해제를 요구한 때에는 대통령은 이를 해제하여야 한다.

제78조 대통령은 헌법과 법률이 정하는 바에 의하여 공무원을 임면한다.

제79조 ① 대통령은 법률이 정하는 바에 의하여 사면·감형 또는 복권을 명할 수 있다.

② 일반사면을 명하려면 국회의 동의를 얻어야 한다.

③ 사면·감형 및 복권에 관한 사항은 법률로 정한다.

제80조 대통령은 법률이 정하는 바에 의하여 훈장, 기타의 영전을 수여한다.

제81조 대통령은 국회에 출석하여 발언하거나 서한으로 의견을 표시할 수 있다.

제82조 대통령의 국법상 행위는 문서로써 하며, 이 문서에는 국무총리와 관계 국무위원이 부서한다. 군사에 관한 것도 또한 같다.

제83조 대통령은 국무총리·국무위원·행정각부의 장, 기타 법률이 정하는 공사의 직을 겸할 수 없다.

제84조 대통령은 내란 또는 외환의 죄를 범한 경우를 제외하고는 재직 중 형사상의 소추를 받지 아니한다.

제85조 전직대통령의 신분과 예우에 관하여는 법률로 정한다.

제2절 행정부

제1관 국무총리와 국무위원

제86조 ① 국무총리는 국회의 동의를 얻어 대통령이 임명한다.

② 국무총리는 대통령을 보좌하며, 행정에 관하여 대통령의 명을 받아 행정각부를 통할한다.

③ 군인은 현역을 면한 후가 아니면 국무총리로 임명될 수 없다.

제87조 ① 국무위원은 국무총리의 제청으로 대통령이 임명한다.

② 국무위원은 국정에 관하여 대통령을 보좌하며, 국무회의의 구성원으로서 국정을 심의한다.

③ 국무총리는 국무위원의 해임을 대통령에게 건의할 수 있다.

④ 군인은 현역을 면한 후가 아니면 국무위원으로 임명될 수 없다.

제2관 국무회의

제88조 ① 국무회의는 정부의 권한에 속하는 중요한 정책을 심의한다.

② 국무회의는 대통령·국무총리와 15인 이상 30인 이하의 국무위원으로 구성한다.

③ 대통령은 국무회의의 의장이 되고, 국무총리는 부의장이 된다.

제89조 다음 사항은 국무회의의 심의를 거쳐야 한다.

1. 국정의 기본계획과 정부의 일반정책
2. 선전·강화, 기타 중요한 대외정책
3. 헌법개정안·국민투표안·조약안·법률안 및 대통령령안
4. 예산안·결산·국유재산처분의 기본계획·국가의 부담이 될 계약, 기타 재정에 관한 중요 사항
5. 대통령의 긴급명령·긴급재정경제처분 및 명령 또는 계엄과 그 해제
6. 군사에 관한 중요 사항
7. 국회의 임시회 집회의 요구
8. 영전수여
9. 사면·감형과 복권
10. 행정각부 간의 권한의 획정
11. 정부안의 권한의 위임 또는 배정에 관한 기본계획
12. 국정처리상황의 평가·분석
13. 행정각부의 중요한 정책의 수립과 조정
14. 정당해산의 제소
15. 정부에 제출 또는 회부된 정부의 정책에 관계되는 청원의 심사

16. 검찰총장·합동참모의장·각군 참모총장·국립대학교총장·대사, 기타 법률이 정한 공무원과 국영기업체 관리자의 임명

17. 기타 대통령·국무총리 또는 국무위원이 제출한 사항

제90조 ① 국정의 중요한 사항에 관한 대통령의 자문에 응하기 위하여 국가원로로 구성되는 국가원로자문회의를 둘 수 있다.

② 국가원로자문회의의 의장은 직전 대통령이 된다. 다만, 직전 대통령이 없을 때에는 대통령이 지명한다.

③ 국가원로자문회의의 조직·직무범위, 기타 필요한 사항은 법률로 정한다.

제91조 ① 국가안전보장에 관련되는 대외정책·군사정책과 국내정책의 수립에 관하여 국무회의의 심의에 앞서 대통령의 자문에 응하기 위하여 국가안전보장회의를 둔다.

② 국가안전보장회의는 대통령이 주재한다.

③ 국가안전보장회의의 조직·직무범위, 기타 필요한 사항은 법률로 정한다.

제92조 ① 평화통일정책의 수립에 관한 대통령의 자문에 응하기 위하여 민주평화통일자문회의를 둘 수 있다.

② 민주평화통일자문회의의 조직·직무범위, 기타 필요한 사항은 법률로 정한다.

제93조 ① 국민경제의 발전을 위한 중요 정책의 수립에 관하여 대통령의 자문에 응하기 위하여 국민경제자문회의를 둘 수 있다.

② 국민경제자문회의의 조직·직무범위, 기타 필요한 사항은 법률로 정한다.

제3관 행정각부

제94조 행정각부의 장은 국무위원 중에서 국무총리의 제청으로 대통령이 임명한다.

제95조 국무총리 또는 행정각부의 장은 소관사무에 관하여 법률이나 대통령령의 위임 또는 직권으로 총리령 또는 부령을 발할 수 있다.

제96조 행정각부의 설치·조직과 직무범위는 법률로 정한다.

제4관 감사원

제97조 국가의 세입·세출의 결산, 국가 및 법률이 정한 단체의 회계검사와 행정기관 및 공무원의 직무에 관한 감찰을 하기 위하여 대통령 소속하에 감사원을 둔다.

제98조 ① 감사원은 원장을 포함한 5인 이상 11인 이하의 감사위원으로 구성한다.

② 원장은 국회의 동의를 얻어 대통령이 임명하고, 그 임기는 4년으로 하며, 1차에 한하여 중임할 수 있다.

③ 감사위원은 원장의 제청으로 대통령이 임명하고, 그 임기는 4년으로 하며, 1차에 한하여 중임할 수 있다.

제99조 감사원은 세입·세출의 결산을 매년 검사하여 대통령과 차년도 국회에 그 결과를 보고하여야 한다.

제100조 감사원의 조직·직무범위·감사위원의 자격·감사대상공무원의 범위, 기타 필요한 사항은 법률로 정한다.

제5장 법원

제101조 ① 사법권은 법관으로 구성된 법원에 속한다.

② 법원은 최고법원인 대법원과 각급법원으로 조직된다.

③ 법관의 자격은 법률로 정한다.

제102조 ① 대법원에 부를 둘 수 있다.

② 대법원에 대법관을 둔다. 다만, 법률이 정하는 바에 의하여 대법관이 아닌 법관을 둘 수 있다.

③ 대법원과 각급법원의 조직은 법률로 정한다.

제103조 법관은 헌법과 법률에 의하여 그 양심에 따라 독립하여 심판한다.

제104조 ① 대법원장은 국회의 동의를 얻어 대통령이 임명한다.

② 대법관은 대법원장의 제청으로 국회의 동의를 얻어 대통령이 임명한다.

③ 대법원장과 대법관이 아닌 법관은 대법관회의의 동의를 얻어 대법원장이 임명한다.

제105조 ① 대법원장의 임기는 6년으로 하며, 중임할 수 없다.

② 대법관의 임기는 6년으로 하며, 법률이 정하는 바에 의하여 연임할 수 있다.

③ 대법원장과 대법관이 아닌 법관의 임기는 10년으로 하며, 법률이 정하는 바에 의하여 연임할 수 있다.

④ 법관의 정년은 법률로 정한다.

제106조 ① 법관은 탄핵 또는 금고 이상의 형의 선고에 의하지 아니하고는 파면되지 아니하며, 징계처분에 의하지 아니하고는 정직·감봉, 기타 불리한 처분을 받지 아니한다.

② 법관이 중대한 심신상의 장해로 직무를 수행할 수 없을 때에는 법률이 정하는 바에 의하여 퇴직하게 할 수 있다.

제107조 ① 법률이 헌법에 위반되는 여부가 재판의 전제가 된 경우에는 법원은 헌법재판소에 제청하여 그 심판에 의하여 재판한다.

② 명령·규칙 또는 처분이 헌법이나 법률에 위반되는 여부가 재판의 전제가 된 경우에는 대법원은 이를 최종적으로 심사할 권한을 가진다.

③ 재판의 전심절차로서 행정심판을 할 수 있다. 행정심판의 절차는 법률로 정하되, 사법절차가 준용되어야 한다.

제108조 대법원은 법률에 저촉되지 아니하는 범위 안에서 소송에 관한 절차, 법원의 내부규율과 사무처리에 관한 규칙을 제정할 수 있다.

제109조 재판의 심리와 판결은 공개한다. 다만, 심리는 국가의 안전보장 또는 안녕질서를 방해하거나 선량한 풍속을 해할 염려가 있을 때에는 법원의 결정으로 공개하지 아니할 수 있다.

제110조 ① 군사재판을 관할하기 위하여 특별법원으로서 군사법원을 둘 수 있다.

② 군사법원의 상고심은 대법원에서 관할한다.

③ 군사법원의 조직·권한 및 재판관의 자격은 법률로 정한다.

④ 비상계엄하의 군사재판은 군인·군무원의 범죄나 군사에 관한 간첩죄의 경우와 초

병·초소·유독음식물공급·포로에 관한 죄 중 법률이 정한 경우에 한하여 단심으로 할 수 있다. 다만, 사형을 선고한 경우에는 그러하지 아니하다.

제6장 헌법재판소

제111조 ① 헌법재판소는 다음 사항을 관장한다.

1. 법원의 제청에 의한 법률의 위헌 여부 심판

2. 탄핵의 심판

3. 정당의 해산 심판

4. 국가기관 상호 간, 국가기관과 지방자치단체 간 및 지방자치단체 상호 간의 권한쟁의에 관한 심판

5. 법률이 정하는 헌법소원에 관한 심판

② 헌법재판소는 법관의 자격을 가진 9인의 재판관으로 구성하며, 재판관은 대통령이 임명한다.

③ 제2항의 재판관 중 3인은 국회에서 선출하는 자를, 3인은 대법원장이 지명하는 자를 임명한다.

④ 헌법재판소의 장은 국회의 동의를 얻어 재판관 중에서 대통령이 임명한다.

제112조 ① 헌법재판소 재판관의 임기는 6년으로 하며, 법률이 정하는 바에 의하여 연임할 수 있다.

② 헌법재판소 재판관은 정당에 가입하거나 정치에 관여할 수 없다.

③ 헌법재판소 재판관은 탄핵 또는 금고 이상의 형의 선고에 의하지 아니하고는 파면되지 아니한다.

제113조 ① 헌법재판소에서 법률의 위헌결정, 탄핵의 결정, 정당해산의 결정 또는 헌법소원에 관한 인용결정을 할 때에는 재판관 6인 이상의 찬성이 있어야 한다.

② 헌법재판소는 법률에 저촉되지 아니하는 범위 안에서 심판에 관한 절차, 내부규율과 사무처리에 관한 규칙을 제정할 수 있다.

③ 헌법재판소의 조직과 운영, 기타 필요한 사항은 법률로 정한다.

제7장 선거관리

제114조 ① 선거와 국민투표의 공정한 관리 및 정당에 관한 사무를 처리하기 위하여 선거관리위원회를 둔다.

② 중앙선거관리위원회는 대통령이 임명하는 3인, 국회에서 선출하는 3인과 대법원장이 지명하는 3인의 위원으로 구성한다. 위원장은 위원 중에서 호선한다.

③ 위원의 임기는 6년으로 한다.

④ 위원은 정당에 가입하거나 정치에 관여할 수 없다.

⑤ 위원은 탄핵 또는 금고 이상의 형의 선고에 의하지 아니하고는 파면되지 아니한다.

⑥ 중앙선거관리위원회는 법령의 범위 안에서 선거관리·국민투표관리 또는 정당사무에 관한 규칙을 제정할 수 있으며, 법률에 저촉되지 아니하는 범위 안에서 내부규율에 관한

규칙을 제정할 수 있다.

⑦ 각급 선거관리위원회의 조직·직무범위, 기타 필요한 사항은 법률로 정한다.

제115조 ① 각급 선거관리위원회는 선거인명부의 작성 등 선거사무와 국민투표사무에 관하여 관계 행정기관에 필요한 지시를 할 수 있다.

② 제1항의 지시를 받은 당해 행정기관은 이에 응하여야 한다.

제116조 ① 선거운동은 각급 선거관리위원회의 관리하에 법률이 정하는 범위 안에서 하되, 균등한 기회가 보장되어야 한다.

② 선거에 관한 경비는 법률이 정하는 경우를 제외하고는 정당 또는 후보자에게 부담시킬 수 없다.

제8장 지방자치

제117조 ① 지방자치단체는 주민의 복리에 관한 사무를 처리하고 재산을 관리하며, 법령의 범위 안에서 자치에 관한 규정을 제정할 수 있다.

② 지방자치단체의 종류는 법률로 정한다.

제118조 ① 지방자치단체에 의회를 둔다.

② 지방의회의 조직·권한·의원선거와 지방자치단체의 장의 선임방법, 기타 지방자치단체의 조직과 운영에 관한 사항은 법률로 정한다.

제9장 경제

제119조 ① 대한민국의 경제질서는 개인과 기업의 경제상의 자유와 창의를 존중함을 기본으로 한다.

② 국가는 균형 있는 국민경제의 성장 및 안정과 적정한 소득의 분배를 유지하고, 시장의 지배와 경제력의 남용을 방지하며, 경제주체 간의 조화를 통한 경제의 민주화를 위하여 경제에 관한 규제와 조정을 할 수 있다.

제120조 ① 광물, 기타 중요한 지하자원·수산자원·수력과 경제상 이용할 수 있는 자연력은 법률이 정하는 바에 의하여 일정한 기간 그 채취·개발 또는 이용을 특허할 수 있다.

② 국토와 자원은 국가의 보호를 받으며, 국가는 그 균형 있는 개발과 이용을 위하여 필요한 계획을 수립한다.

제121조 ① 국가는 농지에 관하여 경자유전의 원칙이 달성될 수 있도록 노력하여야 하며, 농지의 소작제도는 금지된다.

② 농업생산성의 제고와 농지의 합리적인 이용을 위하거나 불가피한 사정으로 발생하는 농지의 임대차와 위탁경영은 법률이 정하는 바에 의하여 인정된다.

제122조 국가는 국민 모두의 생산 및 생활의 기반이 되는 국토의 효율적이고 균형 있는 이용·개발과 보전을 위하여 법률이 정하는 바에 의하여 그에 관한 필요한 제한과 의무를 과할 수 있다.

제123조 ① 국가는 농업 및 어업을 보호·육성하기 위하여 농·어촌종합개발과 그 지원 등 필요한 계획을 수립·시행하여야 한다.

② 국가는 지역 간의 균형 있는 발전을 위하여 지역경제를 육성할 의무를 진다.

③ 국가는 중소기업을 보호·육성하여야 한다.

④ 국가는 농수산물의 수급균형과 유통구조의 개선에 노력하여 가격안정을 도모함으로써 농·어민의 이익을 보호한다.

⑤ 국가는 농·어민과 중소기업의 자조조직을 육성하여야 하며, 그 자율적 활동과 발전을 보장한다.

제124조 국가는 건전한 소비행위를 계도하고 생산품의 품질향상을 촉구하기 위한 소비자보호운동을 법률이 정하는 바에 의하여 보장한다.

제125조 국가는 대외무역을 육성하며, 이를 규제·조정할 수 있다.

제126조 국방상 또는 국민경제상 긴절한 필요로 인하여 법률이 정하는 경우를 제외하고는, 사영기업을 국유 또는 공유로 이전하거나 그 경영을 통제 또는 관리할 수 없다.

제127조 ① 국가는 과학기술의 혁신과 정보 및 인력의 개발을 통하여 국민경제의 발전에 노력하여야 한다.

② 국가는 국가표준제도를 확립한다.

③ 대통령은 제1항의 목적을 달성하기 위하여 필요한 자문기구를 둘 수 있다.

제10장 헌법개정

제128조 ① 헌법개정은 국회 재적의원 과반수 또는 대통령의 발의로 제안된다.

② 대통령의 임기연장 또는 중임변경을 위한 헌법개정은 그 헌법개정 제안 당시의 대통령에 대하여는 효력이 없다.

제129조 제안된 헌법개정안은 대통령이 20일 이상의 기간 이를 공고하여야 한다.

제130조 ① 국회는 헌법개정안이 공고된 날로부터 60일 이내에 의결하여야 하며, 국회의 의결은 재적의원 3분의 2 이상의 찬성을 얻어야 한다.

② 헌법개정안은 국회가 의결한 후 30일 이내에 국민투표에 붙여 국회의원선거권자 과반수의 투표와 투표자 과반수의 찬성을 얻어야 한다.

③ 헌법개정안이 제2항의 찬성을 얻은 때에는 헌법개정은 확정되며, 대통령은 즉시 이를 공포하여야 한다.

부칙 〈헌법 제10호, 1987.10.29.〉

제1조 이 헌법은 1988년 2월 25일부터 시행한다. 다만, 이 헌법을 시행하기 위하여 필요한 법률의 제정·개정과 이 헌법에 의한 대통령 및 국회의원의 선거, 기타 이 헌법시행에 관한 준비는 이 헌법시행 전에 할 수 있다.

제2조 ① 이 헌법에 의한 최초의 대통령선거는 이 헌법시행일 40일 전까지 실시한다.

② 이 헌법에 의한 최초의 대통령의 임기는 이 헌법시행일로부터 개시한다.

제3조 ① 이 헌법에 의한 최초의 국회의원선거는 이 헌법공포일로부터 6월 이내에 실시하며, 이 헌법에 의하여 선출된 최초의 국회의원의 임기는 국회의원선거 후 이 헌법에 의한

국회의 최초의 집회일로부터 개시한다.

② 이 헌법공포 당시의 국회의원의 임기는 제1항에 의한 국회의 최초의 집회일 전일까지로 한다.

제4조 ① 이 헌법시행 당시의 공무원과 정부가 임명한 기업체의 임원은 이 헌법에 의하여 임명된 것으로 본다. 다만, 이 헌법에 의하여 선임방법이나 임명권자가 변경된 공무원과 대법원장 및 감사원장은 이 헌법에 의하여 후임자가 선임될 때까지 그 직무를 행하며, 이 경우 전임자인 공무원의 임기는 후임자가 선임되는 전일까지로 한다.

② 이 헌법시행 당시의 대법원장과 대법원판사가 아닌 법관은 제1항 단서의 규정에 불구하고 이 헌법에 의하여 임명된 것으로 본다.

③ 이 헌법 중 공무원의 임기 또는 중임제한에 관한 규정은 이 헌법에 의하여 그 공무원이 최초로 선출 또는 임명된 때로부터 적용한다.

제5조 이 헌법시행 당시의 법령과 조약은 이 헌법에 위배되지 아니하는 한 그 효력을 지속한다.

제6조 이 헌법시행 당시에 이 헌법에 의하여 새로 설치될 기관의 권한에 속하는 직무를 행하고 있는 기관은 이 헌법에 의하여 새로운 기관이 설치될 때까지 존속하며 그 직무를 행한다.

참고문헌

[단행본]

강경선,『헌법전문 주해』, 에피스테메, 2017.

강경선 · 서경석,『헌법의 기초』, 한국방송통신대학교출판부, 2011.

강상규,『조선정치사의 발견』, 창비, 2013.

국순옥,『민주주의 헌법론』, 아카넷, 2015.

국회도서관,『헌법제정회의록』, 헌정사자료 제1집~제6집, 1967.

권영성,『한국적 헌법문화』, 법문사, 1999.

권영성,『헌법학원론』, 법문사, 2010.

그레고리 맨큐, 김경환 등 옮김,『맨큐의 경제학』, 제5판, Cengage Learning, 2009.

김기원,『한국의 진보를 비판한다』, 창비, 2012.

김대순,『국제법론』, 삼영사, 2003.

김도균,『권리의 문법』, 박영사, 2008.

김명기 외,『한반도 비핵지대화와 국제법』, 소화, 1999.

김민배,『전투적 민주주의와 국가보안법』, 인하대학교출판부, 2004.

김승대,『한반도 헌법국가의 주요문제』, 법문사, 2017.

김엘림,『성차별 관련 판례와 결정례연구』, 에피스테메, 2013.

김완기,『남북통일, 경제통합과 법제도통합』, 경인문화사, 2017.

김의영 외,『미국의 결사체 민주주의』, 아르케, 2006.

김종인,『지금 왜 경제민주화인가』, 동화출판사, 2013.

김학성,『헌법학원론』, 피앤씨미디어, 2015.

김효전,『헌법』, 소화, 2009.

김희곤 등,『대한민국임시정부의 좌우합작운동』, 한울아카데미, 1995.

도회근,『남북한관계와 헌법』, 울산대학교출판부, 2009.

모리스 뒤베르제, 김학준 · 진석용 옮김,『서구민주주의의 두 얼굴』, 문학과지성사, 1983.

박병엽,『조선민주주의인민공화국의 탄생』, 선인, 2014.

박상섭,『국가 · 주권』, 소화, 2008.

박찬승,『대한민국은 민주공화국이다』, 돌베개, 2013.

서울대학교 정치학과 교수 공저,『정치학의 이해』, 박영사, 2010.

설진아,『글로벌 미디어』, 한국방송통신대학교출판부, 2007.

설진아,『소셜미디어와 사회변동』, 커뮤니케이션북스, 2011.

성낙인,『헌법학』(제16판), 법문사, 2016.

송석윤,『헌법과 미래』, 인간사랑, 2007.

송석윤,『헌법과 사회변동』, 경인문화사, 2007.

쇠렌 키르케고르, 임규정 옮김,『죽음에 이르는 병』, 한길사, 2014.

스기하라 야스오, 이경주 역,『헌법의 역사』, 이론과실천, 1999.

신우철,『비교헌법사론』, 법문사, 2013.

안병영,『왜 오스트리아 모델인가』, 문학과 지성사, 2013.

안 진,『미군정과 한국의 민주주의』, 한울아카데미, 2005.

알렉산더 해밀턴 · 제임스 메디슨 · 존 제이, 김동영 옮김,『페더럴리스트 페이퍼』, 한울
　　　아카데미, 1995.

알렉시스 토크빌, 박지동 옮김,『미국의 민주주의』, 한길사, 1983.

알버트 다이시, 안경환 · 김종철 옮김,『헌법학입문』, 경세원, 1993.

앤서니 기든스, 홍욱희 옮김,『기후변화의 정치학』, 에코리브르, 2009.

유범상,『사회복지개론』, 한국방송통신대학교출판문화원, 2014.

유진오,『헌법기초회고록』, 일조각, 1980.

윤평중,『푸코와 하버마스를 넘어서』, 교보문고, 1990.

이기우,『이제는 직접민주주의다』, 미래를 소유한 사람들, 2016.

이상영 · 이재승,『법사상사』, 한국방송통신대학교출판문화원, 2014.

이상우,『북한정치 변천』, 오름, 2015.

이영록,『우리 헌법의 탄생』, 서해문집, 2006.

이재승,『국가범죄』, 앨피, 2010.

이재승 · 한인섭(엮음),『양심적 병역거부와 대체복무제』, 경인문화사, 2013.

이종오 외,『어떤 복지국가인가?』, 한울, 2013.

이효원,『통일헌법의 이해』, 박영사, 2016.

임혁백 외 15인 공저,『한국사회의 소통위기』, 커뮤니케이션북스, 2011.

정운찬,『동반성장』, 21세기북스, 2013.

정인섭 등,『국제법』, 한국방송통신대학교출판문화원, 2015.

정종섭,『한국헌법사문류』, 박영사, 2002.

정준영 외,『정보사회와 디지털문화』, 한국방송통신대학교출판부, 2009.

정태욱,『한반도평화와 북한인권』, 한울, 2009.

조지형,『헌법에 비친 역사』, 푸른역사, 2009.

조화태 외,『평생교육개론』, 한국방송통신대학교출판부, 2003.

지그문트 바우만, 정일준 옮김,『현대성과 홀로코스트』, 새물결, 2013.

최대권,『법치주의와 민주주의』, 서울대학교출판문화원, 2012.

최대권,『영미법』, 동성사, 1986.

최대권,『헌법학강의』, 박영사, 1998.

최봉철,『현대법철학』, 법문사, 2007.

최정학 · 오병두,『형사소송법』, 한국방송통신대학교출판문화원, 2016.

톰 빙험, 김기창 옮김,『법의 지배』, 이음, 2013.

피에르 레비, 권수경 옮김,『집단지성: 사이버 공간의 인류학을 위하여』, 문학과지성사, 2002.

피에르 레비, 김동윤 · 손주경 · 조준형 옮김,『누스페어: 새로운 철학, 새로운 문명, 새로운 세계』, 생각의나무, 2003.

한면희,『제3정치 콘서트』, 늘품플러스, 2012.

한수웅,『헌법학』(제4판), 법문사, 2014.

허구생,『빈곤의 역사, 복지의 역사』, 한울아카데미, 2016.

후고 진쯔하이머, 이원희 옮김,『노동법원리』, 관악사, 2004.

Anderson, R., Dardenne, R., & Killenberg, G. M., 차재영 옮김,『저널리즘은 어떻게 민주주의를 만드는가?』, 커뮤니케이션북스, 2006.

E. H. Carr, 박상규 옮김,『새로운 사회』, 서문당, 1972.

Fundamental Rights and Private Law In the European Union(1), Introduction, Cambridge Univ. Press, 2010.

John Gerard Ruggie, 이상수 옮김,『기업과 인권』, 필맥, 2014.

Konrad Hesse, 계희열 옮김,『헌법의 기초이론』, 박영사, 2001.

Leadbeater, C., 이순희 옮김,『집단지성이란 무엇인가』, 21세기북스, 2009.

Ronald Dworkin, 장영민 옮김,『법의 제국』, 아카넷, 2004.

William M. Wheeler, *Ants: Their Structure, Development, And Behavior*, Rediff Books, 1910.

[논문]
강경선, "노예제 폐지과정에서 나타난 주권자적 인간",『민주법학』, 제58호, 2015.

강경선, "주권자적 인간에 관하여",『민주법학』, 제62호, 2016.

강남훈, "기본소득 도입 모델과 경제적 효과",『진보평론』, 제45호, 2010.

강상규, "1870~1880년대 고종의 대외관과 자주의식에 관한 연구",『통합인문학연구』, 제2권 제1호, 2010.

곽노현, "근로자이사제, 경제민주화의 새모델", 허핑턴포스트, 2016.

김명철, "형사재판에서 피해자 진술의 취급절차에 관한 연구", 한국방송통신대학교 석사학위논문, 2014.

김수갑, "헌법상 문화국가 원리에 관한 연구", 고려대학교 대학원 박사학위논문, 1993.

김은표, "기본소득 도입 논의 및 시사점", 『이슈와 논점』, 제1148호, 국회입법조사처, 2016.

김종서, "헌법재판과 민주법학", 『민주법학』, 제46호, 2011.

김호기, "시민사회와 시민운동", 『청소년을 위한 시민사회』, 아르케, 2004.

도회근, "헌법 제3조(영토조항)의 해석", 『헌법규범과 헌법현실: 권영성 교수 정년기념 논문집』, 법문사, 1999.

문진영, "자본주의 사회빈곤의 원인, 측정 그리고 대책"(민족미래연구소 발표문), 2015.

박동욱, "경제민주화를 위한 국민연금의 헌법적 의무", 한국방송통신대학교 석사학위논문, 2017.

박병섭, "사회국가 원리의 역사적 전개와 법적 의미", 『민주법학』, 제54호, 2014.

박석삼, "기본소득을 둘러싼 쟁점과 비판", 『노동사회과학』, 제3호, 노동사회과학연구소, 2010.

박현철, "경찰 직무에서의 ADR의 필요성", 한국방송통신대학교 석사학위논문, 2016.

설진아, "'스마트미디어 시대' 미디어 주권에 대한 고찰", 『언론과 법』, 제12권 제1호, 한국언론법학회, 2013.

소영환, "범죄피해자의 인권보장에 관한 연구", 『인권법연구』, 창간호, 한국방송통신대학교 법학과, 2015.

송기춘, "국가의 기본권보장의무에 관한 연구", 서울대학교 박사학위논문, 1999.

신광영, "복지국가는 도덕적 해이를 가져올까", 『대한민국 복지: 7가지 거짓과 진실』, 두리미디어, 2011.

신옥주, "리사본조약 이후 유럽연합의 문화에 관한 법정책 변화 고찰", 『유럽헌법연구』, 제13호, 2013.

신필균, "인구절벽, 출산율이 아니라 출산력이 문제다", 허핑턴포스트, 2016.

안민영, "마이클 샌델의 정의론에 대한 비판적 고찰", 한국방송통신대학교 석사학위논문, 2016.

안철상, "헌법상 신뢰보호원칙", 『헌법판례해설Ⅰ』, 대법원 헌법연구회, 2010.

여경수, "조소앙의 삼균주의와 헌법사상", 『민주법학』, 제48호, 2012.

오동석, "사회민주주의와 대한민국헌법", 국회헌정기념관 발표문, 2011.

우기택, "인권기본법 제정의 필요성과 과제에 관한 연구", 박사학위논문, 울산대학교 대학원 법학과, 2016. 2.

윤홍식, "보편적 복지는 무책임한 퍼주기일까", 『대한민국 복지: 7가지 거짓과 진실』, 두리미디어, 2011.

은수미, "이중적 노동시장을 넘어", 『어떤 복지국가인가?』, 한울, 2013.

이강식, "한국에서의 기본소득 도입을 위한 법적 기반에 관한 연구", 『인권법연구』, 제3호, 한국방송통신대학교 법학과, 2017.

이계수, "공무원의 정치운동금지의무에 대한 비판적 고찰", 『민주법학』, 제29호, 2005.

이인복, "헌법재판제도의 연혁과 전개", 『헌법재판제도의 이해』, 법원도서관, 재판자료 제92집, 2001.

이재승, "능동적 시민으로서의 군인", 『민주법학』, 제49호, 2012.

이재승, "화해의 문법: 시민정치의 관점에서", 『민주법학』, 제46호, 2011.

이종만, "최저임금제도 개선방안에 관한 연구", 한국방송통신대학교 석사학위논문, 2016.

이종오, "브렉시트의 의미와 교훈", 허핑턴포스트, 2016.

이흥재, "이익균점권의 보장과 우촌 전진한의 사상 및 역할", 『법학』(서울대학교), 제46권 제1호, 서울대학교 법학연구소, 2005.

임재홍, "대학 총장선출제도를 둘러싼 갈등과 대안의 모색", 『인권법연구』, 제2권, 2016.

임호풍, "단순파업에 대한 위력업무방해죄 적용의 위헌성", 『인권법연구』, 창간호, 2015.

전진희, "국제법상 발전권 개념의 재정립", 박사학위논문, 전남대학교 대학원 법학과, 2016. 8.

장영수, "헌법전문", 『헌법주석서 1』, 법제처, 2010.

정연택, "문화민주화 시대를 향해", 허핑턴포스트, 2016.

정태욱, "서해 북방한계선 재론", 『민주법학』, 제45호, 2011.

조경배, "형법상 업무방해죄와 쟁의권", 『민주법학』, 제44호, 2010.

주정수, "평등권에 비추어 본 장애인 고용차별금지", 『인권법연구』, 제2호, 2016.

최대권, "민족주의와 헌법", 『헌법학』, 박영사, 1989.

최 현, "지구화와 인권 및 시민권", 『세계의 정치와 경제』, 한국방송통신대학교출판부, 2011.

하승수, "'베짱이'에게 왜 국가가 돈을 주는가", 『한겨레21』, 제994호, 2014.

和田進, "平和主義論の課題", 『法の科學』, 第27号, 1998.

찾아보기

지은이

강경선

1972년 서울대학교 법과대학에 입학하였다. 올바른 법이 무엇인가를 알기 위해 1976년 대학원을 찾았고 법학박사 학위까지 받게 되었다. 1985년 방송대 교수로 임용되어 금년으로 32년째 재직 중이다. 최근 몇 년 동안에 연구성과가 많았다. 『인도 헌법의 형성사』(에피스테메, 2014)를 펴냈고, 『헌법전문 주해』(에피스테메, 2017)를 완성하였다. 또한 비교헌법 연구를 바탕으로 영국과 미국의 노예제 폐지과정에 관한 삼부작 논문을 마쳤다.

노예제도 폐지과정에 관한 연구를 통해, 헌법의 발전과정에 있어서 훌륭한 공직자의 역할 이상으로 주권자적 인간의 역할이 중요함을 발견하였다. 시민의 헌법적 각성이 대의제민주주의의 발달을 견인한다는 것이다. 그래서 헌법을 통한 민주시민교육에 대한 열정을 갖게 되었다. 현재의 연구와 활동에서는 우리나라가 하루빨리 사회복지국가로의 본격적 진입을 하고 풍요롭고 성숙한 민주국가가 되어 세계평화와 인류공영에 이바지할 수 있게 되기를 꿈꾸고 있다.